DAS NEUE TESTAMENT

DAS
NEUE TESTAMENT

Übersetzt und herausgegeben

von

JOSEF KÜRZINGER

Eichstätt

PAUL PATTLOCH VERLAG ASCHAFFENBURG

Imprimatur:

Würzburg, den 6. September 1962

Wittig

Generalvikar

1975
10. neubearbeitete Auflage
(entspricht der 25. Gesamtauflage)
© 1953 Paul Pattloch Verlag, Aschaffenburg
ISBN 3 557 05001 7

Vorwort des Übersetzers zur Neuauflage

Seit dem Jahre 1953 darf diese Übertragung des Neuen Testamentes in rasch aufeinanderfolgenden Auflagen in die Öffentlichkeit gehen. Der Verlag Paul Pattloch scheute nicht Mühe und Opfer, um der Übersetzung in verschiedenen Ausgaben den Weg zu den Lesern zu bereiten. Für diese Hingabe, die sich ja auch auf das Alte Testament bezieht, sei dem Verlag aufrichtiger Dank gesagt. Ermuntert durch ihn und von eigener Erkenntnis gedrängt, die auch den Anregungen vieler bisheriger Freunde der Übertragung entsprechen will, habe ich mich entschlossen, den ganzen Text einer sorgfältigen Überprüfung zu unterziehen, die Texttreue noch mehr zur Geltung kommen zu lassen und zugleich die Lesbarkeit der deutschen Fassung zu heben. Mögen die dadurch entstandenen Unterschiede zur bisherigen Form vorübergehend auch etwas nachteilig empfunden werden, so dürfte andererseits der Gewinn nicht zu übersehen sein. Der Übersetzer suchte die Fortschritte biblischer Arbeit und eigenen Erkennens für die Neuausgabe in jeder Hinsicht nutzbar zu machen. Im ökumenischen Interesse wurden die biblischen Eigennamen nach den »Loccumer Richtlinien« geändert, in der Hoffnung, daß damit ein Beitrag zur Gemeinschaft der Christen geboten ist.

Ich möchte die Gelegenheit dieser Neuauflage benützen, um der Treue und Aufmerksamkeit der bisherigen Freunde dieser Übersetzung von Herzen zu danken, nicht zuletzt auch für alle ermunternden und hilfreichen Zuschriften. Ich übergebe im Bewußtsein, daß alles Menschenwerk unvollkommen bleibt, diese Neuauflage der Veröffentlichung, mit dem aufrichtigen Wunsch und der Bitte zum Himmel, daß Gottes Wort wie bisher, so auch fürderhin Wissen und Weisheit, Kraft und Zuversicht allen vermitteln möge, die mit bereiter Seele und offenem Herzen darin lesen und suchen.

Eichstätt, im Mai 1975

Josef Kürzinger

Papstworte zur Lesung der Hl. Schrift

Da wir alles in Christus erneuern wollen, ist uns sicher nichts erwünschter, als daß unsere Kinder sich die Sitte zu eigen machen, das Evangelienbuch zu häufiger, ja täglicher Lesung in ihrem Besitz zu haben, da man aus ihm an erster Stelle lernen kann, wie gerade in Christus alles erneuert werden kann und muß (Qui piam: AAS XV, 1907).

Pius X.

Soweit es in unseren Kräften liegt, ehrwürdige Brüder, werden wir nach dem Vorbild des hl. Hieronymus alle Christgläubigen unablässig zur täglichen Schriftlesung auffordern, insbesondere aus den Evangelien, der Apostelgeschichte und den Apostelbriefen, damit sie ihnen in Fleisch und Blut übergehen. Es sollte keine christliche Familie mehr geben, welche die Hl. Schriften des Neuen Testamentes nicht besitzt, und alle sollten es sich zur Gewohnheit machen, sie täglich zu lesen und zu betrachten (Hieronymus-Enzyklika, 1920).

Benedikt XV.

»Herr, zu wem sollen wir gehen? Du hast Worte ewigen Lebens!« (Joh 6,68). Zu ihm, dem erbarmungsreichen Erlöser, müssen wir nach Kräften alle zurückführen; er ist der göttliche Tröster aller Trauernden; er ist für alle, die Regierenden ebenso wie für die Untergebenen, der Lehrer wahrer Rechtlichkeit, echter Gerechtigkeit, hochherziger Liebe; er und er allein kann das feste Fundament und der wirksame Schutz des Friedens und der Ruhe sein. »Ein anderes Fundament kann niemand legen als das, das gelegt ist, Jesus Christus« (1 Kor 3,11). Ihn aber, Christus, den Urheber unseres Heiles, werden alle um so vollkommener erkennen, um so inniger lieben und um so treuer nachahmen, je mehr sie zur Kenntnis und Betrachtung der Hl. Schrift, besonders des Neuen Testamentes, angeeifert werden. Denn, wie der hl. Hieronymus sagt: »Die Hl. Schrift nicht kennen, heißt Christus nicht kennen!« ... Hier werden alle Christus kennenlernen, »der das Haupt jeglicher Herrschaft und Macht ist« (Kol 2,10), und »der für uns von Gott her geworden ist zur Weisheit, zur Gerechtigkeit, zur Heiligung und zur Erlösung« (1 Kor 1,30). (Enzyklika: Über die zeitgemäße Förderung der biblischen Studien, 1943.)

Pius XII.

Geleitwort zur ersten Auflage

Wenn ich diesem Buch das Geleit gebe auf seinen Weg hinein in das christliche Volk, so geschieht es mit dem brennenden Wunsch, daß ihm gelinge, was es erstrebt: ein Volksbuch zu werden, sich alle Häuser zu öffnen, in die Gottes geschriebenes Wort noch nicht Einlaß gefunden, in alle Hände sich zu legen, die es noch nicht sich erwerben konnten. Möge ihm gelingen, wonach es verlangt: alle Herzen froh zu machen durch die Botschaft, die es bringt.

Einer Empfehlung bedarf es nicht. Denn Gott selbst ist sein Verfasser, und Gottes Geist wird nicht müde, es zu rühmen. Wahr und gültig ist Gottes Wort, unwandelbar, überdauernd selbst des Himmels und der Erde Vergehen (1 Petr 1,23; Mt 24,35). Lebendig ist es, kraftvoll, dienlich zu allem Guten. Ein Schwert ist es für den Kampf der Geister, ein Richter über die Gesinnungen und Gedanken des Herzens, ein Führer zu Christus und zur Höhe vollendeten Lebens (Hebr 4,12; 2 Tim 3,15–17).

Da es Gottes Wort ist, muß man ihm ehrfürchtig begegnen, ihm liebend sich öffnen, es sorgsam betrachten, besinnlich und betend durchdenken, bereit sein zu tun, was es fordert. Wer so ihm begegnet, dem kann geschehen, was den Emmausjüngern geschah: ihre Herzen begannen zu brennen.

Eichstätt, im November 1953

+ Joseph

Bischof von Eichstätt

Inhaltsverzeichnis

Die Evangelien

Evangelium nach Mattäus 1
Evangelium nach Markus 69
Evangelium nach Lukas 111
Evangelium nach Johannes 182

Die Apostelgeschichte 236

Die Briefe des Apostels Paulus

Der Brief an die Römer 304
Der erste Brief an die Korinther 335
Der zweite Brief an die Korinther 364
Der Brief an die Galater 383
Der Brief an die Epheser 394
Der Brief an die Philipper 403
Der Brief an die Kolosser 410
Der erste Brief an die Thessalonicher 417
Der zweite Brief an die Thessalonicher 423
Der erste Brief an Timotheus 427
Der zweite Brief an Timotheus 434
Der Brief an Titus 440
Der Brief an Philemon 444

Der Brief an die Hebräer 446

Die Katholischen Briefe

Der Jakobusbrief 467
Der erste Petrusbrief 475
Der zweite Petrusbrief 483
Der erste Johannesbrief 489
Der zweite Johannesbrief 496
Der dritte Johannesbrief 497
Der Judasbrief 498

Die Offenbarung des Johannes 502

Anhang

Verzeichnis der Schrifttexte in der heiligen Messe . . . 538
Personenregister zum Neuen Testament 547
Ortsregister zum Neuen Testament 551
Sachregister zum Neuen Testament 553
Alttestamentliche Zeittafel 565
Neutestamentliche Zeittafel 567
Maße, Gewichte, Münzen 568
Abkürzungen 571
Karten 573

Was ist uns das Neue Testament?

Kein Buch der Weltliteratur ist so zum Menschheitsbuch geworden wie die Heilige Schrift, die wir kurz die »Bibel«, d. h. das »Buch« schlechthin, nennen. Schon in seinem Entstehen umspannt es mehr als ein Jahrtausend. Dies gilt zunächst vom »Alten Testament«, jenem einzigartigen Zeugnis religiöser Erfahrung und Offenbarung, wie es im Lauf der vorchristlichen, jüdischen Geschichte vom auserwählten Volk gesammelt und bewahrt wurde. Mit der Ankunft des Gottmenschen Jesus Christus wurde der Alte Bund durch eine neue, vollkommene Heilsordnung abgelöst; die Fülle von »Gnade und Wahrheit« (Joh 1,14) brach auf, und Jesus selbst nannte dies den »Neuen Bund«, das »Neue Testament« (Lk 22,20). Ist so dieses Wort zunächst eine Bezeichnung für das Gnadengeschenk der Erlösung in Christus Jesus, so erhielt es bald seine besondere Bedeutung als Name für jene Sammlung von 27 Schriften, in denen Geschichte und Sinn dieser Offenbarung von den ersten Zeugen und Jüngern niedergelegt wurde. Wir rechnen dazu die vier Evangelien, die Apostelgeschichte, die Paulusbriefe, den Hebräerbrief, die sieben Katholischen Briefe und die Offenbarung des Johannes (Kanon des NT).

Dieses Neue Testament wurde als kostbares Gut unseres Glaubens von allen Generationen der Kirche heiliggehalten und mit Eifer und Sorgfalt gehütet. Gilt es doch als Gotteswort, von menschlichen Verfassern unter besonderer Einwirkung des »Geistes der Wahrheit« geschrieben und so als »inspiriertes« Buch über jedem anderen Schrifttum stehend. Wohl steht die Autorität der von Christus unabhängig von der neutestamentlichen Schrift gegründeten Kirche als höchste Instanz über allem, was die christliche Offenbarung betrifft; wohl ruht das Glaubensgut weithin auch auf der lebendigen Tradition und dem Glaubensbewußtsein der Gesamtkirche, aber allezeit wird das Neue Testament, als die heilige Urkunde aus apostolischer Zeit, im besonderen Sinn das Zeugnis des sich in Christus offenbarenden Gottes sein und bleiben. Aus ihm haben die Kirchenväter, die großen Gottesgelehrten, die Heiligen, alle Christen, ob gelehrt oder ungelehrt, ihr Glaubenswissen geschöpft, ihren Hunger nach Wahrheit und Gerechtigkeit gestillt, ihr tiefstes Sehnen und Suchen erfüllt. So verstehen wir es, wenn die Kirche zu allen Zeiten, besonders aber wiederum in unserer drangvollen Gegenwart, in mahnenden Worten das Buch der Bücher in die

Hände der Menschen legen und zu eifriger Lesung und Erwägung empfehlen möchte. »Die Heilige Schrift nicht kennen, heißt Christus nicht kennen«, sagt mit einem Wort des heiligen Hieronymus Papst Pius XII. in seinem berühmten Bibelrundschreiben vom 30. September 1943.

Was im folgenden, nach dem griechischen Grundtext übersetzten deutschen Text in eckigen Klammern [] steht, gibt spätere Ergänzungen wieder, die vor allem durch die lateinische Übersetzung entstanden sind und im kirchlichen Gebrauch Verwendung fanden. Beifügungen in runden Klammern ( ) stellen erklärende Zusätze des Übersetzers dar.

DIE VIER EVANGELIEN

Unter »Evangelium« verstehen wir die Botschaft vom Heilshandeln Gottes in Christus Jesus (Mk 1,15; 16,15; Röm 1,1 u. a.). Im wesentlichen den Weg Jesu von der Johannestaufe bis zur Himmelfahrt (Apg 1,22) umfassend, wurde diese Botschaft anfangs von den »Zeugen« des Lebens Jesu und den »Dienern des Wortes« (Lk 1,2) mündlich weitergegeben, bald aber zur sicheren Bewahrung und im Interesse der Verkündigung auch schriftlich festgehalten, woraus in weiterer Entwicklung die Bücher entstanden, die seit dem 2. Jhrh. in besonderem Sinn »Evangelien« genannt werden. In Abgrenzung gegenüber apokryphen Darstellungen wurden nur die Evv nach Mattäus, Markus, Lukas, Johannes in den kirchlichen Kanon aufgenommen. Die ersten drei nennt man die »synoptischen« Evv, weil sie, nach Form und Inhalt eng verwandt, in einer Vergleichstabelle (»Synopse«) nebeneinandergestellt werden können. Wahrscheinlich ist das Mk-Ev das älteste. Von ihm scheinen neben weiteren Quellen die beiden anderen Evv abhängig zu sein. Das Joh-Ev ist nach Inhalt und Form von eigener Art. Die Evangelien sind glaubwürdige Zeugen dessen, was sie zum Inhalt haben, doch sind ihre Aussagen geprägt vom Glaubensverständnis der nachösterlichen Kirche und der jeweils besonderen Situation des Evangelisten und seiner kerygmatischen Zielsetzung.

Evangelium nach Mattäus

Das Mt-Ev steht an erster Stelle im kirchlichen Kanon. Das hat wohl seinen Grund in der besonderen Wertschätzung, die gerade dieses Ev in der frühen Kirche genoß. Es kann aber auch sein, daß in unserem heutigen Mt-Ev, das Spuren literarischer Entwicklung zeigt, ältere Stücke eingearbeitet sind, die auf Mattäus, auch Levi genannt (vgl. Mt 9,9; 10,3; Mk 2,14; 3,18; Lk 5,27; 6,15), zurückgeführt wurden, so daß von daher sein Name für das ganze, in seiner Endgestalt auch von Mk und anderen Quellen beeinflußte Ev in Anspruch genommen wurde. Erstmals nennt Papias von Hierapolis (Anf. 2. Jhrh.) Mattäus als Verfasser. Man hat dessen Aussage als Hinweis auf einen aramäischen (hebräischen) Urmattäus gedeutet, sie will aber nur die dem Hebräischen eigentümliche Darstellungsweise des Mt-Ev hervorheben, durch die es sich vom Mk-Ev unterscheidet.

Das Mt-Ev hat deutlich die Absicht, jüdisch orientierten Lesern nachzuweisen, daß sich in Jesus die messianische Erwartung des Judentums erfüllt habe. Die Botschaft vom anbrechenden »Reich des Himmels« (= »Reich Gottes« bei Mk u.a.) und die dadurch bedingte »Umkehr« (»Metanoia«) sind wesentliche Anliegen des Ev. Der Inhalt ist im einzelnen nicht chronologisch, sondern in sachlich geordneten, kunstvollen Kompositionen geboten. Nach dem Kindheitsevangelium 1,1–2,23 und der Messiaseinführung 3,1–4,11 dient Galiläa und sein Grenzland als Hintergrund der Darstellung, anschließend der Weg nach Jerusalem 19,1–20,34 und zuletzt Jerusalem 21,1–28,20, mit dem Bericht von der Passion und Auferstehung. Die Entstehungszeit ist nicht sicher festzulegen, heute denkt man weithin an die Zeit nach 70 (Zerstörung Jerusalems), doch ist eine frühere Entstehung nicht auszuschließen.

Aus der Kindheitsgeschichte Jesu

1. Kapitel

Seine menschliche Ahnenreihe. [1] Buch der Abstammung Jesu Christi, des Sohnes Davids, des Sohnes Abrahams. [2] Von Abraham stammte Isaak, von Isaak stammte Jakob, von Jakob stammten Juda und seine Brüder. [3] Von Juda stammten Perez und Serach aus der Tamar, von Perez stammte Hezron, von Hezron stammte Ram. [4] Von Ram stammte Aminadab, von Aminadab stammte Nachschon, von Nachschon stammte Salmon. [5] Von Salmon stammte Boas aus der Rehab, von Boas stammte Obed aus der Rut, von Obed stammte Isai, von Isai stammte der König David.

[6] Von König David stammte Salomo aus der Frau des Urija. [7] Von Salomo stammte Rehabeam, von Rehabeam stammte Abija, von Abija stammte Asa. [8] Von Asa stammte Joschafat, von Joschafat stammte Joram, von Joram stammte Usija. [9] Von Usija stammte Jotam, von Jotam stammte Ahas, von Ahas stammte Hiskija. [10] Von Hiskija stammte Manasse, von Manasse stammte Amon, von Amon stammte Joschija. [11] Von Joschija stammten Jojachin und seine Brüder zur Zeit der Wegführung nach Babylon.

[12] Nach der Wegführung nach Babylon stammte von Jojachin Schealtiël, von Scheatië stammte Serubbabel. [13] Von Serub-

---

1,1–17: Der nicht lückenlose Stammbaum, der bei Lk 3,23–38 ein über eine andere Ahnenreihe geführtes Gegenstück hat, erweist die für den Messias vom Judentum erwartete Abstammung Jesu von Abraham und David. Josef war zwar nicht blutmäßig – wie 1,18–25 deutlich macht –, aber in gesetzlich vollgültigem Sinne Vater Jesu und damit für ihn anerkannter Träger der Abstammung.

Mattäus 1,14–25

babel stammte Abihud, von Abihud stammte Eljakim, von Eljakim stammte Azor. ¹⁴ Von Azor stammte Zadok, von Zadok stammte Achim, von Achim stammte Eliud. ¹⁵ Von Eliud stammte Eleasar, von Eleasar stammte Mattan, von Mattan stammte Jakob. ¹⁶ Von Jakob stammte Josef, der Mann Marias, von der geboren wurde Jesus, genannt Christus (Messias).
¹⁷ Insgesamt also sind an Geschlechtern: von Abraham bis David vierzehn Geschlechter, von David bis zur Wegführung nach Babylon vierzehn Geschlechter und von der Wegführung nach Babylon bis Christus vierzehn Geschlechter.
Vom Heiligen Geist. ¹⁸ Mit der Abstammung Jesu Christi verhielt es sich so: Als Maria, seine Mutter, mit Josef verlobt war, fand es sich, ehe sie zusammenkamen, daß sie empfangen hatte vom Heiligen Geist. ¹⁹ Josef, ihr Mann, der gerecht war und sie nicht bloßstellen wollte, gedachte, sie heimlich zu entlassen.
²⁰ Als er darüber nachdachte, siehe, da erschien ihm ein Engel des Herrn im Traum und sprach: »Josef, Sohn Davids, fürchte dich nicht, Maria, deine Frau, zu dir zu nehmen; denn, was in ihr gezeugt ist, stammt vom Heiligen Geist. ²¹ Sie wird einen Sohn gebären; dem sollst du den Namen Jesus geben; denn er wird sein Volk erlösen von seinen Sünden.«
²² Dies alles ist geschehen, damit erfüllt würde, was gesagt ist vom Herrn durch den Propheten: ²³ ›Siehe, die Jungfrau wird empfangen und einen Sohn gebären, und man wird ihn Immanuel nennen‹, was übersetzt heißt: ›Gott mit uns‹ (Jes 7,14).
²⁴ Josef stand auf vom Schlaf, tat, wie ihm der Engel des Herrn befohlen hatte, und nahm seine Frau zu sich. ²⁵ Und er erkannte sie nicht, bis sie einen Sohn gebar, und er gab ihm den Namen Jesus.

1,18–25: Ist Erklärung zu 1,16. – Zum Geheimnis der Menschwerdung Jesu vgl. Lk 1,26–38. Josef galt gesetzlich schon mit der Verlobung als Mann Marias und konnte, falls er gerichtliche Klage vermeiden wollte, nur mit dem rechtlich vorgeschriebenen Scheidebrief sie entlassen. Nach göttlicher Fügung sollte er auf außerordentliche Weise Zeuge des Geheimnisses werden.
1,25: Der Satz, der nur die Zeit bis zur Geburt Jesu berücksichtigt, will nicht sagen, daß Josef nach der Geburt Jesu Maria »erkannt«, d. h. die Ehe mit ihr vollzogen habe. Auch der hier in einigen Texten stehende Ausdruck »Erstgeborener« (vgl. Lk 2,7) deutet nicht weitere Kinder Marias an, er kennzeichnet nur die rechtliche Stellung des ersten Sohnes überhaupt. Über die sog. »Brüder Jesu« vgl. Anm. zu Mt 12,46.

2. Kapitel

Huldigung der Magier. ¹ Als Jesus geboren war, zu Betlehem in Judäa, in den Tagen des Königs Herodes, siehe, da kamen Magier aus dem Morgenland nach Jerusalem ² und fragten: »Wo ist der neugeborene König der Juden? Wir sahen nämlich seinen Stern im Aufgang und sind gekommen, ihm zu huldigen.« ³ Als der König Herodes dies hörte, erschrak er und ganz Jerusalem mit ihm.

⁴ Er versammelte alle Hohenpriester und Schriftgelehrten des Volkes und suchte von ihnen zu erfahren, wo der Messias geboren werde. ⁵ Sie antworteten ihm: »Zu Betlehem in Judäa; denn so steht geschrieben durch den Propheten: ⁶ ›Und du, Betlehem, Land Juda, keineswegs bist du der geringste unter den Fürstensitzen Judas; denn aus dir wird hervorgehen ein Führer, der mein Volk Israel leiten wird‹ (Mich 5,1).« ⁷ Da rief Herodes die Magier heimlich zu sich und erforschte von ihnen genau die Zeit der Erscheinung des Sterns. ⁸ Dann sandte er sie nach Betlehem und sprach: »Geht hin und forscht genau nach dem Kind, und habt ihr es gefunden, so laßt es mich wissen, damit auch ich hingehe und ihm huldige.«

⁹ Sie hörten den König an, zogen weiter, und siehe, der Stern, den sie im Aufgang gesehen hatten, ging vor ihnen her, bis er ankam und stehenblieb über dem Ort, wo das Kind war. ¹⁰ Als sie den Stern sahen, hatten sie eine überaus große Freude. ¹¹ Sie gingen in das Haus, sahen das Kind mit Maria, seiner Mutter, fielen nieder und huldigten ihm. Sie nahmen auch ihre Schätze heraus und brachten ihm Geschenke dar: Gold, Weihrauch und Myrrhe. ¹² Und da sie im Traum die Weisung erhielten, nicht zu Herodes zurückzukehren, zogen sie auf einem anderen Weg heim in ihr Land.

Flucht nach Ägypten. ¹³ Als sie weggezogen waren, siehe, da erschien ein Engel des Herrn dem Josef im Traum und sprach: »Steh auf, nimm das Kind und seine Mutter und flieh nach

---

2,1: Herodes starb im Jahre 4 vor unserer, nicht exakt festgelegten Zeitrechnung. Die Geburt Jesu war somit wohl um 6/7 v. Chr. Die »Magier«, deren Zahl und Namen erst von der Überlieferung festgelegt wurden, werden im Hinblick auf Jes 60,1–6 und Ps 72,10f auch »Könige« genannt. Treffender ist die Bezeichnung als »Weise«, da es sich wohl um gebildete und angesehene Wahrheitssucher aus dem Osten handelt, denen Gott in Verbindung mit einer außerordentlichen Himmelserscheinung den Weg zum Erlöserkind wies. Sie sollten zugleich zum Zeugnis für die Juden dienen.

Ägypten, und bleib dort, bis ich es dir sage; denn Herodes hat vor, das Kind zu suchen und ihm das Leben zu nehmen.« ¹⁴ Da stand er auf, nahm in der Nacht das Kind und seine Mutter und zog fort nach Ägypten. ¹⁵ Er blieb dort bis zum Tod des Herodes, damit erfüllt würde, was gesagt ist vom Herrn durch den Propheten: ›Aus Ägypten rief ich meinen Sohn‹ (Hos 11,1).

Kindermord in Betlehem. ¹⁶ Als Herodes sah, daß er von den Magiern hintergangen war, wurde er sehr zornig, schickte hin und ließ in Betlehem und in seiner ganzen Umgebung alle Knaben von zwei Jahren und darunter ermorden, entsprechend der Zeit, die er von den Magiern genau erfragt hatte. ¹⁷ Da erfüllte sich, was gesagt ist durch den Propheten Jeremia: ¹⁸ ›Eine Stimme wurde gehört zu Rama, viel Weinen und Klagen; Rahel beweint ihre Kinder und will sich nicht trösten lassen, da sie nicht mehr sind‹ (Jer 31,15).

Rückkehr nach Nazaret. ¹⁹ Nachdem aber Herodes gestorben war, siehe, da erschien ein Engel des Herrn im Traum dem Josef in Ägypten ²⁰ und sprach: »Steh auf, nimm das Kind und seine Mutter und zieh in das Land Israel; denn die dem Kind nach dem Leben trachteten, sind gestorben.« ²¹ Da stand er auf, nahm das Kind und seine Mutter und zog in das Land Israel.

²² Als er aber hörte, daß Archelaus anstelle seines Vaters Herodes in Judäa regiere, fürchtete er sich, dorthin zu gehen, und zog, nachdem er im Traum Weisung erhalten hatte, in das Gebiet von Galiläa. ²³ Dort angekommen, nahm er Aufenthalt in einer Stadt, die Nazaret heißt, damit erfüllt würde, was gesagt ist durch die Propheten: Er wird Nazoräer genannt werden.

2,18: Das Grab der Stammutter Rahel ist in der Nähe von Betlehem.
2,22: Josef wollte nach unserem Bericht zuerst wohl dauernd in Betlehem, seiner Heimat, Lk 2,4, bleiben, läßt sich aber dann wegen des unberechenbaren Archelaus in Nazaret, der Heimat Marias, Lk 1,26, nieder. Bei Lukas kommt diese Absicht nicht so zum Ausdruck. Dort scheint nur ein vorübergehender Aufenthalt in Betlehem gemeint zu sein im Zusammenhang mit der Volkszählung. Auch der Aufenthalt in Ägypten ist dort nicht erwähnt (vgl. Lk 2,4ff. 39).
2,23: Wohl eine freie Ausdeutung des hebräischen »nezer« (Reis, Sproß) Jes 11,1, als Bezeichnung des Messias; vgl. Jes 4,2; Jer 23,5; 33,15; Sach 3,8; 6,12, wo der Messias ebenfalls als »Sproß« bezeichnet wird, wenn auch mit dem hebr. Wort »zemach«.

Einführung Jesu in sein Messiasamt

3. Kapitel

Der Wegbereiter: Johannes der Täufer. ¹ In jenen Tagen trat Johannes der Täufer auf, predigte in der Wüste von Judäa ² und sprach: »Bekehrt euch, denn genaht hat sich das Reich des Himmels.« ³ Dieser nämlich ist es, von dem durch den Propheten Jesaja gesagt ist: ›Eine Stimme ruft in der Wüste: Bereitet den Weg des Herrn; macht ihm zurecht seine Straßen‹ (Jes 40,3). ⁴ Er aber, Johannes, trug ein Kleid von Kamelhaaren und ›einen ledernen Gürtel um seine Lende‹ (2 Kg 1,8), und seine Nahrung waren Heuschrecken und wilder Honig. ⁵ Da zogen sie aus Jerusalem und ganz Judäa und der ganzen Gegend am Jordan zu ihm hinaus ⁶ und ließen sich im Jordanfluß von ihm taufen und bekannten ihre Sünden.

⁷ Als er aber viele Pharisäer und Sadduzäer zu seiner Taufe kommen sah, sagte er zu ihnen: »Ihr Natternbrut! Wer hat euch gelehrt, dem kommenden Zorngericht zu entfliehen? ⁸ Bringt darum Frucht, die der Bekehrung entspricht, ⁹ und bildet euch nicht ein, euch vorsagen zu dürfen: Wir haben Abraham zum Vater! Denn ich sage euch: Gott kann aus diesen Steinen dem Abraham Kinder erwecken. ¹⁰ Schon ist die Axt an die Wurzel der Bäume gesetzt. Jeder Baum, der nicht gute Frucht bringt, wird herausgehauen und ins Feuer geworfen.

¹¹ Ich taufe euch mit Wasser zur Bekehrung; der aber nach mir kommt, ist stärker als ich; ich bin nicht würdig, ihm die Schuhe zu tragen. Der wird euch taufen mit heiligem Geist und mit Feuer. ¹² Die Wurfschaufel hat er in seiner Hand, und säubern wird er seine Tenne; seinen Weizen wird er sammeln in den Speicher, die Spreu aber verbrennen in unauslöschlichem Feuer.«

3,1–12: Vgl. Mk 1,2–8; Lk 3,1–18; Joh 1,19–28.
3,2: »Bekehrt euch« (»denkt um«) wird sinngemäß oft auch übersetzt: »Tut Buße!« »Reich des Himmels« (»Himmelreich« = »Reich Gottes«, »Gottesreich« bei Mk, Lk) meint die mit Christus kommende Königsherrschaft Gottes, die im AT verheißen war und ihre Vollendung am Ende dieser Weltzeit finden wird.
3,9: Die Juden erwarteten für sich allein, auf Grund ihrer leiblichen Abstammung von Abraham, das messianische Heil und damit die Rettung im Endgericht. Johannes lehnte diese Privilegienstimmung ab mit der Forderung nach innerer, geistiger Erneuerung.

Taufe Jesu. ¹³ Da kam Jesus aus Galiläa an den Jordan zu Johannes, um sich taufen zu lassen von ihm. ¹⁴ Johannes aber hielt ihn zurück und sprach: »Ich habe nötig, von dir getauft zu werden, und du kommst zu mir?« ¹⁵ Jesus antwortete ihm: »Laß es jetzt geschehen; denn so ziemt es uns, daß wir alle Gerechtigkeit erfüllen.« Da ließ er ihn zu.
¹⁶ Als Jesus getauft war, stieg er sogleich aus dem Wasser herauf, und siehe, es öffnete sich ihm der Himmel, und er sah den Geist Gottes wie eine Taube herabsteigen und über sich kommen. ¹⁷ Und siehe, eine Stimme vom Himmel sprach: »Dieser ist mein geliebter Sohn, an dem ich Wohlgefallen habe.«

4. Kapitel

Versuchung. ¹ Darauf wurde Jesus vom Geist in die Wüste hinaufgeführt, um versucht zu werden vom Teufel. ² Nachdem er vierzig Tage und vierzig Nächte gefastet hatte, hungerte ihn zuletzt. ³ Da trat der Versucher hinzu und sagte zu ihm: »Bist du Gottes Sohn, so sag, daß diese Steine Brote werden.« ⁴ Er aber antwortete: »Es steht geschrieben: ›Nicht nur von Brot lebt der Mensch, sondern von jedem Wort, das hervorgeht aus dem Mund Gottes‹ (Dt 8,3).«
⁵ Dann nahm ihn der Teufel mit in die Heilige Stadt, stellte ihn auf die Zinne des Tempels ⁶ und sagte zu ihm: »Bist du Gottes Sohn, so stürz dich hinab; denn es steht geschrieben: ›Seinen Engeln wird er deinetwegen befehlen, und sie werden dich auf Händen tragen, damit du nicht an einen Stein deinen Fuß stoßest‹ (Ps 91,11f).« ⁷ Jesus aber entgegnete ihm: »Wiederum steht geschrieben: ›Du sollst den Herrn, deinen Gott, nicht versuchen‹ (Dt 6,16).«
⁸ Abermals nahm ihn der Teufel mit sich auf einen sehr hohen Berg, zeigte ihm alle Reiche der Welt und ihre Herrlichkeit ⁹ und sagte zu ihm: »Dies alles will ich dir geben, wenn du niederfällst und mich anbetest.« ¹⁰ Da entgegnete ihm Jesus: »Weiche, Satan! Denn es steht geschrieben: ›Den Herrn, deinen Gott, sollst du anbeten und ihm allein dienen‹ (Dt 6,13).«
¹¹ Darauf ließ der Teufel von ihm ab, und siehe, Engel traten hinzu und dienten ihm.

3,13–17: Vgl. Mk 1,9–11; Lk 3,21f; Joh 1,29–34.
4,1–11: Vgl. Mk 1,12f; Lk 4,1–13. Die Versuchungsgeschichte zeigt die Treue Jesu zu seinem wahren Messiasideal des Gehorsams und Verzichtes gegenüber den von vielen Juden, zum Teil auch von seinen Jüngern, gehegten irdisch-politischen Erwartungen.

Mattäus 4,12–25

In Galiläa

In Kafarnaum. ¹² Als er aber vernahm, daß Johannes verhaftet worden sei, zog er sich nach Galiläa zurück. ¹³ Er verließ Nazaret, kam nach Kafarnaum, am See gelegen, im Gebiet von Sebulon und Naftali, und nahm dort seinen Wohnsitz. ¹⁴ So wurde erfüllt, was gesagt ist durch den Propheten Jesaja: ¹⁵ ›Das Land Sebulon und das Land Naftali, am See gelegen, jenseits des Jordan, das Galiläa der Heiden, ¹⁶ das Volk, das im Finstern sitzt, sah ein großes Licht, und über denen, die im Land und im Schatten des Todes sitzen, ist ein Licht aufgegangen‹ (Jes 8,23 f; 9,1). ¹⁷ Von dieser Zeit an begann Jesus zu künden und zu rufen: »Bekehrt euch, denn genaht hat sich das Reich des Himmels.«

Die ersten Jünger. ¹⁸ Als er am Ufer des Sees von Galiläa entlangging, sah er zwei Brüder, Simon, der Petrus genannt wird, und Andreas, seinen Bruder, wie sie das Netz in den See warfen; sie waren nämlich Fischer. ¹⁹ Und er sagte zu ihnen: »Kommt, folgt mir nach, und ich werde euch zu Menschenfischern machen!« ²⁰ Sie verließen sogleich ihre Netze und folgten ihm nach.
²¹ Als er von dort weiterging, sah er zwei andere Brüder, Jakobus, den Sohn des Zebedäus, und Johannes, seinen Bruder, wie sie im Schiff mit Zebedäus, ihrem Vater, ihre Netze zurechtmachten, und er rief sie. ²² Sie verließen sogleich das Schiff und ihren Vater und folgten ihm nach.

Das erste Wirken. ²³ Jesus durchwanderte ganz Galiläa, lehrte in ihren Synagogen, predigte das Evangelium vom Reich und heilte jede Krankheit und jedes Gebrechen im Volk. ²⁴ Der Ruf über ihn ging über ganz Syrien hin, und sie brachten zu ihm alle, die leidend waren, behaftet mit verschiedenen Krankheiten und Plagen: Besessene, Mondsüchtige und Gelähmte, und er heilte sie. ²⁵ Es folgte ihm viel Volk aus Galiläa, aus der Dekapolis, aus Jerusalem, aus Judäa und von jenseits des Jordan.

4,18–22: Vgl. Mk 1,16–20; Lk 5,1–11. – Joh 1,35–51 zeigt, daß dieser Berufung am See schon eine frühere Begegnung vorausgegangen war.

Mattäus 5,1–14

Bergpredigt

5. Kapitel

Seligpreisung der Berufenen. ¹ Als er die Scharen sah, stieg er auf den Berg, und nachdem er sich gesetzt hatte, traten seine Jünger zu ihm, ² und er tat seinen Mund auf, lehrte sie und sprach:
³ »Selig, die arm sind in ihrem Geist,
denn ihrer ist das Himmelreich.
⁴ Selig die Trauernden,
denn sie werden getröstet werden.
⁵ Selig die Machtlosen,
denn sie werden das Land erben.
⁶ Selig, die hungern und dürsten nach der Gerechtigkeit,
denn sie werden gesättigt werden.
⁷ Selig die Barmherzigen,
denn sie werden Erbarmen finden.
⁸ Selig, die rein sind im Herzen,
denn sie werden Gott schauen.
⁹ Selig die Friedenstifter,
denn sie werden Söhne Gottes genannt werden.
¹⁰ Selig, die Verfolgung leiden um der Gerechtigkeit willen,
denn ihrer ist das Himmelreich.
¹¹ Selig seid ihr, wenn sie euch schmähen und verfolgen und lügnerisch alles Böse gegen euch sagen um meinetwillen.
¹² Freut euch und frohlockt, denn euer Lohn ist groß im Himmel. Ebenso nämlich haben sie die Propheten verfolgt, die vor euch waren.

Jüngerberuf. ¹³ Ihr seid das Salz der Erde. Ist das Salz schal geworden, womit soll man es salzen? Es taugt zu nichts weiter, als daß es hinausgeworfen und zertreten wird von den Menschen. ¹⁴ Ihr seid das Licht der Welt. Es kann eine Stadt

---

5,1–7,29: Vgl. Lk 6,20–49. In der Bergpredigt bietet Mt in kurzer Zusammenordnung die Grundgedanken der ersten Predigt Jesu, vor allem in ihrem Unterschied zu der von den pharisäischen Schriftgelehrten vertretenen Gesetzesauffassung und Lebenshaltung. Zugleich ist sie eine Rechtfertigung gegenüber dem von den Schriftgelehrten erhobenen Vorwurf, daß Jesu Botschaft das alttestamentliche Gesetz aufhebe. Jesus zeigt seine Forderungen als höchste Vollendung des richtig verstandenen Gesetzes.
5,3: Wörtlich: »Selig die Armen im Geist«, d. h. seligzupreisen sind alle, die sich im Gegensatz zu den selbstbewußten Pharisäern von innen her arm wissen; sie werden den Segen des Himmelreichs erfahren, wie schon Jes 61,1 (vgl. Lk 4,18) vorhergesagt hat.

nicht verborgen bleiben, die droben auf dem Berg liegt.
[15] Auch zündet man nicht eine Lampe an und stellt sie unter den Scheffel, sondern auf den Leuchter, damit sie allen leuchtet, die im Hause sind. [16] So leuchte euer Licht vor den Menschen, damit sie euer gutes Wirken sehen und euren Vater preisen, der im Himmel ist.

Himmelreich und Gesetz. [17] Denkt nicht, ich sei gekommen, das Gesetz oder die Propheten aufzuheben. Ich bin nicht gekommen aufzuheben, sondern zu erfüllen. [18] Denn wahrlich, ich sage euch: Bis der Himmel und die Erde vergehen, wird nicht ein einziges Jota oder ein einziges Häkchen vom Gesetz vergehen, bis alles geschehen ist.

[19] Wer daher eines von diesen kleinsten Geboten aufhebt und so die Menschen lehrt, der wird als Kleinster gelten im Himmelreich; wer sich aber im Tun und Lehren an sie hält, wird als Großer gelten im Himmelreich. [20] Denn ich sage euch: Wenn eure Gerechtigkeit nicht viel vollkommener sein wird als die der Schriftgelehrten und Pharisäer, werdet ihr nicht hineinkommen das Himmelreich.

Versöhnende Liebe. [21] Ihr habt gehört, daß gesagt wurde zu den Alten: ›Du sollst nicht töten!‹ (Ex 20,13; Dt 5,17). Wer tötet, wird dem Gericht verfallen sein. [22] Ich aber sage euch: Jeder, der seinem Bruder zürnt, wird dem Gericht verfallen sein. Wer zu seinem Bruder sagt: Du Tor! wird dem Hohen Rat verfallen sein; wer sagt: Du Narr! wird der Feuerhölle verfallen sein.

[23] Wenn du daher deine Gabe zum Altar bringst und dich dort erinnerst, daß dein Bruder etwas gegen dich hat, [24] so laß deine Gabe dort vor dem Altar und geh zuerst hin und versöhne dich mit deinem Bruder, und dann komm und opfere deine Gabe! [25] Verständige dich mit deinem Gegner ohne Zögern, solange du noch mit ihm auf dem Weg bist, damit dich

---

5,13–16: Vgl. Mk 9,50; 4,21; Lk 14,34f; 8,16; 11,33. Wie ein verdorbenes Salz völlig wertlos geworden ist, so auch der seiner Aufgabe untreu gewordene Jünger, der rettend und erhaltend wirken sollte. Ist er treu, wirkt er wie eine hochgelegene Stadt und wie ein Licht, nämlich durch sein strahlendes Beispiel.
5,17–20: Jesus verwahrt sich gegen den Vorwurf des Umsturzes. Sein Gottesreich fordert Vertiefung und Vollendung.
5,21–48: Die sechs »Antithesen« erläutern das Wort von 5,17f.
5,21–26: Die Bereitschaft zum Frieden ist Voraussetzung der Zugehörigkeit zum Gottesreich. Das wollen diese, im einzelnen nicht wörtlich anwendbaren Beispiele sagen.

nicht der Gegner dem Richter und der Richter dem Gerichtsdiener übergibt und du in den Kerker geworfen wirst. ²⁶ Wahrlich, ich sage dir: Du kommst nicht heraus von dort, bis du den letzten Pfennig bezahlt hast.

Heiligkeit der Ehe. ²⁷ Ihr habt gehört, daß gesagt wurde [zu den Alten]: ›Du sollst nicht ehebrechen!‹ (Ex 20,14; Dt 5,18). ²⁸ Ich aber sage euch: Ein jeder, der eine Frau anblickt mit begehrlicher Absicht, hat schon die Ehe mit ihr gebrochen in seinem Herzen.

²⁹ Wenn dir dein rechtes Auge zum Ärgernis wird, so reiß es aus und wirf es von dir; denn es ist besser für dich, daß eines deiner Glieder verlorengehe, als daß dein ganzer Leib in die Hölle geworfen werde. ³⁰ Wenn dir deine rechte Hand zum Ärgernis wird, so hau sie ab und wirf sie von dir; denn es ist besser für dich, daß eines deiner Glieder verlorengehe, als daß dein ganzer Leib in die Hölle fahre.

Unauflösbarkeit. ³¹ Es wurde auch gesagt: ›Wer seine Frau entläßt, gebe ihr einen Scheidebrief‹ (Dt 24,1). ³² Ich aber sage euch: Ein jeder, der seine Frau entläßt – außer achtgelassen den Grund der Unzucht (Dt 24,1)! –, macht sie zur Ehebrecherin, und wer eine Entlassene heiratet, bricht die Ehe.

Wahrhaftigkeit. ³³ Wiederum habt ihr gehört, daß gesagt wurde zu den Alten: ›Du sollst nicht falsch schwören‹ (Lev 19,12); ›Du sollst dem Herrn deine Schwüre halten‹ (Num 30,3; Dt 23,22). ³⁴ Ich aber sage euch: Schwört überhaupt nicht, auch nicht beim Himmel, denn er ist ›der Thron Gottes‹, ³⁵ auch nicht bei der Erde, denn sie ist ›der Schemel seiner Füße‹ (Jes 66,1), auch nicht bei Jerusalem, denn es ist ›die Stadt des großen Königs‹ (Ps 48,3). ³⁶ Auch nicht bei deinem Haupt sollst du schwören, weil du nicht ein einziges Haar

---

5,29–30: Vgl. Mt 18,8 f. »Ärgernis« bedeutet hier Veranlassung zur Sünde.
5,32: Mit der nur bei Mt (vgl. 19,9) sich findenden Einschiebung will vermutlich der um die jüdische Kasuistik wissende Evangelist darauf hinweisen, daß bei der eindeutigen Forderung nach Unauflösbarkeit der Ehe auch nicht mehr die Scheidungsgründe gelten, die von den Schriftgelehrten in der verschiedenen Ausdeutung von Dt 24,1 angenommen wurden. Eine Einschränkung der Forderung Jesu im Fall von Ehebruch (= »Unzucht«) würde den Idealen der Bergpredigt widersprechen, wie auch der eindeutigen Formulierung bei Mk 10,11; Lk 16,18; 1 Kor 7,10. Unsere Übersetzung versucht den Sinn der eingeschobenen, wörtlich nicht eindeutig zu fassenden Klausel zu geben.
5,33–37: Mag damit auch der Eid nicht absolut verboten sein (vgl. Hebr 6,16), so bleibt er doch ein Zeichen, daß das Böse, d. h. Lüge und Mißtrauen, noch nicht überwunden ist.

weiß machen kannst oder schwarz. ³⁷ Es sei euer Jawort ein Ja, euer Nein ein Nein. Was darüber hinausgeht, ist vom Bösen.

Selbstloser Verzicht. ³⁸ Ihr habt gehört, daß gesagt wurde: ›Auge um Auge, Zahn um Zahn‹ (Ex 21,24; Dt 19,21). ³⁹ Ich aber sage euch: Streitet nicht mit dem Bösen, sondern wer dich auf deine rechte Wange schlägt, dem halte auch die andere hin! ⁴⁰ Und wer dich vor Gericht bringen und deinen Leibrock nehmen will, dem laß auch den Mantel! ⁴¹ Und wer dich nötigt zu einer einzigen Meile, mit dem gehe zwei! ⁴² Wer dich bittet, dem gib, und wer von dir borgen will, den weise nicht ab!

Liebe ohne Schranken. ⁴³ Ihr habt gehört, daß gesagt wurde: ›Du sollst deinen Nächsten lieben‹ (Lev 19,18) und deinen Feind hassen. ⁴⁴ Ich aber sage euch: Liebt eure Feinde [tut Gutes denen, die euch hassen,] und betet für sie, die euch verfolgen [und verleumden], ⁴⁵ auf daß ihr Söhne eures Vaters im Himmel werdet; denn er läßt seine Sonne aufgehen über Böse und Gute und läßt regnen über Gerechte und Ungerechte. ⁴⁶ Denn wenn ihr die liebt, die euch lieben, welchen Lohn habt ihr? Tun nicht auch die Zöllner das gleiche? ⁴⁷ Und wenn ihr nur eure Brüder grüßt, was tut ihr Besonderes? Tun nicht auch die Heiden das gleiche? ⁴⁸ Seid also vollkommen, wie euer Vater im Himmel vollkommen ist!

6. Kapitel

Vom Almosengeben. ¹ Gebt acht, daß ihr eure Gerechtigkeit nicht vor den Menschen tut, um euch ihnen zur Schau zu stellen; sonst habt ihr keinen Lohn bei eurem Vater im Himmel. ² Wenn du daher Almosen gibst, so posaune nicht vor dir her, wie die Heuchler in den Synagogen und auf den Straßen tun, damit sie gepriesen werden von den Menschen. Wahrlich, ich sage euch: Sie haben ihren Lohn empfangen. ³ Wenn aber du Almosen gibst, so soll deine Linke nicht wissen, was deine Rechte tut, ⁴ damit dein Almosen im Verborgenen sei; und dein Vater, der im Verborgenen sieht, wird dir vergelten.

5,38–42: Stellt wie beim Eid das Ideal dar, ohne buchstäbliche Verpflichtung (vgl. Joh 18,22). Würden freilich alle Menschen danach handeln, wäre wahrer Friede in der Welt.
5,43–48: »Nächster« war für den Juden meist nur der »Volksgenosse«. Das Evangelium kennt keine Schranken, vgl. Lk 10,29–37.

Vom Beten. ⁵ Und wenn ihr betet, sollt ihr nicht sein wie die Heuchler; denn sie stehen gern in den Synagogen und an den Straßenecken und beten, damit sie gesehen werden von den Menschen. Wahrlich, ich sage euch: Sie haben ihren Lohn empfangen. ⁶ Wenn aber du betest, so ›geh in deine Kammer, schließ die Türe zu‹ (Jes 26,20; 2 Kg 4,33) und bete zu deinem Vater im Verborgenen; und dein Vater, der im Verborgenen sieht, wird dir vergelten.
⁷ Wenn ihr aber betet, sollt ihr nicht plappern wie die Heiden, die sich einbilden, daß sie erhört werden, wenn sie viele Worte machen. ⁸ Werdet daher nicht wie sie; denn euer Vater weiß, was ihr nötig habt, ehe ihr ihn bittet.
⁹ So nun sollt ihr beten: Unser Vater im Himmel, geheiligt werde dein Name. ¹⁰ Dein Reich komme. Dein Wille geschehe, wie im Himmel so auf Erden. ¹¹ Unser tägliches Brot gib uns heute. ¹² Und vergib uns unsere Schulden, wie auch wir vergeben haben unsern Schuldnern. ¹³ Und führe uns nicht in Versuchung, sondern bewahre uns vor dem Bösen. [Amen.]
¹⁴ Denn wenn ihr den Menschen ihre Fehler vergebt, wird auch euch euer himmlischer Vater [eure Vergehen] vergeben. ¹⁵ Wenn ihr aber den Menschen nicht vergebt, wird auch euer Vater eure Verfehlungen nicht vergeben.
Vom Fasten. ¹⁶ Wenn ihr fastet, schaut nicht finster drein wie die Heuchler; denn diese entstellen ihr Gesicht, damit die Menschen sehen, daß sie fasten. Wahrlich, ich sage euch: Sie haben ihren Lohn empfangen. ¹⁷ Wenn aber du fastest, so salbe dein Haupt und wasche dein Gesicht, ¹⁸ damit du mit deinem Fasten nicht auffällst vor den Menschen, sondern vor deinem Vater, der im Verborgenen ist; und dein Vater, der im Verborgenen sieht, wird dir vergelten.
Mammonsdienst. ¹⁹ Sammelt euch nicht Schätze auf Erden, wo Motte und Rost sie verzehren und wo Diebe einbrechen und stehlen; ²⁰ sondern sammelt euch Schätze im Himmel, wo weder Motte noch Rost sie verzehren und wo Diebe nicht einbrechen und stehlen. ²¹ Denn wo dein Schatz ist, da wird auch dein Herz sein.

6,5–15: Damit ist nicht jeder öffentliche Gottesdienst abgelehnt, sondern die pharisäische Zurschaustellung religiösen Handelns. Zum Vaterunser, in dem Jesus die Grundanliegen christlichen Betens formuliert hat, vgl. Lk 11,1–4 mit kürzerer und etwas anderer Fassung.
6,20: Statt »Rost« übersetzt man auch »Wurm« (wörtlich: Fraß).

Mattäus 6,22–7,2

²² Die Leuchte deines Leibes ist dein Auge; ist nun dein Auge klar, wird dein ganzer Leib im Lichte sein; ²³ ist aber dein Auge schlecht, wird dein ganzer Leib im Finstern sein. Wenn darum das Licht, das in dir ist, Finsternis ist, was mag das für eine Finsternis sein!
²⁴ Niemand kann zwei Herren dienen; denn entweder wird er den einen hassen und den andern lieben; oder er wird sich dem einen zuneigen und den andern verachten. Ihr könnt nicht Gott dienen und dem Mammon.
Unnötige Sorge. ²⁵ Darum sage ich euch: Macht euch nicht Sorge für euer Leben, was ihr essen oder trinken, noch für euren Leib, was ihr anziehen werdet. Ist nicht das Leben mehr als die Speise und der Leib mehr als die Kleidung?
²⁶ Seht auf die Vögel des Himmels! Sie säen nicht, sie ernten nicht, sie sammeln nicht in die Speicher, und euer himmlischer Vater ernährt sie. Seid ihr nicht viel wertvoller als sie?
²⁷ Wer unter euch vermag mit seinen Sorgen seinem Lebensweg eine einzige Elle hinzuzufügen?
²⁸ Und was macht ihr euch Sorge um die Kleidung? Betrachtet die Lilien des Feldes, wie sie wachsen! Sie arbeiten nicht und spinnen nicht, ²⁹ und doch sage ich euch: Selbst Salomo in all seiner Pracht war nicht gekleidet wie eine von ihnen. ³⁰ Wenn nun Gott das Gras des Feldes, das heute steht und morgen in den Ofen geworfen wird, so kleidet, wieviel mehr euch, ihr Kleingläubigen!
³¹ Macht euch also nicht Sorge und sagt nicht: Was werden wir essen, was werden wir trinken, womit werden wir uns bekleiden? ³² Denn nach all dem trachten die Heiden. Euer Vater im Himmel weiß ja, daß ihr all dessen bedürft. ³³ Sucht zuerst sein Reich und seine Gerechtigkeit, und dies alles wird euch dazugegeben werden. ³⁴ Macht euch daher nicht Sorge für den morgigen Tag; denn der morgige Tag wird für sich selber sorgen. Jedem Tag genügt seine Plage.

7. Kapitel
Verkehrtes Richten. ¹ Richtet nicht, damit ihr nicht gerichtet werdet. ² Denn mit dem Urteil, mit dem ihr richtet, werdet ihr

---

6,23: »Schlecht« ist ein doppelsichtiges Auge als Sinnbild für das doppelstrebige »Herz« (6,21), im Unterschied zum »klaren« (»gesunden«, wörtlich: »einfachen«) Auge, das einzig auf Gott gerichtet ist, nicht zugleich auf den Mammon.
6,25–34: Will nur das volle Gottvertrauen wecken, nicht aber geordnete Arbeit und Vorsorge ablehnen, vgl. Lk 12,22–31.
7,1–5: Vgl. Mk 4,24; Lk 6,37.41 f.

Mattäus 7,3–17

gerichtet werden, und mit dem Maß, mit dem ihr meßt, wird euch gemessen werden. ³ Was siehst du den Splitter im Auge deines Bruders, und den Balken in deinem Auge beachtest du nicht? ⁴ Oder wie kannst du deinem Bruder sagen: Laß mich den Splitter aus deinem Auge ziehen, und siehe, in deinem Auge ist der Balken? ⁵ Du Heuchler! Zieh erst den Balken aus deinem Auge, und dann sieh zu, wie du den Splitter aus deines Bruders Auge ziehst!
⁶ Gebt das Heilige nicht den Hunden und werft eure Perlen nicht vor die Schweine, denn sie könnten sie zusammentreten mit ihren Füßen und sich umwenden und euch zerreißen.
Betende Zuversicht. ⁷ Bittet, und es wird euch gegeben werden; sucht, und ihr werdet finden; klopft an, und es wird euch aufgetan werden! ⁸ Denn jeder, der bittet, empfängt, und wer sucht, der findet, und wer anklopft, dem wird aufgetan werden. ⁹ Oder wer ist unter euch, der seinem Sohn, wenn er um Brot ihn bittet, einen Stein gäbe? ¹⁰ Oder, wenn er um einen Fisch bittet, ihm eine Schlange gäbe? ¹¹ Wenn nun ihr, die ihr böse seid, euren Kindern gute Gaben zu geben wißt, um wieviel mehr wird euer Vater im Himmel denen Gutes geben, die ihn bitten!
Goldene Regel. ¹² Alles nun, was ihr von den Menschen für euch erwartet, sollt auch ihr ihnen tun; denn das ist das Gesetz und die Propheten.
Klare Entscheidung. ¹³ Geht hinein durch das enge Tor! Denn weit ist das Tor, und breit ist der Weg, der ins Verderben führt, und viele sind es, die hineingehen auf ihm. ¹⁴ Eng aber ist das Tor und schmal ist der Weg, der zum Leben führt, und wenige sind es, die ihn finden.
¹⁵ Hütet euch vor den falschen Propheten, die in Schafskleidern zu euch kommen; inwendig sind sie reißende Wölfe. ¹⁶ An ihren Früchten werdet ihr sie erkennen. Sammelt man denn Trauben von Dornen oder Feigen von Disteln? ¹⁷ So bringt jeder gute Baum gute Früchte, der schlechte Baum

---

7,6: Die Warnung vor falschem Urteil schließt vernünftiges Unterscheiden, besonders beim Weitergeben der heiligen Güter des Gottesreiches, nicht aus.
7,7–12: Vgl. Lk 11,9–13, weist den Weg zur Verwirklichung der Ideale der Bergpredigt: das vertrauensvolle Beten und die Weisheit der sog. »Goldenen Regel« in 7,12, der kürzesten Zusammenfassung aller Gebote. Vgl. Tob 4,15.
7,13–20: Zwei Gefahren: der Trieb der Masse und die Verführung durch falsche Propheten bedrohen den äußerlich unscheinbaren Weg ins Gottesreich.

aber bringt schlechte Früchte. ¹⁸ Ein guter Baum kann nicht schlechte Früchte bringen, und ein schlechter Baum kann nicht gute Früchte bringen. ¹⁹ Jeder Baum, der nicht gute Früchte bringt, wird herausgehauen und ins Feuer geworfen. ²⁰ An ihren Früchten also werdet ihr sie erkennen.

Wahre Gefolgschaft. ²¹ Nicht jeder, der zu mir sagt: Herr, Herr! wird eingehen in das Himmelreich, sondern wer den Willen meines Vaters tut, der im Himmel ist [, der wird eingehen in das Himmelreich]. ²² Viele werden an jenem Tag zu mir sagen: Herr, Herr, haben wir nicht geweissagt in deinem Namen? Haben wir nicht Dämonen ausgetrieben in deinem Namen? Haben wir nicht viele Wunder gewirkt in deinem Namen? ²³ Alsdann werde ich ihnen offen erklären: Ich habe euch niemals gekannt; weichet von mir, die ihr die Werke des Bösen tut!

Bewährung. ²⁴ Jeder nun, der diese meine Worte hört und danach handelt, wird gleich sein einem klugen Mann, der sein Haus auf den Felsen baute. ²⁵ Es fiel der Platzregen, es kamen die Wasserbäche, es brausten die Winde und stießen an jenes Haus, aber es stürzte nicht ein; denn auf Felsengrund war es gebaut.

²⁶ Jeder, der diese meine Worte hört und nicht danach handelt, wird gleich sein einem törichten Mann, der sein Haus auf den Sand baute. ²⁷ Es fiel der Platzregen, es kamen die Wasserbäche, es brausten die Winde und stießen an jenes Haus, und es stürzte ein, und sein Zusammenbruch war gewaltig.«

²⁸ Und es geschah, als Jesus diese Reden beendet hatte, da waren die Scharen außer sich über seine Lehre; ²⁹ denn er lehrte sie wie einer, der Macht hat, und nicht wie ihre Schriftgelehrten [und Pharisäer].

Jesus, der machtvolle Helfer

8. Kapitel

Heilung eines Aussätzigen. ¹ Als er herabstieg vom Berg, zog das Volk in großer Schar hinter ihm her. ² Und siehe, ein Aussätziger kam, fiel vor ihm nieder und bat: »Herr, wenn du willst, kannst du mich rein machen.« ³ Da streckte er seine Hand aus, rührte ihn an und sprach: »Ich will, werde rein!« Und sogleich wurde er rein von seinem Aussatz. ⁴ Und Jesus sagte zu ihm: »Sieh zu, daß du es niemand sagst; sondern geh

---

7,21–29: Vgl. Lk 6,46–49; 13,26 f.
8,1–4: Vgl. Mk 1,40–45; Lk 5,12–14.

hin, zeig dich dem Priester und opfere die Gabe, die Mose angeordnet hat, ihnen zum Zeugnis« (Lev 14,2).
Der Hauptmann von Kafarnaum. ⁵ Als er nach Kafarnaum hineinkam, trat ein Hauptmann vor ihn und bat ihn: ⁶ »Herr, mein Knecht liegt gelähmt zu Hause und leidet große Qual.« ⁷ Er sagte zu ihm: »Ich will kommen und ihn gesund machen.« ⁸ Der Hauptmann erwiderte: »Herr, ich bin nicht würdig, daß du eingehst unter mein Dach, aber sprich nur ein Wort, und mein Knecht wird gesund. ⁹ Denn auch ich habe, bin ich auch ein der Obrigkeit unterstellter Mann, Soldaten unter mir, und sag ich zum einen: Geh! so geht er, und zum andern: Komm! so kommt er, und zu meinem Knecht: Tu das! so tut er es.«
¹⁰ Als Jesus das hörte, wunderte er sich und sprach zu denen, die ihm folgten: »Wahrlich, ich sage euch, einen so großen Glauben fand ich bei keinem in Israel! ¹¹ Ich sage euch: Viele werden von Osten und Westen kommen und sich zu Tisch legen mit Abraham, Isaak und Jakob im Himmelreich, ¹² die Söhne des Reiches aber werden hinausgeworfen werden in die Finsternis draußen; dort wird Heulen sein und Zähneknirschen.« ¹³ Und zum Hauptmann sagte Jesus: »Geh hin! Wie du geglaubt hast, soll dir geschehen!« Und der Knecht wurde geheilt zu jener Stunde.
Viele andere Wunder. ¹⁴ Als Jesus in das Haus des Petrus kam, sah er, daß dessen Schwiegermutter an Fieber daniederlag. ¹⁵ Er nahm sie bei der Hand, und das Fieber verließ sie, und sie stand auf und bediente ihn.
¹⁶ Als es Abend wurde, brachten sie viele Besessene zu ihm, und er trieb durch sein Wort die Geister aus und machte alle Kranken gesund. ¹⁷ So erfüllte sich, was gesagt ist durch den Propheten Jesaja: ›Er nahm unsere Gebrechen fort und trug unsere Krankheiten‹ (Jes 53,4).
Ernst der Nachfolge. ¹⁸ Als Jesus viel Volk um sich sah, befahl er, hinüberzufahren ans andere Ufer. ¹⁹ Da trat ein Schriftge-

---

8,4: Das jüdische Gesetz schrieb die Feststellung der Reinigung durch die priesterliche Behörde vor, vgl. Lev 14,2–32.
8,5–13: Vgl. Lk 7,1–10. Im Glauben des heidnischen Hauptmannes sieht Jesus die kommende Weltkirche, die an die Stelle der Synagoge treten wird.
8,14–17: Vgl. Mk 1,29–34; Lk 4,38–41.
8,18–22: Vgl. Lk 9,57–60. Der Ausdruck »Menschensohn« ist eine von Jesus oft gebrauchte Selbstbezeichnung, die wohl anspielt auf Dan 7,13. Sie kennzeichnet zugleich Jesus als den neuen Adam (= Mensch) und damit den Begründer einer neuen Menschheit, vgl. 1 Kor 15,45 f. Wer in seine Gefolgschaft tritt, muß zu voller Hingabe bereit sein.

lehrter hinzu und sagte zu ihm: »Meister, ich will dir nachfolgen, wohin du auch gehst.« [20] Jesus entgegnete ihm: »Die Füchse haben Höhlen und die Vögel des Himmels Nester, der Menschensohn aber hat nichts, wohin er sein Haupt lege.«
[21] Ein anderer von den Jüngern sagte zu ihm: »Herr, laß mich zuvor hingehen und meinen Vater begraben!« [22] Jesus erwiderte ihm: »Folge mir nach und laß die Toten ihre Toten begraben!«

Macht über den Seesturm. [23] Er stieg in das Schiff, und seine Jünger folgten ihm. [24] Und siehe, es erhob sich ein großer Sturm auf dem See, so daß das Schiff bedeckt wurde von den Wogen. Er aber schlief. [25] Da traten sie hinzu, weckten ihn auf und riefen: »Herr, rette uns, wir gehen zugrunde!« [26] Er aber sagte zu ihnen: »Was seid ihr furchtsam, ihr Kleingläubigen?« Dann stand er auf, gebot den Winden und dem See, und es war große Stille. [27] Die Menschen staunten und sprachen: »Wer ist dieser, daß selbst die Winde und der See ihm gehorchen?«

Heilung von Besessenen. [28] Als er über den See kam, in das Gebiet der Gadarener, liefen ihm, aus den Grabkammern heraus, zwei Besessene entgegen, die überaus gewalttätig waren, so daß niemand vorbeizugehen vermochte auf jenem Weg. [29] Sie schrien: »Was willst du von uns, Sohn Gottes? Bist du hierhergekommen, uns vor der Zeit zu quälen?« [30] Entfernt von ihnen war eine große Herde von Schweinen auf der Weide.
[31] Da baten ihn die Dämonen: »Wenn du uns austreibst, so schick uns hinein in die Herde der Schweine!« [32] Er sagte zu ihnen: »Fahrt hin!« Und sie fuhren aus und fuhren in die Schweine, und siehe, es stürzte sich die ganze Herde den Abhang hinunter in den See und ertrank im Wasser. [33] Die Hirten aber flohen, eilten in die Stadt und erzählten alles und auch das von den Besessenen. [34] Da zog die ganze Stadt hinaus, Jesus entgegen, und als sie ihn sahen, baten sie ihn, er möge fortgehen aus ihrem Gebiet.

8,23—27: Vgl. Mk 4,35—41; Lk 8,22—25.
8,28—34: Vgl. Mk 5,1—20; Lk 8,26—39. Unter »Besessenheit« ist im Ev. nicht eine bloß natürliche seelische Störung, sondern eine tatsächliche Erfassung des Menschen durch den Satan verstanden, ohne daß damit eine Aussage über den sittlichen Zustand des Besessenen gemacht ist. Wo das Gottesreich anbrechen soll, zeigt sich der Satan besonders am Werk. Jesus offenbarte mit der Teufelsaustreibung seine höhere Macht als »Sohn Gottes«. Vgl. Mt 4,1—11, wo der Teufel mit diesem Titel Jesus versuchte.

9. Kapitel

Heilung eines Gelähmten. ¹ Er stieg in das Schiff, fuhr hinüber und kam in seine Stadt. ² Da brachten sie zu ihm einen Gelähmten, der auf einem Tragbett lag. Als Jesus ihren Glauben sah, sagte er zu dem Gelähmten: »Sei getrost, mein Sohn, deine Sünden sind vergeben!« ³ Und siehe, einige von den Schriftgelehrten sagten bei sich: »Dieser lästert!«
⁴ Jesus wußte um ihre Gedanken und sprach: »Warum denkt ihr Böses in euren Herzen? ⁵ Was ist denn leichter? Zu sagen: Vergeben sind deine Sünden, oder zu sagen: Steh auf und geh? ⁶ Ihr sollt aber wissen, daß der Menschensohn Macht hat, Sünden zu vergeben auf Erden«. Und er sagte zum Gelähmten: »Steh auf, nimm dein Bett und geh nach Hause!« ⁷ Und er stand auf und ging nach Hause. ⁸ Als die Leute dies sahen, fürchteten sie sich und priesen Gott, der solche Macht den Menschen verlieh.

Berufung des Mattäus. ⁹ Als Jesus von da weiterging, sah er einen Mann am Zollhaus sitzen, Mattäus mit Namen, und er sagte zu ihm: »Folge mir nach!« Da stand er auf und folgte ihm nach. ¹⁰ Und es begab sich, als er im Haus bei Tisch war, siehe, da kamen viele Zöllner und Sünder und ließen sich zusammen mit Jesus und seinen Jüngern nieder.
¹¹ Als die Pharisäer es sahen, sagten sie zu seinen Jüngern: »Warum ißt euer Meister mit den Zöllnern und Sündern?«
¹² Er aber hörte dies und sprach: »Nicht die Gesunden bedürfen des Arztes, sondern die Kranken. ¹³ Geht hin und lernt, was das heißt: ›Barmherzigkeit will ich und nicht Opfer‹ (Hos 6,6); denn ich bin nicht gekommen, Gerechte zu berufen, sondern Sünder.«

Die Fastenfrage. ¹⁴ Da kamen zu ihm die Jünger des Johannes und fragten: »Warum fasten wir und die Pharisäer [so viel], deine Jünger aber fasten nicht?« ¹⁵ Jesus antwortete ihnen: »Können denn die Freunde des Bräutigams trauern, solange bei ihnen der Bräutigam ist? Es werden aber Tage kommen, da ihnen der Bräutigam genommen ist; dann werden sie fasten.
¹⁶ Niemand setzt einen Fleck von ungewalktem Tuch auf ein altes Kleid; denn das Aufgesetzte reißt ab vom Kleid, und der

---

9,1–8: Vgl. Mk 2,1–12; Lk 5,17–26.
9,9–13: Vgl. Mk 2,13–17; Lk 5,27–32.
9,14–17: Vgl. Mk 2,18–22; Lk 5,33–39. Jesus lehnt nicht das Fasten ab, sondern die erstarrte Auffassung der Juden, mit der sich der neue Geist des Evangeliums nicht verträgt.

Riß wird ärger. ¹⁷ Auch füllt man nicht jungen Wein in alte Schläuche; sonst zerreißen die Schläuche, der Wein läuft aus, und die Schläuche gehen zugrunde. Sondern jungen Wein gießt man in neue Schläuche, und beide werden sich halten.«
Totenerweckung; Heilung einer Frau. ¹⁸ Während er das zu ihnen sagte, siehe, da trat ein Vorsteher hinzu, fiel vor ihm nieder und sprach: »[Herr,] meine Tochter ist soeben gestorben; doch komm, leg ihr deine Hand auf, und sie wird leben.« ¹⁹ Jesus stand auf und folgte ihm samt seinen Jüngern.
²⁰ Und siehe, eine Frau, die seit zwölf Jahren an Blutfluß litt, trat von rückwärts hinzu und berührte den Saum seines Kleides; ²¹ denn sie sagte sich: »Wenn ich nur sein Kleid berühre, werde ich gesund.« ²² Jesus wandte sich um, sah sie und sprach: »Sei getrost, Tochter! Dein Glaube hat dir geholfen.« Und die Frau war geheilt von jener Stunde an.
²³ Als Jesus in das Haus des Vorstehers kam und die Flötenspieler und das lärmende Volk sah, sagte er: ²⁴ »Geht fort, denn das Mädchen ist nicht gestorben, sondern es schläft.« Da verlachten sie ihn. ²⁵ Nachdem aber die Leute hinausgeschafft waren, ging er hinein, nahm die Hand des Mädchens, und es stand auf. ²⁶ Der Ruf davon verbreitete sich über jene ganze Gegend.
Heilung von zwei Blinden. ²⁷ Als Jesus von dort weiterging, folgten ihm zwei Blinde und schrien: »Erbarme dich unser, Sohn Davids!« ²⁸ Und als er nach Hause kam, traten die Blinden zu ihm, und Jesus sagte zu ihnen: »Glaubt ihr, daß ich dies tun kann?« Sie antworteten ihm: »Ja, Herr!« ²⁹ Da berührte er ihre Augen und sprach: »Nach eurem Glauben soll euch geschehen!« ³⁰ Es öffneten sich ihre Augen, und Jesus schärfte ihnen ein: »Seht zu, daß es niemand erfahre!« ³¹ Sie aber gingen hin und redeten von ihm in jenem ganzen Land.
Besessenenheilung. ³² Als diese weggingen, siehe, da brachten sie ihm einen Stummen, der besessen war. ³³ Und als der Dämon ausgetrieben war, redete der Stumme, und das Volk staunte und sprach: »Niemals hat man solches gesehen in Israel!« ³⁴ Die Pharisäer jedoch sagten: »Durch den Fürsten der Dämonen treibt er die Dämonen aus.«

9,18–26: Vgl. Mk 5,21–43; Lk 8,40–56. Eindrucksvolle Beispiele des wirksamen Glaubens wie der Wunderkraft Jesu. Flötenspiel und Lärm ist orientalische Art der Totenklage.
9,27–34: Vgl. 20,29–34 und 12,22–24; Lk 11,14 f; 18,35–43.

Wachsende Aufgaben. ³⁵ Jesus durchwanderte alle Städte und Dörfer, lehrte in ihren Synagogen, predigte das Evangelium vom Reich und heilte jede Krankheit und jedes Gebrechen. ³⁶ Als er das Volk sah, ergriff ihn Mitleid mit ihm; denn es war geplagt und preisgegeben wie Schafe, die keinen Hirten haben. ³⁷ Da sagte er zu seinen Jüngern: »Die Ernte ist groß, doch die Arbeiter sind wenige. ³⁸ Bittet daher den Herrn der Ernte, daß er Arbeiter aussende zu seiner Ernte.«

10. Kapitel

Wahl der Apostel. ¹ Er rief seine zwölf Jünger zu sich und gab ihnen Gewalt über die unreinen Geister, um sie auszutreiben und jede Krankheit zu heilen und jedes Gebrechen. ² Die Namen der zwölf Apostel sind diese: Als erster Simon, genannt Petrus, und Andreas, sein Bruder; Jakobus, der Sohn des Zebedäus, und Johannes, sein Bruder; ³ Philippus und Bartolomäus; Tomas und Mattäus, der Zöllner; Jakobus, der Sohn des Alfäus, und Taddäus; ⁴ Simon, der Kananäer, und Judas, der Iskariote, der ihn verriet.

Ihr Auftrag. ⁵ Diese Zwölf sandte Jesus aus und gebot ihnen: »Geht nicht den Weg zu den Heiden und betretet nicht eine Stadt der Samariter, ⁶ geht vielmehr zu den verlorenen Schafen des Hauses Israel! ⁷ Geht hin und verkündet: Genaht hat sich das Reich des Himmels. ⁸ Heilt Kranke, weckt Tote auf, macht Aussätzige rein, treibt Dämonen aus! Umsonst habt ihr empfangen, umsonst sollt ihr geben. ⁹ Verschafft euch weder Gold noch Silber, noch Kupfer für eure Gürtel, ¹⁰ auch keine Tasche für unterwegs, auch nicht zwei Röcke noch Schuhe noch Stab; denn der Arbeiter hat Recht auf seinen Unterhalt.

¹¹ Kommt ihr in eine Stadt oder ein Dorf, so fragt, wer darin würdig ist, und bleibt dort, bis ihr weiterzieht! ¹² Tretet ihr aber in das Haus, so sagt ihm den Gruß [: Friede diesem Haus]! ¹³ Und wenn das Haus würdig ist, soll euer Friede darauf kommen, ist es aber nicht würdig, so soll euer Friede zu euch zurückkehren. ¹⁴ Wenn man euch nicht aufnimmt und eure Worte nicht anhört, so geht fort von jenem Haus oder jener Stadt und schüttelt den Staub von euren Füßen! ¹⁵ Wahrlich, ich sage euch: Dem Land Sodom und Gomorra

---

10,1–15: Vgl. Mk 3,13–19; 6,7–13; Lk 6,13–16; 9,1–6; 10,1–12; Apg 1,13.
10,5f: Diese vorläufige Weisung steht nicht im Widerspruch zum späteren universalen Missionsauftrag (Mt 28,19f; Mk 16,15; Apg 1,8).

wird es erträglicher ergehen am Tag des Gerichts als jener Stadt.

Ihr Trost in der Drangsal. [16] Seht, ich sende euch wie Schafe mitten unter Wölfe. Seid daher klug wie die Schlangen und arglos wie die Tauben! [17] Nehmt euch in acht vor den Menschen; denn sie werden euch den Gerichten übergeben und in ihren Synagogen euch geißeln. [18] Vor Statthalter und Könige werdet ihr geführt werden um meinetwillen, ihnen und den Heiden zum Zeugnis.

[19] Wenn sie euch aber überliefern, so habt nicht Sorge, wie oder was ihr reden sollt, denn es wird euch in jener Stunde gegeben werden, was ihr zu sagen habt. [20] Denn nicht ihr seid es, die reden, sondern der Geist eures Vaters ist es, der in euch redet.

[21] Es wird aber der Bruder den Bruder in den Tod liefern und der Vater das Kind, und die Kinder werden sich auflehnen gegen die Eltern und sie in den Tod bringen. [22] Ihr werdet von allen gehaßt werden um meines Namens willen. Wer aber ausharrt bis ans Ende, der wird gerettet werden.

[23] Wenn sie euch in dieser Stadt verfolgen, so flieht in die andere! Wahrlich, ich sage euch: Ihr werdet nicht zu Ende sein mit den Städten Israels, bis der Menschensohn kommen wird. [24] Der Jünger ist nicht über dem Meister und der Knecht nicht über seinem Herrn. [25] Es sei genug für den Jünger, daß er werde wie sein Meister, und der Knecht wie sein Herr. Haben sie den Hausvater Beelzebul geheißen, um wieviel mehr seine Hausgenossen.

Furchtloses Bekennen. [26] Darum fürchtet sie nicht; denn nichts ist verhüllt, was nicht enthüllt, und nichts ist geheim, was nicht bekannt werden wird. [27] Was ich euch im Finstern sage, das redet im Licht, und was ihr in euer Ohr hinein hört, das verkündet von den Dächern! [28] Fürchtet euch nicht vor denen, die den Leib töten, die Seele aber nicht zu töten vermögen; fürchtet vielmehr den, der Seele und Leib ins Verderben der Hölle zu stürzen vermag. [29] Verkauft man nicht zwei Sperlinge um einige Pfennige? Und doch fällt keiner von

---

10,16–25: Vgl. Mt 24,9–14; Mk 13,9–13; Lk 21,12–19; Joh 15,18–16,4.
10,23: »Bis der Menschensohn kommen wird« (vgl. Mt 16,28; 24,34) meint wohl nach Mk 9,1; Lk 9,27 das Sichtbarwerden des im Gottesreich stets gegenwärtigen und wirkenden Herrn, vgl. Mt 28,20. Hier ist vielleicht besonders an das Strafgericht über Jerusalem gedacht. Vgl. auch Mt 26,64.
10,26–33: Vgl. Lk 6,40; 12,2–9; auch Mk 8,38 = Lk 9,26.

ihnen zu Boden ohne Wissen eures Vaters. ³⁰ Von euch aber sind sogar die Haare des Hauptes alle gezählt. ³¹ Darum fürchtet euch nicht; ihr seid wertvoller als viele Sperlinge.
³² Ein jeder nun, der sich zu mir bekennt vor den Menschen, zu dem werde auch ich mich bekennen vor meinem Vater im Himmel; ³³ wer mich aber verleugnet vor den Menschen, den werde auch ich verleugnen vor meinem Vater im Himmel.
³⁴ Denkt nicht, ich sei gekommen, Frieden auf die Erde zu bringen; ich bin nicht gekommen, Frieden zu bringen, sondern das Schwert. ³⁵ Denn ich bin gekommen, einen Menschen ›zu entzweien mit seinem Vater, die Tochter mit ihrer Mutter und die Schwiegertochter mit ihrer Schwiegermutter, ³⁶ und des Menschen Feinde werden seine Hausgenossen sein‹ (Mich 7,6).

Opferbereitschaft. ³⁷ Wer Vater oder Mutter mehr liebt als mich, ist meiner nicht wert, und wer Sohn und Tochter mehr liebt als mich, ist meiner nicht wert. ³⁸ Wer nicht sein Kreuz nimmt und mir nachfolgt, ist meiner nicht wert. ³⁹ Wer sein Leben findet, wird es verlieren, und wer sein Leben um meinetwillen verliert, wird es finden.
⁴⁰ Wer euch aufnimmt, nimmt mich auf, und wer mich aufnimmt, nimmt den auf, der mich gesandt hat. ⁴¹ Wer einen Propheten aufnimmt, weil er ein Prophet ist, wird eines Propheten Lohn empfangen, und wer einen Gerechten aufnimmt, weil er ein Gerechter ist, wird eines Gerechten Lohn empfangen. ⁴² Und wer einem von diesen Kleinen nur einen Becher frischen Wassers zu trinken gibt, weil er ein Jünger ist, wahrlich, ich sage euch: Er wird um seinen Lohn nicht kommen.«

Im Zeichen des Widerspruchs
11. Kapitel
Johannes und das Himmelreich. ¹ Als Jesus die Weisung an seine zwölf Jünger beendet hatte, zog er von dort weiter, um in ihren Städten zu lehren und zu predigen.
² Da Johannes im Gefängnis vom Wirken Christi hörte, sandte er Botschaft durch seine Jünger und ließ ihm sagen: ³ »Bist du

---

10,34–42: Vgl. Lk 12,51–53; 14,25–27; Mk 9,41. Jesus will den Frieden auf Erden, aber die Entscheidung für ihn hat Verfolgung und Haß von den Mitmenschen zu gewärtigen und schließt die Bereitschaft zur vollen Selbstaufgabe in sich, die jedoch mit höheren Werten vergolten wird.
11,2–19: Vgl. Lk 7,18–35. Johannes war bei aller Größe nur Vorläufer des Gottesreiches, daher steht der Jünger des Gottesreiches über ihm wie der Neue Bund über dem Alten.

es, der kommen soll, oder sollen wir auf einen anderen warten?« ⁴ Jesus antwortete ihnen: »Geht hin und berichtet dem Johannes, was ihr hört und seht: ⁵ Blinde sehen, Lahme gehen, Aussätzige werden rein, Taube hören, Tote stehen auf, Armen wird das Evangelium verkündet (Jes 35,5f; 61,1); ⁶ und selig ist, wer nicht Anstoß nimmt an mir.«
⁷ Als diese weggingen, fing Jesus an, zum Volk über Johannes zu reden: »Was zu sehen seid ihr hinausgegangen in die Wüste? Ein Schilfrohr, vom Wind hin und her bewegt? ⁸ Oder was zu sehen seid ihr hinausgegangen? Einen Menschen, weichlich gekleidet? Seht, die sich weichlich kleiden, sind in den Palästen der Könige. ⁹ Oder was seid ihr hinausgegangen? Einen Propheten zu sehen? Ja, sage ich euch, mehr noch als einen Propheten. ¹⁰ Dieser ist es, von dem geschrieben steht: ›Siehe, ich sende meinen Boten vor dir her; er soll deinen Weg bereiten vor dir‹ (Mal 3,1).
¹¹ Wahrlich, ich sage euch: Unter den vom Weib Geborenen ist kein Größerer aufgestanden als Johannes der Täufer. Doch der Kleinste im Himmelreich ist größer als er. ¹² Von den Tagen Johannes des Täufers an bis jetzt leidet das Himmelreich Gewalt, und Gewaltsame reißen es an sich. ¹³ Denn alle Propheten und das Gesetz haben bis zu Johannes hin geweissagt, ¹⁴ und wenn ihr es annehmen wollt, er ist Elija, der kommen soll. ¹⁵ Wer Ohren hat [zu hören], der höre.
¹⁶ Mit wem soll ich dieses Geschlecht vergleichen? Es ist Kindern gleich, die auf dem Markt sitzen und ihren Gespielen zurufen: ¹⁷ Wir haben euch aufgespielt, und ihr habt nicht getanzt; wir haben Klagelieder gesungen, und ihr habt nicht geweint. ¹⁸ Denn Johannes ist gekommen, aß und trank nicht, und sie sagen: Er hat einen Dämon. ¹⁹ Der Menschensohn ist gekommen, ißt und trinkt, und sie sagen: Seht, dieser Mensch ist ein Fresser und Weinsäufer, ein Freund der Zöllner und Sünder. Doch die Weisheit wurde gerechtfertigt aus ihren Werken.«

Die unbußfertigen Städte. ²⁰ Darauf fing er an, Klage zu führen über die Städte, in denen seine meisten Wunder gesche-

---

11,12: Vgl. Lk 16,16, meint wohl die tatkräftige Entschlossenheit der Gläubigen in der Aneignung des Gottesreiches, kaum die gewaltsame Verfolgung von seiten der Feinde.
11,19: Statt »aus ihren Werken« findet sich auch der Text »aus [von] ihren Kindern«, vgl. Lk 7,35.
11,20–24: Vgl. 10,13–15. Die Städte Galiläas sind Beispiele großer Gnadenerweise und erschütternder Mißachtung derselben.

hen waren, weil sie sich nicht bekehrt hatten: ²¹ »Wehe dir, Chorazin! Wehe dir, Betsaida! Denn wären zu Tyrus und Sidon die Wunder geschehen, die bei euch geschahen, sie hätten sich längst in Sack und Asche bekehrt. ²² Aber ich sage euch: Tyrus und Sidon wird es erträglicher ergehen am Tag des Gerichtes als euch. ²³ Und du, Kafarnaum, wirst du in den Himmel erhoben werden? Bis in die Unterwelt wirst du hinabsteigen (Jes 14,13.15). Denn wären zu Sodom die Wunder geschehen, die in dir geschahen, es wäre stehengeblieben bis auf den heutigen Tag. ²⁴ Aber ich sage euch: Dem Land von Sodom wird es erträglicher ergehen am Tag des Gerichtes als dir.«

Messiasruf Jesu. ²⁵ Zu jener Zeit nahm Jesus das Wort und sprach: »Ich preise dich, Vater, Herr des Himmels und der Erde, daß du dies vor Weisen und Klugen verborgen, Kleinen aber geoffenbart hast! ²⁶ Ja, Vater, so entsprach es deinem Willen. ²⁷ Alles ist mir übergeben von meinem Vater. Niemand kennt den Sohn als der Vater, und auch den Vater kennt niemand als der Sohn, und wem es der Sohn offenbaren will. ²⁸ Kommt zu mir alle, die ihr müde seid und beladen, und ich will euch ausruhen lassen. ²⁹ Nehmt mein Joch auf euch und lernt von mir; denn ich bin gütig und bescheiden in meinem Herzen, und ›ihr werdet Ruhe finden für eure Seelen‹ (Jer 6,16); ³⁰ denn gut zu tragen ist mein Joch, und meine Bürde ist leicht.«

12. Kapitel

Um die Sabbatfrage. ¹ Zu jener Zeit ging Jesus am Sabbat durch die Saatfelder. Seine Jünger aber waren hungrig und fingen an, Ähren abzurupfen und zu essen. ² Als die Pharisäer das sahen, sagten sie zu ihm: »Siehe, deine Jünger tun, was am Sabbat zu tun nicht erlaubt ist.« ³ Er aber erwiderte ihnen: »Habt ihr nicht gelesen, was David tat, als ihn und seine Begleiter hungerte? (1 Sam 21,2–7) ⁴ Wie er in das Haus Gottes ging und die Schaubrote aß, die zu essen weder ihm erlaubt war noch auch denen, die bei ihm waren, sondern nur den Priestern?

⁵ Oder habt ihr nicht gelesen im Gesetz, daß die Priester am Sabbat im Tempel den Sabbat brechen, ohne schuldig zu werden? (Num 28,9 f) ⁶ Ich sage euch aber: Hier ist Größeres als

---

11,25–30: Vgl. Lk 10,21–23. Ein Zeugnis Jesu über sein Gottgeheimnis und zugleich über das Wirken der Gnade an denen, die willens sind, Jesu Joch, d. h. seine Jüngerschaft, zu übernehmen.
12,1–14: Vgl. Mk 2,23–3,6; Lk 6,1–11; dazu Dt 23,26.

der Tempel. ⁷ Und wenn ihr wüßtet, was es heißt: ›Barmherzigkeit will ich und nicht Opfer‹ (Hos 6,6), so hättet ihr die Schuldlosen nicht verurteilt. ⁸ Denn Herr über den Sabbat ist der Menschensohn.«

⁹ Von dort weitergehend, kam er in ihre Synagoge. ¹⁰ Und siehe, da war ein Mann mit einer gelähmten Hand, und sie fragten ihn: »Darf man am Sabbat heilen?« um ihn anklagen zu können. ¹¹ Er aber sagte zu ihnen: »Wer ist unter euch, der ein einziges Schaf hat und dieses, wenn es am Sabbat in eine Grube fällt, nicht ergreift und herauszieht? ¹² Um wieviel wertvoller ist ein Mensch als ein Schaf? Es ist also erlaubt, am Sabbat Gutes zu tun.« ¹³ Darauf sagte er zu dem Mann: »Streck deine Hand aus!« Und er streckte sie aus, und sie wurde wieder hergestellt, gesund wie die andere. ¹⁴ Die Pharisäer aber gingen weg und faßten gegen ihn den Beschluß, ihn zu töten.

Der Gottesknecht. ¹⁵ Als Jesus davon erfuhr, zog er sich von dort zurück, und viele folgten ihm, und er machte sie alle gesund. ¹⁶ Er gebot ihnen streng, ihn nicht öffentlich bekannt zu machen. ¹⁷ So sollte sich erfüllen, was gesagt ist durch den Propheten Jesaja:

¹⁸ ›Seht meinen Knecht, den ich erwählt habe,
meinen Geliebten, an dem meine Seele Wohlgefallen hat.
Ich will meinen Geist auf ihn legen,
und er wird den Völkern das Recht verkünden.
¹⁹ Er wird nicht zanken, noch schreien,
noch wird jemand seine Stimme hören auf den Gassen.
²⁰ Das geknickte Rohr wird er nicht zerbrechen
und den glimmenden Docht nicht auslöschen,
bis er das Recht zum Siege führt,
²¹ und auf seinen Namen werden die Völker hoffen‹ (Jes 42,1–4).

Abwehr pharisäischer Lästerung. ²² Da brachte man zu ihm einen Besessenen, der blind war und stumm, und er heilte ihn, so daß der Stumme redete und sah. ²³ Alles Volk staunte und sprach: »Ist etwa dieser der Sohn Davids?« ²⁴ Als aber die Pharisäer es hörten, sagten sie: »Dieser treibt die Dämonen nicht anders aus als durch Beelzebul, den Fürsten der Dämonen.«

²⁵ Jesus wußte ihre Gedanken und sagte zu ihnen: »Jedes

12,15–21: Vgl. Mk 3,7–12; Lk 6,17–19.
12,22–37: Vgl. Mk 3,22–30; Lk 11,14–23.

Reich, das entzweit ist mit sich selbst, wird verwüstet werden; und keine Stadt oder Hausgemeinschaft, die mit sich selbst entzweit ist, wird Bestand haben. ²⁶ Wenn der Satan den Satan austreibt, so ist er entzweit mit sich selbst; wie soll da sein Reich bestehen? ²⁷ Und wenn ich durch Beelzebul die Dämonen austreibe, durch wen treiben dann eure Söhne aus? Also werden gerade sie eure Richter sein.

²⁸ Treibe ich aber durch den Geist Gottes die Dämonen aus, so ist nunmehr das Reich Gottes zu euch gekommen. ²⁹ Oder wie kann einer in das Haus des Starken eindringen und seine Habe rauben, wenn er nicht vorher den Starken gefesselt hat? Dann erst wird er sein Haus plündern. ³⁰ Wer nicht mit mir ist, der ist gegen mich, und wer nicht mit mir sammelt, der zerstreut. ³¹ Darum sage ich euch: Jede Sünde und Lästerung wird den Menschen vergeben; aber die Lästerung des Geistes wird nicht vergeben werden. ³² Wer ein Wort gegen den Menschensohn redet, dem wird vergeben werden; wer aber gegen den Heiligen Geist redet, dem wird nicht vergeben werden, weder in dieser noch in der zukünftigen Welt.

³³ Entweder laßt ihr den Baum gut sein, dann ist auch seine Frucht gut, oder ihr laßt den Baum schlecht sein, dann ist auch seine Frucht schlecht; denn an der Frucht erkennt man den Baum. ³⁴ Ihr Schlangenbrut! Wie könnt ihr Gutes reden, da ihr böse seid? Denn wovon das Herz voll ist, davon redet der Mund. ³⁵ Der gute Mensch bringt aus dem guten Schatz Gutes hervor; der böse Mensch bringt aus dem bösen Schatz Böses hervor.

³⁶ Ich sage euch aber: Über jedes unnütze Wort, das die Menschen reden, haben sie Rechenschaft zu geben am Tag des Gerichtes. ³⁷ Denn aus deinen Worten wirst du als gerecht erklärt und aus deinen Worten wirst du verurteilt werden« (Ps 51,6).

Warnung des Unglaubens. ³⁸ Da entgegneten ihm einige von den Schriftgelehrten und Pharisäern und sagten: »Meister, wir möchten ein Zeichen von dir sehen.« ³⁹ Er antwortete

---

12,27: Es gab auch jüdische Teufelsbeschwörer (Exorzisten), denen der gleiche Vorwurf des Bündnisses mit Beelzebul (nach der lateinischen Übersetzung: Beelzebub) gelten müßte.

12,32: Durch verstockte Widersetzlichkeit gegen den im Gewissen wirksamen Heiligen Geist nimmt sich der Mensch jede Aussicht auf das Heil.

12,38–42: Vgl. Lk 11,29–32. Der Vergleich mit Jona will die Heilstatsache der Auferstehung als den größten Wahrheitsbeweis andeuten, wobei die Zählung der »Tage und Nächte« nach damaliger volkstüm-

ihnen: »Ein böses und ehebrecherisches Geschlecht verlangt ein Zeichen, aber es wird ihm kein anderes Zeichen gegeben werden als das Zeichen des Propheten Jona. ⁴⁰ Denn so wie ›Jona drei Tage und drei Nächte im Bauch des Ungetüms war‹ (Jon 2,1), so wird auch der Menschensohn drei Tage und drei Nächte im Herzen der Erde sein.

⁴¹ Die Männer von Ninive werden beim Gericht mit diesem Geschlecht auftreten und es verurteilen; denn sie bekehrten sich auf die Predigt des Jona hin (Jon 3,5), und seht, mehr als Jona ist hier! ⁴² Die Königin des Südens wird beim Gericht mit diesem Geschlecht auftreten und es verurteilen; denn sie kam von den Enden der Erde, um die Weisheit Salomos zu hören (1 Kg 10,1 ff), und seht, mehr als Salomo ist hier!

⁴³ Wenn aber der unreine Geist ausgefahren ist von dem Menschen, wandert er durch wasserlose Gegenden, sucht Ruhe und findet sie nicht. ⁴⁴ Alsdann sagt er: Ich will zurückkehren in mein Haus, von dem ich ausgezogen bin. Und er kommt und findet es leer, gescheuert und geschmückt. ⁴⁵ Dann geht er hin, nimmt sieben andere Geister mit sich, die ärger sind als er selbst, und sie ziehen ein und wohnen darin, und die letzten Dinge jenes Menschen werden ärger als die ersten. Ebenso wird es sein auch mit diesem bösen Geschlecht.«

Die wahre Familie Jesu. ⁴⁶ Da er noch zum Volk redete, siehe, da standen seine Mutter und seine Brüder draußen und suchten mit ihm zu reden. ⁴⁷ Jemand sagte zu ihm: »Siehe, deine Mutter und deine Brüder stehen draußen und möchten mit dir reden.« ⁴⁸ Er aber entgegnete dem, der es ihm sagte, und sprach: »Wer ist meine Mutter, und wer sind meine Brüder?« ⁴⁹ Und er streckte seine Hand über seine Jünger und sprach: »Seht meine Mutter und meine Brüder! ⁵⁰ Denn wer den Willen meines Vaters tut, der im Himmel ist, der ist mein Bruder, meine Schwester und meine Mutter.«

---

licher Redeweise zu verstehen ist; denn Jesus lag bei genauer Rechnung nur zwei Nächte im Grabe.
12,43–45: Vgl. Lk 11,24–26, wo dieses Wort unmittelbar an die Aussage über die Dämonenaustreibung anschließt. Jesus warnt mit volkstümlicher Redeweise vor dem Rückfall in die Macht des nie ruhenden Satans. Vgl. 1 Petr 5,8.
12,46–50: Vgl. Mk 3,31–35; Lk 8,19–21. »Brüder Jesu« sind nach sonstigem biblischen Sprachgebrauch und nach Mt 13,55 (Mk 6,3) in Verbindung mit Mt 27,56 (Mk 15,40) Familienangehörige im weiteren Sinn, also Vettern oder sonstige Verwandte. Jesus stellt die Wertordnung des Gottesreiches über die von ihm deswegen nicht mißachteten Werte irdischer Ordnung. Vgl. Lk 11,28.

13. Kapitel

Das Himmelreich in Gleichnissen. ¹ An jenem Tag ging Jesus aus dem Haus und setzte sich an den See. ² Es sammelte sich viel Volk um ihn, so daß er in ein Schiff stieg und sich niederließ; das ganze Volk aber stand am Ufer.

³ Er redete viel zu ihnen in Gleichnissen und sprach: »Seht, ein S ä m a n n ging aus zu säen. ⁴ Und als er säte, fiel einiges auf den Weg, und es kamen die Vögel [des Himmels] und fraßen es auf. ⁵ Anderes fiel auf steinigen Grund, wo es nicht viel Erdreich hatte, und ging sogleich auf, weil es ihm an Tiefe des Erdreichs fehlte. ⁶ Als die Sonne aufging, wurde es von der Hitze getroffen, und weil es keine Wurzel hatte, verdorrte es. ⁷ Anderes fiel unter die Dornen, und die Dornen wuchsen auf und erstickten es. ⁸ Anderes jedoch fiel auf gutes Erdreich und brachte Frucht, das eine hundertfach, das andere sechzigfach, das andere dreißigfach. ⁹ Wer Ohren hat, der höre!«

¹⁰ Die Jünger traten hinzu und sagten zu ihm: »Warum redest du in Gleichnissen zu ihnen?« ¹¹ Er antwortete ihnen: »Weil es euch gegeben ist, die Geheimnisse des Himmelreiches zu verstehen, ihnen aber ist es nicht gegeben. ¹² Denn wer hat, dem wird gegeben werden, und er wird in Überfluß haben; wer aber nicht hat, dem wird auch das, was er hat, genommen werden.

¹³ Darum rede ich zu ihnen in Gleichnissen, weil sie sehen und doch nicht sehen, hören und doch nicht hören und nicht verstehen. ¹⁴ Es wird an ihnen die Weissagung des Jesaja erfüllt, die da sagt: ›Hinhören werdet ihr und doch nicht verstehen; hinblicken werdet ihr und doch nicht sehen. ¹⁵ Denn das Herz dieses Volkes ist verstockt, und sie hören schwer mit den Ohren und verschließen ihre Augen, damit sie nicht mit den Augen sehen und mit den Ohren hören und mit dem Herzen verstehen und sich bekehren, daß ich sie heile‹ (Jes 6,9 f). ¹⁶ Selig aber sind eure Augen, weil sie sehen, und eure Ohren, weil sie hören. ¹⁷ Denn wahrlich, ich sage euch: Viele Propheten und Gerechte verlangten zu sehen, was ihr seht, und haben es nicht gesehen, und zu hören, was ihr hört, und haben es nicht gehört.

¹⁸ So hört nun ihr das Gleichnis vom Sämann: ¹⁹ Bei jedem, der das Wort vom Reich hört und es nicht versteht, kommt der

---

13,1–23: Vgl. Mk 4,1–20; Lk 8,4–15.
13,11 f: Das Verstehen des Gottesreiches braucht seelische Aufgeschlossenheit und inneres Mitwirken, nur so trägt es Frucht, während den Gleichgültigen auch die angebotene Gnade verlorengeht.

Böse und raubt, was gesät wurde in seinem Herzen. Er ist es, bei dem auf den Weg gesät wurde. ²⁰ Bei dem auf den steinigen Grund gesät wurde, ist jener, der das Wort hört und es sogleich mit Freuden aufnimmt. ²¹ Er hat aber keine Wurzel in sich, sondern ist ein Mensch des Augenblicks; wenn um des Wortes willen Drangsal oder Verfolgung entstehen, wird es ihm sogleich zum Fall. ²² Bei dem unter die Dornen gesät wurde, ist jener, der das Wort hört; aber die Sorge der Welt und der trügerische Reichtum ersticken das Wort, und es bleibt ohne Frucht. ²³ Bei dem auf gutes Erdreich gesät wurde, ist jener, der das Wort hört und versteht und auch Frucht bringt, der eine hundertfach, der andere sechzigfach, der andere dreißigfach.«

²⁴ Ein anderes Gleichnis legte er ihnen vor und sprach: »Das Himmelreich ist gleich einem Menschen, der guten Samen auf seinen Acker säte. ²⁵ Während aber die Leute schliefen, kam sein Feind, säte U n k r a u t mitten unter den Weizen und ging davon. ²⁶ Als nun die Saat wuchs und Frucht ansetzte, da erschien auch das Unkraut. ²⁷ Da gingen die Knechte zum Herrn des Hauses und sagten zu ihm: Herr, hast du nicht guten Samen auf deinen Acker gesät? Woher hat er denn das Unkraut? ²⁸ Er antwortete ihnen: Ein feindseliger Mensch hat das getan. Die Knechte aber sagten zu ihm: Willst du, daß wir hingehen und es sammeln? ²⁹ Er entgegnete: Nein; sonst könntet ihr, wenn ihr das Unkraut sammelt, mit ihm zugleich den Weizen herausreißen. ³⁰ Laßt beides zusammen wachsen bis zur Ernte, und zur Zeit der Ernte will ich zu den Schnittern sagen: Sammelt zuerst das Unkraut und bindet es in Büschel zum Verbrennen, den Weizen aber sammelt in meine Speicher.«

³¹ Ein anderes Gleichnis legte er ihnen vor und sprach: »Das Himmelreich ist gleich einem S e n f k o r n , das einer nahm und auf seinen Acker säte. ³² Es ist zwar das kleinste unter allen Samenkörnern, ist es aber aufgewachsen, so ist es größer als die Kräuter und wird zu einem Baum, so daß ›die Vögel des Himmels kommen und in seinen Zweigen wohnen‹ (Ez 17,23; 31,6).«

³³ Ein anderes Gleichnis erzählte er ihnen: »Das Himmelreich ist gleich einem S a u e r t e i g , den eine Frau nahm und unter drei Maß Mehl mengte, bis alles durchsäuert war.«

13,31–35: Vgl. Mk 4,30–34; Lk 13,18–21. Beide Gleichnisse zeigen die innere Kraft des äußerlich unscheinbaren Gottesreiches.

³⁴ Dies alles redete Jesus in Gleichnissen zum Volk, und ohne Gleichnisse redete er nicht zu ihnen, ³⁵ damit erfüllt würde, was gesagt ist durch den Propheten: ›Ich will meinen Mund auftun in Gleichnissen und aussprechen, was seit Anbeginn der Welt verborgen war‹ (Ps 78,2).

³⁶ Darauf entließ er das Volk und ging nach Hause; da traten seine Jünger zu ihm und sprachen: »E r k l ä r e uns das Gleichnis vom U n k r a u t auf dem Acker!« ³⁷ Er antwortete: »Der den guten Samen aussät, ist der Menschensohn. ³⁸ Der Acker ist die Welt; der gute Same, das sind die Söhne des Reiches, und das Unkraut, das sind die Söhne des Bösen. ³⁹ Der Feind aber, der es säte, ist der Teufel. Die Ernte ist die Vollendung der Welt, und die Schnitter sind die Engel.

⁴⁰ Wie man nun das Unkraut sammelt und im Feuer verbrennt, so wird es sein bei Vollendung der Welt. ⁴¹ Der Menschensohn wird seine Engel aussenden, und sie werden zusammenholen aus seinem Reich ›alle, die Ärgernis geben und das Böse tun‹ (Zef 1,3), ⁴² und sie hineinwerfen in den Feuerofen; dort wird Heulen sein und Zähneknirschen. ⁴³ ›Dann werden die Gerechten leuchten‹ (Dan 12,3) wie die Sonne im Reich ihres Vaters. Wer Ohren hat, der höre!

⁴⁴ Das Himmelreich ist gleich einem im Acker verborgenen S c h a t z, den einer fand und verborgen hielt. Voll Freude geht er hin, verkauft alles, was er hat, und kauft jenen Acker.

⁴⁵ Ferner ist das Himmelreich gleich einem Kaufmann, der gute P e r l e n sucht. ⁴⁶ Als er eine kostbare Perle fand, ging er hin, verkaufte alles, was er hatte, und kaufte sie.

⁴⁷ Ferner ist das Himmelreich gleich einem N e t z, das ins Meer geworfen wurde und mancherlei einfing. ⁴⁸ Als es gefüllt war, zog man es ans Ufer, setzte sich hin und sammelte das Gute in Gefäße, das Schlechte aber warf man weg. ⁴⁹ So wird es sein am Ende der Welt. Die Engel werden ausziehen und die Bösen absondern von den Gerechten ⁵⁰ und sie in den Feuerofen werfen; dort wird Heulen sein und Zähneknirschen.

⁵¹ Habt ihr das alles verstanden?« Sie erwiderten ihm: »Ja.«

⁵² Und er sagte zu ihnen: »Darum ist jeder Schriftgelehrte, der durch die Schule des Himmelreiches ging, einem Hausvater gleich, der aus seinen Schätzen Neues und Altes hervorholt.«

13,44—46: Für das Gottesreich soll kein Opfer zu groß sein. Denn es ist der einzig unvergängliche Wert.

Das ungläubige Nazaret. ⁵³ Es begab sich, als Jesus diese Gleichnisse beendet hatte, zog er von da weiter, ⁵⁴ und als er in seine Vaterstadt kam, lehrte er sie in ihrer Synagoge, so daß sie voll Verwunderung sprachen: »Woher hat er diese Weisheit und die Wunder? ⁵⁵ Ist er nicht des Zimmermanns Sohn? Heißt nicht seine Mutter Maria? Und seine Brüder Jakobus, Josef, Simon und Judas? ⁵⁶ Und sind nicht alle seine Schwestern bei uns? Woher nun hat er dies alles?« Und sie nahmen Anstoß an ihm. ⁵⁷ Jesus aber sagte zu ihnen: »Ein Prophet ist nirgends so wenig geachtet wie in seiner Vaterstadt und in seinem Hause.« ⁵⁸ Und er wirkte dort nicht viele Wunder, ihres Unglaubens wegen.

14. Kapitel

Hinrichtung des Täufers. ¹ Zu jener Zeit hörte der Fürst Herodes die Kunde von Jesus und sagte zu seinen Leuten: ² »Das ist Johannes der Täufer; er wurde von den Toten auferweckt, und darum wirken die Wunderkräfte in ihm.« ³ Herodes hatte nämlich den Johannes ergreifen, fesseln und ins Gefängnis setzen lassen, wegen der Herodias, der Frau seines Bruders Philippus. ⁴ Denn Johannes hatte zu ihm gesagt: »Es ist dir nicht erlaubt, sie zu haben.« ⁵ Er wollte ihn töten, doch fürchtete er das Volk, weil es ihn für einen Propheten hielt.
⁶ Am Geburtstag des Herodes aber tanzte die Tochter der Herodias inmitten der Gäste und fand das Wohlgefallen des Herodes. ⁷ Deshalb versprach er ihr mit einem Schwur, er wolle ihr geben, was sie auch begehren werde. ⁸ Sie aber, von ihrer Mutter angestiftet, sagte: »Gib mir auf dieser Schüssel hier das Haupt des Johannes des Täufers!« ⁹ Da wurde der König bedrückt; jedoch um der Schwüre und der Tischgenossen willen befahl er, daß es ihr gegeben werde. ¹⁰ Und er sandte hin und ließ Johannes im Kerker enthaupten. ¹¹ Auf einer Schüssel brachte man sein Haupt und gab es dem Mädchen, und sie brachte es ihrer Mutter. ¹² Da kamen seine Jünger, nahmen seinen Leib, begruben ihn und gingen hin und meldeten es Jesus.

13,53–58: Vgl. Mk 6,1–6; Lk 4,16–30; Joh 4,44.
13,55 f: Vgl. zu 12,46. Auch die »Schwestern« sind als nahe Verwandte aufzufassen.
14,1–12: Vgl. Mk 6,14–29; Lk 9,7–9 und 3,19 f. Herodes Antipas, Sohn Herodes des Gr., regierte von 4 v. Chr. bis 39 n. Chr. als Fürst (wörtlich: »Vierfürst«, Tetrarch) von Galiläa und Peräa. Er lebte unrechtmäßig mit der Frau seines Bruders Philippus.

Mattäus 14, 13–32

Speisung der Fünftausend. [13] Als Jesus das hörte, zog er sich von dort in einem Schiff zurück an einen einsamen Ort, ganz für sich allein. Die Leute aber erfuhren es und zogen ihm zu Fuß aus den Städten nach. [14] Als er ausstieg, sah er die vielen Menschen, bekam Mitleid mit ihnen und machte ihre Kranken gesund. [15] Bei Anbruch des Abends traten seine Jünger zu ihm und sagten: »Die Gegend ist abgelegen, und die Zeit ist vorgeschritten; entlaß die Leute, daß sie in die Dörfer gehen und sich etwas zum Essen kaufen.«
[16] Jesus aber sagte zu ihnen: »Sie haben nicht nötig, wegzugehen; gebt ihr ihnen zu essen!« [17] Sie antworteten ihm: »Wir haben nur fünf Brote hier und zwei Fische.« [18] Da sprach er: »Bringt sie mir her!« [19] Und er ließ das Volk auf dem Rasen sich lagern, nahm die fünf Brote und die zwei Fische, sah zum Himmel auf, sprach den Segen, brach die Brote und gab sie den Jüngern; die Jünger aber gaben sie dem Volk. [20] Und sie aßen alle und wurden satt, und sie hoben von dem, was an abgebrochenen Stücken übrigblieb, zwölf Körbe voll auf. [21] Es waren derer, die gegessen hatten, etwa fünftausend Männer, nicht gerechnet Frauen und Kinder.

Jesus auf dem See. [22] Sogleich drängte Jesus seine Jünger, in das Schiff zu steigen und ihm an das andere Ufer vorauszufahren, bis er das Volk entlassen habe. [23] Nach Entlassung des Volkes stieg er für sich allein auf den Berg, um zu beten; als es schon spät wurde, war er allein noch dort.
[24] Das Schiff hatte sich schon viele Stadien vom Land entfernt und wurde von den Wogen sehr bedrängt; denn es herrschte Gegenwind.
[25] Um die vierte Nachtwache jedoch kam er, auf dem See einhergehend, zu ihnen. [26] Als die Jünger ihn auf dem See einhergehen sahen, entsetzten sie sich in der Meinung, es sei ein Gespenst, und vor Furcht schrien sie. [27] Sogleich aber redete Jesus sie an: »Seid getrost; ich bin es! Fürchtet euch nicht!«
[28] Da entgegnete ihm Petrus und sprach: »Herr, wenn du es bist, so laß mich hinkommen zu dir über das Wasser!« [29] Er sagte: »Komm!« Und Petrus stieg aus dem Schiff, schritt über das Wasser und ging auf Jesus zu. [30] Als er aber den starken Wind sah, fürchtete er sich, und da er anfing zu sinken, rief er: »Herr, rette mich!« [31] Sogleich streckte Jesus seine Hand aus, ergriff ihn und sagte zu ihm: »Du Kleingläubiger! Warum hast du gezweifelt?« [32] Und da sie in das Schiff gestiegen waren,

---

14,13–36: Vgl. Mk 6,32–56; Lk 9,10–17; Joh 6,1–21.

legte sich der Wind. ³³ Die aber im Schiff waren, fielen vor ihm nieder und sprachen: »Wahrlich, du bist Gottes Sohn!«
³⁴ Sie fuhren hinüber und gingen in Gennesaret an Land. ³⁵ Da die Leute dieser Gegend ihn erkannten, schickten sie in der ganzen Gegend umher, und man brachte alle Kranken zu ihm, ³⁶ und sie baten ihn, nur den Saum seines Kleides anrühren zu dürfen; und alle, die ihn anrührten, wurden gesund.

15. Kapitel
Um die wahre Reinheit. ¹ Da kamen zu Jesus von Jerusalem her Pharisäer und Schriftgelehrte und sagten: ² »Warum übertreten deine Jünger die Überlieferung der Alten? Denn sie waschen ihre Hände nicht, ehe sie Brot essen.«
³ Er aber antwortete ihnen: »Warum übertretet ihr selbst das Gebot Gottes um eurer Überlieferung willen? ⁴ Denn Gott hat gesagt: ›Ehre Vater und Mutter‹ (Ex 20,12) und: ›Wer Vater oder Mutter schmäht, soll des Todes sterben‹ (Ex 21,17). ⁵ Ihr aber lehrt: Wer zu Vater oder Mutter sagt: Tempelopfer sei, was dir zukommen sollte von mir, ⁶ der braucht seinen Vater und seine Mutter nicht zu ehren. So habt ihr also Gottes Gebot aufgehoben um eurer Überlieferung willen.
⁷ Ihr Heuchler! Treffend hat Jesaja von euch geweissagt: ⁸ ›Dieses Volk ehrt mich mit den Lippen, ihr Herz aber ist fern von mir. ⁹ Doch vergeblich verehren sie mich; ihre Lehrsprüche, die sie vortragen, sind nichts als Satzungen von Menschen‹ (Jes 29,13).« ¹⁰ Und er rief das Volk zu sich und sagte zu ihnen: »Hört und versteht es! ¹¹ Nicht was in den Mund hineingeht, verunreinigt den Menschen, sondern was aus dem Mund herausgeht, das verunreinigt den Menschen.«
¹² Hierauf traten seine Jünger hinzu und sagten zu ihm: »Weißt du, daß die Pharisäer Anstoß nahmen, als sie das Wort hörten?« ¹³ Er antwortete: »Jede Pflanzung, die nicht mein himmlischer Vater gepflanzt hat, wird ausgerottet werden. ¹⁴ Laßt sie! Blinde sind sie, Führer von Blinden. Wenn aber ein Blinder einen Blinden führt, werden beide in die Grube fallen.«
¹⁵ Da nahm Petrus das Wort und sagte zu ihm: »Erkläre uns dieses Gleichnis!« ¹⁶ Er antwortete: »Seid denn auch ihr noch ohne Verständnis? ¹⁷ Versteht ihr nicht, daß alles, was in den Mund hineingeht, in den Magen kommt und ausgeschieden

---

15,1–20: Vgl. Mk 7,1–23; Lk 6,39. Die Gesetzeslehrer stellten das Tempelopfer höher als die Verpflichtung, die Eltern zu »ehren«, d. h. ihnen den zustehenden Unterhalt zu geben. Daher die Kritik Jesu.

wird? ¹⁸ Was aber aus dem Mund herausgeht, das kommt aus dem Herzen, und das verunreinigt den Menschen. ¹⁹ Denn aus dem Herzen kommen böse Gedanken, Mord, Ehebruch, Unzucht, Diebstahl, falsches Zeugnis und Lästerung. ²⁰ Das ist es, was den Menschen verunreinigt, aber essen mit ungewaschenen Händen, das verunreinigt den Menschen nicht.«
Die kanaanäische Frau. ²¹ Jesus ging von dort weg und zog sich zurück in die Gegend von Tyrus und Sidon. ²² Und siehe, da kam eine kanaanäische Frau aus der dortigen Gegend und rief: »Erbarm dich meiner, Herr, Sohn Davids! Meine Tochter wird arg von einem Dämon geplagt.« ²³ Er aber antwortete ihr nicht ein Wort. Da traten seine Jünger hinzu und baten ihn: »Erlöse sie doch; denn sie schreit hinter uns her!«
²⁴ Da entgegnete er: »Ich bin nur zu den verlorenen Schafen des Hauses Israel gesandt.« ²⁵ Sie aber kam, fiel vor ihm nieder und sprach: »Herr, hilf mir!« ²⁶ Er antwortete: »Es ist nicht recht, das Brot der Kinder zu nehmen und es den jungen Hunden vorzuwerfen.« ²⁷ Sie aber sagte: »Doch, Herr; denn auch die jungen Hunde fressen von den Brosamen, die vom Tisch ihrer Herren fallen.« ²⁸ Da antwortete ihr Jesus: »Frau, groß ist dein Glaube; es geschehe dir, wie du verlangst.« Und ihre Tochter war gesund von jener Stunde an.
Speisung der Viertausend. ²⁹ Als Jesus von da fortging, kam er an den See von Galiläa. Er stieg auf den Berg und setzte sich dort nieder. ³⁰ Da kam viel Volk zu ihm, mit Lahmen, Krüppeln, Blinden, Stummen und vielen anderen, die sie zu seinen Füßen legten, und er machte sie gesund. ³¹ Die Volksscharen staunten, als sie sahen, wie Stumme redeten, Krüppel Heilung fanden, Lahme gehend und Blinde sehend wurden, und sie priesen den Gott Israels.
³² Jesus aber rief seine Jünger zu sich und sprach: »Mich erbarmt des Volkes; denn sie harren schon drei Tage bei mir aus und haben nichts zu essen; ich will sie nicht ohne Essen ziehen lassen, sie könnten sonst auf dem Weg ermatten.« ³³ Da entgegneten ihm seine Jünger: »Woher nehmen wir hier in der Wüste so viele Brote, um das viele Volk zu sättigen?« ³⁴ Jesus sagte zu ihnen: »Wie viele Brote habt ihr?« Sie antworteten: »Sieben, und einige kleine Fische.« ³⁵ Da befahl er dem Volk, sich auf die Erde niederzulassen.

15,21–28: Vgl. Mk 7,24–30. Ein Beispiel unbeirrbaren Glaubens.
15,29–31: Vgl. Mk 7,31–37.
15,32–39: Vgl. Mk 8,1–10. Für das sonst nicht bezeugte »Magadan« stand ursprünglich wohl »Magdala«.

³⁶ Dann nahm er die sieben Brote und die Fische, sprach das Dankgebet, brach sie und gab sie den Jüngern, und die Jünger gaben sie dem Volk. ³⁷ Und alle aßen und wurden satt, und von den abgebrochenen Stücken, die übriggeblieben waren, hoben sie sieben Körbe voll auf. ³⁸ Derer aber, die gegessen hatten, waren viertausend Männer, nicht gerechnet Frauen und Kinder. ³⁹ Dann entließ er das Volk, stieg in das Schiff und kam in die Gegend von Magadan.

Besondere Schulung der Jünger

16. Kapitel

Abkehr von den ungläubigen Juden. ¹ Da kamen die Pharisäer und Sadduzäer zu ihm, um ihn auf die Probe zu stellen, und baten ihn, er möchte sie ein Zeichen vom Himmel sehen lassen. ² Er aber antwortete ihnen: »Am Abend sagt ihr: Schönes Wetter, denn der Himmel ist rot. ³ Und am Morgen sagt ihr: Heute wird stürmisches Wetter, denn der Himmel ist rot und trüb. Das Aussehen des Himmels also wißt ihr zu unterscheiden, die Zeichen der Zeit aber nicht. ⁴ Ein böses und ehebrecherisches Geschlecht verlangt ein Zeichen, doch wird ihm kein anderes Zeichen gegeben werden als das Zeichen des Jona.« Und er ließ sie stehen und ging davon.
⁵ Als die Jünger ans andere Ufer des Sees hinüberkamen, hatten sie vergessen, Brote mitzunehmen. ⁶ Jesus aber sagte zu ihnen: »Seht zu und hütet euch vor dem Sauerteig der Pharisäer und Sadduzäer!« ⁷ Da machten sie sich Gedanken und sagten zueinander: »Wir haben keine Brote mitgenommen!«
⁸ Jesus merkte es und sprach: »Ihr Kleingläubigen, was macht ihr euch Gedanken, daß ihr keine Brote habt? ⁹ Begreift ihr noch nicht und erinnert ihr euch nicht an die fünf Brote für die Fünftausend und, wie viele Körbe ihr aufgehoben habt? ¹⁰ Auch nicht an die sieben Brote für die Viertausend und, wie viele Körbe ihr aufgehoben habt? ¹¹ Warum begreift ihr nicht, daß ich nicht Brote meinte, da ich euch sagte: Hütet euch vor dem Sauerteig der Pharisäer und Sadduzäer?« ¹² Da verstanden sie, daß er nicht sagen wollte, sie sollten sich hüten vor dem Sauerteig für die Brote, sondern vor der Lehre der Pharisäer und Sadduzäer.

16,1–12: Vgl. Mk 8,11–21; Lk 12,54–57. Jesus wendet sich nunmehr im Gedanken an seine kommende Kirche der besonderen Unterweisung seiner Jünger, vor allem der Apostel, zu.
16,4: »Ehebrecherisch« bedeutet hier »treulos« gegen Gott.

Verheißung an Petrus. ¹³ Als Jesus in die Gegend von Cäsarea Philippi kam, fragte er seine Jünger: »Für wen halten die Leute den Menschensohn?« ¹⁴ Sie erwiderten: »Einige für Johannes den Täufer, andere für Elija, andere für Jeremia oder für einen von den Propheten.« ¹⁵ Da fragte er sie: »Ihr aber, für wen haltet ihr mich?« ¹⁶ Simon Petrus antwortete: »Du bist der Messias, der Sohn des lebendigen Gottes.« ¹⁷ Darauf sagte Jesus zu ihm: »Selig bist du, Simon, Barjona; denn nicht Fleisch und Blut hat dir das geoffenbart, sondern mein Vater, der im Himmel ist.
¹⁸ Und ich sage dir: Du bist Petrus, und auf diesen Felsen will ich meine Kirche bauen, und die Pforten der Unterwelt werden sie nicht überwältigen. ¹⁹ Dir will ich die Schlüssel des Himmelreichs geben. Was du binden wirst auf Erden, wird gebunden sein im Himmel, und was du lösen wirst auf Erden, wird gelöst sein im Himmel.« ²⁰ Dann gebot er seinen Jüngern streng, sie sollten niemand sagen, daß er der Messias sei.

Erste Leidensankündigung. ²¹ Von da an begann Jesus seinen Jüngern zu zeigen, er müsse nach Jerusalem gehen und vieles erleiden von den Ältesten, den Hohenpriestern und Schriftgelehrten, er müsse getötet und am dritten Tag auferweckt werden. ²² Da nahm ihn Petrus auf die Seite und fing an, ihm Vorhaltungen zu machen, indem er sprach: »Gott bewahre, Herr; das soll dir nicht widerfahren!« ²³ Er aber wandte sich um und sagte zu Petrus: »Hinweg von mir, Satan; ein Ärgernis bist du mir; denn du denkst nicht das, was Gottes ist, sondern was der Menschen ist.«
²⁴ Dann sagte Jesus zu seinen Jüngern: »Wenn einer mit mir gehen will, so verleugne er sich selbst, nehme sein Kreuz auf

---

16,13–20: Vgl. Mk 8,27–30; Lk 9,18–21. Schon in der Wahl des Beinamens Petrus, aramäisch Kepha, d. h. Fels (Joh 1,42) hatte Jesus die hier verheißene oberste Stellung in der zu gründenden Kirche angedeutet. Die »Schlüssel des Himmelreichs« bedeuten die oberste Vollmacht in den Angelegenheiten des Gottesreiches. Die »Binde- und Lösegewalt« wurde auch den übrigen Aposteln übertragen, Mt 18,18. Vgl. Joh 21,15–17!
16,20: Das Volk hätte die Messiaswürde zu sehr in irdisch-politischer Weise mißdeutet. Auch die Apostel mußten erst zum rechten Verständnis umerzogen werden, wie das folgende Verhalten des Petrus zeigt.
16,21–28: Vgl. Mk 8,31–9,1; Lk 9,22–27. Das Kreuz gehört zur Erlösung. Auch der Jünger Jesu muß bereit sein, in der Sorge für das Heil auf Interessen, die dem Gottesreich entgegen sind, zu verzichten. In V. 26 könnte statt »Leben« auch »Seele« übersetzt werden, da das griechische »psyche« beides zuläßt. Zu 16,28 vgl. 10,23.

sich und folge mir nach. ²⁵ Denn wer sein Leben retten will, wird es verlieren; wer aber sein Leben um meinetwillen verliert, wird es finden. ²⁶ Denn was wird es einem Menschen nützen, wenn er die ganze Welt gewinnt, an seinem Leben aber Schaden leidet? Oder was kann der Mensch als Gegenpreis geben für sein Leben? ²⁷ Denn der Menschensohn wird kommen in der Herrlichkeit seines Vaters zusammen mit seinen Engeln und dann ›einem jedem vergelten nach seinem Tun‹ (Ps 62,13). ²⁸ Wahrlich, ich sage euch: Unter denen, die hier stehen, sind einige, die den Tod nicht kosten werden, bis sie den Menschensohn kommen sehen in seinem Reich.«

17. Kapitel

Verklärung Jesu. ¹ Nach sechs Tagen nahm Jesus Petrus, Jakobus und dessen Bruder Johannes mit sich und führte sie auf einen hohen Berg, er allein mit ihnen. ² Da wurde er vor ihnen verwandelt; sein Angesicht glänzte wie die Sonne, und seine Kleider wurden leuchtend hell wie das Licht. ³ Und siehe, es erschienen ihnen Mose und Elija, die mit ihm redeten. ⁴ Petrus nahm das Wort und sagte zu Jesus: »Herr, es ist gut, daß wir hier sind. Willst du, so werde ich hier drei Hütten bauen, dir eine, dem Mose eine und dem Elija eine.«
⁵ Als er noch redete, überschattete sie eine lichte Wolke, und siehe, eine Stimme sprach aus der Wolke: »Dieser ist mein geliebter Sohn, an dem ich Wohlgefallen habe; auf ihn sollt ihr hören!« ⁶ Da die Jünger dies hörten, fielen sie auf ihr Angesicht und fürchteten sich sehr. ⁷ Jesus trat hinzu, rührte sie an und sprach: »Steht auf und fürchtet euch nicht!« ⁸ Sie erhoben ihre Augen, sahen aber niemand als Jesus allein.
⁹ Als sie vom Berg herabstiegen, befahl ihnen Jesus: »Sagt niemand von dem Geschauten, bis der Menschensohn von den Toten auferstanden ist!«
¹⁰ Da fragten ihn seine Jünger: »Warum sagen denn die Schriftgelehrten, Elija müsse zuvor kommen?« ¹¹ Er antwortete: »Elija wird zwar kommen und alles wiederherstellen; ¹² ich sage euch aber: Elija ist schon gekommen, doch sie haben ihn nicht erkannt, sondern mit ihm gemacht, was sie nur wollten. Ebenso wird auch der Menschensohn von ihnen

---

17,1–13: Vgl. Mk 9,2–13; Lk 9,28–36; 2 Petr 1,16–18. Zu dem Wort über Elija vgl. Joh 1,21. Johannes ist nicht im Sinne jüdischer Erwartung der persönlich wiedergekommene Elija, wohl aber hat er dessen Aufgabe der Wegbereitung erfüllt.

Mattäus 17,13–27

zu leiden haben.« [13] Da merkten die Jünger, daß er von Johannes dem Täufer zu ihnen redete.

Wunderkraft des Glaubens. [14] Als sie zum Volk kamen, trat ein Mann zu ihm, fiel vor ihm auf die Knie und sprach: [15] »Herr, erbarm dich meines Sohnes! Denn er ist mondsüchtig und ist schlimm daran; er fällt oft ins Feuer und oft ins Wasser. [16] Ich habe ihn zu deinen Jüngern gebracht. Doch sie vermochten nicht, ihn zu heilen.« [17] Jesus erwiderte: »O du ungläubiges und verkehrtes Geschlecht! Wie lang noch soll ich bei euch sein? Wie lang noch euch ertragen? Bringt ihn her zu mir!« [18] Und Jesus sprach ihn drohend an, und der Dämon fuhr aus von ihm, und der Knabe war gesund von jener Stunde an.
[19] Darauf traten die Jünger für sich allein zu Jesus und sagten: »Warum vermochten wir nicht, ihn auszutreiben?« [20] Er antwortete ihnen: »Eures Unglaubens wegen. Denn wahrlich, ich sage euch: wenn ihr Glauben habt wie ein Senfkorn, so werdet ihr zu diesem Berg sagen: Geh von da weg dorthin! und er wird weggehen, und nichts wird euch unmöglich sein. [21] [Diese Art aber wird nicht anders ausgetrieben als durch Gebet und Fasten].«

Zweite Leidensankündigung. [22] Während ihres Zusammenseins in Galiläa sagte Jesus zu ihnen: »Der Menschensohn wird den Händen der Menschen überliefert werden, [23] und sie werden ihn töten; am dritten Tag aber wird er auferweckt werden.« Da wurden sie sehr betrübt.

Die Tempelsteuer. [24] Als sie nach Kafarnaum kamen, traten die Einnehmer der Doppeldrachme zu Petrus und fragten ihn: »Zahlt euer Meister die Doppeldrachme nicht?« [25] Er sagte: »Doch!« Als er aber das Haus betrat, kam ihm Jesus mit der Frage zuvor: »Was meinst du, Simon? Von wem nehmen die Könige der Erde Tribut oder Steuer? Von ihren Söhnen oder von den Fremden?« [26] Er antwortete: »Von den Fremden.« Da sagte Jesus zu ihm: »Also sind die Söhne frei. [27] Damit wir ihnen aber nicht Anstoß geben, geh hin an den See, wirf die

---

17,14–21: Vgl. Mk 9,14–29; Lk 9,37–42. V. 21 wohl von Mk 9,29 her eingeschoben. Über die Glaubenskraft siehe Mt 21,20–22; Mk 11,20–25.
17,22 f: Vgl. Mk 9,30–32; Lk 9,43–45.
17,24: Die Tempelsteuer für den erwachsenen Juden betrug eine Doppeldrachme; der in 17,27 genannte »Stater« war also ein Vierdrachmenstück (etwa 3 Goldmark).

Angel aus und nimm den Fisch, der zuerst heraufkommt; wenn du ihm das Maul öffnest, wirst du einen Stater finden; den nimm und gib ihnen für mich und für dich!«

18. Kapitel

Vom rechten Jüngersinn. ¹ In jener Stunde traten die Jünger zu Jesus und sagten: »Wer ist wohl der Größte im Himmelreich?« ² Da rief er ein Kind herbei, stellte es mitten unter sie und sprach: ³ »Wahrlich, ich sage euch: Wenn ihr euch nicht bekehrt und nicht werdet wie die Kinder, werdet ihr nicht in das Himmelreich eingehen. ⁴ Wer sich also klein macht wie dieses Kind, der ist der Größte im Himmelreich. ⁵ Und wer solch ein Kind aufnimmt in meinem Namen, der nimmt mich auf. ⁶ Wer aber einem von diesen Kleinen, die an mich glauben, Ärgernis gibt, für den wäre es gut, daß ein Mühlstein um seinen Hals gehängt und er versenkt würde in die Tiefe des Meeres.
⁷ Wehe der Welt um der Ärgernisse willen! Denn es müssen zwar Ärgernisse kommen, doch wehe dem Menschen, durch den das Ärgernis kommt. ⁸ Wenn aber deine Hand oder dein Fuß dir zum Ärgernis wird, so hau sie ab und wirf sie von dir; es ist besser für dich, verstümmelt oder hinkend in das Leben einzugehen, als mit zwei Händen oder zwei Füßen in das ewige Feuer geworfen zu werden. ⁹ Und wenn dir dein Auge zum Ärgernis wird, so reiß es aus und wirf es von dir; es ist besser für dich, einäugig in das Leben einzugehen, als mit zwei Augen in das höllische Feuer geworfen zu werden.
¹⁰ Seht zu, daß ihr keines von diesen Kleinen verachtet; denn ich sage euch: Ihre Engel im Himmel schauen immerfort das Angesicht meines Vaters, der im Himmel ist. ¹¹ [Denn der Menschensohn ist gekommen zu retten, was verloren war.] ¹² Was dünkt euch? Wenn einer hundert Schafe hat und eines von ihnen verirrt sich: läßt er nicht die neunundneunzig auf den Bergen und geht hin, das verirrte zu suchen? ¹³ Und gelingt es ihm, es zu finden, wahrlich, ich sage euch: Er freut sich mehr über dieses eine als über die neunundneunzig, die sich nicht verirrten. ¹⁴ So ist es bei eurem Vater im Himmel; er will nicht, daß eines von diesen Kleinen verlorengeht.

18,1–14: Vgl. Mk 9,33–48; Lk 9,46–48; 17,1 f. Vers 11 Einschub von Lk 19,10. Zu V. 8–9 vgl. Mt 5,29 f. »Ärgernisgeben« meint im religiösen Bereich: »zur Sünde verleiten«, »Anlaß geben zum Sündigen«.

Von brüderlicher Gemeinschaft. ¹⁵ Hat aber dein Bruder [gegen dich] gesündigt, so geh hin und weis ihn zurecht zwischen dir und ihm allein. Hört er auf dich, so hast du deinen Bruder gewonnen. ¹⁶ Hört er nicht, so nimm noch einen oder zwei mit dir, damit ›auf dem Mund von zwei oder drei Zeugen festgestellt sei jede Sache‹ (Dt 19,15). ¹⁷ Hört er auch auf diese nicht, dann sag es der Kirche; hört er auch auf die Kirche nicht, dann sei er für dich wie der Heide und wie der Zöllner.
¹⁸ Wahrlich, ich sage euch: Alles, was ihr binden werdet auf Erden, wird gebunden sein im Himmel, und alles, was ihr lösen werdet auf Erden, wird gelöst sein im Himmel. ¹⁹ Ferner sage ich euch: Wenn zwei von euch übereinstimmen auf Erden in irgendeiner Sache, um die sie bitten: es wird ihnen zuteil werden von meinem Vater im Himmel. ²⁰ Denn wo zwei oder drei versammelt sind in meinem Namen, da bin ich mitten unter ihnen.«
²¹ Da trat Petrus hinzu und fragte ihn: »Herr, wie oft darf mein Bruder gegen mich sündigen, und ich soll ihm vergeben? Bis siebenmal?« ²² Jesus antwortete ihm: »Ich sage dir: Nicht bis siebenmal, sondern bis siebzigmal siebenmal.
²³ Darum gleicht das Himmelreich einem König, der Abrechnung halten wollte mit seinen Knechten. ²⁴ Als er mit der Abrechnung begann, brachte man ihm einen, der ihm zehntausend Talente schuldig war. ²⁵ Weil er aber nichts hatte, um zu bezahlen, befahl der Herr, daß er verkauft werde sowie die Frau und die Kinder und all seine Habe und die Schuld bezahlt werde. ²⁶ Da fiel der Knecht vor ihm nieder und bat ihn: Herr, habe Geduld mit mir! Ich will dir alles bezahlen. ²⁷ Und es erbarmte sich der Herr über jenen Knecht, ließ ihn frei und schenkte ihm die Schuld. ²⁸ Als aber jener Knecht hinausging, traf er einen seiner Mitknechte, der ihm hundert Denare schuldig war; er packte ihn, würgte ihn und sagte: Bezahle, was du schuldig bist! ²⁹ Da fiel ihm sein Mitknecht zu Füßen und bat ihn: Habe Geduld mit mir! Ich will dir alles

---

18,15–21: Vgl. Lk 17,3f. Die Kirche hat infolge der den Aposteln verliehenen Binde- und Lösegewalt auch das Recht, ungehorsame Glieder auszuschließen. Beachte die Grundlegung der Rechtsordnung in der Kirche, der freilich in 18,21–35 zugleich die stets verzeihende Liebe aufgetragen ist.

18,24: »Zehntausend Talente« sind nach unseren Werten etwa 50 Millionen Goldmark, hundert Denare etwa 80 Goldmark. »Knecht« bedeutet daher hier, wie auch sonst öfter, einen hochgestellten Verwaltungsbeamten.

bezahlen. ³⁰ Er aber wollte nicht, sondern ging hin und ließ ihn ins Gefängnis werfen, bis er die Schuld bezahlt habe.
³¹ Als nun seine Mitknechte sahen, was geschehen war, wurden sie sehr betrübt, gingen hin und erzählten ihrem Herrn alles, was sich zugetragen hatte. ³² Da rief ihn sein Herr zu sich und sprach: Du böser Knecht! Jene ganze Schuld habe ich dir nachgelassen, weil du mich gebeten hast. ³³ Hättest nicht auch du deines Mitknechtes dich erbarmen sollen, wie auch ich mich deiner erbarmt habe? ³⁴ Voll Zorn übergab ihn sein Herr den Folterknechten, bis er die ganze Schuld bezahlt habe. ³⁵ So wird auch mein himmlischer Vater mit jedem von euch verfahren, wenn er seinem Bruder nicht von Herzen verzeiht.«

Auf dem Weg nach Jerusalem

19. Kapitel
Von Ehe und Ehelosigkeit. ¹ Als Jesus diese Reden beendet hatte, zog er weg aus Galiläa und kam in das Gebiet von Judäa jenseits des Jordan. ² Es folgten ihm die Menschen in großer Zahl, und er heilte sie dort.
³ Da traten Pharisäer an ihn heran, um ihn auf die Probe zu stellen, und fragten: »Ist es einem Mann erlaubt, seine Frau zu entlassen aus jedem Grund?« ⁴ Er antwortete [ihnen]: »Habt ihr nicht gelesen, daß der Schöpfer von Anfang an ›sie als Mann und Frau geschaffen‹ (Gen 1,27) und gesagt hat: ⁵ ›Deshalb wird ein Mann Vater und Mutter verlassen und seiner Frau anhangen, und die zwei werden e i n Fleisch sein‹ (Gen 2,24)? ⁶ So sind sie also nicht mehr zwei, sondern e i n Fleisch. Was nun Gott verbunden hat, soll der Mensch nicht trennen.«
⁷ Sie sagten zu ihm: »Warum hat dann Mose geboten, ›einen Scheidebrief zu geben und sie zu entlassen‹ (Dt 24,1)?« ⁸ Er entgegnete ihnen: »Mose hat euch eurer Herzenshärte wegen erlaubt, eure Frauen zu entlassen, doch von Anfang an war es nicht so.
⁹ Ich sage euch: Wer seine Frau entläßt – nicht gerechnet Begründung mit Unzucht (Dt 24,1)! – und eine andere heira-

---

19,1–12: Vgl. Mk 10,1–12. Jesus wendet sich gegen den rabbinischen Schulstreit über die Auslegung von Dt 24,1 und läßt überhaupt keinen Grund zur Trennung der Ehe zu, auch nicht wegen »Unzucht«, wie man in verschiedener Auslegung aus Dt 24,1 schließen wollte. Vgl. Mt 5,31f.

Mattäus 19,10–25

tet, bricht die Ehe, und wer eine Entlassene heiratet, bricht die Ehe.«
¹⁰ Da sagten die Jünger zu ihm: »Wenn die Sache von Mann und Frau so steht, ist es nicht gut, zu heiraten.« ¹¹ Er antwortete ihnen: »Nicht alle fassen dieses Wort, sondern nur jene, denen es gegeben ist. ¹² Denn es gibt Ehelose, die vom Mutterleib so geboren sind, und es gibt Ehelose, die von Menschen eheunfähig gemacht wurden; und es gibt Ehelose, die um des Himmelreiches willen sich der Ehe enthalten. Wer es fassen kann, der fasse es!«

Segnung der Kinder. ¹³ Hierauf brachte man Kinder zu ihm, damit er ihnen die Hände auflege und über sie bete. Die Jünger jedoch wiesen sie zurück. ¹⁴ Jesus aber sagte [zu ihnen]: »Laßt die Kinder zu mir kommen und wehrt es ihnen nicht; denn gerade für sie ist das Himmelreich!« ¹⁵ Und er legte ihnen die Hände auf und zog von da weiter.

Reichtum und Himmelreich. ¹⁶ Und siehe, da trat einer hinzu und sagte zu ihm: »Meister! Was muß ich Gutes tun, daß ich ewiges Leben erlange?« ¹⁷ Er antwortete ihm: »Was fragst du mich über das Gute? Einer ist der Gute [, Gott]. Willst du aber zum Leben eingehen, so halte die Gebote.« ¹⁸ Er fragte ihn: »Welche?« Jesus antwortete: »›Du sollst nicht töten; du sollst nicht ehebrechen; du sollst nicht stehlen; du sollst kein falsches Zeugnis geben! ¹⁹ Ehre Vater und Mutter und liebe deinen Nächsten wie dich selbst!‹ (Ex 20,12 ff; Lev 19,18).« ²⁰ Der junge Mann sagte zu ihm: »Dies alles habe ich gehalten [von meiner Jugend an], was fehlt mir noch?«

²¹ Jesus antwortete ihm: »Willst du vollkommen sein, so geh hin, verkauf, was du hast, und gib es den Armen, und du wirst einen Schatz im Himmel haben; dann komm und folge mir nach!« ²² Als der junge Mann dieses Wort vernahm, ging er traurig davon; denn er besaß viele Güter. ²³ Da sagte Jesus zu seinen Jüngern: »Wahrlich, ich sage euch: Ein Reicher wird schwer eingehen ins Himmelreich. ²⁴ Abermals sage ich euch: Es ist leichter, daß ein Kamel durch ein Nadelöhr geht als ein Reicher in das Himmelreich.« ²⁵ Als die Jünger dies hörten,

---

19,13–30: Vgl. Mk 10,13–31; Lk 18,15–30; 22,28–30.
19,24: Auch wenn man unter Annahme einer Verwechslung gleichklingender griechischer Wörter für »Kamel« »Schiffstau« nimmt oder das »Nadelöhr« auf eine niedere »Nebentür« deutet, bleibt das Unmögliche im Vollzug des Bildes, wodurch die große Schwierigkeit der Heilsaneignung für einen dem Mammon verfallenen Menschen veranschaulicht wird.

waren sie sehr betroffen und sprachen: »Wer kann dann gerettet werden?« ²⁶ Jesus blickte sie an und sagte: »Bei Menschen ist das unmöglich, bei Gott aber ist alles möglich.«

²⁷ Darauf entgegnete ihm Petrus: »Siehe, wir haben alles verlassen und sind dir nachgefolgt; was wird uns nun zuteil werden?« ²⁸ Jesus antwortete ihnen: »Wahrlich, ich sage euch: Ihr, die ihr mir nachgefolgt seid, werdet bei der Welterneuerung, wenn der Menschensohn auf dem Thron seiner Herrlichkeit sitzen wird, auch selbst auf zwölf Thronen sitzen und die zwölf Stämme Israels richten. ²⁹ Und jeder, der Häuser oder Brüder oder Schwestern oder Vater oder Mutter oder Frau oder Kinder oder Äcker um meines Namens willen verlassen hat, wird Vielfaches empfangen und ewiges Leben erben. ³⁰ Viele Erste aber werden Letzte sein und Letzte Erste.«

20. Kapitel
Gleichnis für Lohn und Gnade im Himmelreich. ¹ »Das Himmelreich ist gleich einem Gutsherrn, der am frühen Morgen ausging, um Arbeiter zu dingen für seinen Weinberg. ² Er vereinbarte mit den Arbeitern einen Denar für den Tag und schickte sie in seinen Weinberg. ³ Um die dritte Stunde ging er wieder aus, sah andere müßig auf dem Markt stehen und sagte zu ihnen: ⁴ Geht auch ihr in meinen Weinberg, und ich werde euch geben, was recht ist! ⁵ Und sie gingen hin. Abermals ging er aus um die sechste und neunte Stunde und machte es ebenso. ⁶ Als er um die elfte Stunde ausging, fand er andere dastehen und sagte zu ihnen: Was steht ihr hier den ganzen Tag müßig? Sie antworteten ihm: Es hat uns niemand gedungen. ⁷ Da sagte er zu ihnen: So geht auch ihr in meinen Weinberg!

⁸ Als es nun Abend wurde, sagte der Herr des Weinbergs zu seinem Verwalter: Laß die Arbeiter kommen und gib ihnen den Lohn, bei den letzten anfangend bis zu den ersten. ⁹ Da kamen die von der elften Stunde und empfingen je einen Denar. ¹⁰ Als nun die ersten kamen, meinten sie, mehr zu empfangen, doch auch von ihnen erhielt jeder einen Denar. ¹¹ Als sie ihn erhielten, murrten sie gegen den Gutsherrn und sagten: ¹² Diese letzten haben nur eine Stunde gearbeitet, und

---

20,1–16: Das Gleichnis ist als Erläuterung zu 19,30 zu verstehen. Im Gottesreich gibt es eine Belohnung unseres guten Wirkens, aber die Maßstäbe der göttlichen Gnade sind verschieden von menschlicher Berechnung. Der letzte Satz ist wohl Einschub aus Mt 22,14.

Mattäus 20,13–28

du hast sie uns gleich gehalten, die wir die Last und Hitze des Tages getragen haben.
¹³ Er aber antwortete einem von ihnen: Freund, ich tue dir nicht unrecht; hast du nicht einen Denar mit mir vereinbart? ¹⁴ Nimm, was dein ist und geh; ich will aber auch diesem Letzten geben wie dir. ¹⁵ Oder ist es mir nicht erlaubt, mit dem Meinen zu tun, was ich will? Oder ist dein Auge böse, weil ich gut bin? ¹⁶ So werden die Letzten Erste sein und die Ersten Letzte. [Denn viele sind berufen, aber wenige auserwählt.]«

Dritte Leidensankündigung. ¹⁷ Als Jesus sich anschickte, nach Jerusalem hinaufzuziehen, nahm er die Zwölf allein mit sich und sagte unterwegs zu ihnen: ¹⁸ »Seht, wir ziehen hinauf nach Jerusalem, und der Menschensohn wird den Hohenpriestern und Schriftgelehrten überliefert werden; sie werden ihn zum Tod verurteilen ¹⁹ und den Heiden ausliefern, ihn zu verspotten, zu geißeln und zu kreuzigen; am dritten Tag aber wird er auferweckt werden.«

Ehrsucht und Jüngerschaft. ²⁰ Da trat die Mutter der Söhne des Zebedäus mit ihren Söhnen zu ihm und fiel vor ihm nieder, um ihm eine Bitte vorzutragen. ²¹ Er sagte zu ihr: »Was willst du?« Sie antwortete ihm: »Sag, daß von diesen meinen zwei Söhnen einer zu deiner Rechten und einer zu deiner Linken sitze in deinem Reich!«
²² Jesus erwiderte: »Ihr wißt nicht, um was ihr bittet. Könnt ihr den Kelch trinken, den ich trinken werde?« Sie antworteten ihm: »Wir können es.« ²³ Da sagte er zu ihnen: »Meinen Kelch werdet ihr wohl trinken, doch das Sitzen zu meiner Rechten oder Linken habe nicht ich zu vergeben, sondern ist für die, denen es bereitet ist von meinem Vater.« ²⁴ Als die Zehn es hörten, wurden sie unwillig über die zwei Brüder.
²⁵ Jesus aber rief sie zu sich und sprach: »Ihr wißt, daß die Herrscher der Völker die Herren spielen über sie und die Großen sie ihre Macht spüren lassen. ²⁶ Nicht so soll es unter euch sein; sondern wer unter euch groß sein will, der sei euer Diener, ²⁷ und wer unter euch der Erste sein will, der sei euer Knecht, ²⁸ so wie der Menschensohn nicht gekommen ist, sich bedienen zu lassen, sondern zu dienen und sein Leben hinzugeben als Lösepreis für viele.«

20,17–19: Vgl. Mk 10,32–34; Lk 18,31–34.
20,20–28: Vgl. Mk 10,35–45; Lk 22,24–27. Die Mutter der Zebedäussöhne Jakobus und Johannes hieß Salome, vgl. Mt 27,56; Mk 15,40.

Blindenheilung. ²⁹ Als sie von Jericho weggingen, folgte ihm viel Volk. ³⁰ Und siehe, zwei Blinde, die am Weg saßen, hörten, daß Jesus vorübergehe, und schrien: »Herr, erbarme dich unser, Sohn Davids!« ³¹ Unwillig riefen die Leute ihnen zu, sie sollten schweigen, sie aber schrien noch lauter: »Herr, erbarme dich unser, Sohn Davids!«
³² Jesus blieb stehen, rief sie zu sich und sagte: »Was wollt ihr, was soll ich euch tun?« ³³ Sie antworteten ihm: »Herr, daß unsere Augen geöffnet werden!« ³⁴ Jesus erbarmte sich ihrer, berührte ihre Augen, und sogleich sahen sie und folgten ihm nach.

In Jerusalem

21. Kapitel

Feierlicher Einzug. ¹ Als sie sich Jerusalem näherten und nach Betfage am Ölberg kamen, sandte Jesus zwei Jünger voraus und sagte zu ihnen: ² »Geht in das Dorf dort vor euch, und sogleich werdet ihr eine Eselin angebunden finden und ein Füllen bei ihr; macht sie los und führt sie zu mir! ³ Und wenn euch jemand anspricht, so sagt: Der Herr bedarf ihrer, und er wird sie sogleich zurückschicken.« ⁴ Dies alles ist geschehen, damit sich erfüllte, was gesagt ist durch den Propheten: ⁵ ›Sagt der Tochter Zion: Siehe, dein König kommt zu dir, friedfertig und auf einer Eselin reitend, mit einem Füllen, dem Jungen des Lasttiers‹ (Jes 62,11; Sach 9,9). ⁶ Die Jünger gingen hin und taten, wie ihnen Jesus befohlen hatte. ⁷ Sie brachten die Eselin mit dem Füllen, legten ihre Kleider auf sie, und er setzte sich darauf.
⁸ Viele aus der Volksmenge breiteten ihre Mäntel auf den Weg; andere schnitten Zweige von den Bäumen und streuten sie auf den Weg. ⁹ Die Scharen, die vorausgingen und nachfolgten, riefen: »Hosanna dem Sohn Davids! Gepriesen sei, der da kommt im Namen des Herrn! Hosanna in der Höhe!« ¹⁰ Und als er in Jerusalem einzog, kam die ganze Stadt in Bewegung, und man fragte: »Wer ist dieser?« ¹¹ Die Scharen aber riefen: »Das ist Jesus, der Prophet aus Nazaret in Galiläa.«

Tempelreinigung. ¹² Und Jesus ging in den Tempel, trieb alle hinaus, die im Tempel verkauften und kauften, stieß die

---

20,29–34: Vgl. Mk 10,46–52; Lk 18,35–43.
21,1–11: Vgl. Mk 11,1–11; Lk 19,28–44; Joh 12,12–19.
21,12–17: Vgl. Mk 11,15–19; Lk 19,45–48; Joh 2,13–17. Die Tempelreinigung fand nach Joh beim ersten Osterbesuch Jesu statt. Sie wird hier vermutlich nachgetragen, weil die ersten drei Evangelien nur einen einzigen Jerusalembesuch anführen.

Tische der Wechsler und die Stände der Taubenverkäufer um und sagte zu ihnen: ¹³ »Es steht geschrieben: ›Mein Haus soll ein Bethaus heißen‹ (Jes 56,7), ihr aber macht es zu einer ›Räuberhöhle‹ (Jer 7,11).« ¹⁴ Und es kamen Blinde und Lahme im Tempel zu ihm, und er machte sie gesund.
¹⁵ Als aber die Hohenpriester und Schriftgelehrten die Wunder sahen, die er wirkte, und die Kinder, die im Tempel riefen: »Hosanna dem Sohn Davids«, wurden sie unwillig und sagten zu ihm: ¹⁶ »Hörst du, was diese sagen?« Jesus antwortete ihnen: »Ja! Habt ihr denn niemals gelesen: ›Aus dem Mund der Unmündigen und Säuglinge hast du dir Lob bereitet‹ (Ps 8,3)?« ¹⁷ Und er ließ sie stehen, ging zur Stadt hinaus nach Betanien und blieb dort über Nacht.
Verfluchung des Feigenbaums. ¹⁸ Als er in der Frühe wieder in die Stadt zurückging, hungerte ihn. ¹⁹ Da sah er einen Feigenbaum am Weg, ging hinzu, fand aber nichts daran als nur Blätter. Da sagte er zu ihm: »Nimmermehr komme Frucht von dir in Ewigkeit.« Und auf der Stelle verdorrte der Feigenbaum. ²⁰ Als die Jünger dies sahen, staunten sie und fragten: »Wieso ist der Feigenbaum auf der Stelle verdorrt?« ²¹ Jesus gab ihnen zur Antwort: »Wahrlich, ich sage euch: Wenn ihr Glauben habt und nicht zweifelt, so werdet ihr nicht nur das tun, was mit dem Feigenbaum geschah, sondern wenn ihr zu diesem Berg sagt: Heb dich hinweg und stürz dich ins Meer! so wird es geschehen. ²² Und alles, was ihr glaubensvoll im Gebet erfleht, werdet ihr empfangen.«
Vollmachtsfrage. ²³ Als er sodann in den Tempel kam, traten, wie er gerade lehrte, die Hohenpriester und Ältesten des Volkes zu ihm und fragten: »Mit welcher Vollmacht tust du das? Wer hat dir diese Vollmacht gegeben?« ²⁴ Jesus antwortete ihnen: »Auch ich will euch eine Frage vorlegen; wenn ihr mir sie beantwortet, will ich euch sagen, mit welcher Vollmacht ich das tue. ²⁵ Die Taufe des Johannes, woher stammte sie? Vom Himmel oder von Menschen?« Da überlegten sie und sagten sich: ²⁶ »Sagen wir: Vom Himmel, so wird er uns sagen: Warum habt ihr ihm dann nicht geglaubt? Sagen wir aber: Von Menschen, so haben wir das Volk zu fürchten; denn alle halten Johannes für einen Propheten.« ²⁷ Und sie antwor-

---

21,18–22: Vgl. Mk 11,12–14 und 11,20–24. Eine sinnbildliche Handlung zum Hinweis auf das für die Heilsbotschaft unempfängliche Volk, zugleich ein Beispiel der Wunderkraft unbedingten Glaubens.
21,23–27: Vgl. Mk 11,27–33; Lk 20,1–8.

teten Jesus: »Wir wissen es nicht.« Da entgegnete er ihnen: »So sage auch ich euch nicht, mit welcher Vollmacht ich das tue.«

Die ungleichen Söhne. ²⁸ »Was dünkt euch? Ein Mann hatte zwei Söhne. Er ging zu dem ersten und sagte: Kind, geh und arbeite heute im Weinberg! ²⁹ Der antwortete: Ich gehe, Herr. Aber er ging nicht. ³⁰ Da ging er zum andern und sprach ebenso. Der antwortete: Ich mag nicht; doch nachher reute es ihn, und er ging. ³¹ Welcher von beiden hat den Willen des Vaters getan?« Sie erwiderten: »Der letztere.« Da sagte Jesus zu ihnen: »Wahrlich, ich sage euch: Die Zöllner und Dirnen werden eher in das Reich Gottes kommen als ihr. ³² Denn Johannes kam zu euch mit der Lehre der Gerechtigkeit und ihr habt ihm nicht geglaubt. Die Zöllner und Dirnen aber glaubten ihm. Ihr habt es gesehen und seid auch nachher nicht in euch gegangen, um ihm zu glauben.«

Von den bösen Winzern. ³³ »Hört ein anderes Gleichnis: Es war ein Gutsherr, der pflanzte einen Weinberg, umgab ihn mit einem Zaun, grub darin eine Kelter, baute einen Turm, verpachtete ihn an Winzer und begab sich außer Landes. ³⁴ Als die Zeit der Ernte herankam, schickte er seine Knechte zu den Winzern, um seinen Ertrag in Empfang zu nehmen. ³⁵ Die Winzer aber ergriffen seine Knechte, schlugen den einen, töteten den andern, und den dritten steinigten sie. ³⁶ Abermals schickte er andere Knechte, und zwar mehr als zuvor, und sie machten es ihnen ebenso.

³⁷ Zuletzt aber sandte er seinen Sohn zu ihnen, indem er sprach: Sie werden Achtung haben vor meinem Sohn. ³⁸ Als aber die Winzer den Sohn erblickten, sagten sie untereinander: Das ist der Erbe; kommt, wir wollen ihn umbringen und sein Erbe in Besitz nehmen! ³⁹ Und sie ergriffen ihn, warfen ihn zum Weinberg hinaus und töteten ihn. ⁴⁰ Wenn nun der Herr des Weinbergs kommt, was wird er diesen Winzern tun?« ⁴¹ Sie sagten zu ihm: »Er wird den Bösen ein böses Ende bereiten und seinen Weinberg an andere Winzer verpachten, die ihm die Früchte abliefern werden zu gegebener Zeit.« ⁴² Da sagte Jesus zu ihnen: »Habt ihr niemals in den Schriften gelesen: ›Der Stein, den die Bauleute verwarfen, ist zum Eckstein geworden. Vom Herrn geschah es so, und es ist wunderbar in unseren Augen‹ (Ps 118,22 f)? ⁴³ Darum sage ich euch: Das Reich Gottes wird von euch genommen und einem Volk

---

21,33–46: Vgl. Mk 12,1–12; Lk 20,9–19.

gegeben werden, das seine Früchte bringt. ⁴⁴[Wer auf diesen Stein fällt, der wird zerschmettert, und auf wen er fällt, den wird er zermalmen].«

⁴⁵ Als die Hohenpriester und Pharisäer seine Gleichnisse hörten, merkten sie, daß er von ihnen redete. ⁴⁶ Sie suchten ihn zu ergreifen, doch sie fürchteten das Volk, weil es ihn für einen Propheten hielt.

22. Kapitel

Vom königlichen Gastmahl. ¹ Wieder nahm Jesus das Wort und redete in Gleichnissen zu ihnen: ² »Das Himmelreich ist einem König gleich, der seinem Sohn Hochzeit hielt. ³ Er sandte seine Knechte aus, die Geladenen zur Hochzeit zu rufen, doch sie wollten nicht kommen. ⁴ Abermals sandte er andere Knechte aus und sprach: Sagt den Geladenen: Seht, mein Mahl habe ich bereitet, meine Ochsen und Masttiere sind geschlachtet, und alles ist bereit; kommt zur Hochzeit! ⁵ Sie aber achteten nicht darauf und gingen ihre Wege, der eine auf seinen Acker, der andere zu seinem Geschäft. ⁶ Die übrigen aber ergriffen seine Knechte, mißhandelten und töteten sie.

⁷ Da sandte der König voll Zorn seine Truppen aus, ließ jene Mörder umbringen und ihre Stadt in Brand stecken. ⁸ Dann sagte er zu seinen Knechten: Die Hochzeit ist bereitet, doch die Geladenen waren nicht würdig. ⁹ Geht daher auf die offenen Straßen und ladet zur Hochzeit, wen immer ihr findet! ¹⁰ Da gingen die Knechte hinaus auf die Straßen und holten alle zusammen, die sie fanden, Böse und Gute, und der Hochzeitssaal war mit Gästen voll besetzt.

¹¹ Als aber der König hineinging, um sich die Gäste anzusehen, sah er darin einen Mann, der kein hochzeitliches Kleid anhatte. ¹² Und er sagte zu ihm: Freund, wie bist du da hereingekommen, ohne ein hochzeitliches Kleid zu haben? Der aber verstummte. ¹³ Da sagte der König zu den Dienern: Bindet ihm Füße und Hände und werft ihn hinaus in die Finster-

---

22,1–14: Vgl. Lk 14,15–24. V. 14 bezieht sich vor allem auf den ersten Teil des Gleichnisses, 22,1–10, und will sagen, daß zwar viele gerufen seien zum Eintritt ins Gottesreich, daß aber nur ein Teil davon diese Erwählung beachtet und befolgt. Vgl. Mt 7,13 f. Dabei denkt Jesus vor allem an das jüdische Volk. Verse 11–13 stellen ein eigenes Gleichnis dar, das besagen will, daß nicht der äußere Anschluß an das Gottesreich genügt, sondern daß auch eine entsprechende innere Gesinnung nötig ist, vgl. Mt 3,8; 7,21–23.

nis draußen; dort wird Heulen sein und Zähneknirschen. ¹⁴ Denn viele sind berufen, wenige aber auserwählt.«

Die Steuerfrage. ¹⁵ Darauf gingen die Pharisäer hin und hielten Rat, wie sie ihn fangen könnten mit einem Wort. ¹⁶ Sie schickten ihre Jünger mit den Herodianern zu ihm und fragten: »Meister, wir wissen, daß du wahrhaft bist, den Weg Gottes nach der Wahrheit lehrst und dich um niemand kümmerst; denn du siehst nicht auf die Person der Menschen. ¹⁷ Sag uns also, was meinst du: Ist es erlaubt, dem Kaiser Steuer zu zahlen, oder nicht?«

¹⁸ Da Jesus ihre Bosheit erkannte, sagte er: »Was versucht ihr mich, ihr Heuchler? ¹⁹ Zeigt mir die Steuermünze!« Sie reichten ihm einen Denar. ²⁰ Und er fragte sie: »Wessen ist dieses Bild und die Aufschrift?« ²¹ Sie antworteten ihm: »Des Kaisers.« Da sagte er zu ihnen: »Gebt also, was des Kaisers ist, dem Kaiser, und was Gottes ist, Gott!« ²² Als sie das hörten, staunten sie, ließen von ihm ab und gingen davon.

Die Auferstehungsfrage. ²³ An jenem Tag kamen zu ihm Sadduzäer, die behaupteten, es gebe keine Auferstehung. ²⁴ Sie fragten ihn: »Meister, Mose hat gesagt: ›Wenn einer stirbt, ohne ein Kind zu hinterlassen, soll sein Bruder mit dessen Frau die Schwagerehe eingehen und seinem Bruder Nachkommenschaft erwecken‹ (Dt 25,5). ²⁵ Nun waren sieben Brüder bei uns. Der erste heiratete und starb, und weil er keine Kinder hatte, hinterließ er seine Frau seinem Bruder. ²⁶ Desgleichen auch der zweite und der dritte und schließlich alle sieben. ²⁷ Zuletzt nach allen starb auch die Frau. ²⁸ Bei der Auferstehung der Toten nun, wem von den sieben wird sie als Frau gehören? Denn alle haben sie gehabt.«

²⁹ Jesus antwortete ihnen: »Ihr seid im Irrtum, da ihr weder die Schriften kennt noch die Kraft Gottes. ³⁰ Denn bei der Auferstehung wird weder geheiratet noch verheiratet, sondern sie sind wie die Engel Gottes im Himmel. ³¹ Was aber die Auferstehung der Toten betrifft, habt ihr nicht gelesen, was euch von Gott gesagt worden ist: ³² ›Ich bin der Gott Abrahams und der Gott Isaaks und der Gott Jakobs‹ (Ex 3,6)? Gott ist nicht ein Gott von Toten, sondern von Lebendigen!« ³³ Und die Scharen, die zuhörten, waren außer sich über seine Lehre.

22,15–33: Vgl. Mk 12,13–27; Lk 20,20–40.
22,23–33: Mit diesem konstruierten Fall wollten die Sadduzäer, zu denen vor allem die hohepriesterliche Gruppe gehörte, den von ihnen verworfenen Auferstehungsglauben lächerlich machen. Vgl. Apg 23,8.

Das größte Gebot. ³⁴ Als aber die Pharisäer hörten, daß er die Sadduzäer zum Schweigen gebracht hatte, kamen sie zusammen, ³⁵ und einer von ihnen, ein Lehrer des Gesetzes, fragte ihn, um ihn zu versuchen: ³⁶ »Meister, welches ist das größte Gebot im Gesetz?« ³⁷ Er antwortete ihm: »›Du sollst den Herrn, deinen Gott, lieben aus deinem ganzen Herzen, deiner ganzen Seele und deinem ganzen Denken‹ (Dt 6,5). ³⁸ Dies ist das größte und erste Gebot. ³⁹ Das zweite ist ihm gleich: ›Du sollst deinen Nächsten lieben wie dich selbst‹ (Lev 19,18). ⁴⁰ An diesen zwei Geboten hängt das ganze Gesetz und die Propheten.«
Gegenfrage Jesu. ⁴¹ Da nun die Pharisäer beisammen waren, fragte sie Jesus: ⁴² »Was haltet ihr vom Messias? Wessen Sohn ist er?« Sie sagten zu ihm: »Der Sohn Davids.« ⁴³ Da sagte er zu ihnen: »Wieso nennt ihn aber David im Geist ›Herr‹, wenn er spricht: ⁴⁴ ›Der Herr sprach zu meinem Herrn: Setze dich zu meiner Rechten, bis ich deine Feinde unter deine Füße lege‹ (Ps 110,1)? ⁴⁵ Wenn nun David ihn ›Herr‹ nennt, wie ist er dann sein Sohn?« ⁴⁶ Niemand konnte ihm ein Wort erwidern, und niemand wagte es von diesem Tag an, ihn noch weiter zu befragen.

23. Kapitel

Strafrede über die Schriftgelehrten und Pharisäer. ¹ Darauf sagte Jesus zum Volk und zu seinen Jüngern: ² »Auf dem Stuhl des Mose sitzen die Schriftgelehrten und Pharisäer. ³ Tut und haltet alles, was sie euch sagen, nach ihrem Tun aber richtet euch nicht; denn sie reden zwar, tun aber nicht danach. ⁴ Sie binden schwere und unerträgliche Lasten und legen sie auf die Schultern der Menschen; selber aber wollen sie mit keinem ihrer Finger daran rühren. ⁵ Alles, was sie tun, geschieht, um sich den Menschen zur Schau zu stellen; denn sie machen ihre Gebetsriemen breit und ihre Quasten groß. ⁶ Sie nehmen gern den Ehrenplatz ein bei den Gastmählern und die ersten Sitze in den Synagogen ⁷ und lassen sich grü-

---

22,34–46: Vgl. Mk 12,28–37; Lk 10,25–28; 20,41–44.
23,1–36: Vgl. Mk 12,38–40; Lk 20,45–47; 11,37–52.
23,3: Jesus deutet damit eine auch für die Kirche wichtige Unterscheidung zwischen einem unwürdigen Amtsträger und seinem Amt an.
23,5: »Gebetsriemen« dienten den Juden zum Befestigen einer mit bestimmten Bibeltexten beschriebenen Kapsel an Stirn und Oberarm, vgl. Dt 6,8.

ßen auf den öffentlichen Plätzen und von den Leuten als Meister anreden.
⁸ Ihr aber sollt euch nicht als Meister anreden lassen; denn einer ist euer Meister, ihr alle aber seid Brüder. ⁹ Auch als Vater sollt ihr niemand von euch anreden auf Erden; denn einer ist euer Vater, der im Himmel. ¹⁰ Laßt euch auch nicht als Führer anreden; denn einer ist euer Führer, Christus. ¹¹ Der Größte unter euch soll euer Diener sein. ¹² Wer sich selbst erhöht, wird erniedrigt werden, und wer sich selbst erniedrigt, wird erhöht werden.
¹³ Wehe aber euch, ihr Schriftgelehrten und Pharisäer, ihr Heuchler! Ihr verschließt das Himmelreich den Menschen; denn ihr selbst geht nicht hinein und laßt auch, die hineingehen wollen, nicht hinein.
¹⁴ [Wehe euch, ihr Schriftgelehrten und Pharisäer, ihr Heuchler! Ihr verzehrt die Häuser der Witwen, indem ihr zum Schein lange Gebete verrichtet! Darum wird ein um so strengeres Gericht über euch kommen.]
¹⁵ Wehe euch, ihr Schriftgelehrten und Pharisäer, ihr Heuchler! Ihr zieht über Meer und Land, um einen einzigen zum Glaubensgenossen zu machen, und ist er es geworden, so macht ihr aus ihm einen Sohn der Hölle, zweimal so schlimm als ihr.
¹⁶ Wehe euch, ihr blinden Wegweiser! Ihr sagt: Wenn jemand beim Tempel schwört, das sei nichts, wer aber beim Gold des Tempels schwört, der sei gebunden. ¹⁷ Ihr Toren und Blinden! Was ist denn mehr, das Gold oder der Tempel, der das Gold heiligt? ¹⁸ Und wenn jemand beim Altar schwört, das sei nichts, wer aber bei der Gabe schwört, die darauf liegt, der sei gebunden. ¹⁹ Ihr Blinden! Was ist denn größer, die Gabe oder der Altar, der die Gabe heiligt? ²⁰ Wer also beim Altar schwört, der schwört bei ihm und bei allem, was darauf liegt. ²¹ Und wer beim Tempel schwört, der schwört bei ihm und bei dem, der darin wohnt. ²² Und wer beim Himmel schwört, der schwört beim Thron Gottes und bei dem, der darauf sitzt.
²³ Wehe euch, ihr Schriftgelehrten und Pharisäer, ihr Heuchler! Ihr berechnet den Zehnten von Minze, Dill und Kümmel, doch was von größerem Gewicht ist im Gesetz, das vernachlässigt ihr: das Recht und die Barmherzigkeit und die Treue. Dies soll man tun und jenes nicht unterlassen. ²⁴ Ihr blinden

---

23,14: Der Vers ist hier nach Ausweis der besten Handschriften eine Einfügung nach Mk 12,40.

Wegweiser! Ihr seid die Mücke, verschluckt jedoch das Kamel.
²⁵ Wehe euch, ihr Schriftgelehrten und Pharisäer, ihr Heuchler! Ihr reinigt das Äußere des Bechers und der Schüssel, innen aber sind sie angefüllt mit Raub und Unmäßigkeit. ²⁶ Du blinder Pharisäer! Reinige zuerst das Innere des Bechers und der Schüssel, damit auch ihr Äußeres rein werde.
²⁷ Wehe euch, ihr Schriftgelehrten und Pharisäer, ihr Heuchler! Ihr gleicht übertünchten Gräbern, die nach außen zwar schön aussehen, inwendig aber voll sind von Totengebein und Unrat. ²⁸ So erscheint auch ihr von außen her den Menschen als Gerechte, inwendig aber seid ihr voll von Heuchelei und Gesetzwidrigkeit.
²⁹ Wehe euch, ihr Schriftgelehrten und Pharisäer, ihr Heuchler! Ihr baut die Gräber der Propheten und ziert die Denkmäler der Gerechten und sagt: ³⁰ Hätten wir in den Tagen unserer Väter gelebt, so wären wir nicht mit ihnen schuldig geworden am Blut der Propheten. ³¹ So gebt ihr euch selbst das Zeugnis, daß ihr Söhne der Prophetenmörder seid; ³² doch ihr macht es voll, das Maß eurer Väter! ³³ Ihr Schlangen, ihr Natterngezücht! Wie werdet ihr dem Gericht der Hölle entrinnen?
³⁴ Darum seht, ich sende zu euch Propheten, Weise und Schriftgelehrte; die einen von ihnen werdet ihr töten und kreuzigen, andere von ihnen werdet ihr in euren Synagogen geißeln und von Stadt zu Stadt verfolgen, ³⁵ damit alles gerechte Blut, das auf Erden vergossen wurde, über euch komme, vom Blut des gerechten Abel an bis zum Blut des Sacharja, des Sohnes des Berechja, den ihr ermordet habt zwischen Tempel und Altar. ³⁶ Wahrlich, ich sage euch: Dies alles wird kommen über dieses Geschlecht.
Weheruf über Jerusalem. ³⁷ Jerusalem, Jerusalem, das du die Propheten mordest und die steinigst, die zu dir gesandt sind, wie oft wollte ich deine Kinder sammeln, wie eine Henne ihre Küchlein unter ihre Flügel sammelt, und ihr habt nicht gewollt! ³⁸ Seht, ›euer Haus wird euch verwüstet zurückgelassen‹ (Jer 22,5). ³⁹ Denn ich sage euch: Von nun an werdet ihr mich nicht mehr sehen, bis ihr sprechen werdet: ›Gepriesen sei, der da kommt im Namen des Herrn‹ (Ps 118,26).«

23,35: Abel ist das erste, Sacharja das letzte Blutopfer, von denen das Alte Testament berichtet, vgl. Gen 4,5–8 und 2 Chr 24,21.
23,37–39: Vgl. Lk 13,34 f.

24. Kapitel

Weissagung vom Ende. [1] Als Jesus den Tempel verließ und weiterging, traten seine Jünger zu ihm, um ihn hinzuweisen auf die Bauten des Tempels. [2] Er aber sagte zu ihnen: »Seht ihr dies alles? Wahrlich, ich sage euch: Kein Stein wird hier auf dem anderen gelassen, ein jeder wird abgebrochen werden.« [3] Als er sich auf dem Ölberg niedersetzte, traten die Jünger zu ihm und fragten im Alleinsein mit ihm: »Sag uns, wann wird das sein, und was ist das Zeichen für deine Ankunft und für das Ende der Welt?« [4] Jesus antwortete ihnen: »Seht zu, daß euch niemand verführe! [5] Denn viele werden unter meinem Namen kommen und sagen: Ich bin der Messias! und sie werden viele verführen. [6] Ihr werdet von Kriegen und Kriegsgerüchten hören, seht zu, laßt euch nicht schrecken; denn es ›muß so kommen‹ (Dan 2,28), aber noch ist es nicht das Ende. [7] Denn aufstehen wird ›Volk gegen Volk‹ (2 Chr 15,6) und ›Reich gegen Reich‹ (Jes 19,2), und Hungersnöte werden sein von Ort zu Ort und Seuchen und Erdbeben. [8] All das ist der Anfang der Wehen.
[9] Alsdann werden sie euch der Drangsal überliefern und euch töten, und ihr werdet verhaßt sein bei allen Völkern meines Namens wegen. [10] Da ›werden viele zu Fall kommen‹ (Dan 11,41), einander verraten und einander hassen.
[11] Viele falsche Propheten werden aufstehen und werden viele verführen. [12] Weil die Gesetzlosigkeit überhand nimmt, wird die Liebe der vielen erkalten. [13] Wer aber ausharrt bis ans Ende, der wird gerettet werden. [14] Und es wird dieses Evangelium vom Reich verkündet werden in der ganzen Welt, zum Zeugnis für alle Völker, und dann wird das Ende kommen.
Gericht über Jerusalem. [15] Wenn ihr nun den ›Greuel der Verwüstung‹, vorhergesagt durch den Propheten Daniel (9,27; 12,11), stehen seht ›an heiliger Stätte‹ – wer es liest, bedenke

---

24,1–51: Vgl. Mk 13,1–37; Lk 21,5–36; 12,35–48; 17,26–35. In dieser sog. eschatologischen Rede sind in prophetischer Perspektive und im Wechsel von nicht gleichmäßigen Strophen die Weissagungen vom Ende Jerusalems und vom Untergang der Welt zusammengelegt. Daher ist es teilweise für uns nicht möglich, mit Sicherheit die Beziehung des einzelnen Satzes festzulegen. 4–14 zeigt die immer wiederkehrenden Drangsale bis zum Weltende, 15–20 (22?) bezieht sich auf das Strafgericht über Jerusalem, 21(23)–28 wieder auf die ganze Endzeit mit ihren Verführungen der Massen, während 29–31 von der Wiederkehr des Menschensohnes redet und 32–51 Mahnung und Warnung an die Gleichgültigen bringt.

es wohl! –, ¹⁶ dann fliehe, wer in Judäa ist, in die Berge, ¹⁷ wer auf dem Dach ist, steige nicht herab, um etwas aus seinem Haus zu holen, ¹⁸ und wer auf dem Feld ist, kehre nicht zurück, um seinen Mantel zu holen.
¹⁹ Wehe den Schwangeren und Stillenden in jenen Tagen! ²⁰ Betet, daß eure Flucht nicht im Winter geschehe oder am Sabbat. ²¹ Es wird nämlich dann ›eine große Drangsal sein, wie dergleichen nicht gewesen ist seit Anfang der Welt bis jetzt‹ (Dan 12,1) und nicht mehr sein wird. ²² Und würden jene Tage nicht abgekürzt werden, würde kein Mensch gerettet werden; doch um der Auserwählten willen werden abgekürzt werden jene Tage.

Die große Verführung. ²³ Wenn dann jemand zu euch sagt: Seht, hier ist der Messias, oder: Dort; so glaubt es nicht; ²⁴ denn es werden falsche Messiasse aufstehen und ›falsche Propheten, und sie werden große Zeichen und Wunder tun‹ (Dt 13,1f), um, wenn möglich, auch die Auserwählten zu verführen. ²⁵ Seht, ich habe es euch vorhergesagt. ²⁶ Wenn sie euch also sagen: Seht, er ist in der Wüste, so geht nicht hinaus; seht, er ist in den Kammern, so glaubt es nicht! ²⁷ Denn wie der Blitz vom Osten ausgeht und bis zum Westen leuchtet, so wird es sein mit der Ankunft des Menschensohns. ²⁸ ›Wo das Aas ist, da versammeln sich die Geier‹ (Ijob 39,30).

Wiederkunft Christi. ²⁹ Sogleich nach der Drangsal jener Tage wird ›die Sonne sich verfinstern und der Mond seinen Schein nicht mehr geben‹ (Jes 13,10), ›die Sterne werden vom Himmel fallen, und die Kräfte des Himmels werden erschüttert werden‹ (Jes 34,4). ³⁰ Dann wird das Zeichen des Menschensohns am Himmel erscheinen, und ›wehklagen werden alle Stämme der Erde‹ (Sach 12,10ff), und sie ›werden den Menschensohn kommen sehen auf den Wolken des Himmels‹ (Dan 7,13) mit großer Macht und Herrlichkeit. ³¹ Er wird seine Engel aussenden mit lautem Posaunenschall, und sie werden ›zusammenführen seine Auserwählten von den vier Winden‹ (Sach 2,6), ›von einem Ende des Himmels bis zum andern‹ (Dt 30,4).

24,20: Die Erwähnung des Sabbats, nur hier bei Mt, bezieht sich auf die Juden, die infolge ihrer ängstlichen Sabbatauffassung an der Flucht behindert sein würden.
24,27f.: Das Kommen des Menschensohns kann wie ein heller Blitz nicht übersehen werden, die Menschen werden zu ihm kommen müssen, so wie die Geier von ihrer Beute angezogen werden.

In aufmerksamer Erwartung. ³² Vom Feigenbaum aber lernt das Gleichnis: Wenn sein Zweig schon saftig wird und die Blätter treiben, erkennt ihr, daß der Sommer nahe ist. ³³ Ebenso sollt auch ihr, wenn ihr dies alles seht, erkennen, daß er nahe ist an den Türen. ³⁴ Wahrlich, ich sage euch: Dieses Geschlecht wird nicht vergehen, bis dies alles geschieht. ³⁵ Himmel und Erde werden vergehen, meine Worte aber werden nicht vergehen. ³⁶ Jenen Tag aber und jene Stunde weiß niemand, auch nicht die Engel des Himmels, auch nicht der Sohn, nur der Vater allein.

³⁷ Wie in den Tagen des Noach wird es bei der Ankunft des Menschensohns sein. ³⁸ Denn wie sie in den Tagen vor der Sintflut aßen und tranken, heirateten und sich heiraten ließen, bis zu dem Tag, da Noach in die Arche ging, ³⁹ und nichts bedachten, bis die Sintflut kam und alle hinwegraffte. So wird es auch bei der Ankunft des Menschensohns sein. ⁴⁰ Dann werden zwei auf dem Feld sein; der eine wird hinweggenommen, der andere zurückgelassen werden. ⁴¹ Zwei werden mahlen an der Mühle; die eine wird hinweggenommen, die andere zurückgelassen werden.

Seid wachsam! ⁴² Seid also wachsam, denn ihr wißt nicht, an welchem Tag euer Herr kommt. ⁴³ Das aber sollt ihr bedenken: Wenn der Hausherr wüßte, zu welcher Stunde der Nacht der Dieb kommt, würde er wachen und nicht einbrechen lassen in sein Haus. ⁴⁴ Darum seid auch ihr bereit; denn zu einer Stunde, da ihr es nicht meint, wird der Menschensohn kommen.

⁴⁵ Wer ist der getreue und kluge Knecht, den der Herr über seine Dienerschaft gesetzt hat, daß er ihnen Speise gebe zur rechten Zeit? ⁴⁶ Selig jener Knecht, den sein Herr bei seinem Kommen so an der Arbeit findet. ⁴⁷ Wahrlich, ich sage euch: Über alle seine Güter wird er ihn setzen.

⁴⁸ Wenn aber jener böse Knecht in seinem Herzen spricht: Mein Herr läßt sich Zeit; ⁴⁹ und wenn er anfängt, seine Mitknechte zu schlagen und mit den Zechern zu essen und zu trinken, ⁵⁰ so wird der Herr dieses Knechtes kommen an einem Tag, da er es nicht erwartet, und zu einer Stunde, da er es nicht weiß, ⁵¹ und wird ihn niederhauen und ihm seinen Platz bei den Heuchlern geben; dort wird Heulen sein und Zähneknirschen.«

24,34: Diese Aussage bezieht sich nach V. 14 oder 36 nicht auf das Weltende, sondern auf den Untergang Jerusalems.
24,36: Siehe zu Mk 13,32.

25. Kapitel
Die törichten und klugen Jungfrauen. [1] »Dann wird das Himmelreich zehn Jungfrauen gleich sein, die ihre Lampen nahmen und sich aufmachten zur Begegnung mit dem Bräutigam. [2] Fünf von ihnen waren töricht und fünf klug. [3] Denn die törichten nahmen zwar ihre Lampen mit sich, aber kein Öl, [4] die klugen hingegen nahmen Öl in den Gefäßen mit sich, zusammen mit ihren Lampen. [5] Als nun der Bräutigam auf sich warten ließ, nickten alle ein und schliefen.

[6] Um Mitternacht aber erhob sich ein Rufen: Seht, der Bräutigam; geht hinaus, ihm entgegen! [7] Da standen jene Jungfrauen alle auf und machten ihre Lampen zurecht. [8] Die törichten aber sagten zu den klugen: Gebt uns von eurem Öl, denn unsere Lampen sind am Erlöschen. [9] Da erwiderten die klugen: Es dürfte doch kaum ausreichen für uns und für euch; geht lieber zu denen, die es verkaufen, und kauft es euch.

[10] Während sie nun hingingen, um zu kaufen, kam der Bräutigam, und die bereit waren, gingen mit ihm zur Hochzeit hinein, und die Tür wurde geschlossen. [11] Später kamen auch die anderen Jungfrauen und riefen: Herr, Herr, mach uns auf! [12] Er aber sprach: Wahrlich, ich sage euch: Ich kenne euch nicht. [13] Wacht also, denn ihr wißt weder den Tag noch die Stunde.

Rechenschaft für die Talente. [14] Denn es ist wie bei einem Mann, der außer Landes ging, seine Knechte rief und ihnen sein Vermögen übergab. [15] Einem gab er fünf Talente, dem andern zwei, dem dritten ein einziges, einem jeden nach seiner Fähigkeit; dann reiste er fort. [16] Der die fünf Talente empfangen hatte, ging sogleich daran, machte Geschäfte mit ihnen und gewann fünf andere hinzu. [17] Ebenso gewann auch der mit den zweien zwei andere hinzu. [18] Jener aber, der ein einziges empfangen hatte, ging hin, grub die Erde auf und verbarg das Geld seines Herrn.

[19] Nach langer Zeit kam nun der Herr dieser Knechte und rechnete ab mit ihnen. [20] Da kam jener, der die fünf Talente empfangen hatte, brachte fünf andere Talente und sprach: Herr, fünf Talente hast du mir übergeben, siehe, fünf andere habe ich gewonnen. [21] Da sagte sein Herr zu ihm: Recht so, du

---

25,1–13: Wie 24,42–51 ein Aufruf zu steter Wachsamkeit in der Erwartung des Herrn.
25,14–30: Vgl. Lk 19,11–27. Bei der Rechenschaft vor Gott entscheidet die Treue, mit der wir die uns übertragene Aufgabe erfüllt haben, nicht deren äußere Größe.

guter und getreuer Knecht! Über weniges warst du getreu, über vieles will ich dich setzen: geh ein in die Freude deines Herrn! ²² Es kam auch der mit den zwei Talenten herbei und sprach: Herr, zwei Talente hast du mir übergeben, siehe, zwei andere habe ich gewonnen. ²³ Da sagte sein Herr zu ihm: Recht so, du guter und getreuer Knecht! Über weniges warst du getreu, über vieles will ich dich setzen: geh ein in die Freude deines Herrn!

²⁴ Es trat auch jener hinzu, der das eine Talent empfangen hatte, und sprach: Herr, ich wußte, daß du ein harter Mann bist; du erntest, wo du nicht gesät, und sammelst, wo du nicht ausgestreut hast. ²⁵ Ich fürchtete mich, ging hin und verbarg dein Talent in der Erde. Siehe, da hast du, was dein ist! ²⁶ Da erwiderte ihm sein Herr: Du böser und fauler Knecht! Du wußtest, daß ich ernte, wo ich nicht gesät, und sammle, wo ich nicht ausgestreut habe. ²⁷ Du hättest daher mein Geld anlegen sollen bei den Bankleuten, und ich wäre gekommen und hätte das Meine mit Zinsen abheben können. ²⁸ Darum nehmt ihm das Talent und gebt es dem, der die zehn Talente hat. ²⁹ Denn jedem, der hat, wird gegeben, und er wird in Überfluß haben; wer aber nicht hat, dem wird auch das, was er hat, genommen werden. ³⁰ Den unnützen Knecht aber werft hinaus in die Finsternis draußen; dort wird Heulen sein und Zähneknirschen.

Das Endgericht. ³¹ Wenn aber der Menschensohn kommen wird in seiner Herrlichkeit und alle Engel mit ihm, dann wird er sich auf den Thron seiner Herrlichkeit setzen, ³² und es werden sich versammeln vor ihm alle Völker, und er wird sie voneinander scheiden, wie der Hirt die Schafe von den Böcken scheidet. ³³ Die Schafe wird er zu seiner Rechten stellen, die Böcke zu seiner Linken.

³⁴ Dann wird der König denen zu seiner Rechten sagen: Kommt, ihr Gesegneten meines Vaters! Nehmt in Besitz das Reich, das euch bereitet ist seit Grundlegung der Welt! ³⁵ Denn ich war hungrig, und ihr gabt mir zu essen; ich war durstig, und ihr gabt mir zu trinken; ich war fremd, und ihr habt mich beherbergt; ³⁶ ich war nackt, und ihr habt mich bekleidet; ich war krank, und ihr habt mich besucht; ich war im Gefängnis und ihr seid zu mir gekommen. ³⁷ Dann werden ihm die Gerechten entgegnen: Herr, wann haben wir dich hungrig gesehen und dir zu essen gegeben, oder durstig und dir zu trinken gegeben? ³⁸ Wann haben wir dich als Fremdling gesehen und dich beherbergt, oder nackt und dich bekleidet? ³⁹ Wann haben wir dich krank gesehen oder im Gefängnis und

Mattäus 25,40–26,7

sind zu dir gekommen? ⁴⁰ Und der König wird ihnen antworten: Wahrlich, ich sage euch: Was ihr getan habt einem von diesen meinen geringsten Brüdern, habt ihr mir getan.
⁴¹ Dann wird er auch zu denen zur Linken sprechen: Weicht von mir, ihr Verfluchten, in das ewige Feuer, das dem Teufel bereitet ist und seinen Engeln. ⁴² Denn ich war hungrig, und ihr gabt mir nicht zu essen; ich war durstig, und ihr gabt mir nicht zu trinken; ⁴³ ich war fremd, und ihr habt mich nicht beherbergt; ich war nackt, und ihr habt mich nicht bekleidet; ich war krank und im Gefängnis, und ihr habt mich nicht besucht.
⁴⁴ Dann werden ihm auch diese entgegnen: Herr, wann haben wir dich hungrig oder durstig oder als Fremdling oder nackt oder krank oder im Gefängnis gesehen und haben dir nicht gedient? ⁴⁵ Dann wird er ihnen antworten: Wahrlich, ich sage euch, was ihr nicht getan habt einem dieser Geringsten, habt ihr auch mir nicht getan. ⁴⁶ Und diese werden eingehen in ›die ewige Pein‹, die Gerechten aber ›in das ewige Leben‹ (Dan 12,2).«

Jesu Leiden und Verherrlichung

26. Kapitel

Todesbeschluß des Hohen Rates. ¹ Nachdem Jesus alle diese Reden beendet hatte, sagte er zu seinen Jüngern: ² »Ihr wißt, nach zwei Tagen wird das Pascha sein, und der Menschensohn wird überliefert, um gekreuzigt zu werden.« ³ Da versammelten sich die Hohenpriester und die Ältesten des Volkes im Palast des Hohenpriesters, der Kajafas hieß, ⁴ und sie beschlossen, Jesus mit List zu ergreifen und zu töten. ⁵ Sie sagten: »Nur nicht am Festtag, damit nicht etwa ein Aufruhr entstehe unter dem Volk.«
Salbung in Betanien. ⁶ Als Jesus in Betanien war, im Hause Simons des Aussätzigen, ⁷ trat zu ihm eine Frau mit einem

---

26,1–16: Vgl. Mk 14,1–11; Lk 22,1–6 (ohne Salbungsbericht). Die Salbung von Betanien hängt mit dem Todesbeschluß und Verrat zusammen, insofern nach Joh 12,1–8 sich dabei die Geldgier des Judas offenbarte.
26,6: Dieser Simon, wohl ein Freund oder Verwandter des Lazarus, ist nicht identisch mit dem Pharisäer Simon bei Lk 7,36–50, ebensowenig die salbende Maria von Betanien (Joh 12,3) mit der bei Lk 7,37 ff geschilderten Sünderin.

Gefäß von Alabaster, voll kostbaren Salböls, und goß es, während er zu Tisch lag, über sein Haupt. [8] Als die Jünger dies sahen, wurden sie unwillig und sprachen: »Wozu diese Verschwendung? [9] Das hätte man doch teuer verkaufen und für die Armen geben können!«
[10] Als Jesus das merkte, sagte er zu ihnen: »Warum kränkt ihr die Frau? Ein gutes Werk hat sie an mir getan. [11] Allezeit habt ihr die Armen bei euch, mich aber habt ihr nicht allezeit. [12] Da sie nämlich dieses Salböl ausgoß über meinen Leib, tat sie dies zu meinem Begräbnis. [13] Wahrlich, ich sage euch: Wo immer dieses Evangelium verkündet wird auf der ganzen Welt, da wird auch gesagt werden, was sie getan hat, ihr zum Gedächtnis.«

Der Verräter am Werk. [14] Da ging einer von den Zwölfen, der Judas Iskariot hieß, zu den Hohenpriestern und sagte: [15] »Was wollt ihr mir geben, und ich werde ihn euch verraten?« Sie setzten für ihn dreißig Silberlinge fest. [16] Von da an suchte er eine Gelegenheit, ihn zu verraten.

Das letzte Abendmahl. [17] Am ersten Tag der ungesäuerten Brote traten die Jünger zu Jesus und fragten: »Wo sollen wir für dich das Essen des Paschamahles bereiten?« [18] Er sagte: »Geht in die Stadt zu dem und dem und sagt zu ihm: Der Meister läßt sagen: Meine Zeit ist nahe; bei dir will ich das Pascha halten mit meinen Jüngern.« [19] Die Jünger taten, wie ihnen Jesus befohlen hatte, und bereiteten das Pascha.
[20] Als es Abend geworden war, ließ er sich mit den Zwölfen zu Tisch nieder, [21] und während sie aßen, sprach er: »Wahrlich ich sage euch: Einer von euch wird mich verraten.« [22] Da wurden sie sehr betrübt, und einer um den andern fing an, ihn zu fragen: »Bin etwa ich es, Herr?« [23] Er antwortete: »Der die Hand mit mir in die Schüssel eintaucht, der wird mich verraten. [24] Der Menschensohn geht zwar hin, wie geschrieben steht von ihm, doch wehe jenem Menschen, durch den der Menschensohn verraten wird; besser wäre es für jenen Menschen, er wäre nicht geboren.« [25] Judas aber, sein

---

26,17–19: Vgl. Mk 14,12–16; Lk 22,7–13. Das jüdische Osterfest trug den Namen Pascha (Pesach = Vorübergang) in Erinnerung an den Auszug aus Ägypten, vgl. Ex 12,15–28; Dt 16,1–8.
26,20–25: Enthüllung und Entfernung des Verräters vor der Eucharistie-Einsetzung, vgl. Mk 14,17–21; Joh 13,21–30. Bei Lk 22,21–23 ist sie wegen seiner besonderen Stoffordnung nach dem Einsetzungsbericht eingefügt.

Verräter, fragte: »Bin etwa ich es, Meister?« Und er antwortete ihm: »Du hast es gesagt.«

²⁶ Während sie nun aßen, nahm Jesus Brot, sprach den Segen, brach es und gab es den Jüngern mit den Worten: »Nehmt und eßt, das ist mein Leib.« ²⁷ Und er nahm einen Kelch, sagte Dank, reichte ihn ihnen und sprach: »Trinkt alle daraus, ²⁸ denn das ist mein Blut des Bundes, das für viele vergossen wird zur Vergebung der Sünden (Ex 24,8). ²⁹ Ich sage euch aber: Von nun an werde ich nicht mehr trinken von dieser Frucht des Weinstocks bis zu jenem Tag, an dem ich davon neu mit euch trinke im Reich meines Vaters.«

Getsemani. ³⁰ Nach dem Lobgesang gingen sie hinaus zum Ölberg. ³¹ Da sagte Jesus zu ihnen: »Ihr werdet alle Anstoß nehmen an mir in dieser Nacht; denn es steht geschrieben: ›Ich will den Hirten schlagen, und die Schafe der Herde werden zerstreut werden‹ (Sach 13,7). ³² Nach meiner Auferweckung aber werde ich euch vorausgehen nach Galiläa.«

³³ Petrus entgegnete ihm: »Wenn auch alle Anstoß nehmen an dir, ich werde niemals Anstoß nehmen.« ³⁴ Jesus entgegnete ihm: »Wahrlich, ich sage dir: In dieser Nacht, ehe der Hahn kräht, wirst du mich dreimal verleugnen.« ³⁵ Petrus sagte zu ihm: »Und müßte ich mit dir sterben, nie und nimmer werde ich dich verleugnen.« Ebenso sprachen auch alle anderen Jünger.

³⁶ Darauf kam Jesus mit ihnen an ein Gehöft, Getsemani genannt, und er sagte zu den Jüngern: »Setzt euch hier nieder, während ich dorthin gehe und bete.« ³⁷ Er nahm Petrus und die beiden Zebedäussöhne mit sich und begann zu zittern und zu zagen, ³⁸ und er sagte zu ihnen: »Meine Seele ist betrübt bis in den Tod; bleibt hier und wacht mit mir!« ³⁹ Er ging ein wenig weiter, fiel auf sein Angesicht, betete und sprach: »Mein Vater, wenn es möglich ist, so gehe dieser Kelch an mir vorüber; doch nicht wie ich will, sondern wie du willst.«

⁴⁰ Und er kam zu den Jüngern, fand sie schlafend und sagte zu Petrus: »So konntet ihr nicht eine einzige Stunde wachen mit mir? ⁴¹ Wacht und betet, damit ihr nicht in Versuchung fallt!

26,26–29: Einsetzung des eucharistischen Sakramentes im Zusammenhang mit dem jüdischen Paschamahl beim Essen des Brotes bzw. beim vorgeschriebenen »Kelch des Segens« zum Abschluß des Mahles. Vgl. Mk 14,22–25; Lk 22,14–20; 1 Kor 11,23–26.
26,30–35: Vgl. Mk 14,26–31. Nach Lk 22,31–34; Joh 13,36–38 war die Vorhersage der Verleugnung noch im Abendmahlssaal.
26,36–46: Vgl. Mk 14,32–42; Lk 22,40–46; dazu Joh 12,27–30.

Der Geist ist zwar willig, das Fleisch aber ist schwach.«
⁴² Wiederum, ein zweitesmal, ging er hin, betete und sprach: »Mein Vater, wenn dieser Kelch nicht vorübergehen kann, ohne daß ich ihn trinke, so geschehe dein Wille!«
⁴³ Und da er zurückkam, fand er sie wiederum schlafend; denn ihre Augen waren schwer. ⁴⁴ Da ließ er sie, ging wieder hin und betete zum drittenmal und sprach die gleichen Worte. ⁴⁵ Darauf trat er zu den Jüngern und sagte zu ihnen: »Ihr schlaft noch und ruht! Seht, die Stunde ist gekommen, da der Menschensohn überliefert wird in die Hände der Sünder. ⁴⁶ Steht auf, laßt uns gehen! Seht, mein Verräter naht!«

Gefangennahme Jesu. ⁴⁷ Während er noch redete, siehe, da kam Judas, einer von den Zwölfen, und mit ihm eine große Schar mit Schwertern und Knütteln, ausgeschickt von den Hohenpriestern und Ältesten des Volkes. ⁴⁸ Sein Verräter hatte ihnen ein Zeichen gegeben und gesagt: »Den ich küssen werde, der ist es, den ergreift!« ⁴⁹ Und sogleich trat er zu Jesus und sagte: »Sei gegrüßt, Meister!« und küßte ihn. ⁵⁰ Jesus aber entgegnete ihm: »Freund, bist du dazu gekommen?« Da traten sie hinzu, legten Hand an Jesus und nahmen ihn fest.

⁵¹ Und siehe, einer von denen, die bei Jesus waren, streckte die Hand aus, zog sein Schwert, schlug nach dem Knecht des Hohenpriesters und hieb ihm das Ohr ab. ⁵² Da sagte Jesus zu ihm: »Stecke dein Schwert an seinen Platz! Denn alle, die das Schwert ergreifen, werden durch das Schwert umkommen. ⁵³ Oder meinst du, ich könnte meinen Vater nicht bitten, und er würde mir nicht sogleich mehr als zwölf Legionen Engel zu Hilfe schicken? ⁵⁴ Wie aber würden dann die Schriften erfüllt, daß es so geschehen muß?«

⁵⁵ In jener Stunde sagte Jesus zu den Scharen: »Wie gegen einen Rebellen seid ihr ausgezogen mit Schwertern und Knütteln, um mich zu fangen. Täglich saß ich im Tempel und lehrte, und ihr habt mich nicht ergriffen.« ⁵⁶ Dies alles aber ist geschehen, damit erfüllt würden die Schriften der Propheten. Da verließen ihn die Jünger alle und flohen.

Jesus vor dem Hohen Rat. ⁵⁷ Jene aber, die Jesus festgenommen hatten, führten ihn zu Kajafas, dem Hohenpriester, bei dem die Schriftgelehrten und Ältesten sich versammelt hat-

---

26,47–56: Vgl. Mk 14,43–52; Lk 22,47–53; Joh 18,1–11.
26,57–68: Vgl. Mk 14,53–65; Lk 22,54f. 63–71; Joh 18,12.15–23.

ten. ⁵⁸ Petrus folgte ihm von fern bis zum Hof des Hohenpriesters, ging hinein und setzte sich zu den Dienern, um zu sehen, wie es ausgehen würde. ⁵⁹ Die Hohenpriester und der ganze Hohe Rat suchten ein falsches Zeugnis gegen Jesus, um ihn zum Tod verurteilen zu können, ⁶⁰ doch sie fanden nichts, obwohl viele falsche Zeugen auftraten. Zuletzt kamen zwei und sagten: ⁶¹ »Dieser hat gesagt: Ich kann den Tempel Gottes abbrechen und in drei Tagen aufbauen!«

⁶² Da stand der Hohepriester auf und fragte ihn: »Antwortest du nichts auf das, was diese gegen dich aussagen?« ⁶³ Jesus aber schwieg. Und der Hohepriester sagte zu ihm: »Ich beschwöre dich bei dem lebendigen Gott, daß du uns sagst, ob du der Messias bist, der Sohn Gottes!« ⁶⁴ Jesus antwortete ihm: »Du hast es gesagt! Weiter aber sage ich euch: Von nun an werdet ihr den Menschensohn sehen ›sitzend zur Rechten‹ der Kraft (Ps 110,1) und ›kommend auf den Wolken des Himmels‹ (Dan 7,13).«

⁶⁵ Da zerriß der Hohepriester seine Kleider und sprach: »Er hat gelästert! Was brauchen wir noch Zeugen? Seht, nun habt ihr die Lästerung gehört. ⁶⁶ Was meint ihr?« Sie antworteten: »Er ist schuldig des Todes!« ⁶⁷ Da spien sie ihm in das Gesicht und mißhandelten ihn; andere versetzten ihm Schläge und riefen: ⁶⁸ »Weissage uns, Messias, wer ist es, der dich geschlagen hat?«

Verleugnung durch Petrus. ⁶⁹ Petrus aber saß draußen im Hof. Da trat eine Magd zu ihm und sagte: »Auch du warst bei Jesus, dem Galiläer.« ⁷⁰ Er aber leugnete vor allen und sprach: »Ich weiß nicht, was du redest.« ⁷¹ Als er zur Vorhalle hinausging, sah ihn eine andere Magd und sagte zu denen, die dort waren: »Dieser war bei Jesus, dem Nazoräer.« ⁷² Und er leugnete abermals mit einem Schwur: »Ich kenne den Menschen nicht.«

⁷³ Kurz darauf traten die Umstehenden hinzu und sagten zu Petrus: »Wirklich, auch du bist einer von ihnen; denn auch deine Sprache verrät dich.« ⁷⁴ Da fing er an zu fluchen und zu schwören: »Ich kenne diesen Menschen nicht.« Und sogleich krähte ein Hahn. ⁷⁵ Petrus aber erinnerte sich des Wortes Jesu, das er gesagt hatte: »Ehe der Hahn kräht, wirst du mich dreimal verleugnen.« Und er ging hinaus und weinte bitterlich.

26,69–75: Vgl. Mk 14,66–72; Lk 22,56–62; Joh 18,15–27.

27. Kapitel

Übergabe an Pilatus. [1] Als es Morgen war, faßten alle Hohenpriester und Ältesten des Volkes den Beschluß gegen Jesus, ihn dem Tod zu überliefern. [2] Sie ließen ihn gefesselt abführen und übergaben ihn dem Statthalter Pilatus.

Das Ende des Verräters. [3] Da nun Judas, der ihn verraten hatte, sah, daß er verurteilt war, kam Reue über ihn, und er brachte die dreißig Silberlinge den Hohenpriestern und Ältesten zurück [4] und sprach: »Ich habe gesündigt, da ich unschuldiges Blut verriet.« Sie aber sagten: »Was geht das uns an? Sieh du zu!« [5] Da warf er die Silberlinge in den Tempel, zog sich zurück, ging hin und erhängte sich.

[6] Die Hohenpriester aber nahmen die Silberlinge und sprachen: »Es ist nicht erlaubt, sie in den Tempelschatz zu legen, denn es ist Blutgeld.« [7] Sie hielten Rat und kauften damit den Acker des Töpfers zum Begräbnis für die Fremden. [8] Deswegen heißt dieser Acker Blutacker bis auf den heutigen Tag. [9] So erfüllte sich, was gesagt worden ist durch den Propheten Jeremia: ›Sie nahmen die dreißig Silberlinge, den Schätzwert für ihn, wie er von den Söhnen Israels eingeschätzt worden war, [10] und gaben sie für den Acker des Töpfers, wie mir der Herr befohlen hat‹ (Jer 32,7–9; Sach 11,12f).

Jesus vor Pilatus. [11] Jesus aber stand vor dem Statthalter, und der Statthalter fragte ihn: »Bist du der König der Juden?« Jesus antwortete: »Du sagst es!« [12] Als er von den Hohenpriestern und Ältesten angeklagt wurde, erwiderte er nichts. [13] Da sagte Pilatus zu ihm: »Hörst du nicht, was sie alles gegen dich vorbringen?« [14] Er aber antwortete ihm auch nicht auf ein einziges Wort, so daß der Statthalter sich sehr verwunderte.

[15] Zum Festtag aber war es Brauch, daß der Statthalter dem Volk einen Gefangenen freigab, einen, den sie wollten. [16] Nun hatte man damals einen berüchtigten Gefangenen, der Barabbas hieß. [17] Als sie nun beisammen waren, sagte Pilatus zu ihnen: »Wen soll ich nach eurem Willen euch freigeben, den Barabbas oder Jesus, der Messias genannt wird?« [18] Er wußte nämlich, daß sie ihn aus Neid überliefert hatten.

27,1f: Vgl. Mk 15,1; Lk 23,1; Joh 18,28. Unter der römischen Besatzung konnten die Juden nicht eigenmächtig die Todesstrafe durchführen.
27,3–10: Vgl. den anderen Bericht Apg 1,15–20.
27,11–26: Vgl. Mk 15,2–15; Lk 23,2–25 (mit Zwischenverhör vor Herodes); Joh 18,29–40.

¹⁹ Während er auf dem Richterstuhl saß, schickte seine Frau zu ihm und ließ sagen: »Habe nichts zu schaffen mit diesem Gerechten; denn ich habe heute seinetwegen viel im Traum gelitten.«
²⁰ Die Hohenpriester und Ältesten beredeten unterdessen das Volk, den Barabbas freizubitten, Jesus aber töten zu lassen.
²¹ Da wandte sich der Statthalter an sie und sprach: »Wen von beiden soll ich nach eurem Willen euch freigeben?« Sie riefen: »Den Barabbas!« ²² Pilatus sagte zu ihnen: »Was soll ich dann mit Jesus machen, der Messias genannt wird?« ²³ Da riefen alle: »Ans Kreuz mit ihm!« Er entgegnete: »Was hat er denn Böses getan?« Sie aber schrien noch mehr: »Ans Kreuz mit ihm!«
²⁴ Als Pilatus sah, daß er nichts ausrichtete, sondern der Lärm größer wurde, nahm er Wasser, wusch seine Hände vor dem Volk und sprach: »Ich bin unschuldig am Blut dieses Gerechten. Seht ihr zu!« ²⁵ Da rief das ganze Volk als Antwort: »Sein Blut komme über uns und unsere Kinder!« ²⁶ Darauf gab er ihnen den Barabbas frei, Jesus aber ließ er geißeln und übergab ihn zur Kreuzigung.

Als Spottkönig verhöhnt. ²⁷ Die Soldaten des Statthalters nahmen Jesus und brachten ihn in das Prätorium und versammelten um ihn die ganze Kohorte. ²⁸ Sie zogen ihn aus und legten ihm einen scharlachroten Mantel um, ²⁹ flochten einen Kranz aus Dornen, setzten ihn auf sein Haupt und gaben ihm ein Rohr in seine rechte Hand; das Knie vor ihm beugend, verspotteten sie ihn und riefen: »Heil dir, König der Juden!« ³⁰ Sie spien ihn an, nahmen das Rohr und schlugen auf sein Haupt.

Kreuzigung. ³¹ Nachdem sie ihn verspottet hatten, nahmen sie ihm den Mantel ab, zogen ihm seine Kleider an und führten ihn weg zur Kreuzigung. ³² Auf dem Weg hinaus trafen sie einen Mann von Zyrene, Simon mit Namen; diesen zwangen sie, sein Kreuz zu tragen. ³³ Und als sie an den Platz kamen, der Golgota, das heißt Schädelstätte, genannt wird, ³⁴ gaben

---

27,25: Mit dieser gebräuchlichen Formel übernahm das verblendete Volk die Verantwortung für das Todesurteil.
27,27–30: Vgl. Mk 15,16–20. Nach Lk 23,16; Joh 19,1–5 war die Geißelung von Pilatus als Strafe verhängt in der Absicht, Jesus dann freizulassen.
27,31–44: Vgl. 15,20–32; Lk 23,26–43; Joh 19,17–27. Jesus trank von dem mit »Galle«, d. h. mit betäubendem Zusatz, gemischten Wein wohl deswegen nicht, um bei vollem Bewußtsein zu bleiben.

sie ihm Wein, mit ›Galle vermischt, zu trinken‹ (Ps 69,22); er kostete davon, wollte aber nicht trinken.
35 Nachdem sie ihn gekreuzigt hatten, verteilten sie seine Kleider, in dem sie das Los warfen [, damit erfüllt würde, was gesagt ist durch den Propheten: ›Sie haben meine Kleider unter sich geteilt und über mein Gewand das Los geworfen‹ (Ps 22,19)]. 36 Und sie lagerten sich und bewachten ihn dort. 37 Über sein Haupt setzten sie zur Angabe seiner Schuld die Aufschrift: »Das ist Jesus, der König der Juden.« 38 Zusammen mit ihm wurden zwei Rebellen gekreuzigt, einer zur Rechten und der andere zur Linken.
39 Die Vorübergehenden aber lästerten ihn, schüttelten ihre Köpfe und sprachen: 40 »Der du den Tempel abbrechen und in drei Tagen aufbauen willst, hilf dir selbst, wenn du der Sohn Gottes bist, und steig herab vom Kreuz!« 41 Gleicherweise verspotteten ihn auch die Hohenpriester samt den Schriftgelehrten und Ältesten und sprachen: 42 »Anderen hat er geholfen, sich selbst kann er nicht helfen. König von Israel ist er; er steige nun herab vom Kreuz, und wir wollen an ihn glauben. 43 Er hat auf Gott vertraut; der errette ihn nun, wenn er Wohlgefallen hat an ihm; er hat ja gesagt: Ich bin Gottes Sohn.« 44 Dasselbe hielten ihm auch die Rebellen vor, die mit ihm gekreuzigt waren.

Jesu Tod. 45 Von der sechsten Stunde an trat Finsternis ein über das ganze Land bis zur neunten Stunde. 46 Und um die neunte Stunde rief Jesus mit lauter Stimme: »Eli, Eli, lema sabachtani«, das heißt: »Mein Gott, mein Gott, warum hast du mich verlassen?« (Ps 22,2). 47 Einige von denen, die dabeistanden und dies hörten, sagten: »Er ruft den Elija.« 48 Und sogleich lief einer von ihnen, nahm einen Schwamm, füllte ihn mit Essig, steckte ihn an ein Rohr und gab ihm zu trinken. 49 Die übrigen aber sagten: »Laß, wir wollen sehen, ob Elija kommt, ihm zu helfen.« 50 Jesus schrie nochmals mit lauter Stimme und gab seinen Geist auf.
51 Und siehe, der Vorhang des Tempels riß von oben bis unten entzwei, die Erde bebte, und die Felsen spalteten sich; 52 die Gräber taten sich auf, und viele Leiber der Heiligen, die entschlafen waren, wurden auferweckt, 53 gingen nach seiner

---

27,45–56: Vgl. Mk 15,33–41; Lk 23,44–49; Joh 19,28–37. Jesus betete wohl mit den in aramäischer Sprache überlieferten Anfangsworten von Ps 22 den ganzen Psalm, der mit der Schilderung des Leidens vor allem vom Vertrauen auf Gott redet.

Mattäus 27,54–28,2

Auferstehung aus den Gräbern, kamen in die Heilige Stadt und erschienen vielen.
⁵⁴ Als der Hauptmann und jene, die mit ihm Jesus bewachten, das Erdbeben sahen und was alles geschah, erschraken sie sehr und sprachen: »Wahrhaftig, dieser war Gottes Sohn!«
⁵⁵ Es waren auch viele Frauen dort, die von weitem zusahen; sie waren Jesus von Galiläa her nachgefolgt, um ihm zu dienen. ⁵⁶ Unter ihnen war Maria Magdalena, Maria, die Mutter des Jakobus und Josef, und die Mutter der Söhne des Zebedäus.

Begräbnis Jesu. ⁵⁷ Als es Abend wurde, kam ein reicher Mann aus Arimatäa, mit Namen Josef, der auch selbst ein Jünger Jesu war, ⁵⁸ ging zu Pilatus und bat um den Leichnam Jesu. Da befahl Pilatus, daß er ausgeliefert werde. ⁵⁹ Josef nahm den Leichnam wickelte ihn in reine Leinwand ⁶⁰ und legte ihn in sein neues Grab, das er im Felsen hatte aushauen lassen, wälzte einen großen Stein vor den Eingang des Grabes und ging weg. ⁶¹ Es waren aber auch Maria Magdalena und die andere Maria dabei und saßen dem Grab gegenüber.

⁶² Am andern Tag, der auf den Rüsttag folgte, fanden sich die Hohenpriester und Pharisäer bei Pilatus ein und sagten: ⁶³ »Herr, wir haben uns erinnert, daß jener Verführer, als er noch lebte, gesagt hat: Nach drei Tagen werde ich auferweckt. ⁶⁴ Ordne daher an, daß das Grab bis zum dritten Tag gesichert werde, damit nicht etwa seine Jünger kommen, ihn stehlen und dem Volk sagen: Er ist von den Toten auferweckt worden. Dann wäre die letzte Verführung schlimmer als die erste.« ⁶⁵ Pilatus sagte zu ihnen: »Ihr sollt eine Wache haben; geht und sorgt für Sicherung, wie es euch gut dünkt.« ⁶⁶ Sie aber gingen hin und sicherten das Grab, nachdem sie den Stein versiegelt hatten, mit einer Wache.

28. Kapitel

Auferstehung Jesu. ¹ Als der Sabbat vorüber war und der Morgen des ersten Wochentages anbrach, kamen Maria Magdalena und die andere Maria, um nach dem Grab zu sehen. ² Und siehe, es entstand ein großes Erdbeben; denn ein Engel des Herrn stieg vom Himmel herab, trat hinzu, wälzte den

---

27,57–61: Vgl. Mk 15,42–47; Lk 23,50–56; Joh 19,38–42.
28,1–10: Vgl. Mk 16,1–8; Lk 24,1–11; Joh 20,1–18. Nur Mt berichtet von den außerordentlichen Vorgängen bei der Auferstehung. Die »andere Maria«, vgl. 27,56.61, ist eine nahe Verwandte der Mutter Jesu, die Mutter der »Brüder« Jesu, vgl. Anm. zu Mt 12,46.

Stein weg und setzte sich darauf. ³ Sein Aussehen war wie ein Blitz, und sein Gewand war weiß wie Schnee. ⁴ Aus Furcht vor ihm erbebten die Wächter und waren wie tot.
⁵ Der Engel aber wandte sich zu den Frauen und sprach: »Fürchtet euch nicht! Ich weiß, ihr sucht Jesus, den Gekreuzigten. ⁶ Er ist nicht hier; denn er ist auferweckt worden, wie er gesagt hat; kommt und seht den Platz, wo er lag! ⁷ Geht eilends hin und sagt seinen Jüngern, daß er auferweckt ist von den Toten. Seht, er geht euch voraus nach Galiläa; dort werdet ihr ihn sehen. Seht, ich habe es euch gesagt.« ⁸ Da gingen sie eilends, in Furcht und großer Freude, vom Grab weg und liefen, um seinen Jüngern die Kunde zu bringen.
⁹ Und siehe, Jesus kam ihnen entgegen und sprach: »Seid gegrüßt!« Sie traten hinzu, umfaßten seine Füße und beteten ihn an. ¹⁰ Da sagte Jesus zu ihnen: »Fürchtet euch nicht! Geht hin und bringt meinen Brüdern die Botschaft, sie sollen nach Galiläa gehen; dort werden sie mich sehen.« ¹¹ Während sie nun hingingen, kamen einige von der Wache in die Stadt und berichteten den Hohenpriestern alles, was sich zugetragen hatte. ¹² Da versammelten sie sich mit den Ältesten, hielten Rat und gaben den Soldaten viel Geld mit der Weisung: ¹³ »Sagt: Seine Jünger sind in der Nacht gekommen und haben ihn gestohlen, während wir schliefen. ¹⁴ Sollte dies dem Statthalter zu Ohren kommen, so wollen wir ihn beschwichtigen und für eure Sicherheit sorgen.« ¹⁵ Die nahmen das Geld und taten, wie man sie angeleitet hatte. So verbreitete sich dieses Gerede unter den Juden bis auf den heutigen Tag.

Der große Auftrag Jesu. ¹⁶ Die elf Jünger aber gingen nach Galiläa auf den Berg, wohin sie Jesus beschieden hatte. ¹⁷ Und als sie ihn sahen, beteten sie ihn an; einige aber zweifelten. ¹⁸ Da trat Jesus vor sie und sagte zu ihnen: »Mir ist alle Gewalt gegeben im Himmel und auf Erden. ¹⁹ Geht darum hin und macht alle Völker zu Jüngern, indem ihr sie tauft auf den Namen des Vaters und des Sohnes und des Heiligen Geistes ²⁰ und sie lehrt, alles zu halten, was ich euch aufgetragen habe. Seht, ich bin mit euch alle Tage bis zur Vollendung der Welt.«

28,16–20: Vgl. Mk 16,14–18. Nachdrücklich weist das für jüdische Leser geschriebene Evangelium mit diesen Worten Jesu auf die an die Stelle der Synagoge tretende Weltkirche hin, der Jesus im Heiligen Geist allezeit nahe bleiben werde. Die gleichen Gedanken in anderer Fassung bei Apg 1,8.

Evangelium nach Markus

Das zweite Evangelium stammt nach einheitlicher frühester Überlieferung von dem Mitarbeiter des Petrus: Johannes Markus. Vgl. über ihn Apg 12,12; 1 Petr 5,13; dazu Apg 13,5.13; 15,37 ff; Kol 4,10; Phm 24; 2 Tim 4,11 wo er auch als Mitarbeiter des Paulus erwähnt ist. Von Anfang an wurde sein Evangelium als Wiedergabe der »Lehrvorträge« des Petrus angesehen, worauf auch die zwanglose Stoffdarbietung zurückgeführt wurde, die Mk von der kunstvollen Zusammenordnung bei Mt unterscheidet. Im wesentlichen findet sich Inhalt und Anlage des Mk-Ev auch bei Mt und Lk. Nur treten bei Mk die Redestücke stark zurück, während das Interesse mehr an den »Taten« Jesu liegt, in denen sich die übermenschliche Macht Jesu als Gottessohn kundgab. Besonders eindrucksvoll wird seine Gewalt über die Dämonen gezeigt. Die Darstellung ist von einer schlichten, stark volkstümlichen, aber lebendigen und anschaulichen Sprechweise getragen. Die griechische Sprache, in der Mk von Anfang an geschrieben hat, verrät die semitische Herkunft des Verfassers und des Überlieferungsstoffes. Im einzelnen folgt Mk mehr als Mt dem Verlauf der Begebenheiten. Ohne Kindheitsbericht beginnt Mk mit einem knapp gehaltenen Bericht über die »Einführung Jesu in das Messiasamt« Mk 1,1–13, woran sich in loser Folge der Einzelberichte das »Wirken Jesu in Galiläa« anschließt Mk 1,14–9,50; als Zwischenstück berichtet 10,1–52 Begebenheiten auf dem »Weg nach Jerusalem«, worauf 11,1–16,20 »Jerusalem« selbst zum Schauplatz hat, einschließend den Bericht über »Jesu Leiden und Verherrlichung«. Die letzten Verse 16,9–20 gehören zwar frühester Überlieferung an, waren aber von Anfang an kaum Bestandteil des Mk-Evangeliums. Für heidenchristliche Leser geschrieben, ist nach nicht einheitlicher Tradition Mk noch zu Lebzeiten des Petrus oder bald nach dessen Tod entstanden, noch vor dem auf ihm weiterbauenden Lk-Ev.

Einführung Jesu in das Messiasamt

1. Kapitel

Johannes der Täufer. ¹ Anfang des Evangeliums von Jesus Christus, dem Sohn Gottes. ² Wie geschrieben steht beim Propheten Jesaja: ›Siehe, ich sende meinen Boten vor dir her, der dir den Weg bereiten soll‹ (Mal 3,1); ³ ›eine Stimme ruft in der Wüste: Bereitet den Weg des Herrn, macht ihm zurecht seine Straßen‹ (Jes 40,3), ⁴ so trat Johannes als Täufer in der Wüste auf und verkündete eine Taufe der Bekehrung zur Vergebung der Sünden. ⁵ Das ganze Land Judäa zog hinaus zu ihm und die von Jerusalem alle und ließen sich im Jordanfluß von ihm taufen und bekannten ihre Sünden.
⁶ Johannes trug ein Kleid aus Kamelhaaren und ›einen ledernen Gürtel um seine Lende‹ (2 Kg 1,8) und nährte sich von Heuschrecken und wildem Honig. ⁷ Und er verkündete: »Nach mir kommt einer, der stärker ist als ich; ich bin nicht würdig, mich zu bücken und die Riemen seiner Schuhe zu lösen. ⁸ Ich taufte euch mit Wasser, er aber wird euch taufen mit heiligem Geist.«
Taufe und Versuchung Jesu. ⁹ Und es begab sich in jenen Tagen, daß Jesus von Nazaret in Galiläa kam und sich im Jordan von Johannes taufen ließ. ¹⁰ Als er gerade aus dem Wasser heraufstieg, sah er den Himmel sich öffnen und den Geist wie eine Taube auf sich herabkommen [und bleiben]. ¹¹ Und eine Stimme kam vom Himmel: »Du bist mein geliebter Sohn, an dir habe ich Wohlgefallen« (Ps 2,7; Jes 42,1).
¹² Alsdann trieb ihn der Geist hinaus in die Wüste. ¹³ Und er war in der Wüste vierzig Tage [und vierzig Nächte], wurde versucht vom Satan, lebte bei den wilden Tieren, und die Engel dienten ihm.

1,1–8: Vgl. Mt 3,1–12; Lk 3,1–20. Vers 1 ist als einleitende Überschrift zu nehmen, wobei »Evangelium« noch nicht Buchname ist, sondern Zusammenfassung für das Wirken Jesu, der als »Christus« (Messias) und als »Gottes Sohn« die »Frohbotschaft« brachte, die mit dem Auftreten des Johannes ihren Anfang nahm. Die »Taufe der Bekehrung« (auch »Bußtaufe« genannt) sollte der inneren Umkehr (Metanoia) und damit der Sündenvergebung dienen.
1,9–11: Vgl. Mt 3,13–17; Lk 3,21 f; Joh 1,32–34.
1,12 f: Vgl. Mt 4,1–11; Lk 4,1–13. Hier erscheint deutlich als Sinn des Wüstenaufenthaltes weniger das Fasten als die Erprobung im Kampf mit dem »Fürsten der Welt« (Joh 12,31), dem Widersacher des Gottesreiches und dem Gegner des Gottmenschen.

Markus 1,14–30

Jesu Wirken in Galiläa

Frohbotschaft Jesu. [14] Nachdem Johannes in Haft gesetzt war, begab sich Jesus nach Galiläa, verkündete das Evangelium [vom Reich] Gottes [15] und sprach: »Erfüllt ist die Zeit, und genaht hat sich das Reich Gottes; bekehrt euch und glaubt an das Evangelium!«

Die ersten Jünger. [16] Als er am Ufer des Sees von Galiläa entlangging, sah er Simon und Andreas, den Bruder Simons, wie sie die Netze auswarfen im See; sie waren nämlich Fischer. [17] Und Jesus sagte zu ihnen: »Kommt, folgt mir nach, und ich werde euch zu Menschenfischern machen!« [18] Sie verließen sogleich ihre Netze und folgten ihm nach. [19] Als er ein wenig weiterging, sah er Jakobus, den Sohn des Zebedäus, und Johannes, seinen Bruder, wie auch sie im Schiff die Netze zurechtmachten. [20] Sogleich rief er sie, und sie ließen ihren Vater Zebedäus mit den Taglöhnern im Schiff und folgten ihm nach.

Machterweise in Kafarnaum. [21] Sie gingen nach Kafarnaum hinein, und sogleich am Sabbat ging er in die Synagoge und lehrte. [22] Sie staunten über seine Lehre; denn er lehrte sie wie einer, der Macht hat und nicht wie die Schriftgelehrten.

[23] In ihrer Synagoge war gerade ein Mensch mit einem unreinen Geist, und er schrie auf und rief: [24] »Was willst du von uns, Jesus, Nazarener? Du kamst, uns zu vernichten. Ich weiß, wer du bist: der Heilige Gottes!« [25] Jesus aber fuhr ihn an und sprach: »Verstumm und fahr aus von ihm!« [26] Der unreine Geist zerrte ihn hin und her, schrie mit lauter Stimme und fuhr aus von ihm. [27] Da erschraken alle und sagten erregt zueinander: »Was ist das? Eine neue, machtvoll sich zeigende Lehre? Selbst den unreinen Geistern gebietet er, und sie gehorchen ihm.« [28] Sein Ruf verbreitete sich bald überall hin im ganzen Gebiet von Galiläa.

[29] Sie verließen die Synagoge und kamen bald darauf in das Haus des Simon und Andreas, zusammen mit Jakobus und Johannes. [30] Die Schwiegermutter des Simon lag an Fieber

---

1,14f: Vgl. Mt 4,12–17; Lk 4,14f.
1,16–20: Vgl. Mt 4,18–22; Lk 5,1–11.
1,21–28: Vgl. Mt 7,28f; Lk 4,31–37. Daß eine Besessenenheilung als erstes Wunder berichtet wird, entspricht dem besonderen Interesse unseres Evangeliums, das vor allem Jesu Macht über die Dämonen darstellt.
1,29–34: Vgl. Mt 8,14–17; Lk 4,38–41.

danieder, und sogleich sprachen sie mit ihm über sie. ³¹ Er trat hinzu, nahm sie bei der Hand und richtete sie auf. Da wich von ihr das Fieber, und sie bediente sie. ³² Mit Anbruch des Abends, als die Sonne untergegangen war, brachte man zu ihm alle Kranken und Besessenen, ³³ und die ganze Stadt hatte sich zusammengefunden vor der Tür. ³⁴ Er machte viele, die an mancherlei Krankheiten litten, gesund und trieb viele Dämonen aus, ließ aber die Dämonen nicht reden; denn sie erkannten ihn.

Predigt und Wundertaten in ganz Galiläa. ³⁵ In der Frühe, da es noch ganz Nacht war, stand er auf, ging fort und begab sich an einen einsamen Ort und betete dort. ³⁶ Simon aber und seine Gefährten gingen ihm nach, ³⁷ und als sie ihn fanden, sagten sie zu ihm: »Alle suchen dich!« ³⁸ Er antwortete ihnen: »Laßt uns anderswohin, in die umliegenden Orte gehen, damit ich auch dort predige; denn deswegen bin ich fortgegangen.« ³⁹ Und er machte sich auf, zog durch ganz Galiläa, predigte in ihren Synagogen und trieb die Dämonen aus.

⁴⁰ Da kam ein A u s s ä t z i g e r zu ihm, fiel auf die Knie und bat ihn: »Wenn du willst, kannst du mich rein machen.« ⁴¹ Voll Erbarmen streckte er seine Hand aus, rührte ihn an und sagte zu ihm: »Ich will, werde rein!« ⁴² Sogleich wich der Aussatz von ihm, und er wurde rein. ⁴³ Mit drohenden Worten schickte er ihn sogleich weg ⁴⁴ und sagte zu ihm: »Gib acht, daß du es niemand sagst, sondern geh hin, zeig dich dem Priester und opfere für deine Reinigung, was Mose angeordnet hat, ihnen zum Zeugnis!« (Lev 14,2). ⁴⁵ Der aber ging hin und fing an, allenthalben die Kunde zu verbreiten und weiterzuerzählen, so daß Jesus nicht mehr öffentlich in eine Stadt gehen konnte, sondern draußen an einsamen Orten sich aufhielt. Doch sie kamen zu ihm von allen Seiten.

2. Kapitel

Heilung eines Gelähmten. ¹ Als er nach Tagen wieder nach Kafarnaum kam, ² wurde es bekannt, daß er zu Hause sei, und

---

1,35–39: Vgl. Mt 4,23–25; Lk 4,42–44.
1,40–45: Vgl. Mt 8,1–4 (erstes Wunder bei Mt); Lk 5,12–16. In V. 41 ist nach wichtigen Handschriften statt »voll Erbarmen« zu übersetzen »voll Zorn«, wobei an den Zorn über die in der Krankheit anwesende Macht des Bösen zu denken wäre.
2,1–12: Vgl. Mt 9,1–8; Lk 5,17–26. Das Wesentliche des Berichtes ist die Macht Jesu über die Sünde, wobei ein geheimnisvoller Zusammenhang zwischen leiblicher und seelischer Erkrankung angedeutet wird.

es fanden sich viele zusammen, so daß nicht einmal vor der Tür noch Platz war; und er richtete das Wort an sie. ³ Da kamen sie und brachten einen Gelähmten zu ihm, der von vier Männern getragen wurde. ⁴ Als sie ihn wegen der Volksmenge nicht vor ihn bringen konnten, deckten sie dort, wo er war, das Dach ab, machten eine Öffnung und ließen das Bett hinunter, auf dem der Gelähmte lag. ⁵ Da Jesus ihren Glauben sah, sagte er zum Gelähmten: »Mein Sohn, deine Sünden sind vergeben.«

⁶ Es saßen aber einige Schriftgelehrte dort und dachten in ihren Herzen: ⁷ »Was redet der so? Er lästert! Wer kann Sünden vergeben außer Gott allein?« ⁸ Jesus erkannte sogleich in seinem Geist, daß sie solche Gedanken in sich trugen, und fragte sie: »Was denkt ihr dies in euren Herzen? ⁹ Was ist leichter? Dem Gelähmten zu sagen: Deine Sünden sind vergeben, oder zu sagen: Steh auf, nimm dein Bett und geh? ¹⁰ Ihr sollt aber wissen, daß der Menschensohn Macht hat, Sünden zu vergeben auf Erden«. Und er sagte zum Gelähmten: ¹¹ »Ich sage dir: Steh auf, nimm dein Bett und geh nach Hause!« ¹² Und jener stand auf, nahm sogleich sein Bett und ging vor aller Augen weg, so daß alle außer sich waren, Gott priesen und sprachen: »So etwas haben wir noch nie gesehen!«

Bei Zöllnern und Sündern. ¹³ Ein andermal ging er hinaus an den See, und alles Volk kam zu ihm, und er lehrte sie. ¹⁴ Im Vorbeigehen sah er Levi, den Sohn des Alfäus, am Zollhaus sitzen und sagte zu ihm: »Folge mir nach!« Da stand er auf und folgte ihm nach.

¹⁵ Und als er sich zu Tisch niederließ in dessen Haus, geschah es, daß viele Zöllner und Sünder sich bei Tisch zusammenfanden mit Jesus und seinen Jüngern; denn es waren ihrer viele, die ihm nachfolgten. ¹⁶ Als die Schriftgelehrten der Pharisäer sahen, daß er mit Sündern und Zöllnern aß, sagten sie zu seinen Jüngern: »Warum ißt [und trinkt] er mit den Zöllnern und Sündern?« ¹⁷ Da Jesus dies hörte, sagte er zu ihnen: »Nicht die Gesunden bedürfen des Arztes, sondern die Kranken. Ich bin nicht gekommen, Gerechte zu berufen, sondern Sünder.«

2,13–17: Vgl. Mt 9,9–13 (mit dem Namen »Mattäus«); Lk 5,27–32. Vers 17 will nicht die »Gerechten« als solche von der Berufung ausschließen, sondern jene, die sich gleich den Pharisäern zu Unrecht als gerecht fühlen.

Die Fastenfrage. [18] Die Jünger des Johannes und die Pharisäer hielten gerade Fasten. Da kamen einige und sagten zu ihm: »Warum fasten die Jünger des Johannes und die Jünger der Pharisäer, deine Jünger aber fasten nicht?« [19] Jesus entgegnete ihnen: »Können denn die Freunde des Bräutigams fasten, während der Bräutigam bei ihnen ist? Solange sie den Bräutigam bei sich haben, können sie nicht fasten. [20] Es werden aber Tage kommen, da ihnen der Bräutigam genommen ist; dann werden sie fasten an jenem Tag.
[21] Niemand näht einen Fleck von ungewalktem Tuch auf ein altes Kleid; sonst reißt das neu eingesetzte Stück vom alten weg, und der Riß wird ärger. [22] Und niemand füllt jungen Wein in alte Schläuche; sonst zerreißt der Wein die Schläuche, und es geht der Wein zugrunde und auch die Schläuche; sondern junger Wein gehört in neue Schläuche.«

Um die Sabbatfrage. [23] Als er einmal am Sabbat durch die Saatfelder ging, geschah es, daß seine Jünger anfingen, im Vorbeigehen Ähren abzurupfen. [24] Da sagten die Pharisäer zu ihm: »Siehe, warum tun sie am Sabbat, was nicht erlaubt ist?« [25] Er aber erwiderte ihnen: »Habt ihr niemals gelesen, was David tat, als er in Not war und ihn und seine Begleiter hungerte? [26] Wie er unter dem Hohenpriester Abjatar in das Haus Gottes hineinging und die Schaubrote aß, die niemand essen darf als die Priester, und wie er auch seinen Begleitern gab (1 Sam 21,2–7)?« [27] Und er sagte zu ihnen: »Der Sabbat ist um des Menschen willen da, nicht der Mensch um des Sabbats willen. [28] Darum ist der Menschensohn Herr auch über den Sabbat.«

3. Kapitel

Heilung am Sabbat. [1] Wieder einmal ging er in eine Synagoge, und dort war ein Mann mit einer gelähmten Hand. [2] Sie aber gaben acht auf ihn, ob er am Sabbat ihn heilen würde, damit sie ihn anklagen könnten. [3] Da sagte er zu dem Mann mit der gelähmten Hand: »Stell dich in die Mitte!« [4] Und zu ihnen

---

2,18–22: Vgl. Mt 9,14–17; Lk 5,33–39. Jesus will damit nicht das Fasten überhaupt angreifen, sondern die erstarrte Gesetzlichkeit, die nicht brauchbar sei, um den neuen Geist des Gottesreiches zu verstehen.
2,23–28: Vgl. Mt 12,1–8; Lk 6,1–5. Auch die Sabbatauffassung Jesu ist frei von erstarrtem Buchstabendienst. Beachte das göttliche Selbstbewußtsein Jesu.
3,1–6: Vgl. Mt 12,9–14; Lk 6,6–11.

sagte er: »Ist es erlaubt, am Sabbat Gutes zu tun oder Böses, ein Leben zu retten oder zu töten?« Sie aber schwiegen. [5] Da blickte er sie ringsum zornig an, betrübt über die Verstocktheit ihrer Herzen, und sagte zu dem Mann: »Streck deine Hand aus!« Und er streckte sie aus, und seine Hand wurde wiederhergestellt. [6] Die Pharisäer aber gingen hinaus und berieten sich sogleich mit den Herodianern, wie sie gegen ihn vorgehen und ihn umbringen könnten.

Zulauf des Volkes. [7] Jesus aber zog sich mit seinen Jüngern zurück an den See, und viel Volk aus Galiläa folgte ihm nach; auch aus Judäa [8] und Jerusalem, aus Idumäa und von jenseits des Jordan sowie aus dem Gebiet von Tyrus und Sidon kamen sie in großer Menge zu ihm, da sie vernommen hatten, was er alles tat. [9] Da sagte er zu seinen Jüngern, sie sollten für ihn ein Boot bereithalten, damit er bei der Menge des Volkes nicht erdrückt werde. [10] Denn er heilte viele, so daß sie ihn umdrängten, weil alle, die ein Leiden hatten, ihn berühren wollten.

[11] Die unreinen Geister fielen, sobald sie ihn sahen, vor ihm nieder und schrien: [12] »Du bist der Sohn Gottes!« Er aber gebot ihnen mit aller Strenge, ihn nicht bekannt zu machen.

Apostelwahl. [13] Er stieg auf den Berg und rief zu sich, die er wollte, und sie kamen zu ihm. [14] Und er bestellte zwölf, daß sie seine Begleiter und seine Sendboten seien, um zu predigen [15] und Vollmacht zu haben, die Dämonen auszutreiben. [16] So bestellte er die Zwölf: den Simon, dem er den Beinamen Petrus gab, [17] den Jakobus, des Zebedäus Sohn, und Johannes, des Jakobus Bruder, denen er den Beinamen gab Boanerges, das heißt Donnersöhne, [18] und den Andreas und Philippus und Bartolomäus und Mattäus und Tomas und Jakobus, den Sohn des Alfäus, und Taddäus und Simon, den Kananäer, [19] und Judas Iskariot, der ihn jedoch verriet.

Anschuldigungen gegen Jesus. [20] Als er nach Hause kam, strömte wieder das Volk zusammen, so daß sie nicht einmal ihr Brot essen konnten. [21] Da die Seinen es hörten, machten

---

3,7–12: Vgl. Mt 12,15–21; Lk 6,17–19. Jesus suchte sein Messias- und Gottgeheimnis vor der breiten Öffentlichkeit zu verbergen, um Mißdeutung und Unruhe zu verhüten.
3,13–19: Vgl. Mt 10,1–4; Lk 6,12–16.
3,20–30: Vgl. Mt 12,22–37; Lk 11,14–32; 12,10. Der Beweggrund der »Seinen«, naher Verwandter oder Jünger, dürfte die Besorgnis gewesen sein, daß er sich ein Übermaß an Anstrengung zumute, wobei aber nicht zu übersehen ist, daß Jesus gerade unter seinen Verwandten auf Ablehnung stieß, vgl. Joh 7,5.

sie sich auf, ihn zu ergreifen; denn sie sagten: »Er ist von Sinnen.«
²² Die Schriftgelehrten aber, die von Jerusalem herabgekommen waren, sagten: »Er hat den Beelzebul!« und: »Durch den Fürsten der Dämonen treibt er die Dämonen aus.« ²³ Er rief sie herbei und redete zu ihnen in Gleichnissen: »Wie kann Satan den Satan austreiben? ²⁴ Wenn ein Reich mit sich selbst entzweit ist, so kann ein solches Reich nicht Bestand haben. ²⁵ Und wenn ein Haus mit sich selbst entzweit ist, so kann ein solches Haus nicht bestehen. ²⁶ Wenn nun der Satan gegen sich selbst aufsteht und sich entzweit, so kann er nicht bestehen, sondern es ist aus mit ihm.
²⁷ Niemand kann in das Haus des Starken eindringen und seine Habe plündern, wenn er nicht vorher den Starken gefesselt hat; dann erst wird er sein Haus plündern.
²⁸ Wahrlich, ich sage euch: Alles wird den Menschenkindern vergeben werden an Sünden und Lästerungen, soviel sie auch lästern mögen; ²⁹ wer aber gegen den Heiligen Geist lästert, findet in Ewigkeit nicht Vergebung, sondern er ist ewiger Sünde verfallen.« ³⁰ Sie sagten nämlich: »Er hat einen unreinen Geist.«

Die wahre Familie Jesu. ³¹ Und es kamen seine Mutter und seine Brüder, blieben draußen stehen und schickten zu ihm, um ihn rufen zu lassen. ³² Es umlagerte ihn eine Menge Volk, als man ihm sagte: »Siehe, deine Mutter und deine Brüder sind draußen und suchen dich.« ³³ Er antwortete ihnen: »Wer ist meine Mutter, und wer sind meine Brüder?« ³⁴ Und er blickte auf die rings um ihn Sitzenden und sagte: »Seht meine Mutter und meine Brüder! ³⁵ Denn wer den Willen Gottes tut, der ist mir Bruder, Schwester und Mutter.«

4. Kapitel

Gleichnis vom Sämann. ¹ Wieder einmal begann er am See zu lehren, und es sammelte sich sehr viel Volk um ihn, so daß er ein Schiff bestieg und sich auf dem See niederließ, während das ganze Volk den See entlang am Ufer war.
² Er lehrte sie vieles in Gleichnissen und sagte in seiner Unterweisung zu ihnen: ³ »Hört! Seht, ein S ä m a n n ging aus

---

3,31–35: Vgl. Mt 12,46–50; Lk 8,19–21.
4,1–20: Vgl. Mt 13,1–23; Lk 8,4–15. In Vers 11f ist nicht eine von Schuld des Menschen unabhängige Verstockung ausgesprochen. Dem guten Willen erschließt sich der verhüllte Sinn der Gleichnisse, die Unempfänglichen stehen ihnen verständnislos gegenüber.

zu säen. ⁴ Beim Säen geschah es, da fiel einiges auf den Weg, und es kamen die Vögel [des Himmels] und fraßen es auf. ⁵ Anderes fiel auf steinigen Grund, wo es nicht viel Erdreich hatte, und ging sogleich auf, weil es ihm an Tiefe des Erdreiches fehlte. ⁶ Als aber die Sonne aufging, wurde es von der Hitze getroffen und, weil es keine Wurzel hatte, verdorrte es. ⁷ Anderes fiel unter die Dornen, und die Dornen wuchsen auf und erstickten es, und es brachte keine Frucht. ⁸ Anderes fiel auf gutes Erdreich und brachte Frucht, die heranwuchs und sich mehrte, und trug dreißigfach und sechzigfach und hundertfach.« ⁹ Dann sagte er: »Wer Ohren hat zu hören, der höre!«

¹⁰ Als er allein war, fragten ihn, die um ihn waren, zusammen mit den Zwölfen nach den G l e i c h n i s s e n. ¹¹ Er sagte zu ihnen: »Euch ist das Geheimnis des Gottesreiches gegeben; denen aber, die draußen sind, wird alles in Gleichnissen zuteil, ¹² auf daß sie ›hinsehen und doch nicht sehen, hinhören und doch nicht verstehen und sich nicht bekehren und nicht Vergebung finden‹ (Jes 6,9 f).«

¹³ Und er sagte zu ihnen: »Ihr begreift dieses Gleichnis nicht? Wie werdet ihr dann alle Gleichnisse v e r s t e h e n ? ¹⁴ Der Sämann, er sät das Wort. ¹⁵ Die auf dem Weg sind jene, bei denen das Wort gesät wird; aber wenn sie hören, kommt sogleich der Satan und nimmt das Wort hinweg, das in sie gesät wurde. ¹⁶ Ähnlich ist es mit denen, die auf steinigen Grund gesät werden. Diese nehmen, wenn sie das Wort hören, es sogleich mit Freuden auf, ¹⁷ doch sie haben keine Wurzel in sich, sondern sind Menschen des Augenblicks; wenn dann Drangsal kommt oder Verfolgung um des Wortes willen, wird es ihnen sogleich zum Fall. ¹⁸ Andere sind die unter die Dornen Gesäten; es sind jene, die das Wort hörten; ¹⁹ doch die Sorgen der Welt, der trügerische Reichtum und die Begierden nach allem anderen stellen sich ein und ersticken das Wort, und es bleibt ohne Frucht. ²⁰ Und das sind die auf ein gutes Erdreich Gesäten. Es sind jene, die das Wort hören, es aufnehmen und Frucht bringen, dreißigfach, sechzigfach und hundertfach.«

Weitere Bilder und Gleichnisse. ²¹ Und er sprach zu ihnen: »Bringt man etwa eine L a m p e herein, damit sie unter den

---

4,21–25: Vgl. Lk 8,16–18 (Mt 5,15; 13,12). Das Gottesreich verlangt persönliches Wirken mit der angebotenen Gnade, wenn nicht der Verlust des ersten Gnadenbesitzes eintreten soll.

Scheffel oder unter das Bett gestellt werde? Nicht vielmehr deswegen, damit sie auf den Leuchter gestellt werde? ²² Denn nicht ist etwas verborgen, das nicht offenbar würde, und nichts wurde versteckt, das nicht aufgedeckt würde. ²³ Wer Ohren hat zu hören, der höre!«

²⁴ Weiter sprach er zu ihnen: »Gebt acht, was ihr hört: Mit dem M a ß, mit dem ihr meßt, wird euch gemessen werden; ja, es wird euch hinzugegeben werden [, euch, die ihr hört]. ²⁵ Denn wer hat, dem wird gegeben; wer aber nicht hat, dem wird auch das, was er hat, genommen werden.«

²⁶ Er sagte auch: »Mit dem Reich Gottes ist es so wie bei einem Mann, der den S a m e n in die Erde streut. ²⁷ Er schläft, er steht auf, es wird Nacht, es wird Tag, der Same sproßt und wächst, ohne daß er es wahrnimmt. ²⁸ Von selbst trägt die Erde Frucht, zuerst den Halm, dann die Ähre, dann volles Korn in der Ähre. ²⁹ Und wenn die Frucht es zuläßt, legt er alsbald die Sichel an; denn die Ernte ist da.« ³⁰ Weiter sagte er: »Womit sollen wir das Gottesreich vergleichen oder in welchem Gleichnis es darstellen? ³¹ Es ist wie ein S e n f - k o r n. Wenn es ausgesät wird auf die Erde, ist es das kleinste unter allen Samenkörnern auf Erden; ³² wenn es aber ausgesät ist, geht es auf und wird größer als alle Kräuter und treibt große Zweige, so daß die Vögel des Himmels in seinem Schatten wohnen können.«

³³ In vielen solchen Gleichnissen predigte er ihnen das Wort, so wie sie es fassen konnten. ³⁴ Ohne Gleichnisse redete er nicht zu ihnen; waren sie aber unter sich allein, erklärte er seinen Jüngern alles.

Macht über den Seesturm. ³⁵ Und als es Abend wurde an jenem Tag, sagte er zu ihnen: »Laßt uns hinüberfahren ans andere Ufer.« ³⁶ Sie entließen das Volk und nahmen ihn, wie er war, im Schiff mit, und auch andere Schiffe begleiteten ihn. ³⁷ Da erhob sich ein großer Sturm und warf die Wogen in das Schiff, so daß sich das Schiff bereits füllte. ³⁸ Er aber lag hinten im Schiff und schlief auf dem Kissen. Sie weckten ihn auf und sagten zu ihm: »Meister, kümmert es dich nicht, daß wir zugrunde gehen?« ³⁹ Und er stand auf, schalt den Wind und sagte zum See: »Schweig! Sei still!« Da legte sich der Wind,

---

4,26–29: Dieses Gleichnis bringt nur Mk; es zeigt die innere, aus Gott wirkende Kraft des Gottesreiches.
4,30–34: Vgl. Mt 13,31–35; Lk 13,18 f.
4,35–41: Vgl. Mt 8,18.23–27; Lk 8,22–25.

und es war große Stille. ⁴⁰ Dann sagte er zu ihnen: »Was seid ihr so furchtsam? Warum habt ihr nicht Glauben?« ⁴¹ Da erfaßte sie große Furcht, und sie sprachen zueinander: »Wer ist wohl der, daß sogar der Wind und der See ihm gehorchen?«

5. Kapitel

Besessenenheilung. ¹ Sie kamen hinüber über den See, in das Land der Gerasener. ² Und als er aus dem Schiff trat, lief ihm sogleich aus den Grabkammern heraus ein Mensch entgegen mit einem unreinen Geist. ³ Der hatte seine Behausung in den Grabkammern, und nicht einmal mit einer Kette vermochte ihn jemand zu fesseln. ⁴ Denn schon oft hatte man ihn mit Fußfesseln und Ketten gebunden, doch die Ketten wurden von ihm zerrissen und die Fußfesseln zerrieben, und niemand vermochte ihn zu bändigen. ⁵ Immerfort, bei Nacht und bei Tag, schrie er in den Grabkammern und auf den Bergen umher und schlug sich mit Steinen.

⁶ Als er Jesus von weitem sah, lief er hin, warf sich vor ihm nieder ⁷ und schrie mit lauter Stimme: »Was willst du von mir, Jesus, Sohn Gottes, des Allerhöchsten? Ich beschwöre dich bei Gott, quäle mich nicht!« ⁸ Er hatte nämlich zu ihm gesagt: »Fahr aus von dem Menschen, du unreiner Geist!« ⁹ Und er fragte ihn: »Wie heißt du?« Er antwortete ihm: »Legion ist mein Name, denn unser sind viele.« ¹⁰ Und er bat ihn dringend, er möge sie nicht aus der Gegend vertreiben.

¹¹ Es war dort am Berg gerade eine große Herde von Schweinen auf der Weide, ¹² und sie baten ihn: »Schick uns zu den Schweinen, daß wir in sie hineinfahren?« ¹³ Er gestattete es ihnen, und die unreinen Geister fuhren aus und fuhren in die Schweine; die Herde aber stürzte sich den Abhang hinunter in den See, etwa zweitausend an Zahl, und sie ertranken im See.

¹⁴ Ihre Hirten aber flohen und berichteten es in der Stadt und auf den Gehöften, und die Leute kamen, um zu sehen, was geschehen war. ¹⁵ Sie kamen zu Jesus und sahen den Mann, der von der »Legion« besessen war, angekleidet und klaren Sinnes dasitzen, und Furcht erfaßte sie. ¹⁶ Und die es gesehen hatten, erzählten ihnen, wie es zuging mit dem Besessenen

---

5,1–20: Vgl. Mt 8,28–34 (mit zwei Besessenen); Lk 8,26–39. Mk und auch Lk erwähnen für ihre heidenchristlichen Leser die Tatsache, daß der Geheilte als Bote Jesu unter seinen heidnischen Landsleuten zu wirken begann.

und auch das von den Schweinen. ¹⁷ Da fingen sie an, ihn zu bitten, er möge wegziehen aus ihrem Gebiet. ¹⁸ Als er in das Schiff steigen wollte, ersuchte ihn der vordem Besessene, bei ihm bleiben zu dürfen. ¹⁹ Doch er ließ ihn nicht mit, sondern sagte zu ihm: »Geh nach Haus zu den Deinen und berichte ihnen, was der Herr an dir tat und wie er sich deiner erbarmte!« ²⁰ Da ging er hin und fing an, in der Dekapolis zu verkünden, was Jesus an ihm getan hatte, und alle staunten.

Totenerweckung; Heilung einer Frau. ²¹ Nachdem Jesus im Schiff hinübergefahren war, wieder ans andere Ufer, sammelte sich viel Volk um ihn. Er war gerade am See; ²² da kam einer von den Synagogenvorstehern, Jairus mit Namen, fiel, als er ihn sah, ihm zu Füßen und ²³ bat ihn flehentlich: »Meine Tochter ist in äußerster Gefahr; komm doch und leg ihr die Hände auf, daß sie gerettet werde und lebe!« ²⁴ Er ging mit ihm, und eine große Volksmenge folgte ihm, und man umdrängte ihn.

²⁵ Da war eine Frau, die zwölf Jahre an Blutfluß litt ²⁶ und von vielen Ärzten viel ausgestanden und all das Ihre aufgewendet hatte, ohne Erfolg zu finden – sie war vielmehr nur noch schlimmer daran –; ²⁷ sie hatte von Jesus gehört, trat in der Menge von rückwärts hinzu und berührte sein Kleid; ²⁸ denn sie sagte sich: »Berühre ich nur sein Gewand, so werde ich geheilt.« ²⁹ Und sofort versiegte der ›Quell ihres Blutes‹ (Lev 12,7), und sie fühlte am Körper, daß sie geheilt war von der Plage.

³⁰ Sofort aber merkte Jesus an sich die von ihm ausgehende Kraft, wandte sich in der Menge um und sprach: »Wer hat mein Gewand berührt?« ³¹ Seine Jünger sagten zu ihm: »Du siehst, wie das Volk dich umdrängt, und du sagst: Wer hat mich berührt?« ³² Er aber blickte umher, um nach der zu sehen, die es getan hatte. ³³ Die Frau aber kam herbei, furchtsam und zitternd und mit dem Wissen um das, was ihr geschehen war, fiel vor ihm nieder und sagte ihm die ganze Wahrheit. ³⁴ Er aber sagte zu ihr: »Tochter, dein Glaube hat dir geholfen; geh hin in Frieden und sei geheilt von deiner Plage!«

³⁵ Während er noch redete, kamen Leute vom Synagogenvorsteher und sagten: »Deine Tochter ist gestorben; was bemühst

---

5,21–43: Vgl. Mt 9,18–26 (mit bloßer Skizzierung der Bitte des Jairus und Zusammenziehung der auseinanderliegenden Szenen); Lk 8,40–56.

du noch den Meister?« ³⁶ Jesus aber, der dieses Gespräch mit anhörte, sagte zum Synagogenvorsteher: »Sei ohne Furcht, glaube nur!« ³⁷ Er ließ niemand mit sich gehen, außer Petrus, Jakobus und Johannes, den Bruder des Jakobus. ³⁸ Und sie kamen zum Haus des Synagogenvorstehers, und er gewahrte lärmendes Treiben und laut weinende und klagende Menschen, ³⁹ ging hinein und sagte zu ihnen: »Was lärmt ihr und weint? Das Kind ist nicht gestorben, sondern es schläft.«
⁴⁰ Da verlachten sie ihn. Er aber schaffte alle hinaus, nahm den Vater des Kindes und die Mutter und seine Begleiter mit sich und ging hinein, wo das Kind lag. ⁴¹ Er nahm die Hand des Kindes und sprach zu ihm: »Talita kum«, was übersetzt heißt: »Mädchen, ich sage dir, steh auf!« ⁴² Und sogleich stand das Mädchen auf und ging umher; es war nämlich schon zwölf Jahre alt. Da gerieten sie ganz außer sich vor großer Erregung. ⁴³ Er aber gebot ihnen, daß niemand davon erfahre, und sagte, man solle ihr etwas geben zum Essen.

6. Kapitel

Das ungläubige Nazaret. ¹ Er ging von dort weiter und kam in seine Vaterstadt, und seine Jünger begleiteten ihn. ² Als es Sabbat war, lehrte er erstmals in der Synagoge, und die vielen, die ihn hörten, gerieten außer sich [über seine Lehre] und sprachen: »Woher hat er denn dies? Was ist das für eine Weisheit, die ihm zu eigen ist? Und was sind das für Wunder, die durch seine Hände geschehen? ³ Ist er nicht der Zimmermann, der Sohn der Maria und der Bruder des Jakobus und des Joses und des Judas und des Simon? Und sind nicht auch seine Schwestern hier bei uns?« Und sie nahmen Anstoß an ihm.
⁴ Jesus aber sagte zu ihnen: »Ein Prophet ist nirgends so wenig geachtet wie in seiner Vaterstadt, bei seinen Verwandten und in seinem Hause.« ⁵ Und er konnte dort kein Wunder wirken, nur einigen Kranken legte er die Hände auf und heilte sie. ⁶ Er wunderte sich über ihren Unglauben und zog durch die Dörfer ringsum und lehrte.

Sendung der Apostel. ⁷ Und er rief die Zwölf herbei, begann sie auszusenden zu zwei und zwei, gab ihnen Gewalt über die

---

6,1–6: Vgl. Mt 13,53–58; Lk 4,16–30; Joh 4,44. Über »Brüder Jesu« vgl. Mt 12,46. Es ist ein besonderes Gesetz im Gottesreich, daß die Heilswirkung an den Glauben des Menschen anknüpft.
6,7–13: Vgl. Mt 10,1–15; Lk 9,1–6; 10,3–12. In der hier genannten Krankensalbung haben wir einen Hinweis auf das spätere christliche Sakrament, vgl. Jak 5,14 f.

unreinen Geister ⁸ und trug ihnen auf, nichts mitzunehmen auf den Weg als nur einen Stab, nicht Brot, nicht Tasche, nicht Geld im Gürtel. ⁹ Sandalen jedoch sollten sie anlegen, nicht aber zwei Röcke anziehen.
¹⁰ Und er sagte zu ihnen: »Wo ihr ein Haus betretet, da bleibt, bis ihr weiterzieht von dort! ¹¹ Wenn euch ein Ort nicht aufnimmt und wenn sie auf euch nicht hören, so geht von dort weg und schüttelt den Staub von euren Füßen, ihnen zum Zeugnis.« ¹² Und sie zogen aus, riefen zur Bekehrung auf ¹³ und trieben viele Dämonen aus, salbten viele Kranke mit Öl und heilten sie.

Hinrichtung des Täufers. ¹⁴ Auch König Herodes hörte davon – sein Name war ja bekannt geworden – und er sagte: »Johannes der Täufer ist von den Toten auferweckt worden, darum wirken die Wunderkräfte in ihm.« ¹⁵ Andere jedoch meinten: »Er ist Elija.« Wieder andere: ›Er ist ein Prophet wie einer von den Propheten.« ¹⁶ Herodes aber, der davon hörte, sagte: »Johannes, den ich enthauptet habe, der wurde auferweckt.«
¹⁷ Herodes hatte nämlich den Johannes ergreifen, fesseln und ins Gefängnis werfen lassen wegen der Herodias, der Frau seines Bruders Philippus, die er geheiratet hatte. ¹⁸ Denn Johannes hatte zu Herodes gesagt: »Es ist dir nicht erlaubt, deines Bruders Frau zu haben!« ¹⁹ Herodias aber trug es ihm nach und wollte ihn töten, doch sie konnte es nicht; ²⁰ denn Herodes hatte Scheu vor Johannes, weil er wußte, daß er ein gerechter und heiliger Mann war. Er hielt ihn in Gewahrsam, und sooft er ihn hörte, kam er in große Verlegenheit; doch hörte er ihn gern.
²¹ Da kam ein gelegener Tag, als an seinem Geburtstag Herodes seinen Würdenträgern und Offizieren sowie den Vornehmen von Galiläa ein Festmahl gab. ²² Als die Tochter jener Herodias eintrat und mit ihrem Tanzen den Beifall des Herodes und der Gäste fand, sprach der König zum Mädchen: »Erbitte von mir, was du willst, und ich will es dir geben.« ²³ Und er schwor ihr: »Was auch immer du erbittest von mir, ich werde es dir geben, bis zur Hälfte meines Reiches.« ²⁴ Da ging sie hinaus und sagte zu ihrer Mutter: »Was soll ich erbitten?« Die aber sagte: »Das Haupt des Johannes des Täufers!« ²⁵ Sogleich ging sie eilends zum König hinein und bat: »Ich

---

6,14–29: Vgl. Mt 14,1–12; Lk 3,19f; 9,7–9. Vers 20 könnte auch übersetzt werden: »Er schätzte ihn, und wenn er ihn hörte, stellte er viele Fragen an ihn und hörte ihm gerne zu.«

möchte, daß du mir sofort auf einer Schüssel das Haupt des Johannes des Täufers gibst.«
²⁶ Da wurde der König sehr bedrückt; jedoch um der Schwüre und der Tischgenossen willen wollte er sie nicht abweisen. ²⁷ Und so schickte der König gleich darauf einen Henker weg und befahl, sein Haupt zu bringen. Der ging hin, enthauptete ihn im Gefängnis ²⁸ und brachte sein Haupt auf einer Schüssel, gab es dem Mädchen, und das Mädchen gab es seiner Mutter. ²⁹ Als seine Jünger davon hörten, kamen sie, holten seinen Leichnam und setzten ihn bei in einem Grab.

Speisung der Fünftausend. ³⁰ Die Apostel fanden sich wieder bei Jesus ein und berichteten ihm alles, was sie getan und was sie gelehrt hatten. ³¹ Da sagte er zu ihnen: »Kommt her, ihr für euch allein, an einen abgelegenen Ort und ruht ein wenig aus!« Denn derer, die kamen und gingen, waren so viele, daß sie nicht einmal Zeit hatten zu essen. ³² Sie fuhren in einem Schiff für sich allein an einen abgelegenen Ort. ³³ Doch man sah sie wegfahren, und viele erfuhren davon und strömten zu Fuß aus allen Städten dorthin zusammen und kamen eher an als sie. ³⁴ Als er nun ausstieg, sah er die vielen Menschen und bekam Mitleid mit ihnen, weil sie wie Schafe waren, die keinen Hirten haben, und er begann, sie vieles zu lehren.
³⁵ Als es schon spät geworden war, traten seine Jünger zu ihm und sagten: »Die Gegend ist abgelegen, und es ist schon spät. ³⁶ Entlaß sie, damit sie in die umliegenden Höfe und Dörfer gehen und sich etwas kaufen zum Essen.« ³⁷ Er aber antwortete ihnen: »Gebt ihr ihnen zu essen!« Da sagten sie zu ihm: »Sollen wir hingehen und für zweihundert Denare Brot kaufen und ihnen zu essen geben?« ³⁸ Er erwiderte ihnen: »Wie viele Brote habt ihr? Geht hin und seht nach!« Sie stellten es fest und sagten: »Fünf und zwei Fische.«
³⁹ Da befahl er ihnen, es sollten alle, nach Eßgemeinschaften verteilt, sich niederlassen auf dem grünen Rasen. ⁴⁰ Und sie ließen sich nieder in Gruppen zu hundert und zu fünfzig. ⁴¹ Er aber nahm die fünf Brote und die zwei Fische, blickte zum Himmel, sprach den Segen, brach die Brote und reichte sie den Jüngern zum Austeilen an sie; auch die zwei Fische ver-

---

6,30–56: Vgl. Mt 14,13–36; Lk 9,10–17 (ohne Gehen auf dem See); Joh 6,1–24 (wie Lk berichtet auch Joh nur e i n e Brotvermehrung). Die Brotvermehrung wie das Gehen auf dem See sollten den immer noch bloß irdisch denkenden Jüngern die Macht Jesu über die Naturgesetze zeigen und sie zugleich von den falschen Messiasvorstellungen lösen.

teilte er unter alle. ⁴² Und alle aßen und wurden satt, ⁴³ und sie hoben an abgebrochenen Stücken zwölf volle Körbe auf, auch von den Fischen. ⁴⁴ Es waren derer, die von den Broten gegessen hatten, fünftausend Männer.
Jesus geht auf dem See. ⁴⁵ Sogleich drängte er seine Jünger, einzusteigen ins Schiff und ihm vorauszufahren hinüber nach Betsaida, indes er selbst das Volk entlassen wolle. ⁴⁶ Als er sie verabschiedet hatte, zog er sich auf den Berg zurück, um zu beten. ⁴⁷ Schon war es spät geworden, und das Schiff war mitten auf dem See, er aber allein auf dem Land.
⁴⁸ Als er sah, wie sie sich abmühten beim Rudern – es war nämlich für sie Gegenwind –, ging er um die vierte Nachtwache auf dem See einherschreitend zu ihnen und wollte an ihnen vorübergehen. ⁴⁹ Als sie ihn auf dem See einhergehen sahen, meinten sie, es sei ein Gespenst, und schrien laut auf; ⁵⁰ denn alle sahen ihn und entsetzten sich. Er aber redete sogleich mit ihnen und sprach: »Seid getrost; ich bin es! Fürchtet euch nicht!« ⁵¹ Dann stieg er zu ihnen in das Schiff, und der Wind legte sich. Sie aber gerieten ganz und gar außer sich; ⁵² denn sie waren trotz der Brote nicht zur Einsicht gelangt, sondern ihr Herz blieb verschlossen.
⁵³ Sie fuhren hinüber, kamen bei Gennesaret ans Land und legten an. ⁵⁴ Als sie aus dem Schiff traten, erkannten ihn die Leute sogleich; ⁵⁵ sie liefen in der ganzen Gegend dort umher und brachten alsbald auf Betten die Kranken herbei, sobald sie hörten, wo er war. ⁵⁶ Wo er Dörfer oder Städte oder Gehöfte betrat, legten sie die Kranken auf die offenen Plätze und baten ihn, daß sie wenigstens den Saum seines Kleides berühren dürften; und alle, die ihn berührten, wurden geheilt.

7. Kapitel
Die wahre Reinheit. ¹ Es fanden sich bei ihm die Pharisäer und einige Schriftgelehrte ein, die von Jerusalem kamen ² und sahen, daß von seinen Jüngern einige mit unreinen, das heißt mit ungewaschenen, Händen das Essen nahmen. ³ Essen doch die Pharisäer, wie alle Juden, nur dann, wenn sie, in strenger Beachtung der Überlieferung der Alten, durch gehörige Abspülung die Hände gewaschen haben. ⁴ Auch wenn sie vom Markt kommen, essen sie nicht, ohne sich gewaschen zu haben, und noch vieles andere gibt es, das sie auf Grund der Überlieferung beobachten, so das Abspülen von Bechern und Krügen und Kupfergeschirr [und Liegepolstern].

7,1–23: Vgl. Mt 15,1–20.

⁵ Da fragten ihn die Pharisäer und Schriftgelehrten: »Warum halten sich deine Jünger nicht an die Überlieferung der Alten, sondern nehmen das Essen mit unreinen Händen?« ⁶ Er antwortete ihnen: »Treffend hat Jesaja von euch Heuchlern geweissagt, wie geschrieben steht: ›Dieses Volk ehrt mich mit den Lippen, ihr Herz aber ist fern von mir. ⁷ Vergeblich aber verehren sie mich; ihre Lehrsprüche, die sie vortragen, sind nichts als Satzungen von Menschen‹ (Jes 29,13). ⁸ Ihr laßt das Gebot Gottes außer acht und haltet euch an die Überlieferung der Menschen. [Das Waschen der Krüge und Becher und vieles andere besorgt ihr eifrig.]«

⁹ Und er sagte zu ihnen: »Gar fein hebt ihr das Gebot Gottes auf, um eure Überlieferung zu halten. ¹⁰ Denn Mose hat gesagt: ›Ehre deinen Vater und deine Mutter‹ und: ›Wer Vater oder Mutter schmäht, soll des Todes sterben‹ (Ex 20,12; 21,17). ¹¹ Ihr aber sagt: Wenn einer zu Vater oder Mutter sagt: Korban, das heißt Tempelopfer, sei, was dir von mir zukommen soll, ¹² so laßt ihr ihn nichts mehr tun für Vater oder Mutter ¹³ und hebt somit das Wort Gottes auf mit eurer Überlieferung, die ihr überkommen habt; und dergleichen tut ihr noch vieles.«

¹⁴ Und er rief wieder das Volk zu sich und sagte zu ihnen: »Hört mich alle und versteht! ¹⁵ Nichts, was von außen in den Menschen hineingeht, kann ihn verunreinigen; sondern was vom Menschen herauskommt, verunreinigt den Menschen. ¹⁶ Wer Ohren hat zu hören, der höre!«

¹⁷ Als er von der Volksmenge weg nach Hause kam, fragten ihn seine Jünger nach dem Gleichnis. ¹⁸ Da sagte er zu ihnen: »Seid denn auch ihr ohne Verständnis? Versteht ihr nicht, daß alles, was von außen in den Menschen hineingeht, ihn nicht verunreinigen kann, ¹⁹ weil es nicht in sein Herz hineingeht, sondern in den Magen und dann ausgeschieden wird?« So erklärte er alle Speisen für rein ²⁰ und sagte: »Was aus dem Menschen herauskommt, das verunreinigt den Menschen. ²¹ Denn von innen, aus dem Herzen der Menschen, kommen die bösen Gedanken, Unzucht, Diebstahl, Mord, ²² Ehebruch, Habsucht, Bosheit, Hinterlist, Ausschweifung, böser Blick, Lästerung, Hochmut und Maßlosigkeit. ²³ All dieses Böse kommt von innen heraus und verunreinigt den Menschen.«

Die Syrophönizierin. ²⁴ Er brach auf und zog von dort in das Gebiet von Tyrus und Sidon; er ging in ein Haus und wollte, daß es niemand erfahre, aber er konnte nicht verborgen bleiben. ²⁵ Vielmehr kam sehr bald eine Frau, die von ihm gehört

hatte und deren Tochter einen unreinen Geist hatte, und fiel ihm zu Füßen. ²⁶ Die Frau war eine Hellenin, aus Syrophönizien stammend, und sie bat ihn, er möchte den Dämon austreiben aus ihrer Tochter.
²⁷ Er sagte zu ihr: »Laß zuerst die Kinder satt werden; denn es ist nicht recht, das Brot der Kinder zu nehmen und den jungen Hunden vorzuwerfen.« ²⁸ Sie aber antwortete ihm: »Doch, Herr! Auch die jungen Hunde unter dem Tisch fressen von den Brosamen der Kinder.« ²⁹ Da sagte er zu ihr: »Um dieses Wortes willen geh hin; der Dämon ist ausgefahren aus deiner Tochter.« ³⁰ Als sie nach Hause kam, fand sie das Kind auf dem Bett liegen und den Dämon ausgefahren.

Heilung eines Taubstummen. ³¹ Er verließ das Gebiet von Tyrus wieder und kam über Sidon an den galiläischen See, mitten in das Gebiet der Dekapolis. ³² Da brachten sie einen Taubstummen zu ihm und baten ihn, daß er ihm die Hand auflege. ³³ Er nahm ihn von der Menge weg auf die Seite, steckte seine Finger in seine Ohren, berührte seine Zunge mit Speichel, ³⁴ sah zum Himmel auf, seufzte und sagte zu ihm: »Effata«, das heißt »Öffne dich!« ³⁵ Sogleich öffneten sich seine Ohren, das Band seiner Zunge wurde gelöst, und er redete richtig. ³⁶ Und er verbot ihnen, es jemand zu sagen. Doch je mehr er es ihnen verbot, desto eifriger machten sie es bekannt. ³⁷ Sie waren ganz und gar außer sich und sprachen: »Vortrefflich hat er alles gemacht: die Tauben macht er hören und die Stummen reden.«

8. Kapitel

Speisung der Viertausend. ¹ Als in jenen Tagen wieder viel Volk beisammen war und sie nichts zu essen hatten, rief er die Jünger zu sich und sagte zu ihnen: ² »Mich erbarmt des Volkes; denn schon drei Tage harren sie aus bei mir und haben nichts zu essen. ³ Wenn ich sie ohne Essen nach Hause entlasse, werden sie auf dem Weg ermatten; und einige von ihnen sind von weither gekommen.« ⁴ Da erwiderten ihm seine Jünger: »Woher soll jemand sie mit Brot sättigen können, hier in der Wüste?« ⁵ Er fragte sie: »Wie viele Brote habt ihr?« Sie sagten: »Sieben!«

7,24–30: Vgl. Mt 15,21–28.
7,31–37: Vgl. Mt 15,29–31.
8,1–10: Vgl. Mt 15,32–39. Dalmanuta, wofür Mt Magadan (Magdala) hat, ist wahrscheinlich ein früher Schreibfehler.

⁶ Da befahl er dem Volk, sich auf der Erde zu lagern, nahm die sieben Brote, sprach das Dankgebet, brach sie und gab sie seinen Jüngern zum Verteilen, und sie teilten davon den Leuten zu. ⁷ Sie hatten auch einige Fischlein; er sprach den Segen darüber und ließ auch sie verteilen. ⁸ Sie aßen und wurden satt; von den abgebrochenen Stücken aber, die übrigblieben, hoben sie sieben Körbe voll auf. ⁹ Es waren etwa viertausend; und er entließ sie. ¹⁰ Gleich darauf stieg er mit seinen Jüngern in das Schiff und kam in die Gegend von Dalmanuta.

Abkehr von den ungläubigen Juden. ¹¹ Da kamen die Pharisäer heran und begannen mit ihm zu streiten. Sie forderten von ihm ein Zeichen vom Himmel, um ihn auf die Probe zu stellen. ¹² Er aber seufzte in seinem Geist und sprach: »Was fordert dieses Geschlecht ein Zeichen? Wahrlich, ich sage euch: Diesem Geschlecht wird kein Zeichen gegeben werden.« ¹³ Und er ließ sie stehen, stieg wieder ein und fuhr hinüber ans andere Ufer.

¹⁴ Sie hatten aber vergessen, Brote mitzunehmen, und hatten nur ein einziges Brot bei sich im Schiff. ¹⁵ Eindringlich mahnte er sie und sagte: »Seht zu und hütet euch vor dem Sauerteig der Pharisäer und dem Sauerteig des Herodes!« ¹⁶ Da machten sie sich miteinander Gedanken, weil sie keine Brote hatten. ¹⁷ Jesus merkte es und sagte zu ihnen: »Was macht ihr euch Gedanken, daß ihr keine Brote habt? Erkennt und begreift ihr denn noch nicht? Haltet verschlossen euer Herz? ¹⁸ Augen habt ihr und seht nicht? Ohren habt ihr und hört nicht? (Ez 12,2).
Und erinnert ihr euch nicht? ¹⁹ Als ich die fünf Brote brach für die Fünftausend, wie viele Körbe voll abgebrochener Stücke habt ihr da aufgehoben?« Sie erwiderten ihm: »Zwölf.« ²⁰ »Und als ich die sieben Brote für die Viertausend brach, wie viele Körbe voll abgebrochener Stücke habt ihr da aufgehoben?« Sie sagten: »Sieben.« ²¹ Da sagte er zu ihnen: »Begreift ihr noch nicht?«

Heilung eines Blinden. ²² Darauf kamen sie nach Betsaida, und man brachte zu ihm einen Blinden und bat ihn, daß er ihn berühre. ²³ Er faßte den Blinden bei der Hand, führte ihn vor das Dorf hinaus, tat Speichel auf seine Augen, legte ihm

---

8,11–21: Vgl. Mt 16,1–12 (12,38–42); Lk 11,29–32. Jesus warnt die immer noch von irdischen Sorgen befangenen Jünger vor dem »Sauerteig«, d. h. der Ansteckung durch die dem Gottesreich entgegenstehende Denk- und Lebensweise der Pharisäer und des Herodes.

die Hände auf und fragte ihn: »Siehst du etwas?« ²⁴ Er blickte auf und sagte: »Ich erblicke die Menschen; denn ich sehe sie wie Bäume einhergehen.« ²⁵ Darauf legte er nochmals die Hände auf seine Augen; da drang sein Blick durch, und er war wiederhergestellt; er sah alles deutlich und klar. ²⁶ Dann schickte er ihn nach Hause und sagte: »Doch in das Dorf geh nicht hinein!«

Bekenntnis des Petrus. ²⁷ Jesus wanderte mit seinen Jüngern weiter in die Dörfer von Cäsarea Philippi, und auf dem Weg fragte er seine Jünger: »Für wen halten mich die Leute?« ²⁸ Sie erwiderten ihm: »Für Johannes den Täufer; andere für Elija, andere für einen von den Propheten.« ²⁹ Da fragte er sie: »Ihr aber, für wen haltet ihr mich?« Petrus antwortete ihm: »Du bist der Messias!« ³⁰ Und er gebot ihnen streng, mit niemand über ihn zu sprechen.

Erste Leidensankündigung. ³¹ Und er fing an, sie zu belehren, der Menschensohn müsse vieles leiden, von den Ältesten und Hohenpriestern und Schriftgelehrten verworfen und getötet werden, nach drei Tagen aber auferstehen. ³² Frei und offen sprach er das Wort. Da nahm ihn Petrus auf die Seite und fing an, ihm Vorhaltungen zu machen. ³³ Er aber wandte sich um, sah seine Jünger an, schalt den Petrus und sprach: »Hinweg von mir, Satan, du denkst nicht das, was Gottes, sondern was der Menschen ist.«

³⁴ Und er rief das Volk samt seinen Jüngern zu sich und sagte zu ihnen: »Wer mit mir gehen will, der verleugne sich selbst, nehme sein Kreuz auf sich und folge mir nach. ³⁵ Denn wer sein Leben retten will, wird es verlieren, wer aber sein Leben um meinet- und des Evangeliums willen verliert, wird es retten. ³⁶ Denn was nützt es einem Menschen, die ganze Welt zu gewinnen, aber Schaden zu leiden an seinem Leben? ³⁷ Was kann denn ein Mensch als Gegenpreis bieten für sein Leben? ³⁸ Denn wer sich meiner und meiner Worte schämt vor diesem ehebrecherischen und sündhaften Geschlecht, dessen wird auch der Menschensohn sich schämen, wenn er kommt in der Herrlichkeit seines Vaters zusammen mit den heiligen Engeln.«

9. Kapitel

¹ Und er sagte zu ihnen: »Wahrlich, ich sage euch: Es sind einige unter denen, die hier stehen, die den Tod nicht kosten werden, bis sie das Gottesreich kommen sehen in Kraft.«

8,27–30: Vgl. Mt 16,13–20; Lk 9,18–21.
8,31–9,1: Vgl. Mt 16,21–28; Lk 9,22–27.

Jesu Verklärung. ² Nach sechs Tagen nahm Jesus Petrus, Jakobus und Johannes mit sich und führte sie auf einen hohen Berg, er allein mit ihnen. Da wurde er vor ihnen verwandelt, ³ sein Gewand wurde leuchtend weiß, wie kein Walker auf Erden es so weiß zu machen vermag. ⁴ Und es erschien ihnen Elija zusammen mit Mose, und sie redeten mit Jesus. ⁵ Da nahm Petrus das Wort und sagte zu Jesus: »Meister, es ist gut, daß wir hier sind; wir wollen drei Hütten bauen, dir eine, dem Mose eine und dem Elija eine.« ⁶ Er wußte nämlich nicht, was er sagen sollte; sie waren ja ganz erschreckt.
⁷ Da kam eine Wolke, die sie überschattete, und aus der Wolke kam eine Stimme: »Dieser ist mein geliebter Sohn; auf ihn sollt ihr hören!« ⁸ Als sie gleich darauf sich umblickten, sahen sie niemand mehr bei sich als Jesus allein.
⁹ Und da sie herabstiegen vom Berg, mahnte er sie eindringlich, sie sollten niemand erzählen, was sie gesehen hatten, bis der Menschensohn von den Toten auferstanden sei. ¹⁰ Sie griffen das Wort auf und redeten miteinander darüber, was das heiße: »Von den Toten auferstehen.«
¹¹ Und sie fragten ihn: »Warum sagen denn die Schriftgelehrten, Elija müsse zuerst kommen?« ¹² Er antwortete ihnen: »Elija kommt wohl zuerst, um alles wiederherzustellen. Wieso aber steht vom Menschensohn geschrieben, er werde viel leiden und mißachtet werden? ¹³ So sage ich euch denn: Auch Elija ist gekommen, doch sie haben mit ihm gemacht, was sie wollten, wie geschrieben steht im Hinblick auf ihn.«
Wunderkraft des Glaubens. ¹⁴ Als sie zu den Jüngern kamen, sahen sie viel Volk um sie herum, sowie auch Schriftgelehrte, die im Streit waren mit ihnen. ¹⁵ Sogleich geriet das ganze Volk, als es ihn sah, in große Erregung; sie liefen hinzu und begrüßten ihn. ¹⁶ Er aber fragte sie: »Was streitet ihr mit ihnen?« ¹⁷ Da erwiderte ihm einer aus dem Volk: »Meister, ich habe meinen Sohn zu dir gebracht, der besessen ist von einem stummen Geist. ¹⁸ Wenn der ihn irgendwo überfällt, zerrt er ihn hin und her, dann schäumt er, knirscht mit den Zähnen und fällt in Erstarrung. Ich sagte zu deinen Jüngern, sie möchten ihn austreiben; doch sie vermochten es nicht.«

9,2–13: Vgl. Mt 17,1–13; Lk 9,28–36. In Vers 12 f deutet Jesus die jüdische Elijaerwartung auf Johannes den Täufer (vgl. Mt 17,13), der wie einst Elija (1 Kg 19) verfolgt worden ist. Da auch der Messias leiden müsse, sei an eine vorhergehende »Wiederherstellung« im Sinn jüdischer Erwartung nicht zu denken.
9,14–29: Vgl. Mt 17,14–21; Lk 9,37–43.

¹⁹ Er aber wandte sich an sie und sprach: »O du ungläubiges Geschlecht! Wie lange noch soll ich bei euch sein? Wie lange noch euch ertragen? Bringt ihn her zu mir!« ²⁰ Und sie brachten ihn zu ihm. Sogleich bei seinem Anblick schüttelte ihn der Geist; er fiel auf die Erde, wälzte sich und schäumte. ²¹ Da fragte er seinen Vater: »Wie lange schon ist er davon befallen?« Der antwortete: »Von Kinheit an. ²² Oft schon warf er ihn ins Feuer und ins Wasser, um ihn umzubringen. Wenn du etwas vermagst, so hab Erbarmen mit uns und hilf uns!« ²³ Jesus sagte zu ihm: »Wenn du etwas vermagst? Alles ist möglich dem, der glaubt.« ²⁴ Sogleich stöhnte der Vater des Knaben laut auf und rief: »Ich glaube; hilf meinem Unglauben!«
²⁵ Da Jesus sah, daß das Volk zusammenlief, schalt er den unreinen Geist und sagte zu ihm: »Du stummer und tauber Geist, ich gebiete dir, fahr aus von ihm und komm nicht mehr zurück zu ihm!« ²⁶ Unter lautem Geschrei und heftigen Zukkungen fuhr er aus, und der Knabe war wie tot, so daß die Leute sagten, er sei gestorben. ²⁷ Jesus aber faßte ihn bei der Hand und richtete ihn auf, und er stand auf.
²⁸ Als er nach Hause kam, fragten ihn seine Jünger, als sie unter sich waren: »Warum vermochten wir nicht, ihn auszutreiben?« ²⁹ Er antwortete ihnen: »Diese Art kann durch nichts ausgetrieben werden als durch Gebet [und Fasten].«
Zweite Leidensankündigung. ³⁰ Sie zogen von da weiter und wanderten durch Galiläa; doch wollte er nicht, daß es jemand erfahre. ³¹ Denn er unterwies seine Jünger und sagte zu ihnen: »Der Menschensohn wird überliefert in die Hände von Menschen, und sie werden ihn töten; aber drei Tage nach seinem Tod wird er auferstehen.« ³² Sie aber begriffen das Wort nicht, scheuten sich jedoch, ihn zu fragen.
Vom rechten Jüngersinn. ³³ Sie kamen nach Kafarnaum, und als er zu Hause war, fragte er sie: »Worüber habt ihr unterwegs gesprochen?« ³⁴ Sie aber schwiegen; denn sie hatten unterwegs miteinander darüber gesprochen, wer der Größte sei. ³⁵ Da setzte er sich nieder, rief die Zwölf und sagte zu ihnen: »Will einer Erster sein, so sei er Letzter von allen und aller Diener!«

9,30–32: Vgl. Mt 17,22 f; Lk 9,43–45.
9,33–41: Vgl. Mt 18,1–5;. Lk 9,46–50. »In meinem Namen« heißt: Unter Aussprechen meines Namens und damit unter Berufung auf mich. Vers 40 bedeutet trotz des Anscheins keinen Gegensatz zu Mt 12,30. Jeder Satz bezieht sich auf eine andere Situation.

Markus 9,36–49

³⁶ Und er nahm ein Kind, stellte es mitten unter sie, schloß es in seine Arme und sagte zu ihnen: ³⁷ »Wer eines von solchen Kindern aufnimmt in meinem Namen, der nimmt mich auf, und wer mich aufnimmt, der nimmt nicht mich auf, sondern den, der mich gesandt hat.«

³⁸ Da sagte zu ihm Johannes: »Meister, wir sahen einen, der in deinem Namen Dämonen austrieb, einen, der sich uns nicht anschließt, und wir verwehrten es ihm, weil er sich uns nicht anschließt.« ³⁹ Jesus erwiderte: »Verwehrt es ihm nicht, denn keinen gibt es, der Machtvolles wirkt in meinem Namen und gleich darauf Böses sagen könnte gegen mich. ⁴⁰ Denn wer nicht gegen uns ist, der ist für uns.

⁴¹ Wer euch einen Becher Wasser zu trinken gibt, daraufhin, daß ihr zu Christus gehört, wahrlich, ich sage euch, er wird um seinen Lohn nicht kommen.

Vom Ärgernis. ⁴² Wer aber einem von diesen Kleinen, die [an mich] glauben, Ärgernis gibt, für den wäre es besser, wenn ein Mühlstein um seinen Hals gelegt und er hinabgeworfen würde ins Meer.

⁴³ Wenn deine Hand dir zum Ärgernis wird, so haue sie ab; es ist besser für dich, verstümmelt einzugehen ins [ewige] Leben, als mit zwei Händen hinabzufahren in die Hölle, in das nie erlöschende Feuer ⁴⁴ [, wo ihr Wurm nicht stirbt und das Feuer nicht erlischt]. ⁴⁵ Und wenn dein Fuß dir zum Ärgernis wird, so hau ihn ab; es ist besser für dich, hinkend einzugehen ins [ewige] Leben, als mit zwei Füßen hinabgeworfen zu werden in die Hölle [, in das nie erlöschende Feuer, ⁴⁶ wo ihr Wurm nicht stirbt und das Feuer nicht erlischt]. ⁴⁷ Und wenn dein Auge dir zum Ärgernis wird, so reiß es aus; es ist besser für dich, einäugig einzugehen in das Reich Gottes, als mit zwei Augen hinabgeworfen zu werden in die Hölle, ⁴⁸ wo ›ihr Wurm nicht stirbt und das Feuer nicht erlischt‹ (Jes 66,24).

⁴⁹ Denn ein jeder wird mit Feuer gesalzen werden [, und jedes

---

9,42–48: Vgl. Mt 18,6–9; Lk 17,1 f. Nur bei Vers 48 dürfte nach den Textzeugen das Wort aus Jes 66,24 am Platze sein. Zum Begriff »Ärgernis« vgl. zu Mt 5,29f; 18,1.

9,49f: Vgl. Mt 5,13; Lk 14,34f. Drei stichwortmäßig angefügte, in sich selbständige Aussprüche. Vers 49 weist unter Anspielung auf das Salz bei den Opfergaben (Lev 2,13) auf das Läuterungsfeuer der Leiden hin, durch das jeder Jünger Christi gehen muß, Vers 50a auf die Verantwortung des Jüngerberufes, 50b auf den Besitz der Weisheit des Evangeliums. Schon die jüdischen Lehrer verglichen das Wort Gottes mit dem unentbehrlichen Salz.

Opfer wird mit Salz gesalzen werden]. ⁵⁰ Wertvoll ist das Salz; wenn aber das Salz salzlos wird, womit werdet ihr es würzen? Habt Salz in euch und habt Frieden untereinander!«

Jesus auf dem Weg nach Jerusalem

10. Kapitel

Unauflösbarkeit der Ehe. ¹ Und er brach auf von dort und zog in das Gebiet von Judäa und jenseits des Jordan, und wieder strömten sie in Scharen zu ihm, und wieder lehrte er sie, wie er gewohnt war.

² Und es traten Pharisäer heran und fragten ihn: »Ist es einem Mann erlaubt, seine Frau zu entlassen?« Sie stellten ihn so auf die Probe. ³ Er aber antwortete ihnen: »Was hat euch Mose geboten?« ⁴ Sie sagten: »Mose hat erlaubt, einen Scheidebrief zu schreiben und die Frau zu entlassen« (Dt 24,1). ⁵ Jesus entgegnete ihnen: »Eurer Herzenshärte wegen schrieb er für euch dieses Gebot. ⁶ Von Anfang der Schöpfung aber ›schuf Gott sie als Mann und Frau‹ (Gen 1,27). ⁷ ›Deshalb wird ein Mann seinen Vater und seine Mutter verlassen [und seiner Frau anhangen], ⁸ und die zwei werden e i n Fleisch sein‹ (Gen 2,24). Sie sind also nicht mehr zwei, sondern e i n Fleisch. ⁹ Was nun Gott verbunden hat, das soll der Mensch nicht trennen.«

¹⁰ Zu Hause befragten ihn seine Jünger nochmals darüber, ¹¹ und er sagte zu ihnen: »Wer seine Frau entläßt und eine andere heiratet, der bricht an ihr die Ehe. ¹² Und wenn sie ihren Mann entläßt und einen anderen heiratet, bricht sie die Ehe.«

Segnung der Kinder. ¹³ Und sie brachten Kinder zu ihm, damit er sie berühre. Die Jünger jedoch wiesen sie zurück. ¹⁴ Als Jesus das sah, wurde er unwillig und sagte zu ihnen: »Laßt die Kinder zu mir kommen und wehrt es ihnen nicht; denn gerade für sie ist das Gottesreich. ¹⁵ Wahrlich, ich sage euch: Wer das Reich Gottes nicht annimmt wie ein Kind, wird nicht hineinkommen.« ¹⁶ Und er schloß sie in die Arme, legte ihnen die Hände auf und segnete sie.

10,1–12: Vgl. Mt 19,1–12 (5,31 f; Lk 16,18).
10,13–16: Vgl. Mt 19,13–15; Lk 18,15–17.

Reichtum und Gottesreich. [17] Als er sich auf den Weg machte, lief einer herbei, kniete vor ihm nieder und fragte ihn: »Guter Meister! Was muß ich tun, daß ich ewiges Leben erlange?« [18] Jesus erwiderte ihm: »Was nennst du mich gut? Niemand ist gut als Gott allein. [19] Du kennst die Gebote: ›Du sollst nicht töten; du sollst nicht ehebrechen; du sollst nicht stehlen; du sollst kein falsches Zeugnis geben; du sollst nicht betrügen; ehre deinen Vater und deine Mutter‹ (Ex 20,11–16).« [20] Der aber entgegnete ihm: »Meister, dies alles habe ich gehalten von meiner Jugend an.«
[21] Jesus blickte ihn an, und von Liebe zu ihm erfüllt, sagte er zu ihm: »Eines fehlt dir noch; geh hin, verkaufe alles, was du hast, und gib es den Armen, und du wirst einen Schatz haben im Himmel; dann komm und folge mir nach!« [22] Jener aber war betroffen über dieses Wort und ging betrübt davon; denn er besaß viele Güter.
[23] Jesus blickte um sich und sagte zu seinen Jüngern: »Wie schwer werden die Begüterten in das Reich Gottes eingehen!« [24] Die Jünger waren bestürzt über seine Worte. Da wandte sich Jesus nochmals an sie und sagte: »Kinder, wie schwer ist es doch, daß solche, die auf Reichtum bauen, in das Reich Gottes eingehen! [25] Leichter ist es, daß ein Kamel durch ein Nadelöhr geht, als daß ein Reicher in das Reich Gottes eingeht!« [26] Da wurden sie noch bestürzter und sagten zueinander: »Wer kann dann gerettet werden?« [27] Jesus blickte sie an und sprach: »Bei Menschen ist es unmöglich, aber nicht bei Gott; denn ›bei Gott ist alles möglich‹ (Gen 18,14).«
[28] Da nahm Petrus das Wort und sagte zu ihm: »Siehe, wir haben alles verlassen und sind dir nachgefolgt!« [29] Jesus antwortete: »Wahrlich, ich sage euch: Niemand hat Haus oder Brüder oder Schwestern oder Mutter oder Vater oder Kinder oder Äcker um meinetwillen oder um des Evangeliums willen verlassen, [30] der nicht Hundertfaches dafür erhält, jetzt in dieser Welt Häuser und Brüder und Schwestern und Mütter und Kinder und Äcker, freilich unter Verfolgung, in der kommenden Welt jedoch ewiges Leben. [31] Viele Erste aber werden Letzte sein und die Letzten Erste.«

10,17–31: Vgl. Mt 19,16–30; Lk 18,18–30. Mit Vers 18 will sich Jesus nicht im absoluten Sinne vom »Gutsein« ausschließen, er will nur den Fragesteller, der in ihm nur den Menschen anspricht, zum höchsten Gut hinführen, um dessentwillen alle irdischen Güter hintanzusetzen seien.

Dritte Leidensankündigung. ³² Als sie nun den Weg hinaufzogen nach Jerusalem, schritt Jesus ihnen voran; sie staunten und gingen von Furcht ergriffen hinterher. Da nahm er abermals die Zwölf zu sich heran und begann, ihnen zu sagen, was ihm bevorstehe: ³³ »Seht, wir ziehen hinauf nach Jerusalem, und der Menschensohn wird den Hohenpriestern und den Schriftgelehrten [und Ältesten] überliefert werden, und sie werden ihn zum Tod verurteilen und an die Heiden ausliefern. ³⁴ Sie werden ihn verspotten und anspeien, ihn geißeln und töten; nach drei Tagen aber wird er auferstehen.«

Ehrsucht und Jüngerschaft. ³⁵ Es traten zu ihm Jakobus und Johannes, die Söhne des Zebedäus, und sagten: »Meister, wir möchten, daß du uns gewährst, um was wir dich bitten.« ³⁶ Er fragte sie: »Was möchtet ihr? Was soll ich euch gewähren?« ³⁷ Sie sagten zu ihm: »Laß uns in deiner Herrlichkeit an deiner Seite sitzen, einen zu deiner Rechten, einen zu deiner Linken!«

³⁸ Jesus entgegnete ihnen: »Ihr wißt nicht, um was ihr bittet. Könnt ihr den Kelch trinken, den ich trinke, oder mit der Taufe getauft werden, mit der ich getauft werde?« ³⁹ Sie sagten zu ihm: »Wir können es.« Jesus sagte zu ihnen: »Den Kelch, den ich trinke, werdet ihr trinken, und mit der Taufe, mit der ich getauft werde, werdet ihr getauft werden; ⁴⁰ doch das Sitzen zu meiner Rechten oder Linken habe nicht ich zu vergeben, sondern ist für die, denen es bereitet ist.«

⁴¹ Als die Zehn es hörten, fingen sie an, unwillig zu werden über Jakobus und Johannes. ⁴² Jesus aber rief sie zu sich und sagte zu ihnen: »Ihr wißt, daß jene, die als Herrscher der Völker gelten, den Herren spielen über sie, und daß ihre Großen sie ihre Macht spüren lassen. ⁴³ Nicht so soll es sein unter euch; sondern wer ein Großer sein will unter euch, der sei euer Diener; ⁴⁴ und wer unter euch der Erste sein will, der sei der Knecht aller. ⁴⁵ Denn auch der Menschensohn ist nicht gekommen, sich bedienen zu lassen, sondern zu dienen und sein Leben hinzugeben als Lösepreis für viele.«

10,32–34: Vgl. Mt 20,17–19; Lk 18,31–34. In diesem Bericht kommt das sichere Vorauswissen und die freiwillige Entschlossenheit des Leidens eindrucksvoll zur Darstellung.
10,35–45: Vgl. Mt 20,20–28 (Lk 22,24–27 innerhalb des Abendmahlsberichtes). Der Ehrgeiz der noch ganz im Irdischen stehenden Jünger ist ein schmerzlicher Kontrast zur Leidensbereitschaft Jesu.

Blindenheilung. ⁴⁶ Sie kamen nach Jericho, und als er von Jericho weiterzog mit seinen Jüngern und zahlreichem Volk, saß der Sohn des Timäus, Bartimäus, ein blinder Bettler, am Weg. ⁴⁷ Als er hörte, es sei Jesus, der Nazarener, begann er zu schreien: »Sohn Davids, Jesus, erbarme dich meiner!« ⁴⁸ Viele riefen unwillig ihm zu, er solle schweigen; er aber schrie noch viel mehr: »Sohn Davids, erbarme dich meiner!«
⁴⁹ Jesus blieb stehen und sagte: »Ruft ihn her!« Und sie riefen den Blinden und sagten zu ihm: »Sei guten Mutes; steh auf, er ruft dich.« ⁵⁰ Da warf er seinen Mantel ab, sprang auf und ging zu Jesus hin. ⁵¹ Und Jesus wandte sich an ihn und sprach: »Was willst du, was soll ich dir tun?« Der Blinde sagte zu ihm: »Rabbuni, ich möchte wieder sehen.« ⁵² Da sagte Jesus zu ihm: »Geh hin, dein Glaube hat dir geholfen.« Und sogleich sah er wieder und folgte ihm auf dem Weg.

In Jerusalem

11. Kapitel

Feierlicher Einzug. ¹ Als sie sich Jerusalem näherten, bei Betfage und Betanien am Ölberg, sandte er zwei seiner Jünger voraus ² und sagte zu ihnen: »Geht in das Dorf dort vor euch, und ihr werdet sogleich beim Hineinkommen ein Füllen angebunden finden, auf dem noch nie ein Mensch gesessen ist; macht es los und bringt es her! ³ Und sagt jemand zu euch: Was tut ihr da? so sagt: Der Herr bedarf seiner und schickt es bald wieder hierher.«
⁴ Da gingen sie weg, fanden das Füllen vor einer Tür, außen gegen die Straße zu angebunden, und machten es los. ⁵ Einige aber von denen, die dort standen, sagten zu ihnen: »Was tut ihr da, was macht ihr das Füllen los?« ⁶ Sie antworteten ihnen, wie Jesus gesagt hatte, und man ließ sie gehen. ⁷ Sie brachten das Füllen zu Jesus, legten ihre Kleider darüber, und er setzte sich darauf.
⁸ Viele breiteten ihre Kleider auf den Weg, andere grünes Gezweig, das sie sich abschnitten von den Feldern, ⁹ und die Vorangehenden wie die Nachfolgenden riefen: »Hosanna! ¹⁰ Gepriesen sei, der da kommt im Namen des Herrn! Gepriesen sei das kommende Reich unseres Vaters David! Hosanna

---

10,46–52: Vgl. Mt 20,29–34; Lk 18,35–43. »Rabbuni«, d. h. »mein hoher Herr«. Auch die Anrede »Sohn Davids« läßt auf eine besondere Erkenntnis des Blinden schließen.
11,1–11: Vgl. Mt 21,1–9; Lk 19,28–44; Joh 12,12–19.

Markus 11,11–23

in der Höhe!« [11] Er betrat Jerusalem und den Tempel, sah sich nach allem um und begab sich, als es bereits spät geworden war, hinaus nach Betanien, zusammen mit den Zwölfen.

Verfluchung des Feigenbaumes. [12] Anderntags aber, als sie weggingen von Betanien, hungerte ihn. [13] Er sah von weitem einen Feigenbaum, der Blätter hatte, und ging hin, ob er vielleicht etwas finden könnte an ihm. Doch als er hinkam, fand er nichts als Blätter; es war nämlich nicht die Zeit der Feigen. [14] Da redete er ihn an und sprach »Nimmermehr esse jemand eine Frucht von dir in Ewigkeit!« Seine Jünger hörten dies.

Tempelreinigung. [15] Darauf kamen sie nach Jerusalem hinein, und er ging in den Tempel und begann die Verkäufer und Käufer im Tempel hinauszutreiben, warf die Tische der Geldwechsler um sowie die Stände der Taubenverkäufer [16] und duldete nicht, daß jemand ein Gerät hindurchtrug durch den Tempel. [17] Und er lehrte sie und sprach: »Steht nicht geschrieben: ›Mein Haus soll ein Bethaus heißen für alle Völker‹ (Jes 56,7)? Ihr aber habt es zu einer ›Räuberhöhle‹ (Jer 7,11) gemacht.«

[18] Die Hohenpriester und Schriftgelehrten hörten dies und sannen darauf, wie sie ihn umbringen könnten; sie fürchteten ihn nämlich, denn das ganze Volk war außer sich über seine Lehre.

[19] Und sobald es Abend wurde, gingen sie hinaus vor die Stadt.

Mahnung beim Feigenbaum. [20] Als sie in der Frühe vorbeigingen, sahen sie den Feigenbaum verdorrt von den Wurzeln auf. [21] Da erinnerte sich Petrus und sagte zu ihm: »Meister, siehe, der Feigenbaum, den du verflucht hast, ist verdorrt.« [22] Jesus antwortete ihnen: »Habt Glauben an Gott! [23] Wahrlich, ich sage euch: Wer zu diesem Berg sagt: Heb dich hinweg und stürz dich ins Meer, und nicht zweifelt in seinem Herzen, sondern glaubt, daß alles geschieht, was er sagt, dem wird es geschehen.

11,12–14: Vgl. Mt 21,18f (Lk 13,6–9). Der Feigenbaum ist in symbolisch-lehrhafter Handlung Sinnbild des unfruchtbaren Israel.
11,15–19: Vgl. Mt 21,12f; Lk 19,45–48; Joh 2,13–17 (beim ersten Osterbesuch Jesu).
11,20–26: Vgl. Mt 21,20–22 (mit der Verfluchung verbunden). Der Beter soll – rechtes Beten im Sinn von Mt 6,8 vorausgesetzt – in seinem Vertrauen so sicher sein, als habe er das Erbetene im Augenblick des Betens schon empfangen. Vers 26 ist wohl späterer Einschub von Mt 6,15.

²⁴ Darum sage ich euch: Bei allem, um was ihr betet und fleht, glaubt, daß ihr empfangen habt, und es wird euch zuteil werden. ²⁵ Und wenn ihr hintretet und betet, so vergebt, wenn ihr etwas habt gegen einen, damit auch euer Vater im Himmel euch eure Übertretungen vergebe. ²⁶ [Wenn ihr aber nicht vergebt, wird auch euer Vater im Himmel euch nicht eure Sünden vergeben].«

Vollmachtsfrage. ²⁷ Wieder kamen sie nach Jerusalem, und als er im Tempel umherging, traten zu ihm die Hohenpriester, die Schriftgelehrten und Ältesten ²⁸ und sagten: »Mit welcher Vollmacht tust du das, oder wer gab dir die Vollmacht, dies zu tun?« ²⁹ Jesus erwiderte ihnen: »Ich will euch eine einzige Frage vorlegen, und gebt ihr mir Antwort, werde ich euch sagen, mit welcher Vollmacht ich dies tue. ³⁰ Die Taufe des Johannes, stammte sie vom Himmel oder von Menschen? Antwortet mir!« ³¹ Sie aber überlegten und sagten für sich: »Sagen wir: Vom Himmel, so wird er sagen: Warum habt ihr ihm dann nicht geglaubt? ³² Sollen wir sagen: Von Menschen?« Doch da fürchteten sie das Volk, denn alle hielten Johannes für einen wirklichen Propheten. ³³ Und sie antworteten Jesus: »Wir wissen es nicht.« Jesus aber erwiderte ihnen: »So sage auch ich euch nicht, mit welcher Vollmacht ich dies tue.«

12. Kapitel

Von den bösen Winzern. ¹ Und er begann, in Gleichnissen zu ihnen zu reden: »Ein Mann pflanzte einen Weinberg, umgab ihn mit einem Zaun, grub eine Kelter, baute einen Turm, verpachtete ihn an Winzer und begab sich außer Landes. ² Und er schickte an die Winzer zu gegebener Zeit einen Knecht, um von den Winzern seinen Teil vom Ertrag des Weinbergs zu erhalten. ³ Die aber ergriffen und schlugen ihn und schickten ihn weg mit leeren Händen. ⁴ Abermals schickte er zu ihnen einen andern Knecht, aber auch den mißhandelten und beschimpften sie. ⁵ Und nochmals schickte er einen andern hin, und den töteten sie, und noch viele andre, von denen sie die einen schlugen, die anderen aber töteten.

⁶ Einen hatte er noch, seinen geliebten Sohn; den schickte er als letzten zu ihnen, indem er sprach: Sie werden Achtung haben vor meinem Sohn! ⁷ Jene Winzer aber sagten zueinan-

---

11,27–33: Vgl. Mt 21,23–27; Lk 20,1–8.
12,1–12: Vgl. Mt 21,33–46; Lk 20,9–19.

der: Das ist der Erbe; kommt, wir wollen ihn töten, und unser wird sein das Erbe. ⁸ Und sie ergriffen und töteten ihn und warfen ihn hinaus vor den Weinberg. ⁹ Was wird nun der Herr des Weinbergs tun? Er wird kommen und die Winzer umbringen und den Weinberg an andere vergeben.
¹⁰ Habt ihr denn nicht dieses Schriftwort gelesen: ›Der Stein, den die Bauleute verwarfen, er ist zum Eckstein geworden. ¹¹ Vom Herrn geschah es so, und es ist wunderbar in unseren Augen‹ (Ps 118,22 f)?« ¹² Da suchten sie ihn zu ergreifen, doch fürchteten sie das Volk; denn sie merkten, daß er im Hinblick auf sie dieses Gleichnis sagte. Und sie ließen von ihm ab und gingen davon.

Die Steuerfrage. ¹³ Und sie schickten zu ihm einige von den Pharisäern und Herodianern, um ihn bei einem Wort zu fangen. ¹⁴ Diese kamen und sagten zu ihm: »Meister, wir wissen, daß du wahrhaft bist und dich um niemand kümmerst; denn du siehst nicht auf die Person der Menschen, sondern lehrst den Weg Gottes der Wahrheit gemäß. Ist es erlaubt, dem Kaiser Steuer zu zahlen, oder nicht? Sollen wir zahlen oder nicht zahlen?«
¹⁵ Er aber erkannte ihre Heuchelei und sagte zu ihnen: »Was versucht ihr mich? Bringt mir einen Denar, daß ich ihn sehe!« ¹⁶ Sie brachten einen, und er fragte sie: »Wessen ist dieses Bild und die Aufschrift?« Sie antworteten ihm: »Des Kaisers.« ¹⁷ Jesus entgegnete ihnen: »Was des Kaisers ist, gebt dem Kaiser, und was Gottes ist, Gott.« Da staunten sie über ihn.

Die Auferstehungsfrage. ¹⁸ Und es kamen zu ihm Sadduzäer, die behaupteten, es gebe keine Auferstehung, und sie fragten ihn: ¹⁹ »Meister, Mose hat uns geschrieben: ›Wenn jemands Bruder stirbt und er hinterläßt eine Frau, aber kein Kind, so soll sein Bruder die Frau nehmen und seinem Bruder Nachkommenschaft erwecken‹ (Dt 25,5). ²⁰ Nun waren sieben Brüder. Der erste nahm eine Frau, und als er starb, hinterließ er keine Nachkommen. ²¹ Da nahm sie der zweite und starb, ohne Nachkommen zu hinterlassen; ebenso der dritte. ²² Alle sieben hinterließen keine Nachkommen. Zuletzt nach allen starb auch die Frau. ²³ Bei der Auferstehung nun, falls sie auferstehen, wem von ihnen wird sie als Frau gehören? Denn die sieben haben sie zur Frau gehabt.«

12,13–17: Vgl. Mt 22,15–22; Lk 20,20–26.
12,18–27: Vgl. Mt 22,23–33; Lk 20,27–40.

²⁴ Da sagte Jesus zu ihnen: »Seid ihr nicht deshalb im Irrtum, weil ihr weder die Schriften kennt noch die Kraft Gottes? ²⁵ Denn wenn sie auferstehen von den Toten, werden sie weder heiraten noch verheiratet werden, sondern sie sind wie die Engel im Himmel. ²⁶ Was aber die Toten und ihre Auferweckung betrifft, habt ihr nicht im Buch des Mose gelesen, in der Geschichte vom Dornbusch, wie Gott zu ihm sprach: ›Ich bin der Gott Abrahams und der Gott Isaaks und der Gott Jakobs‹ (Ex 3,6)? ²⁷ Er ist nicht ein Gott von Toten, sondern von Lebendigen. Ihr seid also sehr im Irrtum.«

Das größte Gebot. ²⁸ Da kam einer von den Schriftgelehrten herzu, der ihren Wortwechsel gehört und gemerkt hatte, wie trefflich er ihnen Antwort gab, und fragte ihn: »Welches Gebot ist das erste von allen?« ²⁹ Jesus antwortete: »Das erste ist: ›Höre Israel! Der Herr, unser Gott, ist der einzige Herr. ³⁰ Du sollst den Herrn, deinen Gott, lieben aus deinem ganzen Herzen, aus deiner ganzen Seele, aus deinem ganzen Denken und aus deiner ganzen Kraft‹ (Dt 6,4 f). Das ist das erste Gebot. ³¹ Das zweite ist dieses: ›Du sollst deinen Nächsten lieben wie dich selbst‹ (Lev 19,18). Größer als diese ist kein anderes Gebot.«

³² Da sagte der Schriftgelehrte zu ihm: »Trefflich, Meister; du hast nach Wahrheit gesagt: ›Ein Einziger ist er und kein anderer ist außer ihm‹ (Dt 4,35). ³³ Und ›ihn lieben aus ganzem Herzen, aus ganzem Denken, [aus ganzer Seele,] aus ganzer Kraft‹ und ›den Nächsten lieben wie sich selbst‹, das ist mehr als alle ›Brandopfer und anderen Opfer‹ (1 Sam 15,22).« ³⁴ Jesus sah, daß er weise antwortete, und sagte zu ihm: »Nicht weit bist du weg vom Reich Gottes.« Und niemand mehr wagte ihn zu befragen.

Gegenfrage Jesu. ³⁵ Da nahm Jesus, als er im Tempel lehrte, das Wort und sprach: »Wie können die Schriftgelehrten sagen, daß der Messias der Sohn Davids sei? ³⁶ David hat doch selbst im Heiligen Geist gesagt: ›Der Herr sprach zu meinem Herrn: Setze dich zu meiner Rechten, bis ich deine Feinde als Schemel unter deine Füße lege‹ (Ps 110,1). ³⁷ David selbst nennt ihn ›Herr‹. Wie ist er dann sein Sohn?« – Und die große Menge des Volkes hörte ihn gerne.

12,28–34: Vgl. Mt 22,34–40; Lk 10,25–28. Die Frage nach dem größten Gebot entspricht der rabbinischen Moralkasuistik, die unter den 613 aufgestellten Geboten und Verboten ein ausgeklügeltes Unterscheidungssystem geschaffen hatte.
12,35–37: Vgl. Mt 22,41–46; Lk 20,41–44.

Warnung vor den Schriftgelehrten. ³⁸ Weiter sprach er in seiner Unterweisung: »Hütet euch vor den Schriftgelehrten, die mit Vorliebe in langwallenden Gewändern einhergehen, gegrüßt sein wollen auf den öffentlichen Plätzen, ³⁹ in den Synagogen die ersten Sitze und bei Gastmählern die Ehrenplätze suchen; ⁴⁰ die der Witwen Häuser verzehren und zum Schein lange Gebete verrichten; sie werden ein gar ernstes Gericht erfahren.«

Das Opfer der Witwe. ⁴¹ Als er gerade dem Opferkasten gegenübersaß, beobachtete er, wie das Volk Münzen in den Opferkasten legte. Viele Reiche legten viel hinein. ⁴² Es kam auch eine arme Witwe und legte zwei Heller, das ist so viel wie ein Pfennig, hinein. ⁴³ Da rief er seine Jünger herbei und sagte zu ihnen: »Wahrlich, ich sage euch: Diese arme Witwe hat mehr hineingelegt als alle, die in den Opferkasten einlegten. ⁴⁴ Denn diese alle haben von ihrem Überfluß hineingelegt; sie aber legte von ihrer Armut alles hinein, was sie hatte, ihren ganzen Lebensunterhalt.«

13. Kapitel

Weissagung vom Ende. ¹ Als er den Tempel verließ, sagte einer seiner Jünger zu ihm: »Meister, schau, was für Steine und was für Bauten?« ² Jesus sagte zu ihm: »Siehst du diese mächtigen Bauten? Kein Stein wird auf dem andern gelassen, ein jeder wird abgebrochen werden.« ³ Und als er auf dem Ölberg, gegenüber dem Tempel, sich niedergesetzt hatte, fragten ihn Petrus, Jakobus, Johannes und Andreas im Alleinsein

---

12,38–40: Vgl. Mt 23,1–36; Lk 20,45–47. Nach Mk letztes Wort Jesu an die jüdische Öffentlichkeit und damit ein erschütternder Ausdruck seines Urteils über die jüdische Führerschaft.

12,41–44: Vgl. Lk 21,2–4. Ein ernstes Kontrastbild zu den Schriftgelehrten, die den Besitz der »Witwen verzehren«, zugleich ein tröstliches Beispiel für den Wert eines kleinsten, aus rechter Gesinnung kommenden Opfers. »Heller« ist als Übersetzung für »Lepton«, die kleinste griechische Kupfermünze, »Pfennig« für »Quadrans«, die kleinste römische Münze, genommen.

13,1–37: Vgl. Mt 24,1–25,46; Lk 21,5–38. Vgl. die Anmerkung zu Mt 24,1. Vers 10 zeigt, daß Jesus nicht an ein baldiges Weltende gedacht hat, Vers 30 bezieht sich daher auf den in prophetischem Stil mit dem Wort vom Weltende verbundenen Untergang Jerusalems, wie er tatsächlich im Jahre 70 eintrat. Vers 32 will kaum absolut ausschließen, daß Jesus als Gottmensch ein Wissen um »jenen Tag«, d. h. den Tag des Endgerichts, besaß. Die überraschende Aussage will das strikte Geheimnis über den Zeitpunkt dieses Tages möglichst deutlich hervorheben. Bei Lk fehlt unser Vers.

mit ihm: ⁴ »Sag uns, wann wird das sein, und was ist das Zeichen, wann sich dies alles vollenden soll?«
⁵ Jesus antwortete ihnen: »Seht zu, daß euch niemand verführe! ⁶ Denn viele werden kommen unter meinem Namen und sagen: Ich bin es; und sie werden viele verführen. ⁷ Wenn ihr aber von Kriegen und Kriegsgerüchten hört, dann laßt euch nicht schrecken, denn ›es muß so kommen‹ (Dan 2,28), aber noch ist es nicht das Ende. ⁸ Denn ›aufstehen wird Volk gegen Volk‹ (2 Chr 15,6) und ›Reich gegen Reich‹ (Jes 19,2), und es werden Erdbeben sein von Ort zu Ort und Hungersnöte. Der Anfang der Wehen ist das.
⁹ Ihr aber, gebt acht auf euch selbst! Sie werden euch den Gerichten überliefern; ihr werdet in den Synagogen gegeißelt und vor Statthalter und Könige gestellt werden um meinetwillen, ihnen zum Zeugnis. ¹⁰ Und an alle Völker muß zuerst das Evangelium verkündet werden. ¹¹ Wenn sie euch wegführen und überliefern, so macht euch vorher nicht Sorge, was ihr reden sollt; sondern was euch eingegeben wird in jener Stunde, das redet; denn nicht ihr seid es, die da reden, sondern der Heilige Geist. ¹² Es wird aber ein Bruder den Bruder in den Tod liefern und ein Vater das Kind; und Kinder ›werden sich erheben gegen die Eltern‹ (Mich 7,6) und sie in den Tod bringen. ¹³ Ihr aber werdet gehaßt sein von allen um meines Namens willen; wer aber ausharrt bis ans Ende, der wird gerettet werden.

Gericht über Jerusalem. ¹⁴ Wenn ihr nun den ›Greuel der Verwüstung‹ (Dan 9,27) dort stehen seht, wo er nicht sein darf – wer es liest, der bedenke es wohl –, dann fliehe, wer in Judäa ist, in die Berge, ¹⁵ und wer auf dem Dach ist, steige nicht herab und gehe nicht hinein, um etwas zu holen aus seinem Hause; ¹⁶ und wer auf dem Feld ist, kehre nicht zurück, um seinen Mantel zu holen.

¹⁷ Wehe den Schwangeren und Stillenden in jenen Tagen! ¹⁸ Betet darum, daß es nicht im Winter geschehe. ¹⁹ Es werden nämlich jene Tage ›eine Drangsal sein, wie dergleichen seit Anfang der Schöpfung‹, die Gott schuf, ›bis jetzt nicht gewesen ist‹ (Dan 12,1) und nicht sein wird. ²⁰ Und hätte der Herr nicht abgekürzt die Tage, würde kein Mensch gerettet werden; doch um der Auserwählten willen, die er sich erwählte, hat er die Tage abgekürzt.

Die große Verführung. ²¹ Wenn dann jemand zu euch sagt: Seht, hier ist der Messias! Seht, dort! So glaubt es nicht; ²² denn es werden falsche Messiasse aufstehen und ›falsche

Propheten, und sie werden Zeichen und Wunder tun‹ (Dt 13,1 f), um, wenn möglich, auch die Auserwählten zu verführen. ²³ Ihr aber seht euch vor! Seht, ich habe euch alles vorhergesagt.

Wiederkunft Christi. ²⁴ In den Tagen nach jener Drangsal wird ›die Sonne sich verfinstern und der Mond seinen Schein nicht mehr geben‹ (Jes 13,10), ²⁵ ›die Sterne werden vom Himmel fallen, und die Kräfte des Himmels werden erschüttert werden‹ (Jes 34,4). ²⁶ Und dann ›werden sie den Menschensohn kommen sehen auf den Wolken‹ (Dan 7,13) mit großer Macht und Herrlichkeit. ²⁷ Und dann wird er die Engel aussenden und seine Auserwählten ›zusammenführen von den vier Winden‹ (Sach 2,6), ›vom Ende der Erde bis zum Ende des Himmels‹ (Dt 30,3 f).

In aufmerksamer Erwartung. ²⁸ Vom Feigenbaum aber lernt das Gleichnis! Wenn sein Zweig schon saftig wird und die Blätter treiben, erkennt ihr, daß der Sommer nahe ist. ²⁹ Ebenso sollt auch ihr, wenn ihr dies kommen seht, erkennen, daß er nahe ist an den Türen. ³⁰ Wahrlich, ich sage euch: Dieses Geschlecht wird nicht vergehen, bis dies alles geschieht. ³¹ Himmel und Erde werden vergehen, meine Worte aber werden nicht vergehen. ³² Jenen Tag aber und jene Stunde weiß niemand, auch nicht die Engel im Himmel und auch nicht der Sohn, nur der Vater.

Mahnung zur Wachsamkeit. ³³ Seid auf der Hut und wacht! Denn ihr wißt nicht, wann die Zeit da ist. ³⁴ Es ist wie bei einem Mann, der außer Landes ging, sein Haus verließ und seinen Knechten Vollmacht übertrug, einem jeden für sein Werk, und dem Torhüter befahl, wachsam zu sein. ³⁵ Wacht also; denn ihr wißt nicht, wann der Herr des Hauses kommt, ob abends oder um Mitternacht oder beim Hahnenschrei oder frühmorgens. ³⁶ Möge er, wenn er unversehens kommt, euch nicht schlafend finden! ³⁷ Was ich euch sage, das sage ich allen: Seid wachsam!«

Jesu Leiden und Verherrlichung

14. Kapitel

Todesbeschluß des Hohen Rates. ¹ Zwei Tage waren noch bis Pascha und zu den Ungesäuerten Broten, und die Hohenprie-

---

14,1 f: Vgl. Mt 26,1–5; Lk 22,1 f; Joh 11,47–53.

ster und Schriftgelehrten suchten nach einer Möglichkeit, ihn mit List zu ergreifen und zu töten. ² Sie sagten nämlich: »Nicht am Festtag, damit nicht etwa ein Aufruhr entstehe unter dem Volk.«

Salbung Jesu in Betanien. ³ Als er in Betanien war, im Hause Simons des Aussätzigen, und zu Tisch lag, kam eine Frau mit einem Gefäß von Alabaster, voll echten, kostbaren Nardenöls, zerbrach das Gefäß und goß es über sein Haupt. ⁴ Einige aber sagten unwillig zueinander: »Wozu diese Verschwendung des Salböls? ⁵ Man hätte dieses Salböl um mehr als dreihundert Denare verkaufen und für die Armen geben können.« Und sie schalten auf sie.

⁶ Jesus aber sprach: »Laßt sie! Was kränkt ihr sie? Ein gutes Werk tat sie an mir. ⁷ Denn allezeit habt ihr die Armen bei euch und könnt, sooft ihr wollt, ihnen Gutes tun; mich aber habt ihr nicht allezeit. ⁸ Diese tat, was sie konnte; sie salbte schon im voraus meinen Leib zum Begräbnis. ⁹ Wahrlich, ich sage euch: Wo immer das Evangelium verkündet wird auf der ganzen Welt, da wird auch gesagt werden, was sie getan hat, ihr zum Gedächtnis.«

Der Verräter am Werk. ¹⁰ Judas Iskariot aber, einer von den Zwölfen, ging hin zu den Hohenpriestern, um ihn an sie zu verraten. ¹¹ Als sie es hörten, freuten sie sich und versprachen, ihm Geld zu geben; und er suchte, wie er bei günstiger Gelegenheit ihn verrate.

Das Letzte Abendmahl. ¹² Am ersten Tag der Ungesäuerten Brote, da man das Paschalamm schlachtete, sagten seine Jünger zu ihm: »Wo sollen wir hingehen und für dich das Essen des Paschamahles bereiten?« ¹³ Er schickte zwei seiner Jünger weg und sagte zu ihnen: »Geht in die Stadt, und es wird euch einer begegnen, der einen Wasserkrug trägt; dem folgt, ¹⁴ und wo er hineingeht, da sagt zu dem Herrn des Hauses: Der Meister läßt sagen: Wo ist meine Herberge, in der ich das Pascha esse mit meinen Jüngern? ¹⁵ Er wird euch ein großes Obergemach zeigen, das mit Polstern versehen bereit steht. Dort bereitet es für uns vor!« ¹⁶ Die Jünger gingen weg, kamen in die Stadt, fanden, wie er ihnen gesagt hatte, und bereiteten das Pascha.

14,3–9: Vgl. Mt 26,6–13; Joh 12,1–8. Joh nennt den Namen der Frau: Maria von Betanien, die Schwester des Lazarus.
14,10 f: Vgl. Mt 26,14–16; Lk 22,3–6.
14,12–16: Vgl. Mt 26,17–19; Lk 22,7–13.

¹⁷ Als es Abend geworden war, kam er mit den Zwölfen, ¹⁸ und während sie bei Tisch waren und aßen, sprach Jesus: »Wahrlich, ich sage euch: Einer von euch wird mich verraten, einer, der mit mir ißt.« ¹⁹ Da wurden sie betrübt, und einer um den andern fing an, ihn zu fragen: »Etwa ich?« ²⁰ Er aber sagte zu ihnen: »Einer von den Zwölfen, der mit mir in die Schüssel eintaucht. ²¹ Der Menschensohn geht zwar hin, wie von ihm geschrieben steht; doch wehe jenem Menschen, durch den der Menschensohn verraten wird; besser wäre es jenem Menschen, er wäre nicht geboren.« ²² Und während sie aßen, nahm er Brot, sprach den Segen, brach es und gab es ihnen mit den Worten: »Nehmt, das ist mein Leib!« ²³ Und er nahm einen Kelch, sagte Dank und reichte ihn ihnen, und alle tranken aus ihm. ²⁴ Und er sprach zu ihnen: »Das ist mein Blut des Bundes, das vergossen wird für viele (Ex 24,8). ²⁵ Wahrlich, ich sage euch: Ich werde nicht mehr trinken von der Frucht des Weinstocks bis zu jenem Tag, da ich neu davon trinke im Reich Gottes.«

Getsemani. ²⁶ Nach dem Lobgesang gingen sie hinaus zum Ölberg, ²⁷ und Jesus sagte zu ihnen: »Ihr werdet alle Anstoß nehmen; denn es steht geschrieben: ›Ich will den Hirten schlagen, und die Schafe werden zerstreut werden‹ (Sach 13,7). ²⁸ Nach meiner Auferweckung aber werde ich euch vorausgehen nach Galiläa.«

²⁹ Petrus sagte zu ihm: »Wenn auch alle Anstoß nehmen, so doch nicht ich.« ³⁰ Jesus erwiderte ihm: »Wahrlich, ich sage dir: Du wirst heute, in dieser Nacht, ehe der Hahn zweimal kräht, mich dreimal verleugnen.« ³¹ Er aber beteuerte noch mehr: »Und müßte ich sterben mit dir, nie und nimmer werde ich dich verleugnen!« Ebenso sprachen auch alle andern.

³² Darauf kamen sie an ein Gehöft, Getsemani genannt, und er sagte zu seinen Jüngern: »Setzt euch hier nieder, während ich bete!« ³³ Dann nahm er Petrus, Jakobus und Johannes mit sich und begann zu zittern und zu zagen, ³⁴ und er sagte zu ihnen: »Meine Seele ist betrübt bis in den Tod. Bleibt hier und wacht!« ³⁵ Er ging ein wenig weiter, fiel auf die Erde nieder und betete, es möchte, wenn es möglich sei, die Stunde vor-

---

14,17–21: Vgl. Mt 26,20–25; Lk 22,21–23 (als Nebenbericht nach der Eucharistieeinsetzung); Joh 13,21–30.
14,22–25: Vgl. Mt 26,26–29; Lk 22,14–20; 1 Kor 11,23–26.
14,26–31: Vgl. Mt 26,30–35; Lk 22,31–34; Joh 13,36–38 (nach Lk und Joh noch im Abendmahlssaal).
14,32–42: Vgl. Mt 26,36–46; Lk 22,40–46 (Joh 12,27–28).

übergehen an ihm. ³⁶ Er sprach: »Abba, Vater, alles ist dir möglich; laß diesen Kelch vorübergehen an mir; doch nicht, was ich will, sondern was du willst!«
³⁷ Und er kam, fand sie schlafend und sagte zu Petrus: »Simon, du schläfst? Konntest du nicht eine einzige Stunde wachen? ³⁸ Wacht und betet, damit ihr nicht in Versuchung fallt! Der Geist ist zwar willig, das Fleisch aber ist schwach.«
³⁹ Wieder ging er hin und betete und sprach die gleichen Worte.
⁴⁰ Da er zurückkam, fand er sie wiederum schlafend, denn ihre Augen waren schwer, und sie wußten nicht, was sie ihm antworten sollten. ⁴¹ Und er kam zum dritten Mal und sagte zu ihnen: »Ihr schlaft noch und ruht? Es ist genug. Die Stunde ist gekommen. Seht, der Menschensohn wird überliefert werden in die Hände der Sünder. ⁴² Steht auf, laßt uns gehen! Seht, mein Verräter naht.«

Gefangennahme Jesu. ⁴³ Und sogleich, während er noch redete, erschien Judas, einer von den Zwölfen, und mit ihm eine Schar mit Schwertern und Knütteln, ausgeschickt von den Hohenpriestern, Schriftgelehrten und Ältesten. ⁴⁴ Sein Verräter hatte mit ihnen ein Zeichen vereinbart und gesagt: »Den ich küssen werde, der ist es, den ergreift und führt ihn sicher ab!« ⁴⁵ Und als er kam, trat er sogleich heran zu ihm und sagte: »Meister!« und küßte ihn. ⁴⁶ Sie aber legten Hand an ihn und nahmen ihn fest.

⁴⁷ Einer jedoch von denen, die dabeistanden, zog das Schwert, schlug nach dem Knecht des Hohenpriesters und hieb ihm das Ohr ab. ⁴⁸ Jesus sagte zu ihnen: »Wie gegen einen Rebellen seid ihr ausgezogen mit Schwertern und Knütteln, um mich zu fangen. ⁴⁹ Täglich war ich bei euch im Tempel und lehrte, und ihr habt mich nicht ergriffen. Doch, es mußten die Schriften erfüllt werden.« ⁵⁰ Da verließen ihn alle und flohen. ⁵¹ Ein junger Mann war ihm gefolgt, umhüllt mit einem Linnen auf dem bloßen Leib, und sie ergriffen ihn; ⁵² er aber ließ das Linnen fahren und lief ihnen nackt davon.

Vor dem Hohen Rat. ⁵³ Sie führten nun Jesus ab zum Hohenpriester, und es versammelten sich alle Hohenpriester und

---

14,43–52: Vgl. Mt 26,47–56; Lk 22,47–53; Joh 18,1–11. Der junge Mann war vielleicht der junge Markus selbst, der vom Haus des Abendmahls, das möglicherweise mit dem Haus seiner Mutter (Apg 12,12) identisch ist, Jesus zum Ölberg gefolgt war.
14,53–65: Vgl. Mt 26,57–68; Lk 22,54f. 63–71. Nach Dt 17,6; 19,15 mußten mindestens zwei Zeugen in ihrer Aussage genau übereinstimmen. Zu der Aussage Vers 58 vgl. Joh 2,19.

Ältesten und Schriftgelehrten. ⁵⁴ Petrus folgte ihm von fern bis hinein in den Hof des Hohenpriesters, setzte sich zu den Dienern und wärmte sich am Feuer. ⁵⁵ Die Hohenpriester und der ganze Hohe Rat suchten ein Zeugnis gegen Jesus, um ihn zum Tod verurteilen zu können, doch sie fanden nichts. ⁵⁶ Denn viele gaben ein falsches Zeugnis gegen ihn; doch es stimmten die Zeugnisse nicht überein. ⁵⁷ Einige traten auf und brachten ein falsches Zeugnis gegen ihn vor, indem sie sagten: ⁵⁸ »Wir hörten ihn sagen: Ich werde diesen mit Händen gemachten Tempel abbrechen und in drei Tagen einen andern, nicht mit Händen gemachten, aufbauen.« ⁵⁹ Aber auch so stimmte ihr Zeugnis nicht überein.

⁶⁰ Da trat der Hohepriester in die Mitte und fragte Jesus: »Antwortest du nichts auf das, was diese gegen dich aussagen?« ⁶¹ Er aber schwieg und antwortete nichts. Nochmals fragte ihn der Hohepriester: »Bist du der Messias, der Sohn des Hochgelobten?« ⁶² Jesus erwiderte [ihm]: »Ich bin es; ihr aber werdet den Menschensohn sehen, ›sitzend zur Rechten der Kraft‹ (Ps 110,1) und ›kommend auf den Wolken des Himmels‹ (Dan 7,13).«

⁶³ Da zerriß der Hohepriester seine Kleider und sprach: »Was brauchen wir noch Zeugen? ⁶⁴ Ihr habt die Lästerung gehört. Was meint ihr?« Und sie alle sprachen das Urteil, er sei schuldig des Todes. ⁶⁵ Einige begannen, ihn anzuspeien, sein Angesicht zu verhüllen, ihn zu schlagen und zu ihm zu sagen: »Weissage!« Und die Diener nahmen ihn unter Schlägen entgegen.

Verleugnung durch Petrus. ⁶⁶ Während Petrus unten im Hof war, kam eine von den Mägden des Hohenpriesters, ⁶⁷ und da sie den Petrus sah, der sich wärmte, schaute sie ihn an und sagte: »Auch du warst bei dem Nazarener, bei Jesus!« ⁶⁸ Er aber leugnete und sprach: »Ich weiß nicht und verstehe nicht, was du sagst«, und ging in den Vorhof hinaus. Da krähte ein Hahn. ⁶⁹ Die Magd aber, die ihn sah, fing wiederum an, zu den Umstehenden zu sagen: »Dieser ist einer von ihnen.« ⁷⁰ Er aber leugnete abermals.

Nach einer kleinen Weile sagten die Dabeistehenden wieder zu Petrus: »Du bist wirklich einer von ihnen; denn du bist auch ein Galiläer.« ⁷¹ Er aber fing an zu fluchen und zu schwören: »Ich kenne diesen Menschen nicht, von dem ihr redet.« ⁷² Und sogleich krähte der Hahn zum zweiten Mal. Da

---

14,66—72: Vgl. Mt 26,69—75; Lk 22,56—62; Joh 18,15—27.

erinnerte sich Petrus des Wortes, das Jesus zu ihm gesagt hatte: »Ehe der Hahn zweimal kräht, wirst du mich dreimal verleugnen.« Und er brach in Tränen aus.

15. Kapitel

Jesus vor Pilatus. ¹ Sogleich am frühen Morgen faßten die Hohenpriester mit den Ältesten und den Schriftgelehrten und der ganze Hohe Rat Beschluß, ließen Jesus fesseln und abführen und übergaben ihn an Pilatus.

² Pilatus fragte ihn: »Bist du der König der Juden?« Er antwortete ihm: »Du sagst es!« ³ Die Hohenpriester erhoben schwere Anklagen gegen ihn. ⁴ Da fragte ihn Pilatus wiederum: »Antwortest du nichts? Sieh, was sie alles gegen dich vorbringen!« ⁵ Jesus aber antwortete nichts mehr, so daß Pilatus sich sehr verwunderte.

⁶ Zum Festtag aber pflegte er ihnen einen Gefangenen freizugeben, einen, um den sie baten. ⁷ Nun befand sich ein gewisser Barabbas in Haft zusammen mit den Aufrührern, die beim Aufstand einen Mord verübt hatten. ⁸ Da zog das Volk hinauf und begann die Bitte zu stellen, wie er sie ihnen zu erfüllen pflegte. ⁹ Pilatus wandte sich an sie und sprach: »Wollt ihr, daß ich euch den König der Juden freigebe?« ¹⁰ Denn er merkte, daß die Hohenpriester ihn aus Mißgunst überliefert hatten.

¹¹ Die Hohenpriester aber wiegelten das Volk auf, er solle ihnen lieber den Barabbas freigeben. ¹² Da wandte sich Pilatus abermals an sie: »Was soll ich dann mit dem machen, den ihr den König der Juden nennt?« ¹³ Sie schrien zurück: »Kreuzige ihn!« ¹⁴ Pilatus entgegnete ihnen: »Was hat er denn Böses getan?« Sie aber schrien noch mehr: »Kreuzige ihn!«

¹⁵ Da ließ Pilatus, um dem Volk Genüge zu tun, ihnen den Barabbas frei, Jesus aber ließ er geißeln und übergab ihn zur Kreuzigung.

Als Spottkönig verhöhnt. ¹⁶ Die Soldaten führten ihn ab in das Innere des Gebäudes, nämlich in das Prätorium, riefen die ganze Kohorte zusammen, ¹⁷ legten ihm einen Purpurmantel um, flochten einen Kranz von Dornen und setzten ihm diesen auf. ¹⁸ Dann begannen sie, ihn zu begrüßen: »Heil dir, König

---

15,1–15: Vgl. Mt 27,1–26; Lk 23,1–25 (mit Zwischenverhör vor Herodes); Joh 18,28–40; 19,16.
15,16–19: Vgl. Mt 27,27–31. Nach Lk 23,16; Joh 19,1–5 war die Geißelung von Pilatus als selbständige Strafe verhängt, nach der Jesus freigelassen werden sollte.

der Juden!« ¹⁹ Sie schlugen ihn mit einem Rohr aufs Haupt und spien ihn an, beugten die Knie und huldigten ihm.

Kreuzigung. ²⁰ Nachdem sie ihn verspottet hatten, nahmen sie ihm den Purpurmantel ab, zogen ihm seine Kleider an und führten ihn hinaus, um ihn zu kreuzigen. ²¹ Und sie zwangen einen Vorbeigehenden, Simon von Zyrene, den Vater des Alexander und des Rufus, der vom Feld kam, sein Kreuz zu tragen. ²² Sie führten ihn an den Platz Golgota, was übersetzt Schädelstätte bedeutet, ²³ und reichten ihm Wein, der mit Myrrhe bereitet war; er aber nahm ihn nicht.
²⁴ Sie kreuzigten ihn und verteilten seine Kleider, indem sie das Los darüber warfen, was ein jeder erhalten solle. ²⁵ Es war die dritte Stunde, da sie ihn kreuzigten. ²⁶ Zur Angabe seiner Schuld war hinaufgeschrieben: »Der König der Juden!« ²⁷ Und zusammen mit ihm kreuzigten sie zwei Rebellen, einen zu seiner Rechten und einen zu seiner Linken. ²⁸ [Da wurde das Schriftwort erfüllt: ›Er wurde unter die Verbrecher gerechnet‹ (Jes 53,12).]
²⁹ Die Vorübergehenden aber lästerten ihn, schüttelten den Kopf und sagten: »Ha, du brichst den Tempel ab und baust ihn auf in drei Tagen, ³⁰ hilf dir selbst und steig herab vom Kreuz!« ³¹ Gleicherweise verspotteten ihn auch die Hohenpriester mitsamt den Schriftgelehrten, indem sie zueinander sprachen: »Anderen hat er geholfen, sich selbst kann er nicht helfen. ³² Der Messias, der König von Israel, er steige nun herab vom Kreuz, damit wir sehen und glauben.« Auch die mit ihm Gekreuzigten schmähten ihn.

Jesu Tod. ³³ Als die sechste Stunde kam, trat Finsternis ein über das ganze Land bis zur neunten Stunde. ³⁴ Und um die neunte Stunde rief Jesus mit lauter Stimme: »Eloi, Eloi, lama sabachtani«, das heißt übersetzt: »Mein Gott, mein Gott, warum hast du mich verlassen?« (Ps 22,2). ³⁵ Einige von denen, die dabeistanden und dies hörten, sagten: »Seht, er ruft den Elija!« ³⁶ Einer aber lief hin, füllte einen Schwamm mit Essig, steckte ihn an ein Rohr und gab ihm zu trinken,

---

15,20–32: Vgl. Mt 27,31–44; Lk 23,26–43; Joh 19,17–27. Die beiden Söhne Simons von Zyrene scheinen für die (römischen?) Leser des Evangeliums von besonderem Interesse gewesen zu sein; vgl. Röm 16,13, wo ein Rufus erwähnt ist. Zur Angabe der Kreuzigungsstunde vgl. Joh 19,14. Mk versteht wohl unter »dritter Stunde« in volkstümlicher Bezeichnung den ganzen Vormittag, während nach Joh die Verurteilung und Kreuzigung näher auf den Mittag anzusetzen ist (Joh 19,14).
15,33–41: Vgl. Mt 27,45–56; Lk 23,44–49; Joh 19,28–37.

indem er sagte: »Laßt, wir wollen sehen, ob Elija kommt, ihn herabzuholen!« ³⁷ Jesus aber stieß einen lauten Schrei aus und verschied.
³⁸ Da riß der Vorhang des Tempels von oben bis unten entzwei. ³⁹ Als aber der Hauptmann, der ihm gegenüber dabeistand, ihn so verscheiden sah, sprach er: »Wahrhaftig, dieser Mensch war Gottes Sohn!«
⁴⁰ Auch Frauen schauten von weitem zu, unter ihnen auch Maria Magdalena und Maria, die Mutter des Jakobus des Jüngeren und des Joses, und Salome, ⁴¹ die schon, als er in Galiläa war, bei ihm waren und ihm dienten, sowie andere, die mit ihm hinaufgezogen waren nach Jerusalem.
Begräbnis Jesu. ⁴² Da es schon Abend wurde – es war ja Rüsttag, das ist Vorsabbat –, ⁴³ kam Josef von Arimatäa, ein angesehener Ratsherr, der auch selbst auf das Gottesreich wartete, ging mutig entschlossen zu Pilatus und bat um den Leichnam Jesu. ⁴⁴ Pilatus wunderte sich, daß er schon tot sei, ließ den Hauptmann kommen und fragte ihn, ob er schon gestorben sei. ⁴⁵ Und als er es vom Hauptmann erfahren hatte, schenkte er Josef den Leichnam. ⁴⁶ Dieser kaufte Leinwand, nahm ihn ab, wickelte ihn in Leinwand und legte ihn in ein Grab, das in einen Felsen gehauen war, und wälzte einen Stein vor den Eingang des Grabes. ⁴⁷ Maria Magdalena und Maria, die Mutter des Joses, sahen zu, wo er beigesetzt wurde.

16. Kapitel
Die Botschaft der Auferstehung. ¹ Als der Sabbat vorüber war, kauften Maria Magdalena, Maria, die Mutter des Jakobus, und Salome Öle und Salben, um hinzugehen und ihn zu salben. ² In aller Frühe am ersten Tag der Woche kamen sie zum Grab, da eben die Sonne aufgung. ³ Sie sagten zueinander: »Wer wird uns den Stein wegwälzen vom Eingang des Grabes?«
⁴ Als sie aber hinblickten, sahen sie, daß der Stein weggewälzt war; er war nämlich sehr groß. ⁵ Und sie gingen in das Grab

---

15,42–47: Vgl. Mt 27,57–61; Lk 23,50–56; Joh 19,38–42.
16,1–8: Vgl. Mt 28,1–10; Lk 24,1–11; Joh 20,1–18. Die Frauen, unter denen »Maria, die Mutter des Jakobus« die gleiche ist wie »Maria, die Mutter des Josefs« (15,47) hatten nach Lk 23,56 die Salben noch am Freitagabend besorgt, wollten aber wegen des herbeikommenden Sabbats erst jetzt die Salbung und Beräucherung des Leichnams Jesu nachholen. Man sieht, wie sie in keiner Weise mit einer Auferstehung rechneten, so daß diese nicht ein Erzeugnis ihrer Phantasie sein konnte.

hinein, sahen zur Rechten einen Jüngling sitzen, umkleidet mit einem weißen Gewand, und sie erschraken sehr. ⁶ Er aber sagte zu ihnen: »Fürchtet euch nicht! Ihr sucht Jesus, den Nazarener, den Gekreuzigten; er ist auferweckt worden, er ist nicht hier; seht hier den Platz, wo sie ihn hingelegt hatten. ⁷ Doch geht nun hin und sagt seinen Jüngern und dem Petrus: Er geht euch voraus nach Galiläa; dort werdet ihr ihn sehen, wie er es euch gesagt hat.« ⁸ Sie aber gingen hinaus und flohen vom Grab; denn Schrecken und Entsetzen erfaßte sie. Zu niemand sprachen sie etwas, denn sie fürchteten sich.

Erscheinung des Auferstandenen. ⁹ Als er in der Frühe am ersten Wochentag auferstanden war, erschien er zuerst Maria Magdalena, aus der er sieben Dämonen ausgetrieben hatte. ¹⁰ Diese ging hin und verkündete es seinen trauernden und weinenden Gefährten. ¹¹ Doch als diese hörten, daß er lebe und von ihr gesehen worden sei, glaubten sie es nicht.

¹² Danach erschien er in fremder Gestalt zweien von ihnen auf dem Weg, als sie über Land gingen. ¹³ Und diese gingen hin und verkündeten es den übrigen; doch auch ihnen glaubten sie nicht.

¹⁴ Später erschien er den Elfen, als sie bei Tisch waren, und tadelte ihren Unglauben und ihre Herzenshärte, weil sie denen, die ihn als von den Toten Auferweckten sahen, nicht geglaubt hatten. ¹⁵ Und er sagte zu ihnen: »Geht hin in alle Welt und verkündet das Evangelium aller Kreatur. ¹⁶ Wer glaubt und sich taufen läßt, wird gerettet; wer aber nicht glaubt, wird verdammt werden. ¹⁷ Als Zeichen aber werden denen, die glauben, diese nebenhergehen: In meinem Namen werden sie Dämonen austreiben, mit neuen Zungen reden, ¹⁸ Schlangen aufheben, und wenn sie etwas Tödliches trinken, wird es ihnen nicht schaden. Kranken werden sie die Hände auflegen, und diese werden gesund werden.«

Himmelfahrt. ¹⁹ Nachdem der Herr Jesus zu ihnen geredet hatte, wurde er hinaufgenommen in den Himmel und setzte sich zur Rechten Gottes. ²⁰ Jene aber gingen hin, predigten überall, und der Herr wirkte mit ihnen und bekräftigte das Wort durch die Zeichen, die dabei geschahen.

16,9–20: Der Abschnitt ist trotz seiner frühen Bezeugung aus textgeschichtlichen und literarischen Gründen nicht anfänglicher Bestandteil unseres Evangeliums gewesen. Einige Handschriften haben dafür den Text: »Alles, was ihnen aufgetragen war, berichteten sie in Kürze denen um Petrus. Darauf sandte Jesus selbst durch sie von Osten bis Westen die heilige und unvergängliche Botschaft des ewigen Heiles.«

Evangelium nach Lukas

Das dritte Evangelium wird schon von den ersten Zeugen der Überlieferung dem wahrscheinlich aus Antiochien in Syrien stammenden Heidenchristen Lukas zugeschrieben, der Kol 4,14, Phm 24, 2 Tim 4,11 als treuer Mitarbeiter des Apostels Paulus genannt ist. Als Arzt besaß er besondere Bildung, die ihn befähigte, die Botschaft von Jesus Christus vor allem jenen Kreisen zugänglich zu machen, die von den Ideen zeitgenössischer Philosophie und Heilserwartung erfüllt waren. Er schildert daher in seinem Evangelium mit Vorzug die helfende Güte Jesu, als des Heilandes aller leiblich und seelisch Leidenden, und mit besonderem Interesse die Stellung Jesu zu den irdischen Gütern. Mehr als bei Mt-Mk wird in seinem Evangelium das Geheimnis des Heiligen Geistes berührt; ebenso zeichnet er besonders aufmerksam das Bild Marias, der Mutter Jesu.

Ohne selbst Augenzeuge des Lebens Jesu gewesen zu sein, konnte er, wie sein Vorwort sagt, sich auf verlässige Quellen und Mitteilungen stützen, wobei er vor allem das Markusevangelium verwendete, mit Erweiterung durch viele Sonderberichte und Stücke, wie wir sie zum Teil auch bei Mt finden. Im Aufbau bewegt er sich trotz mancher Ansätze zu chronologischer Ordnung in dem Grundschema wie Mt-Mk. Nach der Kindheitsgeschichte 1,5–2,52 und der »Einführung Jesu in sein Messiasamt« 3,1–4,13 schildert 4,14–9,50 das »Wirken in Galiläa«, woran sich der sog. »lukanische Reisebericht« 9,51–19,27 schließt und die Schilderung der letzten Begebenheiten »in Jerusalem« 19,28–24,53. Die Abfassungszeit hängt zusammen mit der Apostelgeschichte, die, vom selben Verfasser stammend, nach dem Ev geschrieben wurde. Heute neigt man zu einer Zeit nach dem Jahre 70. Sollte aber, was nicht ganz unmöglich ist, die Apostelgeschichte für das Jahr 63 anzusetzen sein, müßte das Lukasevangelium vorher entstanden sein, wobei dann auch das von Lk benützte Mk-Ev dementsprechend früher angesetzt werden müßte.

1. Kapitel

Vorwort. ¹ Nachdem schon viele es unternahmen, über das, was sich unter uns zugetragen hat, einen Bericht abzufassen,

---

1,1–4: Unter den »vielen« ist besonders Mk gemeint, dessen Anlage für Lk als Grundlage diente, neben anderen, mit Mt gemeinsamen

² entsprechend der auf uns gekommenen Überlieferung der anfänglichen Augenzeugen und Diener des Wortes, ³ habe auch ich, der ich allem von Anfang her nachgegangen bin, mich entschlossen, es dir im folgenden genau niederzuschreiben, hochedler Theophilus, ⁴ damit du dich überzeugst von der Zuverlässigkeit der Worte, von denen dir Kunde kam.

Zur Kindheitsgeschichte Jesu

Verheißung der Geburt des Vorläufers. ⁵ Es war in den Tagen des Herodes, des Königs von Judäa, da lebte ein Priester mit Namen Zacharias, aus der Klasse des Abija, der hatte eine Frau aus den Töchtern Aarons, und ihr Name war Elisabet. ⁶ Beide waren gerecht vor Gott und lebten untadelig nach allen Geboten und Satzungen des Herrn. ⁷ Sie waren jedoch kinderlos, da Elisabet unfruchtbar war, und beide standen in vorgerücktem Alter.

⁸ Es begab sich nun, als er nach der Ordnung seines Dienstes vor Gott sein priesterliches Amt versah, ⁹ da traf ihn nach dem Brauch der Priesterschaft das Los, zur Darbringung des Rauchopfers den Tempel des Herrn zu betreten. ¹⁰ Die ganze Menge des Volkes aber stand zur Stunde des Rauchopfers draußen und betete. ¹¹ Da erschien ihm ein Engel des Herrn, der stand zur Rechten des Rauchopferaltars, ¹² und Zacharias erschrak, als er ihn sah, und Furcht überfiel ihn.

¹³ Der Engel aber sagte zu ihm: »Fürchte dich nicht, Zacharias; denn dein Beten wurde erhört, und deine Frau Elisabet wird dir einen Sohn gebären, den sollst du Johannes nennen. ¹⁴ Du wirst Freude und Jubel haben, und viele werden sich freuen über seine Geburt, ¹⁵ denn er wird groß sein vor dem Herrn; Wein und berauschendes Getränk wird er nicht trinken, und mit heiligem Geist wird er erfüllt werden schon vom Schoß seiner Mutter an. ¹⁶ Viele von den Söhnen Israels wird er bekehren zum Herrn, ihrem Gott, ¹⁷ und er wird vor ihm

---

Quellen. Lukas bezeugt, wie umsichtig er bei der Abfassung seines Evangeliums zu Werke ging. Theophilus, dem auch die Apostelgeschichte gewidmet ist, scheint ein angesehener Beamter, vielleicht an maßgebender Stelle der römischen Verwaltung gewesen zu sein, der persönlich am Evangelium interessiert war, möglicherweise auch seinen Einfluß für die christliche Sache geltend machen konnte.
1,5: Der jüdische Tempeldienst war auf 24 Priesterklassen verteilt, deren Mitglieder nach bestimmter Ordnung gewöhnlich zweimal im Jahre je eine Woche in Jerusalem Dienst tun mußten.

hergehen im Geist und in der Kraft des Elija, um hinzuwenden die Herzen der Väter zu ihren Kindern und die Widerspenstigen zur Gesinnung von Gerechten und so dem Herrn ein wohlgeordnetes Volk zu bereiten.«
¹⁸ Da sagte Zacharias zum Engel: »Woran soll ich das erkennen? Bin ich doch ein alter Mann, und meine Frau ist vorgerückt in ihren Tagen.« ¹⁹ Der Engel antwortete ihm: »Ich bin Gabriel, der vor Gott steht, und ich wurde gesandt, um zu dir zu sprechen und dir diese frohe Botschaft zu bringen. ²⁰ Siehe, du wirst stumm sein und nicht reden können bis zu dem Tag, da dies geschehen wird, weil du meinen Worten nicht geglaubt hast, die in Erfüllung gehen werden zu ihrer Zeit.«
²¹ Das Volk aber wartete auf Zacharias, und sie wunderten sich, daß er so lang im Tempel verweilte. ²² Als er herauskam, konnte er zu ihnen nicht sprechen, und sie erkannten, daß er ein Gesicht im Tempel geschaut hatte. Er gab ihnen nur Zeichen und blieb stumm.
²³ Als die Tage seines Dienstes zu Ende waren, kehrte er zurück in sein Haus. ²⁴ Nach diesen Tagen aber empfing Elisabet, seine Frau, und hielt sich fünf Monate verborgen und sprach: ²⁵ »So hat an mir getan der Herr in den Tagen, da er herniedersah, um meine Schmach hinwegzunehmen unter den Menschen.«

Verheißung der Geburt Jesu. ²⁶ Im sechsten Monat wurde der Engel Gabriel von Gott gesandt in eine Stadt Galiläas, mit Namen Nazaret, ²⁷ zu einer Jungfrau, die verlobt war mit einem Mann aus dem Hause Davids, namens Josef, und der Name der Jungfrau war Maria. ²⁸ Und er trat bei ihr ein und sprach: »Sei gegrüßt, Begnadete, der Herr ist mit dir [, du bist gebenedeit unter den Frauen].« ²⁹ Sie aber erschrak bei dem Wort und dachte nach, was dieser Gruß bedeute.
³⁰ Der Engel sagte zu ihr: »Fürchte dich nicht, Maria, denn du hast Gnade gefunden bei Gott. ³¹ Siehe, du wirst empfangen und einen Sohn gebären und seinen Namen Jesus nennen.

1,25: Kinderlosigkeit galt den Juden als Schmach.
1,26–38: Vgl. Mt 1,18–25. Der Evangelist greift eine schon in frühester Überlieferung geformte Geschichte auf, um die außerordentliche, alle natürliche Erfahrung übersteigende Herkunft des Heilbringers auch hinsichtlich seines Menschseins anschaulich zu machen. Aus der Frage Marias läßt sich nicht zwingend ableiten, daß sie als Verlobte Josefs das Vorhaben oder das Gelübde steter Jungfräulichkeit hatte. Ihre Frage ist so gefaßt, um nachdrücklich die eigentliche Offenbarung über die Geistzeugung Jesu vorzubereiten, wie sie in der Antwort des Engels erscheint.

³² Dieser wird groß sein und Sohn des Allerhöchsten genannt werden; Gott, der Herr, wird ihm den Thron seines Vaters David geben, ³³ und er wird herrschen über das Haus Jakob ewiglich, und seines Reiches wird kein Ende sein.«
³⁴ Maria sagte zum Engel: »Wie wird dies geschehen, da ich einen Mann nicht erkenne?« ³⁵ Der Engel antwortete ihr: »Heiliger Geist wird über dich kommen, und Kraft des Allerhöchsten wird dich überschatten; darum wird auch das Kind, das geboren wird, heilig, Sohn Gottes genannt werden. ³⁶ Siehe, Elisabet, deine Verwandte, auch sie empfing einen Sohn in ihrem Alter, und dies ist der sechste Monat für sie, die als unfruchtbar galt; ³⁷ denn ›bei Gott ist kein Ding unmöglich‹ (Gen 18,14).« ³⁸ Maria sprach: »Siehe, ich bin die Magd des Herrn; mir geschehe nach deinem Wort!« Und der Engel schied von ihr.

Maria bei Elisabet. ³⁹ Maria aber machte sich in diesen Tagen auf und ging eilends in das Gebirge in eine Stadt Judas. ⁴⁰ Sie trat in das Haus des Zacharias und begrüßte Elisabet. ⁴¹ Und es begab sich, als Elisabet den Gruß Marias hörte, da hüpfte das Kind in ihrem Leib, und Elisabet wurde erfüllt von heiligem Geist, ⁴² erhob laut ihre Stimme und rief: »Gebenedeit bist du unter den Frauen, und gebenedeit ist die Frucht deines Leibes! ⁴³ Woher geschieht mir dies, daß die Mutter meines Herrn zu mir kommt? ⁴⁴ Denn siehe, als der Klang deines Grußes an meine Ohren kam, hüpfte frohlockend das Kind in meinem Leib. ⁴⁵ Selig, die geglaubt hat, daß in Erfüllung gehen wird, was ihr gesagt worden ist vom Herrn.«

⁴⁶ Und Maria sprach:
»›Hoch preist meine Seele den Herrn‹ (1 Sam 2,1),
⁴⁷ und ›mein Geist frohlockt über Gott,
meinen Heiland‹ (Hab 3,18; Ps 35,9);
⁴⁸ denn ›gnädig schaute er herab
auf die Niedrigkeit seiner Magd‹ (1 Sam 1,11);
siehe, von nun an werden mich seligpreisen
alle Geschlechter.
⁴⁹ ›Großes tat an mir‹ der Mächtige (Dt 10,21),
und ›heilig ist sein Name‹ (Ps 111,9).
⁵⁰ ›Sein Erbarmen gilt von Geschlecht zu Geschlecht
denen, die ihn fürchten‹ (Ps 103,13.17).

1,39–56: Anfänge und Motive der Marienverehrung! Das »Magnificat«, Marias Danklied, aus Schriftzitaten zusammengesetzt, ist dem Gebet der Samuelmutter Hanna (1 Sam 2,1–10) nachgebildet, und zum Lobgebet der kirchlichen Liturgie geworden.

⁵¹ Er übte Macht aus ›mit seinem Arm‹;
er ›zerstreute, die hochmütig sind
in ihres Herzens Sinnen‹ (Ps 118,15; 89,11).
⁵² ›Gewalthaber stürzte er vom Thron,
und erhöhte die Niedrigen‹ (Ps 147,6; Sir 10,14).
⁵³ ›Hungrige erfüllte er mit Gütern‹ (Ps 107,9),
und Reiche schickte er fort mit leeren Händen.
⁵⁴ ›Er nahm sich Israels an, seines Knechtes‹ (Jes 41,8),
›zu gedenken seines Erbarmens‹ (Ps 98,3)
⁵⁵ von dem er zu unseren Vätern sprach,
zu Abraham und ›seinen Nachkommen
auf ewig‹ (2 Sam 22,51).«
⁵⁶ Maria blieb bei ihr etwa drei Monate, und kehrte zurück in ihr Haus.

Die Geburt des Johannes. ⁵⁷ Für Elisabet aber erfüllte sich die Zeit ihrer Niederkunft, und sie gebar einen Sohn. ⁵⁸ Ihre Nachbarn und Verwandten hörten, daß der Herr großes Erbarmen erwiesen habe an ihr, und freuten sich mit ihr. ⁵⁹ Es war am achten Tag, da kamen sie, den Knaben zu beschneiden, und wollten ihn nach seines Vaters Namen Zacharias nennen. ⁶⁰ Seine Mutter aber entgegnete: »Nein, Johannes soll er heißen!« ⁶¹ Sie sagten zu ihr: »Niemand ist in deiner Verwandtschaft, der diesen Namen trägt!«
⁶² Da winkten sie seinem Vater, wie er ihn genannt haben wolle. ⁶³ Dieser verlangte ein Täfelchen und schrieb die Worte: »Johannes ist sein Name.« Da verwunderten sich alle. ⁶⁴ Im gleichen Augenblick aber tat sich sein Mund auf, und seine Zunge wurde gelöst, und er redete und lobte Gott. ⁶⁵ Da kam Furcht über alle ihre Nachbarn ringsum, und im ganzen Bergland von Judäa erzählte man sich von all diesen Dingen, ⁶⁶ und alle, die davon hörten, nahmen es sich zu Herzen und sprachen: »Was wird wohl aus diesem Kind werden?« Denn die Hand des Herrn war mit ihm.
⁶⁷ Zacharias aber, sein Vater, wurde erfüllt von heiligem Geist, und prophetisch sprach er:
⁶⁸ »Gepriesen sei der Herr, der Gott Israels;
denn aufgesucht hat er sein Volk
und ›ihm Erlösung bereitet‹ (Ps 111,9).
⁶⁹ Er ließ uns erstehen ein Horn des Heiles
im Haus seines Knechtes David,

1,68–79: Auch das Gebet des Zacharias, in dem das Walten Gottes im allgemeinen wie an Johannes im besonderen verherrlicht wird, ging als »Benedictus« in den Gebrauch der Kirche ein.

⁷⁰ wie er verkündet hat seit Urzeit
durch den Mund seiner heiligen Propheten:
⁷¹ ›zur Errettung von unsern Feinden‹
und aus der Hand aller,
›die uns hassen‹ (Ps 18,18; 2 Sam 22,18),
⁷² um ›Erbarmen zu erweisen unseren Vätern‹ (Mich 7,20)
und zu ›gedenken seines heiligen Bundes‹
(Ex 2,24; Ps 105,8; 106,45),
⁷³ des ›Eides, den er geschworen
vor Abraham, unserem Vater‹ (Jer 11,5),
er werde uns verleihen,
⁷⁴ daß wir, befreit aus der Hand unserer Feinde,
furchtlos ihm dienen,
⁷⁵ in Heiligkeit und Gerechtigkeit vor ihm
all unsere Tage.
⁷⁶ Und du, Kind,
wirst Prophet des Höchsten genannt werden,
denn du wirst einhergehen ›vor dem Herrn,
seine Wege zu bereiten‹ (Mal 3,1; Jes 40,3),
⁷⁷ um seinem Volk Erfahrung des Heils zu bringen
in der ›Vergebung ihrer Sünden‹,
⁷⁸ durch die innigste Erbarmung unseres Gottes,
mit der zu uns kommen wird
ein ›aufgehend Licht‹ aus der Höhe,
⁷⁹ um ›denen zu leuchten,
die in Finsternis sitzen
und im Schatten des Todes‹ (Jes 9,1; 42,7),
und unsere Füße zu lenken
auf den Weg des Friedens.«
⁸⁰ Der Knabe aber wuchs heran, wurde stark an Geist und lebte in der Wüste bis zum Tag seines Auftretens vor Israel.

2. Kapitel

Die Geburt Jesu. ¹ In jenen Tagen geschah es, daß vom Kaiser Augustus der Befehl erging, das ganze Reich zu beschreiben und einzutragen. ² Diese erste Eintragung geschah, als Quirinius Statthalter in Syrien war. ³ Alle gingen hin, sich eintragen zu lassen, ein jeder in seine Stadt.

2,2: Diese Aufzeichnung war eine Volkszählung (Zensus) hauptsächlich für steuerliche Zwecke. Quirinius hatte als römischer Statthalter von Syrien die Durchführung auch in Palästina, wo zur Zeit der Geburt Jesu noch Herodes d. Gr. (40–4 v. Chr.) regierte. Ein anderer Zensus war 6 n. Chr.

Lukas 2,4–19

⁴ Auch Josef ging von Galiläa, aus der Stadt Nazaret, hinauf nach Judäa in die Stadt Davids, die Betlehem heißt – weil er aus dem Haus und Geschlecht Davids war –, ⁵ um sich eintragen zu lassen zusammen mit Maria, seiner Vermählten, die gesegneten Leibes war. ⁶ Während sie dort waren, geschah es, daß sich die Tage erfüllten, da sie gebären sollte, ⁷ und sie gebar ihren Sohn, den Erstgeborenen, hüllte ihn in Windeln und legte ihn in eine Krippe, weil nicht Platz für sie war in der Herberge.

Offenbarung an die Hirten. ⁸ In derselben Gegend waren Hirten auf freiem Feld und hielten Nachtwache bei ihrer Herde. ⁹ Da trat ein Engel des Herrn zu ihnen, und es umstrahlte sie die Herrlichkeit des Herrn, und sie fürchteten sich sehr. ¹⁰ Der Engel aber sagte zu ihnen: »Fürchtet euch nicht! Denn seht, ich verkünde euch eine große Freude, die dem ganzen Volk zuteil werden soll: ¹¹ Euch wurde heute in der Stadt Davids ein Retter geboren, der ist Messias und Herr. ¹² Und dies soll euch zum Zeichen sein: Ihr werdet ein Kind finden, in Windeln eingehüllt und in einer Krippe liegend!«

¹³ Und auf einmal erschien mit dem Engel eine große Schar des himmlischen Heeres, die Gott priesen mit den Worten: ¹⁴ »Ehre sei Gott in der Höhe und auf Erden Friede unter den Menschen seiner Liebe und Gnade!«

¹⁵ Und es geschah, als die Engel von ihnen weg zum Himmel entschwanden, sagten die Hirten zueinander: »Laßt uns hinübergehen nach Betlehem und schauen, was da geschehen ist, von dem der Herr uns Kunde gab!« ¹⁶ Und sie gingen eilends und fanden Maria und Josef und das Kind, das in der Krippe lag. ¹⁷ Als sie es sahen, berichteten sie von dem Wort, das ihnen über dieses Kind gesagt worden war. ¹⁸ Und alle, die es hörten, wunderten sich über das, was ihnen von den Hirten erzählt wurde. ¹⁹ Maria behielt alle diese Worte und erwog sie

---

2,5: Wörtlich steht im griechischen Text: »mit seiner Verlobten«, in Nachwirkung von 1,27 und wohl wegen des besonderen Geheimnisses der Empfängnis auf Maria bezogen, obgleich sie schon die Lebensgemeinschaft mit Josef aufgenommen hatte.

2,14: Wörtlich kann der griechische Text übersetzt werden: »Menschen eines guten Willens.« Damit ist zunächst der Heilswille Gottes gemeint, der sich als »Liebe und Gnade« den zum Heil berufenen Menschen zuwendet (vgl. Mt 11,26; Eph 1,5.9). Für »Friede« könnte vom hebräischen Grundwort her auch gesagt werden: »Heil« (»schalom«). Einschlußweise ist in dem Heilszuruf auch der »gute Wille«, die Heilsbereitschaft der Menschen angesprochen (vgl. Röm 10,1; Phil 1,15; 2,13).

in ihrem Herzen. ²⁰ Die Hirten aber kehrten zurück und priesen und lobten Gott für all das, was sie gehört und gesehen hatten, so wie es ihnen gesagt worden war.

Beschneidung und Darstellung im Tempel. ²¹ Als nach acht Tagen das Kind beschnitten werden mußte, wurde ihm der Name Jesus gegeben, wie er vom Engel war genannt worden, ehe er im Mutterleib empfangen war.

²² Und als die Tage ihrer Reinigung sich nach dem Gesetz des Mose erfüllten, brachten sie ihn nach Jerusalem hinauf, um ihn dem Herrn darzustellen, ²³ wie geschrieben steht im Gesetz des Herrn: ›Jede männliche Erstgeburt gelte als heilig dem Herrn‹ (Ex 13,2), ²⁴ und das Opfer darzubringen nach der Vorschrift im Gesetz des Herrn: ›Ein Paar Turteltauben oder zwei junge Tauben‹ (Lev 12,8).

²⁵ Und siehe, da war ein Mann zu Jerusalem, mit Namen Simeon, und dieser Mann war gerecht und gottesfürchtig, wartete auf den Trost Israels, und der Heilige Geist war auf ihm. ²⁶ Ihm war vom Heiligen Geist geoffenbart worden, er werde den Tod nicht schauen, bevor er den Messias des Herrn gesehen habe. ²⁷ Er kam auf Eingebung des Geistes in den Tempel, und als die Eltern das Kind hereinbrachten, um an ihm den Brauch des Gesetzes zu erfüllen, ²⁸ nahm er es in seine Arme, pries Gott und sprach:

²⁹ »Nun entläßt du, Herr, deinen Knecht
nach deinem Wort in Frieden;
³⁰ denn meine Augen ›schauten dein Heil‹ (Jes 40,5),
³¹ das du bereitet hast ›vor allen Völkern‹ (Jes 52,10),
³² als ein ›Licht‹ zur Offenbarung ›für die Heiden‹
und zur Verherrlichung deines Volkes Israel (Jes 42,6; 49,6).«

³³ Sein Vater und seine Mutter wunderten sich über das, was über das Kind gesagt wurde. ³⁴ Und Simeon segnete sie und sagte zu Maria, seiner Mutter: »Siehe, dieser ist bestimmt zum Fall und zum Aufstehen vieler in Israel und zu einem Zeichen, dem widersprochen wird – ³⁵ auch deine eigene Seele wird ein Schwert durchdringen –, damit offenbar werden die Gedanken aus vielen Herzen.«

³⁶ Es war auch eine Prophetin, Hanna, eine Tochter Penuels, aus dem Stamme Ascher. Diese stand in hohen Jahren, hatte nach ihrem Mädchenalter sieben Jahre mit ihrem Mann gelebt ³⁷ und blieb verwitwet bis zu ihren vierundachtzig Jah-

---

2,29–32: Das Danklied des Simeon wird im kirchlichen Abendgebet (Completorium) verwendet.

ren. Sie wich nicht vom Tempel und diente Gott mit Fasten und Beten Tag und Nacht. ³⁸ Sie kam gerade in jener Stunde hinzu, pries Gott und redete über ihn zu allen, die auf die Erlösung Jerusalems warteten.
³⁹ Nachdem sie alles dem Gesetz des Herrn gemäß erfüllt hatten, kehrten sie nach Galiläa zurück, in ihre Stadt Nazaret. ⁴⁰ Der Knabe aber wuchs heran und erstarkte, erfüllt von Weisheit, und die Gnade Gottes war auf ihm.

Der Zwölfjährige im Tempel. ⁴¹ Seine Eltern gingen Jahr für Jahr nach Jerusalem zum Paschafest. ⁴² Als er zwölf Jahre alt wurde und sie der Festsitte gemäß nach Jerusalem hinaufzogen ⁴³ und die Tage beendet hatten, blieb der Knabe Jesus, während sie heimkehrten, in Jerusalem, ohne daß seine Eltern es merkten. ⁴⁴ In der Meinung, er sei bei der Pilgergruppe, legten sie eine Tagesreise zurück und suchten ihn unter den Verwandten und Bekannten. ⁴⁵ Da sie ihn nicht fanden, kehrten sie nach Jerusalem zurück und suchten ihn.
⁴⁶ Nach drei Tagen geschah es, da fanden sie ihn im Tempel, wo er mitten unter den Lehrern saß, auf sie hörte und sie befragte. ⁴⁷ Alle, die ihn hörten, staunten über sein Verständnis und seine Antworten. ⁴⁸ Als sie ihn sahen, waren sie sehr betroffen, und seine Mutter sagte zu ihm: »Kind, warum hast du uns das getan? Siehe, dein Vater und ich haben dich mit Schmerzen gesucht!« ⁴⁹ Er antwortete ihnen: »Warum suchtet ihr mich? Wußtet ihr nicht, daß ich in dem sein muß, was meines Vaters ist?« ⁵⁰ Doch sie begriffen nicht, was er mit dem Wort zu ihnen sagte.
⁵¹ Und er zog mit ihnen hinab, kam nach Nazaret und war ihnen untertan. Seine Mutter aber bewahrte alle diese Dinge in ihrem Herzen. ⁵² Jesus nahm zu an Weisheit und Alter und ›Gnade bei Gott und den Menschen‹ (1 Sam 2,26).

Einführung Jesu in sein Messiasamt

3. Kapitel

Der Wegbereiter: Johannes der Täufer. ¹ Im fünfzehnten Jahr der Regierung des Kaisers Tiberius, als Pontius Pilatus Statthalter war von Judäa, Herodes Fürst von Galiläa, sein Bruder

---

3,1–18: Vgl. Mt 3,1–12; Mk 1,1–8. Die Zeitangabe, ein Beispiel der geschichtlichen Sorgfalt unseres Evangelisten, weist etwa auf das Jahr 28 n. Chr. hin. Tiberius regierte 14–37 als Alleinherrscher (vom Jahre 12 an als Mitregent). Pontius Pilatus war von 26–36 Statthalter

Philippus Fürst der Landschaft Ituräa und Trachonitis und Lysanias Fürst von Abilene, ² unter dem Hohenpriester Hannas und Kajafas, erging das Wort Gottes an Johannes, den Sohn des Zacharias, in der Wüste.

³ Er kam in die ganze Umgebung des Jordan und predigte die Taufe der Bekehrung zur Vergebung der Sünden, ⁴ wie geschrieben steht im Buch der Reden des Propheten Jesaja: ›Eine Stimme ruft in der Wüste: Bereitet den Weg des Herrn, macht ihm zurecht seine Straßen! ⁵ Jedes Tal soll ausgefüllt und jeder Berg und Hügel abgetragen werden; was krumm ist, soll gerade, und die rauhen Wege sollen eben werden, ⁶ und alles Fleisch soll das Heil Gottes schauen‹ (Jes 40,3–5). ⁷ Er sagte zu den Volksscharen, die hinauskamen, um sich von ihm taufen zu lassen: »Ihr Natternbrut, wer hat euch gelehrt, dem kommenden Zorn zu entfliehen? ⁸ Bringt daher Früchte, die der Bekehrung entsprechen, und fangt nicht damit an, euch vorzusagen: Wir haben Abraham zum Vater. Denn ich sage euch: Gott kann aus diesen Steinen dem Abraham Kinder erwecken. ⁹ Schon ist die Axt an die Wurzel der Bäume gesetzt. Jeder Baum nun, der nicht gute Frucht bringt, wird herausgehauen und ins Feuer geworfen.«

¹⁰ Da richtete das Volk an ihn die Frage: »Was sollen wir denn tun?« ¹¹ Er antwortete ihnen: »Wer zwei Röcke hat, der gebe davon ein dem, der keinen hat, und wer zu essen hat, mache es ebenso.«

¹² Es kamen auch Zöllner, um sich taufen zu lassen, und sagten zu ihm: »Meister, was sollen wir tun?« ¹³ Er sagte zu ihnen: »Fordert nicht mehr, als euch vorgeschrieben ist!«

¹⁴ Es fragten ihn auch Soldaten: »Was sollen denn wir tun?« Er sagte zu ihnen: »Verübt gegen niemand Gewalt und Erpressung und seid zufrieden mit eurem Sold!«

¹⁵ Weil aber das Volk in Spannung geriet und sich alle in ihren Herzen über Johannes Gedanken machten, ob er nicht selbst der Messias sei, ¹⁶ wandte sich Johannes an sie alle und sprach: »Ich taufe euch mit Wasser; doch es kommt einer, der stärker ist als ich, dessen Schuhriemen zu lösen ich nicht würdig bin; er wird euch taufen mit heiligem Geist und mit Feuer.

---

von Judäa. Die genannten »Fürsten« (nach dem Griechischen »Tetrarchen«, was gewöhnlich mit »Vierfürsten« übersetzt wird) hatten einen Teil des Gebietes Herodes d. Gr. testamentarisch erhalten. Hannas war amtierender Hoherpriester 6–15, aber auch nach seiner Absetzung noch von Einfluß, weshalb er neben seinem Schwiegersohn Kajafas (18–36), dem eigentlichen Hohenpriester, mitgenannt ist.

¹⁷ Die Wurfschaufel hat er in seiner Hand, um seine Tenne zu säubern und den Weizen zu sammeln in seinem Speicher; die Spreu aber wird er verbrennen in unauslöschlichem Feuer.«
¹⁸ Mit noch vielen anderen Mahnungen predigte er dem Volk.
¹⁹ Der Fürst Herodes aber, der von ihm zurechtgewiesen worden war wegen Herodias, der Frau seines Bruders, und wegen aller Übeltaten, die Herodes begangen hatte, ²⁰ fügte zu all dem noch dies hinzu: er sperrte Johannes ins Gefängnis.

Die Taufe Jesu. ²¹ Und es begab sich, als das ganze Volk sich taufen ließ und auch Jesus getauft wurde und betete, da öffnete sich der Himmel, ²² und der Heilige Geist kam in leiblicher Gestalt wie eine Taube auf ihn herab, und eine Stimme kam vom Himmel: »Du bist mein geliebter Sohn, an dir habe ich Wohlgefallen (Ps 2,7; Jes 42,1).«

Der Stammbaum Jesu. ²³ Jesus war bei seinem ersten Auftreten ungefähr dreißig Jahre alt und war, wie angenommen wurde, der Sohn Josefs, des Eli, ²⁴ des Mattat, des Levi, des Melchi, des Jannai, des Josef, ²⁵ des Mattitja, des Amos, des Nahum, des Hesli, des Naggai, ²⁶ des Maat, des Mattitja, des Schimi, des Joseoh, des Joda, ²⁷ des Johanan, des Resa, des Serubbabel, des Schealtiël, des Neri, ²⁸ des Melchi, des Addi, des Kosam, des Elmadam, des Er, ²⁹ des Jesus, des Elieser, des Jorim, des Mattat, des Levi, ³⁰ des Simeon, des Juda, des Josef, des Jonam, des Eljakim, ³¹ des Melea, des Menna, des Mattata, des Natan, des David, ³² des Isai, des Obed, des Boas, des Salmon, des Nachschon, ³³ des Amminadab, des Admin, des Arni, des Hezron, des Perez, des Juda, ³⁴ des Jakob, des Isaak, des Abraham, des Terach, des Nahor, ³⁵ des Serug, des Regu, des Peleg, des Eber, des Schelach, ³⁶ des Kenan, des Arpachschad, des Sem, des Noach, des Lamech, ³⁷ des Metuschelach, des Henoch, des Jered, des Mahalalel, des Kenan, ³⁸ des Enosch, des Set, des Adam, der Gottes ist.

3,21f: Vgl. Mt 3,13–17; Mk 1,9–11; Joh 1,32–34.
3,23–38: Vgl. Mt 1,1–17. Hinsichtlich der Verschiedenheit der Namen gegenüber dem Stammbaum bei Mt ist zu beachten, daß nach jüdischer Rechtsauffassung jemand nicht nur durch eine blutmäßige Abstammung, sondern auch durch andere verwandtschaftliche Beziehung sowie durch rechtliche Adoption als »Sohn« gelten konnte. Auch der Gebrauch mehrerer Namen für dieselbe Person ist hier zu berücksichtigen. Die Zurückführung des Stammbaumes über Abraham zurück bis zum ersten Menschen und bis zum Schöpfer der Menschheit, zu Gott selbst, soll bei Lukas Jesus als den universalen, auch dem Heidentum zugeordneten Erlöser zeigen.

4. Kapitel

Versuchung Jesu. ¹ Jesus, erfüllt vom Heiligen Geist, kehrte vom Jordan zurück und wurde vom Geist in der Wüste umhergeführt, vierzig Tage hindurch, ² wobei er versucht wurde vom Teufel. Er aß nichts in jenen Tagen, und als sie vorüber waren, hungerte ihn. ³ Da sagte der Teufel zu ihm: »Bist du Gottes Sohn, so sag zu diesem Stein, daß er Brot werde.« ⁴ Jesus antwortete ihm: »Es steht geschrieben: ›Nicht nur von Brot lebt der Mensch‹ (Dt 8,3).«
⁵ Dann führte er ihn auf einen Berg und zeigte ihm in einem Augenblick alle Reiche des Erdkreises. ⁶ Und der Teufel sagte zu ihm: »Diese ganze Macht will ich dir geben und ihre Herrlichkeit; denn mir ist sie übergeben, und wem ich will, dem gebe ich sie. ⁷ Wenn du mich nun anbetest, soll sie ganz dein sein.« ⁸ Jesus erwiderte ihm: »Es steht geschrieben: ›Den Herrn, deinen Gott, sollst du anbeten und ihm allein dienen‹ (Dt 6,13).«
⁹ Dann führte er ihn nach Jerusalem, stellte ihn auf die Zinne des Tempels und sagte zu ihm: »Bist du Gottes Sohn, so stürz dich von da hinab; ¹⁰ denn es steht geschrieben: ›Seinen Engeln wird er deinetwegen befehlen, dich zu bewahren‹, ¹¹ und: ›Sie sollen dich auf den Händen tragen, damit du nicht an einen Stein deinen Fuß stoßest‹ (Ps 91,11 f).« ¹² Jesus antwortete ihm: »Es ist gesagt: ›Du sollst den Herrn, deinen Gott, nicht versuchen‹ (Dt 6,16).« ¹³ Als der Teufel mit aller Versuchung am Ende war, ließ er von ihm ab bis zu gelegener Zeit.

Jesu Wirken in Galiläa

Das ungläubige Nazaret. ¹⁴ Jesus kehrte in der Kraft des Geistes nach Galiläa zurück, und die Kunde von ihm verbreitete sich in der ganzen Gegend. ¹⁵ Er lehrte in ihren Synagogen und wurde von allen gepriesen.
¹⁶ Er kam auch nach Nazaret, wo er aufgewachsen war, ging nach seiner Gewohnheit am Sabbat in die Synagoge und stand auf, um vorzulesen. ¹⁷ Man reichte ihm das Buch des Propheten Jesaja, und als er die Buchrolle öffnete, traf er auf die

---

4,1–13: Vgl. Mt 4,1–11; Mk 1,12 f. Die Versuchung Jesu bezog sich auf die Treue zum Messiasbegriff, der Gehorsam und Verzicht forderte. Der Satan »versuchte« auch später wiederholt Jesus, vor allem mittels der jüdischen Führer, manchmal sogar durch seine Jünger.
4,16–30: Vgl. Mt 13,53–58; Mk 6,1–6; Joh 4,44.

Stelle, wo geschrieben steht: ¹⁸ ›Der Geist des Herrn ist auf mir, denn er hat mich gesalbt; Armen frohe Botschaft zu bringen, sandte er mich, Gefangenen Befreiung zu künden und Blinden das Augenlicht, Gequälte zu entlassen in Freiheit ¹⁹ und auszurufen ein Gnadenjahr des Herrn‹ (Jes 61,1f; 58,6). ²⁰ Er rollte das Buch zusammen, gab es dem Diener zurück und setzte sich. Aller Augen in der Synagoge waren voll Spannung auf ihn gerichtet.

²¹ Er begann zu ihnen zu sprechen und sagte: »Heute hat sich diese Schrift erfüllt vor euren Ohren.« ²² Und alle stimmten ihm beifällig zu und waren voll Staunen über die Worte der Gnade, die aus seinem Mund kamen, und sie sagten: »Ist der nicht der Sohn Josefs?« ²³ Er aber entgegnete ihnen: »Ganz gewiß werdet ihr mir das Sprichwort entgegenhalten: Arzt, heile dich selbst! Alle die Taten, von denen wir in Kafarnaum hörten, vollbringe sie auch hier in deiner Vaterstadt!«

²⁴ Und weiter sprach er: »Wahrlich, ich sage euch: Kein Prophet ist willkommen in seiner Vaterstadt. ²⁵ Wahrhaftig, ich sage euch: Viele Witwen gab es in den Tagen des Elija in Israel, als der Himmel verschlossen war für drei Jahre und sechs Monate und eine große Hungersnot kam über das ganze Land; ²⁶ doch zu keiner von ihnen wurde Elija gesandt, sondern zu einer Witwe nach Sarepta im Gebiet von Sidon (1 Kg 17,9). ²⁷ Und viele Aussätzige gab es in Israel zur Zeit des Propheten Elischa; doch keiner von ihnen wurde gereinigt, sondern Naaman, der Syrer (2 Kg 5,14).«

²⁸ Da wurden alle in der Synagoge, die das hörten, von Zorn erfüllt, ²⁹ standen auf, stießen ihn zur Stadt hinaus und führten ihn bis zum Rand des Berges, auf dem ihre Stadt erbaut war, um ihn hinabzustürzen. ³⁰ Er aber schritt mitten durch sie hindurch und ging weiter.

Machterweise in Kafarnaum. ³¹ Und er zog nach Kafarnaum hinab, einer Stadt Galiläas, und lehrte sie am Sabbat. ³² Sie gerieten außer sich vor Staunen über seine Lehre; denn voll Macht war sein Wort.

³³ In der Synagoge war ein Mensch mit dem Geist eines unreinen Dämons; der schrie mit lauter Stimme: ³⁴ »Ha, was willst du von uns, Jesus, Nazarener? Bist du gekommen, uns zu verderben? Ich weiß, wer du bist: Der Heilige Gottes!« ³⁵ Jesus fuhr ihn an und sprach: »Verstumme und fahre aus von ihm!«

4,31–44: Vgl. Mt 4,13f; 7,28f; Mk 1,21–39. »Judäa« = das Land der Juden.

Da warf ihn der Dämon mitten vor sie hin und fuhr von ihm aus, ohne ihm Schaden zu tun. ³⁶ Ein Erschauern erfaßte alle, und sie sagten zueinander: »Was ist das für ein Wort? Er gebietet mit Macht und Kraft den unreinen Geistern, und sie fahren aus.« ³⁷ Und die Kunde von ihm drang zu allen Orten im Umkreis.

³⁸ Er stand auf und begab sich von der Synagoge weg in das Haus des Simon. Die Schwiegermutter des Simon aber war von einem heftigen Fieber befallen, und sie baten ihn ihretwegen. ³⁹ Er beugte sich über sie, gebot dem Fieber, und es wich von ihr. Sie stand sogleich auf und bediente sie.

⁴⁰ Als die Sonne unterging, brachten alle, die Kranke hatten mit Gebrechen verschiedener Art, diese zu ihm, und er legte einem jeden von ihnen die Hände auf und machte sie gesund. ⁴¹ Von vielen fuhren auch Dämonen aus, die laut riefen: »Du bist der Sohn Gottes!« Er aber fuhr sie an und ließ sie nicht reden; denn sie wußten, daß er der Messias war.

Predigt im ganzen Land. ⁴² Mit Tagesanbruch ging er fort und begab sich an einen einsamen Ort. Die Scharen des Volkes suchten nach ihm und, als sie zu ihm kamen, wollten sie ihn festhalten, daß er nicht fortgehe von ihnen. ⁴³ Er aber sagte zu ihnen: »Auch den anderen Städten muß ich das Evangelium künden vom Reich Gottes; denn dazu bin ich gesandt.« ⁴⁴ Und er predigte in den Synagogen von Judäa.

5. Kapitel

Fischwunder – Berufung der Menschenfischer. ¹ Eines Tages, als ihn das Volk umdrängte und auf das Wort Gottes hörte, indes er am See Gennesaret stand, ² sah er am See zwei Schiffe liegen; die Fischer waren ausgestiegen und wuschen die Netze. ³ Da stieg er in das eine der Schiffe, das dem Simon gehörte, und bat ihn, vom Land etwas wegzufahren. Er setzte sich und lehrte das Volk vom Schiff aus.

⁴ Nachdem er seine Rede beendet hatte, sagte er zu Simon: »Fahr hinaus zur Tiefe des Sees und legt eure Netze aus zum Fang!« ⁵ Simon entgegnete ihm und sagte: »Meister, die ganze Nacht haben wir uns abgemüht und nichts gefangen; doch auf dein Wort hin will ich die Netze auslegen.« ⁶ Sie taten so und fingen eine große Menge Fische; ihre Netze waren am Zerrei-

---

5,1–11: Vgl. Mt 4,18–22; Mk 1,16–20. Joh 1,35–51 zeigt, daß die ersten Jünger schon als Täuferjünger vorbereitet waren zur Nachfolge.

ßen. ⁷ Da winkten sie ihren Genossen im andern Schiff, sie möchten kommen und ihnen helfen, und sie kamen, und sie füllten beide Schiffe, daß sie tief einsanken.
⁸ Als Simon Petrus das sah, fiel er Jesus zu Füßen und sagte: »Geh weg von mir, Herr; denn ein sündiger Mensch bin ich.« ⁹ Staunen und Furcht hatte ihn ergriffen sowie alle bei ihm wegen des Fischfangs, den sie gemacht hatten, ¹⁰ ebenso auch den Jakobus und Johannes, die Söhne des Zebedäus, die Simons Genossen waren. Jesus aber sagte zu Simon: »Fürchte dich nicht; von nun an wirst du Fischer von Menschen sein!« ¹¹ Sie zogen die Schiffe ans Land, verließen alles und folgten ihm nach.

Heilung eines Aussätzigen. ¹² Als er in einer der Städte sich aufhielt, geschah es, da war ein Mann, voll von Aussatz, und als er Jesus erblickte, fiel er auf sein Angesicht und bat ihn: »Herr, wenn du willst, kannst du mich rein machen.« ¹³ Er streckte seine Hand aus, rührte ihn an und sprach: »Ich will, werde rein!« Sogleich wich der Aussatz von ihm. ¹⁴ Und er trug ihm auf: »Sag es niemand, sondern geh hin, zeig dich dem Priester und opfere für deine Reinigung, wie Mose befohlen hat, zum Zeugnis für sie (Lev 14,1–32)!« ¹⁵ Die Kunde von ihm verbreitete sich mehr und mehr, und zahlreich strömten die Scharen des Volkes zusammen, um ihn zu hören und sich heilen zu lassen von ihren Krankheiten. ¹⁶ Er aber hielt sich zurückgezogen an einsamen Plätzen auf und betete.

Heilung eines Gelähmten. ¹⁷ Es geschah eines Tages, als er eben lehrte, da saßen auch Pharisäer und Gesetzeslehrer dabei, die aus allen Orten Galiläas und Judäas und aus Jerusalem gekommen waren, und es überkam ihn die Kraft des Herrn zu heilen.
¹⁸ Und siehe, es brachten Männer auf einem Tragbett einen Mann, der gelähmt war, und sie versuchten, ihn hineinzutragen und vor ihn niederzusetzen. ¹⁹ Da sie aber bei der Menge des Volkes keine Möglichkeit fanden, ihn hineinzutragen, stiegen sie auf das Dach und ließen ihn samt dem Bett durch die Ziegel hinab, mitten vor Jesus hin. ²⁰ Als er ihren Glauben sah, sprach er: »Mann, deine Sünden sind dir vergeben.«

5,12–16: Vgl. Mt 8,1–4; Mk 1,40–45. Der Aussatz stand aus hygienischen und religiösen Gründen (levitische Reinheit) unter amtlicher Überwachung durch die Priester.
5,17–26: Vgl. Mt 9,1–8; Mk 2,1–12. Jesus offenbarte mit der Sündenvergebung seine göttliche Macht; die jüdischen Führer empfanden dies und nahmen es zum Anlaß der beginnenden Feindseligkeit.

²¹ Da begannen die Schriftgelehrten und Pharisäer sich Gedanken zu machen. »Wer ist denn dieser, der so lästerlich redet? Wer kann Sünden vergeben als Gott allein?« ²² Jesus erkannte ihre Gedanken und entgegnete ihnen: »Was denkt ihr in euren Herzen? ²³ Was ist leichter? Zu sagen: Deine Sünden sind dir vergeben, oder zu sagen: Steh auf und geh? ²⁴ Ihr sollt aber wissen, daß der Menschensohn Macht hat, Sünden zu vergeben auf Erden.« Und er sagte zum Gelähmten: »Ich sage dir: Steh auf, nimm dein Bett und geh nach Hause!« ²⁵ Sogleich stand er vor ihnen auf, nahm sein Bett, auf dem er gelegen, und ging, Gott preisend, nach Hause. ²⁶ Da gerieten alle außer sich, priesen Gott und, von Furcht erfüllt, sprachen sie: »Unfaßbares haben wir heute gesehen.«

Bei Zöllnern und Sündern. ²⁷ Hierauf ging er weiter, sah einen Zöllner, mit Namen Levi, am Zollhaus sitzen und sagte zu ihm: »Folge mir nach!« ²⁸ Und jener ließ alles zurück, stand auf und folgte ihm nach. ²⁹ Und Levi bereitete ihm ein großes Gastmahl in seinem Haus, und es war eine große Menge von Zöllnern und anderen, die mit ihm bei Tisch waren. ³⁰ Darüber murrten die Pharisäer und Schriftgelehrten und sagten zu seinen Jüngern: »Warum eßt und trinkt ihr mit den Zöllnern und Sündern?« ³¹ Da antwortete ihnen Jesus: »Nicht die Gesunden bedürfen des Arztes, sondern die Kranken. ³² Ich bin nicht gekommen, Gerechte zu rufen, sondern Sünder zur Umkehr.«

Die Fastenfrage. ³³ Sie aber sagten zu ihm: »Die Jünger des Johannes fasten viel und verrichten Gebete, ebenso auch die Jünger der Pharisäer; die deinen aber essen und trinken!« ³⁴ Jesus entgegnete ihnen: »Könnt ihr denn die Freunde des Bräutigams fasten lassen, solange der Bräutigam bei ihnen ist? ³⁵ Es werden aber Tage kommen, und zwar, wenn der Bräutigam von ihnen genommen wird, dann werden sie fasten in jenen Tagen.«

³⁶ Er sagte ihnen auch ein Gleichnis: »Niemand reißt einen Fleck von einem neuen Kleid ab und setzt ihn auf ein altes Kleid; sonst zerreißt er das neue, und zum alten wird der

---

5,27–32: Vgl. Mt 9,9–13; Mk 2,13–17. Levi ist vermutlich der Zweitname für Mattäus.
5,33–39: Vgl. Mt 9,14–17; Mk 2,18–22. Jesus lehnt nicht das Fasten als solches ab, sondern die veraltete Auffassung der Pharisäer. Beachte den nur bei Lukas stehenden Schlußsatz, der in lebensnaher Weise sagen will, daß die Juden keinen »Geschmack« an den Forderungen Jesu fanden, weil sie vom Alten nicht loskommen wollten.

Fleck vom neuen nicht passen. ³⁷ Niemand füllt jungen Wein in alte Schläuche, sonst sprengt der junge Wein die Schläuche; er selbst wird verschüttet, und die Schläuche gehen zugrunde; ³⁸ sondern jungen Wein muß man in neue Schläuche gießen. ³⁹ Niemand, der alten Wein getrunken hat, will jungen; denn er sagt: Der alte ist besser.«

6. Kapitel

Um die Sabbatfrage. ¹ Als er am [zweitersten] Sabbat durch die Saatfelder ging, geschah es, daß seine Jünger Ähren abrupften und aßen, wobei sie diese mit den Händen zerrieben. ² Da sagten einige von den Pharisäern: »Warum tut ihr, was am Sabbat nicht erlaubt ist?« ³ Jesus erwiderte ihnen: »Habt ihr denn nicht gelesen, was David tat, als ihn und seine Begleiter hungerte? ⁴ Wie er in das Haus Gottes hineinging, die Schaubrote nahm und aß und auch seinen Begleitern gab, obwohl sie doch niemand essen darf als nur die Priester (1 Sam 21,2–7)?« ⁵ Und er sagte zu ihnen: »Herr ist der Menschensohn auch über den Sabbat!«
⁶ Es begab sich, daß er an einem andern Sabbat in die Synagoge ging und lehrte. Es war dort ein Mann, dessen rechte Hand war gelähmt. ⁷ Die Schriftgelehrten und Pharisäer gaben acht auf ihn, ob er am Sabbat heilen würde, damit sie etwas fänden, ihn anzuklagen. ⁸ Er aber wußte ihre Gedanken und sagte zu dem Mann mit der gelähmten Hand: »Steh auf und stelle dich in die Mitte!« Und er stand auf und stellte sich hin. ⁹ Jesus sagte zu ihnen: »Ich frage euch: Ist es erlaubt, am Sabbat Gutes zu tun oder Böses? Ein Leben zu retten oder zugrunde gehen zu lassen?« ¹⁰ Und er blickte sie alle ringsum an und sagte dann zu ihm: »Streck deine Hand aus!« Er tat es, und seine Hand wurde wiederhergestellt. ¹¹ Sie aber wurden von blinder Wut erfüllt und beredeten miteinander, was sie tun könnten gegen Jesus.

Apostelwahl. ¹² In diesen Tagen war es, daß er hinwegging auf den Berg, um zu beten, und er verbrachte die Nacht im Gebet zu Gott. ¹³ Als es Tag wurde, rief er seine Jünger zu sich und wählte aus ihnen zwölf, die er auch Apostel nannte: ¹⁴ Simon,

---

6,1–11: Vgl. Mt 12,1–14; Mk 2,23–3,6. Die textlich unsichere Abgabe »zweiterster« Sabbat meint vielleicht den zweiten Sabbat nach dem Osterfest, der auch als erster nach der Osteroktav gerechnet werden kann. Um diese Zeit sind, wenigstens in wärmeren Gegenden, die Ähren im Reifen.
6,12–16: Vgl. Mt 10,1–4; Mk 3,13–19.

den er auch Petrus nannte, und seinen Bruder Andreas, Jakobus und Johannes, Philippus und Bartolomäus, ¹⁵ Mattäus und Tomas, Jakobus, den Sohn des Alfäus, und Simon, den man Zelot nannte, ¹⁶ Judas, den Sohn des Jakobus, und Judas Iskariot, der zum Verräter wurde.

Die Bergpredigt

Zulauf des Volkes. ¹⁷ Er stieg herab mit ihnen und blieb an einem ebenen Platz stehen, zusammen mit einer großen Schar seiner Jünger und einer großen Menge Volkes aus ganz Judäa und Jerusalem und aus dem Küstengebiet von Tyrus und Sidon, ¹⁸ die gekommen waren, um ihn zu hören und sich heilen zu lassen von ihren Krankheiten; auch die von unreinen Geistern Geplagten wurden geheilt. ¹⁹ Alles Volk suchte ihn anzurühren; denn es ging eine Kraft von ihm aus und heilte alle.

Die Berufenen und Nichtberufenen. ²⁰ Er richtete seine Augen auf seine Jünger und sprach:
»Selig ihr Armen, denn euer ist das Reich Gottes.
²¹ Selig ihr, die ihr jetzt hungert,
denn ihr werdet gesättigt werden.
Selig ihr, die ihr jetzt weint, denn ihr werdet lachen.
²² Selig seid ihr, wenn euch die Menschen hassen und wenn sie euch ausstoßen, euch schmähen und euren Namen als etwas Böses verwerfen um des Menschensohnes willen.
²³ Freut euch an jenem Tag und jubelt, denn seht, euer Lohn ist groß im Himmel; geradeso taten ihre Väter den Propheten.
²⁴ Doch wehe euch, ihr Reichen,
denn ihr habt schon euren Trost.
²⁵ Wehe euch, die ihr jetzt gesättigt seid,
denn ihr werdet hungern.
Wehe euch, die ihr jetzt lacht,
denn ihr werdet klagen und weinen.

6,17–49: Vgl. Mt 5,1–7,29. Die lukanische »Bergpredigt«, an einem wohl noch am Berg liegenden ebenen Platz gehalten, hat nicht die kunstvolle Komposition wie bei Mt, ebenso fehlen die nur für jüdische Leser bedeutsamen Gesetzesfragen, dafür treten die sozialen Forderungen hervor.
6,24–26: Das »Wehe« gilt den Reichen und Satten, die im irdischen Besitz aufgehen und ihr Genüge finden und daher keine Bereitschaft für das Gottesreich haben.

²⁶ Wehe euch, wenn euch alle Menschen umschmeicheln; geradeso taten ihre Väter den falschen Propheten.
Von der vollkommenen Liebe. ²⁷ Euch aber, die ihr auf mich hört, sage ich: Liebt eure Feinde; tut Gutes denen, die euch hassen! ²⁸ Segnet, die euch fluchen; betet für sie, die euch schmähen! ²⁹ Dem, der dich auf die Wange schlägt, halte auch die andere hin, und dem, der dir den Mantel nimmt, dem verweigere auch den Rock nicht! ³⁰ Jedem, der dich bittet, gib, und von dem, der das Deine nimmt, fordere es nicht zurück! ³¹ Und wie ihr wollt, daß euch die Menschen tun, so sollt auch ihr ihnen tun.
³² Wenn ihr die liebt, die euch lieben, was für ein Dank steht euch zu? Denn auch die Sünder lieben jene, die sie lieben. ³³ Wenn ihr denen Gutes tut, die euch Gutes tun, was für ein Dank steht euch zu? Denn auch die Sünder tun dasselbe. ³⁴ Wenn ihr denen leiht, von denen ihr hofft, es wieder zu bekommen, was für ein Dank steht euch zu? Auch die Sünder leihen Sündern, um Gleiches wiederzuerhalten. ³⁵ Nein, liebt eure Feinde; tut Gutes und leiht, ohne etwas zurückzuerhoffen, und euer Lohn wird groß sein, und ihr werdet Söhne des Allerhöchsten sein; denn er ist gütig gegen die Undankbaren und Bösen. ³⁶ Seid barmherzig, wie euer Vater barmherzig ist!
Selbstloses Geben und Richten. ³⁷ Richtet nicht, und ihr werdet nicht gerichtet werden; verurteilt nicht, und ihr werdet nicht verurteilt werden; sprecht frei, und ihr werdet freigesprochen werden. ³⁸ Gebt, und es wird euch gegeben werden; ein gutes, vollgedrücktes, gerütteltes und gehäuftes Maß wird man euch geben in euren Schoß; denn mit dem Maß, mit dem ihr meßt, wird euch wieder gemessen werden.«
³⁹ Auch ein Gleichnis sagte er ihnen: »Kann wohl ein Blinder einen Blinden führen? Werden sie nicht beide in die Grube fallen? ⁴⁰ Der Jünger ist nicht über dem Meister; wenn er voll ausgebildet ist, wird jeder sein wie sein Meister.
⁴¹ Was siehst du den Splitter im Auge deines Bruders, den Balken aber in deinem eigenen Auge beachtest du nicht? ⁴² Wie kannst du zu deinem Bruder sagen: Bruder, laß mich den Splitter in deinem Auge herausziehen, und siehst selber den Balken in deinem Auge nicht? Du Heuchler! Zieh zuerst den Balken aus deinem Auge; dann magst du sehen, daß du den Splitter im Auge deines Bruders herausziehst.
Bewährung und Lohn. ⁴³ Denn es gibt nicht einen guten Baum, der schlechte Frucht bringt, und auch nicht einen schlechten Baum, der gute Frucht bringt. ⁴⁴ Denn jeden Baum

erkennt man an seiner Frucht. Man sammelt doch von Disteln nicht Feigen, und von einem Dornstrauch pflückt man keine Traube. ⁴⁵ Der gute Mensch bringt aus dem guten Schatz seines Herzens das Gute hervor, und der böse bringt aus dem bösen das Böse hervor; denn wovon das Herz voll ist, davon redet sein Mund. ⁴⁶ Was ruft ihr mich: Herr, Herr! und tut nicht, was ich sage?

⁴⁷ Jeder, der zu mir kommt und meine Worte hört und danach tut, wem der gleicht, will ich euch zeigen. ⁴⁸ Er gleicht einem Mann, der ein Haus baute, in die Tiefe grub und den Grund auf den Felsen legte. Als nun das Hochwasser kam, brandete der Strom gegen jenes Haus und vermochte es nicht zu erschüttern, denn gar trefflich war es gebaut. ⁴⁹ Wer aber hört und nicht danach tut, der gleicht einem Mann, der ein Haus auf das Erdreich baute, ohne festen Grund. Als der Strom dagegen brandete, stürzte es sogleich ein, und der Zusammenbruch jenes Hauses war gewaltig.«

7. Kapitel

Der Hauptmann von Kafarnaum. ¹ Nachdem er alle seine Worte vor dem aufhorchenden Volk beendet hatte, begab er sich nach Kafarnaum hinein.

² Eines Hauptmanns Knecht war schlimm daran und lag im Sterben; er war ihm sehr teuer. ³ Als er von Jesus hörte, schickte er Älteste der Juden zu ihm, mit der Bitte, er möchte kommen und seinen Knecht gesund machen. ⁴ Diese kamen zu Jesus und baten ihn inständig: »Er ist es wert, daß du ihm das gewährst; ⁵ denn er liebt unser Volk und hat uns die Synagoge gebaut.«

⁶ Jesus machte sich mit ihnen auf den Weg. Als er aber nicht mehr weit vom Haus entfernt war, schickte der Hauptmann Freunde und ließ ihm sagen: »Herr, bemühe dich nicht, denn ich bin nicht würdig, daß du eingehst unter mein Dach. ⁷ Deshalb hielt ich mich auch selbst nicht für würdig, zu dir zu kommen; doch sprich nur ein Wort, und mein Knecht wird gesund. ⁸ Denn auch ich habe, bin ich auch ein der Obrigkeit unterstellter Mann, Soldaten unter mir, und sag ich zum einen: Geh! so geht er, und zum anderen: Komm! so kommt er, und zu meinem Knecht: Tu das! so tut er es.« ⁹ Als Jesus das hörte, wunderte er sich über ihn, wandte sich um und sagte zu der Menge, die ihm folgte: »Ich sage euch: Nicht ein-

---

7,1–10: Vgl. Mt 8,5–13.

mal in Israel fand ich einen so großen Glauben!« ¹⁰ Und als die Abgesandten in das Haus zurückkamen, fanden sie den Knecht gesund.

Auferweckung eines Toten in Nain. ¹¹ In den darauffolgenden Tagen geschah es, daß er auf eine Stadt zuwanderte, Nain mit Namen, und seine Jünger und viel Volk gingen mit ihm. ¹² Als er sich dem Stadttor näherte, trug man gerade einen Toten heraus, den einzigen Sohn seiner Mutter, und diese war Witwe; viel Volk aus der Stadt ging mit ihr.
¹³ Da der Herr sie sah, wurde er von Mitleid ergriffen über sie und sagte zu ihr: »Weine nicht!« ¹⁴ Er trat hinzu und berührte die Bahre; die Träger blieben stehen, und er sprach: »Jüngling, ich sage dir: Steh auf!« ¹⁵ Und der Tote richtete sich auf und fing an zu reden, und er gab ihn seiner Mutter. ¹⁶ Da ergriff alle ein Erschauern, und sie lobten Gott und sprachen: »Ein großer Prophet ist aufgestanden unter uns«, und: »Gott hat sich seinem Volk gezeigt.« ¹⁷ Die Kunde über ihn verbreitete sich im ganzen Land der Juden und in der ganzen Umgebung.

Johannes und das Gottesreich. ¹⁸ Dem Johannes berichteten seine Jünger von all dem, und Johannes rief zwei von seinen Jüngern zu sich ¹⁹ und sandte sie zu Jesus mit der Frage: »Bist du es, der kommen soll, oder sollen wir auf einen anderen warten?« ²⁰ Die Männer kamen zu ihm und sagten: »Johannes der Täufer sandte uns zu dir und läßt fragen: Bist du es, der kommen soll, oder sollen wir auf einen anderen warten?«
²¹ Zu jener Stunde heilte er viele von Krankheiten, Plagen und bösen Geistern, und vielen Blinden schenkte er das Augenlicht. ²² Und er gab ihnen zur Antwort: »Geht hin und berichtet dem Johannes, was ihr gesehen und gehört habt: ›Blinde sehen, Lahme gehen, Aussätzige werden rein, Taube hören, Tote stehen auf, und Armen wird das Evangelium verkündet‹ (Jes 35,5f; 61,1), ²³ und selig ist, wer nicht Anstoß nimmt an mir.«
²⁴ Als die Boten des Johannes weggingen, fing er an, zum Volk über Johannes zu reden: »Was zu sehen, seid ihr hinausgegangen in die Wüste? Ein Schilfrohr, das vom Wind hin und her bewegt wird? ²⁵ Oder was zu sehen seid ihr hinausgegangen?

7,18–35: Vgl. Mt 11,2–19. Johannes erwartete seiner Predigt gemäß vom Messias ein Strafgericht. Jesus antwortet, daß auch sein Heilandswirken dem prophetischen Bild vom Messias entspreche. Johannes ist groß, aber der im Gottesreich Stehende steht über ihm, d. h. hinsichtlich der ihm geschenkten Gnade und Offenbarung.

Einen Menschen, weichlich gekleidet? Seht, die in prächtiger Kleidung und in Üppigkeit leben, sind in den Palästen der Könige. ²⁶ Oder was zu sehen, seid ihr hinausgegangen? Einen Propheten? Ja, sage ich euch: Mehr noch als einen Propheten. ²⁷ Er ist es, von dem geschrieben steht: ›Siehe, ich sende meinen Boten vor dir her; er soll deinen Weg bereiten vor dir‹ (Mal 3,1).
²⁸ Ich sage euch: Unter den vom Weib Geborenen ist kein Größerer als Johannes; doch der Kleinste im Gottesreich ist größer als er. ²⁹ Alles Volk, das ihn hörte, auch die Zöllner, unterwarfen sich der Gerechtigkeit Gottes und ließen sich mit der Taufe des Johannes taufen; ³⁰ die Pharisäer aber und die Gesetzeslehrer verachteten den für sie geltenden Ratschluß Gottes und ließen sich nicht taufen von ihm.
³¹ Mit wem also soll ich die Menschen dieses Geschlechtes vergleichen? Wem sind sie gleich? ³² Sie sind Kindern gleich, die auf dem Markt sitzen und einander zurufen: Wir haben euch aufgespielt, und ihr habt nicht getanzt; wir haben Klagelieder gesungen, und ihr habt nicht geweint. ³³ Denn Johannes der Täufer ist gekommen, er aß nicht Brot und trank nicht Wein, und ihr sagt: Er hat einen Dämon. ³⁴ Der Menschensohn ist gekommen, er ißt und trinkt, und ihr sagt: Seht, dieser Mensch ist ein Fresser und Weinsäufer, ein Freund der Zöllner und Sünder. ³⁵ Doch die Weisheit fand Rechtfertigung von allen ihren Kindern.«

Jesus und die Sünderin. ³⁶ Es bat ihn einer von den Pharisäern, daß er bei ihm esse, und er trat in das Haus des Pharisäers und begab sich zu Tisch. ³⁷ Und siehe, da brachte eine Frau, die in der Stadt als Sünderin lebte und erfahren hatte, daß er im Haus des Pharisäers zu Tisch sei, ein Alabastergefäß mit Salböl herbei, ³⁸ trat weinend von rückwärts neben seine Füße hin und begann mit ihren Tränen seine Füße zu benetzen und trocknete sie ab mit den Haaren ihres Hauptes, küßte seine Füße und salbte sie mit dem Salböl. ³⁹ Als der Pharisäer, der ihn geladen hatte, dies sah, sprach er bei sich:

7,36–50: Ein für das Heilandsbild bei Lukas bezeichnender Sonderbericht. Die ungenannte Sünderin wurde erst später mit Maria Magdalena und der von dieser zu unterscheidenden Maria von Betanien identifiziert. Es handelt sich jedoch nach den Texten (vgl. Lk 8,2; 10,39 u. a.) um drei verschiedene Frauen. In Vers 47 zeigt Jesus gegenüber dem selbstgerechten, wenig erlösungsbedürftigen Pharisäer, daß aus dem demütigen Schuldbewußtsein die gläubige Liebe wächst, die Vergebung nach sich zieht. Wer dagegen wenig Vergebung zu brauchen glaubt, dem fehlt auch die heilswirkende Liebe.

»Wäre dieser ein Prophet, so würde er wissen, wer und was für eine Frau ihn anrührt, da sie doch eine Sünderin ist.«
⁴⁰ Jesus aber sagte zu ihm: »Simon, ich habe dir etwas zu sagen.« Der sagte: »Meister, rede!« ⁴¹ »Ein Gläubiger hatte zwei Schuldner. Der eine war ihm fünfhundert Denare schuldig, der andere fünfzig. ⁴² Da sie nicht imstande waren, zu zahlen, schenkte er es beiden. Wer nun von diesen wird ihn mehr lieben?« ⁴³ Simon antwortete: »Ich vermute, der, dem er mehr geschenkt hat.« Er sagte zu ihm: »Du hast richtig geurteilt!«
⁴⁴ Dann wandte er sich zu der Frau und sagte zu Simon: »Siehst du diese Frau? Ich kam in dein Haus, und du gabst mir kein Wasser für meine Füße; sie aber benetzte meine Füße mit ihren Tränen und trocknete sie ab mit ihren Haaren. ⁴⁵ Du gabst mir keinen Kuß; sie aber hörte seit meinem Eintreten nicht auf, meine Füße zu küssen. ⁴⁶ Du salbtest mein Haupt nicht mit Öl; sie aber salbte mit ihrem Öl meine Füße. ⁴⁷ Darum sage ich dir: Vergeben sind ihre vielen Sünden, denn sie hat viel geliebt; wem aber wenig vergeben wird, der liebt auch wenig.« ⁴⁸ Und er sagte zu ihr: »Vergeben sind deine Sünden!« ⁴⁹ Da fingen die Tischgenossen an, für sich zu sagen: »Wer ist dieser, der sogar Sünden vergibt?« ⁵⁰ Er aber sagte zu der Frau: »Dein Glaube hat dir geholfen! Geh hin in Frieden!«

8. Kapitel
In Jesu Gefolgschaft. ¹ Anschließend nahm er den Weg durch Städte und Dörfer, predigte und verkündete das Evangelium vom Reich Gottes, und die Zwölf waren bei ihm ² sowie einige Frauen, die von bösen Geistern und von Krankheiten geheilt worden waren: Maria, genannt Magdalena, von der sieben Dämonen ausgefahren waren, ³ und Johanna, die Frau des Chuza, eines Verwalters des Herodes, und Susanna und viele andere, die ihnen dienten mit ihrem Vermögen.

Gleichnis vom Sämann. ⁴ Als aber viel Volk zusammenkam und ihm aus den Städten die Leute zuströmten, sprach er im Gleichnis:
⁵ »Ein Sämann ging aus, seinen Samen zu säen, und als er säte, fiel einiges auf den Weg und wurde zertreten, und die Vögel des Himmels fraßen es auf. ⁶ Anderes fiel auf das

---

8,1–3: Die frühere Besessenheit der dankbaren Frauen bedeutet nicht Sündhaftigkeit.
8,4–15: Vgl. Mt 13,1–23; Mk 4,1–20.

Gestein, und als es aufging, verdorrte es, weil es keine Feuchtigkeit hatte. ⁷ Anderes fiel mitten unter die Dornen, und die Dornen wuchsen mit auf und erstickten es. ⁸ Anderes aber fiel auf gutes Erdreich, ging auf und gab hundertfache Frucht.« Als er dies gesagt hatte, rief er: »Wer Ohren hat zu hören, der höre!« ⁹ Da fragten ihn seine Jünger, was dieses Gleichnis bedeutet. ¹⁰ Er sagte [zu ihnen]: »Euch ist es gegeben, die Geheimnisse des Gottesreiches zu verstehen; den übrigen aber werden sie in Gleichnissen mitgeteilt, so daß sie ›sehend nicht sehen und hörend nicht verstehen‹ (Jes 6,9f) ¹¹ Dies aber bedeutet das Gleichnis: Der Same ist das Wort Gottes. ¹² Die auf dem Weg sind jene, die hören; dann kommt der Teufel und nimmt das Wort weg aus ihrem Herzen, so daß sie nicht glauben und gerettet werden. ¹³ Die auf dem Gestein sind jene, die das Wort mit Freude aufnehmen, wenn sie es hören; aber sie haben keine Wurzel; für den Augenblick glauben sie, doch in der Stunde der Versuchung fallen sie ab. ¹⁴ Was unter die Dornen fiel, das sind jene, die hören, aber dann hingehen und von den Sorgen, dem Reichtum und den Genüssen des Lebens erstickt werden und nicht zur Reife kommen. ¹⁵ Das auf dem guten Erdreich, das sind jene, die das Wort mit einem edlen und guten Herzen hören und bewahren und Frucht bringen in Beharrlichkeit.

Die große Verantwortung. ¹⁶ Niemand, der eine Lampe anzündet, deckt sie mit einem Gefäß zu oder stellt sie unter das Bett; sondern er stellt sie auf den Leuchter, damit die Eintretenden das Licht sehen. ¹⁷ Denn nichts ist verborgen, das nicht offenbar wird; und nichts ist geheim, das nicht bekannt werden und an den Tag kommen wird. ¹⁸ Gebt also acht, wie ihr hört! Denn wer hat, dem wird gegeben; wer aber nicht hat, dem wird auch das, was er zu haben meint, weggenommen werden.«

Die wahre Familie Jesu. ¹⁹ Es kamen zu ihm seine Mutter und seine Brüder; sie konnten aber nicht zu ihm hinkommen wegen der Menge des Volkes. ²⁰ Da wurde ihm gemeldet: »Deine Mutter und deine Brüder stehen draußen und wollen dich sehen.« ²¹ Er aber antwortete ihnen: »Meine Mutter und meine Brüder sind jene, die das Wort Gottes hören und tun.«

8,16–18: Vgl. Mk 4,21–25; dazu Mt 5,15; 10,26. Vers 16 bzw. 18 kehrt 11,33 bzw. 19,26 wieder.
8,19–21: Vgl. Mt 12,46–50; Mk 3,31–35. Ohne die Pietät gegen seine Mutter zu vergessen, will Jesus zeigen, daß alle irdischen Werte erst in Einordnung unter das Gottesreich bedeutsam werden.

Macht über den Seesturm. ²² Es begab sich eines Tages, da stieg er mit seinen Jüngern in ein Schiff und sagte zu ihnen: »Laßt uns hinüberfahren ans andere Ufer des Sees.« Und sie fuhren ab. ²³ Während sie dahinfuhren, schlief er ein. Da brach ein Sturmwind auf den See herab, sie wurden überflutet und gerieten in Gefahr. ²⁴ Sie traten hinzu, weckten ihn auf und riefen: »Meister, Meister, wir gehen zugrunde!« Er aber stand auf, gebot dem Wind und dem tobenden Wasser, und sie gaben Ruhe, und es war Stille. ²⁵ Dann sagte er zu ihnen: »Wo ist euer Glaube?« Sie aber sagten voll Furcht und Verwunderung zueinander: »Wer ist wohl der, daß er sogar den Winden und dem Wasser gebietet, und sie ihm gehorchen?«

Heilung eines Besessenen. ²⁶ Sie fuhren weiter, auf das Gebiet der Gerasener zu, das gegenüber von Galiläa liegt. ²⁷ Als er ans Land stieg, lief ihm aus der Stadt entgegen, der von Dämonen besessen war und seit langem kein Kleid mehr anzog, auch in keinem Haus blieb, sondern in den Grabkammern.

²⁸ Als er Jesus sah, schrie er auf, warf sich vor ihm nieder und rief mit lauter Stimme: »Was willst du von mir, Jesus, du Sohn des höchsten Gottes? Ich flehe dich an, quäle mich nicht!« ²⁹ Er befahl nämlich dem unreinen Geist, auszufahren aus dem Menschen; denn schon oftmals hatte er ihn gepackt, und war er auch mit Ketten und Fußfesseln gebunden und verwahrt, er zerriß die Fesseln und wurde vom Dämon in die Wüste gejagt.

³⁰ Jesus fragte ihn: »Wie heißt du?« Er sagte: »Legion«; denn es waren viele Dämonen in ihn gefahren. ³¹ Sie baten ihn, er möge ihnen nicht befehlen, in den Abgrund zu fahren. ³² Es war nun dort am Berg eine Herde von vielen Schweinen auf der Weide. Da baten sie ihn, er möge ihnen erlauben, in diese hineinzufahren. Er gestattete es ihnen. ³³ Da fuhren die Dämonen aus von dem Menschen und fuhren in die Schweine, und die Herde stürzte sich den Abhang hinunter in den See und ertrank.

³⁴ Als die Hirten sahen, was geschah, flohen sie und erzählten es in der Stadt und auf den Gehöften. ³⁵ Da gingen sie hinaus, um zu sehen, was geschehen war, und sie kamen zu Jesus und

---

8,22–25: Vgl. Mt 8,23–27; Mk 4,35–41.
8,26–39: Vgl. Mt. 8,28–34; Mk 5,1–20. Die Gerasener sind ein Beispiel von diesseitig denkenden und für höhere Anliegen unempfänglichen Menschen.

fanden den Menschen, von dem die Dämonen ausgefahren waren, bekleidet und klaren Sinnes zu Jesu Füßen sitzend, und sie fürchteten sich. ³⁶ Die Augenzeugen aber erzählten ihnen, wie der Besessene Heilung fand. ³⁷ Da bat ihn die ganze Bevölkerung aus dem umliegenden Gebiet der Gerasener, er möge fortziehen von ihnen; denn sie wurden von großer Furcht ergriffen. Er stieg in das Schiff und fuhr zurück.
³⁸ Der Mann aber, von dem die Dämonen ausgefahren waren, bat ihn, bei ihm bleiben zu dürfen; doch er schickte ihn weg und sagte: ³⁹ »Geh nach Haus und berichte, was Gott Großes an dir getan hat!« Da ging er hin und verkündete in der ganzen Stadt, was Jesus an ihm getan hatte.

Totenerweckung; Heilung einer Frau. ⁴⁰ Als Jesus zurückkam, empfing ihn das Volk; denn alle hatten auf ihn gewartet. ⁴¹ Und siehe, da kam ein Mann, namens Jairus, der Vorsteher der Synagoge war, fiel Jesus zu Füßen und flehte ihn an, in sein Haus zu kommen; ⁴² denn er hatte eine einzige Tochter von etwa zwölf Jahren, und diese lag im Sterben. Auf dem Weg dorthin umdrängte ihn die Menge des Volkes.
⁴³ Und eine Frau, die seit zwölf Jahren an Blutfluß litt, all ihr Vermögen an die Ärzte gegeben und von niemand hatte Heilung erfahren können, ⁴⁴ trat von rückwärts hinzu und berührte den Saum seines Kleides, und auf der Stelle kam ihre Blutung zum Stillstand.
⁴⁵ Jesus aber fragte: »Wer ist es, der mich berührte?« Da alle es verneinten, sagte Petrus und die bei ihm: »Meister, die Leute drängen und drücken dich [, und du sagst: Wer ist es, der mich berührte?].« ⁴⁶ Jesus entgegnete: »Es berührte mich jemand; denn ich spürte eine Kraft von mir ausgehen.« ⁴⁷ Als die Frau sah, daß es nicht verborgen blieb, kam sie zitternd, fiel vor ihm nieder und berichtete vor allem Volk, aus welchem Grund sie ihn angerührt habe und wie sie auf der Stelle geheilt worden sei. ⁴⁸ Er aber sagte zu ihr: »Tochter, dein Glaube hat dir geholfen. Gehe hin in Frieden!«
⁴⁹ Während er noch redete, kam jemand vom Synagogenvorsteher und sagte: »Deine Tochter ist gestorben, bemühe den Meister nicht weiter!« ⁵⁰ Jesus aber, der es hörte, wandte sich an ihn: »Sei ohne Furcht, glaube nur, und sie wird gerettet!« ⁵¹ Als er an das Haus kam, ließ er niemand mit sich hinein außer Petrus, Johannes und Jakobus und den Vater und die

---

8,40—56: Vgl. Mt 9,18—26; Mk 5,21—43. Beachte die kleinen, das Interesse des Arztes kennzeichnenden Unterschiede zu Mt und Mk.

Mutter des Mädchens. ⁵² Alle weinten und klagten um sie. Er aber sprach: »Weint nicht, denn sie ist nicht gestorben, sondern sie schläft.«
⁵³ Da verlachten sie ihn, weil sie doch wußten, daß sie gestorben war. ⁵⁴ Er aber nahm sie bei der Hand und rief: »Mädchen, steh auf!« ⁵⁵ Da kehrte ihr Geist zurück, und sie erhob sich auf der Stelle. Und er befahl, daß man ihr zu essen gebe. ⁵⁶ Ihre Eltern waren vor Staunen außer sich; er aber gebot ihnen, niemand zu sagen, was geschehen war.

9. Kapitel

Aussendung der Apostel. ¹ Er rief die Zwölf zusammen und gab ihnen Macht und Gewalt über alle Dämonen und zum Heilen von Krankheiten. ² Und er sandte sie aus, das Reich Gottes zu verkünden und die Kranken zu heilen, ³ und sagte zu ihnen: »Nehmt nichts mit auf den Weg, weder Stab noch Tasche, weder Brot noch Geld; auch nicht zwei Röcke sollt ihr haben. ⁴ Und kommt ihr in ein Haus, so bleibt dort und zieht von da weiter! ⁵ Und wo man euch nicht aufnimmt, da geht fort von jener Stadt und schüttelt den Staub von euren Füßen, zum Zeugnis über sie.« ⁶ Da zogen sie aus und wanderten von Dorf zu Dorf, verkündeten das Evangelium und heilten überall.
Herodes in Unruhe. ⁷ Der Fürst Herodes aber hörte von allem, was geschah, und geriet in Unruhe, weil von den einen behauptet wurde: ⁸ »Johannes wurde von den Toten auferweckt«, von anderen: »Elija ist erschienen«, und wieder von anderen: »Einer von den alten Propheten ist auferstanden.« ⁹ Da sagte Herodes: »Den Johannes habe ich enthauptet; wer ist wohl dieser, von dem ich solches höre?« Und er war darauf aus, ihn zu sehen.
Wunderbare Speisung. ¹⁰ Die Apostel kehrten zurück und erzählten ihm alles, was sie getan hatten. Da nahm er sie mit fort und zog sich mit ihnen allein zurück in eine Stadt, namens Betsaida. ¹¹ Doch das Volk erfuhr davon und zog ihm nach; er nahm sie auf, redete zu ihnen vom Reich Gottes und machte die der Heilung Bedürftigen gesund.
¹² Der Tag begann sich schon zu neigen, da traten die Zwölf zu ihm und sagten: »Entlaß das Volk, damit sie in die umliegen-

---

9,1–6: Vgl. Mt 9,35–10,14; Mk 6,7–13.
9,7–9: Vgl. Mt 14,1f; Mk 6,14–16.
9,10–17: Vgl. Mt 14,13–21; Mk 6,30–44; Joh 6,1–15. Lk berichtet nichts von einem zweiten Speisewunder (Mt 15,32–39; Mk 8,1–10).

den Dörfer und Gehöfte gehen und Einkehr und Verpflegung finden; denn hier sind wir in einer verlassenen Gegend.« ¹³ Er aber entgegnete ihnen: »Gebt ihr ihnen zu essen!« Sie sagten: »Wir haben nicht mehr als fünf Brote und zwei Fische, es sei denn, daß wir hingingen und für diese ganze Menge Lebensmittel kauften.« ¹⁴ Es waren nämlich an fünftausend Männer. Da sagte er zu seinen Jüngern: »Laßt sie nach Gruppen zu etwa je fünfzig sich lagern!« ¹⁵ Sie taten so und ließen alle sich lagern. ¹⁶ Er aber nahm die fünf Brote und zwei Fische, sah zum Himmel auf, sprach den Segen über sie, brach sie und gab sie den Jüngern zum Verteilen an das Volk. ¹⁷ Und alle aßen und wurden satt, und von dem, was ihnen an abgebrochenen Stücken übrigblieb, hob man zwölf Körbe voll auf.

Bekenntnis des Petrus. ¹⁸ Als er einmal für sich allein betete und nur die Jünger bei ihm waren, fragte er sie: »Für wen halten mich die Leute?« ¹⁹ Sie antworteten: »Für Johannes den Täufer, andere für Elija; andere aber glauben, einer von den alten Propheten sei auferstanden.« ²⁰ Da sagte er zu ihnen: »Ihr aber, für wen haltet ihr mich?« Petrus antwortete: »Für den Messias Gottes.«

Leidensankündigung. ²¹ Er aber trug ihnen voll Strenge auf, dies niemand zu sagen, ²² und sprach: »Der Menschensohn muß vieles leiden und wird von den Ältesten, Hohenpriestern und Schriftgelehrten verworfen und getötet werden, am dritten Tag aber wird er auferweckt werden.«

²³ Dann sagte er zu allen: »Wenn einer mit mir gehen will, der verleugne sich selbst, nehme täglich sein Kreuz auf sich und folge mir nach. ²⁴ Denn wer sein Leben retten will, wird es verlieren; wer aber sein Leben um meinetwillen verliert, wird es retten. ²⁵ Denn was nützt es dem Menschen, wenn er die ganze Welt gewinnt, sich selbst aber verliert oder zu Schaden bringt?

²⁶ Denn wer sich meiner und meiner Worte schämt, dessen wird auch der Menschensohn sich schämen, wenn er kommen wird in seiner und des Vaters und der heiligen Engel Herrlichkeit. ²⁷ Ich sage euch in Wahrheit: Es sind einige unter

---

9,18–27: Vgl. Mt 16,13–28; Mk 8,27–9,1. Jesus zieht sich von den für seine Predigt unempfänglichen Juden zurück und widmet sich nunmehr der besonderen Schulung seiner Apostel, wobei er ihnen besonders das Geheimnis der Passion im Gottesreich nahebringen will.

9,21: Die Geheimhaltung der Messiaswürde (Christus = Messias) war notwendig, um den von falschen Vorstellungen erfüllten Juden keinen Anlaß zu Mißdeutung und Unruhe zu geben.

denen, die hier stehen, die den Tod nicht kosten, bis sie das Reich Gottes schauen werden.«

Verklärung Jesu. ²⁸ Es war nach diesen Reden, etwa acht Tage darauf, da nahm er den Petrus, Johannes und Jakobus mit sich und stieg auf den Berg, um zu beten. ²⁹ Während er betete, wurde das Aussehen seines Antlitzes ein anderes, und sein Gewand wurde strahlend weiß. ³⁰ Und siehe, zwei Männer redeten mit ihm, es waren Mose und Elija, ³¹ die in Lichtgestalt erschienen und von seinem Hingang sprachen, den er vollenden sollte in Jerusalem. ³² Petrus und seine Gefährten waren vom Schlaf übermannt; beim Erwachen aber sahen sie seine Lichtgestalt und die zwei Männer, die bei ihm standen. ³³ Als diese von ihm scheiden wollten, sagte Petrus zu Jesus: »Meister, es ist gut, daß wir hier sind; wir wollen drei Hütten bauen, eine für dich, eine für Mose und eine für Elija« – er wußte nicht, was er sagte. ³⁴ Während er so redete, kam eine Wolke und überschattete sie, und Furcht erfaßte sie, indes jene in die Wolke hineinschritten. ³⁵ Und eine Stimme kam aus der Wolke und sprach: »Dieser ist mein Sohn, mein Erwählter; auf ihn sollt ihr hören.« ³⁶ Als die Stimme erscholl, war nur Jesus allein zu sehen. Und sie schwiegen und sagten in jenen Tagen niemand etwas von dem, was sie gesehen hatten.

Wunderkraft des Glaubens. ³⁷ Es war am folgenden Tag, da ging ihnen, als sie vom Berg herabkamen, viel Volk entgegen. ³⁸ Und siehe, ein Mann aus dem Volk schrie: »Meister, ich bitte dich, nimm dich meines Sohnes an; denn er ist mein einziger. ³⁹ Siehe, es packt ihn ein Geist, und plötzlich schreit er auf, und er zerrt ihn hin und her, daß er schäumt, und nur mit Mühe läßt er von ihm ab und reibt ihn noch auf. ⁴⁰ Ich bat deine Jünger, sie möchten ihn austreiben; doch sie vermochten es nicht.«

⁴¹ Jesus erwiderte: »O du ungläubiges und verkehrtes Geschlecht. Wie lange soll ich bei euch sein und euch ertragen? Bring deinen Sohn hierher!« ⁴² Noch auf dem Hinweg riß und zerrte ihn der Dämon hin und her. Jesus aber gebot dem unreinen Geist, heilte den Knaben und gab ihn seinem Vater. ⁴³ Da gerieten alle außer sich vor Staunen über die Größe Gottes.

9,28–36: Vgl. Mt 17,1–9; Mk 9,2–9.
9,37–45: Vgl. Mt 17,14–23; Mk 9,14–32.

Zweite Leidensankündigung. Während alle voll des Staunens waren über alles, was er tat, sagte er zu seinen Jüngern: ⁴⁴ »Laßt eindringen in eure Ohren diese Worte: Der Menschensohn wird überliefert werden den Händen der Menschen.« ⁴⁵ Sie aber begriffen dieses Wort nicht, und es blieb vor ihnen verhüllt, so daß sie es nicht verstanden; doch sie scheuten sich, ihn über dieses Wort zu befragen.

Vom rechten Jüngersinn. ⁴⁶ Sie begannen darüber nachzudenken, wer wohl der Größte sei unter ihnen. ⁴⁷ Jesus wußte um den Gedanken ihres Herzens, nahm ein Kind, stellte es neben sich ⁴⁸ und sagte zu ihnen: »Wer dieses Kind aufnimmt in meinem Namen, der nimmt mich auf; und wer mich aufnimmt, der nimmt den auf, der mich gesandt hat. Denn wer der Kleinste ist unter euch allen, der ist groß.« ⁴⁹ Da wandte sich Johannes an ihn und sagte: »Meister, wir sahen einen, der in deinem Namen Dämonen austrieb, und wir verwehrten es ihm, weil er sich uns nicht anschließt.« ⁵⁰ Jesus entgegnete ihm: »Verwehrt es nicht; denn wer nicht gegen euch ist, der ist für euch.«

Jesus auf dem Weg nach Jerusalem

Die unfreundlichen Samariter. ⁵¹ Es kam die Zeit, daß sich die Tage für seine Hinwegnahme erfüllten, und er hielt sein Antlitz Jerusalem zugewandt, um dorthin zu gehen. ⁵² Er schickte Boten vor sich her, und sie gingen und kamen in ein Dorf der Samariter, um die Einkehr für ihn vorzubereiten. ⁵³ Doch sie nahmen ihn nicht auf, weil sein Antlitz auf den Weg nach Jerusalem gerichtet war. ⁵⁴ Als die Jünger das sahen, sagten Jakobus und Johannes: »Herr, willst du, daß wir sagen, es solle ›Feuer vom Himmel fallen und sie verzehren‹ [, wie auch Elija tat] (2 Kg 1,10–12)?«
⁵⁵ Er aber wandte sich um und verwies es ihnen streng [und sagte: »Ihr wißt nicht, wessen Geistes ihr seid. ⁵⁶ Der Menschensohn ist nicht gekommen, Menschenleben zu vernichten, sondern zu retten«]. Und sie gingen in ein anderes Dorf.

Vom Ernst der Nachfolge. ⁵⁷ Als sie auf dem Weg dahinzogen, sagte einer zu ihm: »Ich will dir folgen, wohin du auch gehst.« ⁵⁸ Jesus erwiderte ihm: »Die Füchse haben Höhlen und die

---

9,46–50: Vgl. Mt 18,1–5; Mk 9,33–41.
9,51–56: Ein Beispiel der zwischen Samaritern und Juden bestehenden religiös-politischen Spannungen, besonders gegenüber Jerusalempilgern.
9,57–62: Vgl. Mt 8,19–22.

Vögel des Himmels Nester; der Menschensohn aber hat nichts, wo er sein Haupt hinlege.«
⁵⁹ Zu einem andern sagte er: »Folge mir nach!« Der sprach: »Herr, laß mich zuvor hingehen und meinen Vater begraben.« ⁶⁰ Er entgegnete ihm: »Laß die Toten ihre Toten begraben; du aber geh hin und verkünde das Reich Gottes!« ⁶¹ Und ein anderer sagte: »Ich will dir nachfolgen, Herr, doch laß mich zuvor Abschied nehmen von meinen Hausgenossen.« ⁶² Jesus entgegnete ihm: »Niemand, der seine Hand an den Pflug legt und zurückschaut auf das, was hinter ihm liegt, ist tauglich für das Reich Gottes.«

10. Kapitel
Aussendung der Jünger. ¹ Darauf bestimmte der Herr noch weitere [zweiund]siebzig und sandte sie zu zweien vor sich her in jede Stadt und jeden Ort, wohin er selber zu kommen gedachte.
² Er sagte zu ihnen: »Die Ernte ist groß, doch die Arbeiter sind wenige. Bittet daher den Herrn der Ernte, daß er Arbeiter aussende zu seiner Ernte. ³ Gehet hin! Seht, ich sende euch wie Lämmer mitten unter Wölfe. ⁴ Ihr sollt nicht Beutel mitnehmen, nicht Tasche, nicht Schuhe; und niemand auf dem Weg sollt ihr grüßen.
⁵ Betretet ihr ein Haus, so sagt zuerst: Friede diesem Haus! ⁶ Und ist darin ein Sohn des Friedens, so wird euer Friede sich niederlassen auf ihn, wenn aber nicht, so wird er auf euch zurückkehren. ⁷ Bleibt in jenem Haus und eßt und trinkt, was sie euch geben; denn der Arbeiter ist seines Lohnes wert. Zieht nicht von einem Haus in das andere! ⁸ Betretet ihr eine Stadt und nimmt man euch auf, so eßt, was euch vorgesetzt wird; ⁹ heilt die Kranken in ihr und sagt ihnen: Genaht hat sich euch das Reich Gottes. ¹⁰ Betretet ihr eine Stadt und nimmt man euch nicht auf, so geht hinaus auf ihre Straßen und sprecht: ¹¹ Sogar den Staub, der uns von eurer Stadt an

---
10,1–20: Diese besondere Jüngeraussendung (wahrscheinlich waren es »siebzig« Jünger in Nachahmung der »siebzig Ältesten«, Num 11,24) berichtet nur Lk, jedoch mit Worten, die er teilweise schon 9,1–6 verwendete und die bei Mt 9,35–10,16; Mk 6,6–13 mit dem Bericht der Apostelaussendung bzw. mit dem Weheruf über die unbußfertigen Städte Mt 11,21–23 verbunden sind.
10,4: Das »Grüßen« meint ein längeres Verweilen (»Begrüßen«), dessen Unterlassung also nicht dem Gebot der Bruderliebe widersprach, vgl. 2 Kg 4,29. Die Jünger sollten frei von allen »Verpflichtungen« allein an ihre Aufgabe denken.

den Füßen hängt, schütteln wir auf euch; doch sollt ihr wissen: Genaht hat sich das Reich Gottes. ¹² Ich sage euch: Sodom wird es an jenem Tag erträglicher ergehen als jener Stadt.

Die unbußfertigen Städte. ¹³ Wehe dir, Chorazin! Wehe dir, Betsaida! Denn wären in Tyrus und Sidon die Wunder geschehen, die bei euch geschahen, sie hätten längst in Sack und Asche sitzend sich bekehrt. ¹⁴ Doch Tyrus und Sidon wird es erträglicher ergehen beim Gericht als euch.

¹⁵ Und du, Kafarnaum, wirst du wohl ›bis in den Himmel erhoben werden? Bis in die Unterwelt wirst du geschleudert werden‹ (Jes 14,13–15).

¹⁶ Wer euch hört, der hört mich; und wer euch verachtet, der verachtet mich; wer aber mich verachtet, der verachtet den, der mich gesandt hat.«

Rückkehr der Jünger. ¹⁷ Die [Zweiund]siebzig kehrten voll Freude zurück und sagten: »Herr, sogar die Dämonen sind uns untertan in deinem Namen.« ¹⁸ Er entgegnete ihnen: »Ich sah den Satan wie einen Blitz vom Himmel fallen. ¹⁹ Seht, ich habe euch Macht gegeben, auf ›Schlangen und Skorpione zu treten‹ (Ps 91,13), sowie über jede feindliche Gewalt, und nichts wird euch schaden. ²⁰ Doch freut euch nicht darüber, daß die Geister euch untertan sind; sondern freut euch, daß eure Namen aufgezeichnet sind im Himmel.«

Der Messiasruf Jesu. ²¹ In jener Stunde frohlockte Jesus im Heiligen Geist und sprach: »Ich preise dich, Vater, Herr des Himmels und der Erde, daß du dies vor Weisen und Klugen verborgen, Kleinen aber geoffenbart hast. Ja, Vater, so entsprach es deinem Willen. ²² Alles ist mir übergeben von meinem Vater. Niemand erkennt, wer der Sohn ist, als der Vater, und wer der Vater ist, als der Sohn und wem der Sohn es offenbaren will.«

²³ Und den Jüngern allein sich zuwendend, sprach er: »Selig die Augen, die sehen, was ihr seht! ²⁴Denn ich sage euch: Viele Propheten und Könige verlangten zu sehen, was ihr seht, und haben es nicht gesehen, und zu hören, was ihr hört, und haben es nicht gehört.«

Das Beispiel des Samariters. ²⁵ Und siehe, ein Gesetzeslehrer trat heran, um ihn auf die Probe zu stellen, und sagte: »Mei-

---

10,21–24: Vgl. Mt 11,25–27; 13,16 f.
10,25–37: Vgl. Mt 22,34–40; Mk 12,28–31. Das Gleichnis selbst ist Sonderbericht des Lk-Ev.

ster, was muß ich tun, um ewiges Leben zu erlangen?« ²⁶ Er erwiderte ihm: »Was steht geschrieben im Gesetz? Wie liest du?« ²⁷ Jener antwortete: »›Du sollst den Herrn, deinen Gott, lieben aus deinem ganzen Herzen, aus deiner ganzen Seele, aus deiner ganzen Kraft und aus deinem ganzen Denken‹ (Dt 6,5) und: ›Deinen Nächsten wie dich selbst‹ (Lev 19,18).« ²⁸ Er sagte zu ihm: »Du hast richtig geantwortet; ›tu das, so wirst du leben!‹ (Lev 18,5).« ²⁹ Jener aber wollte sich rechtfertigen und sagte zu Jesus: »Und wer ist mein Nächster?«
³⁰ Jesus nahm das Wort und sprach: »Es ging ein Mann von Jerusalem hinab nach Jericho und fiel unter die Räuber. Die plünderten ihn aus, schlugen ihn wund, ließen ihn halbtot liegen und gingen davon. ³¹ Da fügte es sich, daß ein Priester auf jenem Weg hinabging; er sah ihn und ging vorüber. ³² Ebenso ging auch ein Levit, der an die Stelle kam und ihn sah, vorüber. ³³ Ein Samariter aber, der des Weges zog, kam hinzu, sah ihn und erbarmte sich seiner. ³⁴ Er ging hin, verband seine Wunden und goß Öl und Wein darauf. Dann hob er ihn auf sein Reittier, brachte ihn zu einer Herberge und trug Sorge für ihn. ³⁵ Am andern Tag zog er zwei Denare heraus, gab sie dem Wirt und sagte: Trag Sorge für ihn, und was du darüber noch aufwendest, werde ich dir auf dem Rückweg bezahlen.
³⁶ Wer von diesen dreien, meinst du, hat sich als Nächster erwiesen an dem, der unter die Räuber fiel?« ³⁷ Der antwortete: »Der Barmherzigkeit übte an ihm.« Da sagte Jesus zu ihm: »Geh hin und tu desgleichen!«

Das eine Notwendige. ³⁸ Auf ihrer Wanderung kam er in ein Dorf. Eine Frau mit Namen Marta nahm ihn auf in ihr Haus. ³⁹ Sie hatte eine Schwester, die Maria hieß, und diese setzte sich zu den Füßen des Herrn und lauschte seinem Wort. ⁴⁰ Marta aber, viel in Anspruch genommen mit dem Bedienen, trat hinzu und sagte: »Herr, kümmert es dich nicht, daß meine Schwester mich allein ließ in der Bewirtung? Sag ihr doch, sie möge mir helfen.« ⁴¹ Der Herr antwortete ihr: »Marta, Marta,

---

10,38–42: Die beiden Schwestern wohnten nach Joh 11,1 in Betanien, auch die vorhergehende Parabel vom barmherzigen Samariter weist in die Gegend von Jerusalem. Somit ordnet Lk die Berichte nicht streng nach dem Verlauf des Weges; er trägt hier Begebenheiten, die zum Teil mit früheren Reisen verbunden waren, nach. Das »eine Notwendige« ist die Sorge um das Heil der Seele, nicht um die Bedürfnisse des Leibes. Jesus will nicht die häusliche Sorge an sich tadeln, sondern das rechte Rangverhältnis zeigen.

du machst dir Sorge und Unruhe um vieles; ⁴² eines nur ist notwendig. Maria hat den guten Teil erwählt; der wird nicht genommen werden von ihr.«

11. Kapitel

Das Gebet des Herrn. ¹ Als Jesus einmal an einem Ort im Gebet verweilte und es beendete, sagte einer seiner Jünger zu ihm: »Herr, lehre uns beten, wie auch Johannes seine Jünger lehrte.« ² Er sagte zu ihnen: »Wenn ihr betet, so sprecht: Vater, geheiligt werde dein Name; es komme dein Reich. ³ Unser tägliches Brot gib uns Tag für Tag. ⁴ Und vergib uns unsere Sünden; denn auch wir vergeben jedem unserer Schuldner. Und führe uns nicht in Versuchung.«

Vertrauensvolles Beten. ⁵ Und er sagte zu ihnen: »Jemand von euch hat einen Freund und zu dem geht er um Mitternacht und sagt zu ihm: Freund, leihe mir drei Brote, ⁶ denn mein Freund ist unterwegs bei mir eingetroffen, und ich habe nichts, was ich ihm vorsetzen könnte – ⁷ wird da jener von drinnen zur Antwort geben: Belästige mich nicht, die Türe ist schon verschlossen, und meine Kinder sind bei mir im Bett, ich kann nicht aufstehen und dir geben? ⁸ Ich sage euch: Wenn er auch nicht aufstehen und ihm geben wird, weil er sein Freund ist, so wird er doch seines Drängens wegen sich erheben und ihm geben, was er braucht.

⁹ Auch ich sage euch: Bittet, und es wird euch gegeben werden; sucht, und ihr werdet finden; klopft an, und es wird euch aufgetan werden. ¹⁰ Denn jeder, der bittet, empfängt; wer sucht, der findet; und wer anklopft, dem wird aufgetan werden. ¹¹ Wo ist unter euch ein Vater, der seinem Sohn, der ihn um ein Brot bittet, einen Stein gäbe? Oder um einen Fisch, und statt des Fisches eine Schlange ihm gäbe? ¹² Oder wenn er um ein Ei bittet, ihm einen Skorpion dafür gäbe? ¹³ Wenn nun ihr, die ihr böse seid, euern Kindern gute Gaben zu geben wißt, wieviel mehr wird der Vater vom Himmel den Heiligen Geist denen geben, die ihn bitten!«

Abwehr pharisäischer Lästerung. ¹⁴ Und er trieb einen Dämon aus, und dieser war stumm. Als der Dämon ausgefahren war, geschah es, daß der Stumme redete. Das Volk aber

---

11,1–4: Vgl. Mt 6,9–13 mit etwas längerem und zum Teil verschiedenem Text.
11,9–13: Vgl. Mt 7,7–11; beachte V. 13 mit dem wichtigsten Gebetsanliegen.
11,14–23: Vgl. Mt 12,22–30 (9,32–34); Mk 3,22–30.

staunte. ¹⁵ Einige von ihnen aber sagten: »Durch Beelzebul, den Fürsten der Dämonen, treibt er die Dämonen aus.« ¹⁶ Andere forderten, um ihn auf die Probe zu stellen, von ihm ein Zeichen vom Himmel.

¹⁷ Er aber wußte ihre Gedanken und sagte zu ihnen: »Jedes Reich, das mit sich selbst entzweit ist, wird verwüstet, und ein Haus fällt über das andere. ¹⁸ Wenn nun auch der Satan mit sich selbst entzweit ist, wie soll da sein Reich bestehen? Ihr sagt ja, ich treibe durch Beelzebul die Dämonen aus. ¹⁹ Wenn aber ich durch Beelzebul die Dämonen austreibe, durch wen treiben eure Söhne aus? Somit werden sie eure Richter sein. ²⁰ Treibe ich aber durch den Finger Gottes die Dämonen aus, dann ist ja das Reich Gottes zu euch gekommen. ²¹ Wenn der Starke wohlbewaffnet seinen Hof bewacht, so ist sein Eigentum in Sicherheit. ²² Kommt aber ein Stärkerer als er über ihn und überwältigt ihn, so nimmt er ihm seine ganze Rüstung, auf die er sich verlassen hatte, hinweg und verteilt seine Beute. ²³ Wer nicht mit mir ist, der ist gegen mich; und wer nicht mit mir sammelt, der zerstreut.

Warnung vor Rückfall. ²⁴ Wenn der unreine Geist ausgefahren ist aus dem Menschen, wandert er durch wasserlose Gegenden, sucht Ruhe, und da er sie nicht findet, sagt er: Ich will zurückkehren in mein Haus, von dem ich auszog. ²⁵ Und er kommt und findet es gescheuert und geschmückt. ²⁶ Dann geht er hin, nimmt sieben andere Geister mit sich, die ärger sind als er selbst, und sie ziehen ein und hausen darin, und die letzten Dinge jenes Menschen werden ärger sein als die ersten.«

Lobpreis der Mutter. ²⁷ Während er dies redete, geschah es, da erhob eine Frau aus dem Volk ihre Stimme und sagte zu ihm: »Selig der Leib, der dich getragen, und die Brüste, die dich genährt haben.« ²⁸ Er aber sprach: »Ja, doch selig, die das Wort Gottes hören und es bewahren.«

Warnung vor Unglauben. ²⁹ Als das Volk zusammenströmte, begann er zu sprechen: »Dieses Geschlecht ist ein böses Geschlecht; es verlangt ein Zeichen, doch es wird ihm kein anderes Zeichen gegeben werden als das Zeichen des Jona.

11,24–26: Vgl. Mt 12,43–45.
11,27f: Ein Beispiel von Marienverehrung in ihrer Bezogenheit auf Jesus. Jesus will das Lob seiner Mutter nicht zurückweisen, sondern auf das Entscheidende auch in ihrem Vorbild hinweisen.
11,29–32: Vgl. Mt 12,38–42 (16,1–4); Mk 8,11–13.

³⁰ Wie nämlich Jona für die Niniviten ein Zeichen war, so wird es auch der Menschensohn sein für dieses Geschlecht.
³¹ Die Königin des Südens wird beim Gericht mit den Männern dieses Geschlechts auftreten und sie verurteilen; denn sie kam von den Enden der Erde, um die Weisheit Salomos zu hören (1 Kg 10,1—10), und seht, mehr als Salomo ist hier.
³² Die Männer von Ninive werden beim Gericht mit diesem Geschlecht auftreten und es verurteilen; denn sie bekehrten sich auf die Predigt des Jonas hin (Jon 3,5), und seht, mehr als Jona ist hier.

Gleichnis vom Licht. ³³ Niemand zündet eine Lampe an und stellt sie in ein Versteck oder unter den Scheffel, sondern auf den Leuchter, damit die Eintretenden den Lichtschein sehen. ³⁴ Die Leuchte deines Leibes ist dein Auge. Ist dein Auge klar, ist auch dein ganzer Leib im Licht; ist es aber schlecht, ist auch dein Leib im Finstern. ³⁵ Gib darum acht, daß nicht das Licht, das in dir ist, Finsternis sei. ³⁶ Ist nun dein ganzer Leib im Licht, ohne irgendeinen Teil im Finstern zu haben, wird er ganz im Licht sein, wie im Schein einer Lampe, die dich umleuchtet.«

Strafrede über die Pharisäer und Schriftgelehrten. ³⁷ Während er redete, bat ihn ein Pharisäer, bei ihm zu speisen, und er ging hinein und ließ sich nieder. ³⁸ Der Pharisäer sah zu und wunderte sich, daß er sich vor dem Essen nicht wusch. ³⁹ Der Herr aber sagte zu ihm: »Ja, ihr Pharisäer, ihr reinigt das Äußere des Bechers und der Schüssel, doch das Innere von euch ist angefüllt mit Raub und Schlechtigkeit. ⁴⁰ Ihr Toren! Hat nicht er, der das Äußere machte, auch das Innere gemacht? ⁴¹ Gebt lieber das, was darin ist, als Almosen, und seht, alles ist rein für euch.

⁴² Doch wehe euch Pharisäern! Ihr berechnet den Zehnten von Minze, Raute und jedem Kraut; aber am Recht und an der Liebe Gottes geht ihr vorbei. Dies sollte man tun und jenes nicht unterlassen. ⁴³ Wehe euch Pharisäern! Ihr liebt den ersten Platz in den Synagogen und das Begrüßtwerden auf den öffentlichen Plätzen. ⁴⁴ Wehe euch! Ihr seid wie Gräber, die unkenntlich sind; die Leute gehen darüber und wissen es nicht.«

⁴⁵ Einer von den Gesetzeslehrern aber hielt ihm entgegen: »Meister, mit solchen Worten beleidigst du auch uns!« ⁴⁶ Er

---

11,33—36: Vgl. Mt 5,15; 6,22 f; Mk 4,21; Lk 8,16. V. 36b wird auch übersetzt: »Solange die Lampe dich mit ihrem Schein beleuchtet.«
11,37—54: Vgl. Mt 23,1—36.

aber entgegnete: »Wehe auch euch Gesetzeslehrern! Ihr beladet die Menschen mit schwer zu tragenden Lasten, ihr selbst aber rührt nicht mit einem einzigen eurer Finger die Lasten an. ⁴⁷ Wehe euch! Ihr baut die Denkmäler der Propheten; eure Väter aber haben sie getötet. ⁴⁸ So bezeugt und bestätigt ihr die Taten eurer Väter; sie haben jene getötet, und ihr baut [ihre Grabmäler].

⁴⁹ Deshalb hat auch die Weisheit Gottes gesagt: Ich werde zu ihnen Propheten und Apostel senden; sie aber werden von ihnen die einen töten und die anderen verfolgen, ⁵⁰ damit das Blut aller Propheten, das vergossen wurde seit Grundlegung der Welt, gefordert werde von diesem Geschlecht, ⁵¹ vom Blut Abels an bis zum Blut des Secharja, der umgebracht wurde zwischen Altar und Tempelhaus. Ja, ich sage euch: Es wird gefordert werden von diesem Geschlecht.

⁵² Wehe euch Gesetzeslehrern! Denn weggenommen habt ihr den Schlüssel der Erkenntnis; selbst seid ihr nicht hineingegangen und die Hineingehenden habt ihr daran gehindert.«

⁵³ Als er von dort weiterging, begannen die Schriftgelehrten und Pharisäer ihm scharf zuzusetzen und ihn über vielerlei Dinge auszuhorchen, ⁵⁴ und sie lauerten darauf, etwas aufzufangen aus seinem Mund [, um ihn anklagen zu können].

12. Kapitel

Aufruf zu mutigem Bekennen. ¹ Als sich unterdessen das Volk in ungezählten Scharen herandrängte, so daß sie sich auf die Füße traten, wandte er sich zuerst an seine Jünger und sprach: »Hütet euch vor dem Sauerteig der Pharisäer, vor der Heuchelei! ² Nichts ist verhüllt, was nicht offenbar, und nichts ist verborgen, was nicht bekannt werden wird. ³ Darum wird alles, was ihr im Finstern gesprochen habt, am hellen Tag vernommen werden; und was ihr ins Ohr gesagt habt in den Kammern, das wird verkündet werden auf den Dächern.

⁴ Ich sage euch als meinen Freunden: Fürchtet euch nicht vor denen, die den Leib töten, aber darüber hinaus nichts weiter zu tun vermögen. ⁵ Ich will euch zeigen, wen ihr fürchten sollt: Fürchtet den, der über das Töten hinaus noch Macht hat, in die Hölle zu werfen. Ja, sage ich euch, den fürchtet! ⁶ Verkauft man nicht fünf Sperlinge um zwei Pfennige? Und nicht einer von ihnen ist vergessen vor Gott. ⁷ Ja, selbst die Haare

---

12,1–3: Vgl. Mt 10,26 f (16,6); Mk 8,15 (4,22); Lk 8,17.
12,4–12: Vgl. Mt 10,19.28–33; 12,32. Zu Vers 12 vgl. Mk 13,11.

eures Hauptes sind alle gezählt. Fürchtet euch also nicht; wertvoller seid ihr als viele Sperlinge.
⁸ Ich sage euch: Jeder, der sich zu mir bekennt vor den Menschen, zu dem wird sich auch der Menschensohn bekennen vor den Engeln Gottes. ⁹ Wer mich aber verleugnet vor den Menschen, der wird auch verleugnet werden vor den Engeln Gottes.
¹⁰ Jedem, der ein Wort redet gegen den Menschensohn, wird vergeben werden; wer aber gegen den Heiligen Geist lästert, dem wird nicht vergeben werden.
¹¹ Wenn man euch vor die Synagogen bringt und vor die Behörden und Machthaber, so seid nicht in Sorge, wie oder womit ihr euch verteidigen oder was ihr sagen sollt; ¹² denn der Heilige Geist wird euch in jener Stunde lehren, was ihr sagen sollt.«

Warnung vor Habsucht. ¹³ Einer aus dem Volk sagte zu ihm: »Meister, sag meinem Bruder, er solle mit mir das Erbe teilen.« ¹⁴ Er aber erwiderte ihm: »Mensch, wer hat mich zum Richter oder Erbteiler gesetzt über euch?« ¹⁵ Und er sagte zu ihnen: »Seht zu und hütet euch vor aller Habgier; denn mag einer auch Überfluß haben, sein Leben hängt nicht ab von seinem Besitz.«
¹⁶ Er trug ihnen ein Gleichnis vor: »Das Land eines reichen Mannes hatte reichlich getragen. ¹⁷ Da überlegte er bei sich: Was soll ich tun, da ich nicht Raum genug habe, darin ich meine Früchte aufspeichern könnte? ¹⁸ Und er sagte: Das will ich tun: Ich werde meine Scheunen niederreißen und größere bauen; darin will ich all mein Getreide und alle meine Vorräte aufspeichern. ¹⁹ Und zu meiner Seele will ich sagen: Seele, du hast viel an Vorräten liegen auf viele Jahre; ruh dich aus, iß und trink und laß es dir wohl sein! ²⁰ Doch da sprach Gott zu ihm: Du Tor! Noch in dieser Nacht wird man dein Leben von dir fordern; was du nun aufgespeichert hast, für wen wird es sein? ²¹ So geht es dem, der Schätze sammelt für sich und nicht reich ist vor Gott.«

Von unnötiger und notwendiger Sorge. ²² Und er sagte zu seinen Jüngern: »Darum sage ich euch: Macht euch nicht Sorge um euer Leben, was ihr essen, noch um den Leib, was ihr anziehen sollt. ²³ Denn das Leben ist mehr als die Speise und der Leib mehr als die Kleidung.

12,22–34: Vgl. Mt 6,19–33 (in der Bergpredigt).

²⁴ Betrachtet die Raben; sie säen nicht, sie ernten nicht, sie haben weder Kammer noch Speicher, und Gott ernährt sie. Wieviel wertvoller seid ihr als die Vögel! ²⁵ Wer unter euch vermag mit seinen Sorgen seinem Lebensweg eine einzige Elle hinzuzufügen? ²⁶ Wenn ihr nun nicht einmal so Geringes vermögt, was macht ihr euch Sorge um das übrige?
²⁷ Betrachtet die Lilien, wie sie wachsen; sie arbeiten nicht und spinnen nicht, und doch sage ich euch: Selbst Salomo in all seiner Pracht war nicht gekleidet wie eine von ihnen. ²⁸ Wenn nun Gott das Gras auf dem Feld, das heute steht und morgen in den Ofen geworfen wird, so kleidet, wieviel mehr euch, ihr Kleingläubigen! ²⁹ So fragt auch ihr nicht danach, was ihr essen und was ihr trinken werdet, und beunruhigt euch nicht! ³⁰ Denn nach all dem trachten die Heiden der Welt; euer Vater aber weiß, daß ihr dessen bedürft. ³¹ Sucht vielmehr sein Reich, und dies wird euch dazugegeben werden. ³² Fürchte dich nicht, du kleine Herde! Denn es hat eurem Vater gefallen, euch das Reich zu geben. ³³ Verkauft, was ihr habt, und gebt Almosen! Macht euch Beutel, die nicht veralten, einen Schatz im Himmel, der nicht abnimmt, wo kein Dieb herankommt und den keine Motte zerstört. ³⁴ Denn wo euer Schatz ist, da wird auch euer Herz sein.

Mahnung zur Wachsamkeit. ³⁵ Eure Lenden sollen umgürtet sein, und eure Lampen sollen brennen. ³⁶ Ihr sollt sein wie Menschen, die auf ihren Herrn warten, wenn er von der Hochzeit heimkehrt, damit sie ihm, wenn er kommt und anklopft, sogleich öffnen. ³⁷ Selig jene Knechte, die der Herr bei seinem Kommen wachend antrifft. Wahrlich, ich sage euch: Er wird sich gürten und sie Platz nehmen lassen und herumgehen und sie bedienen. ³⁸ Kommt er in der zweiten oder dritten Nachtwache und trifft sie so an, selig sind sie! ³⁹ Das versteht ihr: Wenn der Herr des Hauses wüßte, zu welcher Stunde der Dieb kommt, so würde er nicht zulassen, daß in sein Haus eingebrochen wird. ⁴⁰ Auch ihr sollt bereit sein; denn zu einer Stunde, da ihr nicht daran denkt, wird der Menschensohn kommen.«
⁴¹ Da sagte Petrus zu ihm: »Herr, sagst du dieses Gleichnis für uns oder auch für alle?« ⁴² Und der Herr sprach: »Wer ist wohl der getreue und kluge Verwalter, den der Herr über seine Dienerschaft setzt, damit er ihnen ihren Teil an Nahrung gebe

---

12,35–48: Vgl. Mt 24,43–51; Mk 13,33–37 (im Zusammenhang mit den Weissagungen vom Ende).

zur rechten Zeit? ⁴³ Selig jener Knecht, den der Herr bei seinem Kommen so an der Arbeit findet. ⁴⁴ Wahrlich, ich sage euch: Über all seine Habe wird er ihn setzen.

⁴⁵ Wenn aber jener Knecht in seinem Herzen denkt: Mein Herr läßt sich Zeit zu kommen, und wenn er anfängt, die Knechte und Mägde zu schlagen, zu essen, zu trinken und sich zu berauschen, ⁴⁶ so wird der Herr dieses Knechtes kommen an einem Tag, da er es nicht erwartet, und zu einer Stunde, da er es nicht weiß, und er wird ihn niederhauen und ihm seinen Platz bei den Treulosen anweisen. ⁴⁷ Ein solcher Knecht, der um den Willen seines Herrn wußte und nicht bereithielt oder tat, wie dieser es wollte, wird viele Schläge empfangen. ⁴⁸ Der aber nicht darum wußte und tat, was Schläge verdient, wird wenige erhalten. Von jedem, dem viel gegeben wurde, wird viel gefordert werden, und wem viel anvertraut wurde, von dem wird man um so mehr verlangen.

Bereitschaft zum Kampf. ⁴⁹ Feuer auf die Erde zu werfen, bin ich gekommen, und wie sehr wünschte ich, es würde schon brennen! ⁵⁰ Mit einer Taufe muß ich getauft werden, und wie bedrängt es mich, bis sie vollbracht ist!

⁵¹ Meint ihr, ich sei gekommen, Frieden auf die Erde zu bringen? Nein, sage ich euch, sondern Entzweiung. ⁵² Denn von nun an werden fünf in einem Haus entzweit sein, drei gegen zwei und zwei gegen drei; ⁵³ es wird entzweit sein der Vater mit dem Sohn und der Sohn mit dem Vater, die Mutter mit der Tochter und ›die Tochter mit der Mutter‹, die Schwiegermutter mit der Schwiegertochter und ›die Schwiegertochter mit der Schwiegermutter‹ (Mich 7,6).«

Die Zeit drängt. ⁵⁴ Dann sprach er auch zum Volk: »Wenn ihr eine Wolke aufsteigen seht im Westen, sagt ihr sogleich: Es gibt Regen, und es kommt so; ⁵⁵ und spürt ihr den Südwind wehen, sagt ihr: Es wird heiß, und es trifft zu. ⁵⁶ Ihr Heuchler! Das Aussehen der Erde und des Himmels wißt ihr zu deuten; weshalb macht ihr euch keine Gedanken über die jetzige Zeit? ⁵⁷ Warum entscheidet ihr euch nicht auch von selber für das Rechte?

12,49–53: Vgl. Mt 10,34–36. »Feuer« meint hier wohl den Läuterungsbrand, der die Erde mit dem Gottesreich erfassen wird und die Menschen in den Kampf zwischen Glaube und Unglaube wirft. Jesus sehnt sich nach der Vollendung seiner Sendung, empfindet aber vorahnend in seiner menschlichen Natur das Schwere des Opferganges. Auch der Jünger wird den Kampf zu spüren bekommen.

⁵⁸ Wenn du nämlich mit deinem Gegner zur Obrigkeit gehst, so gib dir noch unterwegs Mühe, loszukommen von ihm, damit er dich nicht etwa vor den Richter ziehe und der Richter dich dem Gerichtsdiener übergebe und der Gerichtsdiener dich in das Gefängnis werfe. ⁵⁹ Ich sage dir: Du wirst nicht herauskommen von dort, bis du auch den letzten Pfennig bezahlt hast.«

13. Kapitel

Mahnung zur Umkehr. ¹ Gerade zu dieser Zeit kamen einige und berichteten ihm von den Galiläern, deren Blut Pilatus mit ihren Schlachtopfern vermischte. ² Und er wandte sich an sie und sprach: »Meint ihr, diese Galiläer seien größere Sünder gewesen als alle anderen Galiläer, weil sie das erlitten? ³ Nein, sage ich euch; vielmehr werdet ihr alle, wenn ihr euren Sinn nicht ändert, auf gleiche Weise umkommen. ⁴ Oder jene achtzehn, auf die der Turm am Schiloach fiel und sie erschlug, meint ihr, sie seien schuldiger gewesen als alle anderen Bewohner Jerusalems? ⁵ Nein, sage ich euch; vielmehr werdet ihr alle, wenn ihr euren Sinn nicht ändert, auf gleiche Weise umkommen.«

⁶ Er trug ihnen dieses Gleichnis vor: »Es hatte jemand einen Feigenbaum, der in seinen Weinberg gepflanzt war, und er kam und suchte an ihm nach Frucht, fand aber keine. ⁷ Da sagte er zum Weingärtner: Siehe, schon drei Jahre komme ich und suche Frucht an diesem Feigenbaum und finde keine; hau ihn heraus! Wozu denn soll er den Boden aussaugen? ⁸ Der aber antwortete ihm: Herr, laß ihn noch dieses Jahr, bis ich rings um ihn aufgehackt und Dünger dazugetan habe; ⁹ vielleicht bringt er künftig Frucht, wenn aber nicht, dann magst du ihn umhauen lassen.«

Heilung am Sabbat. ¹⁰ Am Sabbat lehrte er in einer der Synagogen. ¹¹ Und siehe, da war eine Frau, die schon achtzehn Jahre einen Geist des Siechtums hatte; sie war gekrümmt und völlig unfähig, sich noch aufzurichten. ¹² Als Jesus sie sah, rief er sie heran und sagte zu ihr: »Frau, du bist erlöst von deiner Krankheit!« ¹³ Er legte ihr die Hände auf, und sogleich richtete sie sich auf und lobte Gott.

13,1–9: Mit diesen Beispielen von blutig beendeten Aufstandsversuchen nationaler Fanatiker will Jesus vom politischen Messiasgedanken weg zur inneren Auffassung vom Gottesreich aufrufen. In V. 6–9 weist Jesus auf das bis jetzt vergebliche Mühen um Israel hin. Die »drei Jahre« beziehen sich wohl auf sein dreijähriges Wirken, wie es sich nach Joh ergibt.

¹⁴ Der Synagogenvorsteher aber, der unwillig war, daß Jesus am Sabbat heilte, sagte zum Volk: »Sechs Tage sind es, an denen man arbeiten darf; an denen kommt und laßt euch heilen, nicht aber am Sabbat!« ¹⁵ Der Herr hielt ihm entgegen: »Ihr Heuchler! Bindet nicht jeder von euch am Sabbat seinen Ochsen oder Esel von der Krippe los und führt ihn zur Tränke? ¹⁶ Diese aber, eine Tochter Abrahams, die der Satan schon achtzehn Jahre gebunden hielt, sollte nicht gelöst werden dürfen von dieser Fessel am Tag des Sabbats?« ¹⁷ Als er dies sagte, schämten sich alle seine Widersacher; das ganze Volk aber freute sich über die herrlichen Taten, die durch ihn geschahen.

Das Gottesreich im Gleichnis. ¹⁸ Weiter sagte er: »Wem ist das Reich Gottes gleich, womit soll ich es vergleichen? ¹⁹ Es ist gleich einem Senfkorn, das einer nahm und in seinen Garten säte. Es wuchs und wurde zu einem großen Baum, und die Vögel des Himmels wohnten in seinen Zweigen.« ²⁰ Und wiederum sagte er: »Womit soll ich das Reich Gottes vergleichen? ²¹ Es ist gleich einem Sauerteig, den eine Frau nahm und unter drei Maß Mehl mengte, bis alles durchsäuert war.«

Berufung und Verwerfung. ²² Er zog durch Städte und Dörfer und lehrte, während er den Weg nach Jerusalem nahm. ²³ Da sagte einer zu ihm: »Herr, sind es wenige, die gerettet werden?« Er antwortete ihnen: ²⁴ »Müht euch, hineinzukommen durch die enge Pforte; denn ich sage euch: Viele werden hineinzukommen suchen und es nicht vermögen. ²⁵ Sobald der Herr des Hauses sich erhoben und die Türe verschlossen hat und ihr draußen steht und an die Pforte zu klopfen beginnt und ruft: Herr, mach uns auf! wird er euch zur Antwort geben: Ich weiß von euch nicht, woher ihr seid.

²⁶ Dann werdet ihr sagen: Wir haben vor deinen Augen gegessen und getrunken, und du hast auf unseren Straßen gelehrt. ²⁷ Und er wird antworten: Ich sage euch: Ich weiß nicht, woher ihr seid; weicht von mir alle, die ihr die Werke des Bösen tut! ²⁸ Da wird Heulen sein und Zähneknirschen, wenn ihr Abraham, Isaak, Jakob und alle Propheten im Reich Gottes sehen werdet, euch selbst aber ausgestoßen. ²⁹ Sie werden kommen von Osten und Westen, von Norden und Süden und zu Tisch liegen im Reich Gottes. ³⁰ Seht, es gibt Letzte, die werden Erste sein, und Erste, die werden Letzte sein.«

13,18–21: Vgl. Mt 13,31–33; Mk 4,30–32.
13,22–30: Vgl. Mt 7,13f. 22–24; 25,10–12; 8,11f.

Unbeirrbar unter dem Ratschluß Gottes. ³¹ Zur selben Stunde traten einige Pharisäer hinzu und sagten zu ihm: »Geh fort und entferne dich von hier, denn Herodes will dich töten.« ³² Er entgegnete ihnen: »Geht hin und sagt diesem Fuchs: Siehe, ich treibe Dämonen aus und vollbringe Heilungen heute und morgen, und erst am dritten Tag komme ich zur Vollendung. ³³ Doch heute und morgen und den nächsten Tag muß ich noch wandern; denn es geht nicht an, daß ein Prophet umkomme außerhalb von Jerusalem.
³⁴ Jerusalem, Jerusalem, das du die Propheten mordest und die steinigst, die zu dir gesandt sind, wie oft wollte ich deine Kinder sammeln, wie eine Henne ihre Küchlein unter ihre Flügel sammelt, und ihr habt nicht gewollt! ³⁵ Seht, ›verlassen wird euer Haus‹ (Jer 22,5). Ich sage euch: Ihr werdet mich nicht mehr sehen, bis die Zeit kommt, da ihr sprecht: Gepriesen sei, der da kommt im Namen des Herrn!«

14. Kapitel

Weitere Heilung am Sabbat. ¹ Es geschah an einem Sabbat, da kam er in das Haus eines der führenden Pharisäer, um zu speisen, und sie gaben genau auf ihn acht. ² Siehe, da war ein wassersüchtiger Mann vor ihm. ³ Jesus wandte sich zu den Gesetzeslehrern und Pharisäern und sagte: »Ist es am Sabbat erlaubt zu heilen oder nicht?« ⁴ Sie schwiegen. Da faßte er ihn an, heilte ihn und ließ ihn gehen. ⁵ Zu ihnen aber sagte er: »Wer von euch, dessen Sohn oder Rind in den Brunnen fällt, wird sie nicht sofort herausziehen am Tag des Sabbats?« ⁶ Und sie vermochten nichts darauf zu erwidern.

Mahnung an Gast und Gastgeber. ⁷ Den Geladenen aber trug er ein Gleichnis vor, da er bemerkte, wie sie die ersten Plätze sich aussuchten, und sagte zu ihnen:

⁸ »Bist du von einem zur Hochzeit geladen, so laß dich nicht auf den ersten Platz nieder; denn es könnte ein Vornehmerer als du von ihm geladen sein, ⁹ und der dich und ihn lud, könnte kommen und zu dir sagen: Mach diesem Platz! Und dann würdest du unter Beschämung den letzten Platz einnehmen. ¹⁰ Sondern, bist du geladen, so geh hin und laß dich auf

---

13,34f: Vgl. Mt 23,37–39, wo dieser erschütternde Klageruf in die letzten Tage Jesu in Jerusalem gelegt ist.
14,1–24 reiht Gastmahlgespräche im Hause eines Pharisäers aneinander, wobei Jesus den Geist wahrer Sabbatauffassung, selbstlosen Verhaltens sowie im Gleichnis vom großen Gastmahl (vgl. Mt 22,1–14) die Verantwortung des Rufes zum Gottesreich kennzeichnet.

den letzten Platz nieder, und wenn er kommt, der dich einlud, wird er zu dir sagen: Freund, rücke höher hinauf! Dann wird es dir zur Ehre sein vor allen deinen Tischgenossen. ¹¹ Denn jeder, der sich selbst erhöht, wird erniedrigt, und wer sich selbst erniedrigt, wird erhöht werden.«

¹² Auch zu dem, der ihn geladen hatte, sagte er: »Wenn du ein Mittagessen oder ein Abendmahl gibst, so lade nicht deine Freunde ein, auch nicht deine Brüder und Verwandten und nicht reiche Nachbarn; sonst laden auch sie dich wieder ein, und du empfängst die Gegengabe. ¹³ Lade vielmehr, wenn du ein Gastmahl gibst, Arme und Krüppel ein, Lahme und Blinde, ¹⁴ und du wirst selig sein, weil sie keine Möglichkeit haben, dir zu vergelten; denn vergolten wird dir bei der Auferstehung der Gerechten.«

Das große Gastmahl. ¹⁵ Als einer von den Tischgenossen dies hörte, sagte er zu ihm: »Selig, wer speisen wird im Reich Gottes!« ¹⁶ Er aber sagte zu ihm: »Es veranstaltete einer ein großes Gastmahl und lud viele dazu ein. ¹⁷ Zur Stunde des Mahles sandte er seinen Knecht, um den Geladenen zu sagen: Kommt, es ist [alles] bereit. ¹⁸ Da begannen sie alle zusammen, der Reihe nach sich zu entschuldigen. Der erste ließ ihm sagen: Ich habe einen Acker gekauft und muß dringend hingehen, ihn anzusehen; ich bitte dich, halte mich für entschuldigt. ¹⁹ Ein anderer sagte: Ich habe fünf Paar Ochsen gekauft und bin auf dem Weg, sie zu prüfen; ich bitte dich, halte mich für entschuldigt. ²⁰ Ein anderer sagte: Ich habe eine Frau genommen und kann deshalb nicht kommen.

²¹ Der Knecht kam zurück und berichtete dies seinem Herrn. Da sagte voll Zorn der Herr zu seinem Knecht: Geh eilig hinaus auf die Straßen und Gassen der Stadt und führe die Armen und Krüppel, die Blinden und Lahmen herein. ²² Der Knecht meldete: Herr, es ist geschehen, was du befohlen hast; aber noch immer ist Platz. ²³ Da sagte der Herr zum Knecht: Geh hinaus auf die Landstraßen und an die Zäune und nötige sie hereinzukommen, damit mein Haus voll werde. ²⁴ Denn ich sage euch: Keiner von den Männern, die geladen waren, wird kosten von meinem Mahl.«

14,25–35: Vgl. Mt 10,37–39; 5,13 (Bild vom Salz); Mk 9,50. Die Jüngerschaft fordert letzte Hingabe. »Sich lossagen« (wörtlich »hassen«) gegenüber irdischer Ordnung ist nötig, wenn die höheren Werte des Gottesreiches auf dem Spiele stehen. Ein unentschlossener, schwankender Jünger ist wie kraftlos gewordenes Salz, das unbrauchbar ist und dem man nicht die eigentliche Bestimmung wiedergeben kann.

Ernst der Nachfolge Jesu. ²⁵ Es begleitete ihn auf dem Weg das Volk in großen Scharen, und er wandte sich an sie und sprach: ²⁶ »Wenn jemand zu mir kommt und er sagt sich nicht los von Vater und Mutter, Frau und Kindern, Brüdern und Schwestern, ja selbst von seinem eigenen Leben, der kann nicht mein Jünger sein. ²⁷ Und wer nicht sein Kreuz trägt und mir nachfolgt, der kann nicht mein Jünger sein.

²⁸ Denn wer von euch, der einen Turm bauen will, setzt sich nicht zuvor hin und berechnet die Kosten, ob er genug habe, um fertig zu bauen? ²⁹ Sonst könnte es sein, daß er den Grund gelegt hat und nicht imstande ist, fertig zu bauen, und alle, die es sehen, anfangen, ihn zu verspotten ³⁰ und zu sagen: Dieser Mann hat angefangen zu bauen und konnte nicht fertigmachen.

³¹ Oder welcher König, der auszieht, einem anderen König zum Kampf sich zu stellen, setzt sich nicht zuvor hin und hält Rat, ob er imstande ist, mit zehntausend Mann dem zu begegnen, der mit zwanzigtausend Mann anrückt gegen ihn? ³² Andernfalls schickt er, solange der andere noch fern ist, eine Gesandtschaft an ihn und erbittet die Bedingung zum Frieden.

³³ So kann also keiner von euch, der nicht von allem sich lossagt, was er besitzt, mein Jünger sein. ³⁴ Trefflich ist das Salz; wenn aber auch das Salz schal geworden ist, womit soll es gewürzt werden? ³⁵ Weder für das Erdreich noch für den Dunghaufen taugt es; man wirft es hinaus. Wer Ohren hat zu hören, der höre!«.

15. Kapitel

Gleichnis vom verlorenen Schaf. ¹ Die Zöllner und Sünder kamen alle in seine Nähe, um ihn zu hören. ² Da murrten die Pharisäer und Schriftgelehrten und sagten: »Dieser nimmt Sünder auf und ißt mit ihnen.«

³ Er sagte ihnen dieses Gleichnis: ⁴ »Wer von euch, der hundert Schafe hat und eines davon verliert, läßt nicht die neunundneunzig in der Wüste und geht dem verlorenen nach, bis er es findet? ⁵ Und hat er es gefunden, legt er es voll Freude

---

15,1–32: Vgl. Mt 18,12–14 (nur das Gleichnis vom verlorenen Schaf, aber in anderem Zusammenhang). Lk bringt drei Gleichnisse, in denen die suchende und verzeihende Liebe Gottes zu den Verirrten eindrucksvoll dargestellt ist. Gegenüber den selbstgerechten Pharisäern, die kein Bedürfnis zur Bekehrung spüren, will Jesus mit diesen Beispielen dem Menschen, der sich demütig seiner Schuld bewußt ist, zur vertrauensvollen Umkehr rufen.

auf seine Schultern, ⁶ und kommt er nach Hause, ruft er Freunde und Nachbarn zusammen und sagt zu ihnen: Freut euch mit mir, denn ich fand mein Schaf, das verloren war. ⁷ Ich sage euch: Ebenso wird Freude sein im Himmel über einen einzigen Sünder, der sich bekehrt, mehr als über neunundneunzig Gerechte, die der Umkehr nicht bedürfen.
Gleichnis von der verlorenen Drachme. ⁸ Oder welche Frau, die zehn Drachmen besitzt und eine davon verliert, zündet nicht ein Licht an und kehrt das Haus aus und sucht voll Eifer, bis sie die Drachme findet? ⁹ Und hat sie diese gefunden, ruft sie Freundinnen und Nachbarinnen zusammen und sagt: Freut euch mit mir, denn ich fand die Drachme, die ich verloren hatte. ¹⁰ Ebenso, sage ich euch, wird Freude sein bei den Engeln Gottes über einen einzigen Sünder, der sich bekehrt.«
Gleichnis vom verlorenen Sohn. ¹¹ Ferner sagte er: »Ein Mann hatte zwei Söhne. ¹² Der jüngere von ihnen sagte zum Vater: Vater, gib mir den Anteil des Vermögens, der mir zukommt! Da teilte er unter sie das Besitztum. ¹³ Wenige Tage darauf packte der jüngere Sohn alles zusammen, zog fort in ein fernes Land und vergeudete dort sein Vermögen durch ein ausgelassenes Leben. ¹⁴ Nachdem er aber alles vertan hatte, kam eine große Hungersnot über jenes Land, und er begann Not zu leiden. ¹⁵ Da ging er hin und verdingte sich an einen Bürger jenes Landes, und der schickte ihn auf seine Felder zum Hüten der Schweine. ¹⁶ Gern hätte er seinen Magen gefüllt mit den Schoten, von denen die Schweine fraßen, aber niemand gab sie ihm.
¹⁷ Da ging er in sich und sprach: Wie viele Taglöhner meines Vaters haben Brot in Überfluß, und ich gehe hier vor Hunger zugrunde. ¹⁸ Ich will mich aufmachen und zu meinem Vater gehen und zu ihm sagen: Vater, ich habe mich versündigt gegen den Himmel und vor dir; ¹⁹ ich bin nicht mehr wert, dein Sohn zu heißen; halte mich wie einen deiner Taglöhner. ²⁰ Und er machte sich auf und ging zu seinem Vater. Er war noch weit weg, da sah ihn sein Vater und lief, von Mitleid bewegt, ihm entgegen, fiel ihm um den Hals und küßte ihn. ²¹ Der Sohn aber sagte zu ihm: Vater, ich habe mich versündigt gegen den Himmel und vor dir; ich bin nicht mehr wert, dein Sohn zu heißen.
²² Der Vater aber sagte zu seinen Knechten: Holt ihm geschwind das beste Kleid heraus und zieht es ihm an; gebt ihm einen Ring an die Hand und Schuhe an die Füße; ²³ bringt

auch das gemästete Kalb und schlachtet es! Wir wollen essen und ein Freudenfest feiern; ²⁴ denn dieser mein Sohn war tot und wurde wieder lebendig; war verloren und wurde gefunden. Und sie fingen an, ein Freudenfest zu feiern.
²⁵ Sein älterer Sohn aber war auf dem Feld. Als er nun kam und sich dem Haus näherte, hörte er Musik und Tanz. ²⁶ Da rief er einen von den Knechten herbei und fragte ihn, was das bedeute. ²⁷ Der sagte zu ihm: Dein Bruder ist gekommen, und dein Vater schlachtete das gemästete Kalb, weil er ihn gesund zurückerhielt. ²⁸ Da wurde er zornig und wollte nicht hineingehen. Sein Vater aber kam heraus und redete ihm zu.
²⁹ Er jedoch gab dem Vater zur Antwort: Siehe, so viele Jahre diene ich dir, und niemals übertrat ich dein Gebot; doch niemals gabst du mir ein Böcklein, daß ich mit meinen Freunden ein Freudenfest hätte feiern können. ³⁰ Da nun dieser dein Sohn daherkam, der dein Vermögen mit Dirnen vertan hat, schlachtest du für ihn das gemästete Kalb. ³¹ Der Vater erwiderte ihm: Kind, du bist immer bei mir, und all das Meine ist dein; ³² freuen aber müssen wir uns und froh sein; denn dieser dein Bruder war tot und wurde wieder lebendig, war verloren und wurde gefunden.«

16. Kapitel

Gleichnis vom klugen Verwalter. ¹ Und er sagte zu den Jüngern: »Es war ein reicher Mann, der hatte einen Verwalter, und dieser wurde bei ihm verklagt, er verschleudere seine Güter. ² Er ließ ihn kommen und sagte zu ihm: Was höre ich über dich? Gib Rechenschaft von deiner Verwaltung; du kannst nicht mehr Verwalter sein.
³ Da sagte sich der Verwalter: Was soll ich tun, da mein Herr die Verwaltung wegnimmt aus meiner Hand? Graben kann ich nicht, zu betteln schäme ich mich. ⁴ Ich weiß, was ich tue, damit sie mich, wenn ich abgesetzt bin von der Verwaltung, in ihre Häuser aufnehmen. ⁵ Er ließ die Schuldner seines Herrn einzeln zu sich kommen und fragte den ersten: Wieviel schuldest du meinem Herrn? ⁶ Der antwortete: Hundert Krüge Öl.

16,1–13: Das leicht mißverständliche Gleichnis hat den Vergleichspunkt in der wohlüberlegten Vorsorge des treulosen Verwalters, der sich rechtzeitig für sein späteres Leben sichert. Nicht der Betrug, sondern die Klugheit wird anerkannt. Davon sollten die »Kinder des Lichtes«, d. h. die Gott und seiner Offenbarung Zugewandten, lernen, indem sie den »trügerischen« (wörtlich: »ungerechten«) Mammon so verwenden, daß sie sich Gott zum Freunde machen. Zu Vers 13 vgl. Mt 6,24.

Und er sagte zu ihm: Nimm deinen Schuldschein, setze dich und schreibe geschwind fünfzig! ⁷ Dann fragte er einen andern: Und wieviel schuldest du? Der antwortete: Hundert Malter Weizen. Und er sagte zu ihm: Nimm deinen Schuldschein und schreibe achtzig!«

⁸ Anerkennend sprach der Herr von dem treulosen Verwalter: »Er hat klug gehandelt; denn die Kinder dieser Welt sind gegenüber ihresgleichen klüger als die Kinder des Lichtes. ⁹ Auch ich sage euch: Macht euch Freunde mit dem trügerischen Mammon, damit sie euch, wenn es zu Ende geht, aufnehmen in die ewigen Wohnungen. ¹⁰ Wer treu ist im Geringsten, ist auch im Großen treu; und wer treulos ist im Geringsten, ist auch im Großen nicht treu. ¹¹ Seid ihr nun bei dem trügerischen Mammon nicht treu gewesen, wer wird das wahre Gut euch anvertrauen? ¹² Und seid ihr beim fremden Gut nicht treu gewesen, wer wird das Eure euch geben? ¹³ Kein Knecht kann zwei Herren dienen; denn entweder wird er den einen hassen und den andern lieben oder dem einen sich zuneigen und den anderen verachten; ihr könnt nicht Gott dienen und dem Mammon.«

Zurechtweisung der Pharisäer. ¹⁴ Dies alles hörten die geldsüchtigen Pharisäer, und sie spotteten über ihn. ¹⁵ Da sagte er zu ihnen: »Ihr zeigt euch vor den Menschen als Gerechte, Gott aber kennt eure Herzen; denn was unter Menschen als hoch gilt, ist ein Greuel vor Gott.

¹⁶ Das Gesetz und die Propheten reichen bis zu Johannes; seitdem wird das Reich Gottes verkündet, und jeder will mit Gewalt hinein.

¹⁷ Es ist leichter, daß Himmel und Erde vergehen, als daß vom Gesetz ein einziges Häkchen hinfällig wird.

¹⁸ Jeder, der seine Frau entläßt und eine andere heiratet, bricht die Ehe; und wer eine vom Mann Entlassene heiratet, bricht die Ehe.

Gleichnis vom Reichen und Armen. ¹⁹ Es war ein reicher Mann, der kleidete sich in Purpur und feinstes Linnen und erfreute sich Tag für Tag eines prunkvollen Lebens. ²⁰ Ein

---

16,14—18: Diese logisch nicht fest verknüpften, bei Mt in verschiedenem Zusammenhang eingeordneten Sätze wollen den falschen Hoffnungen und Vorstellungen der Pharisäer entgegentreten und auf die Gefahr ihrer Veräußerlichung, besonders ihres Mammonsdienstes hinweisen. Auch die folgende Parabel vom Reichen und Armen besagt das. Vgl. zu Vers 16 Mt 11,12 f, zu 17 Mt 5,18, zu 18 Mt 5,32; 19,9.

Armer, namens Lazarus, lag vor seiner Tür, von Geschwüren bedeckt, ²¹ und hätte gern den Hunger gestillt mit dem, was vom Tisch des Reichen fiel [, doch niemand gab ihm davon]. Ja sogar die Hunde kamen und leckten an seinen Geschwüren. ²² Da geschah es, daß der Arme starb und von den Engeln in den Schoß Abrahams getragen wurde. Es starb auch der Reiche und wurde begraben. ²³ Als er in der Unterwelt in der Qual seiner Schmerzen seine Augen erhob, sah er Abraham von fern und Lazarus in seinem Schoß. ²⁴ Da rief er: Vater Abraham, erbarm dich meiner und sende den Lazarus, daß er die Spitze seines Fingers ins Wasser tauche und meine Zunge erfrische; denn ich leide große Pein in dieser Glut. ²⁵ Abraham entgegnete ihm: Mein Sohn, denk daran, du hast dein Gutes empfangen in deinem Leben wie Lazarus ebenso das Schlechte; nun wird er hier getröstet, und du leidest Pein. ²⁶ Und zu alldem ist zwischen uns und euch eine große Kluft gesetzt, damit jene, die von hier zu euch hinüberkommen möchten, es nicht können, und ebensowenig können die drüben herübergelangen zu uns.
²⁷ Da sagte er: So bitte ich dich, Vater, du möchtest ihn in das Haus meines Vaters senden; ²⁸ denn ich habe fünf Brüder; er soll vor sie als Zeuge treten, damit nicht auch sie an diesen Ort der Peinigung kommen. ²⁹ Abraham entgegnete: Sie haben Mose und die Propheten, auf die sollen sie hören. ³⁰ Er aber erwiderte: Nein, Vater Abraham; doch wenn von den Toten einer zu ihnen kommt, werden sie sich bekehren. ³¹ Da erwiderte er ihm: Wenn sie auf Mose und die Propheten nicht hören, dann werden sie, auch wenn von den Toten einer aufsteht, sich nicht überzeugen lassen.«

17. Kapitel
Mahnungen an die Jünger. ¹ Er sagte zu seinen Jüngern: »Undenkbar ist es, daß die Ärgernisse nicht kommen; wehe aber dem, durch den sie kommen! ² Es wäre ihm besser, wenn ein Mühlstein um seinen Hals gelegt und er ins Meer geworfen würde, als daß er Ärgernis gibt einem von diesen Kleinen. ³ Nehmt euch in acht!
Wenn dein Bruder sündigt, so weise ihn zurecht, und tut es ihm leid, so vergib ihm. ⁴ Und sündigt er siebenmal am Tag

---

17,1–10: Lose aneinandergereihte Jüngerbelehrungen: Zu 1 f vgl. Mt 18,6 f; Mk 9,42, zu 3 f vgl. Mt 18,15–22, zu 5 f vgl. Mt 17,20; 21,21; Mk 11,22 f. 7–10 ist Sonderbericht bei Lk zur Verurteilung der Lohnsucht vor Gott.

gegen dich und kommt er siebenmal zurück und sagt: Es tut mir leid, so vergib ihm.«

⁵ Die Apostel sagten zum Herrn: »Gib uns mehr Glauben!« ⁶ Da sprach der Herr: »Wenn ihr Glauben hättet wie ein Senfkorn groß, könntet ihr zu diesem Maulbeerbaum sagen: Nimm deine Wurzeln heraus und verpflanz dich ins Meer! Und er würde euch gehorchen.

⁷ Wer von euch, der einen Knecht hat zum Pflügen oder Hüten, wird zu ihm, wenn er vom Feld hereinkommt, sagen: Komm sogleich her und geh zu Tisch? ⁸ Wird er nicht vielmehr zu ihm sagen: Bereite mir das Essen; leg den Schurz an und bediene mich, bis ich gegessen und getrunken habe, und hernach magst auch du essen und trinken. ⁹ Bedankt er sich wohl bei dem Knecht, daß er tat, was ihm befohlen war? ¹⁰ So sollt auch ihr, wenn ihr alles getan habt, was euch befohlen war, sagen: Armselige Knechte sind wir; was zu tun wir schuldig waren, haben wir getan.«

Der dankbare Samariter. ¹¹ Auf seiner Wanderung nach Jerusalem war es, da führte ihn der Weg durch das Grenzgebiet von Samaria und Galiläa, ¹² und als er auf ein Dorf zuging, kamen ihm zehn aussätzige Männer entgegen, die von fern stehen blieben, ¹³ ihre Stimme erhoben und riefen: »Jesus, Meister, erbarm dich unser!« ¹⁴ Er sah sie und sprach: »Geht hin und zeigt euch den Priestern!« Und es geschah, während sie hingingen, wurden sie rein.

¹⁵ Einer von ihnen, der sah, daß er geheilt sei, kehrte um, lobte Gott mit lauter Stimme, ¹⁶ fiel vor seinen Füßen auf sein Angesicht nieder und dankte ihm. Und der war ein Samariter. ¹⁷ Jesus erwiderte: »Sind nicht die zehn rein geworden? Wo sind denn die neun? ¹⁸ Hat sich keiner gefunden, der zurückkäme und Gott die Ehre gäbe als dieser Fremde?« ¹⁹ Und er sagte zu ihm: »Steh auf und geh! Dein Glaube hat dir geholfen.«

Das Kommen des Gottesreiches. ²⁰ Als er von den Pharisäern gefragt wurde, wann das Reich Gottes komme, antwortete er

---

17,20–37: Vgl. Mt 24,26–28.37–41 (10,39); Mk 8,35; 13,15 f. Wenn auch manche Sätze auf die Vorzeichen des Jüngsten Tages und auf ihn selbst sich beziehen, so meint »Gottesreich« hier doch auch die mit Christus beginnende Heilswirklichkeit. Aber sein Kommen läßt sich nicht an äußeren Vorgängen feststellen und berechnen. Es ist »in eurer Mitte«, d. h. es ist da, ohne daß es sich nach außen anzeigt. Damit will Jesus die auf Äußerlichkeiten wartenden Juden auf das innere Wesen des Gottesreiches hinführen, ohne damit die sichtbare Ordnung der zu gründenden Kirche verneinen zu wollen.

ihnen: »Es kommt das Reich Gottes nicht in äußerlich wahrnehmbarer Weise; ²¹ man wird auch nicht sagen: Seht, hier ist es, oder: Dort! Denn seht, das Reich Gottes ist in eurer Mitte.« ²² Und zu den Jüngern sagte er: »Es werden Tage kommen, da ihr euch sehnt, auch nur einen einzigen Tag des Menschensohns zu sehen, und ihr werdet nicht sehen. ²³ Man wird euch sagen: Siehe, dort, oder: Siehe, da! Geht nicht weg und lauft nicht hinterher! ²⁴ Denn wie der Blitz aufblitzt und von einer Seite des Himmels bis zur andern leuchtet, so wird es auch mit dem Menschensohn sein an seinem Tag. ²⁵ Zuvor aber muß er vieles leiden und muß verworfen werden von diesem Geschlecht.

²⁶ Wie es aber zuging in den Tagen des Noach, so wird es auch sein in den Tagen des Menschensohns: ²⁷ Sie aßen und tranken, heirateten und ließen sich heiraten bis zu dem Tag, da Noach in die Arche ging; da kam die Sintflut und vertilgte sie alle. ²⁸ Und ebenso, wie es zuging in den Tagen des Lot: Sie aßen und tranken, kauften und verkauften, pflanzten und bauten; ²⁹ an dem Tag aber, da Lot von Sodom wegzog, regnete es Feuer und Schwefel vom Himmel und vertilgte sie alle – ³⁰ geradeso wird es sein an dem Tag, da der Menschensohn sich offenbaren wird. ³¹ Wer an jenem Tag auf dem Dach ist und seine Sachen im Hause hat, der steige nicht hinab, um sie zu holen; und wer auf dem Feld ist, der kehre ebenfalls nicht zurück. ³² Denkt an die Frau des Lot!

³³ Wer sein Leben zu bewahren sucht, wird es verlieren; und wer es verliert, wird es als Leben gewinnen. ³⁴ Ich sage euch: In jener Nacht werden zwei sein auf einem Lager: der eine wird hinweggenommen, der andere zurückgelassen werden. ³⁵ Zwei werden zusammen mahlen: die eine wird hinweggenommen, die andere zurückgelassen werden. ³⁶ [Zwei werden sein auf dem Feld: der eine wird hinweggenommen, der andere zurückgelassen werden.]« ³⁷ Da wandten sie sich an ihn und fragten: »Wo denn, Herr?« Er antwortete ihnen: »Wo das Aas ist, da sammeln sich auch die Geier« (Ijob 39,30).

18. Kapitel

Vertrauensvolles Beten. ¹ Er trug ihnen ein Gleichnis vor, um zu sagen, sie sollten allezeit beten und nicht nachlassen. ² Er

---

18,1–8 meint das unbeirrbare Beten der Jünger Christi um das Kommen des Gottesreiches, mit dem Blick auf die Parusie des Herrn. V. 8 bezieht sich wohl auf die Gleichgültigkeit der Welt gegenüber diesem Kommen des Herrn, vgl. Lk 17,26–36.

sprach: »Es war ein Richter in einer Stadt, der weder Gott fürchtete noch einen Menschen scheute. ³ Es war eine Witwe in jener Stadt, die kam immer wieder zu ihm und sagte: Verschaffe mir Recht gegen meinen Widersacher! ⁴ Eine Zeitlang wollte er nicht. Dann aber sagte er sich: Wenn ich auch Gott nicht fürchte und keinen Menschen scheue, ⁵ so will ich doch dieser Witwe, weil sie mich nicht in Ruhe läßt, Recht verschaffen, sonst kommt sie am Ende daher und fährt mir ins Gesicht.«

⁶ Und der Herr sagte: »Hört, was der ungerechte Richter sagt! ⁷ Soll da Gott seinen Auserwählten, die Tag und Nacht zu ihm rufen, nicht Recht verschaffen und wird er lange zuwarten bei ihnen? ⁸ Ich sage euch: Er wird ihnen Recht verschaffen ohne Verzug. Wird freilich der Menschensohn, wenn er kommt, den Glauben finden auf Erden?«

Von zweierlei Betern. ⁹ Er sagte auch zu einigen, die sich selber zutrauten, gerecht zu sein, und die übrigen verachteten, dieses Gleichnis: ¹⁰ »Zwei Menschen gingen hinauf in den Tempel, um zu beten, der eine ein Pharisäer, der andere ein Zöllner. ¹¹ Der Pharisäer stellte sich hin und betete bei sich so: Gott, ich danke dir, daß ich nicht bin wie die übrigen Menschen, wie Räuber, Betrüger, Ehebrecher oder auch wie dieser Zöllner. ¹² Ich faste zweimal in der Woche, ich gebe den Zehnten von allem, was ich erwerbe.

¹³ Der Zöllner aber stand weit zurück und wollte nicht einmal die Augen zum Himmel erheben, sondern schlug an seine Brust und sprach: Gott, sei mir Sünder gnädig! ¹⁴ Ich sage euch: Dieser ging als Gerechter nach Hause, anders als jener; denn jeder, der sich selbst erhöht, wird erniedrigt werden, und wer sich selbst erniedrigt, wird erhöht werden.«

Segnung der Kinder. ¹⁵ Man brachte auch die Kinder zu ihm, damit er sie berühre. Die Jünger, die es sahen, wollten sie zurückweisen. ¹⁶ Jesus aber rief sie herbei und sprach: »Laßt die Kinder zu mir kommen und wehrt es ihnen nicht; denn gerade für sie ist das Reich Gottes. ¹⁷ Wahrlich, ich sage euch: Wer das Gottesreich nicht annimmt wie ein Kind, wird nicht hineinkommen.«

Reichtum und Gottesreich. ¹⁸ Ein Hochstehender richtete die Frage an ihn: »Guter Meister, was muß ich tun, um ewiges Leben zu erlangen?« ¹⁹ Jesus sagte zu ihm: »Warum nennst du

---

18,15–17: Vgl. Mt 19,13–15; Mk 10,13–16.
18,18–30: Vgl. Mt 19,16–30; Mk 10,17–31.

mich gut? Niemand ist gut als Gott allein. ²⁰ Du kennst die Gebote: ›Du sollst nicht ehebrechen; du sollst nicht töten; du sollst nicht stehlen; du sollst kein falsches Zeugnis geben; ehre deinen Vater und deine Mutter‹ (Ex 20,12–16).« ²¹ Der sagte: »Dies alles habe ich gehalten von meiner Jugend an.« ²² Als Jesus dies hörte, sagte er zu ihm: »Eines noch fehlt dir; verkaufe alles, was du hast, und gib es den Armen, und du wirst einen Schatz im Himmel haben; dann komm und folge mir nach!« ²³ Als jener das hörte, wurde er tief betrübt; denn er war sehr reich.

²⁴ Jesus sah ihn [so betrübt] und sprach: »Wie schwer gehen die Begüterten in das Reich Gottes hinein! ²⁵ Denn es ist leichter, daß ein Kamel durch ein Nadelöhr geht, als daß ein Reicher eingeht in das Reich Gottes.« ²⁶ Da sagten die Zuhörenden: »Wer kann dann gerettet werden?« ²⁷ Er antwortete: »Was unmöglich ist bei den Menschen, das ist möglich bei Gott.«

²⁸ Da sagte Petrus: »Siehe, wir haben das Unsere verlassen und sind dir nachgefolgt.« ²⁹ Er sagte zu ihnen: »Wahrlich, ich sage euch: Niemand hat Haus oder Frau oder Brüder oder Eltern oder Kinder verlassen um des Gottesreiches willen, ³⁰ der nicht ein Vielfaches dafür erhält in der jetzigen Welt, in der kommenden aber ewiges Leben.«

Dritte Leidensankündigung. ³¹ Er nahm die Zwölf zu sich heran und sagte zu ihnen: »Seht, wir gehen hinauf nach Jerusalem, und es wird alles in Erfüllung gehen, was durch die Propheten geschrieben ist über den Menschensohn. ³² Denn er wird den Heiden überliefert, verspottet, mißhandelt und angespien werden; ³³ sie werden ihn geißeln und ihn töten, doch am dritten Tag wird er auferstehen.« ³⁴ Sie aber verstanden nichts davon; verborgen blieb vor ihnen dieses Wort, und sie erkannten nicht, was damit gesagt war.

Blindenheilung. ³⁵ Als er in die Nähe von Jericho kam, geschah es, da saß ein Blinder am Weg und bettelte. ³⁶ Als er das Volk vorbeiziehen hörte, fragte er, was das sei. ³⁷ Man sagte ihm, es gehe Jesus, der Nazoräer, vorbei. ³⁸ Da rief er: »Jesus, Sohn Davids, erbarm dich meiner!« ³⁹ Die Vorangehenden fuhren ihn an, er solle schweigen. Er aber schrie noch lauter: »Sohn Davids, erbarm dich meiner!«

18,31–34: Vgl. Mt 20,17–19; Mk 10,32–34.
18,35–43: Nach Mt 20,29–34; Mk 10,46–52 fand diese Heilung auch nahe bei Jericho statt, jedoch ist sie dort mit dem Weggang von Jericho verknüpft.

⁴⁰ Jesus blieb stehen, ließ ihn herbeiführen, und als er bei ihm war, fragte er ihn: ⁴¹ »Was willst du? Was soll ich dir tun?« Er sagte: »Herr, daß ich sehe!« ⁴² Jesus antwortete ihm: »Sei sehend! Dein Glaube hat dir geholfen!« ⁴³ Auf der Stelle sah er wieder, verherrlichte Gott und folgte ihm nach. Und das ganze Volk sah es und gab Gott die Ehre.

19. Kapitel

Einkehr bei Zachäus. ¹ Er ging nach Jericho hinein und ging durch die Stadt. ² Und siehe, ein Mann, Zachäus mit Namen, ein reicher Oberzöllner, ³ suchte Jesus von Angesicht zu sehen; doch bei der Volksmenge konnte er es nicht, denn er war klein von Gestalt. ⁴ Da lief er voraus und stieg auf einen Maulbeerfeigenbaum, um ihn zu sehen; denn da sollte er vorbeikommen. ⁵ Als Jesus an die Stelle kam, schaute er hinauf und sagte zu ihm: »Zachäus, steig schnell herab; denn heute muß ich in deinem Hause bleiben.« ⁶ Eilends stieg er herab und nahm ihn voll Freude auf.
⁷ Da murrten alle, die es sahen, und sprachen: »Bei einem sündigen Mann kehrte er ein, und ist zu Gast bei ihm.«
⁸ Zachäus aber trat vor den Herrn und sagte zu ihm: »Siehe, Herr, die Hälfte meines Besitzes gebe ich den Armen, und habe ich jemand um etwas betrogen, will ich es vierfach erstatten.« ⁹ Jesus erwiderte ihm: »Heute ist diesem Haus Heil widerfahren; ist doch auch er ein Sohn Abrahams. ¹⁰ Denn der Menschensohn ist gekommen, ›zu suchen und zu retten, was verloren war‹ (Ez 34,16).«
Von der einstigen Rechenschaft. ¹¹ Denen, die diese Worte hörten, fügte er ein Gleichnis hinzu, weil er nahe vor Jerusalem war und sie meinten, das Reich Gottes sei daran, sogleich in Erscheinung zu treten. ¹² Er sagte also: »Ein vornehmer Mann zog in ein fernes Land, um sich die Königswürde zu erwerben und dann zurückzukommen. ¹³ Er rief zehn seiner Knechte zu sich, gab ihnen zehn Minen und sagte zu ihnen: Macht Geschäfte damit, bis ich komme! ¹⁴ Seine Mitbürger aber haßten ihn und schickten eine Gesandtschaft hinter ihm

---

19,1–10: Ein herrliches Beispiel echter Heilsbegierde im Gegensatz zur religiösen Sattheit der selbstgerechten Pharisäer.
19,11–27: Das Gleichnis ist verwandt mit dem bei Mt 25,14–30 von den »anvertrauten Talenten«. Eine »Mine« entsprach normal 100 Drachmen, etwa 80 Goldmark, sofern man nicht eine Sonderbezeichnung mit höherem Wert anzunehmen hat.

her, die erklären sollte: Wir wollen nicht, daß dieser König sei über uns.
¹⁵ Und es geschah, als er nach Erlangung der Königswürde zurückkam, ließ er jene Knechte rufen, denen er das Geld gegeben hatte, um zu erfahren, was ein jeder an Geschäften gemacht habe. ¹⁶ Es kam der erste und sprach: Herr, deine Mine hat zehn Minen eingebracht. ¹⁷ Er antwortete ihm: Recht so, du guter Knecht; weil du in so Geringem treu warst, sollst du Macht haben über zehn Städte. ¹⁸ Es kam der zweite und sprach: Deine Mine, Herr, hat fünf Minen getragen. ¹⁹ Er sprach auch zu diesem: Und du sollst über fünf Städte gesetzt sein.
²⁰ Der andere kam und sprach: Herr, hier ist deine Mine; ich hielt sie im Schweißtuch verwahrt; ²¹ denn ich fürchtete dich, weil du ein harter Mann bist. Du nimmst, was du nicht eingelegt, und erntest, was du nicht gesät hast. ²² Er sagte zu ihm: Aus deinem eigenen Mund nehme ich das Urteil für dich, du böser Knecht! Du wußtest, daß ich ein harter Mann bin, daß ich nehme, was ich nicht eingelegt, und ernte, was ich nicht gesät habe. ²³ Warum gabst du mein Geld nicht auf die Bank? Ich hätte bei meiner Rückkehr es mit Zinsen abheben können. ²⁴ Und er sagte zu den Umstehenden: Nehmt ihm die Mine und gebt sie dem, der die zehn Minen hat! ²⁵ Sie entgegneten ihm: Herr, der hat schon zehn Minen! ²⁶ Ich sage euch: Jedem, der hat, wird gegeben; wer aber nicht hat, dem wird auch das, was er hat, genommen werden. ²⁷ Meine Feinde aber, die nicht haben wollten, daß ich König sei über sie, führt hierher und macht sie nieder vor meinen Augen!«

In Jerusalem

Feierlicher Einzug. ²⁸ Nach diesen Worten zog er weiter seinen Weg, hinauf nach Jerusalem. ²⁹ Und es geschah, als er in die Nähe von Betfage und Betanien an den Berg kam, der Ölberg genannt wird, sandte er zwei Jünger voraus ³⁰ und sprach: »Geht in das Dorf dort vor euch, und kommt ihr hinein, werdet ihr ein Füllen finden, das angebunden ist und auf dem noch nie jemand saß; macht es los und bringt es her! ³¹ Wenn euch jemand fragt: Warum macht ihr es los? so sagt ihm: Der Herr bedarf seiner.«

19,28–40: Vgl. Mt 21,1–11; Mk 11,1–11; Joh 12,12–19.

³² Die Abgesandten gingen hin und fanden es so, wie er ihnen gesagt hatte. ³³ Als sie aber das Füllen losmachten, sagten dessen Eigentümer zu ihnen: »Warum macht ihr das Füllen los?« ³⁴ Sie erwiderten: »Der Herr bedarf seiner.« ³⁵ Sie führten es zu Jesus und warfen dem Füllen ihre Kleider über und hoben Jesus hinauf.

³⁶ Während er dahinzog, breiteten sie ihre Kleider auf den Weg, ³⁷ und als er sich schon dem Abstieg vom Ölberg näherte, begann die ganze Menge der Jünger voll Freude mit lauter Stimme Gott zu loben wegen all der Wunder, die sie gesehen hatten, ³⁸ und sie riefen: »Gepriesen sei, der da kommt, der König im Namen des Herrn (Ps 118,26)! Im Himmel ist Friede und Ehre in der Höhe!« ³⁹ Einige der Pharisäer riefen aus der Menge ihm zu: »Meister, verbiete es deinen Jüngern!« ⁴⁰ Er antwortete ihnen: »Ich sage euch, wenn diese schweigen, ›werden die Steine rufen‹ (Hab 2,11).«

Klage über Jerusalem. ⁴¹ Als er näherkam und die Stadt erblickte, weinte er über sie und sprach: ⁴² »Wenn doch an diesem Tag auch du es erkenntest, was zum Frieden dient! Nun aber ist es verborgen vor deinen Augen! ⁴³ Denn es werden Tage über dich kommen, da deine Feinde einen Wall um dich aufwerfen und dich einschließen und bedrängen werden von allen Seiten. ⁴⁴ Sie werden dich niedermachen und deine Kinder in dir und nicht Stein auf Stein in dir lassen, weil du die Zeit deiner Heimsuchung nicht erkannt hast.«

Tempelreinigung. ⁴⁵ Und er betrat den Tempel und begann die Verkäufer hinauszutreiben ⁴⁶ und sagte zu ihnen: »Es steht geschrieben: ›Mein Haus ist ein Bethaus‹ (Jes 56,7); ihr aber habt es zu einer ›Räuberhöhle‹ (Jer 7,11) gemacht.« ⁴⁷ Täglich war er im Tempel und lehrte. Die Hohenpriester aber und die Schriftgelehrten suchten ihn wegzurichten, ebenso auch die Führer des Volkes, ⁴⁸ doch sie fanden nicht, was sie tun könnten; denn das ganze Volk war voll Spannung, wenn es ihn hörte.

20. Kapitel

Die Vollmachtsfrage. ¹ Es war an einem dieser Tage, als er das Volk im Tempel lehrte und das Evangelium verkündete, da traten die Hohenpriester und Schriftgelehrten mit den Ältesten heran ² und sagten zu ihm: »Sag uns, mit welcher Voll-

---

19,45–48: Vgl. Mt 21,12–17; Mk 11,15–19. Joh 2,13–17 verbindet die Tempelreinigung mit dem ersten Osterbesuch Jesu.
20,1–8: Vgl. Mt 21,23–27; Mk 11,27–33.

macht tust du das, oder wer ist es, der diese Vollmacht dir gab?« ³ Er antwortete ihnen: »Auch ich will euch eine Frage vorlegen. Sagt mir: ⁴ Die Taufe des Johannes, stammte sie vom Himmel oder von Menschen?«

⁵ Da überlegten sie und sagten sich: »Sagen wir: Vom Himmel, so wird er sagen: Warum habt ihr ihm dann nicht geglaubt? ⁶ Sagen wir aber: Von Menschen, so wird das ganze Volk uns steinigen; denn es ist überzeugt, daß Johannes ein Prophet ist.« ⁷ Und sie antworteten, sie wüßten nicht, woher. ⁸ Da entgegnete ihnen Jesus: »Auch ich sage euch nicht, mit welcher Vollmacht ich dies tue.«

Von den bösen Winzern. ⁹ Darauf wandte er sich an das Volk und sagte ihm dieses Gleichnis: »Ein Mann pflanzte einen Weinberg, verpachtete ihn an Winzer und ging für längere Zeit außer Landes. ¹⁰ Zu gegebener Zeit sandte er zu den Winzern einen Knecht, daß sie vom Ertrag des Weinbergs seinen Teil ihm gäben. Die Winzer aber schlugen ihn und schickten ihn fort mit leeren Händen. ¹¹ Daraufhin sandte er einen anderen Knecht; sie aber schlugen auch diesen, beschimpften ihn und schickten auch ihn fort mit leeren Händen. ¹² Darauf sandte er noch einen dritten; auch diesen schlugen sie wund und warfen ihn hinaus.

¹³ Da sprach der Herr des Weinberges: Was soll ich tun? Ich will meinen geliebten Sohn schicken, vielleicht werden sie vor diesem Achtung haben. ¹⁴ Als aber die Winzer ihn sahen, überlegten sie und sagten zueinander: Das ist der Erbe; wir wollen ihn töten, damit das Erbe uns gehöre. ¹⁵ Und sie warfen ihn zum Weinberg hinaus und töteten ihn. Was wird nun der Herr des Weinbergs mit ihnen tun? ¹⁶ Er wird kommen und diese Winzer umbringen und den Weinberg an andere vergeben.« Als sie das hörten, sagten sie: »Das sei ferne.«

¹⁷ Er aber blickte sie an und sprach: »Was meint denn diese Stelle der Schrift: ›Der Stein, den die Bauleute verwarfen, er ist zum Eckstein geworden‹ (Ps 118,22)? ¹⁸ Jeder, der auf diesen Stein fällt, wird zerschmettert werden; und auf wen er fällt, den wird er zermalmen.« ¹⁹ Da suchten die Schriftgelehrten und die Hohenpriester noch zur gleichen Stunde Hand an ihn zu legen, doch sie fürchteten das Volk. Sie hatten nämlich verstanden, daß er im Hinblick auf sie dieses Gleichnis sagte.

20,9–19: Vgl. Mt 21,33–46; Mk 12,1–12.

Die Steuerfrage. ²⁰ Sie belauerten ihn und sandten Spione aus, die sich als Gerechte ausgeben sollten, um ihn bei einem Wort zu fangen und so der Amtsgewalt des Statthalters übergeben zu können. ²¹ Sie fragten ihn: »Meister, wir wissen, daß du recht redest und lehrst und nicht auf die Person achtest, sondern der Wahrheit gemäß den Weg Gottes lehrst. ²² Ist es erlaubt, daß wir dem Kaiser Steuer zahlen, oder nicht?«
²³ Er durchschaute ihre Arglist und sagte zu ihnen: »[Was versucht ihr mich?] ²⁴ Zeigt mir einen Denar! Wessen Bild und Aufschrift trägt er?« Sie antworteten: »Des Kaisers!« ²⁵ Da sagte er zu ihnen: »Gebt also, was des Kaisers ist, dem Kaiser, und was Gottes ist, Gott!« ²⁶ Und es gelang ihnen nicht, ihn vor dem Volk bei einem Wort zu fangen. Staunend über seine Antwort schwiegen sie.

Die Auferstehungsfrage. ²⁷ Da traten einige von den Sadduzäern, die behaupteten, es gebe keine Auferstehung, hinzu und fragten ihn: ²⁸ »Meister, Mose hat uns geschrieben: ›Wenn jemands Bruder stirbt, der eine Frau hatte und kinderlos ist, so nehme sein Bruder die Frau und erwecke Nachkommenschaft seinem Bruder‹ (Dt 25,5f). ²⁹ Nun waren sieben Brüder; der erste nahm eine Frau und starb kinderlos. ³⁰ Es nahm sie nun der zweite [, aber auch er starb kinderlos,] ³¹ und der dritte und ebenso alle sieben – sie starben, ohne Kinder zu hinterlassen. ³² Zuletzt starb auch die Frau. ³³ Die Frau nun, wem von ihnen wird sie bei der Auferstehung als Frau gehören? Denn die sieben hatten sie zur Frau.«
³⁴ Jesus antwortete ihnen: »Die Kinder dieser Welt heiraten und lassen sich heiraten; ³⁵ die aber gewürdigt werden, an der anderen Welt Anteil zu haben und an der Auferstehung von den Toten, heiraten nicht und lassen sich auch nicht heiraten; ³⁶ denn sie können auch nicht mehr sterben; sie sind den Engeln gleich und sind als Söhne der Auferstehung Söhne Gottes. ³⁷ Daß aber die Toten auferstehen, hat auch Mose angedeutet in der Geschichte vom Dornbusch, wo er den Herrn ›Gott Abrahams und den Gott Isaaks und den Gott Jakobs‹ nennt (Ex 3,6). ³⁸ Gott ist aber nicht ein Gott von Toten, sondern von Lebenden; denn ihm leben alle.« ³⁹ Da antworteten einige von den Schriftgelehrten: »Meister, du hast trefflich gesprochen!« ⁴⁰ Denn sie wagten nicht mehr, irgendeine Frage an ihn zu richten.

20,20–26: Vgl. Mt 22,15–22; Mk 12,13–17.
20,27–40: Vgl. Mt 22,23–33; Mk 12,18–27.

Gegenfrage Jesu. [41] Er aber fragte sie: »Wie kann man sagen, der Messias sei Davids Sohn? [42] Sagt doch David selbst im Buch der Psalmen: ›Der Herr sprach zu meinem Herrn: Setze dich zu meiner Rechten, [43] bis ich deine Feinde als Schemel unter deine Füße lege‹ (Ps 110,1). [44] David nennt ihn also seinen ›Herrn‹; wie ist er dann sein Sohn?«

Warnung vor den Schriftgelehrten. [45] Während das ganze Volk zuhörte, sagte er zu seinen Jüngern: [46] »Hütet euch vor den Schriftgelehrten! Sie sind darauf aus, in feierlichen Gewändern einherzugehen, gegrüßt zu werden auf den öffentlichen Plätzen, die vordersten Stühle einzunehmen in den Synagogen und die Ehrensitze bei den Gastmählern; [47] sie verzehren die Häuser der Witwen und verrichten zum Schein lange Gebete. Sie werden ein gar ernstes Gericht erfahren.«

21. Kapitel

Das Opfer der Witwe. [1] Als er zuschaute, sah er, wie die Reichen die Gaben in den Opferkasten legten. [2] Er sah auch, wie eine arme Witwe dort zwei Heller hineinlegte, [3] und sprach: »Wahrlich, ich sage euch: Diese arme Witwe hat mehr hineingelegt als alle; [4] denn sie alle haben von ihrem Überfluß hineingelegt zu den Gaben Gottes, sie aber legte von ihrer Armut den ganzen Lebensunterhalt hinein, den sie hatte.«

Weissagung vom Ende. [5] Als einige über den Tempel redeten, wie er im Schmuck schöner Steine und Weihegeschenke stehe, sprach er: [6] »Was ihr da seht: Es werden Tage kommen, an denen nicht Stein auf Stein gelassen wird, ein jeder wird abgebrochen werden.« [7] Sie fragten ihn: »Meister, wann wird denn dies geschehen, und was wird das Zeichen sein, wann dieses Geschehen bevorsteht?«

[8] Er sagte: »Seht zu, daß ihr nicht verführt werdet! Denn viele werden kommen unter meinem Namen und sagen: Ich bin es! Und: Die Zeit ist gekommen! Lauft ihnen nicht nach! [9] Wenn

---

20,41–44: Vgl. Mt 22,41–46; Mk 12,35–37.
20,45–47: Vgl. Mt 23,1–36; Mk 12,37–40.
21,1–4: Vgl. Mk 12,41–44.
21,5–36: Vgl. Mt 24; Mk 13. Auch hier, wie bei Mt-Mk, ist die Weissagung vom Ende (»die eschatologische Rede«) durch das Ineinander der Voraussage über das nahe Ende Jerusalems und das ferne, aber zeitlich unbestimmte Weltende dunkel in ihrer Einzelbedeutung, da bei den einzelnen Sätzen nicht immer mit Sicherheit ihre Beziehung zum jeweiligen Thema zu erkennen ist. Im Strafgericht über Jerusalem offenbart sich die beginnende Endzeit mit ihren Heimsuchungen, bis dereinst machtvoll der Weltenrichter erscheint.

ihr aber von Kriegen und Aufständen hört, so laßt euch nicht erschrecken; denn dies muß zuvor eintreten, aber nicht sogleich das Ende.« ¹⁰ Dann sagte er ihnen: »›Aufstehen wird Volk gegen Volk‹ (2 Chr 15,6) und, ›Reich gegen Reich‹ (Jes 19,2), ¹¹ und es werden große Erdbeben sein, Hungersnöte und Seuchen allerorts und Schrecknisse und große Zeichen vom Himmel.

¹² Doch noch vor diesem allen wird man Hand an euch legen und euch verfolgen: man wird euch an die Synagogen und Gefängnisse überliefern und vor Könige und Statthalter führen um meines Namens willen. ¹³ Doch wird dies für euch zum Zeugnis gereichen. ¹⁴ Nehmt es euch daher zu Herzen und macht euch nicht schon vorher Sorge wegen eurer Verteidigung. ¹⁵ Ich nämlich werde euch Rede und Weisheit geben, der alle eure Widersacher nicht widerstehen und widersprechen können. ¹⁶ Ihr werdet überliefert werden sogar von Eltern und Brüdern, Verwandten und Freunden, und manche von euch wird man töten, ¹⁷ und ihr werdet gehaßt sein von allen um meines Namens willen; ¹⁸ doch kein Haar von eurem Haupt wird verlorengehen. ¹⁹ In eurer Standhaftigkeit werdet ihr euer Leben gewinnen.

Gericht über Jerusalem. ²⁰ Wenn ihr aber Jerusalem von Kriegsheeren umlagert seht, dann erkennt, daß seine Verwüstung nahe ist. ²¹ Dann sollen, die in Judäa sind, in die Berge fliehen, die drinnen sind in der Stadt, sollen fortziehen, und die draußen sind auf dem Land, nicht in sie hineingehen.

²² Denn das sind die ›Tage der Rache‹ (Dt 32,35) zur Erfüllung all dessen, was geschrieben steht. ²³ Wehe den Schwangeren und Stillenden in jenen Tagen! Denn es wird eine große Not sein über dem Land und ein großes Strafgericht über diesem Volk. ²⁴ Sie werden fallen durch die Schneide des Schwertes und als Gefangene weggeführt werden zu allen Völkern; Jerusalem aber wird von den Heidenvölkern zertreten werden, bis erfüllt sind die Zeiten der Heiden.

Wiederkunft Christi. ²⁵ Es werden Zeichen sein an Sonne, Mond und Sternen, und auf Erden wird Angst und Bestürzung sein unter den Völkern wegen des Tosens des Meeres und seiner Brandung. ²⁶ Die Menschen werden verschmachten vor Furcht und vor Erwartung dessen, was hereinbrechen wird über den Erdkreis; denn die Kräfte des Himmels werden erschüttert werden.

²⁷ Dann werden sie den Menschensohn kommen sehen auf einer Wolke mit großer Macht und Herrlichkeit. ²⁸ Wenn aber

dies zu geschehen anfängt, dann richtet euch auf und erhebt eure Häupter; denn es naht eure Erlösung.«
In aufmerksamer Erwartung. ²⁹ Und er sagte ihnen ein Gleichnis: »Betrachtet den Feigenbaum und alle anderen Bäume. ³⁰ Wenn sie bereits ausschlagen, erkennt ihr, wenn ihr hinseht, von selber, daß der Sommer schon nahe ist. ³¹ Ebenso sollt auch ihr, wenn ihr dies geschehen seht, erkennen, daß das Reich Gottes nahe ist. ³² Wahrlich, ich sage euch: Dieses Geschlecht wird nicht vergehen, bis alles geschieht. ³³ Himmel und Erde werden vergehen, doch meine Worte werden nicht vergehen.
Seid wachsam. ³⁴ Gebt acht, daß eure Herzen nicht belastet werden durch Rausch und Trunkenheit und irdische Sorgen, und daß euch jener Tag nicht unversehens überfalle ³⁵ wie eine Schlinge; denn hereinbrechen wird er über alle, die auf dem Antlitz der ganzen Erde wohnen. ³⁶ Seid wachsam und betet zu jeder Zeit, damit ihr imstande seid, all dem zu entrinnen, was kommen wird, und zu bestehen vor dem Menschensohn!«
³⁷ So lehrte er bei Tag im Tempel, nachts aber ging er hinaus und nächtigte am Berg, der Ölberg genannt wird. ³⁸ Das ganze Volk kam schon frühmorgens zu ihm in den Tempel, um ihn zu hören.

Jesu Leiden und Verherrlichung

22. Kapitel
Der Verräter am Werk. ¹ Es nahte das Fest der Ungesäuerten Brote, genannt Pascha, ² und die Hohenpriester und Schriftgelehrten suchten nach einer Möglichkeit, wie sie ihn ums Leben bringen könnten; sie hatten nämlich Furcht vor dem Volk.
³ Da fuhr der Satan in Judas, genannt Iskariot, einen von den Zwölfen, ⁴ und er ging hin, besprach sich mit den Hohenpriestern und den Offizieren, auf welche Weise er ihn an sie überliefern könnte. ⁵ Diese freuten sich und kamen überein, ihm Geld zu geben. ⁶ Er war einverstanden und suchte eine günstige Gelegenheit, um ihn ohne Beisein des Volkes zu überliefern.

22,1–6: Vgl. Mt 26,1–16; Mk 14,1–11; Joh 11,47–53; 13,2. Lk erwähnt die Salbung in Betanien nicht, da er 7,36–50 schon eine ähnliche Erzählung brachte. »Offiziere« sind die Führer der jüdischen Tempelpolizei.

Das letzte Abendmahl. ⁷ Es kam der Tag der Ungesäuerten Brote, an dem das Paschalamm zu schlachten war, ⁸ und er schickte Petrus und Johannes weg und sprach: »Geht und bereitet uns das Pascha, damit wir es essen.« ⁹ Sie fragten ihn: »Wo sollen wir es bereiten?« ¹⁰ Er sagte zu ihnen: »Seht, wenn ihr hineinkommt in die Stadt, wird euch einer begegnen, der einen Wasserkrug trägt; folgt ihm in das Haus, in das er hineingeht, ¹¹ und sagt zu dem Herrn des Hauses: Der Meister läßt dir sagen: Wo ist die Herberge, in der ich mit meinen Jüngern das Pascha essen kann? ¹² Er wird euch ein großes Obergemach zeigen, versehen mit Polstern; dort bereitet es uns vor!« ¹³ Sie gingen hin, fanden es, wie er ihnen gesagt hatte, und bereiteten das Pascha.

¹⁴ Und als die Stunde kam, ließ er sich zu Tisch nieder und die Apostel mit ihm. ¹⁵ Er sagte zu ihnen: »Sehnlichst habe ich danach verlangt, dieses Pascha mit euch zu essen, bevor ich leide. ¹⁶ Denn ich sage euch: Ich werde nicht mehr davon essen, bis es seine Erfüllung findet im Reich Gottes.« ¹⁷ Und er nahm einen Kelch, sprach das Dankgebet und sagte: »Nehmt und teilt ihn unter euch! ¹⁸ Denn ich sage euch: Ich werde nicht mehr trinken von der Frucht des Weinstocks, bis das Reich Gottes kommt.«

¹⁹ Und er nahm Brot, sprach das Dankgebet, brach es und gab es ihnen mit den Worten: »Das ist mein Leib, der für euch hingegeben wird. Tut dies zu meinem Gedächtnis!« ²⁰ Ebenso nahm er nach dem Mahl auch den Kelch und sprach: »Dieser Kelch ist der neue Bund in meinem Blut, das für euch vergossen wird.

²¹ Doch seht, die Hand dessen, der mich verrät, ist mit mir auf dem Tisch! ²² Der Menschensohn geht zwar hin, wie es beschlossen ist; doch wehe jenem Menschen, durch den er verraten wird.« ²³ Da fragten sie erregt einander, wer von ihnen es wohl sei, der solches tun werde.

22,7–23: Vgl. Mt 26,17–29; Mk 14,12–25; Joh 13,1–25; 1 Kor 11,23–26. Lk berichtet zuerst das Wichtigste, die Einsetzung der Eucharistie, dann erst kurz die Kennzeichnung des Verräters als Nachtrag, so daß seine Stoffanordnung trotz des äußeren Anscheins nicht die Anwesenheit des Verräters beim eucharistischen Geheimnis fordert. Deutlich unterscheidet er den Zeitpunkt der Überreichung des eucharistischen Brotes und des Kelches, der zum Abschluß des Mahles gereicht wurde als der »Kelch des Segens« nach dem Ritus des jüdischen Paschamahles.

Rangstreit der Jünger. ²⁴ Es war auch ein Streit unter ihnen entstanden, wer von ihnen als der Größte gelte. ²⁵ Er aber sagte zu ihnen: »Die Könige der Heidenvölker spielen den Herrn über sie, und die Gewalthaber lassen sich ›Gnädige Herren‹ nennen. ²⁶ Ihr seid nicht so; sondern der Größte unter euch werde wie der Kleinste und der Gebietende wie der Dienende. ²⁷ Denn wer ist größer, der zu Tisch liegt oder der Dienende? Nicht wahr, der zu Tisch liegt? Ich aber bin in eurer Mitte wie der Dienende.

²⁸ Ihr seid es, die mit mir ausgehalten haben in meinen Prüfungen, ²⁹ und so übertrage ich euch, wie es mir mein Vater übertrug, das Reich: ³⁰ Ihr sollt essen und trinken an meinem Tisch in meinem Reich und auf Thronen sitzen und die zwölf Stämme von Israel richten.

Blick in die Zukunft. ³¹ Simon, Simon, siehe, der Satan hat verlangt, euch sieben zu dürfen wie den Weizen. ³² Ich aber habe für dich gebetet, daß dein Glaube nicht nachlasse, und du wiederum stärke dereinst deine Brüder.« ³³ Er aber sagte zu ihm: »Herr, mit dir bin ich bereit, auch in den Kerker, ja in den Tod zu gehen.« ³⁴ Er entgegnete: »Ich sage dir, Petrus: Der Hahn wird heute nicht krähen, bis du dreimal geleugnet hast, mich zu kennen.«

³⁵ Und er sagte zu ihnen: »Als ich euch aussandte, ohne Beutel, Tasche und Schuhe, hattet ihr da an etwas Mangel?« ³⁶ Sie erwiderten: »An nichts.« Da sagte er zu ihnen: »Jetzt aber soll, wer einen Beutel hat, ihn an sich nehmen, ebenso auch die Tasche; und wer es nicht schon hat, der verkaufe seinen Mantel und kaufe dafür ein Schwert. ³⁷ Denn ich sage euch: Es muß an mir das Schriftwort erfüllt werden, nämlich dieses: ›Und er wurde unter die Verbrecher gerechnet‹ (Jes 53,12). Denn was sich auf mich bezieht, geht in Erfüllung.« ³⁸ Sie erwiderten: »Herr, siehe, zwei Schwerter sind hier!« Er aber sagte: »Es ist genug.«

Getsemani. ³⁹ Dann ging er hinaus und begab sich seiner Gewohnheit gemäß an den Ölberg; es gingen mit ihm auch die Jünger. ⁴⁰ Als er an den Platz kam, sagte er zu ihnen: »Betet, daß ihr nicht in Versuchung fallet!« ⁴¹ Er entfernte sich von ihnen etwa einen Steinwurf weit, kniete nieder und betete:

22,24–30: Der Rangstreit und die Joh 13,1–11 berichtete Fußwaschung gehören vermutlich in den Beginn des Mahles.
22,31–38: Vgl. Mt 26,31–35; Mk 14,27–31; Joh 13,36–38. Vers 32 wird auch übersetzt: »Du aber, wenn du dich dereinst zurückgefunden

⁴² »Vater, wenn es dein Wille ist, so laß diesen Kelch an mir vorübergehen; doch nicht mein Wille geschehe, sondern der deine!«

⁴³ Da erschien ihm ein Engel vom Himmel und stärkte ihn. Voll innerer Erregung betete er noch eindringlicher, ⁴⁴ und sein Schweiß rann wie Blutstropfen zur Erde nieder.

⁴⁵ Als er vom Gebet aufstand und zu seinen Jüngern kam, fand er sie schlafend vor Kummer, ⁴⁶ und er sagte zu ihnen: »Warum schlaft ihr? Steht auf und betet, damit ihr nicht in Versuchung fallet.«

Gefangennahme Jesu. ⁴⁷ Während er noch redete, siehe, da kam eine Schar, und einer von den Zwölfen, Judas mit Namen, ging ihnen voran. Er näherte sich Jesus, um ihn zu küssen. ⁴⁸ Jesus aber sagte zu ihm: »Judas, mit einem Kuß verrätst du den Menschensohn?«

⁴⁹ Als seine Gefährten sahen, was bevorstand, sagten sie: »Herr, sollen wir mit dem Schwert dreinschlagen?« ⁵⁰ Und einer von ihnen schlug nach dem Knecht des Hohenpriesters und hieb ihm das rechte Ohr ab. ⁵¹ Jesus aber entgegnete: »Laß ab, nicht weiter!« Und er berührte das Ohr und heilte ihn.

⁵² Zu den Hohenpriestern aber, den Tempeloffizieren und Ältesten, die an ihn herantraten, sagte Jesus: »Wie gegen einen Rebellen seid ihr ausgezogen mit Schwertern und Knütteln. ⁵³ Täglich war ich bei euch im Tempel, und ihr habt die Hände nicht ausgestreckt nach mir; aber das ist eure Stunde und die Macht der Finsternis.«

Verleugnung des Petrus. ⁵⁴ Sie nahmen ihn fest und führten ihn ab und brachten ihn in das Haus des Hohenpriesters;

(bekehrt) hast, stärke deine Brüder.« Das von den Aposteln buchstäblich verstandene Wort vom »Schwert« soll auf die bevorstehende Zeit des Kampfes hinweisen, ohne den Auftrag, selbst mit der Waffe zu kämpfen. »Es ist genug«, ist Abbrechen der Rede, da die Apostel sein Wort nicht verstehen konnten. Vgl. Petrus am Ölberg!

22,39–46: Vgl. Mt 26,36–46; Mk 14,32–42; Joh 18,1. Nur Lukas (der Arzt!) berichtet uns vom Schweiß, den Jesus beim inneren Kampf vergoß.

22,47–53: Vgl. Mt 26,47–56; Mk 14,43–52; Joh 18,2–11.

22,54–62: Vgl. Mt 26,57 f. 69–75; Mk 14,53 f. 65–72; Joh 18,15–27. Nach Vers 61 war Jesus, der im Hof für das Verhör bereitgehalten wurde, selbst Zeuge der Verleugnung des Petrus oder wenigstens der letzten Szene derselben.

Petrus aber folgte von fern. ⁵⁵ Und als sie in der Mitte des Hofes ein Feuer anzündeten und sich zusammensetzten, setzte sich Petrus unter sie. ⁵⁶ Da sah ihn eine Magd im Feuerschein sitzen, schaute ihn genau an und sagte: »Auch dieser war bei ihm.« ⁵⁷ Er aber leugnete und sprach: »Frau, ich kenne ihn nicht!« ⁵⁸ Kurz darauf sah ihn ein anderer und sagte: »Auch du bist einer von ihnen!« Petrus aber entgegnete: »Mensch, ich bin es nicht!«

⁵⁹ Nach einer Stunde etwa behauptete mit Nachdruck ein anderer: »In Wahrheit, auch dieser war bei ihm; ist doch auch er ein Galiläer.« ⁶⁰ Petrus aber erwiderte: »Mensch, ich weiß nicht, was du sagst.« Und im Augenblick, da er noch redete, krähte ein Hahn. ⁶¹ Da wandte sich der Herr um, blickte Petrus an, und Petrus erinnerte sich des Wortes des Herrn, da er zu ihm gesagt hatte: »Ehe der Hahn heute kräht, wirst du mich dreimal verleugnen.« ⁶² Und er ging hinaus und weinte bitterlich.

Mißhandlung Jesu. ⁶³ Die Männer, die Jesus bewachten, trieben ihren Spott mit ihm; sie schlugen ihn, ⁶⁴ verhüllten dabei sein Antlitz und fragten ihn: »Weissage, wer ist es, der dich schlug?« ⁶⁵ Und noch vieles andere verübten sie an Schmähungen gegen ihn.

Jesus vor dem Hohen Rat. ⁶⁶ Als es Tag wurde, versammelte sich die Ältestenschaft des Volkes, die Hohenpriester und Schriftgelehrten, ließen ihn vor ihr Synedrium führen ⁶⁷ und sagten: »Bist du der Messias, so sage es uns!« Er antwortete ihnen: »Wenn ich es euch sage, werdet ihr nicht glauben; ⁶⁸ wenn ich frage, werdet ihr mir keine Antwort geben. ⁶⁹ Von nun an aber wird der Menschensohn zur ›Rechten der Kraft Gottes sitzen‹ (Ps 110,1).« ⁷⁰ Da riefen alle: »Du bist also der Sohn Gottes?« Er antwortete ihnen: »Ihr sagt es; ich bin es!« ⁷¹ Sie aber riefen: »Was brauchen wir noch ein Zeugnis? Wir haben es selber gehört aus seinem Mund.«

22,63–65: Vgl. Mt 26,67; Mk 14,65 (wo die Verspottung Jesu erst im Anschluß an das Todesurteil berichtet wird).
22,66–71: Vgl. Mt 26,59–66; 27,1; Mk 14,53–64; 15,1; Joh 18,24. Die Bezeichnung als »Sohn Gottes« hatte im Munde der Juden wohl nur messianische Bedeutung, doch wußten sie, daß Jesus sich in Wort und Tat als gottgleich bezeugt hatte, so daß sie in der Aussage Jesu einen Hinweis auf seine »Sohnschaft« im gottgleichen Sinn, und damit nach ihrer Einstellung eine Lästerung erblickten.

23. Kapitel

Jesus vor Pilatus. ¹ Und es erhob sich ihre ganze Versammlung, und sie führten ihn zu Pilatus. ² Sie eröffneten ihre Anklage gegen ihn und sagten: »Wir haben gefunden, daß dieser unser Volk aufwiegelt und es davon abhält, dem Kaiser Steuern zu zahlen, und daß er behauptet, er sei der Messiaskönig.« ³ Pilatus fragte ihn: »Bist du der König der Juden?« Er antwortete: »Du sagst es!« ⁴ Pilatus aber sagte zu den Hohenpriestern und zu den Scharen des Volkes: »Ich finde nichts von Schuld an diesem Menschen.«
⁵ Sie aber bestanden darauf und sagten: »Er bringt das Volk in Unruhe, da er im ganzen Land der Juden als Lehrer auftritt, von Galiläa angefangen bis hierher.« ⁶ Als Pilatus das hörte, fragte er, ob der Mann ein Galiläer sei, ⁷ und als er feststellte, daß er aus dem Machtbereich des Herodes sei, schickte er ihn zu Herodes, der in diesen Tagen ebenfalls in Jerusalem war.

Jesus vor Herodes. ⁸ Herodes freute sich sehr, als er Jesus erblickte; hatte er doch schon seit langem den Wunsch, ihn zu sehen, weil er so vieles über ihn gehört hatte, und er hoffte, irgendein Zeichen zu sehen, das durch ihn geschähe. ⁹ Er stellte vielerlei Fragen an ihn; er aber antwortete ihm nichts. ¹⁰ Die Hohenpriester und Schriftgelehrten standen dabei und erhoben heftige Klagen gegen ihn. ¹¹ Herodes aber zeigte ihm mitsamt seinem Gefolge seine Verachtung und ließ ihm zum Spott ein Prunkkleid anlegen und schickte ihn zurück zu Pilatus. ¹² An diesem Tag wurden Herodes und Pilatus Freunde; denn zuvor standen sie feindlich zueinander.

Die Verurteilung Jesu. ¹³ Pilatus aber rief die Hohenpriester, die Ratsherren und das Volk zusammen ¹⁴ und sagte zu ihnen: »Ihr brachtet mir diesen Menschen als einen Aufwiegler des Volkes; seht, ich habe ihn verhört vor euch, und fand an diesem Menschen nichts, was schuldbar wäre von dem, wessen ihr ihn anklagt. ¹⁵ Aber auch Herodes nicht; denn er schickte ihn wieder zurück zu uns. So seht, nichts Todeswürdiges wurde begangen von ihm. ¹⁶ Ich will ihn also züchtigen lassen und ihn freigeben.«
¹⁷ Er hatte indes die Verpflichtung, ihnen zum Festtag einen freizugeben. ¹⁸ Da schrien sie alle zusammen: »Hinweg mit diesem! Gib uns Barabbas frei!« ¹⁹ Dieser war wegen eines

---

23,1–25: Vgl. Mt 27,1 f. 11–26; Mk 15,1–15; Joh 18,28–19,16. Lk hebt deutlicher als Mt-Mk die politischen Anklagepunkte hervor. Er allein berichtet das Zwischenverhör vor dem galiläischen Gebietsherrn Jesu, Herodes Antipas.

Aufruhrs in der Stadt und wegen Mordes in den Kerker geworfen. ²⁰ Nochmals redete Pilatus zu ihnen, mit der Absicht, Jesus freizugeben. ²¹ Sie aber riefen dagegen: »Kreuzige, kreuzige ihn!«

²² Er aber sagte ein drittes Mal zu ihnen: »Was hat er denn Böses getan? Nichts Todeswürdiges fand ich an ihm; ich werde ihn also züchtigen lassen und freigeben.« ²³ Sie aber bestanden mit großem Geschrei auf der Forderung, daß er gekreuzigt werde, und ihr Schreien setzte sich durch: ²⁴ Pilatus entschied, ihre Forderung zu erfüllen, ²⁵ und er gab den wegen Aufruhr und Mord in den Kerker Geworfenen, den sie verlangten, frei, Jesus aber überließ er ihrem Willen.

Kreuzweg. ²⁶ Als sie ihn abführten, ergriffen sie einen gewissen Simon von Zyrene, der vom Feld kam, und legten ihm das Kreuz auf, daß er es Jesus nachtrage. ²⁷ Es begleitete ihn auch eine große Menge Volkes und Frauen, die ihn beklagten und beweinten. ²⁸ Jesus wandte sich zu ihnen und sprach: »Ihr Töchter Jerusalems, weint nicht über mich; doch weint über euch selbst und über eure Kinder! ²⁹ Denn seht, es werden Tage kommen, an denen man sagen wird: Selig die Unfruchtbaren und die Leiber, die nicht geboren, und die Brüste, die nicht genährt haben! ³⁰ Dann werden sie anfangen, ›zu den Bergen zu sagen: Fallet über uns! Und zu den Hügeln: Bedeckt uns!‹ (Hos 10,8). ³¹ Denn wenn man dies am grünen Holz tut, was wird am dürren geschehen?«

Kreuzigung. ³² Außer ihm wurden noch zwei Verbrecher hinausgeführt, um sie zusammen mit ihm hinzurichten. ³³ Als sie an den Ort kamen, der ›Schädel‹ genannt wird, kreuzigten sie ihn dort und auch die Verbrecher, den einen zur Rechten, den anderen zur Linken. ³⁴ Jesus aber sprach: »Vater, vergib ihnen, denn sie wissen nicht, was sie tun.« Als sie seine ›Kleider unter sich teilten, warfen sie das Los‹ (Ps 22,19).

³⁵ Das Volk stand da und schaute zu. Die Ratsherren aber verhöhnten ihn und sprachen: »Anderen hat er geholfen; er helfe sich selbst, wenn er der Messias Gottes ist, der Erwählte.« ³⁶ Es verspotteten ihn auch die Soldaten, indem sie hingingen, ihm ›Essig‹ reichten (Ps 69,22) ³⁷ und sagten: »Bist du der König der Juden, so hilf dir selbst!« ³⁸ Es war auch eine Auf-

---

23,26–43: Vgl. Mt 27,31–44; Mk 15,20–32; Joh 19,17–27. »In deinem Königreich« (V. 42 f) meint das von den Juden erwartete glorreiche Kommen des Messias zum Gericht. Bezeugt ist auch die Lesart: »In dein Königreich.« Die Einzeldeutung ist verschieden.

schrift über ihm [in griechischer, lateinischer und hebräischer Schrift]: »Das ist der König der Juden!«
³⁹ Einer von den daneben hängenden Verbrechern lästerte ihn und sagte: »Bist du nicht der Messias? Hilf dir selbst und uns!« ⁴⁰ Der andere aber wies ihn zurecht und sagte: »Hast nicht einmal du Furcht vor Gott, der du das gleiche Gericht erleidest? ⁴¹ Wir leiden mit Recht, denn wir empfangen, was unsere Taten verdienen; dieser aber hat nichts Unrechtes getan.« ⁴² Und er sprach: »Jesus, gedenke meiner, wenn du kommst in deinem Königreich!« ⁴³ Er erwiderte ihm: »Wahrlich, ich sage dir: Heute noch wirst du mit mir im Paradies sein!«

Jesu Tod. ⁴⁴ Es war schon um die sechste Stunde, da trat Finsternis ein über das ganze Land bis zur neunten Stunde, ⁴⁵ denn die Sonne verlor ihren Schein. Der Vorhang im Tempel riß mitten entzwei, ⁴⁶ und Jesus rief mit lauter Stimme: »Vater, in deine Hände befehle ich meinen Geist« (Ps 31,6). Nach diesen Worten verschied er.

⁴⁷ Als der Hauptmann sah, was geschah, pries er Gott und sprach: »Wirklich, dieser Mensch war ein Gerechter!« ⁴⁸ Und all die Volksscharen, die sich zu diesem Schauspiel eingefunden hatten und sahen, was vorging, schlugen an die Brust und gingen von dannen. ⁴⁹ Seine Vertrauten alle standen entfernt davon, auch die Frauen, die ihm aus Galiläa gefolgt waren und dies mit ansahen.

Begräbnis Jesu. ⁵⁰ Und siehe, es war ein Mann namens Josef, ein Ratsherr, ein guter und gerechter Mann, ⁵¹ der bei ihrem Beschluß und ihrem Vorgehen nicht mitgestimmt hatte; er war aus Arimatäa, einer jüdischen Stadt, und wartete auf das Reich Gottes. ⁵² Er ging zu Pilatus und erbat sich den Leichnam Jesu.

⁵³ Und als er ihn herabgenommen hatte, wickelte er ihn in Linnen und setzte ihn bei in einem ausgehauenen Grab, in dem noch kein anderer gelegen war. ⁵⁴ Es war Rüsttag, und der Sabbat brach eben an. ⁵⁵ Die Frauen aber, die mit ihm aus

---

23,44–49: Vgl. Mt 27,45–56; Mk 15,33–41; Joh 19,30. Es ist also nach Lk anzunehmen, daß alle Apostel Zeugen des Sterbens Jesu waren, nicht nur Johannes.
23,50–56: Vgl. Mt 27,57–61; Mk 15,42–47; Joh 19,38–42. Das Begräbnis Jesu mußte wegen des schon am Freitagabend anbrechenden Sabbats in Eile durchgeführt werden, so daß die aromatischen, den Leichengeruch und die Verwesung zurückhaltenden Mittel von den Frauen erst nach Ablauf des Sabbats ins Grab gebracht werden konnten.

Lukas 23,56–24,16

Galiläa gekommen waren, gaben ihm das Geleit und besahen sich das Grab und die Art und Weise, wie sein Leichnam beigesetzt wurde. [56] Nach ihrer Rückkehr bereiteten sie Öle und Salben; den Sabbat aber verbrachten sie in Ruhe, der Vorschrift getreu.

24. Kapitel

Auferstehung Jesu. [1] Am ersten Tag der Woche, früh am Morgen, kamen sie mit den Salbölen, die sie bereitet hatten, zum Grab. [2] Sie fanden den Stein weggewälzt vom Grab, [3] doch als sie hineingingen, fanden sie den Leib des Herrn Jesus nicht. [4] Sie waren darüber ganz ratlos, als auf einmal zwei Männer vor ihnen standen in strahlendem Kleid, [5] und als sie voll Schrecken ihren Blick zu Boden senkten, sagten jene zu ihnen: »Was sucht ihr den Lebenden bei den Toten? [6] Er ist nicht hier, sondern ist auferweckt worden. Erinnert euch, wie er noch in Galiläa zu euch sagte: [7] Der Menschensohn muß in die Hände der Sünder überliefert und gekreuzigt werden, am dritten Tag aber wieder auferstehen.«
[8] Da erinnerten sie sich seiner Worte, [9] kehrten zurück vom Grab und berichteten dies alles den Elfen und allen übrigen. [10] Es waren Maria Magdalena, Johanna und Maria, die Mutter des Jakobus, und mit ihnen auch die anderen, die dies den Aposteln sagten. [11] Doch diesen erschienen diese Worte als leeres Gerede, und sie glaubten ihnen nicht. [12] [Petrus aber stand auf, lief zum Grab, bückte sich hinein und erblickte einzig die Leinenbinden; und er ging weg, voll Staunen über das Geschehnis.]
Erscheinung Jesu vor zwei Jüngern. [13] Und siehe, noch am gleichen Tag waren zwei von ihnen unterwegs nach einem Dorf namens Emmaus, sechzig Stadien von Jerusalem entfernt. [14] Sie redeten miteinander über alles, was sich zugetragen hatte. [15] Und es geschah, während sie redeten und sich miteinander besprachen, näherte sich Jesus und ging mit ihnen. [16] Ihre Augen aber waren gehalten, so daß sie ihn nicht erkannten.

24,1–12: Vgl. Mt 28,1–10; Mk 16,1–8; Joh 20,1–18. Vers 12 ist vermutlich ein Einschub, der den Bericht von Joh 20,3–10 kurz zusammenfaßt.
24,13–35: Vgl. Mk 16,12 f. Das »Brotbrechen«, bei dem die Jünger Jesus erkannten, setzt eine besonders eindrucksvolle Weise voraus, mit der Jesus den Brotsegen zu sprechen pflegte. – Manche Textzeugen geben die Entfernung zwischen Jerusalem und Emmaus mit 160 Stadien an. Sechzig Stadien sind etwas über 11 km.

¹⁷ Er sagte zu ihnen: »Was sind das für Gespräche, die ihr unterwegs miteinander führt?« Da blieben sie traurig stehen, ¹⁸ und der eine, namens Kleopas, erwiderte ihm: »Bist du der einzige, der in Jerusalem weilt und nicht weiß, was dort geschah in diesen Tagen?« ¹⁹ Da fragte er sie: »Was denn?« Und sie sagten: »Das mit Jesus von Nazaret, der ein Prophet war, mächtig in Tat und Wort vor Gott und vor dem ganzen Volk; ²⁰ und wie ihn unsere Hohenpriester und Ratsherren der Verurteilung zum Tod überlieferten und ihn kreuzigten. ²¹ Wir aber hofften, daß er es sei, der Israel erlösen würde. Aber nun ist nach all dem schon der dritte Tag, seit dies geschah. ²² Es haben uns jedoch einige Frauen von uns in Aufregung versetzt, die in aller Frühe am Grab waren, ²³ ohne seinen Leichnam zu finden, und mit der Nachricht kamen, sie hätten eine Erscheinung von Engeln gehabt, die gesagt hätten, daß er lebe. ²⁴ Einige von den Unsrigen gingen darauf zum Grab und fanden es so, wie schon die Frauen gesagt hatten; ihn selbst aber sahen sie nicht.«

²⁵ Da sagte er zu ihnen: »Ihr Unverständigen und Schwerfälligen im Herzen, um all das zu glauben, was die Propheten sagten! ²⁶ Mußte nicht der Messias dies leiden und so eingehen in seine Herrlichkeit?« ²⁷ Und ausgehend von Mose und allen Propheten, zeigte er ihnen, was in allen Schriften sich bezieht auf ihn.

²⁸ So erreichten sie das Dorf, wohin sie gingen, er aber tat, als wolle er weitergehen. ²⁹ Sie drängten ihn und sagten: »Bleib bei uns, denn es will Abend werden und der Tag hat sich schon geneigt.« Da trat er ein, um bei ihnen zu bleiben. ³⁰ Als er mit ihnen bei Tisch war, geschah es, da nahm er das Brot, sprach den Segen, brach es und gab es ihnen. ³¹ Und es taten sich ihre Augen auf, und sie erkannten ihn; er aber entschwand aus ihrer Mitte.

³² Da sagten sie zueinander: »Brannte nicht unser Herz in uns, als er auf dem Weg mit uns redete und uns die Schrift erschloß?« ³³ Und sie standen auf und kehrten zur selben Stunde nach Jerusalem zurück, und sie fanden die Elf und ihre Gefährten versammelt, ³⁴ die sagten: »Der Herr ist wahrhaft auferstanden und ist dem Simon erschienen!« ³⁵ Da erzählten auch sie, was sie unterwegs erlebt hatten und wie sie ihn erkannten beim Brechen des Brotes.

Jesus vor den Aposteln. ³⁶ Während sie noch darüber redeten, stand er selbst in ihrer Mitte und sagte zu ihnen: »Friede sei euch!« ³⁷ Sie aber erschraken und fürchteten sich und glaubten, einen Geist zu sehen. ³⁸ Und er sagte zu ihnen: »Warum seid ihr verwirrt und warum steigen Zweifel auf in euren Herzen? ³⁹ Seht an meinen Händen und Füßen, daß ich selbst es bin; rührt mich an und seht, ein Geist hat doch nicht Fleisch und Gebein, wie ich es habe und ihr an mir sehen könnt.« ⁴⁰ Mit diesen Worten zeigte er ihnen seine Hände und Füße.

⁴¹ Da sie aber vor Freude nicht glauben wollten und staunten, sagte er zu ihnen: »Habt ihr etwas zu essen hier?« ⁴² Sie gaben ihm ein Stück gebratenen Fisch [und eine Honigwabe], ⁴³ und er nahm und aß vor ihren Augen.

⁴⁴ Er sprach zu ihnen: »Dies sind meine Worte, die ich zu euch sagte, da ich noch bei euch war: Alles muß erfüllt werden, was im Gesetz des Mose, in den Propheten und Psalmen geschrieben steht über mich.« ⁴⁵ Dann erschloß er ihnen den Sinn zum Verstehen der Schriften ⁴⁶ und sagte zu ihnen: »So steht geschrieben: Der Messias wird leiden und von den Toten auferstehen am dritten Tag, ⁴⁷ und in seinem Namen wird Bekehrung und Vergebung der Sünden verkündet an alle Völker, angefangen von Jerusalem. ⁴⁸ Ihr seid Zeugen dafür, ⁴⁹ und seht, ich sende die Verheißung meines Vaters auf euch; bleibt in der Stadt, bis ihr ausgerüstet seid mit Kraft aus der Höhe.«

Himmelfahrt. ⁵⁰ Dann führte er sie hinaus bis vor Betanien, erhob seine Hände und segnete sie. ⁵¹ Es geschah aber, während er sie segnete, schied er von ihnen und wurde emporgetragen zum Himmel. ⁵² Sie aber fielen anbetend vor ihm nieder und kehrten mit großer Freude nach Jerusalem zurück, ⁵³ und beständig waren sie im Tempel und [lobten und] priesen Gott.

24,36–43: Vgl. Joh 20,19–23. Der verklärte Leib, wie ihn Jesus mit der Auferstehung hatte, ist der diesseitigen Gesetzlichkeit entzogen und doch volle Wirklichkeit, auf die Jesus mit dem Essen hinweisen wollte.
24,44–49: Vgl. die ersten Sätze der Apostelgeschichte, die auf diese Worte Jesu, vor allem über den zu erwartenden Heiligen Geist, zurückgreifen.
24,50–53: Vgl. Mk 16,19; Apg 1,6–12.

Evangelium nach Johannes

Das vierte Evangelium ist im Vergleich mit den drei ersten, den synoptischen, von auffallender Eigenart. Im Inhalt findet sich wenig Gemeinsames mit ihnen; ihr Bericht wird als bekannt vorausgesetzt. Es werden nicht viele Begebenheiten und Reden aus dem Wirken Jesu berichtet, diese aber in breiter Ausführlichkeit. Dabei liegt das Interesse vor allem an der Selbstoffenbarung Jesu als des vom Vater gesandten, ihm wesensgleichen Gottessohnes, der zur Rettung der Welt im wahren Sinn Mensch geworden ist. Der Ablauf des Wirkens Jesu tritt durch die Verbindung des Berichtes mit dem jüdischen Festkalender klarer in Erscheinung als bei den Synoptikern. Das Evangelium wendet sich zunächst an hellenistische Leser. Verfasser ist nach allgemeiner Überlieferung, die sich auch durch das Selbstzeugnis des Evangeliums (vgl. 21,24) ergänzen läßt, der Zebedäussohn Johannes, der als einer der ersten Jünger zu den führenden Aposteln gehörte. Nach der gutbegründeten Tradition verfaßte er hochbetagt gegen Ende seines Lebens, wahrscheinlich zwischen 90–100 n. Ch., in Ephesus in Kleinasien die Aufzeichnungen zum Evangelium, das dann wohl durch seine Schüler die uns erhaltene Gestalt erhielt. Das früheste Zeugnis für Existenz und Ansehen des Evangeliums, zugleich die älteste bekannte Handschrift zum Neuen Testament, ist ein in Ägypten gefundenes Fragment aus einem um 120–130 n. Chr. geschriebenen Papyruskodex, das in Manchester aufbewahrt ist (P^{52}).

Die Wunder Jesu sind als »Zeichen« berichtet, d. h. in ihrer sinnbildlichen Bedeutung und inneren Beziehung zur Offenbarung Jesu, wobei jedoch ihre geschichtliche Wirklichkeit nicht aufgehoben wird. Die Reden Jesu unterscheiden sich stark von denen bei den Synoptikern, insofern es sich nicht um Aneinanderreihung von Einzelworten Jesu handelt, sondern um thematisch angelegte und aufgebaute Lehrstücke, die sich in der äußeren Anlage sehr ähneln. Es nimmt diesen Reden nichts an Glaubwürdigkeit, wenn man annimmt, daß Auswahl und Formulierung weitgehend vom Evangelisten besorgt wurden, der aus der lebendigen persönlichen Erinnerung und aus dem Erleben des Gottesreiches sowie aus der Kenntnis der geistigen Verfassung seiner Leser das Evangelium formte.

Prolog

1. Kapitel

¹ Im Anfang war der Logos (das Wort),
und der Logos war bei Gott,
und Gott war der Logos.
² Dieser war im Anfang bei Gott.
³ Alles ist durch ihn geworden,
und ohne ihn ward auch nicht eines
von dem, was geworden.
⁴ In ihm war das Leben,
und das Leben war das Licht der Menschen.
⁵ Das Licht leuchtet in der Finsternis,
die Finsternis aber hat es nicht ergriffen.
⁶ Ein Mann trat auf, gesandt von Gott,
sein Name war Johannes.
⁷ Dieser kam zum Zeugnis,
daß er zeuge von dem Licht,
damit alle zum Glauben kämen durch ihn.
⁸ Nicht war er selber das Licht,
sondern zeugen sollte er vom Licht.
⁹ Es war das wahre Licht,
das jeden Menschen erleuchtet,
der in die Welt kommt.
¹⁰ In der Welt war er,
und die Welt ist geworden durch ihn,
doch die Welt erkannte ihn nicht.

1,1–18: Der hymnusartige Prolog enthält vorwegnehmend die Grundmotive des ganzen Evangeliums, insofern einerseits das ewige und zeitliche Heilswirken des Gottessohnes, andererseits aber auch die Unempfänglichkeit der Welt gezeigt wird. Der nur hier im Ev. vorkommende Begriff »Logos« (in der lateinischen Fassung mit »Verbum« übersetzt und im Deutschen zumeist mit »Wort«) ist schwer mit einem entsprechenden Begriff wiederzugeben. Die Wahl des Ausdruckkes nimmt, abgesehen von alttestamentlichen Zusammenhängen, Rücksicht auf zeitgenössische, hellenistisch-jüdische Spekulationen über das Urprinzip der Welt und des Lebens (vgl. besonders Philo von Alexandrien). Der Evangelist will sagen, daß alles Sein und Leben zurückgeht auf den anfanglosen, gottgleichen Logos, der durch seinen Eintritt in den irdisch-menschlichen Bereich (»Fleisch«) alle heilswilligen Menschen zu »Kindern Gottes« machen will, um sie an der »Fülle von Gnade und Wahrheit« teilnehmen zu lassen.
1,9: Wird auch übersetzt: »Das wahre Licht, das jeden Menschen erleuchtet, war in die Welt kommend.«

¹¹ In das Seine kam er,
doch die Seinen nahmen ihn nicht auf.
¹² Allen aber, die ihn aufnahmen,
gab er Vollmacht,
Kinder Gottes zu werden,
denen, die an seinen Namen glauben,
¹³ die nicht aus dem Blut
und nicht aus dem Wollen des Fleisches
und nicht aus dem Wollen des Mannes,
sondern aus Gott geboren sind.
¹⁴ Und der Logos wurde Fleisch
und wohnte unter uns,
und wir schauten seine Herrlichkeit,
eine Herrlichkeit als des Eingeborenen vom Vater,
voll Gnade und Wahrheit.
¹⁵ Johannes gab Zeugnis von ihm und rief:
»Dieser war es, von dem ich sagte:
Der nach mir kommt, ist mir voraus,
weil er eher war als ich.«
.¹⁶ Von seiner Fülle
haben wir ja alle empfangen,
Gnade über Gnade.
¹⁷ Denn das Gesetz
wurde durch Mose gegeben,
die Gnade und die Wahrheit
kam durch Jesus Christus.
¹⁸ Niemand hat Gott je gesehen;
der eingeborene Sohn,
der an der Brust des Vaters ruht,
er hat Kunde gebracht.

Das Wirken des Menschgewordenen

Das Zeugnis des Johannes. ¹⁹ Dieses ist das Zeugnis des Johannes, als die Juden von Jerusalem Priester und Leviten zu ihm sandten, um ihn zu fragen: »Wer bist du?« ²⁰ Und er bekannte und verhehlte nicht, er bekannte: »Ich bin nicht der

---

1,19–34: Mit besonderem Interesse berichtet Joh von der Aufgabe des Vorläufers, um gegenüber Auffassungen mancher Johanneskreise (vgl. Apg 19,3 f) die rechte Stellung des Täufers kenntlich zu machen.

Messias!« ²¹ Und sie fragten ihn: »Was dann? Bist du Elija?« Er sprach: »Ich bin es nicht.« »Bist du der Prophet?« Er antwortete: »Nein!« ²² Da sagten sie zu ihm: »Wer bist du? Wir müssen denen, die uns gesandt haben, Antwort bringen. Was sagst du von dir selbst?« ²³ Er sprach: »Ich bin die Stimme eines Rufers in der Wüste: ›Macht zurecht den Weg des Herrn‹, wie der Prophet Jesaja gesagt hat« (Jes 40,3).
²⁴ Und es waren Abgesandte aus dem Kreis der Pharisäer, ²⁵ und sie fragten ihn: »Was taufst du denn, wenn du nicht der Messias bist, und nicht Elija und nicht der Prophet?« ²⁶ Johannes erwiderte ihnen: »Ich taufe mit Wasser; mitten unter euch steht der, den ihr nicht kennt, ²⁷ der nach mir Kommende [, der mir voraus ist], dem die Schuhriemen zu lösen ich nicht würdig bin.« ²⁸ Das ist zu Betanien geschehen, jenseits des Jordan, wo Johannes war und taufte.
²⁹ Tags darauf sah er Jesus auf sich zukommen und sprach: »Seht das Lamm Gottes, das hinwegnimmt die Sünde der Welt! ³⁰ Er ist es, von dem ich sagte: Nach mir kommt einer, der mir voraus ist, weil er eher war als ich.
³¹ Ich kannte ihn nicht; doch daß er Israel offenbar werde, dazu kam ich und taufe mit Wasser.« ³² Und Johannes bezeugte: »Ich sah den Geist wie eine Taube vom Himmel herniederkommen, und er blieb auf ihm. ³³ Ich kannte ihn nicht; doch der mich gesandt hat, zu taufen mit Wasser, er sagte mir: Auf wen du den Geist herniederkommen und auf ihm bleiben siehst, der ist es, der tauft mit heiligem Geist. ³⁴ Und ich habe gesehen und habe bezeugt: Dieser ist der Sohn Gottes.«

Berufung der ersten Jünger. ³⁵ Tags darauf stand Johannes wieder da mit zwei von seinen Jüngern, ³⁶ und er blickte auf Jesus, der vorüberging, und sagte: »Seht das Lamm Gottes!« ³⁷ Die zwei Jünger hörten, wie er das sagte, und folgten Jesus. ³⁸ Jesus wandte sich um, und als er sie nachkommen sah, fragte er sie: »Was sucht ihr?« Sie sagten zu ihm: »Rabbi« – das heißt übersetzt: Meister – »wo wohnst du?« ³⁹ Er antwor-

---

1,21: Nach jüdischer Erwartung sollte der wiederkehrende Elija (vgl. Mt 11,14; 17,10f; Mk 9,11) und ein nach Dt 18,15 verheißener Prophet die messianische Zeit eröffnen.
1,35–51 zeigt, daß die ersten Jünger, deren Berufung von Mt 4,18–22; Mk 1,16–20; Lk 5,1–11 im Zusammenhang mit einer Begegnung am See Gennesaret berichtet wird, schon durch die Täuferpredigt zu Jesus geführt wurden. Der ungenannte der beiden ersten ist nach allem der Evangelist Johannes selbst, der auch sonst im Ev. seinen Namen nicht nennt.

tete ihnen: »Kommt, ihr werdet sehen!« Sie gingen mit und sahen, wo er wohnte, und blieben jenen Tag bei ihm. Es war um die zehnte Stunde.
[40] Andreas, der Bruder des Simon Petrus, war einer von den beiden, die es von Johannes gehört hatten und ihm gefolgt waren. [41] Dieser traf zuerst seinen Bruder Simon und sagte zu ihm: »Wir haben den Messias« – das heißt übersetzt: Christus – »gefunden.« [42] Und er führte ihn zu Jesus. Jesus blickte ihn an und sprach: »Du bist Simon, der Sohn des Johannes; du sollst Kefas genannt werden« – das heißt übersetzt: Petrus (Fels).
[43] Tags darauf wollte er nach Galiläa aufbrechen und traf den Philippus. Und Jesus sagte zu ihm: »Folge mir!« [44] Philippus war aus Betsaida, der Stadt des Andreas und Petrus. [45] Philippus traf den Natanael und sagte zu ihm: »Von dem Mose schrieb und die Propheten, ihn haben wir gefunden: Jesus, den Sohn Josefs von Nazaret.« [46] Natanael aber entgegnete ihm: »Kann denn aus Nazaret etwas Gutes kommen?« Philippus sagte zu ihm: »Komm und sieh!« [47] Jesus sah den Natanael zu sich herkommen und sagte von ihm: »Seht, wahrhaft ein Israelit, an dem kein Falsch ist!« [48] Da sagte Natanael zu ihm: »Woher kennst du mich?« Jesus antwortete ihm: »Ehe Philippus dich rief, sah ich dich, als du unter dem Feigenbaum warst.« [49] Natanael erwiderte ihm: »Rabbi, du bist der Sohn Gottes, du bist der König von Israel!« [50] Jesus antwortete ihm: »Weil ich dir sagte, daß ich dich unter dem Feigenbaum sah, glaubst du? Noch Größeres als dies wirst du sehen.« [51] Und er sagte zu ihm: »Wahrlich, wahrlich, ich sage euch: Ihr werdet den Himmel offen sehen und die Engel Gottes auf- und niedersteigen über dem Menschensohn.«

2. Kapitel

Das erste Zeichen. [1] Am dritten Tag war eine Hochzeit zu Kana in Galiläa, und die Mutter Jesu war dort. [2] Auch Jesus

---

2,1–11: Ausdrücklich bezeichnet Joh gegenüber den nicht chronologisch berichtenden Synoptikern dieses Wunder als »erstes Zeichen«. Es offenbart nicht nur Jesu helfende Allmacht, sondern deutet in der Menge des neuen Weines auch die abbrechende Segensfülle des Gottesreiches an. Das verschieden übersetzbare Wort Jesu (wörtlich: »Frau, was mir und dir?«), ist eine geheimnisvolle Andeutung des höheren Auftrages, dem Jesu Wirken zugeordnet war. Maria scheint darin keine Ablehnung ihres Anliegens gesehen zu haben, wenn auch nicht gesagt ist, daß sie an eine wunderbare Abhilfe dachte. Ein »Maß« (»Metretes«) war eine Menge von etwa 39 Litern.

und seine Jünger waren zur Hochzeit geladen. ³ Da es an Wein fehlte, sagte die Mutter Jesu zu ihm: »Sie haben keinen Wein.« ⁴ Jesus aber sagte zu ihr: »Frau, was willst du von mir? Noch ist meine Stunde nicht gekommen.« ⁵ Seine Mutter sagte zu den Dienern: »Was er euch sagt, das tut!«
⁶ Es standen sechs steinerne Wasserkrüge dort, entsprechend der Reinigungssitte der Juden; davon faßte jeder zwei oder drei Maß. ⁷ Und Jesus sagte zu ihnen: »Füllt die Krüge mit Wasser!« Und sie füllten sie bis oben. ⁸ Und er sagte ihnen: »Schöpft nun und bringt davon dem Tafelmeister!« Und sie brachten ihm. ⁹ Als aber der Tafelmeister das zu Wein gewordene Wasser kostete, ohne zu wissen woher er kam – die Diener, die das Wasser geschöpft hatten, wußten es –, rief der Tafelmeister den Bräutigam ¹⁰ und sagte zu ihm: »Jedermann setzt zuerst den guten Wein vor und, wenn sie trunken sind, den geringeren; du aber hast den guten Wein aufgehoben bis jetzt.«
¹¹ Diesen Anfang der Zeichen machte Jesus zu Kana in Galiläa, und er offenbarte seine Herrlichkeit, und es glaubten an ihn seine Jünger.
¹² Darauf zog er hinab nach Kafarnaum, er und seine Mutter und seine Brüder und Jünger; dort aber blieben sie nicht viele Tage.

Tempelreinigung. ¹³ Es nahte sich das Pascha der Juden, und Jesus ging hinauf nach Jerusalem. ¹⁴ Und er traf im Tempel die Verkäufer von Ochsen, Schafen und Tauben und die Geldwechsler, die dort saßen. ¹⁵ Da machte er eine Geißel aus Stricken und trieb alle zum Tempel hinaus mitsamt den Schafen und Ochsen; das Geld der Wechsler schüttete er aus, stieß die Tische um ¹⁶ und sagte zu den Taubenverkäufern: »Schafft dies fort von hier; macht das Haus meines Vaters nicht zu einer Markthalle!« ¹⁷ Da erinnerten sich seine Jünger, daß geschrieben steht: ›Der Eifer für dein Haus verzehrt mich‹ (Ps 69,10).

2,12: Über »Brüder« Jesu, d. h. nähere Verwandte, vgl. zu Mt 12,46.
2,13–22: Vgl. Mt 21,12–17; Mk 11,15–19; Lk 19,45–48. Die Synoptiker berichten die Tempelreinigung im Zusammenhang mit dem feierlichen Einzug Jesu zum letzten Osterfest. Da sie nur diesen einzigen Jerusalembesuch erwähnen, scheinen sie damit manches verbunden zu haben, was zeitlich zu früheren Aufenthalten Jesu in Jerusalem gehört. Jesus bekundet mit diesem ersten Akt seines messianischen Auftretens nicht nur seinen Willen zur Heilighaltung des Gottesdienstes, sondern auch sein Sendungsbewußtsein, was mit der geheimnisvollen Andeutung seiner Auferstehung bekräftigt wird.

¹⁸ Die Juden aber erhoben Einspruch und sagten zu ihm: »Was für ein Zeichen weist du uns vor, daß du dies tun darfst?« ¹⁹ Jesus antwortete ihnen: »Brecht diesen Tempel ab, und in drei Tagen will ich ihn aufrichten.« ²⁰ Da sagten die Juden: »Sechsundvierzig Jahre wurde an diesem Tempel gebaut, und du willst in drei Tagen ihn aufrichten?« ²¹ Er aber redete vom Tempel seines Leibes. ²² Als er daher von den Toten auferweckt war, erinnerten sich seine Jünger, daß er dies gesagt hatte, und sie glaubten der Schrift und dem Wort, mit dem Jesus davon gesprochen hatte.

²³ Während er nun beim Paschafest in Jerusalem war, glaubten viele an seinen Namen, weil sie seine Zeichen sahen, die er tat. ²⁴ Jesus hingegen vertraute sich ihnen nicht an; denn er kannte sie alle ²⁵ und hatte nicht nötig, daß ihm jemand Zeugnis gab über den Menschen; wußte er doch selbst, was im Menschen war.

3. Kapitel

Offenbarung vor Nikodemus. ¹ Ein Mann aus dem Kreis der Pharisäer, Nikodemus mit Namen, ein Ratsherr der Juden, ² kam bei Nacht zu ihm und sagte: »Meister, wir wissen, du bist von Gott gekommen als Lehrer; denn niemand vermag diese Zeichen zu tun, die du tust, wenn nicht Gott mit ihm ist.«

³ Jesus entgegnete ihm: »Wahrlich, wahrlich, ich sage dir: Wenn einer nicht geboren wird von oben, kann er das Reich Gottes nicht schauen.« ⁴ Nikodemus fragte ihn: »Wie kann ein Mensch geboren werden, der alt ist? Kann er noch einmal in den Schoß seiner Mutter eingehen und geboren werden?« ⁵ Jesus antwortete: »Wahrlich, wahrlich, ich sage dir: Wenn einer nicht geboren wird aus Wasser und Geist, kann er nicht

---

3,1–21: Die »Nikodemusrede«, als grundlegendes Gespräch mit einem führenden Pharisäer, zeigt gegenüber irrigen Begriffen jüdischer Heilserwartung das wahre Wesen des Gottesreiches: Nicht die leibliche Abrahamskindschaft vermittelt die Teilnahme am Gottesreich, sondern eine Geburt von »oben« (auch übersetzt: »Geburt von neuem« = Wiedergeburt), wobei auf das geistige Geborenwerden durch die Taufe hingewiesen wird; nicht die Schulweisheit des »Lehrers Israel«, sondern der Glaube an den vom Himmel gekommenen Menschensohn gibt das Verständnis des Gottesreiches; nicht ein äußeres Machtkönigtum, sondern der am Kreuz erhöhte Menschensohn bringt das Heil; nicht durch ein äußeres Strafgericht über die Heiden, sondern durch Glauben bzw. Nichtglauben vollzieht sich die Scheidung der Geister.

eingehen in das Reich Gottes. ⁶ Was geboren ist aus dem Fleisch, ist Fleisch, und was geboren ist aus dem Geist, ist Geist. ⁷ Wundere dich nicht, daß ich dir sagte: Ihr müßt geboren werden von oben. ⁸ Der Wind weht, wo er will; du hörst sein Brausen; du weißt aber nicht, woher er kommt und wohin er geht. So ist es mit jedem, der geboren ist aus dem Geist.«

⁹ Nikodemus entgegnete ihm: »Wie kann dies geschehen?« ¹⁰ Jesus antwortete ihm: »Du bist der Lehrer Israels und verstehst das nicht? ¹¹ Wahrlich, wahrlich, ich sage dir: Was wir wissen, reden wir, und was wir gesehen haben, bezeugen wir, doch unser Zeugnis nehmt ihr nicht an. ¹² Wenn ich vom Irdischen zu euch sprach, und ihr glaubt nicht, wie werdet ihr glauben, wenn ich zu euch vom Himmlischen spreche? ¹³ Und doch ist niemand hinaufgestiegen in den Himmel als der aus dem Himmel Herabgestiegene, der Menschensohn [, der im Himmel ist].

¹⁴ Und wie Mose die Schlange erhöhte in der Wüste, so muß auch der Menschensohn erhöht werden, ¹⁵ damit jeder, der an ihn glaubt, [nicht verlorengehe, sondern] ewiges Leben habe. ¹⁶ Denn so sehr liebte Gott die Welt, daß er seinen eingeborenen Sohn hingab, damit jeder, der an ihn glaubt, nicht verlorengehe, sondern ewiges Leben habe.

¹⁷ Denn Gott sandte den Sohn nicht in die Welt, daß er die Welt richte, sondern, daß die Welt gerettet werde durch ihn. ¹⁸ Wer an ihn glaubt, wird nicht gerichtet; wer aber nicht glaubt, ist schon gerichtet, weil er nicht geglaubt hat an den Namen des eingeborenen Sohnes Gottes. ¹⁹ Das aber ist das Gericht, daß das Licht in die Welt gekommen ist und die Menschen die Finsternis mehr liebten als das Licht; denn ihre Werke waren böse. ²⁰ Jeder nämlich, der Böses tut, haßt das Licht und kommt nicht zum Licht, damit seine Werke nicht offenkundig werden. ²¹ Wer aber die Wahrheit tut, kommt zum Licht, damit an seinen Werken offenkundig wird, daß sie in Gott getan sind.«

Das letzte Zeugnis des Täufers. ²² Hierauf kam Jesus mit seinen Jüngern in die Landschaft von Judäa und hielt sich mit ihnen dort auf und taufte. ²³ Es taufte aber auch Johannes, und zwar in Aenon bei Salim, weil viel Wasser dort war; und

---

3,22–26: Vgl. 4,2, wonach nicht Jesus persönlich, sondern seine Jünger tauften. Der Täufer beweist mit diesem letzten Zeugnis für Jesus seine ganze Größe an Demut und Opferkraft.

sie kamen und ließen sich taufen. ²⁴ Johannes war nämlich noch nicht in das Gefängnis geworfen.
²⁵ Da entstand ein Streit von seiten der Johannesjünger mit einem Juden über die Reinigung. ²⁶ Und sie kamen zu Johannes und sagten zu ihm: »Meister, der bei dir war jenseits des Jordan und für den du Zeugnis gabst, siehe, der tauft und alle gehen zu ihm.«
²⁷ Johannes entgegnete: »Es kann sich keiner etwas nehmen, wenn es ihm nicht gegeben ist vom Himmel. ²⁸ Ihr selbst seid mir Zeugen, daß ich sagte: Ich bin nicht der Messias, sondern ich bin gesandt vor ihm her. ²⁹ Der die Braut hat, ist Bräutigam; der Freund des Bräutigams aber steht da, horcht auf ihn, und hat überaus große Freude über das Rufen des Bräutigams. Diese Freude nun hat sich als die meine erfüllt. ³⁰ Er muß wachsen, ich aber abnehmen.
³¹ Der von oben kommt, steht über allen; der von der Erde stammt, ist von der Erde und redet von der Erde aus. Der aus dem Himmel kommt, steht über allen. ³² Was er gesehen und gehört hat, davon gibt er Zeugnis; niemand aber nimmt sein Zeugnis an. ³³ Wer aber sein Zeugnis annahm, der bestätigte, daß Gott wahrhaftig ist. ³⁴ Den nämlich Gott sandte, der redet die Worte Gottes; denn nicht nach Maß gibt er den Geist. ³⁵ Der Vater liebt den Sohn, und alles legte er in seine Hand. ³⁶ Wer an den Sohn glaubt, hat ewiges Leben; wer aber nicht auf den Sohn hört, wird das Leben nicht schauen, sondern Gottes Zorn bleibt auf ihm.«

4. Kapitel

Anbruch der Messiasernte in Samaria. ¹ Als nun der Herr erfuhr, die Pharisäer hätten vernommen, daß Jesus mehr Jünger gewinne und mehr taufe als Johannes – ² obwohl Jesus nicht selber taufte, sondern seine Jünger –, ³ verließ er Judäa

---

4,1–42: Mit besonderem Interesse berichtet Joh die Heilsbereitschaft der von den Juden verachteten Samariter. In feinfühliger Menschenkenntnis führt Jesus die seelisch bereite Frau von den äußeren Dingen zu den höheren Werten des Gottesreiches und weist die Jünger auf ihre kommende Aufgabe hin. In der Frage nach der rechten Gottesverehrung anerkennt er die heilsgeschichtliche Vorrangstellung des Judentums. Aber auch diese werde mit dem Gottesreich aufgehen in der von allen nationalen Bedingungen unabhängigen Gottesverehrung aller Menschen als Anbetung des Vaters »in Geist und Wahrheit«. Damit will keineswegs Recht und Sinn äußerer Gottesverehrung bestritten werden; aber sie muß sich der Forderung nach »Geist und Wahrheit« unterordnen.

und kehrte wieder zurück nach Galiläa. ⁴ Er mußte den Weg durch Samaria nehmen ⁵ und kam so zu einer Stadt in Samaria, Sychar mit Namen, nahe bei dem Grundstück, das Jakob seinem Sohn Josef gegeben hat. ⁶ Dort war der Brunnen des Jakob. Jesus nun, müde geworden von der Wanderung, setzte sich so am Brunnen nieder; es war um die sechste Stunde.
⁷ Da kam eine Frau aus Samaria, um Wasser zu schöpfen. Jesus sagte zu ihr: »Gib mir zu trinken!« ⁸ Seine Jünger waren nämlich in die Stadt gegangen, um Lebensmittel zu kaufen. ⁹ Die samaritische Frau entgegnete ihm: »Wie magst du als Jude von mir, einer samaritischen Frau, einen Trunk verlangen?« Die Juden haben nämlich keinen Verkehr mit den Samaritern.
¹⁰ Jesus antwortete ihr: »Wenn du um die Gabe Gottes wüßtest und wer es ist, der zu dir sagt: Gib mir zu trinken, du würdest ihn bitten, und er gäbe dir lebendiges Wasser.« ¹¹ Die Frau sagte zu ihm: »Herr, du hast ja kein Schöpfgefäß, und der Brunnen ist tief; woher hast du denn das lebendige Wasser? ¹² Bist du etwa größer als unser Vater Jakob, der uns den Brunnen gab? Er selbst hat daraus getrunken sowie seine Söhne und seine Herden.« ¹³ Jesus antwortete ihr: »Jeden, der von diesem Wasser trinkt, wird abermals dürsten; ¹⁴ wer aber von dem Wasser trinkt, das ich ihm geben werde, den wird nicht mehr dürsten in Ewigkeit; sondern das Wasser, das ich ihm gebe, wird in ihm zu einem Quell von Wasser, das aufsprudelt zu ewigem Leben.« ¹⁵ Da entgegnete ihm die Frau: »Herr, gib mir dieses Wasser, daß ich nicht mehr dürste und hierher gehen muß, um zu schöpfen.« ¹⁶ Er sagte zu ihr: »Geh hin, ruf deinen Mann und komm hierher!« ¹⁷ Die Frau erwiderte ihm: »Ich habe keinen Mann!« Jesus sagte zu ihr: »Zutreffend sagtest du: Ich habe keinen Mann. ¹⁸ Denn fünf Männer hast du gehabt, und der, den du jetzt hast, ist nicht dein Mann; da hast du die Wahrheit gesagt!«
¹⁹ Die Frau sagte zu ihm: »Herr, ich sehe, du bist ein Prophet. ²⁰ Unsere Väter haben auf diesem Berg Anbetung gehalten, und ihr sagt, in Jerusalem sei der Ort, wo man anbeten müsse.« ²¹ Jesus antwortete ihr: »Glaube mir, Frau, es kommt die Stunde, da ihr weder auf diesem Berg noch in Jerusalem den Vater anbeten werdet. ²² Ihr betet an, was ihr nicht kennt; wir beten an, was wir kennen; denn das Heil kommt aus den Juden. ²³ Doch es kommt die Stunde, und schon ist sie da, in der die wahren Anbeter den Vater anbeten werden in Geist und Wahrheit; denn auch der Vater sucht solche als seine

Anbeter. ²⁴ Gott ist Geist, und die ihn anbeten, müssen in Geist und Wahrheit anbeten.«

²⁵ Die Frau sagte zu ihm: »Ich weiß, daß der Messias« – genannt Christus – »kommt; wenn er kommt, wird er uns alles verkünden.« ²⁶ Jesus sagte zu ihr: »Ich bin es, ich, der mit dir redet.«

²⁷ Währenddessen kamen seine Jünger, und sie wunderten sich, daß er mit einer Frau redete; doch sagte keiner: »Was willst du?« oder: »Was redest du mit ihr?« ²⁸ Die Frau nun ließ ihren Wasserkrug stehen, ging in die Stadt und sagte zu den Leuten: ²⁹ »Kommt und seht einen Menschen, der mir alles sagte, was ich getan habe. Ob der nicht der Messias ist?« ³⁰ Da zogen sie hinaus aus der Stadt und gingen auf ihn zu.

³¹ Unterdessen baten ihn seine Jünger: »Meister, iß!« ³² Er aber entgegnete ihnen: »Ich habe eine Speise zu essen, die ihr nicht kennt.« ³³ Da sagten die Jünger zueinander: »Hat ihm denn jemand zu essen gebracht?« ³⁴ Jesus sagte zu ihnen: »Meine Speise ist, daß ich den Willen dessen tue, der mich gesandt hat, und daß ich vollbringe sein Werk.

³⁵ Sagt ihr nicht: Vier Monate noch, und die Ernte kommt? Seht, ich sage euch: Erhebt eure Augen und betrachtet die Felder; sie sind weiß zur Ernte. ³⁶ Schon empfängt der Schnitter seinen Lohn und führt Frucht ein fürs ewige Leben, so daß der Sämann und der Schnitter zugleich sich freuen. ³⁷ Denn hier bewahrheitet sich das Wort: Ein anderer ist, der sät, und ein anderer, der erntet. ³⁸ Ich habe euch gesandt zu ernten, wofür ihr nicht gearbeitet habt. Andere haben gearbeitet und ihr seid in ihre Arbeit eingetreten.«

³⁹ Aus jener Stadt aber kamen viele von den Samaritern zum Glauben an ihn durch das Wort der Frau, die bezeugte: »Er sagte mir alles, was ich getan habe.« ⁴⁰ Als nun die Samariter zu ihm kamen, baten sie ihn, bei ihnen zu bleiben, und er blieb zwei Tage dort. ⁴¹ Und noch weit mehr fanden zum Glauben auf sein Wort hin, ⁴² und sie sagten zur Frau: »Nicht mehr um deiner Rede willen glauben wir jetzt; wir haben ja selber gehört und wissen: Dieser ist wahrhaftig der Heiland der Welt.«

4,35: Wohl dauerte es (von der Zeit dieses Gespräches an) bis zur Getreideernte noch vier Monate, aber die hereneilenden Samariter sind das Bild einer reifwerdenden Ernte des Gottesreiches. Jesus ist der Sämann, die Apostel werden die Ernte einbringen dürfen.

Das zweite Zeichen zu Kana. ⁴³ Nach den zwei Tagen zog er von dort weiter nach Galiläa. ⁴⁴ Jesus hatte ja selbst bezeugt, daß ein Prophet in seiner Vaterstadt nicht angesehen ist. ⁴⁵ Als er nun nach Galiläa kam, nahmen ihn die Galiläer auf, da sie alles gesehen hatten, was er in Jerusalem beim Fest getan hatte, denn auch sie waren zum Fest gegangen. ⁴⁶ So kam er wieder nach Kana in Galiläa, wo er das Wasser zu Wein gemacht hatte.

Da war ein königlicher Beamter, dessen Sohn lag krank in Kafarnaum. ⁴⁷ Als er hörte, Jesus sei aus Judäa nach Galiläa gekommen, ging er zu ihm und bat ihn, er möge hinabkommen und seinen Sohn heilen; denn er lag im Sterben. ⁴⁸ Jesus sagte zu ihm: »Wenn ihr nicht Zeichen und Wunder seht, glaubt ihr nicht.« ⁴⁹ Der königliche Beamte erwiderte ihm: »Herr, komm herab, ehe mein Kind stirbt!« ⁵⁰ Jesus antwortete ihm: »Geh hin, dein Sohn lebt!« Der Mann glaubte dem Wort, das Jesus ihm sagte, und ging.

⁵¹ Während er hinabging, kamen ihm schon seine Knechte entgegen und meldeten, daß sein Sohn lebe. ⁵² Er erkundigte sich bei ihnen nach der Stunde, in der es ihm besser ging, und sie sagten zu ihm: »Gestern um die siebte Stunde verließ ihn das Fieber.« ⁵³ Da erkannte der Vater, daß es zu jener Stunde war, in der Jesus zu ihm sagte: »Dein Sohn lebt.« Und er und sein ganzes Haus wurden gläubig. ⁵⁴ Dieses war das zweite Zeichen, das Jesus wiederum wirkte, als er von Judäa nach Galiläa kam.

5. Kapitel
Heilung eines Kranken am Sabbat. ¹ Darauf war Festtag der Juden, und Jesus ging hinauf nach Jerusalem. ² In Jerusalem

---

4,44: Vgl. Mt 13,57; Mk 6,4; Lk 4,24, wo dieses Wort auf Nazaret, die Heimstadt Jesu, bezogen ist. Jesus ging also bei seiner Rückkehr nicht mehr dorthin, sondern in das übrige Gebiet von Galiläa.

4,46: Dieser Beamte, im Dienst des manchmal auch als »König« bezeichneten Tetrarchen Herodes Antipas, ist kaum identisch mit dem Hauptmann von Kafarnaum Mt 8,5–13; Lk 7,1–10. Vielmehr dürfte die an seinem Sohn gewirkte Fernheilung bewirkt haben, daß später der Hauptmann die Bitte stellte, Jesus möchte helfen, ohne sein Haus betreten zu müssen.

5,1–47: Nach nicht unbegründeter Auffassung wird Kap. 5 unter Annahme einer frühesten Vertauschung der Blätter erst nach Kap. 6 eingereiht, wodurch der innere Anschluß der Abschnitte verständlicher würde und das in 5,1 nicht näher bezeichnete »Fest« identisch wäre mit dem in 6,4 als »nahe« angeführten Paschafest, dem zweiten im Wirken Jesu.

ist beim Schaftor ein Teich, der auf hebräisch Betesda heißt, mit fünf Hallen. ³ In diesen lag eine Menge von Kranken, Blinden, Lahmen und Schwindsüchtigen, die auf die Bewegung des Wassers warteten. ⁴ Ein Engel [des Herrn] stieg nämlich von Zeit zu Zeit auf den Teich hernieder und brachte das Wasser in Wallung; wer nun als erster nach der Wallung des Wassers hineinstieg, wurde gesund, an welcher Krankheit er auch leiden mochte.

⁵ Nun war dort ein Mann, der seit achtunddreißig Jahren an seiner Krankheit litt. ⁶ Als Jesus ihn daliegen sah und erfuhr, daß er schon lange Zeit so daran war, fragte er ihn: »Willst du gesund werden?« ⁷ Der Kranke antwortete ihm: »Herr, ich habe keinen Menschen, der mich in den Teich brächte, wenn das Wasser in Wallung kommt; denn während ich hingehe, steigt ein anderer vor mir hinab.« ⁸ Jesus sagte zu ihm: »Steh auf, nimm dein Bett und geh!« ⁹ Und sogleich wurde der Mann gesund; er nahm sein Bett und ging einher. Es war aber Sabbat an jenem Tag.

¹⁰ Da sagten die Juden zum Geheilten: »Es ist Sabbat, und es ist dir nicht gestattet, das Bett zu tragen!« ¹¹ Er aber erwiderte ihnen: »Der mich gesund machte, sagte zu mir: Nimm dein Bett und geh!« ¹² Da fragten sie ihn: »Wer ist der Mensch, der zu dir sagte: Nimm dein Bett und geh?« ¹³ Der Geheilte aber wußte nicht, wer es sei; Jesus war nämlich weitergegangen, da viel Volk am Platz war. ¹⁴ Hernach traf ihn Jesus im Tempel und sagte zu ihm: »Siehe, du bist gesund geworden; sündige nicht mehr, daß dir nicht etwas Schlimmeres widerfahre.« ¹⁵ Der Mann ging hin und sagte den Juden, daß es Jesus sei, der ihn gesund gemacht habe.

Rechtfertigung und Selbstoffenbarung Jesu. ¹⁶ Deshalb verfolgten die Juden Jesus, weil er dies am Sabbat getan hatte. ¹⁷ Jesus aber entgegnete ihnen: »Mein Vater wirkt bis jetzt, und auch ich wirke.« ¹⁸ Daraufhin trachteten die Juden noch mehr, ihn zu töten, weil er nicht nur den Sabbat brach, son-

---

5,4: Dieser Vers, der die damalige Volksauffassung über die Heilkraft des Wassers wiedergibt, wird wegen seines Fehlens in vielen Handschriften als späterer Einschub angesehen. Aber auch Vers 7 setzt die gleiche Vorstellung voraus.
5,17-30: Das erste öffentliche Selbstzeugnis Jesu! Nach Vers 18 verstanden die Juden deutlich den Anspruch Jesu auf die Gleichheit mit dem Vater. Das war auch Hauptgrund aller späterer Verfolgung wie der Verurteilung zum Tod. Beachte den bei Joh wichtigen Begriff »Leben«, d. h. die durch Jesus bewirkte Teilnahme am göttlichen Leben: daher »ewiges«, »unvergängliches« Leben.

dern sogar Gott seinen Vater nannte und damit sich Gott gleichsetzte.
[19] Jesus aber gab ihnen zur Antwort: »Wahrlich, wahrlich, ich sage euch: Der Sohn vermag aus sich selber nichts zu tun, was er nicht den Vater tun sieht; denn was dieser tut, das tut auch der Sohn in gleicher Weise. [20] Denn der Vater liebt den Sohn und zeigt ihm alles, was er selber tut; ja noch größere Werke als diese wird er ihm zeigen, so daß ihr staunen werdet. [21] Denn wie der Vater die Toten erweckt und lebendig macht, so macht auch der Sohn, die er will, lebendig. [22] Der Vater richtet auch niemand, er hat vielmehr das ganze Gericht dem Sohn übergeben, [23] damit alle den Sohn ehren, wie sie den Vater ehren. Wer den Sohn nicht ehrt, der ehrt auch nicht den Vater, der ihn gesandt hat. [24] Wahrlich, wahrlich, ich sage euch: Wer auf mein Wort hört und dem glaubt, der mich sandte, hat ewiges Leben und kommt nicht ins Gericht, sondern er ist aus dem Tod hinübergeschritten ins Leben.

Vollmacht vom Vater. [25] Wahrlich, wahrlich, ich sage euch: Es kommt die Stunde, und jetzt ist sie da, in der die Toten die Stimme des Sohnes Gottes hören werden, und die sie hören, werden leben. [26] Denn wie der Vater Leben in sich selber hat, so hat er auch dem Sohn verliehen, Leben in sich selber zu haben, [27] und er gab ihm Vollmacht, Gericht zu halten, weil er der Menschensohn ist. [28] Wundert euch darüber nicht, denn es kommt die Stunde, in der alle, die in den Gräbern sind, seine Stimme hören werden, [29] und es werden hervorgehen, die das Gute getan haben, zur Auferstehung des Lebens, die das Böse getan haben, zur Auferstehung des Gerichtes. [30] Ich vermag nichts zu tun aus mir selbst; so wie ich höre, richte ich, und mein Gericht ist gerecht; denn ich suche nicht meinen Willen, sondern den Willen dessen, der mich gesandt hat.

Des Vaters Zeugnis. [31] Wenn ich Zeugnis gebe über mich selbst, ist mein Zeugnis nicht wahr; [32] ein anderer gibt Zeugnis über mich, und ich weiß: wahr ist das Zeugnis, das er ablegt über mich. [33] Ihr habt zu Johannes gesandt, und er hat der Wahrheit Zeugnis gegeben; [34] ich nehme aber nicht von einem Menschen das Zeugnis, sondern sage dies, damit ihr

---

5,31–47: Jesus beruft sich neben dem Zeugnis des von den Juden nicht ernst genommenen Täufers vor allem auf die Beweiskraft seiner aus dem Wirken des Vaters kommenden Wunder. Aber auch die von den Juden nicht verstandene Schrift der alttestamentlichen Offenbarung nimmt er als Zeugnis in Anspruch.

gerettet werdet. ³⁵ Jener war die Lampe, brennend und leuchtend, ihr aber wolltet euch für eine Stunde ergötzen an ihrem Licht.

³⁶ Ich aber habe ein größeres Zeugnis als das des Johannes. Denn die Werke, die zu vollbringen mir der Vater gegeben hat, ja, diese Werke, die ich tue, sie bezeugen von mir, daß der Vater mich gesandt hat. ³⁷ Und der Vater, der mich sandte, er selbst gab Zeugnis über mich; doch habt ihr weder seine Stimme jemals gehört, noch seine Gestalt gesehen; ³⁸ auch sein Wort habt ihr nicht in euch wohnen, weil ihr dem, den er sandte, nicht glaubt.

³⁹ Ihr durchforscht die Schriften, weil ihr meint, in ihnen ewiges Leben zu haben, und sie sind es, die Zeugnis geben über mich; ⁴⁰ doch ihr wollt nicht zu mir kommen, daß ihr Leben hättet. ⁴¹ Ehre von Menschen nehme ich nicht an, ⁴² sondern ich habe euch erkannt, daß ihr die Liebe Gottes nicht in euch habt. ⁴³ Ich bin gekommen im Namen meines Vaters, und ihr nehmt mich nicht an; wenn ein anderer kommt in seinem eigenen Namen, den werdet ihr annehmen. ⁴⁴ Wie vermögt ihr zu glauben, die ihr Ehre annehmt von einander und die Ehre von dem einen Gott nicht sucht?

⁴⁵ Denkt nicht, daß ich euch anklagen werde beim Vater; euer Ankläger ist Mose, auf den ihr eure Hoffnung gesetzt habt. ⁴⁶ Denn, wenn ihr Mose glaubtet, würdet ihr auch mir glauben; denn über mich hat er geschrieben. ⁴⁷ Wenn ihr aber seinen Schriften nicht glaubt, wie werdet ihr meinen Worten glauben?«

6. Kapitel

Die wunderbare Speisung. ¹ Darauf begab sich Jesus an das andere Ufer des galiläischen Sees, des Sees von Tiberias, ² und es folgte ihm eine große Menge Volkes, weil sie die Zeichen sahen, die er an den Kranken tat. ³ Und Jesus stieg den Berg hinan, und dort setzte er sich nieder, zusammen mit seinen Jüngern. ⁴ Das Pascha, das Fest der Juden, war nahe.
⁵ Als nun Jesus die Augen erhob und sah, daß viel Volk zu ihm kam, fragte er Philippus: »Woher werden wir Brote kaufen,

---

6,1–21: Vgl. Mt 14,14–23; Mk 6,34–52; Lk 9,11–17. Einer der wenigen mit den Synoptikern gemeinsamen Berichte. Er bildet die Grundlage für die nur von Joh berichtete anschließende Rede vom »Brot des Lebens«.

damit diese zu essen haben?« ⁶ Er sagte dies, um ihn auf die Probe zu stellen; denn er wußte, was er tun wollte. ⁷ Philippus antwortete ihm: »Brote für zweihundert Denare reichen nicht für sie, daß jeder nur ein Stückchen bekomme.« ⁸ Da sagte zu ihm einer von seinen Jüngern, Andreas, der Bruder des Simon Petrus: ⁹ »Es ist ein Knabe hier, der hat fünf Gerstenbrote und zwei Fische; allein was ist das für so viele?«
¹⁰ Jesus aber sagte: »Laßt die Leute sich lagern!« Es war viel Gras an dem Ort. Da lagerten sich nun die Männer, etwa fünftausend an Zahl. ¹¹ Und Jesus nahm die Brote, sprach das Dankgebet und verteilte sie an die Lagernden, ebenso auch von den Fischen, so viel sie wollten. ¹² Als sie sich gesättigt hatten, sagte er zu seinen Jüngern: »Sammelt, was übrigblieb von den abgebrochenen Stücken, damit nichts zugrunde gehe!« ¹³ Sie sammelten und füllten zwölf Körbe mit Resten von den fünf Gerstenbroten, die den Essenden übriggeblieben waren.

¹⁴ Als nun die Leute das Zeichen sahen, das er gewirkt hatte, sprachen sie: »Dieser ist wahrhaft der Prophet, der kommen soll in die Welt!« ¹⁵ Jesus merkte, daß sie kommen und ihn ergreifen wollten, um ihn zum König zu machen, und er zog sich wieder auf den Berg zurück, er allein.

Jesus geht auf dem See. ¹⁶ Da es spät geworden war, gingen seine Jünger hinab zum See, ¹⁷ stiegen in das Schiff und wollten über den See hinüberfahren, nach Kafarnaum. Es war schon dunkel geworden, und noch war Jesus nicht zu ihnen gekommen. ¹⁸ Der See aber war sehr bewegt, denn es blies ein starker Wind. ¹⁹ Als sie etwa fünfundzwanzig oder dreißig Stadien gefahren waren, erblickten sie Jesus, wie er auf dem See einherging und nahe ans Schiff herankam, und sie fürchteten sich. ²⁰ Er aber sagte zu ihnen: »Ich bin es, fürchtet euch nicht!« ²¹ Da wollten sie ihn in das Schiff nehmen, und gleich darauf war das Schiff am Land, auf das sie zusteuerten.

Vom Brot des Lebens. ²² Am andern Tag erfuhr das Volk, das noch drüben stand am anderen Ufer, daß kein weiteres Schiff dagewesen war als das eine und Jesus nicht mit seinen Jüngern das Schiff bestiegen hatte, sondern seine Jünger allein abgefahren waren. ²³ Andere Schiffe kamen aus Tiberias in die Nähe des Ortes, wo sie nach dem Dankgebet des Herrn das Brot gegessen hatten. ²⁴ Als das Volk nun sah, daß weder Jesus noch seine Jünger da waren, stiegen sie in die Schiffe und fuhren nach Kafarnaum, um Jesus zu suchen. ²⁵ Sie fanden ihn am anderen Ufer des Sees und sagten zu ihm: »Mei-

ster, wann bist du hierhergekommen?« ²⁶ Jesus antwortete ihnen: »Wahrlich, ich sage euch: Ihr sucht nicht nach mir, weil ihr Zeichen gesehen, sondern weil ihr von den Broten gegessen und euch gesättigt habt. ²⁷ Müht euch nicht um die vergängliche Speise, sondern um die Speise, die anhält zu ewigem Leben, wie sie der Menschensohn euch geben wird; denn ihn hat Gott der Vater beglaubigt mit seinem Siegel.« ²⁸ Da sagten sie zu ihm: »Was sollen wir tun, um die Werke Gottes zu vollbringen?« ²⁹ Jesus antwortete ihnen: »Das ist das Werk Gottes, daß ihr an den glaubt, den er gesandt hat.«
³⁰ Da sagten sie zu ihm: »Was tust du denn als Zeichen, daß wir sehen und dir glauben? Was vollbringst du? ³¹ Unsere Väter aßen das Manna in der Wüste, wie geschrieben steht: ›Brot vom Himmel gab er ihnen zu essen‹ (Ps 78,24).« ³² Da antwortete ihnen Jesus: »Wahrlich, wahrlich, ich sage euch: Nicht Mose gab euch das Brot vom Himmel, sondern mein Vater gibt euch vom Himmel das wahre Brot. ³³ Denn das Brot Gottes ist jenes, das vom Himmel herabkommt und der Welt Leben gibt.« ³⁴ Da sagten sie zu ihm: »Herr, gib uns für immer dieses Brot!«
³⁵ Jesus sagte zu ihnen: »Ich bin das Brot des Lebens; wer zu mir kommt, wird nicht mehr hungern, und wer an mich glaubt, wird nimmermehr dürsten. ³⁶ Doch ich sagte es euch: Ihr habt mich zwar gesehen, glaubt aber nicht. ³⁷ Alles, was der Vater mir gibt, wird zu mir kommen, und den, der zu mir kommt, werde ich nimmermehr von mir wegstoßen; ³⁸ denn ich bin vom Himmel herabgekommen, nicht um meinen Willen zu tun, sondern den Willen dessen, der mich gesandt hat. ³⁹ Das aber ist der Wille dessen, der mich sandte, daß ich von allen, die er mir gab, keinen verlorengehen lasse, sondern sie auferwecke am Jüngsten Tag. ⁴⁰ Denn das ist der Wille meines Vaters, daß jeder, der den Sohn sieht und an ihn glaubt, ewiges Leben habe und daß ich ihn auferwecke am Jüngsten Tag.«
⁴¹ Da murrten die Juden über ihn, weil er sagte: »Ich bin das Brot, das vom Himmel herabgekommen ist«, ⁴² und sie sagten: »Ist dieser nicht Jesus, der Sohn Josefs, dessen Vater und Mutter wir kennen? Wie sagt er nun: Ich bin vom Himmel

---

6,26–59: Diese Rede Jesu versteht unter »Brot des Lebens« zunächst die Erlösungsgabe im allgemeinen Sinn; von Vers 48 an leitet aber die Aussage deutlich über auf das eucharistische Geheimnis, dessen Empfang im besonderen Sinne die Teilnahme am göttlichen Leben vermittelt.

herabgekommen?« ⁴³ Jesus antwortete ihnen: »Murrt nicht untereinander! ⁴⁴ Niemand kann zu mir kommen, wenn ihn der Vater, der mich sandte, nicht zieht; ich aber werde ihn auferwecken am Jüngsten Tag. ⁴⁵ Es steht bei den Propheten geschrieben: ›Sie werden alle belehrt sein von Gott‹ (Jes 54,13). Jeder, der es vom Vater vernommen und gelernt hat, kommt zu mir. ⁴⁶ Nicht, daß den Vater jemand gesehen hätte, nur der von Gott stammt, hat den Vater gesehen. ⁴⁷ Wahrlich, wahrlich, ich sage euch: Wer g l a u b t , hat ewiges Leben.

Das eucharistische Brot. ⁴⁸ Ich bin das Brot des Lebens. ⁴⁹ Eure Väter aßen in der Wüste das Manna und sind gestorben. ⁵⁰ Dies ist das Brot, das vom Himmel herabkommt, daß einer davon ißt und nicht mehr stirbt. ⁵¹ Ich bin das lebendige Brot, das vom Himmel herabgekommen ist. Wenn einer von diesem Brot ißt, wird er leben in Ewigkeit, und das Brot, das ich geben werde, ist mein Fleisch für das Leben der Welt.«
⁵² Da stritten die Juden untereinander und sagten: »Wie kann dieser uns sein Fleisch zu essen geben?« ⁵³ Jesus aber sagte zu ihnen: »Wahrlich, wahrlich, ich sage euch: Wenn ihr das Fleisch des Menschensohnes nicht eßt und sein Blut nicht trinkt, habt ihr nicht Leben in euch. ⁵⁴ Wer mein Fleisch ißt und mein Blut trinkt, hat ewiges Leben, und ich werde ihn auferwecken am Jüngsten Tag. ⁵⁵ Denn mein Fleisch ist eine wahre Speise, und mein Blut ist ein wahrer Trank. ⁵⁶ Wer mein Fleisch ißt und mein Blut trinkt, bleibt in mir und ich in ihm.
⁵⁷ Wie mich gesandt hat der lebendige Vater und wie ich lebe durch den Vater, wird auch jener, der mich ißt, leben durch mich. ⁵⁸ Das ist das Brot, das vom Himmel herabgekommen ist, nicht von der Art, wie die Väter es aßen und starben. Wer dieses Brot ißt, wird leben in Ewigkeit.« ⁵⁹ Dies sagte er, als er in der Synagoge zu Kafarnaum lehrte.

Die Glaubensprobe der Jünger. ⁶⁰ Viele nun von seinen Jüngern, die es hörten, sagten: »Hart ist diese Rede, wer kann sie hören?« ⁶¹ Jesus wußte von selbst, daß seine Jünger darüber murrten, und sagte zu ihnen: »Daran nehmt ihr Anstoß? ⁶² Wenn ihr nun den Menschensohn dahin aufsteigen seht, wo er vordem war? ⁶³ Der Geist ist es, der Leben schafft; das

---

6,60–71: An der eucharistischen Glaubensforderung scheiterten viele anfängliche Anhänger Jesu, die sich über bloß irdisches Denken und Wünschen nicht erheben konnten. Auch für Judas liegt hier der Anfang seiner Abirrung.

Fleisch nützt nichts. Die Worte, die ich zu euch gesprochen habe, sind Geist und sind Leben. ⁶⁴ Doch es sind welche unter euch, die nicht glauben.« Jesus wußte nämlich von Anfang an, wer die seien, die nicht glauben, und wer es sei, der ihn verraten werde. ⁶⁵ Und er sprach: »Deswegen habe ich zu euch gesagt: Niemand kann zu mir kommen, wenn es ihm nicht gegeben ist von meinem Vater.«
⁶⁶ Von da an zogen sich viele seiner Jünger zurück und gingen nicht mehr mit ihm. ⁶⁷ Da wandte sich Jesus zu den Zwölfen: »Wollt nicht auch ihr weggehen?« ⁶⁸ Simon Petrus antwortete ihm: »Herr, zu wem sollen wir gehen? Du hast Worte ewigen Lebens! ⁶⁹ Wir haben geglaubt und erkannt, daß du der Heilige Gottes bist.« ⁷⁰ Jesus antwortete ihnen: »Habe ich nicht euch als die Zwölf auserwählt? Und doch – einer unter euch ist ein Teufel!« ⁷¹ Er meinte Judas, den Sohn des Simon Iskariot; denn dieser sollte ihn verraten, einer aus den Zwölfen.

7. Kapitel
Aufbruch zum Laubhüttenfest. ¹ Hierauf nahm Jesus seinen Weg durch Galiläa; denn er wollte nicht in Judäa umherwandern, da die Juden ihn zu töten suchten. ² Laubhütten aber, das Fest der Juden, war nahe. ³ Da sagten zu ihm seine Brüder: »Zieh fort von hier und mach dich auf nach Judäa, damit auch deine Jünger deine Taten sehen, die du vollbringst. ⁴ Denn niemand tut etwas im Verborgenen und will dabei in der Öffentlichkeit Geltung haben. Wenn du solche Dinge tust, so zeige dich offen vor der Welt!« ⁵ Auch seine Brüder nämlich glaubten nicht an ihn.
⁶ Da sagte Jesus zu ihnen: »Meine Zeit ist noch nicht da; eure Zeit jedoch ist immer gelegen. ⁷ Euch kann die Welt nicht hassen, mich aber haßt sie, weil ich über sie das Zeugnis gebe, daß ihre Werke schlecht sind. ⁸ Geht ihr hinauf zum Fest; ich gehe noch nicht hinauf zu diesem Fest, weil meine Zeit noch nicht erfüllt ist.«

7,1–10,21: Die folgenden Berichte gruppieren sich alle um das, ein halbes Jahr nach Ostern, im Herbst, begangene Laubhüttenfest, wobei die nähere zeitliche und örtliche Beziehung einzelner Abschnitte nicht zu ersehen ist.
7,1–13: Jesus wollte den politisch-nationalen Messiaserwartungen der Juden, von denen auch seine nächsten Verwandten (»Brüder«) erfüllt waren, keinen Vorschub leisten und vermied daher, ehe seine Stunde kam, einen öffentlichen Einzug in Jerusalem, der bei der fiebernden Erwartung der Pilger leicht hätte zu Unruhen führen können.

⁹ Dies sagte er zu ihnen und blieb in Galiläa. ¹⁰ Nachdem aber seine Brüder zum Fest hinaufgezogen waren, ging auch er hinauf, nicht öffentlich, sondern so, daß es niemand merkte. ¹¹ Die Juden suchten während des Festes nach ihm und sprachen: »Wo ist er denn?« ¹² Und es war viel des Redens über ihn unter dem Volk. Die einen sagten: »Er ist gut«; andere sagten: »Nein, er verführt das Volk.« ¹³ Niemand aber redete offen von ihm, aus Furcht vor den Juden.

Jesu Selbstzeugnis während des Festes. ¹⁴ Es war schon in der Mitte der Festwoche, als Jesus in den Tempel hinaufging und lehrte. ¹⁵ Da staunten die Juden und sagten: »Wie kennt der die Schriften, ohne Unterricht genommen zu haben?« ¹⁶ Jesus aber antwortete ihnen: »Meine Lehre ist nicht meine, sondern sie ist von dem, der mich gesandt hat. ¹⁷ Wenn jemand bestrebt ist, seinen Willen zu tun, wird er erkennen, ob die Lehre von Gott ist oder ob ich aus mir selbst rede. ¹⁸ Wer aus sich selbst redet, der sucht seine eigene Ehre; wer aber die Ehre dessen sucht, der ihn gesandt hat, der ist wahr, und kein Trug ist in ihm.

¹⁹ Hat euch nicht Mose das Gesetz gegeben? Keiner aber von euch hält sich an das Gesetz. ²⁰ Warum sucht ihr mich zu töten?« Das Volk erwiderte: »Du hast einen Dämon! Wer sucht denn dich zu töten?« ²¹ Jesus antwortete ihnen: »Ein einziges Werk habe ich getan, und ihr alle seid befremdet darüber. ²² Mose hat euch die Beschneidung gegeben – nicht als von Mose stammend, sondern von den Vätern –, und ihr beschneidet auch am Sabbat einen Menschen. ²³ Wenn nun ein Mensch am Sabbat die Beschneidung empfängt, ohne daß das Gesetz des Mose verletzt wird, da zürnt ihr mir, weil ich am Sabbat einen ganzen Menschen gesund gemacht habe? ²⁴ Urteilt nicht nach dem Äußern, sondern fällt ein gerechtes Urteil!«

²⁵ Da sagten einige aus Jerusalem: »Ist das nicht der, den sie zu töten suchen? ²⁶ Seht, er redet in aller Öffentlichkeit, und man entgegnet ihm nichts. Haben vielleicht die Ratsherren es als wahr erkannt, daß dieser der Messias ist? ²⁷ Doch von diesem wissen wir, woher er ist; vom Messias aber, wenn er

---

7,14–53: Jesus lenkt die vom irdischen Messiastraum erfüllten Massen unter Anspielung auf die Festzeremonien des »Wassertragens« auf die höheren Gaben des Gottesreiches hin, wobei er besonders auf den Heiligen Geist, den Bringer wahren Lebens, hinweist.

7,23: Für »ohne daß das Gesetz...« könnte auch übersetzt werden: »damit das Gesetz des Moses nicht verletzt werde«.

kommt, weiß niemand, woher er ist.« ²⁸ Da rief Jesus, der im Tempel lehrte: »Ja, ihr kennt mich und ihr wißt, woher ich bin; doch ich bin nicht von mir selbst gekommen, sondern der Wahrhafte ist es, der mich gesandt hat, er, den ihr nicht kennt. ²⁹ Ich kenne ihn, denn ich komme von ihm her, und er hat mich gesandt.« ³⁰ Da suchten sie ihn festzunehmen, doch niemand legte Hand an ihn, denn seine Stunde war noch nicht gekommen.

Im Widerstreit der Meinungen. ³¹ Viele aus dem Volk glaubten an ihn und sagten: »Wird denn der Messias, wenn er kommt, mehr Zeichen tun, als dieser tat?« ³² Die Pharisäer hörten, daß im Volk solche Reden umgingen, und die Hohenpriester und Pharisäer sandten Leute aus, um ihn festzunehmen.

³³ Jesus aber sprach: »Noch kurze Zeit bin ich bei euch; dann gehe ich zu dem, der mich gesandt hat. ³⁴ Ihr werdet mich suchen, aber nicht finden, und wo ich bin, dahin könnt ihr nicht kommen.« ³⁵ Da sagten die Juden zueinander: »Wohin will er denn gehen, daß wir ihn nicht finden sollen? Will er etwa in die Diaspora der Hellenen gehen, um die Hellenen zu lehren? ³⁶ Was bedeutet das Wort, das er sprach: Ihr werdet mich suchen, aber nicht finden, und wo ich bin, dahin könnt ihr nicht kommen?«

Beim Abschluß des Festes. ³⁷ Am letzten Tag, dem großen des Festes, stand Jesus da und rief: »Wenn jemand dürstet, komme er zu mir und trinke! ³⁸ Wer an mich glaubt, aus dessen Leib werden, wie die Schrift gesagt hat, Ströme lebendigen Wassers fließen.« ³⁹ Das sagte er in Hinsicht auf den Geist, den die empfangen sollten, die an ihn glauben; denn noch war der [Heilige] Geist nicht da, weil Jesus noch nicht verherrlicht war.

⁴⁰ Von den Volksscharen, die diese Worte hörten, sagten die einen: »Dieser ist wahrlich der Prophet!« ⁴¹ Andere sagten: »Dieser ist der Messias.« Wieder andere: »Soll denn aus Galiläa der Messias kommen? ⁴² Hat die Schrift nicht gesagt, daß aus dem Geschlecht Davids und aus dem Dorf Betlehem, wo David war, der Messias komme?« ⁴³ Und es entstand ein Zwiespalt im Volk um seinetwillen. ⁴⁴ Einige von ihnen wollten ihn festnehmen; doch niemand legte Hand an ihn.

7,38: Auch übersetzbar: »wer an mich glaubt« (als Teil des vorhergehenden Satzes). »Wie die Schrift gesagt hat, werden Ströme lebendigen Wassers aus seinem (d. i. Christi) Leib fließen.« Vgl. Ez 47,1; Sach 14,8; vielleicht auch Jes 43,20; 1 Kor 10,4.

⁴⁵ Als nun die Diener zu den Hohenpriestern und Pharisäern kamen, sagten diese zu ihnen: »Warum habt ihr ihn nicht gebracht?« ⁴⁶ Die Diener antworteten: »Noch niemals hat ein Mensch so geredet, wie dieser Mensch redet.« ⁴⁷ Da entgegneten ihnen die Pharisäer: »Seid etwa auch ihr verführt worden? ⁴⁸ Glaubt denn jemand von den Ratsherren an ihn oder von den Pharisäern? ⁴⁹ Dieses Volk aber, das vom Gesetz nichts versteht – verflucht sind sie.«

⁵⁰ Da sagte Nikodemus zu ihnen – es war jener, der schon früher einmal zu ihm gekommen war –, einer von ihnen: ⁵¹ »Richtet denn unser Gesetz einen Menschen, wenn es ihn nicht zuvor verhört und festgestellt hat, was er tut?« ⁵² Sie erwiderten ihm: »Bist etwa auch du aus Galiläa? Forsche nach, und du wirst sehen, daß aus Galiläa kein Prophet aufsteht.« ⁵³ Und sie gingen weg und begaben sich nach Hause.

8. Kapitel

Jesus und die Ehebrecherin. ¹ Jesus aber ging zum Ölberg. ² Frühmorgens kam er wieder in den Tempel, und das ganze Volk kam zu ihm, und er setzte sich nieder und lehrte sie. ³ Da führten die Schriftgelehrten und Pharisäer eine Frau herbei, die man beim Ehebruch ertappt hatte, stellten sie in die Mitte ⁴ und sagten zu ihm: »Meister, diese Frau wurde auf frischer Tat ertappt als Ehebrecherin. ⁵ Im Gesetz hat uns Mose befohlen, solche zu steinigen; was sagst du dazu?«
⁶ Das sagten sie, um ihn auf die Probe zu stellen, damit sie einen Grund hätten zur Anklage gegen ihn. Jesus aber bückte sich nieder und schrieb mit dem Finger auf die Erde. ⁷ Da sie aber nicht nachließen mit ihren Fragen, richtete er sich auf und sagte zu ihnen: »Wer von euch ohne Sünde ist, werfe als erster einen Stein auf sie.« ⁸ Und er bückte sich abermals und schrieb auf die Erde. ⁹ Als sie aber dies hörten, gingen sie davon, einer nach dem andern, die Ältesten zuerst und zuletzt die anderen, und es blieb Jesus allein zurück und die Frau, die in der Mitte stand.

¹⁰ Da richtete Jesus sich auf und fragte sie: »Frau, wo sind sie? Hat dich keiner verurteilt?« ¹¹ Sie antwortete: »Keiner,

---

7,53–8,11: fehlt in verschiedenen Textzeugen. Der Bericht ist jedoch als echte apostolische Überlieferung anzusehen, mag er auch nicht ursprünglich im jetzigen Zusammenhang gestanden sein. Jesus bekundet gegenüber einer scheinheiligen Gesetzespraxis seine gütige und zugleich aufrichtende Erlöserliebe.

Herr!« Da sagte Jesus zu ihr: »Auch ich verurteile dich nicht. Geh hin und sündige fortan nicht mehr!«

Jesus, das Licht der Welt. [12] Abermals redete Jesus zu ihnen und sprach: »Ich bin das Licht der Welt; wer mir nachfolgt, wird nicht im Finstern gehen, sondern das Licht des Lebens haben.« [13] Da sagten die Pharisäer zu ihm: »Du gibst Zeugnis über dich selbst; dein Zeugnis ist nicht wahr.« [14] Jesus antwortete ihnen: »Auch wenn ich über mich selbst Zeugnis gebe, ist mein Zeugnis wahr, denn ich weiß, woher ich gekommen bin und wohin ich gehe; ihr aber wißt nicht, woher ich komme oder wohin ich gehe.

[15] Ihr richtet nach dem Fleisch, ich richte niemand. [16] Aber auch wenn ich richte, ist mein Gericht wahr; denn ich bin nicht für mich allein, sondern ich bin mit ihm, der mich gesandt hat. [17] Auch in eurem Gesetz steht geschrieben, daß das Zeugnis zweier Menschen wahr ist (Dt 19,15). [18] Ich bin es, der Zeugnis gibt über mich selbst, und es gibt Zeugnis über mich der Vater, der mich gesandt hat.« [19] Da sagten sie zu ihm: »Wo ist dein Vater?« Jesus antwortete: »Ihr kennt weder mich noch meinen Vater; würdet ihr mich kennen, würdet ihr auch meinen Vater kennen.«

[20] Diese Worte sprach Jesus bei der Schatzkammer, als er im Tempel lehrte. Niemand ergriff ihn, denn noch war seine Stunde nicht gekommen.

Die Sünde des Unglaubens. [21] Wiederum sprach er zu ihnen: »Ich gehe hin, und ihr werdet mich suchen, aber ihr werdet in eurer Sünde sterben. Wohin ich gehe, dahin könnt ihr nicht kommen.« [22] Da sagten die Juden: »Will er sich etwa töten, weil er sagt: Wohin ich gehe, dahin könnt ihr nicht kommen?« [23] Er aber erwiderte ihnen: »Ihr seid von dem, was unten ist, ich bin von dem, was oben ist; ihr seid von dieser Welt, ich bin nicht von dieser Welt. [24] Daher sage ich euch: Ihr werdet in euren Sünden sterben; denn wenn ihr nicht glaubt, daß ich es bin, werdet ihr in euren Sünden sterben.«

[25] Da sagten sie zu ihm: »Wer bist du denn?« Jesus antwortete ihnen: »Soll ich denn wieder von vorn an zu euch reden? [26] Vieles hätte ich über euch zu sagen und zu richten; doch der mich gesandt hat, ist wahr, und was ich von ihm gehört habe, das rede ich zur Welt.« [27] Sie verstanden nicht, daß er vom

---

8,12–20: Das Wort vom »Licht« spielt auf die besonderen Lichtfeiern beim Laubhüttenfest an. Die Juden kamen nicht zur Erkenntnis des im Wirken Jesu sich offenbarenden Zeugnisses des Vaters.

8,25: Wird auch übersetzt: »Was rede ich überhaupt noch zu euch?«

Vater zu ihnen sprach. ²⁸ Da sagte Jesus [zu ihnen]: »Wenn ihr den Menschensohn werdet erhöht haben, dann werdet ihr erkennen, daß ich es bin und nichts aus mir selber tue, sondern so rede, wie mich der Vater gelehrt hat. ²⁹ Der mich gesandt hat, ist mit mir, und er hat mich nicht allein gelassen, weil ich allezeit tue, was ihm wohlgefällig ist.«

Von der wahren Abrahamskindschaft. ³⁰ Bei diesen Worten glaubten viele an ihn. ³¹ Da sagte Jesus zu den Juden, die sich gläubig zu ihm bekannten: »Wenn ihr in meinem Wort bleibt, seid ihr in Wahrheit meine Jünger; ³² ihr werdet die Wahrheit erkennen, und die Wahrheit wird euch frei machen.« ³³ Sie antworteten ihm: »Nachkommen Abrahams sind wir und sind nie jemands Sklaven gewesen. Wie sagst du: Ihr werdet frei werden?«

³⁴ Jesus erwiderte ihnen: »Wahrlich, wahrlich, ich sage euch: Jeder, der die Sünde tut, ist Sklave der Sünde. ³⁵ Der Sklave aber bleibt nicht für immer im Haus; der Sohn jedoch bleibt für immer. ³⁶ Wenn also der Sohn euch frei macht, dann werdet ihr wirklich frei sein. ³⁷ Ich weiß, daß ihr Nachkommen Abrahams seid; aber ihr sucht mich zu töten, weil mein Wort bei euch keinen Eingang findet. ³⁸ Was ich gesehen habe bei meinem Vater, das rede ich; ihr nun tut, was ihr gehört habt bei e u r e m Vater.«

³⁹ Sie antworteten ihm: »Unser Vater ist Abraham.« Jesus entgegnete ihnen: »Wäret ihr Kinder Abrahams, würdet ihr auch Abrahams Werke tun. ⁴⁰ So aber sucht ihr mich zu töten, einen Menschen, der ich euch die Wahrheit sagte, die ich von Gott hörte. Das hat Abraham nicht getan. ⁴¹ Ihr aber tut die Werke e u r e s Vaters.« Da sagten sie zu ihm: »Wir sind doch nicht aus einem Ehebruch geboren; als einzigen Vater haben wir Gott.«

⁴² Da sagte Jesus zu ihnen: »Wäre Gott euer Vater, hättet ihr Liebe zu mir, denn von Gott bin ich ausgegangen und komme von ihm; nicht von mir aus bin ich gekommen, sondern er hat mich gesandt. ⁴³ Warum versteht ihr meine Rede nicht? Weil ihr nicht fähig seid, mein Wort zu hören. ⁴⁴ Ihr stammt aus dem Teufel als Vater, und wollt nach den Gelüsten eures Vaters tun. Dieser war ein Menschenmörder von Anbeginn; er steht nicht in der Wahrheit, weil in ihm nicht Wahrheit ist.

8,31–59: Höhepunkt des Kampfes zwischen Jesus und den führenden Juden! Er spricht ihnen die von ihnen so betonte Abrahamskindschaft ab; sie seien vielmehr Kinder des Teufels, des Vaters der Lüge.

Wenn er die Lüge sagt, so sagt er sie aus dem, was ihm eigen ist; denn ein Lügner ist er und Vater der Lüge. ⁴⁵ Mir aber, der ich die Wahrheit rede, glaubt ihr nicht. ⁴⁶ Wer von euch kann mich einer Sünde zeihen? Wenn ich Wahrheit verkünde, warum glaubt ihr mir nicht? ⁴⁷ Wer aus Gott ist, hört auf Gottes Wort; deshalb hört ihr nicht, weil ihr nicht aus Gott seid.«
⁴⁸ Da entgegneten ihm die Juden: »Sagen wir nicht mit Recht, daß du ein Samariter bist und einen Dämon hast?« ⁴⁹ Jesus antwortete: »Ich habe keinen Dämon, sondern ich ehre meinen Vater; ihr aber mißachtet mich. ⁵⁰ Doch ich suche nicht meine Ehre; es ist einer, der sie sucht und der richtet. ⁵¹ Wahrlich, wahrlich, ich sage euch: Wenn einer mein Wort bewahrt, wird er den Tod nicht schauen in Ewigkeit.«
⁵² Da sagten die Juden zu ihm: »Nun erkennen wir, daß du einen Dämon hast. Abraham ist gestorben und die Propheten, und du sagst: Wenn einer mein Wort bewahrt, wird er den Tod nicht kosten in Ewigkeit. ⁵³ Bist du etwa größer als unser Vater Abraham, der gestorben ist? Auch die Propheten sind gestorben. Zu wem machst du dich selbst?«
⁵⁴ Jesus antwortete: »Wenn ich mich selbst ehre, so ist meine Ehre nichts; mein Vater ist es, der mich ehrt, er, von dem ihr sagt: Er ist unser Gott. ⁵⁵ Doch ihr erkanntet ihn nicht; ich aber kenne ihn; und wenn ich sagte: Ich kenne ihn nicht, so wäre ich gleich euch ein Lügner. Doch ich kenne ihn und bewahre sein Wort. ⁵⁶ Abraham, euer Vater, jubelte, daß er meinen Tag sehen werde; er sah ihn und freute sich.«
⁵⁷ Da sagten die Juden zu ihm: »Noch nicht fünfzig Jahre bist du, und hast Abraham gesehen?« ⁵⁸ Jesus sagte zu ihnen: »Wahrlich, wahrlich, ich sage euch: Ehe Abraham war, bin ich.« ⁵⁹ Da hoben sie Steine auf, um nach ihm zu werfen; Jesus aber verbarg sich und ging hinaus aus dem Tempel.

9. Kapitel

Heilung des Blindgeborenen. ¹ Im Vorübergehen sah er einen Menschen, der von Geburt an blind war. ² Seine Jünger fragten ihn: »Meister, wer hat gesündigt, dieser oder seine Eltern,

---

9,1–41: Die Heilung des Blindgeborenen hat auch symbolische Bedeutung angesichts der Blindheit der Juden, die nicht zur Erkenntnis des wahren Lichtes fanden.
9,2 f: Nicht jedes Leid muß als Sündenstrafe gewertet werden, wie es die Juden meinten; Gott hat jeweils seine besondere Absicht.

daß er blind geboren wurde?« ³ Jesus antwortete: »Weder dieser hat gesündigt noch seine Eltern; sondern die Werke Gottes sollen offenbar werden an ihm. ⁴ Wir müssen die Werke dessen, der mich sandte, vollbringen, solange es Tag ist; es kommt die Nacht, da niemand zu wirken vermag. ⁵ Solange ich in der Welt bin, bin ich das Licht der Welt.« ⁶ Nach diesen Worten spuckte er auf die Erde, machte Teig aus dem Speichel, strich ihm den Teig über die Augen ⁷ und sagte zu ihm: »Geh hin und wasch dich im Teich Schiloach« – was übersetzt heißt: Gesandter. Er ging hin, wusch sich und kam sehend zurück.

⁸ Die Nachbarn aber und die ihn zuvor als Bettler gesehen hatten, sagten: »Ist das nicht jener, der dasaß und bettelte?« Die einen meinten: »Der ist es!« ⁹ Wieder andere sagte: »Nein, sondern er ist ihm ähnlich.« Er selbst aber sagte: »Ich bin es!« ¹⁰ Da sagten sie zu ihm: »Wie sind denn deine Augen geöffnet worden?« ¹¹ Er antwortete: »Der Mann, der Jesus genannt wird, machte einen Teig, bestrich meine Augen und sagte zu mir: Geh zum Schiloach und wasch dich! Ich ging hin, wusch mich und sah.« ¹² Und sie fragten ihn: »Wo ist jener?« Er sagte: »Ich weiß es nicht.«

Das Verhalten der Pharisäer. ¹³ Da führten sie den vorher Blinden zu den Pharisäern. ¹⁴ Es war aber Sabbat an dem Tag, da Jesus den Teig machte und ihm die Augen öffnete. ¹⁵ Da fragten ihn von neuem auch die Pharisäer, wie er sehend geworden sei. Er sagte zu ihnen: »Er legte mir einen Teig auf die Augen, und ich wusch mich und sehe nun.« ¹⁶ Da sagten einige von den Pharisäern: »Dieser Mensch ist nicht von Gott, weil er den Sabbat nicht achtet.« Andere aber sagten: »Wie kann ein Sünder solche Zeichen tun?« Und es kam zu einer Spaltung unter ihnen. ¹⁷ Dann sagten sie wieder zum Blinden: »Was sagst denn du über ihn, da er doch deine Augen geöffnet hat?« Er sagte: »Er ist ein Prophet!«

¹⁸ Die Juden nun glaubten nicht von ihm, daß er blind gewesen und sehend geworden sei, bis sie die Eltern des Sehendgewordenen herbeiriefen, ¹⁹ und sie fragten diese: »Ist das euer Sohn, von dem ihr sagt, daß er als Blinder geboren wurde? Wie kann er jetzt sehen?« ²⁰ Seine Eltern antworteten: »Wir wissen, daß dies unser Sohn ist und daß er als Blinder geboren wurde; ²¹ wie er aber jetzt sehen kann oder wer seine Augen geöffnet hat, wissen wir nicht. Fragt ihn selbst; er ist alt genug, er selbst soll Auskunft geben über sich.« ²² Das sagten seine Eltern, weil sie Furcht hatten vor den Juden; denn

die Juden hatten bereits beschlossen, daß jeder, der ihn als Messias anerkenne, aus der Synagoge ausgestoßen werde. ²³ Deswegen sagten seine Eltern: »Er ist alt genug, fragt ihn selbst.«

²⁴ Da riefen sie nochmals den Mann, der blind gewesen war, und sagten zu ihm: »Gib Gott die Ehre! Wir wissen, daß dieser Mensch ein Sünder ist.« ²⁵ Jener erwiderte: »Ob er ein Sünder ist, weiß ich nicht; eines weiß ich: ich war blind und jetzt sehe ich.« ²⁶ Sie fragten ihn abermals: »Was hat er mit dir getan? Wie öffnete er deine Augen?« ²⁷ Er antwortete ihnen: »Ich sagte es euch schon, doch ihr hörtet nicht darauf; was wollt ihr es nochmals hören? Wollt etwa auch ihr seine Jünger werden?«

²⁸ Da beschimpften sie ihn und sagten: »Sei du sein Jünger; wir aber sind des Mose Jünger. ²⁹ Wir wissen, daß mit Mose Gott gesprochen hat; von dem aber wissen wir nicht, woher er ist.« ³⁰ Der Mann antwortete ihnen: »Darin gerade liegt das Sonderbare, daß ihr nicht wißt, woher er ist und er öffnete mir doch die Augen. ³¹ Wir wissen, daß Gott Sünder nicht erhört, sondern wer Gott fürchtet und seinen Willen tut, den erhört er. ³² Seit Ewigkeit ist es nicht gehört worden, daß jemand die Augen eines Blindgeborenen geöffnet hat. ³³ Wenn dieser nicht von Gott wäre, könnte er nichts vollbringen.« ³⁴ Sie entgegneten ihm: »Du bist in Sünden geboren ganz und gar, und du willst uns belehren?« Und sie stießen ihn aus.

Der Glaube des Geheilten. ³⁵ Jesus hörte, daß sie ihn ausgestoßen hatten, und als er ihn traf, fragte er ihn: »Glaubst du an den Menschensohn?« ³⁶ Er antwortete: »Wer ist es, Herr, daß ich an ihn glaube?« ³⁷ Jesus sagte zu ihm: »Du hast ihn doch gesehen; der mit dir redet, der ist es.« ³⁸ Er sagte: »Ich glaube, Herr«, und er fiel vor ihm nieder.

³⁹ Und Jesus sprach: »Zum Gericht bin ich in diese Welt gekommen, damit die nicht Sehenden sehen und die Sehenden blind werden.« ⁴⁰ Dies hörten einige Pharisäer, die bei ihm waren, und sie fragten ihn: »Sind etwa auch wir blind?« ⁴¹ Jesus antwortete ihnen: »Wenn ihr blind wäret, so hättet ihr keine Sünde; nun aber sagt ihr: Wir sehen! So bleibt eure Sünde.«

10. Kapitel

Jesus, der gute Hirt. ¹ »Wahrlich, wahrlich, ich sage euch: Wer nicht durch die Tür hineingeht in das Gehege der Schafe, sondern anderswo einsteigt, der ist ein Dieb und Räuber. ² Wer aber durch die Tür hineingeht, der ist der Hirt der Schafe. ³ Dem macht der Torhüter auf, und die Schafe hören auf seine Stimme, und er ruft seine Schafe mit Namen und führt sie heraus. ⁴ Hat er die Seinigen alle herausgetrieben, geht er vor ihnen her, und die Schafe folgen ihm, denn sie kennen seine Stimme. ⁵ Einem Fremden aber werden sie nicht folgen, sondern vor ihm fliehen, denn sie kennen nicht die Stimme der Fremden.« ⁶ In dieser Bildrede sprach Jesus zu ihnen; doch sie erfaßten nicht den Sinn dessen, was er zu ihnen sagte.

⁷ Wiederum sprach daher Jesus zu ihnen: »Wahrlich, wahrlich, ich sage euch: Ich bin die Tür zu den Schafen. ⁸ Alle, die vor mir kamen, sind Diebe und Räuber; doch die Schafe hörten nicht auf sie. ⁹ Ich bin die Tür. Wenn einer durch mich hineingeht, wird er Heil erfahren; er wird hineingehen und herausgehen und Weide finden. ¹⁰ Der Dieb kommt nur, um zu stehlen und zu schlachten und Unheil anzurichten. Ich bin gekommen, damit sie Leben haben und es in Fülle haben.

¹¹ Ich bin der gute Hirt. Der gute Hirt gibt sein Leben für die Schafe. ¹² Der aber Mietling ist und nicht Hirt, und dem die Schafe nicht selber gehören, sieht den Wolf kommen, läßt die Schafe im Stich und flieht, und der Wolf räubert unter ihnen und versprengt sie. ¹³ Er ist eben ein Mietling, und es liegt ihm nichts an den Schafen.

¹⁴ Ich bin der gute Hirt, ich kenne die Meinen, und die Meinen kennen mich, ¹⁵ so wie mich der Vater kennt und ich den Vater kenne, und ich gebe mein Leben für die Schafe. ¹⁶ Noch andere Schafe habe ich, die nicht aus diesem Gehege sind; auch diese muß ich führen, und sie werden auf meine Stimme hören, und es wird e i n e Herde sein, e i n Hirt. ¹⁷ Deshalb liebt mich der Vater, weil ich mein Leben hingebe, daß ich es wieder empfange. ¹⁸ Niemand nimmt es mir weg, sondern aus mir selbst gebe ich es hin; ich habe Macht, es hinzugeben, und Macht, es wieder zu nehmen. Diesen Auftrag habe ich empfangen von meinem Vater.«

10,1–21: Eine scharfe Anklage an die von Eigeninteresse erfüllten Führer des jüdischen Volkes, die ihre »Herde« nur ausbeuteten. Dagegen ist Jesus der um die Seinen sich sorgende »gute Hirt«, zugleich als die »Tür«, der einzige Weg zum Heil.

¹⁹ Wiederum kam es zu einer Spaltung unter den Juden wegen dieser Reden. ²⁰ Viele von ihnen sagten: »Er hat einen Dämon und ist von Sinnen; was hört ihr auf ihn?« ²¹ Andere sagten: »Das sind nicht Worte eines Besessenen. Kann denn ein Dämon die Augen von Blinden öffnen?«

Selbstzeugnis beim Tempelweihfest. ²² Man feierte gerade das Tempelweihfest in Jerusalem – es war Winter –, ²³ und Jesus ging im Tempel umher, in der Halle Salomos.

²⁴ Da umringten ihn die Juden und sagten zu ihm: »Wie lange noch hältst du uns in Spannung? Bist du der Messias, so sag es uns frei und offen!« ²⁵ Jesus antwortete ihnen: »Ich sagte es euch, und doch glaubt ihr nicht. Die Werke, die ich tue im Namen meines Vaters, sie geben Zeugnis über mich; ²⁶ ihr aber glaubt nicht, da ihr nicht von meinen Schafen seid.

²⁷ Meine Schafe hören auf meine Stimme; ich kenne sie, und sie folgen mir. ²⁸ Ich gebe ihnen ewiges Leben, und sie werden in Ewigkeit nicht verlorengehen, und niemand wird sie meiner Hand entreißen. ²⁹ Mein Vater, der sie mir gab, ist größer als alle, und niemand vermag sie der Hand meines Vaters zu entreißen. ³⁰ Ich und der Vater sind eins.«

³¹ Da hoben die Juden wiederum Steine auf, um ihn zu steinigen. ³² Jesus entgegnete ihnen: »Viele gute Werke ließ ich euch sehen von seiten meines Vaters; für welches dieser Werke steinigt ihr mich?« ³³ Die Juden erwiderten ihm: »Nicht eines guten Werkes wegen steinigen wir dich, sondern der Lästerung wegen, weil nämlich du, der du ein Mensch bist, dich selber zu Gott machst.«

³⁴ Jesus entgegnete ihnen: »Steht nicht in eurem Gesetz geschrieben: ›Ich habe gesagt: Ihr seid Götter‹ (Ps 82,6)? ³⁵ Wenn es jene Götter nannte, an die das Wort Gottes erging, und wenn die Schrift nicht außer Geltung kommen kann, ³⁶ wie wollt ihr von dem, den der Vater geheiligt und in die Welt gesandt hat, sagen: Du lästerst! weil ich sagte: Sohn Gottes bin ich? ³⁷ Tue ich nicht die Werke meines Vaters, dann glaubt mir nicht; ³⁸ tue ich sie aber, so glaubt, wenn ihr mir nicht glaubt, den Werken, damit ihr zur Erkenntnis kommt und einseht, daß in mir der Vater ist und ich im Vater bin.«

³⁹ Da suchten sie abermals ihn festzunehmen; doch er entwich ihrer Hand.

10,22-39: Das Tempelweihfest wurde etwa zwei Monate nach dem Laubhüttenfest als Erinnerung an die Wiedererneuerung des Tempels unter den Makkabäern gefeiert. Beachte die abermalige deutliche Aussage Jesu über seine besondere Gemeinschaft mit dem Vater.

Aufenthalt in Peräa. ⁴⁰ Er begab sich wieder jenseits des Jordan an den Ort, wo Johannes zuerst getauft hatte, und hielt sich dort auf. ⁴¹ Und viele kamen zu ihm und sagten: »Johannes hat zwar kein Zeichen gewirkt, ⁴² alles aber, was Johannes über diesen sagte, ist wahr gewesen.« Und es kamen dort viele zum Glauben an ihn.

11. Kapitel

Tod des Lazarus. ¹ Ein Mann, namens Lazarus, von Betanien, dem Dorf Marias und ihrer Schwester Marta, war krank. ² Maria war jene, die den Herrn mit Salböl salbte und seine Füße mit ihren Haaren trocknete; ihr Bruder Lazarus war nun krank. ³ Die Schwestern schickten zu ihm und ließen sagen: »Herr, siehe, den du liebst, er ist krank.« ⁴ Als Jesus das hörte, sprach er: »Diese Krankheit ist nicht zum Tod, sondern zur Verherrlichung Gottes, damit durch sie der Sohn Gottes verherrlicht werde.« ⁵ Jesus liebte Marta und ihre Schwester und Lazarus. ⁶ Als er nun hörte, er sei krank, blieb er an dem Ort, wo er war, noch zwei Tage.

⁷ Erst nachher sagte er dann zu den Jüngern: »Laßt uns wieder nach Judäa gehen!« ⁸ Die Jünger entgegneten ihm: »Meister, eben erst suchten die Juden dich zu steinigen, und du gehst wieder dorthin?« ⁹ Jesus antwortete: »Hat der Tag nicht zwölf Stunden? Wandert einer bei Tag, stößt er nicht an; denn er sieht das Licht dieser Welt; ¹⁰ wandert aber einer bei Nacht, stößt er an, denn das Licht ist nicht um ihn.« ¹¹ Nach diesen Worten sagte er zu ihnen: »Lazarus, unser Freund, schläft; doch ich gehe hin, um ihn aus dem Schlaf zu wecken.« ¹² Da sagten die Jünger zu ihm: »Herr, wenn er schläft, wird er gesunden.« ¹³ Jesus aber hatte von seinem Tod geredet, sie jedoch meinten, er rede vom Schlummer des Schlafes. ¹⁴ Da sagte Jesus offen zu ihnen: »Lazarus ist gestorben, ¹⁵ und ich freue mich euretwegen, daß ich nicht dort war,

---

11,1–57: Die Erweckung des Lazarus ist nicht nur das eindrucksvollste Wunder Jesu, sondern auch das Ereignis, das seine Gegner zu raschem Handeln drängte und seine Verurteilung herbeiführte. Das Gespräch mit Marta und Maria enthält die große Offenbarung Jesu über das von ihm ausgehende, selbst den leiblichen Tod überwindende »Leben«, was durch die Totenerweckung veranschaulicht wird. **11,2:** Diese Salbung wird erst 12,3 berichtet. Spätere Auffassung hat Maria von Betanien mit der Lk 7,36–50 geschilderten Sünderin und zugleich mit Maria Magdalena identifiziert. Es handelt sich jedoch um drei verschiedene Frauen.

damit ihr glaubt. Doch nun laßt uns zu ihm gehen!« ¹⁶ Da sagte Tomas, Didymus genannt, zu den Mitjüngern: »Laßt auch uns gehen, damit wir mit ihm sterben.«

Jesus in Betanien. ¹⁷ Als Jesus ankam, fand er ihn schon vier Tage im Grab liegen. ¹⁸ Betanien lag nahe bei Jerusalem, etwa fünfzehn Stadien entfernt. ¹⁹ Viele von den Juden waren zu Marta und Maria gekommen, um sie wegen ihres Bruders zu trösten. ²⁰ Als nun Marta hörte, daß Jesus komme, eilte sie ihm entgegen, Maria aber blieb im Hause. ²¹ Und Marta sagte zu Jesus: »Herr, wärest du hier gewesen, so wäre mein Bruder nicht gestorben. ²² Doch auch jetzt weiß ich, daß alles, was du von Gott erbittest, Gott dir geben wird.«

²³ Jesus sagte zu ihr: »Dein Bruder wird auferstehen.« ²⁴ Marta entgegnete ihm: »Ich weiß, er wird auferstehen bei der Auferstehung am Jüngsten Tag.« ²⁵ Jesus sagte zu ihr: »Ich bin die Auferstehung und das Leben. Wer an mich glaubt, wird leben, auch wenn er gestorben ist; ²⁶ und jeder, der lebt und an mich glaubt, wird nicht sterben in Ewigkeit. Glaubst du das?« ²⁷ Sie sagte zu ihm: »Ja, Herr, ich habe Glauben: du bist der Messias, der Sohn Gottes, der in die Welt kommen soll.«

²⁸ Nach diesen Worten ging sie weg, rief ihre Schwester Maria und sagte leise zu ihr: »Der Meister ist da und ruft dich.« ²⁹ Als diese es hörte, stand sie eilends auf und ging zu ihm. ³⁰ Noch war Jesus nicht ins Dorf hineingegangen, sondern war noch an der Stelle, wo Marta ihm begegnet war. ³¹ Die Juden nun, die bei ihr im Hause waren und sie trösteten, sahen, wie Maria voll Eile aufstand und wegging, und sie folgten ihr in der Meinung, sie gehe zum Grab, um dort zu weinen. ³² Maria kam an den Platz, wo Jesus war, fiel bei seinem Anblick zu seinen Füßen nieder und sagte zu ihm: »Herr, wärest du hier gewesen, so wäre mein Bruder nicht gestorben.«

Totenerweckung. ³³ Als Jesus sah, wie sie weinte und wie auch die mit ihr kommenden Juden weinten, wurde er im Geist tief erschüttert, und voll innerer Erregung ³⁴ fragte er: »Wo habt ihr ihn hingelegt?« Sie antworteten ihm: »Komm, Herr, und sieh!« ³⁵ Jesus weinte. ³⁶ Die Juden sagten: »Seht, wie er ihn liebte!« ³⁷ Einige aber von ihnen meinten: »Konnte er, der die Augen des Blinden öffnete, nicht bewirken, daß auch dieser nicht starb?«

³⁸ Abermals wurde Jesus in seinem Innern erschüttert und ging zum Grab. Es war eine Höhle, und davor lag ein Stein. ³⁹ Jesus sagte: »Hebt den Stein weg!« Da sagte Maria, die

Schwester des Verstorbenen, zu ihm: »Herr, er riecht schon; denn er liegt schon vier Tage.« ⁴⁰ Jesus erwiderte ihr: »Sagte ich nicht zu dir, du werdest, wenn du glaubst, die Herrlichkeit Gottes schauen?«

⁴¹ Da nahmen sie den Stein weg. Jesus aber richtete seine Augen nach oben und sprach: »Vater, ich danke dir, daß du mich erhört hast. ⁴² Ich wußte ja, daß du mich allezeit erhörst; doch wegen des anwesenden Volkes habe ich es gesagt, damit sie glauben, daß du mich gesandt hast.« ⁴³ Nach diesen Worten rief er mit lauter Stimme: »Lazarus, komm heraus!« ⁴⁴ Der Verstorbene kam heraus, die Füße und Hände mit Binden umwickelt und um sein Gesicht ein Schweißtuch gebunden. Jesus sagte zu ihnen: »Macht ihn frei und laßt ihn gehen!«

Wirkung des Wunders. ⁴⁵ Viele von den Juden, die zu Maria gekommen waren und sahen, was Jesus tat, glaubten an ihn; ⁴⁶ einige aber von ihnen gingen zu den Pharisäern und sagten ihnen, was Jesus getan hatte. ⁴⁷ Da beriefen die Hohenpriester und Pharisäer den Hohen Rat und sagten: »Was sollen wir tun, da dieser Mensch so viele Zeichen wirkt? ⁴⁸ Lassen wir ihn so gewähren, werden alle an ihn glauben, und die Römer werden kommen und uns das Land und das Volk wegnehmen.«

⁴⁹ Einer aber von ihnen, Kajafas, der Hoherpriester war in jenem Jahr, sagte zu ihnen: »Ihr wißt nichts ⁵⁰ und bedenkt nicht, daß es besser ist für euch, es stirbt ein einziger Mensch für das Volk, als daß das ganze Volk zugrunde geht.« ⁵¹ Das sagte er nicht von sich aus, sondern als Hoherpriester jenes Jahres sprach er prophetisch, daß Jesus sterben werde für das Volk ⁵² und nicht für das Volk allein, sondern auch, um die zerstreuten Kinder Gottes zur Einheit zusammenzuführen.

⁵³ Von jenem Tag an waren sie also entschlossen, ihn zu töten. ⁵⁴ Jesus ging daher nicht mehr öffentlich unter den Juden umher, sondern zog von dort weg in die Gegend nahe der Wüste, in eine Stadt namens Efraim, und hielt sich dort mit den Jüngern auf.

⁵⁵ Das Pascha der Juden war nahe, und viele aus dem Land zogen vor dem Pascha hinauf nach Jerusalem, um sich zu heiligen. ⁵⁶ Sie suchten nach Jesus und sagten, wenn sie im Tempel beisammenstanden: »Was meint ihr? Wird er wohl nicht

---

11,51 f: War sich auch der Hohepriester dieses tieferen Sinnes seiner Worte nicht bewußt, so sieht der Evangelist darin doch eine prophetische Aussage über die universale Heilsbedeutung des Todes Jesu.

zum Fest kommen?« ⁵⁷ Die Hohenpriester und Pharisäer aber hatten Anweisungen gegeben, es müsse angezeigt werden, wenn jemand seinen Aufenthalt wisse, damit man ihn festnehmen könne.

12. Kapitel

Salbung Jesu in Betanien. ¹ Sechs Tage nun vor dem Pascha kam Jesus nach Betanien, wo Lazarus war, den Jesus von den Toten auferweckt hatte. ² Man bereitete ihm dort ein Mahl, und Marta bediente; Lazarus war einer von denen, die mit ihm zu Tisch waren. ³ Maria aber nahm ein Pfund echten, kostbaren Nardenöls, salbte die Füße Jesu und trocknete mit ihren Haaren seine Füße; das Haus wurde erfüllt vom Duft des Salböls.

⁴ Da sagte Judas Iskariot, einer von seinen Jüngern, der ihn verraten sollte: ⁵ »Warum hat man dieses Salböl nicht für dreihundert Denare verkauft und für die Armen gegeben?« ⁶ Das sagte er aber nicht, weil ihm an den Armen lag, sondern weil er ein Dieb war und als Kassenführer das, was eingelegt wurde, wegnahm. ⁷ Jesus entgegnete: »Laß sie! Für den Tag meines Begräbnisses sollte sie es aufbewahren. ⁸ Denn die Armen habt ihr allezeit bei euch; mich aber habt ihr nicht allezeit.«

⁹ Es hatte nun eine große Anzahl von Juden erfahren, daß er dort sei, und sie kamen nicht allein Jesu wegen, sondern auch um den Lazarus zu sehen, den er von den Toten auferweckt hatte. ¹⁰ Die Hohenpriester aber gingen mit dem Gedanken um, auch den Lazarus zu töten, ¹¹ weil viele von den Juden seinetwegen hingingen und an Jesus glaubten.

Einzug in Jerusalem. ¹² Als am folgenden Tag das zahlreich zum Fest gekommene Volk vernahm, Jesus komme nach Jerusalem, ¹³ nahmen sie Palmzweige, zogen ihm entgegen und riefen: »Hosanna! Gepriesen sei, der da kommt im Namen des Herrn, und der König von Israel!« (Ps 118,25 f) ¹⁴ Jesus aber fand einen jungen Esel und setzte sich darauf, wie geschrieben steht: ¹⁵ ›Fürchte dich nicht, Tochter Zion! Siehe, dein König kommt, sitzend auf einem Eselsfüllen‹ (Jes 40,9; Sach 9,9). ¹⁶ Dies verstanden seine Jünger zunächst nicht; als

---

12,1–11: Vgl. Mt 26,6–13; Mk 14,3–9, wo Maria und Judas nicht mit Namen genannt sind.
12,12–19: Vgl. Mt 21,4–9; Mk 11,7–10; Lk 19,35–38.

aber Jesus verherrlicht war, dachten sie daran, daß dies von ihm geschrieben war und daß sie ihm dies getan hatten. ¹⁷ Das Volk aber, das bei ihm war, als er den Lazarus aus dem Grab rief und von den Toten erweckte, legte Zeugnis davon ab. ¹⁸ Deswegen waren ihm auch die Scharen entgegengezogen, weil sie gehört hatten, daß er dieses Zeichen getan habe. ¹⁹ Die Pharisäer aber sagten zueinander: »Da seht ihr, daß ihr nichts ausrichtet. Seht, die ganze Welt lief hinter ihm her!«

Abschluß des öffentlichen Wirkens Jesu. ²⁰ Es waren unter denen, die hinaufgezogen waren, um am Fest anzubeten, einige Hellenen. ²¹ Diese traten an Philippus heran, der von Betsaida in Galiläa war, und baten ihn: »Herr, wir möchten Jesus sehen!« ²² Philippus ging und sagte es dem Andreas, und Andreas und Philippus gingen und sagten es Jesus. ²³ Jesus antwortete ihnen: »Gekommen ist die Stunde, daß der Menschensohn verherrlicht wird. ²⁴ Wahrlich, wahrlich, ich sage euch: Wenn das Weizenkorn nicht in die Erde fällt und stirbt, ²⁵ bleibt es allein; wenn es aber stirbt, bringt es viele Frucht. Wer sein Leben liebt, verliert es, und wer sein Leben in dieser Welt haßt, wird es zu ewigem Leben bewahren. ²⁶ Wenn einer mir dient, der folge mir, und wo ich bin, wird auch mein Diener sein. Wenn einer mir dient, wird der Vater ihn ehren.

²⁷ Nun ist meine Seele erschüttert! Was soll ich sagen? Vater, rette mich aus dieser Stunde? Aber deshalb kam ich in diese Stunde. ²⁸ Vater, verherrliche deinen Namen!« Da kam eine Stimme vom Himmel: »Ich habe verherrlicht und werde wieder verherrlichen!« ²⁹ Das Volk, das dastand und es gehört hatte, sagte: »Es hat gedonnert.« Andere sagten: »Ein Engel hat mit ihm gesprochen.«

12,20–36: Joh berichtet aus den Tagen zwischen Einzug und Abendmahl nur diese letzte Rede, die Jesus in Anwesenheit heilsinteressierter Heiden (Hellenen) hielt (das Anzeichen der künftigen universalen Kirche).

12,24f: Jesus kennzeichnet mit diesem bedeutungstiefen Bild den Sinn seines bevorstehenden Sterbens und zugleich den Sinn des in seiner Gesinnung gebrachten Opfers überhaupt. Nur wer irdische Werte hintansetzt (»haßt«), wird zur Herrlichkeit des wahren Lebens finden.

12,27–30: Das Wort erinnert an die von den Synoptikern berichtete Getsemanistunde. Bei aller menschlich spürbaren Ängstigung geht Jesus gehorsam und im Wissen um die dadurch kommende Verherrlichung seinem Opfertod entgegen. Vgl. Mt 26,37ff; Mk 14,33ff; Lk 22,41ff.

³⁰ Jesus aber entgegnete: »Diese Stimme kam nicht um meinetwillen, sondern um euretwillen. ³¹ Nun ist Gericht über diese Welt; nun wird der Fürst dieser Welt hinausgeworfen werden. ³² Ich aber werde, wenn ich erhöht bin von der Erde, alle an mich ziehen.« ³³ Das sagte er, um anzudeuten, welchen Todes er sterben werde.

³⁴ Das Volk erwiderte ihm: »Wir haben aus dem Gesetz vernommen, daß der Messias ewig bleibt; wie sagst du nun: Der Menschensohn muß erhöht werden? Wer ist dieser Menschensohn?« ³⁵ Jesus erwiderte ihnen: »Noch kurze Zeit ist das Licht unter euch. Geht im Licht, solange ihr es habt, damit nicht die Finsternis euch überfällt; wer in der Finsternis geht, weiß nicht, wohin er geht. ³⁶ Solange ihr das Licht habt, glaubt an das Licht, damit ihr Söhne des Lichtes werdet.« Nach diesen Worten ging er weg und verbarg sich vor ihnen.

Rückblick und Aufruf. ³⁷ Obwohl er so große Zeichen vor ihren Augen getan hatte, glaubten sie nicht an ihn. ³⁸ So sollte das Wort des Propheten Jesaja erfüllt werden, das er sprach: ›Herr, wer glaubte unserer Botschaft, und der Arm des Herrn, wem wurde er offenbar?‹ (Jes 53,1). ³⁹ Deshalb konnten sie nicht glauben, weil Jesaja ferner gesagt hat: ⁴⁰ ›Er hat ihre Augen geblendet und ihr Herz verhärtet, so daß sie nicht sehen mit den Augen und nicht verstehen mit dem Herzen und sich bekehren und ich sie heile‹ (Jes 6,9f). ⁴¹ Dies sagte Jesaja, weil er seine Herrlichkeit schaute und von ihm redete. ⁴² Gleichwohl glaubten auch viele von den Führenden an ihn; doch der Pharisäer wegen bekannten sie es nicht, um nicht aus der Synagoge ausgestoßen zu werden. ⁴³ Denn sie liebten die Ehre bei den Menschen mehr als die Ehre bei Gott.

⁴⁴ Jesus aber rief laut: »Wer an mich glaubt, glaubt nicht an mich, sondern an den, der mich gesandt hat, ⁴⁵ und wer mich sieht, sieht den, der mich gesandt hat. ⁴⁶ Ich bin als Licht in die Welt gekommen, damit jeder, der an mich glaubt, nicht in der Finsternis bleibe. ⁴⁷ Wenn einer meine Worte hört und

---

12,31f: Durch den Sühnetod Jesu wurde die Herrschaft des seit dem Sündenfall über die Welt herrschenden Satans gebrochen, wenn auch sein Wirken noch spürbar bleibt bis zur Vollendung des Gottesreiches. An Stelle Satans wird nunmehr mit seiner Erhöhung am Kreuz, die auch seine Verherrlichung in sich schließt, Jesus das Königtum ausüben und alle Heilswilligen in seinem Reich sammeln.
12,37–50: Ein Rückblick des Evangelisten mit Zusammenfassung der Grundmotive des Wirkens Jesu. Jesus ablehnen heißt Gott ablehnen, in dessen Auftrag er gekommen ist.

nicht bewahrt, den richte nicht ich; denn ich bin nicht gekommen, die Welt zu richten, sondern die Welt zu retten.
⁴⁸ Wer mich abweist und meine Worte nicht annimmt, der hat seinen Richter: das Wort, das ich verkündet habe, wird ihn richten am Jüngsten Tag. ⁴⁹ Denn nicht aus mir selbst habe ich verkündet, sondern der Vater, der mich sandte, er selbst hat mir Auftrag gegeben, was ich sagen und was ich verkünden soll. ⁵⁰ Und ich weiß, sein Auftrag ist ewiges Leben. Was ich also verkünde, verkünde ich so, wie es mir der Vater gesagt hat.«

Jesu Abschied von den Seinen

13. Kapitel

Die Fußwaschung. ¹ Vor dem Paschafest, da Jesus wußte, daß seine Stunde gekommen war, um hinüberzugehen aus dieser Welt zum Vater, zeigte er den Seinen, die er in dieser Welt liebte, die Liebe bis zur Vollendung.
² Bei einem Abendmahl war es, als der Teufel dem Judas Iskariot, dem Sohn Simons, es bereits ins Herz geworfen hatte, ihn zu verraten –, ³ er aber wußte, daß ihm der Vater alles in die Hände gegeben und daß er von Gott ausgegangen sei und zu Gott zurückkehre –, ⁴ da stand er auf vom Mahl, legte sein Obergewand ab, nahm ein Linnen und umgürtete sich. ⁵ Dann goß er Wasser in das Becken und begann, die Füße der Jünger zu waschen und sie zu trocknen mit dem Linnen, mit dem er umgürtet war.

⁶ So kam er zu Simon Petrus; der aber sagte zu ihm: »Herr, du willst meine Füße waschen?« ⁷ Jesus antwortete ihm: »Was ich tue, verstehst du jetzt nicht, du wirst es aber nachher verstehen.« ⁸ Petrus sagte zu ihm: »Du wirst mir in Ewigkeit nicht die Füße waschen!« Jesus erwiderte ihm: »Wenn ich dich nicht wasche, hast du nicht Gemeinschaft mit mir!« ⁹ Da

---

13,1–17,26: Joh bringt im Zusammenhang mit dem letzten Abendmahl Jesu ausführlich seine Abschiedsgespräche, in denen auf den trostreichen Sinn seines Weggehens, auf die kommenden Bedrängnisse der Apostel, aber auch auf die Hilfe des Heiligen Geistes hingewiesen wird. Die von den Synoptikern berichtete Einsetzung des eucharistischen Geheimnisses übergeht er, deutet sie jedoch an in 13,31–35.
13,1–20: Mit der Fußwaschung wollte Jesus den um die ersten Plätze sich sorgenden Aposteln (vgl. Lk 22,24–30) ein Beispiel selbstloser Liebe geben, nicht etwa ein sakramentales Zeichen. Daher sind auch die Worte an den sich weigernden Petrus zunächst im Sinn eines liebevollen Zuredens zu nehmen.

sagte Simon Petrus zu ihm: »Herr, nicht bloß meine Füße, sondern auch die Hände und das Haupt!« [10] Jesus sagte zu ihm: »Wer ein Bad genommen hat, braucht sich nur die Füße zu waschen, er ist ja ganz rein. Auch ihr seid rein, aber nicht alle.« [11] Er wußte nämlich um seinen Verräter; darum sagte er: »Nicht alle seid ihr rein.«

[12] Nachdem er nun ihre Füße gewaschen, sein Obergewand genommen und sich wieder niedergelassen hatte, sagte er zu ihnen: »Versteht ihr, was ich euch getan habe? [13] Ihr nennt mich Meister und Herr, und mit Recht sagt ihr so; denn ich bin es. [14] Wenn nun ich eure Füße gewaschen habe, als der Herr und als der Meister, seid auch ihr verpflichtet, einander die Füße zu waschen. [15] Denn ein Beispiel gab ich euch, damit so, wie ich euch tat, auch ihr tut.

[16] Wahrlich, wahrlich, ich sage euch: Ein Knecht ist nicht größer als sein Herr, und ein Gesandter ist nicht größer als der, der ihn gesandt hat. [17] Wenn ihr das wißt, so seid ihr selig, wenn ihr euch danach richtet. [18] Nicht von euch allen rede ich; ich weiß, welche ich auserwählt habe; doch es muß das Schriftwort in Erfüllung gehen: ›Der mein Brot ißt, hat seine Ferse gegen mich erhoben‹ (Ps 41,10). [19] Schon jetzt sage ich es euch, ehe es geschieht, damit, wenn es geschieht, ihr glaubt, daß ich es bin. [20] Wahrlich, wahrlich, ich sage euch: Wer einen, den ich sende, aufnimmt, nimmt mich auf; wer aber mich aufnimmt, nimmt den auf, der mich gesandt hat.«

Kennzeichnung und Weggang des Verräters. [21] Als Jesus dies sagte, wurde er im Geist erschüttert, und beteuernd sprach er: »Wahrlich, wahrlich, ich sage euch: Einer von euch wird mich verraten!« [22] Da blickten die Jünger einander an und fragten sich ratlos, von wem er rede. [23] Einer von seinen Jüngern, der, den Jesus liebte, lag an der Brust Jesu; [24] diesem winkte Simon Petrus und sagte zu ihm: »Sag, wer ist es, von dem er redet!« [25] Jener lehnte sich an die Brust Jesu zurück und fragte ihn: »Herr, wer ist es?«

[26] Jesus antwortete: »Der ist es, dem ich den Bissen eintauchen und geben werde.« Und er tauchte den Bissen ein, nahm

---

13,23: »Der Jünger, den Jesus liebte«, ist nach allem Johannes, der Verfasser unseres Ev. Er ruhte nach damaliger Sitte auf seinem Polster vor der Brustseite Jesu, so daß er beim Zurückbeugen Jesus nahe kam.

13,26–30: Bei dem »Bissen« handelte es sich wohl um ein Stück der Vorkost, bei der Grünkräuter in eine Tunke getaucht wurden, also noch nicht um eine Speise vom Hauptmahl, bei dem Jesus das eucharistische Geheimnis einsetzte.

Johannes 13,27–14,3

ihn und gab ihn dem Judas, dem Sohn des Simon Iskariot. ²⁷ Und nach dem Bissen fuhr der Satan in ihn. Jesus aber sagte zu ihm: »Was du tust, das tue bald!« ²⁸ Das verstand aber keiner von den Tischgenossen, wozu er es ihm sagte; ²⁹ einige nämlich meinten, weil Judas die Kasse führte, habe Jesus zu ihm gesagt: »Kaufe, was wir brauchen für das Fest«, oder er solle den Armen etwas geben. ³⁰ Als nun jener den Bissen genommen hatte, ging er sogleich hinaus. Es war Nacht.

Vom kommenden Abschied. ³¹ Als er hinausgegangen war, sprach Jesus: »Nun wurde verherrlicht der Menschensohn, und Gott wurde verherrlicht in ihm. ³² Wurde Gott verherrlicht in ihm, dann wird Gott auch ihn verherrlichen in sich, und bald wird er ihn verherrlichen. ³³ Kinder, noch eine kleine Weile bin ich unter euch; ihr werdet mich suchen, doch wie ich zu den Juden sagte: Wohin ich gehe, dahin könnt ihr nicht kommen, so sage ich jetzt zu euch.

³⁴ Ein neues Gebot gebe ich euch, daß ihr einander liebt; wie ich euch geliebt habe, so sollt auch ihr einander lieben. ³⁵ Daran werden alle erkennen, daß ihr meine Jünger seid, wenn ihr Liebe habt zueinander.«

³⁶ Simon Petrus fragte ihn: »Herr, wohin gehst du?« Jesus antwortete: »Wohin ich gehe, dahin kannst du mir jetzt nicht folgen, doch wirst du mir später folgen.« ³⁷ Petrus sagte zu ihm: »Herr, warum kann ich dir jetzt nicht folgen? Mein Leben will ich für dich hingeben.« ³⁸ Jesus erwiderte [ihm]: »Dein Leben willst du für mich hingeben? Wahrlich, wahrlich, ich sage dir: Der Hahn wird nicht krähen, bevor du mich dreimal verleugnet hast.«

14. Kapitel

Allzeit verbunden im Vater. ¹ »Euer Herz erschrecke nicht! Glaubt an Gott und glaubt an mich! ² Im Haus meines Vaters sind viele Wohnungen. Wäre es nicht so, hätte ich es euch gesagt; denn ich gehe hin, euch einen Platz zu bereiten. ³ Und bin ich hingegangen und habe ich einen Platz bereitet für euch, dann komme ich wieder und werde euch zu mir neh-

---

13,36–38: Vgl. Mt 26,33–35; Mk 14,29–31; Lk 22,31–34.
14,1–14: Auch nach seinem Hingang wird Jesus den Aposteln verbunden bleiben und sie teilnehmen lassen an seiner Lebens- und Liebesgemeinschaft mit dem Vater, zu dem sie in »seinem Namen«, d. h. in lebendiger Verbundenheit mit ihm, beten werden.

men, damit, wo ich bin, auch ihr seid. ⁴ Und wohin ich gehe, wißt ihr den Weg.«

⁵ Da sagte Tomas zu ihm: »Herr, wir wissen nicht, wohin du gehst; wie können wir den Weg wissen?« ⁶ Jesus sagte zu ihm: »Ich bin der Weg und die Wahrheit und das Leben; niemand kommt zum Vater außer durch mich. ⁷ Hättet ihr mich erkannt, würdet ihr auch meinen Vater kennen; von jetzt an kennt ihr ihn und habt ihn gesehen.«

⁸ Philippus sagte zu ihm: »Herr, zeig uns den Vater, und es genügt uns.« ⁹ Jesus erwiderte ihm: »So lange Zeit bin ich bei euch, und du hast mich nicht erkannt, Philippus? Wer mich sah, hat den Vater gesehen. Wie kannst du sagen: Zeig uns den Vater? ¹⁰ Glaubst du nicht, daß ich im Vater bin und daß der Vater in mir ist? Die Worte, die ich zu euch sage, rede ich nicht aus mir; der Vater, der in mir bleibt, tut seine Werke. ¹¹ Glaubt mir, daß ich im Vater bin und der Vater in mir ist! Wenn nicht, dann glaubt eben um der Werke willen.

¹² Wahrlich, wahrlich, ich sage euch: Wer an mich glaubt, wird auch selber die Werke tun, die ich tue, und noch größere als diese wird er tun; denn ich gehe zum Vater, ¹³ und um was immer ihr bitten werdet [den Vater] in meinem Namen, das werde ich tun, damit verherrlicht werde der Vater im Sohn. ¹⁴ Wenn ihr mich um etwas bittet in meinem Namen, werde ich es tun.

Stets gegenwärtig im Heiligen Geist. ¹⁵ Wenn ihr mich liebt, werdet ihr meine Gebote halten, ¹⁶ und ich werde den Vater bitten, und er wird euch einen anderen Beistand geben, damit er immerfort bei euch bleibe, ¹⁷ den Geist der Wahrheit, den die Welt nicht empfangen kann, weil sie ihn nicht sieht und nicht kennt. Ihr aber kennt ihn, denn er bleibt bei euch und wird in euch sein. ¹⁸ Ich werde euch nicht als Waisen zurücklassen; ich komme zu euch.

¹⁹ Noch eine kleine Weile, und die Welt sieht mich nicht mehr; ihr aber seht mich, denn ich lebe, und auch ihr werdet leben. ²⁰ An jenem Tag werdet ihr erkennen, daß ich in meinem Vater bin und ihr in mir und ich in euch. ²¹ Wer meine Gebote

---

14,15–31: Der größte Abschiedstrost war die Verheißung des Heiligen Geistes, in dem Jesus den Seinen nahebleiben und ihnen beistehen wird. Statt »Beistand« (griech.: »Parakletos«) wird auch übersetzt »Anwalt«, »Helfer«. Jesus meint das Eintreten des Heiligen Geistes für die Gläubigen gegenüber der feindlichen »Welt«. Wenn also Jesus seinen Scheidegruß sagt, der bei den Juden lautete: »Friede sei mit euch«, so meint dieser Friedensgruß Jesu die Gabe des kommenden Heiligen Geistes (Vers 27), den die Welt nicht zu geben vermag.

hat und sie hält, der ist es, der mich liebt. Wer aber mich liebt, wird geliebt werden von meinem Vater, und ich werde ihn lieben und mich ihm offenbaren.« ²² Da sagte Judas, nicht der Iskariote, zu ihm: »Herr, wie kommt es, daß du dich uns offenbaren wirst und nicht der Welt?« ²³ Jesus antwortete ihm: »Wenn einer mich liebt, wird er mein Wort bewahren, und mein Vater wird ihn lieben, und wir werden zu ihm kommen und Wohnung bei ihm nehmen. ²⁴ Wer mich nicht liebt, bewahrt nicht meine Worte. Das Wort aber, das ihr hört, ist nicht mein, sondern des Vaters, der mich gesandt hat.
²⁵ Dies habe ich zu euch geredet, da ich noch bei euch bin. ²⁶ Der Beistand aber, der Heilige Geist, den der Vater senden wird in meinem Namen, er wird euch alles lehren und euch an alles erinnern, was ich euch gesagt habe. ²⁷ Frieden lasse ich euch zurück, meinen Frieden gebe ich euch; nicht wie die Welt gibt, gebe ich euch. Euer Herz erschrecke und verzage nicht!
²⁸ Ihr habt gehört, daß ich euch sagte: Ich gehe hin und komme zu euch. Wenn ihr mich liebtet, würdet ihr euch freuen, daß ich zum Vater gehe, denn der Vater ist größer als ich. ²⁹ Jetzt schon habe ich es euch gesagt, ehe es geschieht, damit ihr glaubt, wenn es geschieht. ³⁰ Nicht mehr viel werde ich mit euch reden; denn es kommt der Fürst dieser Welt, und vermag er auch nichts gegen mich, ³¹ so soll die Welt doch erkennen, daß ich den Vater liebe und tue, wie mir der Vater aufgetragen hat. Steht auf, laßt uns fortgehen von hier.

15. Kapitel
Bleibt in mir!¹ Ich bin der wahre Weinstock, und mein Vater ist der Weingärtner. ² Jede Rebe an mir, die keine Frucht bringt, nimmt er weg, und jede, die Frucht bringt, reinigt er, damit sie mehr Frucht bringe. ³ Schon seid ihr rein, und zwar des Wortes wegen, das ich zu euch gesagt habe. ⁴ Bleibt in mir, und ich bleibe in euch. Wie die Rebe nicht aus sich selbst Frucht bringen kann, wenn sie nicht am Weinstock bleibt, so auch ihr nicht, wenn ihr nicht in mir bleibt.

14,31: Diese Aufforderung zum Gehen läßt es offen, wie die folgenden Redestücke 15,1–17,26 näher einzuordnen sind. Vielleicht waren sie ursprünglich für einen früheren Zusammenhang gedacht.

15,1–8: Im Wort vom Weinstock spielt Jesus wahrscheinlich an auf jüdische Symbolik, die das alte Gesetz als fruchtbringenden Weinstock bezeichnete, vgl. Sir 24,17. Möglicherweise ist das Bild auch veranlaßt durch das bei der jüdischen Osterfeier verwendete Wort über die »Frucht des Weinstockes«.

⁵ Ich bin der Weinstock, ihr seid die Reben; wer in mir bleibt und ich in ihm, der bringt viele Frucht; denn getrennt von mir könnt ihr nichts tun. ⁶ Bleibt einer nicht in mir, wird er hinausgeworfen wie die Rebe; sie aber verdorrt, und man trägt sie alle zusammen und wirft sie ins Feuer, und sie verbrennen. ⁷ Bleibt ihr in mir und bleiben meine Worte in euch, dann bittet, um was ihr wollt, und es wird euch zuteil werden. ⁸ Dadurch ist verherrlicht mein Vater, daß ihr viele Frucht bringt und euch als meine Jünger erweist.

Bleibt in meiner Liebe! ⁹ Wie mich der Vater liebte, so liebte ich auch euch. Bleibt in meiner Liebe! ¹⁰ Wenn ihr meine Gebote haltet, bleibt ihr in meiner Liebe, so wie auch ich meines Vaters Gebote gehalten habe und in seiner Liebe bleibe. ¹¹ Dies habe ich zu euch gesagt, damit meine Freude in euch sei und eure Freude vollkommen werde. ¹² Das ist mein Gebot, daß ihr einander liebt, wie ich euch geliebt habe. ¹³ Eine größere Liebe hat niemand als die, daß er sein Leben hingibt für seine Freunde.

¹⁴ Ihr seid meine Freunde, wenn ihr tut, was ich euch auftrage. ¹⁵ Ich nenne euch nicht mehr Knechte; denn der Knecht weiß nicht, was sein Herr tut; euch aber habe ich Freunde genannt, weil ich alles, was ich von meinem Vater hörte, euch kundgetan habe. ¹⁶ Nicht ihr habt mich erwählt, sondern ich habe euch erwählt und euch bestellt, daß ihr hingeht und Frucht bringt und eure Frucht bleibe, damit euch der Vater gebe, um was immer ihr ihn bittet in meinem Namen. ¹⁷ Das ist mein Auftrag für euch: Liebt einander!

Vom Haß der Welt. ¹⁸ Wenn die Welt euch haßt, so wißt, sie hat mich vor euch gehaßt. ¹⁹ Wäret ihr von der Welt, würde die Welt das Ihrige lieben; weil ihr aber nicht von der Welt seid, sondern ich euch auserwählt habe aus der Welt, darum haßt euch die Welt. ²⁰ Denkt an das Wort, das ich euch sagte: Ein Knecht ist nicht größer als sein Herr. Haben sie mich verfolgt, werden sie auch euch verfolgen; haben sie mein Wort gehalten, werden sie auch das eure halten. ²¹ Dies alles werden sie euch tun um meines Namens willen, weil sie den nicht kennen, der mich gesandt hat.

²² Wäre ich nicht gekommen und hätte ich nicht zu ihnen geredet, so hätten sie keine Sünde; jetzt aber haben sie keine Ausrede für ihre Sünde. ²³ Wer mich haßt, der haßt auch mei-

---

15,18–16,4: Leid und Verfolgung gehören zum Weg des wahren Jüngers Jesu, der selbst diesen Weg gehen mußte, vgl. Röm 8,17.

nen Vater. ²⁴ Hätte ich unter ihnen nicht die Werke getan, wie sie kein anderer tat, hätten sie keine Sünde; nun aber haben sie gesehen und sowohl mich gehaßt als auch meinen Vater. ²⁵ Doch es sollte erfüllt werden das Wort, das in ihrem Gesetz geschrieben steht: ›Sie haßten mich ohne Grund‹ (Ps 35,19).
²⁶ Wenn aber der Beistand kommt, den ich euch senden werde vom Vater, der Geist der Wahrheit, der vom Vater ausgeht, wird er Zeugnis geben von mir, ²⁷ und auch ihr werdet Zeugnis geben, weil ihr von Anfang an bei mir seid.

16. Kapitel

¹ Dies habe ich euch gesagt, damit ihr nicht Anstoß nehmt. ² Aus den Synagogen werden sie euch ausstoßen; ja, es kommt die Stunde, da jeder, der euch tötet, einen Opferdienst vor Gott zu verrichten glaubt. ³ Und das werden sie euch tun, weil sie weder den Vater erkannt haben noch mich. ⁴ Doch ich habe euch dies gesagt, damit ihr, wenn die Stunde dafür kommt, euch erinnert, daß ich es euch gesagt habe. Dies habe ich euch nicht von Anfang an gesagt, weil ich bei euch war.
Vom Wirken des Heiligen Geistes. ⁵ Nun aber gehe ich zu dem, der mich gesandt hat, und keiner von euch fragt mich: Wohin gehst du? ⁶ Sondern weil ich dies euch sagte, hat die Trauer euer Herz erfüllt. ⁷ Doch ich sage euch die Wahrheit: Es ist gut für euch, daß ich fortgehe; denn gehe ich nicht fort, wird der Beistand nicht zu euch kommen; wenn ich aber fortgehe, werde ich ihn zu euch senden.
⁸ Und wenn dieser kommt, wird er die Welt zur Erkenntnis führen von Sünde, von Gerechtigkeit und von Gericht. ⁹ Von Sünde, da sie nicht an mich glauben; ¹⁰ von Gerechtigkeit, da ich zum Vater gehe und ihr mich nicht mehr seht; ¹¹ von Gericht, da der Fürst dieser Welt gerichtet ist.
¹² Noch vieles habe ich euch zu sagen, doch ihr könnt es jetzt nicht tragen; ¹³ wenn aber jener kommt, der Geist der Wahrheit, wird er euch hinführen zur vollen Wahrheit; denn nicht von sich aus wird er reden, sondern was er hört, wird er reden, und das Kommende wird er euch künden. ¹⁴ Er wird mich verherrlichen; denn von dem Meinen wird er nehmen und euch künden. ¹⁵ Alles, was der Vater hat, ist mein; deswe-

---

16,5–15: Der Heilige Geist wird als Anwalt der Jünger Jesu der feindlichen Welt immer wieder beweisen, wo in der geistigen Auseinandersetzung Unrecht (»Sünde«) und Recht (»Gerechtigkeit«) liegt und wer das »Gericht« erfahren wird.

gen sagte ich: Er wird von dem Meinen nehmen und es euch künden.

Von Trennung und Wiedersehen. ¹⁶ Eine kleine Weile, und ihr seht mich nicht mehr, und wieder eine kleine Weile, und ihr werdet mich sehen [, denn ich gehe zum Vater].« ¹⁷ Da fragten einige von seinen Jüngern einander: »Was heißt das, was er zu uns sagt: Eine kleine Weile, und ihr seht mich nicht, und wieder eine kleine Weile, und ihr werdet mich sehen? Und: Ich gehe zum Vater?« ¹⁸ Sie sagten also: »Was ist das, was nennt er eine kleine Weile? Wir verstehen nicht, wovon er redet.«
¹⁹ Jesus merkte, daß sie ihn fragen wollten, und sagte zu ihnen: »Darüber fragt ihr euch untereinander, weil ich gesagt habe: Eine kleine Weile, und ihr seht mich nicht, und wieder eine kleine Weile, und ihr werdet mich sehen? ²⁰ Wahrlich, wahrlich, ich sage euch: Ihr werdet weinen und klagen, die Welt aber wird sich freuen. Ihr werdet trauern, doch eure Trauer wird zur Freude werden. ²¹ Wenn die Frau gebiert, hat sie Trauer, weil ihre Stunde gekommen ist; hat sie aber das Kind geboren, denkt sie nicht mehr an die Not, vor Freude, daß ein Mensch zur Welt geboren wurde. ²² So habt auch ihr jetzt Trauer; doch ich werde euch wiedersehen, und euer Herz wird sich freuen, und eure Freude wird niemand von euch nehmen.
²³ Und an jenem Tag werdet ihr mich nach nichts mehr fragen. Wahrlich, wahrlich, ich sage euch: Um was ihr den Vater bitten werdet, das wird er euch geben in meinem Namen. ²⁴ Bis jetzt habt ihr um nichts gebeten in meinem Namen; bittet, und ihr werdet empfangen, damit eure Freude vollkommen sei.

Ausblick und Abschied. ²⁵ Dies habe ich in Bildern zu euch gesprochen; es kommt die Stunde, da ich nicht mehr in Bildern zu euch reden werde, sondern offen vom Vater euch Kunde gebe. ²⁶ An jenem Tag werdet ihr in meinem Namen bitten, und ich sage euch nicht, daß ich den Vater bitten werde für euch; ²⁷ denn der Vater selbst liebt euch, weil ihr mich geliebt und weil ihr geglaubt habt, daß ich von Gott ausgegangen bin. ²⁸ Ich bin ausgegangen vom Vater und in die Welt gekommen. Ich verlasse die Welt wieder und gehe zum Vater.«

16,16–24: Auch hinter diesen Sätzen steht die Verheißung des Hl. Geistes, der die Apostel nach kurzer Verlassenheit zu freudiger Zuversicht führen wird. Im Heiligen Geist bleiben die Christen mit Christus verbunden, und so befähigt er sie zu einem neuen Beten »in seinem Namen«, vgl. Röm 8,26 f.

²⁹ Da sagten seine Jünger: »Siehe, jetzt sprichst du offen und redest nicht im Bild. ³⁰ Jetzt wissen wir, daß du alles weißt und nicht nötig hast, daß dich jemand fragt. Darum glauben wir, daß du von Gott ausgegangen bist.« ³¹ Jesus antwortete ihnen: »Jetzt glaubt ihr? ³² Seht, es kommt die Stunde, und sie ist schon gekommen, da ihr zerstreut werdet, ein jeder an seinen Ort, und ihr mich allein lassen werdet; doch ich bin nicht allein, denn der Vater ist bei mir. ³³ Dies habe ich zu euch gesagt, damit ihr Frieden habt in mir. In der Welt habt ihr Drangsal; doch seid getrost: Ich habe die Welt überwunden.«

17. Kapitel
Jesu hohepriesterliches Gebet. ¹ Nach diesen Worten erhob Jesus seine Augen zum Himmel und sprach: »Vater, gekommen ist die Stunde, verherrliche deinen Sohn, damit der Sohn dich verherrliche, ² wie du ihm Macht gegeben hast über alles Fleisch, damit er allen, die du ihm gabst, ewiges Leben gebe. ³ Das aber ist das ewige Leben, daß sie dich erkennen, den allein wahren Gott, und den du gesandt hast, Jesus Christus. ⁴ Ich habe dich verherrlicht auf Erden, indem ich das Werk vollbrachte, das zu vollbringen du mir übergeben hast. ⁵ Und nun verherrliche mich du, Vater, bei dir mit der Herrlichkeit, die ich bei dir hatte, ehe die Welt war.

⁶ Ich tat deinen Namen den Menschen kund, die du mir gabst aus der Welt. Dein waren sie, und mir gabst du sie, und dein Wort haben sie bewahrt. ⁷ Nun haben sie erkannt, daß alles, was du mir gegeben hast, von dir ist; ⁸ denn die Worte, die du mir gabst, habe ich ihnen gegeben, und sie nahmen sie an und erkannten in Wahrheit, daß ich von dir ausgegangen bin, und sie glaubten, daß du mich gesandt hast.

⁹ Ich bitte für sie; nicht für die Welt bitte ich, sondern für sie, die du mir gabst, denn sie sind dein. ¹⁰ Das Meine ist alles dein, und das Deine ist mein, und verherrlicht bin ich in ihnen. ¹¹ Ich bin nicht mehr in der Welt, sie aber sind in der Welt, und ich gehe zu dir. Heiliger Vater, bewahre sie in deinem Namen, den du mir gegeben hast, auf daß sie eins seien wie wir.

17,1–26: In diesem ergreifenden Gebet, das im Angesicht des bevorstehenden Opferganges und mit dem Blick auf die kommende Kirche gesprochen ist, bittet Jesus um seine eigene Verherrlichung (1–5), um Gottes Hilfe für die Apostel (6–19) und für alle Gläubigen (20–26), wobei das tiefste Anliegen die Einheit der Christen betrifft. Die Kirchengeschichte zeigt, wie begründet diese Sorge war und wie sie auch unser Gebetsanliegen sein soll.

¹² Solange ich bei ihnen war, bewahrte ich sie in deinem Namen, den du mir gegeben hast, und ich behütete sie, und keiner von ihnen ging verloren als der Sohn des Verderbens, damit die Schrift erfüllt würde. ¹³ Jetzt aber gehe ich zu dir und rede dies noch in der Welt, auf daß sie meine Freude in Fülle in sich haben.

¹⁴ Ich gab ihnen dein Wort, und die Welt hat sie gehaßt, weil sie nicht aus der Welt sind, so wie auch ich nicht von der Welt bin. ¹⁵ Ich bitte nicht, daß du sie aus der Welt nimmst, sondern daß du sie bewahrst vor dem Bösen. ¹⁶ Sie sind nicht aus der Welt, wie auch ich nicht aus der Welt bin.

¹⁷ Heilige sie in der Wahrheit; dein Wort ist Wahrheit. ¹⁸ Wie du mich in die Welt gesandt hast, so habe auch ich sie in die Welt gesandt. ¹⁹ Und für sie heilige ich mich, damit auch sie geheiligt seien in Wahrheit.

²⁰ Nicht für sie allein bitte ich dich, sondern auch für jene, die durch ihr Wort an mich glauben, ²¹ damit alle eins seien wie du, Vater, in mir und ich in dir, daß sie eins seien in uns, damit die Welt glaube, daß du mich gesandt hast.

²² Ich habe die Herrlichkeit, die du mir gabst, ihnen gegeben, damit sie eins seien, wie wir eins sind: ²³ Ich in ihnen und du in mir, auf daß sie vollkommen seien in Einheit und die Welt erkenne, daß du mich gesandt und sie geliebt hast, wie du mich geliebt hast.

²⁴ Vater, die du mir gegeben hast: Ich will, daß dort, wo ich bin, auch sie bei mir seien, auf daß sie meine Herrlichkeit schauen, die du mir gegeben hast, weil du mich geliebt hast vor Grundlegung der Welt.

²⁵ Gerechter Vater, die Welt hat dich nicht erkannt, ich aber habe dich erkannt, und diese haben erkannt, daß du mich gesandt hast; ²⁶ und ich habe ihnen deinen Namen kundgetan und werde ihn kundtun, damit die Liebe, mit der du mich geliebt hast, in ihnen sei und ich in ihnen.«

Leiden und Auferstehung Jesu

18. Kapitel

Gefangennahme Jesu. ¹ Nach diesen Worten ging Jesus mit seinen Jüngern hinaus, über den Bach Kidron hinüber, wo ein

---

18,1–11: Vgl. Mt 26,36–56; Mk 14,32–52; Lk 22,39–53. Nach Joh scheint neben der jüdischen Polizeiabteilung auch ein römisches Aufgebot, wenn auch kaum die ganze Kohorte, mitgewirkt zu haben. Die Römer mußten bei den großen jüdischen Festen stets mit Aufständen rechnen.

Johannes 18,2–18

Garten war, in den er und seine Jünger eintraten. ² Es wußte aber auch Judas, sein Verräter, den Ort, denn oft kam Jesus dort mit seinen Jüngern zusammen.

³ Judas nun nahm die Kohorte und Leute von den Hohenpriestern und Pharisäern und begab sich mit Fackeln, Laternen und Waffen dorthin. ⁴ Jesus, der alles wußte, was über ihn kommen sollte, trat heraus und fragte sie: »Wen sucht ihr?« ⁵ Sie antworteten ihm: »Jesus, den Nazoräer!« Er sagte zu ihnen: »Ich bin es!« Es stand auch Judas, sein Verräter, bei ihnen.

⁶ Als er nun zu ihnen sagte: »Ich bin es!« da wichen sie zurück und warfen sich zu Boden. ⁷ Abermals fragte er sie: »Wen sucht ihr?« Sie sagten: »Jesus, den Nazoräer.« ⁸ Jesus antwortete: »Ich habe es euch gesagt, daß ich es bin; wenn ihr also mich sucht, so laßt diese hier gehen!« ⁹ So sollte sich erfüllen das Wort, das er gesagt hatte: »Von denen, die du mir gabst, ließ ich keinen verlorengehen.«

¹⁰ Simon Petrus aber, der ein Schwert hatte, zog es, schlug nach dem Knecht des Hohenpriesters und hieb ihm das rechte Ohr ab; der Name des Knechtes war Malchus. ¹¹ Da sagte Jesus zu Petrus: »Stecke das Schwert in die Scheide! Soll ich den Kelch, den mir der Vater gegeben hat, nicht trinken?«

Verhör Jesu; Verleugnung des Petrus. ¹² Die Kohorte, der Befehlshaber und die Leute der Juden ergriffen nun Jesus, fesselten ihn ¹³ und führten ihn zuerst zu Hannas; denn er war der Schwiegervater des Kajafas, der Hoherpriester war in jenem Jahr. ¹⁴ Kajafas war es, der den Juden den Rat gegeben hatte, es sei besser, daß ein einziger Mensch sterbe für das Volk.

¹⁵ Simon Petrus und ein anderer Jünger folgten Jesus. Dieser Jünger war mit dem Hohenpriester bekannt und ging mit Jesus in den Hof des Hohenpriesters hinein; ¹⁶ Petrus aber stand draußen am Tor. Es ging nun der andere Jünger, der Bekannte des Hohenpriesters, hinaus, redete mit der Türhüterin und führte Petrus hinein.

¹⁷ Da sagte die Magd, die Türhüterin, zu Petrus: »Bist nicht auch du einer von den Jüngern dieses Menschen?« Er erwiderte: »Ich bin es nicht.« ¹⁸ Die Knechte und Diener hatten

---

18,12–27: Vgl. Mt 26,57–75; Mk 14,53–72; Lk 22,54–71. Joh übergeht die Einzelheiten des Prozesses vor dem Hohen Rat und bringt dazu in Ergänzung der Synoptiker nur das Vorverhör vor dem, trotz seiner Absetzung immer noch einflußreichen, früheren Hohenpriester Hannas.

sich, weil es kalt war, ein Kohlenfeuer angemacht und standen herum und wärmten sich; auch Petrus stellte sich zu ihnen und wärmte sich.
[19] Der Hohepriester befragte nun Jesus über seine Jünger und über seine Lehre. [20] Jesus antwortete ihm: »Ich habe öffentlich zur Welt geredet; ich habe zu jeder Zeit in der Synagoge und im Tempel gelehrt, wo alle Juden zusammenkommen, und im Verborgenen habe ich nichts geredet.[21] Was fragst du mich? Frag jene, die gehört haben, was ich zu ihnen redete; siehe, die wissen, was ich gesagt habe.«
[22] Als er dies sagte, schlug einer von den Dienern, der dabeistand, Jesus ins Gesicht und sagte: »So antwortest du dem Hohenpriester?« [23] Jesus entgegnete ihm: »Habe ich unrecht geredet, so bezeuge das Unrecht; wenn aber recht, was schlägst du mich?« [24] Hannas nun schickte ihn gefesselt zum Hohenpriester Kajafas.
[25] Simon Petrus aber stand da und wärmte sich. Da sagten sie zu ihm: »Bist nicht auch du einer von seinen Jüngern?« Er leugnete und sprach: »Ich bin es nicht.« [26] Einer von den Knechten des Hohenpriesters, ein Verwandter dessen, dem Petrus das Ohr abgeschlagen hatte, sagte zu ihm: »Sah ich dich nicht im Garten bei ihm?« [27] Petrus leugnete wiederum, und sogleich krähte der Hahn.

Übergabe an Pilatus. [28] Sie führten nun Jesus von Kajafas in das Prätorium. Es war frühmorgens. Sie selber gingen nicht in das Prätorium hinein, damit sie sich nicht verunreinigten, sondern das Pascha essen könnten. [29] Da kam Pilatus zu ihnen heraus und fragte: »Welche Anklage bringt ihr vor gegen diesen Menschen?« [30] Sie antworteten und sagten zu ihm: »Wäre dieser nicht ein Verbrecher, hätten wir ihn dir nicht überliefert.«
[31] Pilatus nun sagte zu ihnen: »Nehmt ihr ihn und richtet ihn nach eurem Gesetz!« Die Juden aber erwiderten ihm: »Uns ist nicht erlaubt, jemand zu töten.« [32] So sollte das Wort Jesu

---

18,28—19,15: Vgl. Mt 27,1–31; Mk 15,1–20; Lk 23,1–24. Klarer als bei den Synoptikern zeigt sich bei Joh der Verlauf der Verhandlung vor dem Vertreter der römischen Besatzungsmacht. Die Geißelung war von Pilatus als Disziplinarstrafe gedacht, nach der Jesus freigelassen werden sollte. Mit dem Wort: »Seht den Menschen« (»Ecce homo«) wollte Pilatus die politische Bedeutungslosigkeit und Ungefährlichkeit Jesu vor Augen führen. Die Verurteilung, wie der ganze Prozeß vor Pilatus, fand wahrscheinlich in der Burg Antonia statt. Die Zeitangabe der »sechsten Stunde« ist eine genauere Bestimmung gegenüber Mk 15,25.

erfüllt werden, das er gesagt hatte, um anzudeuten, welchen Todes er sterben werde.

Erstes Verhör. ³³ Pilatus ging wieder in das Prätorium hinein, rief Jesus und fragte ihn: »Du bist der König der Juden?« ³⁴ Jesus antwortete: »Sagst du das von dir selbst, oder haben es dir andere von mir gesagt?« ³⁵ Pilatus erwiderte: »Bin ich denn ein Jude? Dein Volk und die Hohenpriester haben dich mir überliefert; was hast du getan?«

³⁶ Jesus antwortete: »Mein Königtum ist nicht von dieser Welt. Wäre mein Königtum von dieser Welt, hätten meine Leute gekämpft, daß ich den Juden nicht ausgeliefert würde. Nun aber ist mein Königtum nicht von hier.« ³⁷ Da sagte Pilatus zu ihm: »Du bist also doch ein König?« Jesus antwortete: »Du sagst es, ich bin ein König. Ich bin dazu geboren und dazu in die Welt gekommen, daß ich Zeugnis gebe für die Wahrheit. Jeder, der aus der Wahrheit ist, hört auf meine Stimme.« ³⁸ Pilatus sagte zu ihm: »Was ist Wahrheit?«

Nach diesen Worten ging er wieder hinaus zu den Juden und sagte zu ihnen: »Ich finde keine Schuld an ihm. ³⁹ Es besteht aber für euch die Sitte, daß ich euch zum Pascha einen freigebe. Wollt ihr, daß ich euch den König der Juden freigebe?« ⁴⁰ Sie aber schrien zurück: »Nicht diesen, sondern den Barabbas!« Barabbas aber war ein Rebell.

19. Kapitel

Geißelung und Verspottung. ¹ Darauf ließ Pilatus Jesus wegführen und ihn geißeln. ² Die Soldaten flochten einen Kranz aus Dornen und setzten ihn auf sein Haupt, legten ihm einen purpurroten Mantel um, ³ traten vor ihn und sagten: »Heil dir, König der Juden!« Und sie schlugen ihm ins Gesicht.

⁴ Pilatus ging wieder hinaus und sagte zu ihnen: »Seht, ich führe ihn heraus zu euch, damit ihr erkennt, daß ich keine Schuld an ihm finde.« ⁵ Jesus kam nun heraus, den Dornenkranz tragend und den purpurroten Mantel, und Pilatus sagte zu ihnen: »Seht den Menschen!«

⁶ Als aber die Hohenpriester und ihre Leute ihn sahen, schrien sie: »Ans Kreuz, ans Kreuz!« Pilatus sagte zu ihnen: »Nehmt ihr ihn und kreuzigt ihn; denn ich finde keine Schuld an ihm.« ⁷ Die Juden entgegneten ihm: »Wir haben ein Gesetz, und nach diesem Gesetz muß er sterben; denn er hat sich zum Sohn Gottes gemacht.«

Zweites Verhör und Verurteilung. ⁸ Als nun Pilatus dieses Wort hörte, fürchtete er sich noch mehr, ⁹ ging wieder in das

Prätorium hinein und fragte Jesus: »Woher bist du?« Jesus aber gab ihm keine Antwort. ¹⁰ Da sagte Pilatus zu ihm: »Zu mir redest du nicht? Weißt du nicht, daß ich Macht habe, dich freizulassen, und Macht, dich zu kreuzigen?« ¹¹ Jesus antwortete: »Du hättest nicht Macht über mich, wäre es dir nicht gegeben von oben; darum hat der größere Sünde, der mich dir ausgeliefert hat.«

¹² Daraufhin suchte Pilatus ihn freizulassen; die Juden aber schrien: »Wenn du diesen freiläßt, bist du nicht Freund des Kaisers; jeder, der sich selbst zum König macht, widersetzt sich dem Kaiser.« ¹³ Als Pilatus diese Worte hörte, ließ er Jesus herausführen und setzte sich auf den Richterstuhl an dem Platz, der Lithostrotos genannt wird, auf hebräisch aber Gabbata.

¹⁴ Es war Rüsttag zum Pascha, etwa die sechste Stunde; und er sagte zu den Juden: »Seht euren König!« ¹⁵ Jene aber schrien: »Hinweg! Hinweg! Kreuzige ihn!« Pilatus sagte zu ihnen: »Euren König soll ich kreuzigen?« Die Hohenpriester antworteten: »Wir haben keinen König außer dem Kaiser.«

Kreuzigung. ¹⁶ Da übergab er ihnen Jesus zur Kreuzigung, und sie übernahmen ihn. ¹⁷ Er trug selber sein Kreuz und ging hinaus zu dem Ort, den man Schädelstätte nennt, auf hebräisch aber Golgota. ¹⁸ Dort kreuzigten sie ihn und mit ihm zwei andere, zur einen und zur anderen Seite, in der Mitte aber Jesus.

¹⁹ Pilatus hatte auch eine Aufschrift schreiben und auf das Kreuz setzen lassen; darauf stand geschrieben: »Jesus der Nazoräer, der König der Juden.« ²⁰ Diese Aufschrift lasen viele von den Juden, weil der Platz, an dem Jesus gekreuzigt wurde, nahe bei der Stadt lag; es war geschrieben auf hebräisch, lateinisch und griechisch. ²¹ Da sagten die Hohenpriester der Juden zu Pilatus: »Schreib nicht: Der König der Juden, sondern daß er gesagt hat: Ich bin der König der Juden.« ²² Pilatus antwortete: »Was ich geschrieben habe, das habe ich geschrieben.«

²³ Nachdem nun die Soldaten Jesus gekreuzigt hatten, nahmen sie sein Obergewand, machten vier Teile daraus, für jeden Soldaten einen Teil, dazu den Leibrock. Der Leibrock

---

19,16–42: Vgl. Mt 27,32–61; Mk 15,21–47; Lk 23,26–56. Der mit besonderem Interesse geschilderte Lanzenstich soll die Tatsächlichkeit des Todes Jesu und damit die Bedeutung der Auferstehung Jesu hervorheben.

aber war ohne Naht von oben an im ganzen gewebt. ²⁴ Und sie sagten zueinander: »Wir wollen ihn nicht zerschneiden, sondern um ihn losen, wem er gehören soll.« So sollte die Schrift erfüllt werden, die sagt: ›Sie teilten meine Kleider unter sich, und über mein Gewand warfen sie das Los‹ (Ps 22,19). Die Soldaten nun taten so.

²⁵ Es standen bei dem Kreuz Jesu seine Mutter und die Schwester seiner Mutter, Maria, die Frau des Klopas, und Maria Magdalena. ²⁶ Als nun Jesus seine Mutter sah und neben ihr stehend den Jünger, den er liebte, sagte er zur Mutter: »Frau, siehe, dein Sohn!« ²⁷ Darauf sagte er zum Jünger: »Siehe, deine Mutter!« Und von jener Stunde an nahm sie der Jünger zu sich.

Jesu Tod. ²⁸ Danach sagte Jesus, da er wußte, daß nunmehr alles vollbracht sei, damit die Schrift erfüllt werde: »Mich dürstet!« (Ps 69,22). ²⁹ Es stand ein Gefäß voll Essig da, und sie steckten einen mit Essig gefüllten Schwamm auf einen Ysopstengel und brachten ihn an seinen Mund. ³⁰ Als nun Jesus den Essig genommen hatte, sprach er: »Es ist vollbracht.« Und er neigte das Haupt und gab den Geist auf.

³¹ Da aber Rüsttag war und die Leiber nicht über den Sabbat am Kreuz bleiben sollten – denn der Tag jenes Sabbats war ein großer –, baten die Juden Pilatus, es sollten ihre Beinknochen zerschlagen und sie abgenommen werden. ³² Da kamen die Soldaten und zerschlugen die Beine des einen wie auch des anderen mit ihm Gekreuzigten.

³³ Als sie aber zu Jesus kamen und sahen, daß er schon gestorben war, zerschlugen sie ihm die Beine nicht, ³⁴ sondern einer der Soldaten stieß mit der Lanze in seine Seite, und sogleich kam Blut und Wasser heraus. ³⁵ Der dies gesehen, legte Zeugnis dafür ab, und sein Zeugnis ist wahr, und er weiß, daß er Wahres sagt, damit auch ihr glaubt. ³⁶ Denn dies geschah, damit das Schriftwort erfüllt würde: ›Kein Knochen an ihm soll zerbrochen werden‹ (Ex 12,46). ³⁷ Und wieder ein anderes Schriftwort sagt: ›Sie werden auf den schauen, den sie durchbohrt haben‹ (Sach 12,10).

Begräbnis Jesu. ³⁸ Darauf bat Josef von Arimatäa, der ein Jünger Jesu war – im geheimen jedoch, aus Furcht vor den Juden –, Pilatus, den Leichnam Jesu abnehmen zu dürfen, und Pilatus erlaubte es. Er kam nun und nahm seinen Leichnam ab. ³⁹ Es kam auch Nikodemus, der erstmals bei Nacht zu ihm gegangen war, und brachte eine Mischung von Myrrhe und Aloe, etwa hundert Pfund.

⁴⁰ Sie nahmen nun den Leichnam Jesu und banden ihn mit Leinenbinden samt wohlriechenden Beigaben, wie es für die Juden Sitte ist beim Begräbnis. ⁴¹ An dem Ort, wo er gekreuzigt wurde, war ein Garten und in dem Garten ein neues Grab, in das noch nie jemand gelegt worden war. ⁴² Dorthinein legten sie Jesus wegen des Rüsttags der Juden, weil das Grab in der Nähe war.

20. Kapitel

Das leere Grab. ¹ Am ersten Tag der Woche kam Maria Magdalena frühmorgens, da es noch dunkel war, zum Grab und sah, daß der Stein vom Grab weggenommen war. ² Da lief sie und kam zu Simon Petrus und zu dem andern Jünger, den Jesus liebte, und sagte zu ihnen: »Sie haben den Herrn aus dem Grab genommen, und wir wissen nicht, wohin man ihn gelegt hat.«
³ Petrus und der andere Jünger machten sich auf und eilten zum Grab. ⁴ Beide liefen zugleich, doch der andere Jünger lief schneller als Petrus und kam als erster zum Grab. ⁵ Er beugte sich hinein und sah die Leinenbinden liegen, doch ging er nicht hinein.
⁶ Da kam auch Simon Petrus hinter ihm nach und ging in das Grab hinein. Er sah die Leinenbinden liegen, ⁷ das Schweißtuch aber, das über seinem Haupt war, lag nicht bei den Leinenbinden, sondern zusammengefaltet für sich an einem eigenen Platz. ⁸ Nun ging auch der andere Jünger, der als erster zum Grab gekommen war, hinein und sah und glaubte. ⁹ Denn noch hatten sie die Schrift nicht erfaßt, daß er auferstehen müsse von den Toten. ¹⁰ Und die Jünger kehrten wieder zu den Ihren zurück.

Jesus erscheint Maria Magdalena. ¹¹ Maria aber stand draußen vor dem Grab und weinte. Und während sie weinte, beugte sie sich hinein ins Grab ¹² und sah zwei Engel dasitzen, in weißen Gewändern, einen zu Häupten und einen zu den Füßen, wo der Leib Jesu gelegen hatte. ¹³ Sie sagten zu ihr: »Frau, was weinst du?« Sie sagte zu ihnen: »Weil sie meinen Herrn weggenommen haben und ich nicht weiß, wo man ihn hingelegt hat.«
¹⁴ Nach diesen Worten wandte sie sich um und sah Jesus dastehen, aber ohne zu wissen, daß es Jesus war. ¹⁵ Jesus

---

20,1–18: Vgl. Mt 28,1–10; Mk 16,1–8; Lk 24,1–12. Die besondere Hervorhebung der getrennt liegenden Tücher zeigt die Erinnerungstreue des Evangelisten, der mit Petrus am Grabe war.

sagte zu ihr: »Frau, was weinst du? Wen suchst du?« Da sie meinte, es sei der Gärtner, sagte sie zu ihm: »Herr, wenn du ihn weggetragen hast, so sage mir, wo du ihn hingelegt hast, und ich will ihn holen.« [16] Jesus sagte zu ihr: »Maria!« Sie wandte sich um und sagte auf hebräisch zu ihm: »Rabbuni«, das heißt: »Mein Herr!«

[17] Jesus sagte zu ihr: »Rühr mich nicht an; denn noch bin ich nicht aufgefahren zum Vater; geh aber zu meinen Brüdern und sage ihnen: Ich fahre auf zu meinem Vater und zu eurem Vater, zu meinem Gott und zu eurem Gott.« [18] Maria Magdalena ging und verkündete den Jüngern: »Ich habe den Herrn gesehen«, und dies habe er ihr gesagt.

Jesus erscheint den Jüngern. [19] Als es nun Abend war an jenem ersten Wochentag und die Türen dort, wo die Jünger sich aufhielten, aus Furcht vor den Juden verschlossen waren, kam Jesus, trat in ihre Mitte und sagte zu ihnen: »Friede sei euch!« [20] Nach diesen Worten zeigte er ihnen die Hände und die Seite. Da freuten sich die Jünger, als sie den Herrn sahen. [21] Nochmals sagte Jesus zu ihnen: »Friede sei euch! Wie mich der Vater gesandt hat, so sende ich auch euch.« [22] Nach diesen Worten hauchte er sie an und sagte zu ihnen: »Empfangt den Heiligen Geist! [23] Denen ihr die Sünden vergebt, für die sind sie vergeben; denen ihr die Sünden belaßt, für die sind sie belassen.«

[24] Tomas aber, einer von den Zwölfen, genannt Didymus, war nicht bei ihnen, als Jesus kam. [25] Die anderen Jünger sagten nun zu ihm: »Wir haben den Herrn gesehen!« Er aber sagte zu ihnen: »Wenn ich nicht an seinen Händen das Mal der Nägel sehe und nicht meinen Finger in das Mal der Nägel und meine Hand in seine Seite lege, glaube ich es nicht.«

[26] Acht Tage darauf waren seine Jünger wieder drinnen im Hause und Tomas mit ihnen. Da kam Jesus bei verschlossenen Türen, trat in ihre Mitte und sprach: »Friede sei euch!« [27] Dann sagte er zu Tomas: »Reich deinen Finger her und sieh meine Hände und reich deine Hand und lege sie in meine Seite und sei nicht ungläubig, sondern gläubig!« [28] Tomas antwortete ihm: »Mein Herr und mein Gott!« [29] Jesus sagte zu

---

20,17: Wird auch übersetzt: »Halte mich nicht fest!« Jesus deutet mit dem geheimnisvollen Wort die Verklärung seiner menschlichen Natur an.
20,19–23: Vgl. Mk 16,14; Lk 24,36–49. Die Sündennachlaßgewalt ist die Gabe des Auferstandenen; denn sie soll zu innerer Auferstehung des Menschen verhelfen.

ihm: »Weil du mich gesehen hast, hast du geglaubt; selig, die nicht sahen und doch glaubten.«
Erster Schluß. ³⁰ Noch viele andere Zeichen tat Jesus vor den Augen seiner Jünger, die nicht niedergeschrieben sind in diesem Buch; ³¹ diese aber sind geschrieben, damit ihr glaubt, daß Jesus ist der Christus (Messias), der Sohn Gottes, und damit ihr im Glauben Leben habt in seinem Namen.

21. Kapitel

Erscheinung am See Tiberias. ¹ Darauf zeigte sich Jesus abermals den Jüngern am See von Tiberias; er zeigte sich in folgender Weise: ² Simon Petrus und Tomas, genannt Didymus, und Natanael von Kana in Galiläa und die Söhne des Zebedäus und zwei andere von seinen Jüngern waren beisammen.
³ Simon Petrus sagte zu ihnen: »Ich gehe fischen.« Sie sagten zu ihm: »Auch wir gehen mit dir.« Sie gingen also hinaus und stiegen in das Schiff; doch in dieser Nacht fingen sie nichts.
⁴ Als es schon Morgen wurde, stand Jesus am Ufer; die Jünger erkannten jedoch nicht, daß es Jesus war. ⁵ Jesus sagte zu ihnen: »Kinder, habt ihr nichts zu essen?« Sie antworteten ihm: »Nein.« ⁶ Er sagte zu ihnen: »Werft das Netz auf der rechten Seite des Schiffes aus, und ihr werdet finden.« Sie warfen es aus und vermochten es nicht mehr einzuziehen wegen der Menge der Fische.
⁷ Da sagte jener Jünger, den Jesus liebte, zu Petrus: »Es ist der Herr!« Als Simon Petrus hörte, daß es der Herr sei, zog er sich das Hemd über – er war nämlich unbekleidet – und warf sich in den See. ⁸ Die anderen Jünger kamen im Schiff; denn sie waren nicht weiter als etwa dreihundert Ellen vom Lande weg und schleppten das Netz mit den Fischen nach.
⁹ Da sie nun ans Land stiegen, sahen sie ein Kohlenfeuer angelegt und einen Fisch darauf liegen und Brot. ¹⁰ Jesus sagte zu ihnen: »Bringt von den Fischen, die ihr eben gefangen habt.« ¹¹ Simon Petrus stieg hinein und zog das Netz, das mit hundertdreiundfünfzig großen Fischen angefüllt war, ans Land; und obwohl es so viele waren, zerriß das Netz nicht.
¹² Jesus sagte zu ihnen: »Kommt und haltet Mahlzeit!« Keiner

21,1–25: Da schon 20,30 f ein Schlußwort steht, gilt dieser Abschnitt als Nachtrag, der wohl von Johannes stammen dürfte, aber anscheinend erst von den ersten Herausgebern des Evangeliums beigefügt wurde, von denen auch die Schlußbemerkung 24 f hinzugesetzt worden sein dürfte. Vers 22 f setzt nicht notwendig voraus, daß bei Niederschrift dieses Berichtes Johannes schon gestorben war.

von den Jüngern wagte ihn zu fragen: »Wer bist du?« Wußten sie doch, daß es der Herr war. ¹³ Da ging Jesus hinzu, nahm das Brot und gab es ihnen und ebenso auch den Fisch. ¹⁴ Dies war schon das dritte Mal, daß sich Jesus seinen Jüngern zeigte, nachdem er von den Toten auferweckt war.

¹⁵ Als sie nun gegessen hatten, sagte Jesus zu Simon Petrus: »Simon, Sohn des Johannes, liebst du mich mehr als diese?« Er antwortete ihm: »Ja, Herr, du weißt, daß ich dich liebe.« Da sagte er zu ihm: »Weide meine Lämmer!« ¹⁶ Wiederum sagte er ein zweites Mal zu ihm: »Simon, Sohn des Johannes, liebst du mich?« Er antwortete ihm: »Ja, Herr, du weißt, daß ich dich liebe.« Er sagte zu ihm: »Weide meine Schafe!« ¹⁷ Zum dritten Mal fragte er ihn: »Simon, Sohn des Johannes, liebst du mich?« Da wurde Petrus traurig, weil er zum dritten Mal zu ihm sagte: »Liebst du mich?«, und er antwortete ihm: »Herr, alles weißt du; du weißt es, daß ich dich liebe.« Jesus sagte zu ihm: »Weide meine Schafe!

¹⁸ Wahrlich, wahrlich, ich sage dir: Als du jung warst, gürtetest du dich selbst und gingst, wohin du wolltest; bist du aber alt geworden, wirst du deine Hände ausstrecken, und ein anderer wird dich gürten und dich führen, wohin du nicht willst.« ¹⁹ Dies sagte er, um anzudeuten, durch welchen Tod er Gott verherrlichen werde. Und nach diesen Worten sagte er zu ihm: »Folge mir!«

²⁰ Petrus aber wandte sich um und sah den Jünger, den Jesus liebte, nachkommen, den, der auch beim Mahl an seiner Brust gelegen und gesagt hatte: »Herr, wer ist es, der dich verraten wird?« ²¹ Als nun Petrus diesen sah, sagte er zu Jesus: »Herr, was ist mit diesem?« ²² Jesus antwortete ihm: »Wenn ich will, daß er bleibe, bis ich komme, was geht es dich an? Du folge mir!« ²³ Da verbreitete sich unter den Brüdern das Wort, daß jener Jünger nicht sterbe. Jesus aber hatte zu ihm nicht gesagt, daß er nicht sterbe, sondern: »Wenn ich will, daß er bleibe, bis ich komme, was geht es dich an?«

Nachwort. ²⁴ Das ist der Jünger, der davon Zeugnis gibt und der dies geschrieben hat, und wir wissen, sein Zeugnis ist wahr. ²⁵ Es gibt noch vieles andere, was Jesus tat; wollte man dieses einzeln niederschreiben, so, glaube ich, würde selbst die Welt die Bücher nicht fassen, die zu schreiben wären.

Die Apostelgeschichte

Die »Apostelgeschichte« (nach dem griechischen Titel: »Taten«, »Geschehnisse« [der Apostel]) gehört seit den ersten Zeiten zum neutestamentlichen Kanon. Sie will nicht das Leben der einzelnen Apostel schildern, sondern die unter ihrem begnadeten Wirken entstehende Kirche Jesu Christi, wobei die Zeit von der Himmelfahrt Jesu bis zur Gefangenschaft des Apostels Paulus in Rom (61–63 n. Chr.) berührt wird. Mit besonderem Interesse zeigt sie, wie die Kirche in der Kraft des von Christus verheißenen und gesandten (vgl. 1,8) Heiligen Geistes stand und in ihm alle Gefahren von außen und innen sieghaft überwand. Der Inhalt läßt sich in drei Abschnitte gliedern: 1,1–5,42 wird das Werden und Wachsen der Muttergemeinde von Jerusalem gezeigt, 6,1–12,25 Ausbau und Entfaltung der Kirche in Palästina und Syrien, unter Mitwirkung neuer Amtsträger, 13,1–28,31 die Ausbreitung der Kirche unter der Heidenwelt durch das Wirken des Apostels Paulus, mit besonderer Schilderung seiner Gefangenschaft und seiner Überführung nach Rom.

Als Verfasser nennt die Überlieferung von Anfang an den Paulusgefährten Lukas, der mit der Apostelgeschichte eine Fortführung zu seinem Evangelium geben wollte, um zu zeigen, wie der Herr auch nach seiner Himmelfahrt durch den Heiligen Geist in seiner Kirche weiterwirkte. Dabei wollte Lukas, der das Buch nach traditioneller, auf beachtenswerte Gründe sich stützender Meinung gegen Ende der römischen Untersuchungshaft des hl. Paulus (vgl. 28,30f), also 63 n. Chr. schrieb, vermutlich auch Einfluß ausüben auf einen guten Ausgang des anscheinend vor der Entscheidung stehenden Berufungsverfahrens des Apostels. Sollte aber das nach 1,1 der Apg vorausgehende Lukasevangelium, wie heute vielfach angenommen wird, nach dem Jahr 70 geschrieben sein, müßte auch die Apg entsprechend später angesetzt werden. Eine besondere Aufmerksamkeit erfordern die sogenannten »Wir-Berichte« (16,10–17; 20,5–28,31), in denen man persönliche Aufzeichnungen des Lukas vermutet, der nach Kol 4,14; Phlm 24; 2 Tim 4,11 ein treuer Begleiter des Apostels Paulus war.

Apostelgeschichte 1,1–11

Grundlegung der Muttergemeinde von Jerusalem

1. Kapitel
Verheißung des Geistes bei der Himmelfahrt. ¹ Den ersten Bericht, lieber Theophilus, verfaßte ich über all das, was Jesus von Anfang an tat und lehrte ² bis zu dem Tag, an dem er den von ihm erwählten Aposteln Auftrag gab im Heiligen Geist und hinaufgenommen wurde. ³ Ihnen erwies er sich auch als lebend nach seinem Leiden durch viele Bezeugungen, da er vierzig Tage hindurch ihnen erschien und von den Dingen des Gottesreiches redete.

⁴ Im Beisammensein mit ihnen trug er ihnen auf: »Geht nicht weg von Jerusalem, sondern wartet auf die Verheißung des Vaters, von der ihr von mir gehört habt. ⁵ Denn Johannes taufte mit Wasser, ihr aber werdet getauft werden mit Heiligem Geist, nach nicht vielen Tagen.« ⁶ Die nun zusammengekommen waren, fragten ihn: »Herr, richtest du in dieser Zeit das Königtum wieder auf für Israel?« ⁷ Er antwortete ihnen: »Nicht eure Sache ist es, Zeiten oder Stunden zu wissen, die der Vater festgesetzt hat in der ihm eigenen Macht; ⁸ doch ihr werdet Kraft empfangen, wenn der Heilige Geist auf euch herabkommt, und ihr werdet meine Zeugen sein in Jerusalem und in ganz Judäa und Samaria und bis an die Grenzen der Erde.«

⁹ Nach diesen Worten wurde er vor ihren Augen emporgehoben, und eine Wolke entzog ihn ihren Blicken. ¹⁰ Und da sie zum Himmel hinaufsahen, wie er dahinging, siehe, da standen vor ihnen zwei Männer in weißem Gewand ¹¹ und sagten: »Ihr Männer aus Galiläa, was steht ihr da und schaut zum Himmel? Dieser Jesus, der von euch weg in den Himmel aufgenommen wurde, wird ebenso wiederkommen, wie ihr ihn habt hingehen sehen zum Himmel.«

1,1–11: Greift als Einleitung deutlich auf den Schluß des Lk.-Ev. zurück, hebt aber viel deutlicher noch hervor, daß bei der Himmelfahrt Jesu die Verheißung des Heiligen Geistes und der Auftrag, auf ihn zu warten, ein besonderes Anliegen Jesu war.
1,2: Für »im (durch den) Heiligen Geist« wäre vielleicht aus sachlichen Gründen besser zu nehmen: »über (im Hinblick auf) den Heiligen Geist«.
1,8: Als »Zeugen« Jesu sollten die Apostel die Sache Jesu vor den Menschen vertreten und seine Offenbarung weitergeben. Nur in der Kraft des Heiligen Geistes wurden sie dazu fähig. Die Kirche Jesu gründet nicht im menschlichen, sondern im göttlichen Geist, der sich jedoch der Menschen als seiner Werkzeuge bedient.

Apostelgeschichte 1,12–24

¹² Hierauf kehrten sie nach Jerusalem zurück von dem Berg, der Ölberg heißt und nahe bei Jerusalem liegt, einen Sabbatweg davon entfernt. ¹³ Dort angekommen, stiegen sie in das Obergemach hinauf, wo sie sich aufhielten, nämlich Petrus und Johannes, Jakobus und Andreas, Philippus und Tomas, Bartolomäus und Mattäus, Jakobus, der Sohn des Alfäus, und Simon der Zelot und Judas, der Sohn des Jakobus. ¹⁴ Diese alle verharrten einmütig im Gebet, zusammen mit den Frauen und Maria, der Mutter Jesu, und seinen Brüdern.

Wahl des Mattias. ¹⁵ In diesen Tagen erhob sich Petrus im Kreis der Brüder – es war eine Zahl von etwa hundertzwanzig Personen beisammen – und sprach: ¹⁶ »Brüder! Es mußte sich erfüllen das Schriftwort, das der Heilige Geist im voraus gesagt hat durch den Mund Davids über Judas, der denen zum Führer wurde, die Jesus gefangennahmen. ¹⁷ Er war uns beigezählt und hatte Anteil erhalten an diesem unseren Dienst.
¹⁸ Dieser erwarb sich einen Acker vom Lohn des Verbrechens, stürzte kopfüber, barst mitten entzwei, und alle seine Eingeweide traten heraus. ¹⁹ Und es wurde allen Bewohnern von Jerusalem bekannt, so daß jenes Grundstück in ihrer Sprache Hakeldamach genannt wurde, das ist Blutacker.
²⁰ Denn im Buch der Psalmen steht geschrieben: ›Seine Wohnstatt soll öde werden, und es sei keiner, der darin wohnt‹ (Ps 69,26), und: ›Sein Amt erhalte ein anderer!‹ (Ps 109,8). ²¹ So muß denn aus den Männern, die mit uns zusammen waren in der ganzen Zeit, da der Herr Jesus ein- und ausging unter uns, ²² von der Taufe des Johannes an bis zu dem Tag, an dem er von uns weg aufgenommen wurde, einer mit uns Zeuge seiner Auferstehung werden, und zwar einer von diesen hier.«
²³ Sie stellten zwei vor: Josef, genannt Barsabbas, mit dem Beinamen Justus, und Mattias. ²⁴ Und sie beteten und spra-

---

1,12: »Sabbatweg«, etwa 1 km; nur so weit darf der Jude am Sabbat gehen, ohne die Sabbatruhe zu verletzen.
1,14: Zu »Brüdern« Jesu (d. h. nahen Verwandten) vgl. zu Mt 12,46f.
1,15–26: Da die Zwölfzahl der Apostel bedeutsam war, sollte noch vor dem Kommen des Heiligen Geistes der durch Judas gestörte Kreis ergänzt werden, wobei Petrus entsprechend seiner Berufung als Haupt und Leiter der Gemeinde handelt. Als Apostel sollte nur der gewählt werden, der auch die natürlichen Voraussetzungen für das Zeugnisgeben hatte. Daraus ersehen wir auch die Sorgsamkeit der apostolischen Verkündigung und damit auch der Evangelien.
1,18f: Die Schilderung vom Ende des Verräters hebt im Unterschied zu Mt 27,3–10 besonders das abschreckende Bild des wohl bei der Verwesung berstenden Leichnams hervor.

chen: »Herr, du kennst die Herzen aller; zeige an, welchen von diesen beiden du erwählt hast als den, ²⁵ der den Platz dieses Dienstes und Apostelamtes erhalten soll, von dem Judas ausgeschieden ist, um hinzugehen an seinen Platz.« ²⁶ Und sie legten Lose für sie ein, und das Los fiel auf Mattias, und er wurde hinzugerechnet zu den elf Aposteln.

2. Kapitel

Das Kommen des Heiligen Geistes. ¹ Als der Tag für das Pfingstfest gekommen war, waren sie alle beisammen am gleichen Ort. ² Da erhob sich plötzlich vom Himmel her ein Brausen wie von einem daherfahrenden gewaltigen Sturm und erfüllte das ganze Haus, in dem sie weilten. ³ Es erschienen ihnen Zungen wie von Feuer, die sich verteilten und einzeln herabsenkten auf einen jeden von ihnen; ⁴ und alle wurden erfüllt vom Heiligen Geist und fingen an, in anderen Zungen zu reden, so wie der Geist ihnen zu sprechen eingab.
⁵ In Jerusalem hielten sich gottesfürchtige jüdische Männer auf, aus jedem Volk unter dem Himmel. ⁶ Als sich nun dieses Brausen erhob, lief die Menge zusammen und wurde bestürzt; denn es hörte ein jeder in seiner eigenen Sprache sie reden. ⁷ Sie gerieten außer sich und sagten voll Staunen: »Sind sie denn nicht alle, die da reden, Galiläer? ⁸ Wie aber hören wir, ein jeder von uns in der eigenen Sprache, in der wir geboren sind: ⁹ Parther und Meder und Elamiter, die Bewohner von Mesopotamien, von Judäa und Kappadozien, von Pontus und Asia, ¹⁰ von Phrygien und Pamphylien, Ägypten und den Gegenden Libyens nach Zyrene hin; auch die hier weilenden Römer, ¹¹ Juden wie Proselyten, Kreter und Araber – wir

---

2,1–13: Äußerlich wahrnehmbar sollte die innere Begnadung durch den Heiligen Geist erfolgen. Das Reden in »anderen Zungen« war ein ekstatisches Sprechen mit der Wirkung, daß die heilswilligen Zuhörer ihre eigene Heimatsprache vernahmen, ohne daß damit ein tatsächliches Sprechen in all den 2,9–11 angeführten Fremdsprachen angenommen werden muß. Mit den verschiedenen Diasporajuden waren auch »Proselyten«, d. h. vom Heidentum zum Judentum Übergetretene, zum Pfingstfest gekommen.

2,14–36: Petrus, wieder in seiner Stellung als Haupt der Kirche, kennzeichnet das Pfingstwunder als Erfüllung alttestamentlicher Prophetie wie als Offenbarung des von den Juden zu Unrecht getöteten, nunmehr aber lebenden und verherrlichten Jesus. Man beachte den von Petrus geführten Schriftbeweis für die Auferstehung Jesu, der aber erst nach dem von den Aposteln als »Zeugen« erlebten Ostergeschehen, in entsprechender Deutung des atl. Psalmwortes, zu verstehen ist, vgl. Apg 13,34; 1 Kor 15,3 f.

hören sie in unseren Sprachen die Großtaten Gottes verkünden!«
¹² Alle staunten und waren ratlos und sagten zueinander: »Was soll das sein?« ¹³ Andere aber spotteten und sagten: »Sie sind voll süßen Weines.«

Petrus deutet das Pfingstgeheimnis. ¹⁴ Da trat Petrus mit den Elfen vor, erhob seine Stimme und sprach zu ihnen: »Jüdische Männer und alle, die ihr in Jerusalem wohnt! Dies sei euch kundgetan; hört auf meine Worte! ¹⁵ Denn nicht betrunken sind diese, wie ihr meint – es ist ja erst die dritte Stunde des Tages; ¹⁶ sondern hier trifft ein, was gesagt wurde durch den Propheten Joel:

¹⁷ ›Es wird geschehen in den letzten Tagen,
spricht Gott,
ich werde ausgießen von meinem Geist über alles Fleisch,
und eure Söhne und Töchter werden prophetisch reden,
eure jungen Männer werden Gesichte schauen,
und eure Alten Traumgesichte haben;
¹⁸ ja, über meine Knechte und über meine Mägde
will ich ausgießen in jenen Tagen von meinem Geist,
und sie werden prophetisch reden.
¹⁹ Ich werde Wunder kommen lassen am Himmel oben
und Zeichen auf der Erde unten,
Blut, Feuer und Rauchqualm.
²⁰ Die Sonne wird sich in Finsternis wandeln
und der Mond in Blut,
ehe kommen wird der Tag des Herrn,
der große und glanzvolle.
²¹ Und es wird geschehen:
Jeder, der den Namen des Herrn anruft,
wird gerettet werden‹ (Joel 3,1–5).

²² Ihr Männer von Israel! Hört diese Worte: Jesus, den Nazoräer, einen Mann, von Gott vor euch beglaubigt durch Machttaten, Wunder und Zeichen, die Gott durch ihn wirkte in eurer Mitte, wie ihr selber wißt, ²³ ihn, der überliefert wurde nach festgelegtem Ratschluß und Vorherwissen Gottes, habt ihr durch die Hand von Gesetzlosen ans Kreuz geschlagen und hingerichtet. ²⁴ Ihn hat Gott auferweckt, indem er die Wehen

---

2,15: Die Juden pflegten vor dem Morgenopfer um 9 Uhr vormittags nichts zu genießen.
2,17: Die »letzten Tage« sind bei den atl. Propheten die mit dem erwarteten Messias anbrechende Zeit. Sie wird sich mit der glorreichen Wiederkunft Jesu vollenden.

des Todes löste; denn es war unmöglich, daß er festgehalten wurde von ihm.
²⁵ David spricht ja im Hinblick auf ihn:
›Ich sah den Herrn allzeit vor Augen;
denn er ist mir zur Rechten,
damit ich nicht wanke.
²⁶ Darum freute sich mein Herz,
und frohlockte meine Zunge,
und auch mein Fleisch wird ruhen in Zuversicht;
²⁷ denn du gibst meine Seele nicht der Unterwelt preis
und läßt deinen Heiligen Verwesung nicht schauen.
²⁸ Du tatest mir kund die Wege des Lebens,
du wirst mich erfüllen mit Wonne
vor deinem Angesicht‹ (Ps 16,8–11).
²⁹ Männer, Brüder! Laßt mich freimütig zu euch reden vom Patriarchen David. Er starb und wurde begraben, und sein Grab ist bei uns bis auf den heutigen Tag. ³⁰ Weil er nun ein Prophet war und wußte, daß Gott mit einem Eid ihm zugeschworen, er werde ›aus der Frucht seiner Lende einen auf seinen Thron erheben‹ (2 Sam 7,12), ³¹ so sprach er voraussehend von der Auferstehung des Messias, daß ›er nicht der Unterwelt preisgegeben wurde‹ und daß sein Fleisch ›die Verwesung nicht schaute‹.
³² Diesen Jesus hat Gott auferweckt, dessen sind wir alle Zeugen. ³³ Zur Rechten Gottes also erhöht, empfing er die Verheißung des Heiligen Geistes vom Vater und hat ihn ausgegossen, wie ihr sowohl seht als auch hört. ³⁴ Denn nicht David ist zum Himmel emporgestiegen, und doch sagt er: ›Der Herr sprach zu meinem Herrn: Setze dich zu meiner Rechten, ³⁵ bis ich deine Feinde hinlege als Schemel deiner Füße‹ (Ps 110,1). ³⁶ Mit aller Sicherheit also erkenne das ganze Haus Israel: Gott hat diesen Jesus zum Herrn und Messias gemacht, ihn, den ihr gekreuzigt habt.«
Wirkung der Predigt. ³⁷ Als sie dies hörten, ging es ihnen durchs Herz, und sie sagten zu Petrus und den übrigen Aposteln: »Was sollen wir tun, Männer, Brüder?« ³⁸ Petrus antwortete ihnen: »Bekehrt euch, und ein jeder von euch lasse sich taufen auf den Namen Jesu Christi zur Vergebung eurer Sünden, und ihr werdet die Gabe des Heiligen Geistes emp-

---

2,38: »Auf den Namen Christi« getauft werden, heißt, sich der von Jesus Christus angeordneten Taufe im Glauben unterziehen und damit in innere Gemeinschaft mit ihm treten.

fangen. ³⁹ Denn euch und eure Kinder geht die Verheißung an, und alle ›in der Ferne, die herbeirufen wird der Herr‹, unser Gott (Jes 57,19).«
⁴⁰ Mit noch vielen anderen Worten legte er Zeugnis ab und mahnte sie: »Laßt euch retten aus diesem verkehrten Geschlecht!« ⁴¹ Die nun sein Wort annahmen, wurden getauft, und es wurden hinzugenommen an jenem Tag gegen dreitausend Seelen.

Leben der ersten Christen. ⁴² Sie verharrten in der Lehre der Apostel, in der Gemeinschaft, im Brotbrechen und in den Gebeten. ⁴³ Jedermann wurde von Furcht ergriffen, viele Wunder und Zeichen geschahen durch die Apostel. ⁴⁴ Alle, die zum Glauben fanden, hielten zusammen und hatten alles gemeinsam, ⁴⁵ sie verkauften Hab und Gut und teilten davon allen zu, je nachdem einer bedürftig war.
⁴⁶ Beharrlich kamen sie Tag für Tag einmütig im Tempel zusammen, brachen zu Hause das Brot und nahmen die Speise in Freude und Lauterkeit des Herzens, ⁴⁷ sie lobten Gott und standen in Ansehen beim ganzen Volk. Der Herr aber mehrte von Tag zu Tag die Zahl derer, die zum Heil fanden.

3. Kapitel
Die Heilung des Lahmgeborenen. ¹ Petrus und Johannes gingen um die neunte Stunde, zur Zeit des Gebetes, hinauf in den Tempel. ² Da wurde ein Mann herbeigetragen, der gelähmt war vom Schoß seiner Mutter an; den setzten sie täglich an die sogenannte Schöne Pforte, daß er Almosen erbettle von den Besuchern des Tempels. ³ Als er Petrus und Johannes sah, wie sie gerade in den Tempel hineingehen wollten, bat er sie um ein Almosen. ⁴ Petrus blickte zusammen mit Johannes ihn an und sagte: »Sieh uns an!« ⁵ Er richtete den Blick auf sie und hoffte, etwas von ihnen zu erhalten.

2,42–46: Aus diesem Bild der ersten Gemeinde tritt vor allem die heroische Bruderliebe hervor, die aus gläubigem Idealismus, nicht aus Pflicht oder Zwang, persönlichen Besitz zugunsten der Gemeinde opferte. »Brotbrechen« bedeutet zwar allgemein jede brüderliche Tischgemeinschaft, dürfte aber hier besonders die gemeinsame Eucharistiefeier mit einschließen, durch welche die Muttergemeinde, die anfangs noch an den jüdischen Gottesdiensten teilnahm, von Anfang an ihr Eigenes bekundete.
3,1–10: In der Kraft Christi, der sich Petrus bewußt war, wirkte er dieses Wunder, das als Beispiel für die »vielen Wunder und Zeichen« (2,43) berichtet ist.

⁶ Petrus aber sagte: »Silber und Gold habe ich nicht, doch was ich habe, das gebe ich dir. Im Namen Jesu Christi, des Nazoräers, [steh auf und] geh umher!« ⁷ Und er faßte ihn bei der rechten Hand und richtete ihn auf; da kam plötzlich Kraft in seine Füße und Knöchel, ⁸ er sprang auf und konnte stehen, ging mit ihnen in den Tempel hinein, lief und sprang umher und lobte Gott.

⁹ Alles Volk sah ihn umhergehen und Gott loben, ¹⁰ und als sie ihn als den erkannten, der des Almosens wegen an der Schönen Pforte des Tempels gesessen hatte, erfaßte sie staunende Erregung über das, was mit ihm geschehen war.

Petrus deutet das Wunder. ¹¹ Weil er sich aber an Petrus und Johannes hielt, lief alles Volk bei ihnen in der sogenannten Halle Salomos zusammen und war ganz außer sich. ¹² Als Petrus das sah, sagte er zum Volk: »Ihr Männer von Israel! Was staunt ihr darüber? Oder was blickt ihr uns an, als hätten wir mit eigener Kraft oder Frömmigkeit bewirkt, daß er gehen kann?

¹³ Der Gott Abrahams und Isaaks und Jakobs, der Gott unserer Väter, verherrlichte seinen Knecht Jesus, ihn, den ihr ausgeliefert und verleugnet habt vor Pilatus, als dieser entschied, ihn freizulassen. ¹⁴ Ihr jedoch habt den Heiligen und Gerechten verleugnet und habt verlangt, daß euch ein Mörder begnadigt werde. ¹⁵ Den Urheber des Lebens aber habt ihr getötet, ihn, den Gott auferweckt hat von den Toten, wofür wir Zeugen sind. ¹⁶ Auf Grund des Glaubens an seinen Namen hat diesem hier, den ihr seht und kennt, sein Name Kraft geschenkt, und der durch ihn wirksame Glaube gab ihm die volle Gesundheit vor euer aller Augen.

¹⁷ Und nun, Brüder, ich weiß, ihr habt aus Unwissenheit gehandelt, ebenso auch eure Führer; ¹⁸ Gott aber ließ so in Erfüllung gehen, was er vorausverkündet hat durch den Mund aller Propheten, nämlich, daß sein Messias leiden werde. ¹⁹ Ändert also euren Sinn und bekehrt euch, damit getilgt werden eure Sünden ²⁰ und so die Tage der Erquickung kommen mögen vom Angesicht des Herrn und er in Jesus den euch vorherbestimmten Messias sende.

3,13: »Knecht« Gottes wird Jesus vor allem nach der Verheißung des Propheten Jesaja (Jes 42; 49; 50; 52–53) genannt.

3,15: »Urheber des Lebens« ist Jesus vor allem durch seine Auferstehung für alle geworden, die sich im Glauben zu ihm bekennen.

3,20f: »Tage der Erquickung« und »allgemeine Wiederherstellung« meint die Vollendung des Gottesreiches beim Wiederkommen des in den Himmel aufgenommenen Menschensohnes.

²¹ Ihn muß der Himmel aufnehmen bis zu den Zeiten der allgemeinen Wiederherstellung, wovon Gott gesprochen hat durch den Mund seiner heiligen Propheten von alters her. ²² So hat Mose gesagt: ›Einen Propheten wie mich wird euch erstehen lassen der Herr, unser Gott, aus euren Brüdern; auf ihn sollt ihr hören in allem, was er zu euch sagen wird. ²³ Es wird aber sein: Ein jeder, der nicht auf diesen Propheten hört, soll ausgerottet werden aus dem Volk‹ (Dt 18,15.19 f). ²⁴ Und alle Propheten, die von Samuel an und in der Folge gesprochen haben, kündeten diese Tage an.
²⁵ Ihr seid die Söhne der Propheten und des Bundes, den Gott mit euren Vätern geschlossen hat, da er zu Abraham sprach: ›In deinem Samen werden gesegnet sein alle Geschlechter der Erde‹ (Gen 22,18). ²⁶ Für euch zuerst erweckte Gott seinen Knecht und sandte ihn, euch zu segnen, auf daß ein jeder von euch sich abkehre von euren bösen Werken.«

4. Kapitel
Petrus und Johannes vor dem Hohen Rat. ¹ Während sie zum Volk redeten, traten die Priester, der Hauptmann des Tempels und die Sadduzäer auf sie zu, ² voll Unwillen, daß sie das Volk lehrten und in Jesus die Auferstehung von den Toten verkündeten. ³ Sie legten Hand an sie und setzten sie bis zum folgenden Tag in Gewahrsam; denn es war schon Abend. ⁴ Viele aber von denen, die das Wort vernommen hatten, wurden gläubig, und die Zahl der Männer stieg auf etwa fünftausend. ⁵ Am andern Tag war es, da versammelten sich ihre Führer, die Ältesten und Schriftgelehrten in Jerusalem, ⁶ sowie Hannas, der Hohepriester, und Kajafas, Johannes und Alexander und alle, die aus dem hohenpriesterlichen Geschlecht waren. ⁷ Man ließ sie vor sie hintreten und fragte sie: »In welcher Kraft oder in welchem Namen habt ihr dies getan?« ⁸ Da sagte Petrus, erfüllt vom Heiligen Geist, zu ihnen: »Führer des Volkes und ihr Ältesten! ⁹ Wenn wir heute zur Rechenschaft gezogen werden wegen einer Wohltat an einem kran-

---

4,1–22: Die Sadduzäer, deren Mitglieder die verschiedenen höheren priesterlichen Ämter innehatten, leugneten das Fortleben nach dem Tod und nahmen daher an der Predigt der Apostel über den Auferstandenen Anstoß. Amtierender Hoherpriester war Kajafas, der Schwiegersohn des Hannas, der im Jahre 15 n. Chr. abgesetzt worden war, aber noch großen Einfluß hatte. Beachte das klare Zeugnis des Apostels über die Auferstehung Jesu, durch die der von den Juden »Verworfene« zum »Eckstein« geworden ist, d. h. verherrlicht wurde.

ken Menschen und über die Ursache seiner Heilung, [10] so sei euch allen und dem ganzen Volk Israel kund: Durch den Namen unseres Herrn Jesus Christus, des Nazoräers, den ihr gekreuzigt, den Gott von den Toten auferweckt hat, durch ihn steht dieser gesund vor euch. [11] Er ist ›der Stein, der von euch Bauleuten verworfen, zum Eckstein geworden ist‹ (Ps 118,22). [12] Und in keinem andern ist das Heil; denn es ist auch kein anderer Name unter dem Himmel, der den Menschen gegeben wäre, daß wir in ihm sollten gerettet werden.«

[13] Da sie den Freimut des Petrus und Johannes sahen und in Erfahrung brachten, daß sie ungelehrte und bildungslose Leute seien, wunderten sie sich. Sie erkannten sie zwar als Anhänger Jesu, [14] wußten aber im Anblick des Geheilten, der bei ihnen stand, nichts gegen sie zu sagen. [15] Sie ließen sie aus der Versammlung hinausgehen und hielten Rat miteinander, [16] indem sie sprachen: »Was sollen wir tun mit diesen Menschen? Daß ein offenbares Wunderzeichen durch sie geschah, ist allen, die in Jerusalem wohnen, bekannt, und wir können es nicht bestreiten. [17] Damit es aber nicht noch mehr unter dem Volk verbreitet werde, wollen wir ihnen unter Drohung einschärfen, nicht mehr in diesem Namen zu irgendeinem Menschen zu reden.« [18] Man rief sie herein und eröffnete ihnen, sie dürften in keiner Weise sprechen und lehren im Namen Jesu. [19] Petrus aber und Johannes antworteten ihnen: »Ob es recht ist vor Gott, euch mehr zu gehorchen als Gott, das entscheidet selbst; [20] denn wir können unmöglich schweigen von dem, was wir gesehen und gehört haben.« [21] Unter weiteren Androhungen entließ man sie, weil man des Volkes wegen keine Möglichkeit fand, sie zu bestrafen; alle nämlich priesen Gott wegen des Geschehenen. [22] Denn mehr als vierzig Jahre zählte der Mann, an dem dieses Wunder der Heilung geschehen war.

Stärkung der betenden Gemeinde. [23] Nach ihrer Freilassung kehrten sie zurück zu den Ihrigen und berichteten ihnen alles, was die Hohenpriester und Ältesten zu ihnen gesagt hatten. [24] Als diese es vernahmen, erhoben sie einmütig ihre Stimme zu Gott und sprachen:

»Herr, du bist es, der ›den Himmel schuf und die Erde und das Meer und alles, was in ihnen ist‹ (Ex 20,11); [25] du hast durch den Heiligen Geist durch den Mund deines Knechtes David [, unseres Vaters,] gesprochen: ›Warum tobten die Heiden und sannen Eitles die Völker? [26] Es standen die Könige der Erde auf, und die Machthaber taten sich zusammen gegen den

Herrn und gegen seinen Gesalbten‹ (Ps 2,1 f). ²⁷ Wahrhaftig, es haben sich in dieser Stadt gegen deinen heiligen Knecht Jesus, den du gesalbt hast, zusammengetan Herodes und Pontius Pilatus mit Angehörigen des Volkes Israel, ²⁸ um das auszuführen, was deine Hand und dein Ratschluß vorherbestimmt hat, daß es geschehe. ²⁹ Und nun, Herr, siehe an ihre Drohungen und gib deinen Knechten, daß sie mit allem Freimut dein Wort verkünden, ³⁰ indem du deine Hand ausstreckst zu Heilung und Zeichen geschehen läßt und Wunder durch den Namen deines heiligen Knechtes Jesus.«
³¹ Als sie so beteten, erbebte der Ort, wo sie versammelt waren, und alle wurden erfüllt vom Heiligen Geist und verkündeten das Wort Gottes mit Freimut.

Ein Herz und eine Seele. ³² Die Gesamtheit der Gläubigen war ein Herz und eine Seele, und nicht ein einziger nannte etwas von dem, was er besaß, sein eigen, sondern sie hatten alles gemeinsam. ³³ Mit großer Macht gaben die Apostel Zeugnis von der Auferstehung des Herrn Jesus [Christus], und große Gnade ruhte auf ihnen allen. ³⁴ Denn kein Notleidender war unter ihnen. Alle nämlich, die Grundstücke oder Häuser besaßen, verkauften sie und brachten den Erlös vom Verkauften ³⁵ und legten ihn zu den Füßen der Apostel, und es wurde einem jeden zugeteilt, je nachdem einer bedürftig war.

³⁶ Josef, der von den Aposteln den Beinamen Barnabas, das heißt Sohn der Tröstung, erhielt, ein Levit, der aus Zypern stammte, ³⁷ verkaufte den Acker, den er besaß, brachte das Geld und legte es zu den Füßen der Apostel.

5. Kapitel

Strafgericht über Hananias und Saphira. ¹ Ein Mann mit Namen Hananias verkaufte mit Saphira, seiner Frau, ein Grundstück, ² unterschlug aber unter Mitwissen auch seiner Frau etwas vom Erlös der Apostel und brachte nur einen Teil und legte ihn zu Füßen der Apostel.

³ Petrus aber sagte: »Hananias, warum erfüllte der Satan dein Herz, daß du den Heiligen Geist belogen und vom Erlös des

---

4,32–37: Vgl. 2,42–46. Das Sichlossagen von persönlichem Besitz bedeutet nicht, daß alle Habe tatsächlich verkauft wurde, noch weniger, daß sie verkauft werden mußte. Das beweist im folgenden Kapitel das Wort an Hananias (5,4).
5,1–11: Nicht das Zurückhalten eines Teils des Geldes, sondern die damit verbundene Heuchelei und Lüge wurde als Versündigung an der vom Heiligen Geist erfüllten Gemeinschaft so schwer bestraft.

Grundstückes etwas unterschlagen hast? ⁴ Wäre es nicht unverkauft dein eigen geblieben und auch nach dem Verkauf zu deiner Verfügung gestanden? Wie kamst du in deinem Herzen zu solcher Tat? Nicht Menschen hast du belogen, sondern Gott!« ⁵ Als Hananias diese Worte hörte, fiel er um und gab den Geist auf, und große Furcht kam über alle, die davon hörten. ⁶ Die jungen Männer standen auf, hüllten ihn ein, trugen ihn hinaus und begruben ihn.

⁷ Nach einer Zwischenzeit von etwa drei Stunden geschah es, da kam auch seine Frau herbei, ohne zu wissen, was geschehen war. ⁸ Petrus fragte sie: »Sag mir, habt ihr das Grundstück um so viel verkauft?« Sie sagte: »Ja, um so viel!« ⁹ Petrus entgegnete ihr: »Warum habt ihr euch verbündet, den Geist des Herrn zu versuchen? Siehe, die Füße derer, die deinen Mann begruben, sind schon vor der Tür und werden auch dich hinaustragen.« ¹⁰ Und sie fiel auf der Stelle vor seinen Füßen um und gab den Geist auf; die jungen Männer kamen herein, fanden sie tot und trugen sie hinaus und begruben sie bei ihrem Mann.

¹¹ Große Furcht kam über die ganze Gemeinde und über alle, die davon hörten.

Ansehen der Apostel. ¹² Durch die Hände der Apostel geschahen viele Zeichen und Wunder unter dem Volk. Sie waren alle einmütig beisammen in der Halle Salomos; ¹³ von den andern wagte niemand, sich zu ihnen zu gesellen, aber mit Hochachtung redete das Volk von ihnen.

¹⁴ Mehr und mehr wuchs die Zahl derer, die an den Herrn glaubten, Scharen von Männern und Frauen. ¹⁵ Ja, man trug sogar die Kranken auf die Gassen und legte sie auf Betten und Tragbahren, damit, wenn Petrus käme, wenigstens sein Schatten auf einen von ihnen falle. ¹⁶ Es kam aber auch das Volk der umliegenden Städte in Menge nach Jerusalem und brachte Kranke und von unreinen Geistern Geplagte, die alle Heilung fanden.

Abermals vor dem Hohen Rat. ¹⁷ Da erhob sich der Hohepriester und alle seine Anhänger – nämlich die Partei der Sadduzäer –, und von Eifersucht erfüllt, ¹⁸ legten sie Hand an die Apostel und setzten sie in das öffentliche Gefängnis. ¹⁹ Ein Engel des Herrn aber öffnete in der Nacht die Türen des Gefängnisses, führte sie hinaus und sprach: ²⁰ »Geht hin, tretet auf und kündet im Tempel dem Volk alle Worte dieses Lebens!« ²¹ Als sie das hörten, gingen sie bei Tagesanbruch in den Tempel und lehrten.

Der Hohepriester aber und seine Anhänger fanden sich ein, beriefen den Hohen Rat und die gesamte Ältestenschaft der Söhne Israels und schickten zum Gefängnis, um sie vorführen zu lassen. ²² Als jedoch die Diener hinkamen und sie nicht im Gefängnis vorfanden, kehrten sie zurück und meldeten: ²³ »Das Gefängnis fanden wir zwar mit aller Sorgfalt verschlossen und die Wachen vor den Türen stehen, als wir aber öffneten, fanden wir niemand darin.« ²⁴ Auf diese Worte hin, gerieten der Hauptmann des Tempels und die Hohenpriester ihretwegen in große Verlegenheit und fragten sich, was das werden solle. ²⁵ Da kam einer herbei und meldete ihnen: »Die Männer, die ihr in das Gefängnis gesetzt habt, sind im Tempel und lehren das Volk.« ²⁶ Darauf ging der Tempelhauptmann mit seinen Leuten hin und führte sie her, jedoch ohne Gewalt; denn sie fürchteten, vom Volk gesteinigt zu werden. ²⁷ Sie brachten sie und stellten sie vor den Hohen Rat, und der Hohepriester befragte sie: ²⁸ »Haben wir euch nicht streng geboten, nicht in diesem Namen zu lehren? Und nun habt ihr Jerusalem erfüllt mit eurer Lehre und wollt über uns das Blut dieses Menschen bringen.«
²⁹ Petrus und die Apostel antworteten: »Man muß Gott mehr gehorchen als den Menschen. ³⁰ Der Gott unserer Väter hat Jesus auferweckt, ihn, den ihr ans Holz gehängt und ums Leben gebracht habt. ³¹ Ihn hat Gott als Fürsten und Heiland erhöht zu seiner Rechten, daß er Israel Bekehrung bringe und Vergebung der Sünden. ³² Wir sind Zeugen für das Gesagte, und Zeuge ist der Heilige Geist, den Gott denen verlieh, die ihm gehorchen.« ³³ Als sie dies hörten, ergrimmten sie und sannen darauf, sie umzubringen.

Der Rat des Gamaliel. ³⁴ Da erhob sich im Hohen Rat ein Pharisäer namens Gamaliel, ein Gesetzeslehrer, angesehen beim ganzen Volk; er beantragte, sie möchten für kurz die Männer hinausführen, ³⁵ und sagte zu ihnen: »Ihr Männer von Israel, überlegt euch wohl, was ihr mit diesen Menschen tun wollt. ³⁶ Denn vor diesen Tagen stand Theudas auf und behauptete, etwas Besonderes zu sein. Eine Zahl von etwa vierhundert Männern schloß sich ihm an; er wurde getötet, und alle, die zu ihm hielten, wurden zerstreut und vernichtet. ³⁷ Nach ihm erhob sich Judas, der Galiläer, in den Tagen der Schätzung

---

5,28: Das Wort des Hohenpriesters erinnert an den Ruf des Volkes bei der Verurteilung Jesu: ›Sein Blut komme über uns und unsere Kinder‹ (Mt 27,25).
5,34: Gamaliel war auch der Lehrer des jungen Paulus (22,3).

und brachte Leute auf seine Seite; auch dieser kam um, und alle, die zu ihm hielten, wurden zerstreut.
³⁸ Und für diesmal sage ich euch: Steht ab von diesen Menschen und laßt sie in Ruhe; denn ist dieses Vorhaben oder dieses Werk von Menschen, wird es zunichte werden; ³⁹ ist es aber von Gott, könnt ihr sie nicht vernichten; ihr möchtet sonst gar als Widersacher Gottes gefunden werden.«
Sie ließen sich von ihm überzeugen ⁴⁰ und riefen die Apostel herein, ließen sie züchtigen, geboten ihnen, nicht im Namen Jesu zu reden, und ließen sie frei. ⁴¹ Diese aber gingen weg vom Hohen Rat, voll Freude, daß sie gewürdigt worden waren, um des Namens Jesu willen Schmach zu leiden. ⁴² Sie hörten nicht auf, täglich im Tempel und in den Häusern zu lehren und die Botschaft zu künden von Christus Jesus.

Entfaltung der Kirche über Jerusalem hinaus

6. Kapitel
Bestellung von Mitarbeitern. ¹ Als in jenen Tagen die Zahl der Jünger anwuchs, kam es zu Beschwerden der Hellenisten über die Hebräer, weil bei der täglichen Versorgung ihre Witwen zurückgesetzt wurden. ² Da riefen die Zwölf die ganze Jüngerschaft zusammen und sprachen: »Es geht nicht an, daß wir das Wort Gottes hintansetzen und den Dienst für die Tische übernehmen. ³ Darum, Brüder, sucht unter euch sieben Männer aus, die ein gutes Zeugnis haben, erfüllt sind von Geist und Weisheit; die werden wir bestellen für diese Auf-

---

6,1–12,25: Umfaßt den Zeitraum, in dem die Kirche sich über Palästina bis Syrien hin ausbreitete, wobei auch hier wieder gezeigt ist, wie gerade Schwierigkeiten und Verfolgungen sich zum Segen auswirkten. Von nun an stehen den Aposteln amtlich bestellte Mitarbeiter zur Seite, zu denen schließlich auch der Kirchenverfolger Saulus-Paulus tritt.
6,1–7: »Hellenisten« sind hier Judenchristen, die vorwiegend vom griechisch sprechenden Ausland (Diaspora) stammten, zum Unterschied von den einheimischen, aramäisch redenden Hebräern. Es gab auch in Palästina seit der Makkabäerzeit weite Kreise, die der hellenistischen Kultur zuneigten. Die von der Gemeinde unter Leitung der Apostel gewählten und von diesen unter Gebet und Handauflegung bestellten Mitarbeiter, denen neben karitativen Aufgaben auch Predigt und Taufspendung übertragen wurde, stellen wohl die ersten Amtsträger dar im Rang der später (11,30; 14,23; 15,2 u. ö.) neben den Aposteln genannten »Presbyter«. Sie scheinen also mehr darzustellen als die in Phil 1,1; 1 Tim 3,8–13 bezeugten »Diakone«.

gabe. ⁴ Wir aber wollen uns weiter dem Gebet und dem Dienst am Wort widmen.«

⁵ Dieser Vorschlag gefiel der ganzen Versammlung, und sie wählten Stephanus, einen Mann, erfüllt von Glauben und heiligem Geist, und Philippus, Prochorus, Nikanor, Timon, Parmenas und Nikolaus, einen Proselyten aus Antiochien. ⁶ Die stellten sie den Aposteln vor, und diese beteten und legten ihnen die Hände auf. ⁷ Das Wort Gottes breitete sich weiter aus, und die Zahl der Jünger wuchs mehr und mehr, auch eine große Anzahl von Priestern beugte sich dem Glauben.

Stephanus. ⁸ Stephanus aber, voll Gnade und Kraft, tat große Wunder und Zeichen unter dem Volk. ⁹ Da erhoben sich einige von der sogenannten Synagoge der Libertiner, der Zyrenäer, der Alexandriner und von denen aus Zilizien und Asia und stritten mit Stephanus; ¹⁰ sie vermochten aber der Weisheit und dem Geist, mit dem er redete, nicht zu widerstehen.

¹¹ Da stifteten sie Männer an, die sagen sollten: »Wir haben gehört, wie er Lästerungen aussprach gegen Mose und gegen Gott.« ¹² Sie hetzten das Volk auf und auch die Ältesten und Schriftgelehrten, fielen über ihn her, rissen ihn mit fort und führten ihn vor den Hohen Rat. ¹³ Sie ließen falsche Zeugen auftreten, die aussagten: »Dieser Mensch hört nicht auf, Reden zu führen gegen die heilige Stätte und gegen das Gesetz. ¹⁴ Wir hörten nämlich, wie er sagte: Dieser Jesus, der Nazoräer, wird diese Stätte zerstören und die Bräuche ändern, die uns Mose überliefert hat.« ¹⁵ Alle, die im Hohen Rat saßen, richteten den Blick auf ihn und sahen sein Gesicht gleich dem Gesicht eines Engels.

7. Kapitel

Stephanus vor dem Hohen Rat. ¹ Da fragte der Hohepriester: »Verhält sich das so?« ² Er aber sagte: »Brüder und Väter,

---

6,9: Die hellenistischen Diasporajuden schlossen sich in Jerusalem landsmannschaftlich zusammen, wobei unter Libertinern wahrscheinlich von Italien kommende Nachkommen der unter Pompejus (63 v. Chr.) gefangenen und wieder freigelassenen Juden zu verstehen sind.
7,1–53: Die Verteidigungsrede des Stephanus zeigt an der jüdischen Geschichte, wie schon die Vorfahren sich gegen die Weisungen der von Gott gerufenen Führer ablehnend verhielten. So hätten auch die Zeitgenossen Jesu, auf dessen Kommen die jüdische Geschichte eindringlich hingewiesen habe, diesen nicht erkannt.

hört! Der Gott der Herrlichkeit erschien unserem Vater A b r a h a m, als er sich vor seiner Übersiedlung nach Haran in Mesopotamien aufhielt, ³ und er sprach zu ihm: ›Zieh fort aus deinem Land und deiner Verwandtschaft und geh in das Land, das ich dir zeigen werde‹ (Gen 12,1). ⁴ Da zog er fort aus dem Land der Kaldäer und nahm Wohnsitz in Haran; und von dort versetzte er ihn nach seines Vaters Tod in dieses Land, in dem ihr jetzt wohnt.

⁵ Er gab ihm keinen Erbbesitz darin, auch nicht einen Fußbreit, doch versprach er, es ihm und seiner Nachkommenschaft zum Besitz zu geben, obwohl er noch keinen Sohn hatte (Gen 12,7; 13,15 17,8). ⁶ So sprach Gott: ›Seine Nachkommen werden als Beisassen leben in einem fremden Land; man wird sie knechten und mißhandeln, vierhundert Jahre lang. ⁷ Das Volk aber, dem sie dienen, werde ich richten, sprach Gott, und dann werden sie ausziehen und mir an dieser Stätte dienen‹ (Gen 15,13 f). ⁸ Und er gab ihm den Bund der Beschneidung, und so zeugte er Isaak und beschnitt ihn am achten Tag (Gen 21,4), so Isaak den Jakob und Jakob die zwölf Stammväter.

⁹ Die S t a m m v ä t e r waren eifersüchtig auf Josef und verkauften ihn nach Ägypten; doch Gott war mit ihm (Gen 37,11). ¹⁰ Er rettete ihn aus allen seinen Drangsalen, gab ihm Gnade und Weisheit vor Pharao, dem König von Ägypten, und er setzte ihn zum Herrn über Ägypten und über sein ganzes Haus. ¹¹ Es kam eine Hungersnot über ganz Ägypten und Kanaan und große Drangsal, und unsere Väter trieben keine Nahrung auf.

¹² Als Jakob hörte, daß es in Ägypten Getreide gebe, sandte er unsere Väter ein erstes Mal dorthin. ¹³ Beim zweiten Mal gab sich Josef seinen Brüdern zu erkennen, und so wurde dem Pharao Josefs Geschlecht bekannt. ¹⁴ Josef aber sandte hin und ließ seinen Vater Jakob zu sich kommen samt der ganzen Verwandtschaft, fünfundsiebzig Seelen. ¹⁵ Und Jakob zog nach Ägypten hinab; er und unsere Väter starben, ¹⁶ und sie wurden nach Sichem übertragen und in das Grab gelegt, das Abraham um einen Betrag von Silber von den Söhnen Hamors in Sichem gekauft hatte.

¹⁷ Als aber die Zeit der Verheißung nahte, die Gott dem Abraham zugesagt hatte, war das Volk in Ägypten gewachsen und zahlreich geworden, ¹⁸ indes sich ein anderer König über Ägypten erhob, der nichts wußte von Josef. ¹⁹ Dieser war voll argen Sinnes gegen unser Geschlecht und mißhandelte unsere

Väter; sie mußten ihre neugeborenen Kinder aussetzen, damit sie nicht am Leben blieben.
²⁰ Zu dieser Zeit wurde M o s e geboren, und er war auserlesen vor Gott. Drei Monate wurde er genährt im Hause des Vaters, ²¹ und als er ausgesetzt wurde, nahm ihn des Pharaos Tochter zu sich und erzog ihn als ihren Sohn. ²² Mose wurde in aller Weisheit der Ägypter unterrichtet; mächtig war er in seinem Reden und Handeln (Ex 2,1–10).
²³ Als er das Alter von vierzig Jahren erreicht hatte, kam es ihm in den Sinn, nach seinen Brüdern zu sehen, den Söhnen Israels. ²⁴ Und als er sah, wie einem Unrecht geschah, griff er ein und verschaffte dem Bedrückten Rache, indem er den Ägypter erschlug. ²⁵ Er dachte, seine Brüder würden verstehen, daß Gott durch seine Hand ihnen Rettung bringen wolle; sie aber verstanden es nicht.
²⁶ Am andern Tag kam er zu ihnen, als sie im Streit lagen, und er wollte sie zum Frieden aussöhnen, indem er sagte: ›Männer, ihr seid doch Brüder; warum tut ihr einander unrecht?‹ ²⁷ Da stieß ihn jener, der dem andern unrecht tat, zurück und sagte: ›Wer hat dich zum Führer und Richter gesetzt über uns? ²⁸ Willst du mich etwa umbringen, wie du gestern den Ägypter umgebracht hast?‹ ²⁹ Auf dieses Wort hin floh Mose und ließ sich als Beisasse im Land Midian nieder, wo er zwei Söhne bekam (Ex 2,11–22).
³⁰ Als vierzig Jahre verflossen waren, erschien ihm in der Wüste am Berg Sinai ein Engel in der Flamme eines brennenden Dornbusches. ³¹ Mose sah verwundert auf die Erscheinung, als er aber hinzutrat, um nachzusehen, ließ sich die Stimme des Herrn vernehmen: ³² ›Ich bin der Gott deiner Väter, der Gott Abrahams, Isaaks und Jakobs.‹ Mose zitterte und wagte nicht nachzusehen. ³³ Da sagte der Herr zu ihm: ›Löse die Schuhe von deinen Füßen, denn der Ort, auf dem du stehst, ist heiliger Boden. ³⁴ Ich sah und habe die Mißhandlung meines Volkes in Ägypten gesehen und ihr Seufzen gehört, und ich bin herabgekommen, sie zu befreien; und jetzt komm, ich will dich nach Ägypten senden‹ (Ex 3,1–12).
³⁵ Diesen Mose, den sie abgewiesen hatten mit den Worten: Wer hat dich zum Führer und Richter gesetzt?, ihn sandte Gott als Führer und Retter mit Hilfe eines Engels, der im Dornbusch ihm erschienen war. ³⁶ Er führte sie heraus unter Wundern und Zeichen, die er im Land Ägypten tat und im Roten Meer und in der Wüste, vierzig Jahre hindurch. ³⁷ Er ist der Mose, der zu den Söhnen Israels sprach: ›Einen Propheten

wird euch Gott aus euren Brüdern erstehen lassen wie mich‹ (Dt 18,15). ³⁸ Er ist es, der bei der Gemeinde in der Wüste Mittler war zwischen dem Engel, der zu ihm auf dem Berg Sinai redete, und unseren Vätern; er empfing die Worte des Lebens, um sie euch zu geben.
³⁹ Ihm wollten unsere Väter nicht untertan sein, sondern sie stießen ihn von sich und wandten sich in ihren Herzen nach Ägypten hin, ⁴⁰ indem sie zu Aaron sagten: ›Mach uns Götter, die vor uns hergehen sollen; denn dieser Mose, der uns aus dem Land Ägypten geführt hat – wir wissen nicht, was ihm widerfahren ist‹ (Ex 33,1.23). ⁴¹ Und sie machten sich in jenen Tagen ein Kalb und brachten dem Götzenbild Opfer dar und ergötzten sich an den Werken ihrer Hände.
⁴² Da wandte sich Gott ab und überließ sie dem Kult des Himmelsheeres, wie geschrieben steht im Buch der Propheten: ›Habt ihr mir Schlachttiere und Opfer dargebracht die vierzig Jahre in der Wüste, Haus Israel? ⁴³ Das Zelt des Moloch nahmt ihr mit euch, den Stern des Gottes Romfa, die Bilder, die ihr gemacht, um sie anzubeten. Darum werde ich euch wegführen bis über Babylon hinaus‹ (Am 5,25–27).
⁴⁴ Das Zelt des Zeugnisses war bei unseren Vätern in der Wüste nach Anordnung dessen, der zu Mose sagte, daß er es fertigen solle nach dem Vorbild, das er geschaut hatte. ⁴⁵ Dieses übernahmen unsere Väter und brachten es unter Josua mit herein bei der Besetzung des Gebietes der Heiden, die Gott vor dem Angesicht unserer Väter vertrieb, bis zu den Tagen Davids. ⁴⁶ Dieser fand Gnade vor Gott und bat, dem Gott Jakobs eine Wohnstätte bauen zu dürfen. ⁴⁷ Salomo aber erbaute ihm ein Haus. ⁴⁸ Und doch wohnt der Allerhöchste nicht in dem, was von Händen gemacht ist, wie der Prophet sagt: ⁴⁹ ›Der Himmel ist mein Thron, die Erde der Schemel meiner Füße. Welches Haus wollt ihr mir bauen, spricht der Herr, oder welches ist die Stätte meiner Ruhe? ⁵⁰ Hat nicht meine Hand das alles gemacht?‹ (Jes 66,1f).
⁵¹ Ihr Halsstarrigen und Unbeschnittenen an Herz und Ohren! Ihr widerstrebt allezeit dem Heiligen Geist, wie eure Väter, so auch ihr! ⁵² Welchen der Propheten haben eure Väter nicht

---

7,42f: In ihrem Abfall vom wahren Gott verfielen die Israeliten dem »Kult des Himmelsheeres«, d. h. der als Götter betrachteten Gestirne; auch Moloch und Romfa gehörten dazu.
7,44–50 zeigt, daß der jüdische Tempel nicht die einzige oder endgültige Stätte der Gottesverehrung ist.

verfolgt? Ja, getötet haben sie jene, die geweissagt haben vom Kommen des Gerechten, dessen Verräter und Mörder ihr nun geworden seid; ⁵³ ihr habt das Gesetz auf Anweisung von Engeln empfangen, aber es nicht gehalten.«

Tod des Stephanus – Verfolgung der Kirche. ⁵⁴ Als sie dies hörten, ergrimmten sie in ihren Herzen und knirschten mit den Zähnen gegen ihn. ⁵⁵ Er aber, erfüllt vom Heiligen Geist, blickte zum Himmel, sah die Herrlichkeit Gottes und Jesus zur Rechten Gottes stehen ⁵⁶ und rief: »Seht, ich sehe den Himmel offen und den Menschensohn stehen zur Rechten Gottes.« ⁵⁷ Da schrien sie mit lauter Stimme, hielten ihre Ohren zu und stürzten alle zugleich auf ihn; sie stießen ihn zur Stadt hinaus und steinigten ihn.
⁵⁸ Die Zeugen aber legten ihre Kleider zu den Füßen eines jungen Mannes, der Saulus hieß. ⁵⁹ Und sie steinigten den Stephanus, indes er betete: »Herr Jesus, nimm meinen Geist auf!« ⁶⁰ Er sank in die Knie und rief mit lauter Stimme: »Herr, rechne ihnen diese Sünde nicht an!« Nach diesen Worten verschied er.

8. Kapitel

¹ Saulus aber hatte mit zugestimmt bei seiner Hinrichtung. An jenem Tag brach eine große Verfolgung aus gegen die Gemeinde in Jerusalem, und alle wurden versprengt über die Gebiete von Judäa und Samaria, mit Ausnahme der Apostel. ² Den Stephanus aber bestatteten gottesfürchtige Männer und hielten eine große Totenklage um ihn. ³ Saulus aber mißhandelte die Gemeinde, drang in die Häuser ein, schleppte Männer und Frauen weg und lieferte sie ins Gefängnis. ⁴ Die aber versprengt wurden, zogen durchs Land und verkündeten die Botschaft des Wortes [Gottes].

Philippus in Samaria. ⁵ Philippus kam in die Stadt von Samaria hinab und verkündete ihnen Christus. ⁶ Aufmerksam folgten die Menschen den Worten des Philippus, einmütig hörten

---

7,54–8,3: Mit der nun beginnenden Verfolgung zog sich die Urgemeinde mehr und mehr von der anfänglichen Gemeinschaft mit dem Judentum zurück, mögen auch viele Judenchristen weiterhin das Gesetz beobachtet haben.

8,4–25: Philippus, 21,8 als »Evangelist«, d. h. Glaubensprediger, genannt, fand in Samaria, wo schon Jesus selbst gewirkt hatte (vgl. Joh 4,40), heilswillige Menschen. Doch hatte er nicht die den Aposteln eigene Vollmacht zur Geistspendung. Der Versuch des Zauberers Simon, gegen Geld geistliches Gut zu erwerben, gab allen ähnlichen Sünden den Namen »Simonie«.

sie zu und sahen auf die Zeichen, die er wirkte. ⁷ Denn von vielen fuhren die unreinen Geister, die sie hatten, unter großem Geschrei aus, und viele Gichtkranke und Lahme wurden geheilt. ⁸ Da herrschte große Freude in jener Stadt.
⁹ Seit längerem hatte ein Mann namens Simon in der Stadt als Zauberer sich aufgehalten und das Volk von Samaria außer Fassung gebracht, indem er sich als einen »Großen« ausgab. ¹⁰ Vom Kleinsten bis zum Größten hingen sie alle ihm an und sagten: »Dieser ist die Kraft Gottes, die man die ›große‹ nennt.« ¹¹ Sie hingen ihm an, weil er sie lange Zeit mit seinen Zauberkünsten in Staunen versetzte. ¹² Als sie aber dem Philippus glaubten, der die Heilsbotschaft vom Reich Gottes und vom Namen Jesu Christi verkündete, ließen Männer und Frauen sich taufen. ¹³ Ja, auch Simon selbst wurde gläubig, ließ sich taufen und schloß sich Philippus an, und als er die Zeichen und großen Wunder geschehen sah, war er außer sich vor Staunen.

Die Geistspendung der Apostel. ¹⁴ Als die Apostel, die in Jerusalem waren, hörten, daß Samaria das Wort Gottes angenommen habe, sandten sie Petrus und Johannes zu ihnen. ¹⁵ Diese zogen hinab und beteten für sie, damit sie den Heiligen Geist empfingen; ¹⁶ denn er war noch auf keinen von ihnen herabgekommen, nur getauft waren sie auf den Namen des Herrn Jesus. ¹⁷ Da legten sie ihnen die Hände auf, und sie empfingen den Heiligen Geist.

¹⁸ Als Simon sah, daß durch die Handauflegung der Apostel der Geist verliehen wurde, bot er ihnen Geld an ¹⁹ und sagte: »Gebt auch mir diese Gewalt, damit jeder, dem ich die Hände auflege, den Heiligen Geist empfange.« ²⁰ Petrus aber entgegnete ihm: »Dein Geld fahre mit dir ins Verderben, weil du meintest, die Gabe Gottes für Geld zu erwerben. ²¹ Du hast nicht Anteil und nicht Anrecht an dieser Botschaft; denn ›dein Herz ist nicht aufrichtig vor Gott‹ (Ps 78,37). ²² Bekehre dich also von dieser deiner Bosheit und bete zum Herrn, ob dir vielleicht das Ansinnen deines Herzens vergeben werde. ²³ Denn ich sehe dich voll bitterer Galle und von den Banden der Ungerechtigkeit umstrickt.« ²⁴ Da antwortete Simon: »Betet doch ihr für mich zum Herrn, daß nichts von dem, was ihr gesagt habt, über mich komme!«
²⁵ Nachdem sie Zeugnis abgelegt und das Wort des Herrn verkündet hatten, machten sie sich auf den Rückweg nach Jerusalem und verkündeten in vielen Dörfern der Samariter die Heilsbotschaft.

Die Taufe des Äthiopiers. ²⁶ Ein Engel des Herrn sagte zu Philippus: »Mach dich auf und geh südwärts auf die Straße, die von Jerusalem nach Gaza hinabführt; sie ist einsam.« ²⁷ Da machte er sich auf und ging hin. Und siehe, da kam ein Mann aus Äthiopien, ein Kämmerer, ein Würdenträger der Kandake, der Königin der Äthiopier, der über ihren gesamten Schatz gestellt war. Er war nach Jerusalem gekommen, um anzubeten, ²⁸ und war auf dem Heimweg; er saß auf seinem Wagen und las den Propheten Jesaja. ²⁹ Der Geist aber sagte zu Philippus: »Geh hin und schließ dich diesem Wagen an!« ³⁰ Philippus lief hin, hörte ihn den Propheten Jesaja lesen und fragte: »Verstehst du auch, was du liest?« ³¹ Er aber sagte: »Wie soll ich es können, wenn niemand mich anleitet?« Und er bat den Philippus, aufzusteigen und sich zu ihm zu setzen. ³² Die Stelle der Schrift aber, die er las, war diese: ›Wie ein Schaf wurde er zur Schlachtbank geführt, und wie ein Lamm vor seinem Scherer verstummt, so tut er seinen Mund nicht auf. ³³ Durch seine Erniedrigung wurde aufgehoben sein Gericht; wer kann sein Geschlecht beschreiben; denn weggenommen von der Erde wird sein Leben‹ (Jes 53,7 f).

³⁴ Da wandte sich der Kämmerer an Philippus: »Ich bitte dich, von wem sagt dies der Prophet? Von sich selbst oder von einem andern?« ³⁵ Da tat Philippus seinen Mund auf, ging von dieser Schriftstelle aus und verkündete ihm die Heilsbotschaft von Jesus. ³⁶ Als sie weiterfuhren auf dem Weg, kamen sie an ein Wasser, und der Kämmerer sagte: »Siehe, da ist Wasser! Was steht im Weg, daß ich getauft werde?« ³⁷ [Philippus sagte: »Wenn du von ganzem Herzen glaubst, kann es geschehen.« Er antwortete: »Ich glaube, daß Jesus der Sohn Gottes ist.«]

³⁸ Und er ließ den Wagen halten, und sie stiegen beide ins Wasser, Philippus und der Kämmerer, und er taufte ihn. ³⁹ Als sie aber aus dem Wasser heraufstiegen, entrückte der Geist des Herrn den Philippus, und der Kämmerer sah ihn nicht mehr; doch freudig reiste er weiter auf seinem Weg. ⁴⁰ Philippus aber fand sich in Aschdod ein und verkündete auf

---

8,26–40: Dieser Kämmerer war wohl kaum geborener Jude, sondern Proselyt, der in seiner Tempelwallfahrt und seiner Schriftlesung seine Heilswilligkeit offenbart. Zur Zeit der Entstehung der Apostelgeschichte herrschte in Rom großes Interesse für das Land Äthiopien.
8,26: Statt: »sie ist einsam« wird auch übersetzt: »sie geht durch die Wüste«.

der Wanderung durch das Land in allen Städten die Heilsbotschaft, bis er nach Cäsarea kam.

9. Kapitel

Die Bekehrung des Saulus. ¹ Saulus aber, noch entbrannt von Wut und Mordgier gegen die Jünger des Herrn, ging zum Hohenpriester ² und erbat sich von ihm Briefe nach Damaskus an die Synagogen, damit er, falls er Anhänger dieser Lehre, ob Männer oder Frauen, fände, sie als Gefangene nach Jerusalem bringe.
³ Als er auf dem Weg war und sich Damaskus näherte, geschah es, da umstrahlte ihn plötzlich ein Licht vom Himmel; ⁴ er stürzte zu Boden und hörte eine Stimme, die zu ihm sprach: »Saul, Saul, warum verfolgst du mich?« ⁵ Er sagte: »Wer bist du, Herr?« Und jener: »Ich bin Jesus, den du verfolgst. [Es ist hart für dich, gegen den Stachel auszuschlagen.« ⁶ Zitternd und staunend sagte er: »Herr, was willst du? Was soll ich tun?« Und der Herr sagte zu ihm: »] Steh auf und geh in die Stadt, und es wird dir gesagt werden, was du tun sollst.«
⁷ Die Männer aber, die ihn auf dem Weg begleiteten, standen sprachlos da; sie hörten zwar die Stimme, erblickten aber niemand. ⁸ Saulus erhob sich von der Erde; doch als sich seine Augen öffneten, sah er nichts. Da nahmen sie ihn bei der Hand und führten ihn nach Damaskus hinein. ⁹ Drei Tage lang konnte er nicht sehen und aß und trank nicht.
¹⁰ Es war nun zu Damaskus ein Jünger namens Hananias, und zu diesem sagte der Herr in einem Gesicht: »Hananias!« Er antwortete: »Hier bin ich, Herr!« ¹¹ Der Herr sagte zu ihm: »Steh auf und geh in die Straße, die man die ›Gerade‹ nennt, und frag im Haus des Judas nach einem Mann aus Tarsus mit Namen Saulus; denn siehe, er betet.« ¹² Und er sah in einem

---

9,1–30: Vgl. 22,4–21; 26,9–21 (mit einigen, wenn auch unwesentlichen Unterschieden). Vgl. auch Gal 1,15–24; zur Flucht aus Damaskus vgl. 2 Kor 11,32f. Der Hohe Rat betrachtete die christlich gewordenen Juden noch als seine Untergebenen und übte in religiösen Dingen auch außerhalb Judäas seine Befugnisse aus. Jesus fühlt sich, wie das Wort an Saulus zeigt, in seinen Anhängern, den Gliedern des mystischen Leibes, selbst verfolgt. Nur als Wunder der Gnade, nicht mit bloß natürlicher Erklärung, läßt sich die für die weitere Entwicklung der Kirche so wichtige Bekehrung des Saulus – Paulus verstehen.
9,12: Es ist nicht klar, ob dieser Satz noch zur Mitteilung des Herrn gehört oder eine Bemerkung des Erzählers ist.

Gesicht einen Mann namens Hananias eintreten und ihm die Hände auflegen, damit er wieder sehe.

[13] Hananias aber antwortete: »Herr, ich habe von vielen über diesen Mann gehört, was er an Bösem deinen Heiligen antat in Jerusalem. [14] Und auch hier hat er Vollmacht von den Hohenpriestern, alle in Fessel zu legen, die deinen Namen anrufen.« [15] Der Herr aber sagte zu ihm: »Geh hin; denn ein auserwähltes Werkzeug ist er mir, um meinen Namen vor Völker und Könige zu tragen und vor die Söhne Israels; [16] denn ich werde ihm zeigen, was er alles um meines Namens willen leiden muß.«

[17] Da ging Hananias hin, trat in das Haus, legte die Hände auf ihn und sprach: »Bruder Saul, der Herr hat mich gesandt, Jesus, der dir auf dem Weg, den du kamst, erschienen ist, damit du wieder sehend werdest und erfüllt mit heiligem Geist.« [18] Sogleich fiel es wie Schuppen von seinen Augen, und er konnte wieder sehen, stand auf und wurde getauft. [19] Und er nahm Speise zu sich und kam wieder zu Kräften.

Sein erstes Wirken. Er verblieb einige Tage bei den Jüngern in Damaskus [20] und predigte alsbald in den Synagogen von Jesus, daß dieser der Sohn Gottes sei. [21] Alle, die es hörten, staunten und sagten: »Ist das nicht jener, der in Jerusalem alle, die diesen Namen anrufen, ausrotten wollte und hierher gekommen ist, um sie gefesselt zu den Hohenpriestern zu führen?« [22] Saulus aber trat immer kraftvoller auf und brachte die in Damaskus lebenden Juden in Verwirrung, in dem er behauptete, daß dieser der Messias sei.

[23] Nach Verlauf einer Reihe von Tagen faßten die Juden den Plan, ihn zu töten; [24] Saulus aber erfuhr ihren Anschlag. Tag und Nacht bewachte man nun auch die Tore, um ihn wegrichten zu können. [25] Da nahmen ihn die Jünger und brachten ihn nachts über die Mauer hinab, indem sie ihn in einem Korb hinunterließen.

[26] Als er nach Jerusalem kam, suchte er sich den Jüngern anzuschließen; doch alle fürchteten ihn, da sie nicht glaubten, daß er ein Jünger sei. [27] Barnabas aber nahm sich seiner an, führte ihn zu den Aposteln und erzählte ihnen, wie er auf dem Weg den Herrn gesehen und daß dieser mit ihm geredet habe, und wie er in Damaskus freimütig aufgetreten sei im Namen Jesu.

[28] Und er ging mit ihnen in Jerusalem ein und aus und lehrte freimütig im Namen des Herrn. [29] Er sprach auch zu den Hel-

lenisten und setzte sich mit ihnen auseinander; die aber suchten ihn aus dem Weg zu räumen. ³⁰ Als die Brüder davon erfuhren, brachten sie ihn nach Cäsarea hinab und ließen ihn von da nach Tarsus ziehen.

Wundertaten des Petrus. ³¹ Die Kirche hatte nun Frieden in ganz Judäa, Galiläa und Samaria. Sie baute sich auf, lebte in der Furcht des Herrn und nahm zu unter dem Beistand des Heiligen Geistes.

³² Da geschah es, daß Petrus auf seiner Wanderung durchs ganze Land auch zu den Heiligen kam, die in Lod wohnten. ³³ Dort fand er einen Mann namens Äneas, der seit acht Jahren zu Bett lag; er war gelähmt. ³⁴ Petrus sagte zu ihm: »Äneas, Jesus Christus macht dich gesund; steh auf und richte dir selbst dein Bett!« Und sogleich stand er auf. ³⁵ Alle Bewohner von Lod und von Saron sahen ihn, und sie bekehrten sich zum Herrn.

³⁶ In Jafo war eine Jüngerin mit Namen Tabita, übersetzt lautet ihr Name Dorkas; sie war reich an guten Werken und Almosen, die sie gab. ³⁷ Es geschah aber in jenen Tagen, daß sie krank wurde und starb. Man wusch sie und legte sie in das Obergemach. ³⁸ Da Lod nahe bei Jafo ist, sandten die Jünger, die gehört hatten, daß Petrus dort sei, zwei Männer zu ihm mit der Bitte: »Komm unverzüglich zu uns herüber!«

³⁹ Petrus machte sich auf und ging mit ihnen. Als er ankam, führten sie ihn in das Obergemach hinauf, und alle Witwen traten vor ihn und zeigten ihm unter Tränen die Röcke und Gewänder, die ihnen Dorkas, als sie noch unter ihnen weilte, gefertigt hatte. ⁴⁰ Da wies Petrus alle hinaus, kniete nieder, betete und wandte sich zu dem Leichnam, indem er sprach: »Tabita, steh auf!« Sie öffnete ihre Augen, sah Petrus an und setzte sich auf. ⁴¹ Er gab ihr die Hand und richtete sie auf; dann rief er die Heiligen und Witwen und stellte sie lebend vor. ⁴² Das wurde in ganz Jafo bekannt, und viele glaubten an den Herrn. ⁴³ Es fügte sich aber, daß er eine Reihe von Tagen in Jafo blieb, bei einem gewissen Simon, einem Gerber.

9,31–42: Petrus besuchte in seiner Eigenschaft als Haupt der Kirche die verschiedenen Gemeinden, deren Mitglieder als »Heilige«, d. h. durch Glaube und Taufe der sündigen Welt Entzogene, bezeichnet werden. So redet auch Paulus die Christen an. Tabita ist ein Vorbild christlicher Frauenkaritas.

10. Kapitel

Die Taufe des Heiden Kornelius. ¹ Ein Mann in Cäsarea, namens Kornelius, Hauptmann von der sogenannten italischen Kohorte, ² fromm und gottesfürchtig mit seinem ganzen Haus, der dem Volk viel Almosen gab und ohne Unterlaß zu Gott betete, ³ sah in einem Gesicht um die neunte Stunde des Tages deutlich einen Engel Gottes zu sich hereinkommen, der zu ihm sprach: »Kornelius!«
⁴ Er blickte ihn an, und von Furcht ergriffen, fragte er: »Was ist, Herr?« Dieser sagte zu ihm: »Deine Gebete und Almosen sind emporgestiegen, und Gott hat ihrer gedacht. ⁵ Schicke nun Männer nach Jafo und laß einen gewissen Simon, mit dem Beinamen Petrus, kommen; ⁶ er hält sich bei einem Gerber Simon auf, dessen Haus am Meer liegt [; der wird dir sagen, was du tun sollst].« ⁷ Als der Engel, der zu ihm sprach, entschwunden war, rief er zwei von seinen Dienern und einen gottesfürchtigen Soldaten von der ihm unterstehenden Mannschaft, ⁸ legte ihnen alles dar und schickte sie nach Jafo.
⁹ Am andern Tag, als diese auf dem Weg waren und sich der Stadt näherten, stieg Petrus um die sechste Stunde auf das Dach, um zu beten. ¹⁰ Da wurde er hungrig und wollte essen; doch während man etwas herrichtete, kam über ihn eine Verzückung. ¹¹ Er sah den Himmel offenstehen und ein Behältnis wie ein großes Linnen herabkommen, das an vier Enden niedergelassen wurde zur Erde. ¹² Darin waren alle vierfüßigen und kriechenden Tiere der Erde und Vögel des Himmels; ¹³ und eine Stimme richtete sich an ihn: »Steh auf, Petrus, schlachte und iß!« ¹⁴ Petrus aber erwiderte: »Nie und nimmer, Herr! Denn noch nie habe ich etwas Unheiliges und Unreines gegessen.« ¹⁵ Und ein zweites Mal sprach wieder die Stimme zu ihm: »Was Gott rein gemacht hat, sollst du nicht unrein nennen.« ¹⁶ Dies geschah dreimal, und sogleich wurde das Behältnis wieder hinaufgenommen in den Himmel.
¹⁷ Als nun Petrus sich nicht erklären konnte, was das Gesicht, das er sah, zu bedeuten habe, siehe, da standen die von Kor-

---

10,1—11,18: Die Ausführlichkeit des Berichtes will die große Bedeutung der beginnenden Heidenmission hervorheben. Gott selbst zeigt das Ende des jüdischen Zeremonialgesetzes, um so allen Menschen den Weg ins Gottesreich zu öffnen. Da der Hauptmann wohl zur römischen Familie der Kornelier gehörte, liegt in der Geschichte seiner Bekehrung auch eine besondere Rücksicht auf die römische Leserschaft der Apg vor.

nelius geschickten Männer, die Simons Haus erfragt hatten, am Eingang. ¹⁸ Sie riefen und erkundigten sich, ob Simon, mit dem Beinamen Petrus, dort zu Gast sei. ¹⁹ Während Petrus über das Gesicht nachsann, sprach der Geist zu ihm: »Siehe, drei Männer suchen dich! ²⁰ Wohlan, steh auf, geh hinab und zieh ohne jedes Bedenken mit ihnen; denn ich habe sie gesandt.«
²¹ Da stieg Petrus zu den Männern hinab und sagte: »Seht, ich bin es, den ihr sucht! Aus welchem Grund seid ihr hier?« ²² Sie antworteten: »Der Hauptmann Kornelius, ein gerechter und gottesfürchtiger Mann, angesehen beim ganzen Volk der Juden, hat Weisung erhalten von einem heiligen Engel, dich in sein Haus rufen zu lassen und auf die Worte von dir zu hören.« ²³ Da ließ er sie eintreten und nahm sie gastlich auf. Am folgenden Tag machte er sich auf und zog mit ihnen; auch einige von den Brüdern aus Jafo gingen mit ihm.
²⁴ Am nächsten Tag kam er in Cäsarea an. Kornelius erwartete sie und hatte seine Verwandten eingeladen und seine nächsten Freunde. ²⁵ Als Petrus eintreten wollte, ging ihm Kornelius entgegen und fiel ihm in Verehrung zu Füßen. ²⁶ Petrus aber richtete ihn auf und sagte: »Steh auf! Auch ich bin nur ein Mensch.« ²⁷ Und mit ihm redend ging er hinein, fand die zahlreich erschienenen Menschen vor ²⁸ und sagte zu ihnen: »Ihr wißt, daß es einem jüdischen Mann nicht erlaubt ist, mit einem Stammesfremden umzugehen oder bei ihm einzutreten; mir aber gab Gott die Weisung, keinen Menschen für unheilig oder unrein zu halten. ²⁹ Darum bin ich auch ohne Widerrede gegangen, als ich gerufen wurde. So frage ich denn: Aus welchem Grund habt ihr mich gerufen?«
³⁰ Kornelius erwiderte: »Vor vier Tagen, gerade um diese Stunde, die neunte, war ich in meinem Haus und betete, und siehe, da stand ein Mann vor mir in strahlendem Gewand ³¹ und sprach: Kornelius, dein Gebet ist erhört, und deiner Almosen wurde gedacht vor Gott. ³² Schicke nun nach Jafo und laß Simon, mit dem Beinamen Petrus, kommen; er hält sich im Haus des Gerbers Simon am Meer auf. ³³ So sandte ich denn sogleich zu dir, und du hast recht getan, daß du gekommen bist. Nun sind wir alle anwesend vor Gott, um all das zu vernehmen, was dir aufgetragen ist vom Herrn.«
³⁴ Da tat Petrus den Mund auf und sprach: »Nun erkenne ich in Wahrheit, daß ›Gott nicht auf die Person sieht‹ (1 Sam 16,7), ³⁵ sondern in jedem Volk bei ihm Aufnahme findet, wer ihn fürchtet und Gerechtigkeit übt. ³⁶ Er hat sein Wort zu den

Kindern Israels gesandt, indem er Frieden verkündete durch Jesus Christus; dieser ist der Herr über alle.
³⁷ Ihr wißt, was sich zugetragen hat im ganzen Land der Juden, angefangen von Galiläa, nach der Taufe, die Johannes predigte: ³⁸ wie Gott Jesus von Nazaret salbte mit heiligem Geist und mit Kraft, und wie dieser durchs Land zog, Wohltaten spendend und alle heilend, die in der Gewalt des Teufels waren; denn Gott war mit ihm.
³⁹ Und wir sind Zeugen von all dem, was er im Land der Juden und in Jerusalem vollbrachte. Ihn haben sie ums Leben gebracht, ›indem sie ihn ans Holz hängten‹ (Dt 21,22). ⁴⁰ Gott aber hat ihn auferweckt am dritten Tag und ihn sichtbar werden lassen, ⁴¹ nicht dem ganzen Volk, sondern uns, den von Gott vorherbestimmten Zeugen, die wir mit ihm gegessen und getrunken haben nach seiner Auferstehung von den Toten.
⁴² Er hat uns Auftrag gegeben, dem Volk zu predigen und zu bezeugen, daß er der von Gott bestimmte Richter ist über Lebende und Tote. ⁴³ Von ihm bezeugen alle Propheten, daß jeder, der an ihn glaubt, durch seinen Namen Vergebung der Sünden erhalte.«
⁴⁴ Während Petrus noch diese Worte sprach, kam der Heilige Geist über alle, die das Wort hörten. ⁴⁵ Da staunten die Gläubigen aus der Beschneidung, die mit Petrus gekommen waren, daß auch über die Heiden die Gabe des Heiligen Geistes ausgegossen wurde, ⁴⁶ denn sie hörten, wie sie in Zungen redeten und Gott verherrlichten. ⁴⁷ Da nahm Petrus das Wort und sagte: »Kann wohl jemand das Wasser verweigern und diese nicht taufen lassen, die den Heiligen Geist empfangen haben wie auch wir?« ⁴⁸ Und er gab Weisung, daß sie getauft wurden im Namen Jesu Christi. Hierauf baten sie ihn, er möge einige Tage bei ihnen bleiben.

11. Kapitel
Petrus rechtfertigt sich in Jerusalem. ¹ Es hörten aber die Apostel und die Brüder in Judäa, daß auch die Heiden das Wort Gottes angenommen hatten. ² Als nun Petrus nach Jerusalem hinaufkam, brachten ihm die aus der Beschneidung ihre Bedenken vor ³ und sagten: »Du bist zu Unbeschnittenen gegangen und hast mit ihnen gegessen!«
⁴ Da begann Petrus ihnen den Sachverhalt mit folgenden Worten darzulegen: ⁵ »Ich war in der Stadt Jafo und betete, da sah ich in einer Verzückung ein Gesicht: ein herabkommendes Behältnis wurde wie ein großes Linnen an den vier Enden

niedergelassen vom Himmel, und es kam bis zu mir. ⁶ Ich blickte hinein, betrachtete es und sah die vierfüßigen Tiere der Erde, die wilden und kriechenden Tiere und die Vögel des Himmels.

⁷ Ich hörte auch eine Stimme zu mir sprechen: ›Steh auf, Petrus, schlachte und iß!‹ ⁸ Ich aber erwiderte: ›Nie und nimmer, Herr; denn noch nie ist Unheiliges oder Unreines in meinen Mund gekommen.‹ ⁹ Als Antwort kam ein zweites Mal eine Stimme vom Himmel her: ›Was Gott rein gemacht hat, sollst du nicht unrein nennen.‹ ¹⁰ Dies geschah dreimal, und alles wurde wieder hinaufgezogen in den Himmel. ¹¹ Und siehe, gleich darauf standen vor dem Haus, in dem wir weilten, drei Männer; sie waren von Cäsarea zu mir geschickt. ¹² Der Geist sagte zu mir, ich solle ohne Bedenken mit ihnen gehen; es gingen mit mir auch diese sechs Brüder, und wir kamen in das Haus des Mannes. ¹³ Er berichtete uns, wie er den Engel gesehen habe, der in seinem Hause stand und zu ihm sagte: Schicke nach Jafo und laß den Simon, mit den Beinamen Petrus, kommen; ¹⁴ der wird Worte zu dir sprechen, durch die das Heil kommen wird für dich und dein ganzes Haus.

¹⁵ Als ich nun anfing zu reden, kam der Heilige Geist über sie, so wie erstmals auch über uns. ¹⁶ Da gedachte ich des Wortes des Herrn, da er sprach: ›Johannes taufte mit Wasser, ihr aber werdet getauft werden mit Heiligem Geist‹ (Apg 1,5). ¹⁷ Wenn nun Gott ihnen dieselbe Gabe mitteilte wie auch uns, weil sie an den Herrn Jesus Christus glaubten, wieso wäre ich imstande gewesen, Gott eine Schranke zu setzen?«

¹⁸ Als sie dies hörten, beruhigten sie sich und priesen Gott und sagten: »So hat Gott auch den Heiden die Umkehr zum Leben geschenkt.«

Die erste heidenchristliche Gemeinde. ¹⁹ Jene nun, die infolge der mit Stephanus ausgebrochenen Bedrängnis versprengt wurden, kamen auf ihren Wegen bis nach Phönizien und Zypern und Antiochien, wobei sie nur den Juden das Wort verkündeten. ²⁰ Es waren aber unter ihnen Männer aus Zypern und Zyrene, die nach ihrer Ankunft in Antiochien auch zu den Hellenen sprachen und die Heilsbotschaft verkündeten von Jesus, dem Herrn. ²¹ Und die Hand des Herrn

---

11,19–30: Mit besonderem Interesse berichtet Lukas, der wohl selbst aus Antiochien stammte, die Entstehung der ersten heidenchristlichen Gemeinde. Antiochien wurde zum Ausgangspunkt der allgemeinen Heidenmission, vgl. 13,1f; 14,26; 15,35; Gal 2,11.

war mit ihnen; eine große Zahl wurde gläubig und bekehrte sich zum Herrn.

²² Die Nachricht davon kam der Gemeinde in Jerusalem zu Ohren, und sie sandten den Barnabas nach Antiochien. ²³ Als er hinkam und die Gnade Gottes sah, freute er sich und ermahnte alle, entschlossenen Herzens dem Herrn die Treue zu halten; ²⁴ denn er war ein trefflicher Mann, erfüllt von heiligem Geist und voll Glauben, und eine beträchtliche Anzahl wurde für den Herrn gewonnen. ²⁵ Da machte er sich auf und begab sich nach Tarsus, um Saulus aufzusuchen, und als er ihn fand, nahm er ihn mit nach Antiochien. ²⁶ Es kam, daß sie sogar ein volles Jahr zusammen in der Gemeinde wirkten und eine ansehnliche Zahl in der Lehre unterwiesen; und in Antiochien war es, daß die Jünger erstmals den Namen »Christen« trugen.

²⁷ In diesen Tagen kamen Propheten von Jerusalem nach Antiochien herab, ²⁸ und einer von ihnen, namens Agabus, trat auf und sagte kraft des Geistes voraus, daß eine große Hungersnot kommen werde über den ganzen Erdkreis; diese kam unter Klaudius. ²⁹ Da beschlossen die Jünger, es solle jeder von ihnen so, wie er in der Lage wäre, etwas senden zur Unterstützung der in Judäa lebenden Brüder. ³⁰ Das taten sie auch und schickten es an die Presbyter durch die Hand des Barnabas und Saulus.

12. Kapitel

Wunderbare Errettung des Petrus. ¹ Zu jener Zeit legte der König Herodes Hand an, um in böser Absicht gegen Angehörige der Gemeinde vorzugehen. ² Er ließ Jakobus, den Bruder des Johannes, mit dem Schwert hinrichten. ³ Als er sah, daß dies den Juden gefiel, ließ er darüber hinaus auch den Petrus ergreifen; es waren gerade die Tage der Ungesäuerten Brote. ⁴ Nach seiner Ergreifung ließ er ihn ins Gefängnis werfen und übertrug seine Bewachung vier Abteilungen von je vier Soldaten, in der Absicht, ihn nach dem Pascha dem Volk vorzuführen.

⁵ So wurde also Petrus im Gefängnis festgehalten, indes von der Gemeinde ohne Unterlaß für ihn zu Gott gebetet wurde.

12,1–25: Herodes Agrippa I. regierte 41–44 über das Gebiet seines Großvaters Herodes d. Gr. Sein Tod ist als Strafgericht Gottes gezeigt. Die betende Macht der Kirche erwirkte die Befreiung des Petrus. Es ist nicht festzustellen, wohin sich danach Petrus begab. Man denkt an Antiochien, doch ist Rom nicht ganz auszuschließen.

⁶ Als nun Herodes ihn vorführen wollte, schlief Petrus in jener Nacht, an zwei Ketten gefesselt, zwischen zwei Soldaten, und Wächter bewachten vor der Tür das Gefängnis. ⁷ Und siehe, ein Engel des Herrn trat ein, und Licht erstrahlte im Raum; er stieß Petrus in die Seite, weckte ihn auf und sprach: »Steh eilig auf!« Da fielen ihm die Ketten von den Händen. ⁸ Und der Engel sagte zu ihm: »Gürte dich und ziehe deine Schuhe an!« Er tat so. Weiter sagte er zu ihm: »Leg deinen Mantel um und folge mir!«
⁹ Er ging hinaus und folgte ihm, wußte aber nicht, daß es Wirklichkeit war, was durch den Engel geschah, sondern glaubte, ein Gesicht zu schauen. ¹⁰ Sie gingen durch die erste und zweite Wache und kamen zu dem eisernen Tor, das in die Stadt führt; dieses öffnete sich ihnen von selbst, und sie traten hinaus und gingen eine Gasse weiter, und sogleich verschwand der Engel von seiner Seite. ¹¹ Da kam Petrus zu sich und sprach: »Nun weiß ich wahrhaftig: der Herr sandte seinen Engel und entriß mich der Hand des Herodes und aller Erwartung des jüdischen Volkes.« ¹² In dieser klaren Erkenntnis ging er zum Haus der Maria, der Mutter des Johannes mit dem Beinamen Markus, wo viele versammelt waren und beteten.
¹³ Als er aber an der Tür beim Eingang klopfte, kam eine Magd mit Namen Rhode herbei, um zu horchen, ¹⁴ und als sie die Stimme des Petrus erkannte, machte sie vor Freude das Eingangstor nicht auf, sondern lief hinein und meldete, Petrus stehe vor dem Eingang. ¹⁵ Sie aber sagten zu ihr: »Du bist von Sinnen!« Doch sie versicherte, daß es so sei. Da sagten sie: »Es ist sein Engel!« ¹⁶ Petrus aber fuhr fort zu klopfen; da machten sie auf, sahen ihn und waren vor Staunen außer sich. ¹⁷ Er aber gab ihnen mit der Hand ein Zeichen, zu schweigen, erzählte ihnen, wie ihn der Herr aus dem Gefängnis geführt habe, und sagte: »Meldet das dem Jakobus und den Brüdern!« Dann ging er weg und begab sich an einen anderen Ort.

Strafgericht über Herodes. ¹⁸ Als es Tag wurde, entstand unter den Soldaten eine nicht geringe Bestürzung, was denn mit Petrus geschehen sei. ¹⁹ Herodes aber, der nach ihm forschen ließ, ohne ihn zu finden, verhörte die Wächter, befahl, sie abzuführen, und begab sich von Judäa hinab nach Cäsarea, um dort zu bleiben.
²⁰ Er war voll Zorn auf die Tyrer und Sidonier; doch diese erschienen gemeinsam vor ihm und baten, nachdem sie Blastus, den Kämmerer des Königs, gewonnen hatten, um Frie-

den; ihr Land bezog ja seine Lebensmittel von dem des Königs. ²¹ Herodes nahm, angetan mit königlichem Gewand, am festgesetzten Tag auf der Tribüne Platz und hielt vor dem Volk eine Rede an sie. ²² Das Volk rief ihm zu: »Eines Gottes, nicht eines Menschen Stimme!« ²³ Auf der Stelle aber schlug ihn ein Engel des Herrn, weil er nicht Gott die Ehre gab; von Würmern zerfressen, gab er seinen Geist auf.
²⁴ Das Wort Gottes aber wurde mächtig und verbreitete sich immer mehr. ²⁵ Barnabas aber und Saulus kehrten nach Erfüllung ihres Dienstes von Jerusalem zurück und nahmen dabei auch den Johannes mit sich, der den Beinamen Markus trug.

Paulus trägt das Evangelium zu den Heiden

13. Kapitel

Feierliche Aussendung in Antiochien. ¹ In Antiochien waren in der dortigen Gemeinde als Propheten und Lehrer: Barnabas und Simeon, genannt Niger, und Luzius von Zyrene, sowie Manaën, ein Jugendgefährte des Tetrarchen Herodes, und Saulus. ² Während sie dem Herrn den heiligen Dienst verrichteten und fasteten, sprach der Heilige Geist [zu ihnen]: »Sondert mir Barnabas und Saulus aus für das Werk, für das ich sie berufen habe!« ³ Da fasteten und beteten sie, legten ihnen die Hände auf und ließen sie ziehen.
Auf Zypern. ⁴ Ausgesandt also vom Heiligen Geist, kamen diese hinab nach Seleuzia und fuhren von da nach Zypern, ⁵ landeten in Salamis und verkündeten das Wort Gottes in den Synagogen der Juden. Sie hatten auch Johannes als Gehilfen bei sich. ⁶ Nachdem sie die ganze Insel bis Paphos durchzogen hatten, trafen sie einen jüdischen Zauberer und Falschpropheten mit Namen Barjesus. ⁷ Er lebte bei Sergius Paulus, dem Statthalter, einem verständigen Mann. Dieser rief Barnabas und Saulus zu sich und hatte Verlangen, das Wort Gottes zu hören. ⁸ Doch da widersetzte sich ihnen der Zauberer Ely-

---

13,1–3: Gott selbst greift wiederum ein, um das Werk der Heidenmission zu eröffnen. Die Aussendung erfolgt in der feierlichen Weise unter Handauflegung.
13,4–12: Zypern ist Heimatgebiet des Barnabas, daher erstes Missionsziel. Der Wechsel des Namens Saulus zu Paulus (13,9) ist wohl dadurch begründet, daß der Apostel auf seinen Missionsreisen sich nur Paulus nannte. Er hatte diesen Namen jedoch schon vorher als Zweitnamen zu Saulus.

mas – so lautet sein Name in Übersetzung – und suchte den Statthalter vom Glauben abzuhalten.
⁹ Saulus aber, auch Paulus genannt, richtete, von Heiligem Geist erfüllt, den Blick auf ihn ¹⁰ und sagte: »Du Ausbund aller Hinterlist und aller Untat, Sohn des Teufels und Feind aller Gerechtigkeit, hörst du nicht auf, die geraden Wege des Herrn zu durchkreuzen? ¹¹ Doch nun siehe, die Hand des Herrn kommt über dich; du wirst blind sein und die Sonne eine Zeitlang nicht sehen!« Sogleich fiel Dunkel und Finsternis auf ihn, und er ging umher und suchte jemand, der ihm die Hand reiche. ¹² Als der Statthalter sah, was geschah, wurde er gläubig, tiefergriffen von der Lehre des Herrn.

In Antiochien in Pisidien. ¹³ Paulus aber und seine Gefährten fuhren von Paphos ab und kamen nach Perge in Pamphylien. Johannes schied von ihnen und kehrte zurück nach Jerusalem. ¹⁴ Sie aber zogen von Perge weiter und kamen nach Antiochien in Pisidien und gingen am Sabbat in die Synagoge und setzten sich. ¹⁵ Nach der Verlesung des Gesetzes und der Propheten sandten die Vorsteher der Synagoge zu ihnen und ließen sagen: »Brüder, habt ihr ein Wort der Ermahnung für das Volk, so redet!« ¹⁶ Da stand Paulus auf, gab mit der Hand ein Zeichen und sprach:

»Männer aus Israel und ihr, die ihr Gott fürchtet, hört! ¹⁷ Der Gott dieses Volkes Israel erwählte unsere Väter und erhöhte das Volk, da sie Fremdlinge waren im Land Ägypten, und führte sie von dort mit erhobenem Arm heraus. ¹⁸ Vierzig Jahre hindurch umsorgte er sie in der Wüste, ¹⁹ vernichtete sieben Völker im Lande Kanaan und gab ihnen ihr Land als Erbe ²⁰ für etwa vierhundertundfünfzig Jahre. Danach gab er ihnen Richter bis zu Samuel, dem Propheten. ²¹ Von da an begehrten sie einen König, und Gott gab ihnen Saul, den Sohn des Kisch, einen Mann aus dem Stamm Benjamin, auf vierzig Jahre.

²² Nachdem er ihn verworfen hatte, ließ er ihnen David als König erstehen, dem er das Zeugnis gab: ›Ich fand David, den Sohn des Isai, einen Mann nach meinem Herzen, der in allem meinen Willen tun wird‹ (Ps 89,21; 1 Sam 13,14). ²³ Aus dessen Nachkommenschaft ließ Gott der Verheißung gemäß für

---

13,13–52: Ein aufschlußreiches Beispiel der Missionsarbeit des Apostels, der stets versuchte, zunächst die Juden zu gewinnen, aber wenig Verständnis fand. In seiner Predigt zeigt er Jesus als Vollendung jüdischer Heilsgeschichte, wobei auch bei ihm die Tatsache der Auferstehung als grundlegende Erlösungsoffenbarung hervorgehoben ist.

Israel einen Retter kommen, nämlich Jesus, ²⁴ vor dessen Auftreten Johannes die Taufe der Bekehrung verkündigte für das ganze Volk Israel. ²⁵ Als aber Johannes seinen Lauf vollendete, sagte er: ›Wofür ihr mich haltet, das bin ich nicht; doch seht, nach mir kommt einer, dessen Schuhe von den Füßen zu lösen ich nicht würdig bin‹ (Lk 3,16).
²⁶ Brüder, Söhne vom Geschlecht Abrahams und die Gottesfürchtigen unter euch! Zu uns ist das Wort dieses Heiles gesandt. ²⁷ Denn die Bewohner Jerusalems und ihre Führer haben ihn nicht erkannt und erfüllten durch ihren Urteilsspruch die Worte der Propheten, die jeden Sabbat vorgelesen werden. ²⁸ Ohne an ihm eine Todesschuld zu finden, forderten sie von Pilatus, daß er hingerichtet werde. ²⁹ Als sie aber erfüllt hatten, was geschrieben steht über ihn, nahmen sie ihn vom Holz herab und legten ihn ins Grab. ³⁰ Gott aber erweckte ihn [am dritten Tag] von den Toten. ³¹ Er ist eine Reihe von Tagen hindurch denen erschienen, die mit ihm hinaufgezogen waren von Galiläa nach Jerusalem, und diese sind jetzt seine Zeugen vor dem Volk.
³² Auch wir verkünden euch die frohe Botschaft, ³³ daß Gott die an die Väter ergangene Verheißung an uns, ihren Kindern, erfüllt hat, da er Jesus auferstehen ließ, wie geschrieben steht im zweiten Psalm: ›Mein Sohn bist du, heute habe ich dich gezeugt‹ (Ps 2,7). ³⁴ Daß er ihn aber von den Toten erweckte, damit er nimmermehr der Verwesung anheimfalle, hat er also ausgesprochen: ›Ich will euch die heilige Offenbarung Davids als unverbrüchliche geben‹ (Jes 55,3). ³⁵ Darum sagt er auch an anderer Stelle: ›Du wirst deinen Heiligen Verwesung nicht schauen lassen‹ (Ps 16,10). ³⁶ David ist ja, nachdem er seiner Zeit gedient hatte, durch den Ratschluß Gottes entschlafen und zu seinen Vätern gelegt worden und hat Verwesung geschaut. ³⁷ Der aber, den Gott auferweckt hat, schaute keine Verwesung.
³⁸ So sei denn euch kundgetan, Brüder: durch diesen wird euch Vergebung der Sünden verkündet, und in allem, wo ihr im Gesetz des Mose nicht zu Gerechtigkeit finden konntet, ³⁹ wird in ihm ein jeder, der glaubt, Gerechtigkeit erlangen. ⁴⁰ Seht daher zu, daß auf euch nicht zutreffe, was gesagt ist bei den Propheten: ⁴¹ ›Seht, ihr Verächter, staunt und vergeht! Denn ich tue ein Werk in euern Tagen, ein Werk, das ihr nicht glauben werdet, wenn euch einer davon erzählt‹ (Hab 1,5).«
Erfolg der Predigt. ⁴² Als sie weggingen, bat man sie, sie möchten auch am folgenden Sabbat zu ihnen von diesen Din-

Apostelgeschichte 13,43–14,5

gen reden. ⁴³ Und als die Versammlung sich auflöste, folgten viele Juden und gottesfürchtige Proselyten dem Paulus und Barnabas, und diese sprachen zu ihnen und redeten ihnen zu, treu zur Gnade Gottes zu stehen.
⁴⁴ Am folgenden Sabbat versammelte sich fast die ganze Stadt, das Wort Gottes zu hören. ⁴⁵ Als aber die Juden die Volksmenge sahen, wurden sie voller Eifersucht, widersprachen dem, was Paulus sagte, und lästerten. ⁴⁶ Da traten ihnen Paulus und Barnabas freimütig entgegen und sagten: »Euch mußte zuerst das Wort Gottes verkündet werden; da ihr es aber zurückweist und euch nicht würdig zeigt des ewigen Lebens, seht, so wenden wir uns nun den Heiden zu. ⁴⁷ Denn so hat der Herr uns Auftrag gegeben: ›Ich habe dich bestimmt zum Licht der Heiden, damit du zum Heil seiest bis an das Ende der Erde‹ (Jes 49,6).«
⁴⁸ Als die Heiden dies hörten, freuten sie sich und priesen das Wort des Herrn, und es kamen zum Glauben, so viele ihrer bestimmt waren zum ewigen Leben. ⁴⁹ Das Wort des Herrn verbreitete sich in der ganzen Gegend. ⁵⁰ Die Juden aber hetzten die vornehmen gottesfürchtigen Frauen auf und die Vorsteher der Stadt, erregten eine Verfolgung gegen Paulus und Barnabas und vertrieben sie aus ihrem Gebiet. ⁵¹ Diese schüttelten den Staub von ihren Füßen zum Zeugnis gegen sie und zogen nach Ikonium. ⁵² Die Jünger aber wurden erfüllt von Freude und Heiligem Geist.

14. Kapitel

In Ikonium, Lystra und Derbe. ¹ In Ikonium aber gingen sie in gleicher Weise in die Synagoge der Juden und redeten derart, daß eine große Zahl von Juden und Hellenen gläubig wurde. ² Doch die unbekehrbaren Juden reizten und verhetzten die Gemüter der Heiden gegen die Brüder. ³ Wohl verblieben sie eine geraume Zeit und predigten freimütig im Vertrauen auf den Herrn, der Zeugnis gab für das Wort seiner Gnade, indem er Zeichen und Wunder geschehen ließ durch ihre Hände.
⁴ Es entstand jedoch eine Spaltung unter dem Volk der Stadt; die einen hielten es mit den Juden, die anderen mit den Aposteln. ⁵ Als aber sowohl Heiden wie Juden sich zusammen mit ihren Führern aufmachten, um gewaltsam gegen sie vorzuge-

---

14,1–20: In der Gegend von Lystra wurde die heidnische Sage von der Einkehr des Zeus und Hermes bei dem Ehepaar Philemon und Baucis in einer eigenen Kultstätte in Erinnerung gehalten.

hen und sie zu steinigen, ⁶ flohen sie, als sie davon erfuhren, in die Städte Lykaoniens, nach Lystra und Derbe und deren Umgebung ⁷ und verkündeten dort das Evangelium.
⁸ In Lystra war ein Mann, der saß da, ohne die Füße gebrauchen zu können; lahm vom Mutterleib an, war er noch nie einen Schritt gegangen. ⁹ Er hörte zu, wie Paulus redete, und als dieser ihn anblickte und sah, daß er Glauben hatte, um gerettet zu werden, ¹⁰ rief er mit lauter Stimme: »Stelle dich aufrecht auf deine Füße!« Da sprang er auf und ging umher.
¹¹ Als die Scharen sahen, was Paulus getan hatte, erhoben sie ihre Stimme und riefen auf lykaonisch: »Die Götter sind in Menschengestalt herabgekommen zu uns!« ¹² Sie bezeichneten Barnabas als Zeus und Paulus als Hermes, weil er der Wortführer war. ¹³ Der Priester des Zeus vor der Stadt brachte Stiere und Kränze vor die Tore und wollte mit den Volksscharen Opfer darbringen.
¹⁴ Als die Apostel Barnabas und Paulus dies hörten, zerrissen sie ihre Kleider, sprangen unter das Volk und riefen: ¹⁵ »Ihr Männer, was tut ihr da? Auch wir sind Menschen von gleicher Art wie ihr. Wir verkünden euch die Heilsbotschaft, damit ihr euch von diesen Nichtigkeiten bekehrt zum lebendigen Gott, der den Himmel geschaffen hat und die Erde und das Meer und alles, was in ihnen ist. ¹⁶ Er ließ in den vergangenen Generationen alle Völker ihre eigenen Wege gehen ¹⁷ und hat dennoch sich nicht unbezeugt gelassen, da er Wohltaten spendete vom Himmel her, den Regen schenkte und fruchtbare Zeiten und mit Nahrung und Frohsinn euer Herz erfüllte.«
¹⁸ Mit diesen Worten konnten sie nur mit Mühe das Volk daran hindern, ihnen zu opfern. ¹⁹ Da kamen jedoch von Antiochien und Ikonium Juden herbei, brachten das Volk auf ihre Seite, und sie steinigten den Paulus und schleiften ihn zur Stadt hinaus, in der Meinung, daß er tot sei. ²⁰ Als aber die Jünger ihn umstanden, erhob er sich und ging in die Stadt, und am andern Tag zog er mit Barnabas weiter nach Derbe.
Rückkehr nach Antiochien. ²¹ Nachdem sie in dieser Stadt das Evangelium verkündet und eine ansehnliche Zahl zu Jüngern gewonnen hatten, kehrten sie zurück nach Lystra, Ikonium und Antiochien. ²² Sie bestärkten die Gemüter der Jünger und ermahnten sie, daß sie festbleiben sollten im Glauben und daß wir unter vielen Drangsalen eingehen müssen in das Reich Gottes. ²³ Sie erwählten für sie in jeder Gemeinde Presbyter und empfahlen sie unter Gebet und Fasten dem Herrn, dem sie sich im Glauben zugewandt hatten.

Apostelgeschichte 14,24–15,7

²⁴ Sie wanderten durch Pisidien, kamen nach Pamphylien ²⁵ und zogen, nachdem sie das Wort in Perge verkündet hatten, hinab nach Attalia. ²⁶ Von dort fuhren sie zu Schiff nach Antiochien, von wo sie der Gnade Gottes waren empfohlen worden für das Werk, das sie vollbracht hatten. ²⁷ Als sie ankamen und die Gemeinde versammelt hatten, erzählten sie, was Gott alles mit ihnen gewirkt und daß er den Heiden das Tor zum Glauben aufgetan habe. ²⁸ Sie blieben geraume Zeit bei den Jüngern.

15. Kapitel

Streitfrage um die Heidenmission. ¹ Es kamen aber einige von Judäa herab und suchten die Brüder zu belehren: »Wenn ihr euch nicht beschneiden laßt nach dem Brauch des Mose, könnt ihr nicht das Heil erlangen.« ² Weil so für Paulus und Barnabas ein nicht geringer Zwist und Streit mit ihnen entstand, beschloß man, daß Paulus und Barnabas und einige andere aus der Gemeinde dieser Frage wegen zu den Aposteln und Presbytern hinaufgehen sollten nach Jerusalem. ³ Von der Gemeinde fortgeleitet, durchzogen diese Phönizien und Samaria, erzählten von der Bekehrung der Heiden und bereiteten allen Brüdern große Freude.

⁴ Als sie in Jerusalem eintrafen, wurden sie von der Gemeinde, den Aposteln und Presbytern empfangen und berichteten von allem, was Gott mit ihnen gewirkt hatte. ⁵ Es erhoben sich jedoch einige aus der Sekte der Pharisäer, die den Glauben angenommen hatten, und sprachen: »Man muß sie beschneiden und sie anweisen, das Gesetz des Mose zu halten.«

Das Apostelkonzil. ⁶ Da versammelten sich die Apostel und Presbyter, um in dieser Frage Klarheit zu schaffen. ⁷ Als viel Streit entstand, erhob sich Petrus und sagte zu ihnen: »Brüder,

---

15,1–35: Das sog. Apostelkonzil war für die Weiterentwicklung der Kirche von entscheidender Bedeutung. Erst nach Überwindung der Forderung der Judaisten, die nur auf dem Weg über das Judentum und die jüdische Beschneidung samt den verschiedenen Zeremonialvorschriften eine Teilnahme am Gottesreich anerkennen wollten, war der Weg frei für eine wahrhaft katholische, d. h. weltumspannende Kirche. Ist auch Paulus der besondere Vorkämpfer der gesetzesfreien Heidenmission, so vertrat doch auch Petrus, durch die Bekehrung des Kornelius belehrt, diesen Grundsatz, und selbst die von Jakobus gewünschten Zusätze zum Apostedekret bedeuten keine grundsätzliche Gegenauffassung, sondern sind aus rein praktischen Erwägungen für gemischte Bezirke der ersten Mission gedacht gewesen, um das jüdische Empfinden nicht allzusehr zu verletzen.

ihr wißt, Gott hat in den ersten Tagen unter euch die Wahl getroffen, daß die Heiden durch meinen Mund das Wort des Evangeliums vernehmen und gläubig werden sollten. [8] Und Gott, der die Herzen kennt, gab für sie Zeugnis, da er ihnen den Heiligen Geist verlieh wie auch uns. [9] Er machte keinen Unterschied zwischen uns und ihnen, als er durch den Glauben ihre Herzen reinigte. [10] Nun denn, was versucht ihr Gott und legt auf den Nacken der Jünger ein Joch, das weder unsere Väter noch wir zu tragen vermochten? [11] Wir haben ja den Glauben, daß wir durch die Gnade des Herrn Jesus das Heil erlangen, geradeso wie auch jene.«

[12] Da schwieg die ganze Versammlung, und sie hörten auf Barnabas und Paulus, die erzählten, was Gott an Zeichen und Wundern durch sie unter den Heiden gewirkt hatte.

[13] Als sie schwiegen, ergriff Jakobus das Wort und sagte: »Brüder, hört mich an! [14] Simeon hat berichtet, wie Gott erstmals Sorge getragen hat, aus den Heiden ein Volk zu gewinnen für seinen Namen. [15] Damit stimmen die Worte der Propheten überein, wie geschrieben steht: [16] ›Danach will ich zurückkehren und die verfallene Wohnstätte Davids wieder aufbauen; was niedergerissen ist an ihr, will ich wieder aufbauen und sie neu erstehen lassen, [17] daß die übrigen Menschen den Herrn suchen und alle Völker, über die mein Name genannt ist, spricht der Herr, der dies wirkt, [18] was erkannt ist seit Ewigkeit‹ (Am 9,11f; Jer 12,15).

[19] Darum entscheide ich mich dafür, man solle denen, die aus den Heiden sich zu Gott bekehren, keine Lasten aufbürden, [20] sondern sie anweisen, sich zu enthalten von der Befleckung durch Götzen, von Unzucht, von Ersticktem und von Blut. [21] Denn Mose hat von alten Zeiten her in allen Städten seine Verkünder, da er in den Synagogen jeden Sabbat vorgelesen wird.«

Der Konzilsbeschluß. [22] Daraufhin beschlossen die Apostel und Presbyter samt der ganzen Gemeinde, Männer aus ihrer Mitte zu wählen und sie mit Paulus und Barnabas nach Antiochien zu senden, nämlich Judas, mit dem Beinamen Barsabbas, und Silas, führende Männer unter den Brüdern. [23] Man sandte durch sie folgendes Schreiben: »Die Apostel und die Presbyter entbieten als Brüder den in Antiochien, in Syrien und Zilizien aus dem Heidentum kommenden Brüdern ihren Gruß! [24] Da wir gehört haben, daß einige von uns hingegangen sind und euch mit Reden verwirrt und eure Gemüter beunruhigt haben, ohne daß wir ihnen einen Auftrag erteilt hatten,

²⁵ haben wir bei voller Übereinstimmung beschlossen, Männer auszuwählen und zu euch zu senden, zusammen mit unseren geliebten Barnabas und Paulus, ²⁶ den Männern, die ihr Leben eingesetzt haben für den Namen unseres Herrn Jesus Christus. ²⁷ Wir senden also Judas und Silas, die euch das gleiche auch mündlich ausrichten werden.
²⁸ Denn es hat dem Heiligen Geist und uns gefallen, euch weiter keine Last aufzulegen, außer folgenden notwendigen Dingen: ²⁹ Ihr sollt euch enthalten von Götzenopferfleisch, von Blut, von Ersticktem und von Unzucht. Wenn ihr euch davor bewahrt, werdet ihr euch recht verhalten. Lebt wohl!«
³⁰ Diese nahmen nun Abschied und zogen hinab nach Antiochien, versammelten die ganze Gemeinde und übergaben den Brief. ³¹ Als man ihn gelesen hatte, freute man sich über die Tröstung. ³² Judas aber und Silas, die auch selbst Propheten waren, ermunterten die Brüder mit vielen Worten und stärkten sie. ³³ Nachdem sie eine Zeitlang dort zugebracht hatten, wurden sie mit Friedensgruß von den Brüdern zu denen entlassen, die sie gesandt hatten.
³⁴ [Silas aber entschloß sich, dort zu bleiben, einzig Judas ging nach Jerusalem zurück.] ³⁵ Paulus und Barnabas verweilten in Antiochien und lehrten und verkündeten mit vielen anderen das Wort des Herrn.

Aufbruch zur zweiten Missionsreise. ³⁶ Nach einigen Tagen sagte Paulus zu Barnabas: »Laßt uns wieder ausziehen und nach den Brüdern sehen in all den Städten, in denen wir das Wort des Herrn verkündet haben.« ³⁷ Barnabas wollte auch den Johannes, mit dem Beinamen Markus, mitnehmen. ³⁸ Paulus hingegen bestand darauf, ihn, der von Pamphylien ab sich von ihnen abgewandt habe und nicht zusammen mit ihnen ans Werk gegangen sei, nicht mitzunehmen.
³⁹ Es kam zu solcher Verstimmung, daß sie sich voneinander trennten und Barnabas den Markus mitnahm und nach Zypern fuhr. ⁴⁰ Paulus aber wählte Silas und begab sich, von den Brüdern der Gnade Gottes empfohlen, auf den Weg. ⁴¹ Er zog durch Syrien und Zilizien und stärkte die Gemeinden.

15,29: Statt: »... euch recht verhalten« könnte auch übersetzt werden: »wird es euch wohlergehen«.
15,36–40: Diese vorübergehende Entzweiung zwischen den beiden eng verbundenen Glaubensboten wurde nach 1 Kor 9,6; Kol 4,10; Phm 24; 2 Tim 4,11 später wieder überwunden.

16. Kapitel

Durch Kleinasien. ¹ Er kam auch nach Derbe und Lystra. Dort war ein Jünger namens Timotheus, Sohn einer gläubig gewordenen Jüdin, jedoch eines hellenischen Vaters. ² Ihm wurde von den Brüdern zu Lystra und Ikonium ein gutes Zeugnis ausgestellt. ³ Paulus hatte den Wunsch, daß dieser als Begleiter mit ihm ginge; er nahm ihn und vollzog an ihm der Juden wegen, die in jenen Orten lebten, die Beschneidung; denn alle wußten, daß sein Vater ein Hellene war. ⁴ Als sie durch die Städte kamen, übergaben sie ihnen die von den Aposteln und Presbytern in Jerusalem getroffenen Entscheidungen zur Beachtung. ⁵ Die Gemeinden erstarkten im Glauben und nahmen zu an Zahl von Tag zu Tag. ⁶ Sie durchzogen Phrygien und das galatische Land, da ihnen vom Heiligen Geist verwehrt wurde, das Wort [Gottes] in Asia zu predigen. ⁷ Als sie Mysien entlang weiterzogen, versuchten sie, nach Bithynien zu gehen, doch der Geist Jesu gestattete es ihnen nicht. ⁸ So zogen sie an Mysien vorbei und kamen hinab nach Troas.
⁹ Da erschien dem Paulus in der Nacht ein Gesicht: Ein Mazedonier stand da und bat ihn: »Komm herüber nach Mazedonien und hilf uns!« ¹⁰ Auf diese Erscheinung hin suchten wir alsbald nach Mazedonien zu kommen, überzeugt, daß Gott uns rief, ihnen das Evangelium zu verkünden.

In Philippi. ¹¹ Wir fuhren von Troas ab und kamen geraden Weges nach Samothrake, am folgenden Tag nach Neapolis ¹² und von dort nach Philippi, der ersten Stadt jenes Bezirkes von Mazedonien, einer römischen Kolonie. In dieser Stadt hielten wir uns einige Tage auf.
¹³ Am Sabbat gingen wir zum Tor hinaus an den Fluß, wo wir ein Bethaus vermuteten; wir setzten uns und redeten zu den Frauen, die zusammengekommen waren. ¹⁴ Eine gottesfürchtige Frau mit Namen Lydia, eine Purpurhändlerin aus der Stadt Thyatira, hörte zu, und der Herr öffnete ihr das Herz, aufmerksam den Worten des Paulus zu lauschen. ¹⁵ Als sie

---

16,3: Eine Unterlassung der Beschneidung des als Jude geltenden Timotheus hätte das Wirken des Apostels bei Juden erschwert. Sie geschah nicht aus grundsätzlicher Notwendigkeit, wie dies sonst die Judaisten vertraten, sondern aus Gründen der Klugheit. Timotheus wurde einer der geschätztesten Mitarbeiter des Apostels.
16,6–10: »Asia« meint hier die römische Provinz im vorderen Kleinasien. Beachte die stete Führung des Apostels durch die Weisungen des Heiligen Geistes. Die Stunde der Berufung nach Europa ist von größter Bedeutung für die Kirche geworden.
16,10–17: Ist der erste »Wir«-Bericht. Er tritt wieder auf 20,5.

und ihr Haus getauft waren, bat sie: »Wenn ihr mich für zuverlässig haltet vor dem Herrn, so kommt in mein Haus und bleibt.« Und sie drängte uns.

16 Als wir zum Bethaus gingen, geschah es, daß uns eine Magd entgegenkam, die einen Wahrsagegeist hatte und ihrer Herrschaft durch Wahrsagen großen Gewinn brachte. 17 Sie ging hinter Paulus und uns her und rief: »Diese Männer sind Diener des höchsten Gottes, die euch einen Weg des Heils verkünden.« 18 Dies tat sie viele Tage lang. Paulus wurde unwillig, wandte sich um und sprach zu dem Geist: »Ich befehle dir im Namen Jesu Christi, von ihr auszufahren.« Und im selben Augenblick fuhr er aus.

Befreiung aus dem Gefängnis. 19 Da nun ihre Herrschaft sah, daß die Aussicht auf Gewinn dahin sei, ergriffen sie Paulus und Silas und schleppten sie auf den Markt vor die Behörde. 20 Sie brachten sie zu den Stadtobersten und sagten: »Diese Leute bringen Unruhe in unsere Stadt; sie sind Juden 21 und verkünden Bräuche, die wir als Römer nicht annehmen und nicht üben dürfen.« 22 Da nahm auch das Volk gegen sie Stellung, und die Stadtobersten ließen ihnen die Kleider herunterreißen und sie auspeitschen.

23 Nachdem man sie viel geschlagen hatte, warf man sie ins Gefängnis und befahl dem Kerkermeister, sie sicher zu verwahren. 24 Diesem Befehl entsprechend setzte er sie in den innersten Kerker und schloß zur Sicherung ihre Füße in den Block. 25 Um Mitternacht beteten Paulus und Silas, sangen Gott Loblieder, und die Gefangenen hörten ihnen zu. 26 Da entstand plötzlich ein starkes Beben, so daß die Grundmauern des Kerkers erschüttert wurden; sofort öffneten sich alle Türen, und die Fesseln aller lösten sich.

27 Als der Kerkermeister erwachte und die Türen des Kerkes offen sah, zog er das Schwert und wollte sich töten, da er meinte, die Gefangenen seien entflohen. 28 Paulus aber rief mit lauter Stimme: »Tu dir kein Leid an, denn wir sind alle hier!« 29 Da bat er um Licht, ging hinein und fiel zitternd vor Paulus und Silas nieder; 30 er führte sie hinaus und sagte: »Ihr Herren, was muß ich tun, daß ich gerettet werde?« 31 Sie erwiderten: »Glaube an den Herrn Jesus, und du wirst gerettet werden, du und dein Haus.«

32 Und sie verkündeten ihm und allen, die in seinem Haus waren, das Wort des Herrn. 33 Noch in derselben Nachtstunde nahm er sie zu sich, wusch ihre Striemen und ließ sich sogleich mit all den Seinen taufen; 34 er führte sie in sein

Haus und ließ ihnen ein Mahl bereiten und war mit seinem ganzen Haus voll Freude, daß er zum Glauben an Gott gefunden hatte.

³⁵ Als es Tag wurde, sandten die Stadtobersten die Gerichtsdiener und ließen sagen: »Laß jene Leute frei!« ³⁶ Der Kerkermeister meldete diese Worte dem Paulus: »Die Stadtobersten haben hergeschickt, daß ihr freigelassen werdet. So geht denn hin und zieht in Frieden!« ³⁷ Paulus aber sagte zu ihnen: »Öffentlich und ohne Verhör haben sie uns als römische Bürger mißhandelt und ins Gefängnis geworfen, und jetzt will man uns heimlich wegschicken? Nein, sie sollen selber kommen und uns hinausgeleiten.«

³⁸ Die Gerichtsdiener meldeten diese Worte den Stadtobersten. Die aber gerieten, als sie hörten, daß es Römer seien, in Furcht, ³⁹ und sie kamen, redeten ihnen zu und geleiteten sie hinaus mit der Bitte, die Stadt zu verlassen. ⁴⁰ Da gingen sie aus dem Kerker und begaben sich zu Lydia, ermunterten die Brüder, die sie trafen, und zogen weiter.

17. Kapitel

In Thessalonich. ¹ Sie nahmen den Weg über Amphipolis und Apollonia und kamen nach Thessalonich, wo eine Synagoge der Juden war. ² Nach seiner Gewohnheit fand sich Paulus bei ihnen ein und sprach an drei Sabbaten zu ihnen, wobei er von den Schriften ausging; ³ er erschloß ihren Sinn und legte dar, daß der Messias leiden und von den Toten auferstehen mußte, und sagte: »Dieser ist der Messias: Jesus, den ich euch verkünde.« ⁴ Einige von ihnen ließen sich überzeugen und schlossen sich Paulus und Silas an, dazu eine große Zahl von gottesfürchtigen Hellenen, auch nicht wenige von den vornehmen Frauen.

⁵ Da wurden die Juden eifersüchtig, holten sich einige üble Leute vom Gassenvolk heran, rotteten sich zusammen und brachten die Stadt in Unruhe; sie zogen vor das Haus des Jason und suchten sie dem Volk vorzuführen. ⁶ Da man sie aber nicht fand, schleppten sie den Jason und einige Brüder

---

16,35–38: Paulus zeigt, daß auch der Christ den Anspruch auf Schutz seiner Ehre und seines Rechtes zum Ausdruck bringen darf.
17,1–9: Der Abschnitt zeigt das stete Bemühen des Apostels auch um die Bekehrung der Juden, wobei er »von den Schriften« des Alten Testamentes ausging. An die Thessalonicher schrieb Paulus zwei seiner uns erhaltenen Briefe.

vor die Stadtobersten und schrien: »Diese Leute, die den ganzen Erdkreis in Aufruhr versetzt haben, sind auch hierher gekommen, ⁷ und Jason hat sie aufgenommen. Sie alle handeln gegen die Verordnungen des Kaisers, da sie behaupten, ein anderer sei König, nämlich Jesus.« ⁸ So brachten sie das Volk und die Stadtobersten, die das hörten, in Unruhe. ⁹ Nachdem sie aber von Jason und den übrigen Bürgschaft erhalten hatten, ließ man sie frei.

In Beröa. ¹⁰ Da schickten die Brüder sofort noch in der Nacht Paulus und Silas weg nach Beröa; und als sie ankamen, gingen sie in die Synagoge der Juden. ¹¹ Diese waren von edlerer Gesinnung als jene zu Thessalonich; sie nahmen das Wort mit aller Bereitwilligkeit auf und forschten täglich in den Schriften, ob es sich so verhalte. ¹² Viele von ihnen wurden denn auch gläubig, darunter nicht wenige von den vornehmen hellenischen Frauen und Männern. ¹³ Als aber die Juden von Thessalonich erfuhren, daß auch in Beröa von Paulus das Wort Gottes verkündet werde, kamen sie auch dorthin und brachten das Volk in Unruhe und Verwirrung. ¹⁴ Alsbald schickten die Brüder Paulus weg und ließen ihn den Weg zum Meer hin nehmen; Silas aber und Timotheus blieben dort zurück. ¹⁵ Die Begleiter des Paulus brachten ihn nach Athen, und sie kehrten zurück mit dem Auftrag an Silas und Timotheus, sie möchten so bald wie möglich zu ihm kommen.

Paulus in Athen. ¹⁶ Während nun Paulus in Athen auf sie wartete, wurde sein Geist zuinnerst bewegt, als er sah, daß die Stadt voll von Götzenbildern war. ¹⁷ Er führte in der Synagoge mit den Juden und den Gottesfürchtigen Gespräche und täglich auf dem Markt mit denen, die gerade zugegen waren. ¹⁸ Auch einige von den epikureischen und stoischen Philosophen kamen in Wortwechsel mit ihm; die einen sagten: »Was will denn dieser Schwätzer sagen?« die anderen aber: »Er scheint ein Verkünder fremder Götter zu sein«, – weil er die Botschaft von Jesus und der Auferstehung verkündete.

¹⁹ Sie nahmen ihn mit sich, führten ihn zum Areopag und sagten: »Können wir erfahren, was das für eine neue Lehre ist, die von dir verkündet wird? ²⁰ Denn du bringst seltsame

---

17,16–34: In Athen begegnete Paulus dem Zentrum der hellenistischen Kultur, die, wissensstolz und diesseitsbezogen, zunächst wenig Bereitschaft zeigte für die Kreuzesbotschaft. Seine Areopagrede vor führenden Vertretern des öffentlichen Lebens gibt ein eindrucksvolles Beispiel, wie der Apostel an die Denkweise seiner Zuhörer anzuknüpfen suchte.

Dinge vor unsere Ohren; wir möchten erfahren, was das bedeuten soll.« ²¹ Die Athener alle und auch die dort weilenden Fremden hatten nämlich für nichts anderes so sehr Zeit, als etwas Neues zu erzählen oder zu hören.

²² Paulus stellte sich in die Mitte des Areopags und sprach: »Ihr Männer von Athen! An allem sehe ich, daß ihr große Ehrfurcht vor den Göttern habt. ²³ Denn als ich umherging und eure Heiligtümer betrachtete, fand ich auch einen Altar, auf dem die Aufschrift stand: ›Einem unbekannten Gott.‹ Was ihr nun, ohne es zu kennen, verehrt, das verkünde ich euch!

²⁴ Der Gott, der die Welt schuf und alles, was darin ist, er, der Herr des Himmels und der Erde, wohnt nicht in Tempeln, die von Händen gemacht sind. ²⁵ Auch läßt er sich nicht von Menschenhänden bedienen, als brauche er etwas, da er selbst es ist, der allem Leben und Odem gibt und alles andere. ²⁶ Er ließ aus einem einzigen das ganze Geschlecht der Menschen entstehen, daß sie wohnen auf dem ganzen Erdenrund, und er hat die Zeiten und Grenzen bestimmt, die ihrem Wohnen gesetzt sind.

²⁷ Sie sollten Gott suchen, ob sie ihn etwa spüren und finden könnten, ihn, der doch nicht fern ist einem jeden von uns. ²⁸ Denn in ihm leben wir, bewegen wir uns und sind wir, wie auch einige von euren Dichtern gesagt haben: ›Wir sind ja sogar von seinem Geschlecht.‹ ²⁹ Sind wir nun von Gottes Geschlecht, dürfen wir nicht meinen, die Gottheit sei gleich dem Gold oder Silber oder Stein, einem Gebilde menschlicher Kunst und Überlegung.

³⁰ Wohl hat Gott über die Zeiten der Unwissenheit hinweggesehen; doch jetzt ruft er die Menschen auf, daß sie alle und allerorts sich bekehren; ³¹ denn er hat einen Tag bestimmt, an dem er den Erdkreis nach Gerechtigkeit richten wird durch einen Mann, den er dazu bestellt und den er für alle beglaubigt hat, da er ihn auferweckte von den Toten.« ³² Als sie aber von Totenauferstehung hörten, spotteten die einen, und die anderen sagten: »Wir wollen dich hierüber ein andermal hören.« ³³ So ging Paulus hinweg aus ihrer Mitte. ³⁴ Einige Männer aber schlossen sich ihm an und wurden gläubig, unter ihnen auch Dionysius, ein Mitglied des Areopags, und eine Frau mit Namen Damaris und noch andere mit ihnen.

18. Kapitel

In Korinth. ¹ Hierauf schied Paulus von Athen und begab sich nach Korinth. ² Dort traf er einen aus Pontus stammenden Juden namens Aquila, der kurz zuvor aus Italien gekommen war, und dessen Frau Priscilla. Klaudius hatte nämlich befohlen, daß alle Juden Rom zu verlassen hätten. Er schloß sich ihnen an, ³ und da er vom gleichen Handwerk war, blieb er bei ihnen und arbeitete; sie waren nämlich Zeltmacher von Beruf.

⁴ Jeden Sabbat aber sprach er in der Synagoge [, flocht den Namen des Herrn Jesus mit ein] und suchte Juden und Hellenen zu überzeugen. ⁵ Nachdem Silas und Timotheus von Mazedonien herabgekommen waren, widmete sich Paulus ganz dem Wort und bezeugte den Juden, daß Jesus der Messias sei. ⁶ Da sie aber sich dem widersetzten und in Lästerungen ausbrachen, schüttelte er seine Kleider aus und sagte zu ihnen: »Euer Blut komme über euer Haupt! Mit gutem Gewissen werde ich von nun an zu den Heiden gehen.«

⁷ Und er ging von dort weg und begab sich in das Haus eines gewissen Titius Justus, eines gottesfürchtigen Mannes, dessen Haus an die Synagoge grenzte. ⁸ Der Synagogenvorsteher Krispus glaubte mit seinem ganzen Haus an den Herrn; auch viele von den Korinthern, die zuhörten, wurden gläubig und ließen sich taufen.

⁹ Der Herr aber sprach eines Nachts in einem Gesicht zu Paulus: »Sei ohne Furcht, sondern rede und schweige nicht; ¹⁰ ich bin ja mit dir, und keiner soll nach dir greifen und dir ein Leid antun; denn ich habe viel Volk in dieser Stadt.« ¹¹ So blieb er ein Jahr und sechs Monate [dort] und lehrte unter ihnen das Wort Gottes.

Vor dem Statthalter Gallio. ¹² Als Gallio Prokonsul von Achaia war, erhoben sich die Juden geschlossen gegen Paulus,

---

18,1–22: Mit der Korinthergemeinde blieb Paulus auch später in enger Fühlung, wie die erhaltenen beiden Briefe an sie bezeugen. Aquila und Priscilla sind Judenchristen, die sich überall für die christliche Sache einsetzten, vgl. 18,18.26; Röm 16,3; 1 Kor 16,19. Paulus verdiente sich bei ihnen seinen Unterhalt als »Zeltmacher«, wie er auch sonst zumeist auf den Unterhalt durch die Gläubigen verzichtete (vgl. 20,34f; 1 Kor 4,12; 9,12; 2 Kor 11,7–9; 1 Thess 2,9; 2 Thess 3,8). Der Prokonsul Gallio war nach einer in Delphi gefundenen Inschrift um 51/52 Statthalter in Korinth. In Kenchreä, dem östlichen Hafen von Korinth, brachte Paulus die vom sog. Nasiräergelübde vorgesehene Zeit der Abstinenz zum Abschluß; dabei hatte auch das Schneiden des Haares zu unterbleiben (vgl. 21,23f).

führten ihn vor den Richterstuhl ¹³ und sagten: »Dieser beredet die Menschen zu einer gesetzwidrigen Gottesverehrung.« ¹⁴ Als Paulus den Mund öffnen wollte, sagte Gallio zu den Juden: »Wäre es ein Vergehen oder ein Verbrechen, ihr Juden, so würde ich euch nach Fug und Recht annehmen; ¹⁵ handelt es sich aber um Streitigkeiten über Worte und Namen und euer Gesetz, mögt ihr selbst zusehen. Darüber will ich nicht Richter sein.« ¹⁶ Und er wies sie fort von seinem Richterstuhl. ¹⁷ Da ergriffen alle Griechen den Synagogenvorsteher Sosthenes und schlugen ihn vor dem Richterstuhl; doch Gallio kümmerte sich nicht darum.

Rückkehr nach Antiochien. ¹⁸ Paulus blieb noch eine Reihe von Tagen, nahm Abschied von den Brüdern und schiffte sich nach Syrien ein und mit ihm Priscilla und Aquila. In Kenchreä hatte er sich das Haupt scheren lassen, weil er ein Gelübde gemacht hatte. ¹⁹ Sie kamen nach Ephesus; dort verließ er jene, er selbst ging in die Synagoge und sprach zu den Juden. ²⁰ Doch als sie ihn baten, für länger zu bleiben, willigte er nicht ein, ²¹ sondern nahm Abschied und sagte: »Ich werde wieder zu euch zurückkommen, so Gott will!« Dann reiste er von Ephesus ab, ²² gelangte nach Cäsarea, zog hinauf (nach Jerusalem), begrüßte die Gemeinde und reiste hinab nach Antiochien.

Auf der dritten Missionsreise; Apollos. ²³ Nachdem er sich einige Zeit [dort] aufgehalten hatte, brach er wieder auf und wanderte in der Folge durch galatisches Gebiet und Phrygien und stärkte dabei alle Jünger.

²⁴ Ein aus Alexandrien stammender Jude namens Apollos war nach Ephesus gekommen, ein redekundiger und in den Schriften bewanderter Mann. ²⁵ Er war über den Weg des Herrn unterrichtet und redete und lehrte glühenden Geistes und mit Hingabe über Jesus, kannte aber nur die Taufe des Johannes. ²⁶ Mit allem Freimut begann er in der Synagoge aufzutreten; als aber Priscilla und Aquila ihn hörten, luden sie ihn zu sich und legten ihm den Weg des Herrn näher dar. ²⁷ Da er nach Achaia reisen wollte, ermunterten ihn die Brüder und schrieben den Jüngern, sie möchten ihn aufnehmen. Dort angekommen, leistete er den Gläubigen durch sein begnadetes Wirken große Hilfe; ²⁸ denn schlagfertig wider-

---

18,23—28: Apollos war nach 1 Kor 1,12; 3,4—6; 16,12 ein erfolgreicher Missionar, der anfänglich zu den noch längere Zeit bestehenden Jüngergemeinden des Täufers gehörte.

legte er die Juden in aller Öffentlichkeit und zeigte an den Schriften, daß Jesus der Messias sei.

19. Kapitel
Paulus in Ephesus. [1] Es begab sich nun, während Apollos in Korinth war, kam Paulus nach Durchwanderung des Hochlandes nach Ephesus. Dort traf er einige Jünger [2] und sagte zu ihnen: »Habt ihr den Heiligen Geist empfangen, als ihr gläubig wurdet?« Sie erwiderten ihm: »Wir haben ja nicht einmal gehört, daß es einen Heiligen Geist gibt.« [3] Da sagte er: »Auf was hin seid ihr denn getauft worden?« Sie antworteten: »Auf die Taufe des Johannes hin.« [4] Da sagte Paulus: »Johannes taufte mit einer Taufe der Bekehrung, wobei er dem Volk sagte, sie sollten an den glauben, der nach ihm kommen werde, das ist Jesus.« [5] Als sie das hörten, ließen sie sich taufen auf den Namen des Herrn Jesus, [6] und als Paulus ihnen die Hände auflegte, kam der Heilige Geist über sie, und sie redeten in Zungen und sprachen prophetisch. [7] Es waren insgesamt an die zwölf Männer.

[8] Er ging in die Synagoge und redete freimütig drei Monate hindurch von dem, was sich auf das Reich Gottes bezieht, und suchte sie zu überzeugen. [9] Als aber einige sich hartnäckig widersetzten und unbelehrbar zeigten, indem sie die Lehre des Herrn vor dem Volk lästerten, trennte er sich von ihnen, sammelte die Jünger für sich und sprach täglich in der Schule eines gewissen Tyrannus. [10] Dies geschah zwei Jahre lang, so daß alle Bewohner von Asia, Juden wie Hellenen, das Wort des Herrn vernahmen.

Seine wunderbaren Erfolge. [11] Gott ließ durch die Hand des Paulus ungewöhnliche Dinge geschehen, [12] so daß man sogar von seinem Leib weg Schweißtücher oder Wäschestücke den Kranken auflegte, worauf die Krankheiten von ihnen wichen und die bösen Geister ausfuhren.

[13] Da versuchten auch einige der umherziehenden jüdischen Exorzisten über solche, die von bösen Geistern besessen waren, den Namen des Herrn Jesus anzurufen, indem sie sagten: »Ich beschwöre euch bei Jesus, den Paulus verkündet!«

19,1–22: In Ephesus wirkte Paulus mit größtem Erfolg. Die Stadt wurde von da an Mittelpunkt der kleinasiatischen Kirche bis zum Einbruch des Islam. Aus der angegebenen Wertsumme der verbrannten Zauberbücher (rund 40000 Mark) geht deutlich die Rolle des Aberglaubens in dieser von allen möglichen Religionssystemen durchsetzten Gegend hervor.

¹⁴ Es waren sieben Söhne eines gewissen Skeuas, eines Juden hohenpriesterlichen Standes, die so taten. ¹⁵ Der böse Geist aber antwortete ihnen: »Jesus kenne ich, auch von Paulus weiß ich; ihr aber, wer seid ihr?« ¹⁶ Und der Mann, in dem der böse Geist war, stürzte sich auf sie, bemächtigte sich ihrer und überwältigte sie derart, daß sie nackt und verwundet aus jenem Haus flohen.

¹⁷ Dies wurde allen in Ephesus wohnenden Juden und Hellenen bekannt, und Furcht überfiel alle, und der Name des Herrn Jesus wurde gepriesen. ¹⁸ Viele, die gläubig wurden, kamen und bekannten offen, was sie getan hatten. ¹⁹ Viele von denen, die Zauberei getrieben hatten, trugen ihre Bücher zusammen und verbrannten sie vor aller Augen; man berechnete ihren Wert und kam auf fünfzigtausend Silberdrachmen. ²⁰ So entfaltete sich das Wort des Herrn mit Macht und gewann an Kraft.

²¹ Nach Erfüllung all dessen nahm sich Paulus im Geist vor, über Mazedonien und Achaia nach Jerusalem zu gehen, wobei er sich sagte: »Wenn ich dort gewesen bin, muß ich auch Rom sehen.« ²² Er sandte zwei seiner Gehilfen, Timotheus und Erastus, nach Mazedonien; er selbst blieb noch eine Weile in Asia.

Aufstand der Silberschmiede. ²³ Um jene Zeit aber kam es wegen der Lehre [des Herrn] zu einem nicht geringen Aufruhr. ²⁴ Ein Silberschmied nämlich, namens Demetrius, der silberne Artemistempelchen herstellte und damit den Handwerkern eine nicht unbedeutende Einnahme verschaffte, ²⁵ rief diese und die mit ähnlichen Arbeiten Beschäftigten zusammen und sprach: »Ihr Männer, wie ihr wißt, kommt von diesem Gewerbe unser Wohlstand. ²⁶ Ihr seht und hört aber, daß nicht nur in Ephesus, sondern nahezu in ganz Asia dieser Paulus durch seine Überredung viel Volk abwendig macht, indem er behauptet, das seien keine Götter, die mit Händen gemacht werden. ²⁷ Doch nicht nur dieses unser Geschäft droht in Verruf zu kommen, sondern auch der Tempel der großen Göttin Artemis ist daran, für nichts geachtet zu werden, und sie wird ihrer Herrlichkeit beraubt werden, die doch ganz Asia und der gesamte Erdkreis verehrt.«

19,23–40: Ein lehrreiches Beispiel der unlauteren Verquickung von Religion und Geschäft. Der als Wallfahrtsstätte viel besuchte Tempel der Artemis von Ephesus galt in der Antike als eines der sieben Weltwunder.

²⁸ Als sie dies hörten, wurden sie von Zorn erfüllt und schrien: »Groß ist die Artemis von Ephesus!« ²⁹ Die ganze Stadt geriet in Aufregung; alle stürmten zusammen ins Theater und rissen die Mazedonier Gaius und Aristarchus, die Gefährten des Paulus, mit fort. ³⁰ Paulus wollte unter das Volk gehen, doch die Jünger ließen es nicht zu; ³¹ auch einige von den Asiarchen, die ihm gut gesinnt waren, schickten zu ihm und baten ihn, sich nicht in das Theater zu begeben.
³² Die einen schrien nun dies, die andern das; denn die ganze Versammlung war in Verwirrung, und die meisten wußten nicht, warum man zusammengekommen war. ³³ Aus der Menge umdrängte man Alexander, den die Juden vorschoben. Alexander gab mit der Hand ein Zeichen und wollte eine Verteidigungsrede an das Volk halten. ³⁴ Als man aber erkannte, daß er ein Jude sei, erhob sich ein einziger Schrei aus dem Mund aller, die nun etwa zwei Stunden lang schrien: »Groß ist die Artemis von Ephesus!«
³⁵ Der Stadtschreiber beruhigte die Menge und sagte: »Männer von Ephesus! Wo ist denn ein Mensch, der nicht wüßte, daß die Stadt der Epheser die Tempelhüterin der großen Artemis ist und ihres vom Himmel gefallenen Bildes? ³⁶ Weil das niemand bestreiten kann, ist es eure Pflicht, Ruhe zu bewahren und nichts Unbesonnenes zu tun. ³⁷ Denn ihr habt diese Männer hierhergebracht, die weder Tempelräuber sind noch Verächter unserer Göttin. ³⁸ Hat nun Demetrius und mit ihm die Handwerker eine Klage gegen jemand, so gibt es Gerichtstage und sind Statthalter da; dort mögen sie miteinander Klage führen. ³⁹ Habt ihr aber noch eine weitere Beschwerde, mag es in der gesetzlichen Volksversammlung erledigt werden. ⁴⁰ Wir laufen ja sonst Gefahr, wegen des heute Geschehenen, des Aufruhrs bezichtigt zu werden, da kein Grund vorliegt, womit wir diesen Auflauf rechtfertigen können.« Und mit diesen Worten löste er die Versammlung auf.

20. Kapitel
In Mazedonien und Griechenland. ¹ Als sich der Aufruhr gelegt hatte, rief Paulus die Jünger zu sich, gab ihnen zum Abschied Ermahnungen und machte sich auf den Weg nach Mazedonien. ² Nachdem er diese Gegenden durchzogen und die Jünger mit vielen Worten ermahnt hatte, kam er nach

---

19,33: Der Satz wird wegen des mehrdeutigen griechischen Verbums verschieden übersetzt.

Griechenland; ³ dort blieb er drei Monate. Als er sich nach Syrien einschiffen wollte, wurde gegen ihn von den Juden ein Anschlag geplant, und er faßte den Entschluß, den Rückweg durch Mazedonien zu nehmen.

⁴ Seine Begleiter bis Asia waren Sopatrus, der Sohn des Pyrrhus, aus Beröa, aus Thessalonich Aristarchus und Sekundus, Gaius aus Derbe und Timotheus, aus Asia Tychikus und Trophimus; ⁵ diese reisten voraus und warteten auf uns in Troas. ⁶ Wir aber segelten nach den Tagen der Ungesäuerten Brote von Philippi ab und kamen in fünf Tagen zu ihnen nach Troas, wo wir sieben Tage blieben.

Von Troas bis Milet. ⁷ Als wir am ersten Tag der Woche zum Brotbrechen versammelt waren, sprach Paulus zu ihnen; da er am folgenden Tag abreisen wollte, dehnte er seine Rede bis Mitternacht aus. ⁸ Es brannten viele Lampen im Obergemach, wo wir versammelt waren.

⁹ Ein junger Mann namens Eutychus saß am Fenster, sank, als Paulus lang redete, in tiefen Schlaf und fiel, vom Schlaf überwältigt, vom dritten Stockwerk hinab und wurde als Toter aufgehoben. ¹⁰ Paulus ging zu ihm hinab, warf sich über ihn, umfaßte ihn und sprach: »Beunruhigt euch nicht; denn seine Seele ist in ihm.« ¹¹ Er stieg wieder hinauf, brach das Brot, aß davon und redete noch ziemlich lange bis zum Anbruch des Tages und reiste sodann ab. ¹² Den jungen Mann aber führten sie lebend nach Hause und wurden hierdurch nicht wenig getröstet.

¹³ Wir aber gingen voraus auf das Schiff und fuhren nach Assos, wo wir Paulus aufnehmen wollten; denn so hatte er es angeordnet, da er selbst zu Fuß wandern wollte. ¹⁴ Als er nun in Assos zu uns kam, nahmen wir ihn auf und gelangten nach Mitylene, ¹⁵ und von da fuhren wir weiter und erreichten am folgenden Tag die Höhe von Chios, legten am andern Tag in Samos an [, blieben in Trogylium] und kamen tags darauf nach Milet. ¹⁶ Paulus hatte beschlossen, an Ephesus vorbeizufahren, um in Asia nicht aufgehalten zu werden; denn er eilte, um womöglich am Pfingstfest in Jerusalem zu sein.

Abschied von den Presbytern von Ephesus. ¹⁷ Von Milet aus

20,17–36: Die Abschiedsrede an die Presbyter von Ephesus zeigt uns die starken und lauteren Beweggründe paulinischen Wirkens. Das Wort Vers 35 zeigt, wie auch außerhalb unserer Evangelien Worte des Herrn als sogenannte »Agrapha« überliefert wurden. Beachte den noch nicht streng festgelegten Gebrauch der hier wechselnden Ausdrücke »Presbyter« und »Bischöfe« (= Aufseher, Vorsteher).

sandte er nach Ephesus und berief die Presbyter der Gemeinde zu sich. ¹⁸ Als sie bei ihm eingetroffen waren, sagte er zu ihnen:

»Ihr wißt, wie ich vom ersten Tag an, da ich nach Asia kam, die ganze Zeit bei euch war ¹⁹ als einer, der dem Herrn diente in aller Demut, unter Tränen und Prüfungen, wie sie mir widerfuhren durch die Nachstellungen der Juden. ²⁰ Nichts von dem, was nützlich war, habe ich euch vorenthalten, sondern sowohl öffentlich als auch in den einzelnen Häusern habe ich gepredigt und gelehrt. ²¹ Vor Juden und Hellenen habe ich Zeugnis abgelegt für die Bekehrung zu Gott und den Glauben an unseren Herrn Jesus.

²² Und nun seht, als ein Gefangener im Geist gehe ich nach Jerusalem, ohne zu wissen, was mir dort begegnen wird. ²³ Nur das bezeugt mir der Heilige Geist von Stadt zu Stadt, daß Fesseln und Drangsale meiner warten. ²⁴ Doch [nichts von alledem fürchte ich, und] ich halte in keiner Hinsicht das Leben wertvoll für mich, wenn ich nur meinen Lauf vollende und die Aufgabe erfülle, die ich empfangen habe vom Herrn Jesus, nämlich Zeugnis zu geben für das Evangelium von der Gnade Gottes.

²⁵ Und nun seht, ich weiß, daß ihr alle, bei denen ich als Künder des Reiches [Gottes] aufgetreten bin, mein Angesicht nicht mehr sehen werdet. ²⁶ Darum beteure ich vor euch am heutigen Tag: Ich bin schuldlos am Blut aller; ²⁷ denn ohne etwas vorzuenthalten habe ich euch den ganzen Heilswillen Gottes verkündet. ²⁸ Tragt nun Sorge für euch und für die gesamte Herde, in der euch der Heilige Geist zu Bischöfen bestellt hat, die Gemeinde Gottes zu leiten, die er sich erworben hat mit seinem eigenen Blut.

²⁹ Ich weiß, es werden nach meinem Weggang reißende Wölfe bei euch eindringen und die Herde nicht schonen, ³⁰ und aus eurer eigenen Mitte werden Männer aufstehen und Verkehrtes reden, um die Jünger auf ihre Seite zu ziehen. ³¹ Seid also wachsam und denkt daran, wie ich drei Jahre lang Tag und Nacht nicht aufgehört habe, einen jeden einzelnen unter Tränen zu ermahnen.

³² Und nun empfehle ich euch Gott und dem Wort seiner Gnade, das mächtig ist, aufzubauen und das Erbe zu verleihen unter allen Geheiligten. ³³ Weder Silber noch Gold noch Kleider habe ich von jemand beansprucht; ³⁴ ihr wißt es selbst, für meinen Unterhalt und für meine Gefährten dienten diese Hände. ³⁵ In jeder Weise habe ich euch gezeigt, daß man so

arbeiten und sich um die Schwachen kümmern soll, eingedenk der Worte des Herrn Jesus, der selber sagte: ›Geben ist seliger als Nehmen‹.«
³⁶ Nach diesen Worten kniete er nieder und betete mit ihnen allen. ³⁷ Da brachen alle in lautes Weinen aus, fielen Paulus um den Hals und küßten ihn, ³⁸ am meisten schmerzlich getroffen von dem Wort, mit dem er sagte, sie würden sein Angesicht nicht mehr sehen. Sie gaben ihm bis zum Schiff das Geleit.

21. Kapitel
Von Milet bis Cäsarea. ¹ Als es zur Abfahrt ging, rissen wir uns von ihnen los und fuhren geradewegs nach Kos und am folgenden Tag nach Rhodos und von dort nach Patara. ² Als wir ein Schiff antrafen, das nach Phönizien fuhr, stiegen wir zu und fuhren weiter. ³ Nachdem wir Zypern in Sicht bekommen und zur Linken liegen gelassen hatten, fuhren wir auf Syrien zu und legten in Tyrus an; denn dort sollte das Schiff die Fracht ausladen. ⁴ Wir trafen die Jünger an und blieben dort sieben Tage. Diese sagten kraft des Geistes zu Paulus, er möge nicht nach Jerusalem hinaufgehen.
⁵ Nach Ablauf dieser Tage brachen wir zur Weiterreise auf, wobei sie alle samt Frauen und Kindern uns bis zur Stadt hinaus das Geleit gaben; wir knieten am Strand nieder, beteten, ⁶ nahmen Abschied voneinander und stiegen ins Schiff, und jene kehrten nach Hause zurück. ⁷ Zum Abschluß unserer Fahrt gelangten wir von Tyrus nach Ptolemais, begrüßten die Brüder und blieben einen Tag bei ihnen.
⁸ Am andern Tag zogen wir weiter, kamen nach Cäsarea und gingen in das Haus des Evangelisten Philippus, der einer von den Sieben war, und blieben bei ihm. ⁹ Dieser hatte vier Töchter, Jungfrauen, die prophetisch begabt waren. ¹⁰ Als wir mehrere Tage dort waren, kam von Judäa ein Prophet namens Agabus herab, ¹¹ suchte uns auf, nahm den Gürtel des Paulus, band sich Füße und Hände und sagte: »So spricht der Heilige Geist: Den Mann, dem dieser Gürtel gehört, werden auf diese Weise in Jerusalem die Juden binden und den Händen der Heiden überliefern.« ¹² Als wir dies hörten, baten wir und die am Ort Wohnenden, er möge nicht nach Jerusalem hinaufgehen. ¹³ Paulus aber antwortete: »Was wollt ihr, da ihr weint; was macht ihr das Herz mir schwer? Bin ich doch bereit, nicht nur mich binden zu lassen, sondern in Jerusalem auch zu sterben für den Namen des Herrn Jesus.« ¹⁴ Da er sich nicht

umstimmen ließ, gaben wir Ruhe und sagten: »Des Herrn Wille geschehe!«

Ankunft in Jerusalem. ¹⁵ Nach Verlauf dieser Tage machten wir uns reisefertig und zogen hinauf nach Jerusalem. ¹⁶ Es zogen mit uns auch einige von den Jüngern aus Cäsarea und brachten uns zu einem gewissen Mnason aus Zypern, einem altbewährten Jünger, bei dem wir zu Gast sein sollten. ¹⁷ Als wir in Jerusalem eintrafen, nahmen uns die Brüder freundlich auf. ¹⁸ Am folgenden Tag ging Paulus mit uns zu Jakobus, und auch alle Presbyter fanden sich ein. ¹⁹ Nachdem er sie begrüßt hatte, erzählte er im einzelnen von allem, was Gott unter den Heiden gewirkt hatte durch seinen Dienst. ²⁰ Als sie es vernahmen, priesen sie Gott und sagten zu ihm: »Du siehst, Bruder, wie viele Tausende von Gläubiggewordenen es unter den Juden gibt, und sie alle sind Eiferer für das Gesetz. ²¹ Nun hat man ihnen über dich erzählt, du würdest alle Juden, die unter den Heiden leben, den Abfall von Mose lehren, indem du sagst, sie sollen die Kinder nicht beschneiden und nicht nach dem Herkommen leben.

²² Was ist nun zu tun? Auf jeden Fall werden sie hören, daß du gekommen bist. ²³ Darum tue, was wir dir sagen! Es sind vier Männer unter uns, die ein Gelübde auf sich genommen haben. ²⁴ Diese nimm mit dir, reinige dich mit ihnen und trage für sie die Kosten, damit sie sich das Haupt scheren können. Dann werden alle innewerden, daß an dem, was ihnen über dich berichtet wurde, nichts ist, sondern daß du selbst in Beachtung des Gesetzes lebst. ²⁵ Was die gläubig gewordenen Heiden betrifft, haben wir ja schriftlich unsere Entschließung mitgeteilt, daß sie sich hüten sollen vor Götzenopfer, Blut, Ersticktem und Unzucht.«

²⁶ Da nahm Paulus die Männer zu sich, reinigte sich am folgenden Tag mit ihnen, ging in den Tempel und zeigte den Abschluß der Reinigungstage an, damit für einen jeden von ihnen das Opfer dargebracht werde.

Gefangennahme des Apostels. ²⁷ Als die sieben Tage ihrem Ende zugingen, erblickten ihn die Juden aus Asia im Tempel,

---

21,27–40: Wie eine uns erhaltene Warnungstafel zeigt, war es einem Heiden, und als solcher galt auch ein Heidenchrist, unter Todesstrafe verboten, über die angebrachten Schranken die inneren Bereiche des Tempels zu betreten. Hätte der römische Kommandant der an den Tempel stoßenden Burg Antonia nicht eingegriffen, wäre Paulus daher wohl sofort von der erregten Menge getötet worden, wobei freilich der Haß gegen ihn nur einen Vorwand suchte.

wiegelten das ganze Volk auf und legten Hand an ihn, indem sie schrien: ²⁸ »Männer aus Israel, kommt zu Hilfe! Das ist der Mensch, der im Widerspruch gegen das Volk und das Gesetz und diese Stätte allen und überall seine Lehre verkündet, und jetzt hat er sogar Hellenen in den Tempel geführt und diese heilige Stätte entweiht.« ²⁹ Sie hatten nämlich kurz zuvor Trophimus aus Ephesus in der Stadt bei ihm gesehen und meinten, Paulus habe ihn in den Tempel geführt.

³⁰ Da geriet die ganze Stadt in Bewegung, und es kam zu einem Zusammenstrom des Volkes; sie ergriffen Paulus und schleppten ihn aus dem Tempel, und sogleich wurden die Tore geschlossen. ³¹ Schon wollten sie ihn töten, da drang die Kunde zum Oberst der Kohorte, ganz Jerusalem sei in Aufruhr. ³² Der nahm sofort Soldaten und Hauptleute, eilte hinab zu ihnen, und als sie den Oberst und die Soldaten erblickten, ließen sie davon ab, Paulus zu schlagen. ³³ Der Oberst trat hinzu, nahm ihn fest, ließ ihn mit zwei Ketten fesseln und erkundigte sich, wer er sei und was er getan habe. ³⁴ Da schrie in der Menge ein jeder etwas anderes; weil er wegen des Tumultes nichts Sicheres erfahren konnte, befahl er, ihn in die Kaserne zu bringen. ³⁵ Als man an die Treppe gelangte, kam es so weit, daß er von den Soldaten getragen werden mußte wegen des Zudrangs des Volkes; ³⁶ denn die Volksmenge drängte nach und schrie: »Hinweg mit ihm!«

³⁷ Als Paulus in die Kaserne geführt werden sollte, sagte er zum Oberst: »Darf ich mir erlauben, ein Wort an dich zu richten?« Der entgegnete: »Du verstehst Griechisch? ³⁸ Bist du denn nicht der Ägypter, der vor einiger Zeit einen Aufstand machte und viertausend Mann von den Sikariern in die Wüste führte?« ³⁹ Paulus sagte: »Ich bin ein Jude aus Tarsus, Bürger einer nicht unbedeutenden Stadt Ziliziens; ich bitte dich, erlaube mir, zum Volk zu reden.« ⁴⁰ Er erlaubte es, und Paulus stellte sich auf die Stufen, gab mit der Hand dem Volk ein Zeichen und sprach, nachdem große Stille eingetreten war, in hebräischer Sprache zu ihnen:

22. Kapitel

Verteidigungsrede vor dem Volk. ¹ »Brüder und Väter, hört nun auf meine Rechtfertigung vor euch!« ² Als sie hörten, daß

22,1–21: Die Verteidigungsrede des Apostels will dem jüdischen Volk zeigen, daß Paulus nicht als Abtrünniger, sondern als von Gott Gerufener seinen Missionsauftrag erfüllt habe.

Apostelgeschichte 22,3–20

er in hebräischer Sprache zu ihnen redete, verhielten sie sich
noch stiller. ³ Er fuhr fort: »Ich bin ein Jude, geboren in Tarsus in Zilizien, aufgewachsen aber in dieser Stadt, unterrichtet zu den Füßen Gamaliels nach der Strenge des väterlichen Gesetzes, als ein Eiferer für Gott, wie ihr alle es heute seid.
⁴ Ich verfolgte diese Lehre bis auf den Tod, indem ich Männer und Frauen gefangennahm und den Kerkern überlieferte.
⁵ Das kann mir der Hohepriester mit der gesamten Ältestenschaft bezeugen. Von ihnen erhielt ich auch Briefe, mit denen ich zu den Brüdern nach Damaskus zog, um die dort sich Aufhaltenden gefesselt nach Jerusalem zu bringen, damit sie gestraft würden.
⁶ Unterwegs aber, als ich mich Damaskus näherte, geschah es, daß zur Mittagsstunde mich plötzlich vom Himmel her ein helles Licht umstrahlte. ⁷ Ich stürzte zu Boden und hörte eine Stimme, die zu mir sprach: ›Saul, Saul, warum verfolgst du mich?‹ ⁸ Ich antwortete: ›Wer bist du, Herr?‹ Er sprach zu mir: ›Ich bin Jesus, der Nazoräer, den du verfolgst.‹ ⁹ Meine Gefährten sahen zwar das Licht, doch die Stimme dessen, der mit mir sprach, hörten sie nicht. ¹⁰ Ich sagte: ›Was soll ich tun, Herr?‹ Und der Herr sagte zu mir: ›Steh auf und geh nach Damaskus hinein; dort wird dir alles gesagt werden, was dir zu tun aufgetragen ist.‹
¹¹ Als ich vor dem Glanz jenes Lichtes nicht sehen konnte, ging ich, von meinen Gefährten an der Hand geführt, nach Damaskus hinein. ¹² Ein gewisser Hananias, ein gesetzesfrommer Mann, der bei allen ansässigen Juden in Ansehen stand, ¹³ kam zu mir, trat herzu und sagte zu mir: ›Bruder Saul, werde wieder sehend!‹ Zur selben Stunde konnte ich vor ihm wieder sehen. ¹⁴ Er aber sagte: ›Der Gott unserer Väter hat dich vorherbestimmt, seinen Willen zu erkennen, den Gerechten zu schauen und den Ruf aus seinem Mund zu hören; ¹⁵ denn du sollst ihm Zeuge sein vor allen Menschen für das, was du gesehen und gehört hast. ¹⁶ Und nun, was zögerst du? Steh auf, laß dich taufen und deine Sünden abwaschen, indem du seinen Namen anrufst.‹
¹⁷ Als ich wieder nach Jerusalem zurückkam und im Tempel betete, geschah es, daß ich in Verzückung kam ¹⁸ und ihn sah, wie er zu mir sagte: ›Eile und verlasse schleunigst Jerusalem; denn sie werden dein Zeugnis über mich nicht annehmen.‹
¹⁹ Ich entgegnete: ›Herr, sie wissen ja selbst, daß ich es war, der von einer Synagoge zur andern alle, die an dich glauben, verhaften und mißhandeln ließ. ²⁰ Und als das Blut deines

Zeugen Stephanus vergossen wurde, war gerade ich es, der dabeistand, und meine Zustimmung gab und die Kleider derer bewachte, die ihn töteten.‹ ²¹ Er aber sagte zu mir: ›Zieh fort; denn zu den Heiden in der Ferne will ich dich senden.«

In Gefahr der Geißelung. ²² Bis zu diesem Wort hörten sie ihn an, aber nun erhoben sie ihre Stimme und schrien: »Hinweg von der Erde mit einem solchen Menschen! Er hat kein Recht zu leben!« ²³ Während sie schrien und ihre Kleider von sich schleuderten und Staub in die Luft warfen, ²⁴ ließ der Oberst ihn in die Kaserne führen und befal, ihn unter Geißelhieben zu verhören, um zu erfahren, weswegen sie solch ein Geschrei erhoben gegen ihn.

²⁵ Als sie ihn jedoch zur Geißelung ausstrecken wollten, sagte Paulus zum anwesenden Hauptmann: »Ist es euch erlaubt, einen römischen Bürger, und dazu ohne gerichtliche Untersuchung, zu geißeln?« ²⁶ Als der Hauptmann dies hörte, ging er zum Oberst und meldete ihm: »Was hast du vor? Dieser Mann ist ja ein römischer Bürger!« ²⁷ Da kam der Oberst herzu und fragte ihn: »Sag mir, bist du ein Römer?« Er antwortete: »Ja!« ²⁸ Da erwiderte der Oberst: »Ich habe um viel Geld dieses Bürgerrecht erworben.« Paulus entgegnete: »Ich aber bin damit sogar geboren!« ²⁹ Sogleich ließen jene, die ihn foltern sollten, von ihm ab und der Oberst kam in Furcht, da er feststellte, daß er ein römischer Bürger sei und er ihn hatte fesseln lassen.

Paulus vor dem Hohen Rat. ³⁰ Da er aber mit Sicherheit erfahren wollte, weswegen er von den Juden angeklagt war, ließ er ihn am folgenden Tag aus der Haft nehmen, befahl, daß die Hohenpriester und der ganze Hohe Rat sich versammelten, führte Paulus hinab und stellte ihn vor sie.

23. Kapitel

¹ Paulus sah festen Blickes auf den Hohen Rat und sprach: »Brüder! In jeder Hinsicht bin ich mit gutem Gewissen vor Gott meinen Weg gegangen bis zum heutigen Tag.« ² Da befahl der Hohepriester Hananias denen, die bei ihm standen, ihn auf den Mund zu schlagen. ³ Paulus sagte zu ihm: »Gott wird dich schlagen, du übertünchte Wand. Du sitzt da, mich nach dem Gesetz zu richten, und läßt mich im Widerspruch zum Gesetz schlagen!« ⁴ Da riefen die Umstehenden: »Den Hohenpriester Gottes beschimpfst du?« ⁵ Paulus erwiderte:

»Ich wußte nicht, Brüder, daß es der Hohepriester ist. Es steht ja geschrieben: ›Einen Führer deines Volkes sollst du nicht bös anreden‹ (Ex 22,27).«
⁶ Weil aber Paulus wußte, daß der eine Teil Sadduzäer und der andere Pharisäer waren, rief er laut im Hohen Rat: »Brüder! Ich bin ein Pharisäer, ein Sohn von Pharisäern. Wegen der Hoffnung und der Auferstehung der Toten stehe ich vor Gericht!« ⁷ Als er dies sagte, kam es zum Streit zwischen den Pharisäern und Sadduzäern, und die Versammlung entzweite sich. ⁸ Denn die Sadduzäer behaupten, es gebe weder Auferstehung noch Engel oder Geistwesen, die Pharisäer aber nehmen beides an.

⁹ Es entstand ein großes Geschrei, und einige Schriftgelehrte von der Pharisäergruppe standen während des Streites auf und sagten: »Wir finden nichts Böses an diesem Menschen! Ob nicht doch ein Geist mit ihm gesprochen hat oder ein Engel?« ¹⁰ Bei dem großen Zerwürfnis, das entstand, fürchtete der Oberst, Paulus möchte von ihnen zerrissen werden, ließ Soldaten herabkommen und ihn herausholen aus ihrer Mitte und in die Kaserne bringen. ¹¹ In der folgenden Nacht trat der Herr zu ihm und sprach: »Sei guten Mutes! Denn wie du in Jerusalem Zeugnis ablegtest für das, was mich angeht, so mußt du auch nach Rom als Zeuge gehen.«

Jüdische Verschwörung gegen Paulus. ¹² Als es Tag wurde, rotteten sich die Juden zusammen, verschworen sich und erklärten, sie würden weder essen noch trinken, bis sie Paulus getötet hätten. ¹³ Es waren ihrer mehr als vierzig, die sich so verschworen. ¹⁴ Sie gingen zu den Hohenpriestern und Ältesten und sagten: »Wir haben uns unter der Strafe der Verfluchung verpflichtet, nichts zu genießen, bis wir Paulus getötet haben. ¹⁵ Sprecht nun ihr zusammen mit dem Hohen Rat beim Oberst vor, er soll ihn herabführen lassen zu euch, weil ihr vorhättet, seine Sache genauer zu untersuchen; wir aber halten uns vor seinem Herankommen bereit, ihn niederzumachen.«

¹⁶ Der Schwestersohn des Paulus hörte von dem Anschlag, begab sich in die Kaserne und setzte Paulus davon in Kenntnis. ¹⁷ Paulus aber ließ einen der Hauptleute zu sich kommen und sagte: »Führe diesen jungen Mann zum Oberst; denn er hat ihm etwas zu melden.« ¹⁸ Der nahm ihn mit sich, führte ihn zum Oberst und sagte: »Der Gefangene Paulus ließ mich zu sich kommen und bat, diesen jungen Mann zu dir zu führen, da er dir etwas zu sagen habe.«

¹⁹ Da nahm ihn der Oberst bei der Hand, ging mit ihm beiseite und fragte ihn: »Was ist es, das du mir zu melden hast?« ²⁰ Er antwortete: »Die Juden haben vereinbart, dich zu bitten, daß du morgen Paulus vor den Hohen Rat hinabbringen läßt, weil angeblich noch genauere Untersuchung vorgenommen werden soll. ²¹ Laß dich von ihnen nicht überreden! Denn mehr als vierzig Männer von ihnen haben einen Anschlag auf ihn vor; sie haben sich unter dem Fluch gegen sich selbst verschworen, weder zu essen noch zu trinken, bis sie ihn ermordet hätten. Sie halten sich schon bereit und erwarten deine Zusage.« ²² Da entließ der Oberst den jungen Mann mit der Weisung: »Sag niemand, daß du mir diese Anzeige gemacht hast.«

Überführung nach Cäsarea. ²³ Hierauf ließ er zwei von den Hauptleuten kommen und sagte: »Haltet zweihundert Soldaten bereit für einen Marsch nach Cäsarea, auch siebzig Reiter und zweihundert Schützen, und zwar von der dritten Stunde der Nacht an; ²⁴ haltet auch Reittiere bereit, um Paulus daraufzusetzen und ihn sicher zum Statthalter Felix zu bringen.« ²⁵ Und er schrieb einen Brief folgenden Inhalts: ²⁶ »Klaudius Lysias entbietet dem erlauchten Statthalter Felix seinen Gruß! ²⁷ Dieser Mann war von den Juden ergriffen worden und nahe daran, von ihnen getötet zu werden; da griff ich mit der Truppe ein und holte ihn heraus, denn ich stellte fest, daß er ein römischer Bürger ist. ²⁸ Weil ich den Grund ihrer Anklage gegen ihn ermitteln wollte, führte ich ihn vor ihren Hohen Rat. ²⁹ Ich fand, daß er wegen Streitfragen ihres Gesetzes angeklagt ist, aber keine Anschuldigung vorliegt, die Tod oder Gefängnis verdient. ³⁰ Da mir nun angezeigt wurde, daß auf den Mann ein Anschlag geplant sei, schicke ich ihn unverzüglich zu dir und habe die Ankläger angewiesen, die Klage gegen ihn vor dir vorzubringen. Lebe wohl!«
³¹ Die Soldaten nahmen ihrem Befehl gemäß Paulus und brachten ihn bei Nacht bis nach Antipatris; ³² am folgenden Tag ließen sie die Reiter mit ihm weiterziehen; sie selbst kehrten in die Kaserne zurück. ³³ Als jene nach Cäsarea kamen, übergaben sie dem Statthalter den Brief und brachten auch Paulus vor ihn. ³⁴ Er las und fragte, aus welcher Provinz er sei, und als er vernahm, aus Zilizien, ³⁵ sagte er: »Ich werde dich verhören, wenn auch deine Ankläger eingetroffen sind.« Er gab Befehl, daß er im Prätorium des Herodes in Gewahrsam gehalten werde.

24. Kapitel

Verhandlung vor Felix. ¹ Nach fünf Tagen kam der Hohepriester Hananias mit einigen Ältesten und einem Anwalt, Tertullus, herab, und sie erhoben vor dem Statthalter Anklage gegen Paulus. ² Nachdem dieser gerufen war, eröffnete Tertullus die Anklage mit den Worten: »Tiefen Frieden genießen wir, und Verbesserungen wurden durch deine Fürsorge diesem Volk in jeglicher Weise und allerorts zuteil; ³ das erkennen wir, erlauchter Felix, in aller Dankbarkeit an. ⁴ Ohne dich aber lange hinhalten zu wollen, bitte ich dich, uns kurz in deiner Güte anzuhören.

⁵ Wir haben nämlich diesen Menschen als eine Pest kennengelernt und als Unruhestifter unter allen Juden in der ganzen Welt; er ist ein Anführer der Sekte der Nazoräer ⁶ und hat sogar versucht, den Tempel zu entweihen; wir nahmen ihn fest [und wollten ihn richten nach unserem Gesetz. ⁷ Doch der Oberst Lysias kam dazu, entriß ihn mit Gewalt unseren Händen ⁸ und befahl, daß seine Ankläger zu dir kommen sollten]. Du kannst ihn selber verhören und von ihm Kenntnis erhalten über alles, wessen wir ihn anklagen.« ⁹ Auch die Juden legten sich mit ein und erklärten, daß es sich so verhalte.

¹⁰ Auf ein Zeichen des Statthalters, daß er reden solle, entgegnete Paulus: »Da ich weiß, wie du seit vielen Jahren Richter bist über dieses Volk, verteidige ich guten Mutes meine Sache. ¹¹ Du kannst feststellen, daß es für mich nicht mehr als zwölf Tage sind, seit ich nach Jerusalem hinaufzog, um anzubeten. ¹² Sie haben mich weder im Tempel dabei getroffen, daß ich mit jemand ein Streitgespräch geführt oder einen Volksaufruhr erregt hätte, noch in den Synagogen noch im Bereich der Stadt; ¹³ auch können sie keine Beweise erbringen für das, wessen sie mich jetzt anklagen.

¹⁴ Das aber bekenne ich vor dir, daß ich nach dem Weg, den sie eine Irrlehre nennen, dem Gott meiner Väter diene, wobei ich an alles glaube, was im Gesetz und bei den Propheten geschrieben steht; ¹⁵ und ich habe die Hoffnung zu Gott, wie auch diese selbst sie hegen, daß es eine Auferstehung geben wird von Gerechten wie von Ungerechten. ¹⁶ Daher bin ich

---

24,1–27: Mit besonderem Interesse läßt der Bericht erkennen, daß man weder juristisch noch moralisch Paulus ein Vergehen nachweisen konnte, obwohl er der Verschlagenheit seiner jüdischen Gegner wie der schwankenden Haltung der römischen Beamten gegenüberstand.

auch selber bemüht, allezeit ein schuldloses Gewissen zu haben vor Gott und vor den Menschen.
¹⁷ Nach einer Reihe von Jahren bin ich gekommen, um Almosen zu bringen für mein Volk und zu opfern; ¹⁸ hierbei trafen sie mich, als ich im Tempel mich der Reinigung unterzog, keineswegs aber mit einem Volkshaufen oder unter Tumult. ¹⁹ Nur einige Juden aus Asia waren da; die müßten vor dir erscheinen und Klage erheben, wenn sie etwas gegen mich haben sollten. ²⁰ Oder diese selbst hier mögen aussagen, welches Verbrechen sie gefunden haben, als ich vor dem Hohen Rate stand; ²¹ es müßte denn das eine Wort sein, das ich ausrief, als ich unter ihnen stand: Der Auferstehung der Toten wegen stehe ich heute vor eurem Gericht!«
²² Felix, der über die Lehre recht gut Bescheid wußte, entschloß sich für Vertagung ihrer Angelegenheit und sprach: »Sobald der Oberst Lysias herabkommt, will ich eure Sache entscheiden.« ²³ Dem Hauptmann befahl er, ihn in Gewahrsam zu halten, und zwar in milder Haft, und niemand von den Seinen zu hindern, ihm zu Diensten zu sein. ²⁴ Nach einigen Tagen erschien Felix mit seiner Gemahlin Drusilla, die eine Jüdin war, ließ Paulus rufen und verhörte ihn über den Glauben an Christus Jesus.
²⁵ Als aber dieser von Gerechtigkeit und Enthaltsamkeit sprach und vom kommenden Gericht, geriet Felix in Furcht und entgegnete: »Für diesmal kannst du gehen; zu gelegener Zeit will ich dich wieder rufen.« ²⁶ Zugleich hoffte er auch, es werde ihm von Paulus Geld gegeben; darum rief er ihn oft zu sich und unterhielt sich mit ihm. ²⁷ Nach Ablauf von zwei Jahren erhielt Felix einen Nachfolger in Porcius Festus, und da Felix den Juden gefällig sein wollte, ließ er Paulus als Gefangenen zurück.

25. Kapitel
Paulus appelliert an den Kaiser. ¹ Als nun Festus in der Provinz eingetroffen war, begab er sich drei Tage darauf von Cäsarea hinauf nach Jerusalem; ² die Hohenpriester aber und die führenden Juden brachten ihre Klage gegen Paulus bei ihm vor, baten gegen diesen um einen Gunsterweis und suchten ihn zu bewegen, ³ er möge ihn nach Jerusalem überführen lassen; sie planten dabei einen Anschlag, um ihn unterwegs zu beseitigen. ⁴ Festus aber erwiderte, Paulus bleibe in Cäsarea verwahrt, er selbst aber wolle in Kürze abreisen. ⁵ »Dann mögen die Bevollmächtigten unter euch«, sagte er, »mit hin-

Apostelgeschichte 25,6–16

abkommen, und wenn auf dem Mann ein Verbrechen liegt, sollen sie Anklage erheben gegen ihn.«
⁶ Er hielt sich bei ihnen nicht länger als acht oder zehn Tage auf, reiste nach Cäsarea hinab, setzte sich am andern Tag auf den Richterstuhl und ließ Paulus vorführen. ⁷ Als dieser erschien, umringten ihn die Juden, die von Jerusalem herabgekommen waren, und brachten viele und schwere Anklagen vor, die sie jedoch nicht beweisen konnten. ⁸ Paulus verteidigte sich: »Weder gegen das Gesetz der Juden noch gegen den Tempel noch gegen den Kaiser habe ich mich vergangen.«
⁹ Festus, der sich den Juden gefällig erweisen wollte, sagte in seiner Erwiderung zu Paulus: »Willst du nach Jerusalem hinaufgehen und dich dort über diese Dinge von mir richten lassen?«
¹⁰ Paulus entgegnete: »Ich stehe vor dem Richterstuhl des Kaisers, hier muß ich gerichtet werden. Den Juden gegenüber habe ich kein Unrecht begangen, wie auch du sehr wohl weißt. ¹¹ Sollte ich nun im Unrecht sein und etwas Todeswürdiges begangen haben, weigere ich mich nicht zu sterben; ist aber nichts an den Klagen, die sie vorbringen gegen mich, so kann niemand mich ihnen preisgeben; ich lege Berufung ein an den Kaiser.« ¹² Da besprach sich Festus mit seinem Rat und gab den Bescheid: »Den Kaiser hast du angerufen! Zum Kaiser sollst du gehen!«
Der König Agrippa. ¹³ Nach Verlauf einiger Tage kamen König Agrippa und Berenike nach Cäsarea, um Festus zu begrüßen. ¹⁴ Da sie mehrere Tage sich dort aufhielten, legte Festus dem König die Sache gegen Paulus vor und sagte: »Von Felix ist ein Mann als Gefangener hinterlassen worden, ¹⁵ dessentwegen bei meiner Anwesenheit in Jerusalem die Hohenpriester und Ältesten der Juden Klage stellten mit der Forderung seiner Verurteilung. ¹⁶ Ich gab ihnen den Bescheid, es sei bei den Römern nicht Sitte, einen Mann auszuliefern, bevor der Beklagte den Klägern nicht von Angesicht zu Angesicht gegenübergestanden sei und Gelegenheit erhalten habe, sich gegen die Anschuldigungen zu verteidigen.

25,13–26,32: Wenn die Apostelgeschichte so ausführlich die Begegnung zwischen Paulus und dem König Herodes Agrippa II., dem Urenkel Herodes d. Gr. und Beherrscher syrischer Gebiete samt Galiläa und Peräa, berichtet, dann wohl deswegen, weil das Urteil dieses auch in Rom einflußreichen Mannes von Bedeutung sein konnte im Prozeß gegen Paulus – vorausgesetzt freilich, daß unser Buch noch während des Verfahrens (63?) entstand. Vgl. Einleitung und Schlußbemerkung!

¹⁷ Sie kamen nun mit hierher, und ich setzte mich ohne Verzug am folgenden Tag auf den Richterstuhl und ließ den Mann vorführen. ¹⁸ Als die Kläger auftraten, brachten sie über ihn keine der von mir angenommenen schlimmen Beschuldigungen vor, ¹⁹ sondern hatten gegen ihn gewisse Streitfragen hinsichtlich ihrer Religion und eines gewissen Jesus, der gestorben ist, von dem aber Paulus behauptete, daß er lebe.
²⁰ Da ich nun in der diesbezüglichen Streitfrage nicht Bescheid wußte, fragte ich, ob er vielleicht nach Jerusalem hinaufgehen und dort hierüber gerichtet werden wolle. ²¹ Paulus aber legte Berufung ein, um bis zur Entscheidung der Kaiserlichen Majestät in Gewahrsam gehalten zu werden, und so gab ich Anweisung, daß er in Haft bleibe, bis ich ihn zum Kaiser schicken würde.« ²² Agrippa sagte zu Festus: »Ich möchte auch selbst ganz gern diesen Menschen hören.« »Morgen«, erwiderte er, »sollst du ihn hören.«

Paulus vor Agrippa. ²³ Am folgenden Tag kamen Agrippa und Berenike mit großem Gepränge und betraten mit den Militärobersten und den vornehmsten Männern der Stadt den Empfangssaal, und Paulus wurde auf Befehl des Festus vorgeführt.
²⁴ Festus sagte: »König Agrippa und alle ihr mit uns anwesenden Männer! Da seht ihr den Mann, dessentwegen mich das ganze Volk der Juden in Jerusalem wie auch hier bestürmt hat mit dem Geschrei, er dürfe nicht länger mehr leben. ²⁵ Doch ich stellte fest, daß er nichts Todeswürdiges begangen hat; da er jedoch selbst die Kaiserliche Majestät angerufen hat, beschloß ich, ihn dahin zu senden. ²⁶ Ich weiß nun nichts Zuverlässiges über ihn an den Herrn zu schreiben; daher habe ich ihn vor euch und vorzüglich vor dich, König Agrippa, bringen lassen, damit ich nach erfolgtem Verhör weiß, was ich zu schreiben habe. ²⁷ Denn es scheint mir sinnlos, einen Gefangenen zu schicken und nicht auch die gegen ihn gerichteten Anklagepunkte anzugeben.«

26. Kapitel

¹ Agrippa sagte zu Paulus: »Es ist dir gestattet, in deiner Sache zu reden.« Da streckte Paulus die Hand aus und begann seine Verteidigung: ² »Ich schätze mich glücklich, König Agrippa, daß ich mich heute vor dir wegen all der von den Juden gegen mich erhobenen Anklagen verteidigen darf; ³ du bist ja ein vorzüglicher Kenner aller bei den Juden sich fin-

denden Bräuche und Streitfragen. Ich bitte daher, mit Geduld mich anzuhören.

[4] Von meinem Lebenswandel, den ich von meiner frühen Jugend an unter meinem Volk, und zwar in Jerusalem, führte, wissen alle Juden, [5] die mich seit jeher kennen – und es bezeugen wollen –, daß ich als Pharisäer nach der strengsten Richtung unserer Religion gelebt habe.

[6] Nun stehe ich vor Gericht wegen der Hoffnung auf die von Gott an unsere Väter ergangene Verheißung, [7] zu der unser Zwölfstämmevolk zu gelangen hofft, wenn es unablässig Tag und Nacht Gott dient. Dieser Hoffnung wegen, o König, werde ich von den Juden angeklagt. [8] Warum gilt es bei euch für unglaublich, daß Gott Tote erweckt?

[9] Zwar hatte ich mir eingebildet, ich müßte gegen den Namen Jesu, des Nazoräers, viel Feindseliges unternehmen. [10] Das tat ich denn auch in Jerusalem und habe viele der Heiligen in Gefängnisse geworfen, wozu ich von den Hohenpriestern Vollmacht erhalten hatte, und wenn sie hingerichtet wurden, stimmte ich zu. [11] In allen Synagogen suchte ich sie gar oft unter Strafen zum Lästern zu zwingen, und in meiner maßlosen Wut verfolgte ich sie bis in die auswärtigen Städte.

[12] Als ich aber dabei mit Vollmacht und im Auftrag der Hohenpriester nach Damaskus zog, [13] sah ich unterwegs, mitten am Tag, o König, vom Himmel her ein Licht, heller als der Glanz der Sonne, das mich und meine Gefährten umstrahlte. [14] Indes wir alle zu Boden fielen, hörte ich eine Stimme in hebräischer Sprache zu mir sagen: ›Saul, Saul, warum verfolgst du mich? Es ist hart für dich, gegen den Stachel auszuschlagen.‹

[15] Ich aber entgegnete: ›Wer bist du, Herr?‹ Der Herr antwortete: ›Ich bin Jesus, den du verfolgst. [16] Doch steh auf und stelle dich auf deine Füße; denn dazu bin ich dir erschienen, daß ich dich bestelle zum Diener und zum Zeugen dessen, was du an mir geschaut hast, und dessen, worin ich mich dir zeigen werde. [17] Bewahren werde ich dich vor dem Volk und vor den Heiden, zu denen ich dich sende; [18] du sollst ihnen die Augen öffnen, damit sie sich bekehren von der Finsternis zum Licht und von der Gewalt des Satans zu Gott und so Vergebung der Sünden erlangen und Anteil unter den Heiligen durch den Glauben an mich.‹

[19] Daraufhin, König Agrippa, verhielt ich mich nicht abweisend gegenüber der himmlischen Erscheinung, [20] sondern predigte zuerst denen in Damaskus, dann auch in Jerusalem

und im ganzen Land der Juden und unter den Heidenvölkern, sie sollten sich bekehren und hinwenden zu Gott und der Bekehrung entsprechende Werke tun. ²¹ Um dieser Dinge willen ergriffen mich die Juden im Tempel und versuchten, mich zu töten. ²² Aber durch Gottes Hilfe, die ich erfuhr, stehe ich bis zum heutigen Tag und gebe Zeugnis vor klein und groß; ich behaupte nichts anderes, als was die Propheten und auch Mose als Geschehen der Zukunft verkündet haben, ²³ daß nämlich der Messias dem Leiden unterworfen sei, aber als erster aus der Auferstehung der Toten ein Licht verkünden werde dem Volk und den Heiden.«

Wirkung der Rede. ²⁴ Als er sich so verteidigte, rief Festus mit lauter Stimme: »Du bist von Sinnen, Paulus! Das viele Studieren bringt dich um den Verstand!« ²⁵ Paulus aber sagte: »Ich bin nicht von Sinnen, erlauchter Festus, sondern ich rede Worte der Wahrheit und Besonnenheit. ²⁶ Es weiß ja der König, zu dem ich mit Freimut spreche, um diese Dinge; bin ich doch überzeugt, daß nichts davon ihm unbekannt blieb; es hat sich ja dies nicht in einem Winkel zugetragen. ²⁷ Glaubst du, König Agrippa, den Propheten? Ich weiß, du glaubst!«
²⁸ Agrippa erwiderte Paulus: »In kurzem überredest du mich noch, mich als Christen zu erklären.« ²⁹ Paulus sagte: »Ich wollte vor Gott, daß über kurz oder lang nicht allein du, sondern auch alle, die heute mich hören, das würden, was ich bin, abgesehen von diesen Ketten.«
³⁰ Da erhoben sich der König und der Statthalter sowie Berenike und die mit anwesenden Gäste. ³¹ Beim Hinausgehen sagten sie zueinander: »Dieser Mann tut nichts, was Tod oder Fesseln verdient.« ³² Agrippa aber sagte zu Festus: »Freilassen könnte man diesen Menschen, hätte er nicht Berufung eingelegt an den Kaiser.«

27. Kapitel

Auf dem Weg nach Rom. ¹ Nachdem unsere Abfahrt nach Italien entschieden war, übergab man Paulus mit anderen Gefangenen dem Hauptmann einer kaiserlichen Kohorte namens Julius. ² Wir bestiegen ein Schiff aus Adramyttium, das zu den Plätzen an der Küste von Asia fahren sollte, und segelten ab, begleitet von dem Mazedonier Aristarchus aus

---

27,1–28,31: Der Bericht von der Überfahrt des gefangenen Apostels nach Rom gehört zu den interessantesten Beiträgen zur antiken Seefahrerei. Er läßt hervortreten, wie Gottes Führung über Paulus wachte, so daß er trotz aller Gefahren nach Rom kam.

Apostelgeschichte 27,3–20

Thessalonich. ³ Am folgenden Tag liefen wir in Sidon ein, und Julius, der sich freundlich gegen Paulus verhielt, erlaubte ihm, seine Freunde aufzusuchen und sich versorgen zu lassen. ⁴ Von dort fuhren wir weiter, segelten, da wir Gegenwind hatten, um Zypern herum, ⁵ durchquerten das Meer an Zilizien und Pampyhlien vorbei und kamen nach Myra in Lyzien. ⁶ Dort traf der Hauptmann ein Schiff aus Alexandrien, das nach Italien fuhr, und brachte uns an Bord von diesem. ⁷ Eine Reihe von Tagen kamen wir nur langsam voran und gelangten mit Mühe auf die Höhe von Knidos; weil uns der Wind nicht vorankommen ließ, umsegelten wir Kreta, in der Gegend von Salmone, ⁸ und erreichten in mühsamer Fahrt an der Küste entlang einen Ort, der Kaloi Limenes (»Schönhafen«) heißt, in der Nähe der Stadt Lasäa.

Im Seesturm. ⁹ Da geraume Zeit verflossen und die Schiffahrt schon unsicher war – das Fasten war ja schon vorüber –, warnte Paulus und sprach: ¹⁰ »Männer, ich sehe, daß die Weiterfahrt mit Ungemach und viel Schaden nicht nur für die Ladung und das Schiff, sondern auch für unser Leben verknüpft sein wird.« ¹¹ Der Hauptmann aber glaubte mehr dem Steuermann und dem Kapitän als den Worten des Paulus. ¹² Da der Hafen zum Überwintern nicht geeignet war, entschloß sich die Mehrzahl, von dort wegzufahren, um womöglich nach Phönix, einem nach Süd- und Nordwest offenen Hafen von Kreta, zu kommen und zu überwintern.
¹³ Als ein leichter Südwind wehte, glaubten sie, ihr Vorhaben sicher ausführen zu können, lichteten die Anker und fuhren an Kreta entlang. ¹⁴ Aber nicht lange danach brach von der Insel ein Wirbelsturm, der sogenannte Eurakylon, herab; ¹⁵ weil das Schiff mitfortgerissen wurde und nicht mehr gegen den Wind zu bringen war, gaben wir es preis und ließen es treiben. ¹⁶ Als wir an einer kleinen Insel mit Namen Klauda vorbeifuhren, konnten wir uns mit Not des Beibootes bemächtigen; ¹⁷ sie zogen es empor und trafen Vorkehrungen, indem sie das Schiff umgürteten. Weil man fürchtete, auf die Syrte zu geraten, zogen wir die Segel ein und ließen uns treiben. ¹⁸ Da uns der Sturm gewaltig zusetzte, warfen sie am folgenden Tag die Ladung aus, ¹⁹ und am dritten Tag warfen sie eigenhändig die Schiffseinrichtung über Bord. ²⁰ Als mehrere Tage weder die Sonne schien noch Sterne sich zeigten und der

---

27,9: Gemeint ist das Fasten am großen Versöhnungstag im Herbst, eine Zeit, in der die Schiffahrt wegen der beginnenden Winterstürme eingestellt zu werden pflegte.

Sturm mit unverminderter Gewalt uns bedrängte, schwand uns zuletzt alle Hoffnung auf Rettung.
²¹ Da sie lange nichts mehr gegessen hatten, trat Paulus unter sie und sprach: »Männer, man hätte auf mich hören und von Kreta nicht abfahren sollen, um so dieses Ungemach und diesen Schaden zu ersparen. ²² Doch auch jetzt ermahne ich euch, guten Mutes zu sein; denn keiner von euch wird verlorengehen, nur das Schiff. ²³ Denn in dieser Nacht kam zu mir ein Engel des Gottes, dem ich angehöre und dem ich diene, ²⁴ und sprach: ›Fürchte dich nicht, Paulus! Du mußt vor dem Kaiser erscheinen, und siehe, Gott hat dir alle geschenkt, die mit dir fahren.‹ ²⁵ So seid guten Mutes, Männer! Denn ich vertraue auf Gott, daß es so geschehen wird, wie mir gesagt wurde. ²⁶ Wir müssen aber auf irgendeine Insel verschlagen werden.«
Schiffbruch vor Malta. ²⁷ Als die vierzehnte Nacht hereingebrochen war und wir auf der Adria dahintrieben, vermuteten die Schiffsleute um Mitternacht, daß ihnen irgendein Festland näherkomme. ²⁸ Sie warfen das Senkblei aus und fanden zwanzig Faden; nach kurzer Zwischenstrecke loteten sie abermals und fanden fünfzehn Faden. ²⁹ Weil sie nun fürchteten, wir möchten auf Klippen stoßen, warfen sie vom Hinterschiff vier Anker aus und warteten sehnsüchtig auf den Anbruch des Tages. ³⁰ Als aber die Schiffsleute aus dem Schiff zu entfliehen suchten und das Beiboot ins Meer ließen, unter dem Vorwand, auch vom Vorderschiff Anker auszuwerfen, ³¹ sagte Paulus zum Hauptmann und zu den Soldaten: »Wenn diese nicht im Schiff bleiben, könnt ihr nicht gerettet werden.« ³² Da hieben die Soldaten die Taue des Bootes ab und ließen es davontreiben. ³³ Als es anfing, Tag zu werden, forderte Paulus alle auf, Nahrung zu nehmen, und sprach: »Vierzehn Tage sind es heute, daß ihr in stetem Warten ohne Nahrung seid und nichts zu euch genommen habt. ³⁴ Daher fordere ich euch auf, Nahrung zu euch zu nehmen; denn dies dient eurer Rettung; es wird ja keinem von euch ein Haar vom Haupt verlorengehen.« ³⁵ Nachdem er dies gesagt hatte, nahm er Brot, sprach in Gegenwart aller zu Gott das Dankgebet, brach es und begann zu essen. ³⁶ Da wurden alle zuversichtlich und nahmen ebenfalls Nahrung zu sich. ³⁷ Es waren unser auf dem Schiff im ganzen zweihundertsechsundsiebzig Seelen. ³⁸ Nachdem sie sich satt gegessen hatten, erleichterten sie das Schiff und warfen das Getreide ins Meer.

27,35: Paulus beachtete die allgemein übliche jüdische Sitte des Brotsegnens und Brotbrechens.

Apostelgeschichte 27,39–28,10

³⁹ Als es Tag wurde, erkannten sie zwar das Land nicht, doch gewahrten sie eine Bucht mit einem flachen Strand, auf den sie nach Möglichkeit das Schiff auflaufen lassen wollten. ⁴⁰ Sie machten die Anker los und ließen sie ins Meer fallen; zugleich lösten sie die Bindungen der Steuerruder, setzten das Vordersegel in die Windrichtung und hielten auf den Strand zu. ⁴¹ Sie gerieten aber auf eine Sandbank und strandeten mit dem Schiff; der Bug grub sich tief ein und saß fest, das Hinterschiff aber wurde von der Gewalt der Wogen zertrümmert. ⁴² Die Soldaten machten den Vorschlag, die Gefangenen zu töten, damit keiner durch Schwimmen entkäme. ⁴³ Der Hauptmann aber, der Paulus retten wollte, hielt sie von ihrem Vorhaben zurück und befahl, die schwimmen könnten, sollten als erste von Bord springen und ans Land zu kommen suchen, ⁴⁴ die übrigen aber teils auf Planken, teils auf irgendeinem Stück vom Schiff. Und so kam es, daß sich alle heil an Land retteten.

28. Kapitel

Überwinterung auf Malta. ¹ Nach unserer Rettung erfuhren wir, daß die Insel Malta heißt. ² Die Eingeborenen erwiesen uns ungewöhnliche Freundlichkeit; sie zündeten nämlich ein Feuer an und holten uns alle angesichts des anhaltenden Regens und der Kälte heran. ³ Als Paulus ein Bündel Reisig zusammenraffte und auf das Feuer legte, fuhr infolge der Hitze eine Natter heraus und biß sich an seiner Hand fest. ⁴ Als die Eingeborenen das Tier an seiner Hand hängen sahen, sagten sie zueinander: »Dieser Mensch ist ganz gewiß ein Mörder, den die Rachegöttin nicht leben läßt, obschon er dem Meer entkommen ist.« ⁵ Er nun schleuderte das Tier von sich ins Feuer und erlitt keinen Schaden. ⁶ Sie aber erwarteten, er werde anschwellen oder plötzlich tot umfallen. Als sie jedoch nach längerem Warten sahen, daß ihm nichts Außerordentliches widerfuhr, kamen sie auf andere Gedanken und sagten, er sei ein Gott.

⁷ Im Umkreis jenes Platzes war ein Gut, das dem ersten Mann der Insel, namens Publius, gehörte. Dieser nahm uns auf und beherbergte uns voll Gastlichkeit drei Tage lang. ⁸ Der Vater des Publius lag gerade an Fieberanfällen und Ruhr schwer danieder. Paulus ging zu ihm hin, legte ihm unter Gebet die Hände auf und machte ihn gesund. ⁹ Daraufhin kamen auch die anderen Kranken auf der Insel herbei und wurden geheilt. ¹⁰ Sie erzeigten uns viele Ehren und versahen uns bei der Abfahrt mit allem, was wir nötig hatten.

Von Malta nach Rom. ¹¹ Nach drei Monaten fuhren wir weiter, und zwar mit einem alexandrinischen Schiff, das auf der Insel überwintert hatte und das Zeichen der Dioskuren führte. ¹² Wir kamen nach Syrakus und blieben drei Tage. ¹³ Von dort fuhren wir hinüber und gelangten nach Regium, und als tags darauf der Südwind einsetzte, kamen wir in zwei Tagen nach Puteoli.

¹⁴ Dort trafen wir Brüder und wurden gebeten, sieben Tage bei ihnen zu bleiben, und so kamen wir nach Rom. ¹⁵ Da die Brüder von uns gehört hatten, waren sie uns von dort bis Forum Appii und Tres Tabernae entgegengegangen. Als Paulus sie sah, dankte er Gott und faßte Mut.

Paulus in Rom. ¹⁶ In Rom angekommen, erhielt Paulus [, nachdem der Hauptmann die Gefangenen dem Lageroberstenübergeben hatte,] die Erlaubnis, mit dem Soldaten, der ihn bewachte, eine eigene Wohnung zu nehmen.

¹⁷ Nach drei Tagen war es, da ließ er die Führer der Juden zu sich kommen, und als sie beisammen waren, sagte er zu ihnen: »Brüder! Obwohl ich nichts gegen das Volk oder die väterlichen Sitten getan habe, bin ich als Gefangener von Jerusalem aus in die Hände der Römer übergeben worden. ¹⁸ Diese verhörten mich und wollten mich freilassen, da keine todeswürdige Schuld bei mir vorlag. ¹⁹ Als aber die Juden Einspruch erhoben, war ich gezwungen, den Kaiser anzurufen, jedoch nicht so, als hätte ich gegen mein Volk eine Klage. ²⁰ Aus diesem Grund habe ich gebeten, euch sehen und sprechen zu dürfen; denn um der Hoffnung Israels willen trage ich diese Kette.«

²¹ Diese sagten darauf zu ihm: »Wir haben über dich weder Briefe aus Judäa erhalten, noch ist einer der Brüder gekommen, der etwas Böses von dir berichtet oder ausgesagt hätte. ²² Wir wünschen aber von dir zu hören, welcher Meinung du bist; denn von dieser Sekte ist uns bekannt, daß ihr allenthalben widersprochen wird.«

²³ Sie bestimmten ihm einen Tag und kamen in noch größerer Zahl zu ihm in die Herberge, wo er ihnen vom Morgen bis zum Abend das Reich Gottes darlegte und bezeugte und sie vom

---

28,11: Dioskuren sind das Zwillingspaar Kastor und Pollux, die als Patrone der Schiffahrt galten.
28,16–29: Mit diesem Bericht über die Aussprache mit den Vertretern der römischen Judenschaft will die Apg darlegen, daß auch diese nichts Belastendes über Paulus wußten, selbst aber wenig Aufgeschlossenheit für die christliche Botschaft zeigten.

Apostelgeschichte 28,24–31

Gesetz des Mose und den Propheten her für Jesus zu gewinnen suchte. ²⁴ Die einen ließen sich durch das Gesagte überzeugen, die anderen aber blieben ungläubig.
²⁵ Ohne sich miteinander einigen zu können, gingen sie weg, indes Paulus das eine Wort sagte: »Treffend hat der Heilige Geist durch den Propheten Jesaja zu euren Vätern gesprochen: ²⁶ ›Geh zu diesem Volk und sprich: Mit Ohren werdet ihr hören und nicht verstehen, und sehen werdet ihr und nicht erkennen; ²⁷ denn das Herz dieses Volkes ist verstockt; mit den Ohren hören sie schwer, und ihre Augen halten sie geschlossen, damit sie nicht sehen mit den Augen und nicht hören mit den Ohren und nicht verstehen mit dem Herzen und sich bekehren und ich sie heile‹ (Jes 6,9f). ²⁸ So sei denn euch kund: Den Heiden wurde nun dieses Heil Gottes gesandt, und sie werden hören.« ²⁹ [Bei diesen Worten verließen ihn die Juden und stritten heftig untereinander.]
³⁰ Er aber blieb zwei volle Jahre in seiner eigenen Mietwohnung, nahm alle auf, die zu ihm kamen, ³¹ und verkündete das Reich Gottes und belehrte sie über Jesus Christus mit allem Freimut, ohne Behinderung.

28,30f: Dieser plötzliche Abschluß des Buches mit seiner betonten Hervorhebung der freundlichen Behandlung des gefangenen Apostels durch die römische Behörde – wie diese ja auch schon im bisherigen Bericht immer wieder mit besonderer Aufmerksamkeit geschildert wurde –, läßt sich schwer verstehen, wenn zur Zeit der Niederschrift dieses Berichtes Paulus schon den Martertod gestorben wäre. Daher hat man gerade aus dieser Überlegung die Annahme zu begründen versucht, daß die Apostelgeschichte ihren Abschluß gefunden habe, ehe das Untersuchungsverfahren beendet worden sei. Das wäre dann im Jahre 63 gewesen. Dabei nimmt man auf Grund auch der in den Gefangenschaftsbriefen zum Ausdruck kommenden Zuversicht des Apostels auf baldige Freiheit an, daß der Apostel tatsächlich einen Freispruch erfuhr und so die Möglichkeit erhielt, sein in Röm 15,24.28 angekündigtes Vorhaben, nach Spanien zu fahren, auszuführen. Falls man die Pastoralbriefe (1 u. 2 Tim; Tit) in die Zeit nach dieser römischen Gefangenschaft setzen darf, würde man auch noch an ein Wirken im Orient denken können, wenngleich diese Frage abhängt von der besonderen Beurteilung dieser Briefe. Sollte man, wie es auf jeden Fall nicht ganz abzuweisen ist, diesen zeitlichen Ansatz für die Apostelgeschichte befürworten, besteht auch die Möglichkeit zur Annahme, daß Lukas mit der Abfassung seines Schreibens – vielleicht auf dem Weg über Theophilus (Lk 1,3; Apg 1,1) – einen Beitrag liefern wollte zu einer günstigen Beeinflussung des Untersuchungsverfahrens. Da man allerdings in neuerer Zeit – wie schon in der Einleitung vermerkt – ernste Gründe zu sehen glaubt für eine Datierung des Lukasevangeliums nach dem Jahre 70, müßte man auch die Apg später ansetzen und damit eine andere Erklärung für den eigenartigen Abschluß suchen.

Die Briefe des Apostels Paulus

Die folgenden Briefe sind Zeugnisse eines Mannes, der unter Gottes Führung für die Entwicklung der Kirche Christi von größter Bedeutung wurde. Saulus, meist mit seinem Zweitnamen Paulus genannt (vgl. Apg 13,9), als geborener Pharisäer und gebildeter Gesetzeslehrer mit der jüdischen Theologie vertraut, als Auslandsjude aus Tarsus in Zilizien mit der Kultur seiner Zeit bekannt, aus seinem Kampf gegen die Kirche zum Apostel berufen, bahnte dem Evangelium den Weg zur Weltkirche, vor allem durch seine großen Missionsreisen, von denen die erste ihn über Zypern nach Kleinasien führte (45 bis 49), die zweite über Kleinasien nach Europa (Mazedonien und Griechenland, 50–53), die dritte zu den gleichen Gebieten mit einem dreijährigen Wirken in Ephesus (54–58). Durch die Feindseligkeit jüdischer Gegner geriet er in langjährige Untersuchungshaft, zuerst in Cäsarea und dann in Rom (58–63; vgl. die ausführlichen Berichte der Apostelgeschichte 13–28). Es ist unsicher, ob er nochmals frei wurde und in die östlichen Gebiete und nach Spanien kam (Röm 15,24.28). In der neronischen Verfolgung starb er den Martertod, in der Zeit von 64–67. Seine Briefe, im folgenden nach ihrer Größe und Bedeutung geordnet, sind erfüllt von einem starken Sendungs- und Gnadenbewußtsein, von einer glühenden Dankbarkeit und Liebe für Christus und vom leidenschaftlichen Drang, allen Menschen die Heilsbotschaft zu verkünden. Sie geben uns auch lebendigen Einblick in die äußeren und inneren Verhältnisse und in die Missionsprobleme der ersten Kirche sowie in das Bemühen, das Heilserlebnis in Christus Jesus theologisch und kerygmatisch zu fassen und zu durchdringen. Nach ihrer zeitlichen Entstehung sind sie, wie folgt, zu ordnen: 1 Thess, 2 Thess, Gal, 1 Kor, 2 Kor, Röm, Kol, Eph, Phm, Phil, 1 Tim, Tit, 2 Tim. Der Hebräerbrief nimmt eine Sonderstellung ein. Vgl. die Einführung zu den einzelnen Briefen.

Der Brief an die Römer

Beim Abschluß der dritten Missionsreise, wohl im Frühjahr 58, schrieb Paulus von Korinth aus diesen wichtigsten seiner Briefe an die Christengemeinde der Reichshauptstadt Rom, da er die Absicht hatte, auf seiner geplanten Missionsfahrt nach Spanien in Rom Aufenthalt zu nehmen (Röm 1,11f; 15,19.23). In seinem Brief zeigt er in tiefgreifender Darstellung die Grundgedanken der Heilsbotschaft und deren alleinige Erlösungskraft für die heilsbedürftige Menschheit. In Berücksichtigung der aus ehemaligen Heiden und Juden bestehenden römischen Christengemeinde zeichnet er nach der Einleitung des Briefes (1,1–17) zunächst die religiöse und sittliche Not der gesamten Menschheit (1,18–3,20), um anschließend (3,21–4,25) das in Christus Jesus gewirkte und durch den Glauben an ihn zu erlangende Heil zu umschreiben. Von 5,1–8,39 sucht er in bewegter Weise die Lebensbedeutung dieser Erlösung zu schildern, um dadurch die große Zuversicht des Christen zu begründen. 9,1–11,36 bietet eine ergreifende Betrachtung zur Stellung der Juden im Heilswerk Gottes. Von 12,1–15,13 gibt der Apostel Weisung für das rechte Verhalten des Christen im Leben, um mit 15,14–16,27 dem Brief mit persönlichen Notizen den Abschluß zu geben.

1. Kapitel

Eingangsgruß. ¹ Paulus, Knecht Christi Jesu, berufen zum Apostel, ausgesondert für das Evangelium Gottes, ² das er im voraus verheißen hat durch seine Propheten in den Heiligen Schriften, ³ von seinem Sohn – hervorgegangen aus Davids Geschlecht dem Fleisch nach, ⁴ eingesetzt als Sohn Gottes in Macht dem Geist der Heiligkeit nach, durch die Auferstehung von den Toten – Jesus Christus, unserem Herrn. ⁵ Durch ihn empfingen wir Gnade und Apostelamt, um alle Völker zum Glaubensgehorsam zu führen für seinen Namen ⁶ – unter denen auch ihr seid als Berufene Jesu Christi –. ⁷ An alle, die in Rom sind als von Gott geliebte, berufene Heilige: Gnade euch und Friede von Gott, unserem Vater, und dem Herrn Jesus Christus.
Begründung des Briefes. ⁸ Zuerst danke ich meinem Gott durch Jesus Christus für euch alle, weil euer Glaube gerühmt wird auf der ganzen Welt. ⁹ Ist doch Gott mein Zeuge, er, dem ich diene in meinem Geist durch das Evangelium von seinem Sohn, daß ich ohne Unterlaß an euch denke ¹⁰ und allzeit bei

---

1,1–7: Der Briefeingang, nach Art antiker Briefe Absender, Adresse und Grußformel enthaltend, bildet schon eine Zusammenfassung der wichtigsten Heilstatsachen, mit Hervorhebung des gottmenschlichen Geheimnisses Jesu Christi, das besonders in seiner Auferstehung hervortritt.
1,1: »Knecht Christi« nennt sich der Apostel, weil er sich ganz dem Dienst Christi verschrieben hat, zugleich aber auch des großen Auftrages sich bewußt ist.

meinen Gebeten darum flehe, es möchte mir nach Gottes Willen doch endlich einmal ein Weg sich auftun, zu euch zu kommen. ¹¹ Denn es verlangt mich, euch zu sehen, um euch etwas mitzuteilen an Gabe des Geistes zu eurer Stärkung, ¹² das heißt, um uns mitsammen aufzurichten bei euch durch den gemeinsamen Glauben, den euren und den meinen.
¹³ Ich möchte nicht, daß ihr nicht wißt, Brüder, wie oft schon ich mir vornahm, zu euch zu kommen, und wie ich daran gehindert wurde bis zur Stunde; möchte ich doch auch bei euch einige Frucht gewinnen wie bei den übrigen Völkern. ¹⁴ Hellenen und Barbaren, Gebildeten und Ungebildeten bin ich verpflichtet; ¹⁵ so drängt es in mir, auch euch in Rom das Evangelium zu verkünden.
¹⁶ Denn ich schäme mich des Evangeliums nicht; es ist ja eine Kraft Gottes zum Heil für einen jeden, der glaubt – für den Juden zuerst und auch für den Hellenen. ¹⁷ Denn Gerechtigkeit Gottes offenbart sich in ihm, aus Glauben zu Glauben hin, wie geschrieben steht: ›Der Gerechte wird leben aus Glauben‹ (Hab 2,4).

Heilsnot der gesamten Menschheit

Das Heidentum. ¹⁸ Denn es offenbart sich der Zorn Gottes vom Himmel her über alle Gottlosigkeit und allen Frevel von Menschen, die frevlerisch die Wahrheit niederhalten. ¹⁹ Ist doch das Erkennbare an Gott offenkundig vor ihnen; Gott

---

1,16 f: Thema des Briefes mit den in den folgenden Kapiteln näher ausgeführten Grundbegriffen. »Evangelium« ist nach Paulus die Botschaft vom Heilswirken Gottes in Christus Jesus. »Glaube« meint die vertrauensvolle, vorbehaltlose Bereitschaft und Hingabe für diese Botschaft und den bekennenden Gehorsam gegenüber dem in ihr sich offenbarenden Heilswillen Gottes. Dieser »Glaube« ist nicht gebunden an die Zugehörigkeit zum Judentum, und das »Heil« steht a l l e n Menschen offen, die »glauben«. »Gerechtigkeit Gottes« meint im Gegensatz zur pharisäischen Werkgerechtigkeit das Gnadenwirken Gottes, insofern durch die Erlösertat seines Sohnes der göttliche Anspruch Genugtuung erfährt und zugleich der sündige Mensch in den Stand des Gerechtseins vor Gott geführt wird, wenn er sich im »Glauben« zu Christus Jesus bekennt (vgl. 3,21–31).
1,18–32: Beachte den Hinweis auf die Erkennbarkeit Gottes mit der Vernunft des Menschen. Wo aber dieses Wissen um Gott und die Ehrfurcht vor ihm verlorengehen, gerät der Mensch in die Verkehrung aller Ordnung. Paulus nennt dabei vor allem die Abirrung im Gebiet des geschlechtlichen Lebens, zeichnet aber in dem »Lasterkatalog« (1,29–31) die gesamte Verkehrung der aus der wahren Gottverehrung gefallenen Menschheit. Vgl. Weish 13–16.

nämlich machte es ihnen kund. ²⁰ Denn das Unschaubare an ihm ist seit Erschaffung der Welt an den geschaffenen Dingen mit der Vernunft wahrzunehmen: seine ewige Macht und sein Gottsein, so daß sie unentschuldbar sind; ²¹ denn obwohl sie Gott erkannten, erwiesen sie ihm nicht als Gott Verehrung und Dank, sondern verfielen in ihren Gedanken auf eitlen Wahn, und verdunkelt wurde ihr unverständiges Herz.
²² Die sich brüsten, Weise zu sein, wurden zu Toren ²³ und vertauschten die Herrlichkeit des unvergänglichen Gottes mit der Nachbildung eines vergänglichen Menschen, fliegender, vierfüßiger und kriechender Tiere.
²⁴ Darum gab sie Gott in den Begierden ihrer Herzen der Lasterhaftigkeit preis, so daß geschändet wurden ihre Leiber an ihnen, ²⁵ die Gottes Wahrheit mit der Lüge vertauschten und anbetend das Geschaffene verehrten an Stelle des Schöpfers, der zu preisen ist in Ewigkeit. Amen. ²⁶ Darum gab sie Gott schmählichen Leidenschaften preis; denn ihre Frauen vertauschten den natürlichen Verkehr mit dem widernatürlichen, ²⁷ und ebenso ließen auch die Männer vom natürlichen Verkehr mit der Frau und entbrannten in ihrer Gier zueinander; Männer treiben an Männern das Schandbare und empfangen den ihrer Verirrung gebührenden Lohn an sich selber.
²⁸ Und wie sie es nicht für wert hielten, Gott in der Erkenntnis zu wahren, so gab Gott sie preis einem verwerflichen Sinn, so daß sie tun, was wider die Ordnung ist, ²⁹ erfüllt von aller Frevelhaftigkeit, Schlechtigkeit, [Unzucht], Habsucht, Bosheit, voll Neid, Mord, Streit, Hinterlist, Tücke, übelredend, ³⁰ verleumderisch, gottfeindlich, überheblich, großsprecherisch, prahlsüchtig, findig im Bösen, ungehorsam den Eltern, ³¹ unverständig, unbeständig, herzlos und ohne Erbarmen.
³² Sie kennen gar wohl die Satzung Gottes, daß alle, die solches treiben, den Tod verdienen, doch tun sie es nicht nur selber, sondern spenden auch noch Beifall denen, die es treiben.

2. Kapitel

Auch der Jude steht unter Gericht. ¹ Daher bist du, o Mensch, – wer du auch sein magst – nicht frei von Schuld, wenn du den Richter spielst; denn worin du über den anderen richtest,

---

2,1–3,20: In scharfer Kritik wird hier die Selbsttäuschung des mit seinen religiösen Einrichtungen, vor allem mit Gesetz und Beschneidung sich brüstenden Judentums gezeichnet. Gott richtet nach dem

sprichst du über dich selber das Urteil; du tust ja das gleiche, du, der Richter. ² Wir wissen aber, daß Gottes Gericht nach Wahrheit ergeht über alle, die solches treiben. ³ Meinst du etwa, o Mensch, der du über jene richtest, die solches treiben, und selber es tust, du werdest entkommen dem Gericht Gottes? ⁴ Oder mißachtest du den Reichtum seiner Güte, Geduld und Langmut und merkst nicht, daß die Güte Gottes dich zur Umkehr lenken will?
⁵ Bei deiner Verstocktheit aber und deinem unbekehrbaren Herzen häufst du dir Zorn an für den Tag des Zornes und der Offenbarung des Rechtsspruches Gottes, ⁶ der ›jedem vergelten wird nach seinen Werken‹ (Ps 62,13), ⁷ und zwar denen, die in Beharrlichkeit des guten Wirkens nach Herrlichkeit, Ehre und Unvergänglichkeit streben, mit ewigem Leben, ⁸ denen aber, die sich widersetzen und der Wahrheit nicht beugen, sondern der Frevelhaftigkeit sich hingeben, mit strafendem Zorn. ⁹ Bedrängnis und Not über die Seele eines Menschen, der das Böse tut, des Juden zuerst und auch des Hellenen. ¹⁰ Herrlichkeit aber, Ehre und Friede einem jeden, der das Gute tut, dem Juden zuerst und auch dem Hellenen.
¹¹ Denn bei Gott ist kein Ansehen der Person. ¹² Alle nämlich, die ohne Gesetz sündigten, werden auch ohne Gesetz verlorengehen, und alle, die im Gesetz sündigten, werden durch das Gesetz gerichtet werden. ¹³ Denn nicht die Hörer des Gesetzes sind gerecht vor Gott, sondern die nach dem Gesetz leben, werden als gerecht anerkannt werden. ¹⁴ Wenn nämlich die Heiden, die das Gesetz nicht haben, von Natur aus das tun, was das Gesetz will, so sind sie, obgleich sie das Gesetz nicht haben, sich selber Gesetz; ¹⁵ sie lassen erkennen, daß das Werk des Gesetzes geschrieben ist in ihre Herzen, wovon ihr Gewissen Zeugnis gibt und die Gedanken, die sich gegenseitig anklagen oder verteidigen – ¹⁶ an dem Tag, da Gott richten wird das Verborgene der Menschen, gemäß meinem Evangelium, durch Jesus Christus.

Gesetzesbruch der Juden. ¹⁷ Wenn du dich Jude nennst, dich auf das Gesetz versteifst und dich Gottes rühmst, ¹⁸ seinen Willen kennst und, vom Gesetz belehrt, zu erforschen weißt, worauf es ankommt, ¹⁹ wenn du dir zutraust, ein Führer zu sein für Blinde, ein Licht für die in Finsternis, ²⁰ ein Erzieher

---

inneren Wert des Menschen. Nicht das äußere Gesetz ist entscheidend für das Gericht, sondern das innere Gesetz des auch den Heiden eigenen Gewissens (2,14–16). Der äußere Besitz religiöser Offenbarung bedeutet um so größere Verantwortung.

von Unverständigen, ein Lehrer von Unmündigen, einer, der die Verkörperung der Erkenntnis und Wahrheit besitzt im Gesetz:

²¹ Du belehrst den anderen, dich selber belehrst du nicht? Du predigst, man dürfe nicht stehlen, und stiehlst? ²² Du sagst, man dürfe nicht ehebrechen, und brichst die Ehe? Du verabscheust die Götzen, und begehst Tempelraub? ²³ Du rühmst dich des Gesetzes, entehrst aber Gott durch Übertreten des Gesetzes? ²⁴ Denn, ›der Name Gottes wird euretwegen gelästert unter den Heiden‹, wie geschrieben steht (Jes 52,5).

Fragwürdigkeit der Beschneidung. ²⁵ Die Beschneidung ist zwar von Wert, wenn du nach dem Gesetz lebst; bist du aber ein Übertreter des Gesetzes, so ist deine Beschneidung zum Unbeschnittensein geworden. ²⁶ Wenn nun der Unbeschnittene die Forderungen des Gesetzes erfüllt, wird ihm da sein Unbeschnittensein nicht für Beschneidung angerechnet werden? ²⁷ Und es wird der von Natur Unbeschnittene, der das Gesetz erfüllt, dich richten, der du samt Buchstabe und Beschneidung ein Übertreter des Gesetzes bist. ²⁸ Denn nicht der ist Jude, der es nach außen ist, und nicht das ist Beschneidung, die nach außen am Fleisch geschieht, ²⁹ sondern der ist Jude, der es im Innern ist, und Beschneidung ist die des Herzens, dem Geist und nicht dem Buchstaben nach. Eines solchen Anerkennung kommt nicht von Menschen, sondern von Gott.

3. Kapitel

Zwischenfragen. ¹ Was hat nun der Jude voraus? Oder was nützt die Beschneidung? ² Viel in jeder Hinsicht. Fürs erste nämlich: es wurden ihnen die Worte Gottes anvertraut. ³ Denn was ist es? Wenn einige von ihnen untreu wurden, wird deren Untreue die Treue Gottes zunichte machen? ⁴ Keineswegs! Sondern Gott soll sich als wahr erweisen, ›jeder Mensch aber als lügnerisch‹ (Ps 116,11), wie geschrieben steht: ›Daß du als gerecht befunden werdest in deinen Worten und siegest, wenn man mit dir rechtet‹ (Ps 51,6).

3,1–8: Diese Zwischenfragen wollen dem Einwand vorbeugen, als wäre das Versagen der Juden auch ein Versagen der Offenbarung Gottes. Man darf aber aus der Tatsache, daß Gottes Gnade durch menschliche Sünde erst recht ins Licht trete, nicht frevlerisch folgern, daß man Gott durch Sündigen Gelegenheit geben solle zum Erweis seiner Güte, wie dies in frivoler Weise die sogenannten libertinistischen Kreise meinten.

⁵ Wenn nun aber unsere Ungerechtigkeit die Gerechtigkeit Gottes ins Licht treten läßt, was sollen wir sagen? Ist Gott nicht ungerecht, wenn er Strafe verhängt? Ich rede nach menschlichem Ermessen. ⁶ Keineswegs! Wie könnte Gott die Welt sonst richten? ⁷ Wenn aber die Wahrheit Gottes durch meine Unzuverlässigkeit erst recht zutage tritt zu seiner Verherrlichung, was werde ich noch als Sünder gerichtet? ⁸ Und sollen wir nicht – wie uns verleumderisch nachgesagt und uns von gewissen Leuten in den Mund gelegt wird – das Böse tun, damit das Gute komme? Die so reden, trifft mit Recht das Gericht.

Die ganze Welt ist sündig. ⁹ Was also? Haben wir einen Vorzug? Nicht ohne weiteres! Denn eben haben wir Klage erhoben, daß Juden wie Hellenen alle unter Sünde stehen, ¹⁰ wie geschrieben steht:

›Keiner ist gerecht, auch nicht einer;
¹¹ keiner ist verständig, keiner ist, der Gott sucht.
¹² Alle sind abgeirrt, alle miteinander verkommen;
keiner ist, der Gutes tut, auch nicht einer‹ (Ps 14,1–3).
¹³ ›Ein offenes Grab ist ihre Kehle,
mit ihren Zungen üben sie Trug‹ (Ps 5,10),
›Natterngift ist unter ihren Lippen‹ (Ps 140,4).
¹⁴ ›Ihr Mund ist voll von Fluch und Bitterkeit‹ (Ps 10,7).
¹⁵ ›Schnell sind ihre Füße zum Blutvergießen,
¹⁶ Verderben und Unheil ist auf ihren Wegen,
¹⁷ und den Weg des Friedens kannten sie nicht‹ (Jes 59,7f).
¹⁸ ›Nichts von Furcht Gottes ist vor ihren Augen‹ (Ps 36,2).
¹⁹ Nun wissen wir, daß das Gesetz alles, was es sagt, denen sagt, die unter dem Gesetz sind, damit jeder Mund gestopft und die ganze Welt schuldig werde vor Gott. ²⁰ Denn aus Werken des Gesetzes wird ›niemand gerecht werden vor ihm‹ (Ps 143,2); durch das Gesetz kommt ja die Erkenntnis der Sünde.

3,21–31: Eine inhaltsreiche Zusammendrängung der wichtigsten Erlösungstatsachen. Ohne Unterscheidung zwischen Juden und Heiden schenkte Gott im Sühneopfer Jesu Christi den Menschen die verlorene »Herrlichkeit Gottes«, d. h. die Anteilnahme am göttlichen Leben. Nicht durch äußere Leistung im Sinn des jüdischen Gesetzes, sondern durch den »Glauben an Jesus Christus« erhält der Mensch Zutritt zu dieser »Gerechtigkeit Gottes« und damit zum Heil. Vgl. zu 1,16f.

Der Weg zum Heil: Christus Jesus

Gerechtigkeit durch den Glauben. ²¹ Jetzt aber ist ohne Zutun des Gesetzes die Gerechtigkeit Gottes offenbar geworden, bezeugt vom Gesetz und den Propheten, ²² die Gerechtigkeit Gottes durch den Glauben an Jesus Christus für a l l e [und über alle], die [an ihn] glauben. Es ist ja kein Unterschied; ²³ denn a l l e sündigten und ermangeln der Herrlichkeit Gottes. ²⁴ Gerechtigkeit empfangen sie geschenkweise durch seine Gnade, auf Grund der Loskaufung in Christus Jesus, ²⁵ den Gott als Mittler der Versöhnung bestimmt hat, durch Glauben, in seinem Blut, zum Erweis seiner Gerechtigkeit – da er die früher geschehenen Sünden hatte hingehen lassen ²⁶ in der Zeit der Geduld Gottes – zum Erweis seiner Gerechtigkeit in der jetzigen Zeit, auf daß er selber gerecht sei und gerecht mache den, der an Jesus glaubt.

²⁷ Wo also ist [dein] Rühmen? Es ist ausgeschlossen! Auf Grund welchen Gesetzes? Durch das der Werke? Nein, sondern durch das Gesetz des Glaubens. ²⁸ Denn wir sind der Überzeugung, daß der Mensch gerecht werde durch Glauben, ohne Zutun von Werken des Gesetzes. ²⁹ Oder ist Gott nur der Gott der Juden? Nicht auch der Heiden? Ja, auch der Heiden; ³⁰ denn es gibt doch nur einen einzigen Gott, ihn, der die Beschnittenen gerecht machen wird aus Glauben und die Unbeschnittenen durch Glauben. ³¹ Machen wir nun das Gesetz zunichte durch den Glauben? Keineswegs! Wir bringen es vielmehr zur Geltung.

4. Kapitel

Die Glaubensgerechtigkeit Abrahams. ¹ Was ist nun zu sagen von Abraham, unserem leiblichen Stammvater? ² Wurde nämlich Abraham durch Werke ein Gerechter, so hat er Ruhm, aber nicht vor Gott. ³ Denn was sagt die Schrift? ›Abraham glaubte Gott, und es wurde ihm angerechnet zur Gerechtigkeit‹ (Gen 15,6). ⁴ Dem aber, der Werke tut, wird der

---

4,1–25: Weil die Juden mit ihrer Beschneidung so sehr auf ihren Stammvater Abraham sich beriefen, zeigt Paulus, daß auch schon bei Abraham der Glaube das Entscheidende war und die Beschneidung erst nachträglich dazukam. Des Glaubens wegen, dessen Größe in 4,18–22 gekennzeichnet wird, ist Abraham der Vater aller Gotteskinder, nicht nur der Beschnittenen. Vgl. Mt 3,9. Der Text von 4,1 lautet nach manchen Zeugen: »Was sagen wir nun, daß Abraham gefunden habe, unser Stammvater [;] dem Fleische nach?«

Lohn nicht angerechnet nach Gnade, sondern nach Schuldigkeit; ⁵ dem jedoch, der keine Werke tut, sondern an den glaubt, der den Sünder gerecht macht, wird sein Glaube [nach dem Ratschluß der Gnade Gottes] angerechnet zur Gerechtigkeit.

⁶ So preist auch David den Menschen selig, dem Gott Gerechtigkeit anrechnet ohne Werke: ⁷ ›Selig, deren Freveltaten vergeben und deren Sünden zugedeckt wurden. ⁸ Selig der Mann, dem der Herr die Sünde nicht anrechnet‹ (Ps 32,1 f).

⁹ Diese Seligpreisung nun, gilt sie für den Beschnittenen oder auch für den Unbeschnittenen? Wir sagen ja: ›Es wurde dem Abraham der Glaube angerechnet zur Gerechtigkeit.‹ ¹⁰ Wie nun wurde er ihm angerechnet? Da er beschnitten war oder unbeschnitten? Nicht, da er beschnitten, sondern da er unbeschnitten war.

¹¹ Und das ›Zeichen der Beschneidung‹ (Gen 17,10) empfing er als Siegel der Gerechtigkeit des Glaubens, die er schon hatte, da er noch unbeschnitten war. So sollte er der Vater sein für alle, die als Unbeschnittene glauben, damit auch ihnen angerechnet werde die Gerechtigkeit, ¹² und Vater für die Beschnittenen, und zwar für jene, die nicht nur beschnitten sind, sondern auch in den Fußstapfen des Glaubens gehen, wie ihn unser Vater Abraham schon hatte, da er noch nicht beschnitten war.

¹³ Denn nicht auf Grund des Gesetzes wurde dem Abraham oder seiner Nachkommenschaft die Verheißung zuteil, daß er der Erbe der Welt sein werde, sondern auf Grund der Glaubensgerechtigkeit. ¹⁴ Wären nämlich die aus dem Gesetz Erben, wäre der Glaube wertlos und die Verheißung hinfällig geworden. ¹⁵ Das Gesetz bewirkt ja Strafe; wo aber kein Gesetz, da auch keine Übertretung.

¹⁶ Daher »aus Glauben« und somit »nach Gnade«, damit die Verheißung gültig sei für a l l e Nachkommen, nicht nur für die vom Gesetz, sondern auch für die vom Glauben Abrahams, der unser aller Vater ist. ¹⁷ Denn die Schrift sagt: ›Zum Vater vieler Völker habe ich dich gesetzt‹ (Gen 17,5), nämlich vor Gott, an den er glaubte als an den, der die Toten lebendig macht und das Nichtseiende ins Dasein ruft.

Abrahams Glaubensvorbild. ¹⁸ Gegen alle Hoffnung hat er voll Hoffnung geglaubt, daß er ›Vater vieler Völker‹ sein werde, dem Wort gemäß: ›So wird sein deine Nachkommenschaft‹ (Gen 15,5). ¹⁹ Und ohne schwach zu werden im Glauben, bedachte er, der nahezu Hundertjährige, seinen schon

erstorbenen Leib und den erstorbenen Schoß der Sara. ²⁰ Er zweifelte nicht ungläubig an der Verheißung Gottes, sondern wurde stark im Glauben, gab Gott die Ehre ²¹ und war voll überzeugt, daß er mächtig sei auch zu verwirklichen, was er verheißen hatte. ²² Und deshalb ›wurde es ihm angerechnet zur Gerechtigkeit‹ (Gen 15,6).
²³ Doch nicht nur seinetwegen wurde geschrieben, daß ›es ihm [zur Gerechtigkeit] angerechnet wurde‹, ²⁴ sondern auch unsertwegen, denen es angerechnet wird, wenn wir glauben an den, der Jesus [Christus], unseren Herrn, auferweckt hat von den Toten, ²⁵ ihn, der ›hingegeben wurde unserer Sünden wegen‹ (Jes 53,4) und auferweckt wurde unserer Gerechtwerdung wegen.

In der Zuversicht der Heilsgnade

5. Kapitel
Hoffnung angesichts der unfaßbaren Liebe Gottes. ¹ Wurden wir also gerecht auf Grund des Glaubens, so haben wir Frieden mit Gott durch unseren Herrn Jesus Christus. ² Durch ihn auch haben wir Zugang erhalten zu dieser Gnade, in der wir stehen, und froher Stimmung sind wir im Besitz der Hoffnung auf die Herrlichkeit [der Kinder] Gottes. ³ Doch nicht allein dies, sondern wir sind auch froher Stimmung in den Drangsalen, da wir wissen, daß die Drangsal Geduld wirkt, ⁴ die Geduld Bewährung, die Bewährung aber Hoffnung.
⁵ Die Hoffnung aber läßt nicht zuschanden werden; denn die Liebe Gottes ist ausgegossen in unseren Herzen durch den Heiligen Geist, der uns gegeben wurde. ⁶ Ist doch Christus für uns Gottlose gestorben zu einer Zeit, da wir noch schwach waren. ⁷ Denn schwerlich wird einer für einen Gerechten

---

5,1–8,39: Diese vier Kapitel gehören eng zusammen. Der Apostel zeichnet das Bild des im Glauben an Christus gerecht gewordenen Menschen, um dadurch das Bewußtsein der Sicherheit und Geborgenheit zu wecken, zugleich aber auch Motive für ein hochgemutes sittliches Streben als »Dienst der Gerechtigkeit« zu geben. Über allem liegt der Gedanke der christlichen Hoffnung als der berechtigten und geforderten Grundhaltung des erlösten Menschen.
5,1–21: Der Apostel begründet den christlichen Optimismus, der besonders im Leid sich offenbart, mit dem Blick auf die unvergleichliche Liebestat Gottes im Sühnetod Jesu. 12–21 zeigt, wie diese Heilstat Jesu, als des neuen Adam der Menschheit, die Schuldtat des Stammvaters nicht nur ausglich, sondern eine solche Segensfülle bewirkte, daß man beides kaum vergleichen kann. »Froher Stimmung« (V. 2 f) ist sinngemäße Übersetzung statt: »wir rühmen uns«.

sterben; für den Guten zu sterben, dürfte vielleicht einer auf sich nehmen, ⁸ Gott aber erweist seine Liebe zu uns darin, daß Christus für uns starb, als wir noch Sünder waren.
⁹ Um vieles mehr werden wir nun, da wir gerecht wurden durch sein Blut, gerettet werden durch ihn vor dem Zorn. ¹⁰ Denn wurden wir schon als Feinde versöhnt mit Gott durch den Tod seines Sohnes, werden wir um vieles mehr als Versöhnte Rettung finden in seinem Leben. ¹¹ Nicht nur das, sondern frohe Stimmung bekunden wir in Gott durch unsern Herrn Jesus Christus, durch den wir nun die Versöhnung erlangt haben.

Adam und Christus. ¹² Wie daher durch einen einzigen Menschen die Sünde in die Welt kam und durch die Sünde der Tod und so auf alle Menschen der Tod überging, weil a l l e sündigten —; ¹³ denn bis zum Gesetz war Sünde in der Welt; Sünde aber wird nicht angerechnet, wo kein Gesetz ist; ¹⁴ und doch herrschte der Tod von Adam bis Mose auch über jene, die nicht sündigten durch Übertreten eines Gebotes wie Adam, der ein Gegenbild des Kommenden ist.

¹⁵ Doch nicht wie beim Sündenfall ist es auch bei der Begnadung. Denn wenn durch die Sünde des einen die vielen starben, so strömte viel reicher die Gnade Gottes und die Gabe in der Gnade des einen Menschen Jesus Christus über auf die vielen. ¹⁶ Auch ist es bei der Gabe nicht so, als käme sie nur durch einen einzigen Sünder; denn das Gericht führte von einem einzigen Vergehen zur Verurteilung, die Begnadung aber von vielen Vergehen zur Gerechtwerdung. ¹⁷ Denn wenn durch die Sünde eines einzigen der Tod herrschte durch den einen, werden um vieles mehr jene, die die Fülle der Gnade und der Gabe der Gerechtigkeit empfangen haben, im Leben herrschen durch den einen, Jesus Christus.

¹⁸ Somit also: Wie es durch die Fehltat des einen Menschen für alle Menschen zur Verurteilung kam, so auch durch die Rechttat des einen für alle Menschen zu Gerechtwerdung und Leben. ¹⁹ Wie nämlich durch den Ungehorsam des einen Menschen zu Sündern gemacht wurden die vielen, so werden auch durch den Gehorsam des einen zu Gerechten gemacht werden die vielen. ²⁰ Das Gesetz aber kam nebenher hinzu, damit das Vergehen sich mehre. Wo aber die Sünde sich mehrte, da strömte über die Gnade, ²¹ damit, wie die Sünde herrschte durch den Tod, so auch die Gnade herrsche durch die Gerechtigkeit zu ewigem Leben durch Jesus Christus, unseren Herrn.

6. Kapitel
Mit Christus der Sünde gestorben. ¹ Was sollen wir nun sagen? Sollen wir bei der Sünde verbleiben, damit die Gnade sich mehre? ² Das sei ferne! Die wir für die Sünde tot sind, wie sollen wir noch leben in ihr? ³ Oder wißt ihr nicht, daß wir alle, die wir getauft wurden auf Christus Jesus, auf seinen Tod getauft wurden? ⁴ Mitbegraben wurden wir also mit ihm durch die Taufe auf seinen Tod, damit, wie Christus auferweckt wurde von den Toten durch die Herrlichkeit des Vaters, so auch wir den Weg des neuen Lebens gehen.
⁵ Sind wir nämlich miteinbezogen worden in die Gestalt seines Todes, werden wir gewiß auch einbezogen sein in die Gestalt der Auferstehung. ⁶ Dabei erkennen wir dies: Der alte Mensch in uns wurde mitgekreuzigt, damit der Leib der Sünde vernichtet werde und wir nicht mehr Sklaven der Sünde seien. ⁷ Denn wer starb, der ist gelöst von der Bindung an die Sünde. ⁸ Sind wir nun gestorben mit Christus, so glauben wir, daß wir auch leben werden mit ihm. ⁹ Wir wissen ja, daß Christus, auferweckt von den Toten, nicht mehr stirbt; der Tod ist nicht mehr Herr über ihn. ¹⁰ Denn durch den Tod, den er starb, starb er der Sünde ein für allemal, sein Leben lebt er Gott.
¹¹ So erachtet auch ihr euch als solche, die tot sind für die Sünde, doch lebend für Gott in Christus Jesus [unserem Herrn]. ¹² Es herrsche darum nicht die Sünde in eurem sterblichen Leib, um euch hörig zu machen seinen Begierden; ¹³ und gebt eure Glieder nicht der Sünde hin als Werkzeuge der Ungerechtigkeit, sondern gebt euch Gott hin als solche, die aus Toten Lebende wurden, und eure Glieder als Werkzeuge der Gerechtigkeit für Gott! ¹⁴ Denn die Sünde wird nicht Herrin sein über euch; ihr seid ja nicht unter dem Gesetz, sondern unter der Gnade.

6,1–23: Der im Glauben an Christus Gerechtgewordene empfängt eine neue Lebenskraft. Durch die Taufe tritt der Mensch auf sakramentale Weise in eine Verbindung mit dem Sterben und der Auferstehung des Herrn, nimmt teil an seinem geheimnisvollen Leben und ist so der bisherigen Bindung an die Übermacht der Sünde entrissen. Damit werden seine Kräfte fähig zum Guten; der Apostel folgert daraus den sittlichen Optimismus für den Christen, der aus diesem neuen Lebensbewußtsein sich in den »Dienst der Gerechtigkeit« begeben hat. Beachte in 6,17 den Hinweis auf das bei der Taufe formell bekundete »Bekenntnis der Lehre«, mit der Übergabe des Menschen aus der Gewalt Satans (»Sünde«) in den Dienst Christi (»Gerechtigkeit«) sich sakralrechtlich vollzog. Frühestes Zeugnis für ein Glaubenssymbolum bei Spendung der Taufe!

Der Gerechtigkeit verschrieben. ¹⁵ Was also? Sollen wir sündigen, weil wir nicht unter dem Gesetz sind, sondern unter der Gnade? Das sei ferne! ¹⁶ Wißt ihr nicht: Wenn ihr euch einem übergebt als Sklaven zum Gehorsam, so seid ihr Sklaven dessen, dem ihr euch hörig macht, sei es der Sünde, die zum Tode führt, sei es des Gehorsams, der Gerechtigkeit bringt.

¹⁷ Dank aber Gott! Ihr w a r e t Sklaven der Sünde, wurdet aber gehorsam von Herzen auf das Bekenntnis der Lehre hin, auf Grund dessen ihr übereignet wurdet: ¹⁸ freigemacht von der Bindung an die Sünde, wurdet ihr in den Dienst der Gerechtigkeit genommen. ¹⁹ Nach Menschenweise rede ich, um der Schwäche eures Fleisches willen. Wie ihr nämlich eure Glieder dem Dienst der Unlauterkeit und Zuchtlosigkeit hingegeben habt zur Zuchtlosigkeit, so gebt nunmehr eure Glieder dem Dienst der Gerechtigkeit hin zur Heiligung!
²⁰ Als ihr nämlich Sklaven der Sünde waret, da waret ihr frei gegenüber der Gerechtigkeit. ²¹ Doch welchen Gewinn hattet ihr damals von den Dingen, deren ihr jetzt euch schämt? Denn das Ende von ihnen ist der Tod. ²² Freigemacht aber nunmehr von der Bindung an die Sünde und in den Dienst Gottes genommen, habt ihr als euren Gewinn Heiligung, als die Vollendung aber ewiges Leben. ²³ Denn der Sünde Sold ist der Tod; die Gnadengabe Gottes aber ist ewiges Leben in Christus Jesus, unserem Herrn.

7. Kapitel
Befreit vom Zwang des Gesetzes. ¹ Oder wißt ihr nicht, Brüder – ich rede zu denen, die das Gesetz kennen –, daß das Gesetz Herr ist über den Menschen für die Zeit, da er lebt? ² Denn die mit einem Mann verheiratete Frau ist an den

---

7,1–25: Eine wichtige Frage vor allem für die jüdisch-pharisäische Auffassung, nach der die äußere Erfüllung des Gesetzes die Voraussetzung ist für das Gerechtsein vor Gott. Paulus zeigt, wie das an sich gute Gesetz den Menschen nicht besser, sondern sündhafter machte, da ihm die Kraft Christi und des Heiligen Geistes fehlte. So kam es zu jenem ohnmächtigen Ringen, das in 7,14–25 im Hinblick auf den unerlösten und unbegnadeten Menschen gezeichnet ist. Die Ichform der Sätze ist stilistisch zu verstehen. Paulus meint nicht sich als Christusjünger, sonst wären die bisherigen Aussagen und vor allem die zuversichtlichen Sätze von Kapitel 8 unbegreiflich. Wichtig zum Verständnis ist vor allem die nicht immer klar genug gesehene Aussage von 7,25, die den Übergang darstellt zum Bild des Menschen »in Christus Jesus« (8,1) und damit zu dem, der »frei ist vom Gesetz der Sünde und des Todes« (8,2).

Römer 7,3–18

lebenden Mann gebunden durch Gesetz; stirbt aber der Mann, ist sie dem Gesetz des Mannes enthoben. ³ Sie wird also zu Lebzeiten des Mannes als Ehebrecherin gelten, wenn sie einem andern zu eigen wird; stirbt aber der Mann, ist sie frei vom Gesetz, so daß sie nicht Ehebrecherin ist, wenn sie einem andern zu eigen wird.

⁴ So seid auch ihr, meine Brüder, tot geworden dem Gesetz durch den Leib Christi, um zu eigen zu werden einem andern, dem von den Toten Erweckten, damit wir Frucht bringen für Gott. ⁵ Als wir nämlich im Fleisch lebten, wirkten die Begierden der Sünden, geweckt durch das Gesetz, in unseren Gliedern, daß wir Frucht brachten für den Tod. ⁶ Jetzt aber sind wir dem Gesetz enthoben, da wir dem starben, worin wir festgehalten waren, so daß wir dienen in der neuen Weise des Geistes und nicht in der alten des Buchstabens.

Gesetz und Sünde. ⁷ Was sollen wir nun sagen? Ist das Gesetz Sünde? Keineswegs! Doch die Sünde hätte ich nicht kennengelernt, wenn nicht durch das Gesetz; denn von der Begierde hätte ich nichts gewußt, wenn das Gesetz nicht sagte: ›Du sollst nicht begehren!‹ ⁸ Nachdem aber die Sünde einen Antrieb erhalten hatte durch das Gebot, weckte sie in mir alles Begehren; denn ohne Hinzukommen des Gesetzes ist die Sünde tot.

⁹ Ich lebte einst frei vom Gesetz; als jedoch das Gebot kam, lebte die Sünde auf, ¹⁰ ich aber starb, und es gereichte mir gerade das Gebot, das zum Leben dienen sollte, zum Tod. ¹¹ Denn nachdem die Sünde Antrieb erhalten hatte durch das Gebot, betrog sie mich und tötete mich durch dieses.

¹² So ist also das Gesetz heilig und das Gebot ist heilig und gerecht und gut. ¹³ Brachte nun das Gute mir den Tod? Mitnichten! Sondern, damit die Sünde als Sünde sichtbar werde, brachte sie mir durch das Gute den Tod, damit über alle Maßen sündhaft werde die Sünde durch das Gebot.

Die Ohnmacht des Menschen ohne Christus. ¹⁴ Denn wir wissen, daß das Gesetz vom Geist ist; ich aber bin vom Fleisch, verkauft unter die Sünde. ¹⁵ Mein Tun und Lassen verstehe ich nicht; denn nicht das [Gute], was ich will, tue ich; sondern was ich hasse [, das Böse], das tue ich. ¹⁶ Wenn ich aber das tue, was ich nicht will, stimme ich dem Gesetz zu, daß es gut ist. ¹⁷ Dann aber vollbringe nicht mehr ich es, sondern die in mir wohnende Sünde.

¹⁸ Ich weiß ja, daß in mir, das heißt in meinem Fleisch, nichts gutes wohnt; denn das Wollen liegt bei mir, das Vollbringen

des Guten aber nicht. ¹⁹ Denn nicht das Gute, das ich will, tue ich; sondern was ich nicht will, das Böse, das vollbringe ich. ²⁰ Wenn ich aber das, was ich nicht will, tue, so vollbringe nicht mehr ich es, sondern die in mir wohnende Sünde.
²¹ Ich finde also das Gesetz, daß bei mir, der ich das Gute tun will, das Böse zustande kommt. ²² Denn ich freue mich dem inneren Menschen nach am Gesetz Gottes. ²³ Doch ich sehe ein Gesetz von anderer Art in meinen Gliedern, das dem Gesetz meiner Vernunft widerstreitet und mich gefangennimmt durch das Gesetz der Sünde, das in meinen Gliedern ist. ²⁴ Ich unglücklicher Mensch! Wer wird mich befreien aus diesem Leib des Todes? ²⁵ Dank sei Gott: durch Jesus Christus unseren Herrn!
Das neue Gesetz des Geistes. So diene ich also, auf mich allein gestellt, mit der Vernunft dem Gesetz Gottes, mit dem Fleisch aber dem Gesetz der Sünde.

8. Kapitel

¹ Nichts jedoch gereicht nunmehr denen zur Verurteilung, die in Christus sind [und nicht nach dem Fleisch leben]. ² Denn das Gesetz des Geistes des Lebens machte dich in Christus Jesus frei vom Gesetz der Sünde und des Todes. ³ Was nämlich unmöglich war dem Gesetz, da es schwach war durch das Fleisch, das wirkte Gott: er sandte seinen Sohn in der Gestalt des sündigen Fleisches und um der Sünde willen und hat Gericht gehalten über die Sünde am Fleisch, ⁴ damit erfüllt würde die Forderung des Gesetzes in uns, die wir nicht nach dem Fleisch leben, sondern nach dem Geist.
⁵ Denn die vom Fleisch geführt sind, trachten nach dem, was des Fleisches ist, die aber vom Geist geführt sind, nach dem, was des Geistes ist. ⁶ Das Trachten des Fleisches ist Tod, das Trachten des Geistes aber Leben und Friede. ⁷ Das Trachten des Fleisches ist feindlich gegen Gott; denn es unterwirft sich nicht dem Gesetz Gottes und kann es auch nicht. ⁸ Die im Fleisch sind, können Gott nicht gefallen.

8,1–39: Höhepunkt und Vollendung des Gedankenganges! Der Christ ist Träger des Heiligen Geistes. Dieser ist das innere Lebensprinzip der »Heiligen«, wie Paulus die Christen oft nennt. Durch ihn empfängt der Mensch die größte Gnade und Würde, er macht ihn zum »Kind Gottes« und gibt ihm so das Anrecht auf alle Gaben Gottes – wobei auch hier an das Mitwirken des Menschen appelliert wird. Wichtig ist der Gedanke der Hoffnung (19–25; vgl. 5,5), die über der ganzen Schöpfung liegt, trostreich der Hinweis auf die Gebetshilfe des Heiligen Geistes (26 f). Wir sind »Teilhaber an Gestalt und Bild des Sohnes« (29) und so zu voller Zuversicht in allem berechtigt.

⁹ Ihr aber seid nicht im Fleisch, sondern im Geist, wenn anders der Geist Gottes in euch wohnt. Hat aber einer den Geist Christi nicht, so gehört er nicht zu ihm. ¹⁰ Ist dagegen Christus in euch, so ist der Leib zwar tot der Sünde wegen, der Geist aber ist Leben der Gerechtigkeit wegen. ¹¹ Wohnt aber der Geist dessen in euch, der Jesus von den Toten erweckte, so wird er, der Christus Jesus von den Toten erweckte, auch eure sterblichen Leiber lebendig machen durch seinen in euch wohnenden Geist.

Wir sind Kinder Gottes. ¹² Demnach also, Brüder, sind wir nicht dem Fleisch verpflichtet, um nach dem Fleisch zu leben; ¹³ denn wenn ihr nach dem Fleisch lebt, werdet ihr sterben; wenn ihr aber durch den Geist das Tun des Fleisches zum Sterben bringt, werdet ihr leben.

¹⁴ Denn, die vom Geist Gottes geleitet werden, die sind Söhne Gottes. ¹⁵ Ihr habt ja nicht den Geist der Knechtschaft empfangen, um euch von neuem zu fürchten, sondern den Geist der Sohnschaft, in dem wir rufen: Abba, Vater! ¹⁶ Eben dieser Geist bezeugt es unserem Geist, daß wir Kinder Gottes sind. ¹⁷ Sind wir aber Kinder, dann auch Erben, Erben Gottes und Miterben Christi, sofern wir mit ihm leiden, um mit ihm auch verherrlicht zu werden.

In der Zuversicht auf die Vollendung. ¹⁸ Ich bin der Überzeugung, daß die Leiden dieser Zeit nicht zu vergleichen sind mit der Herrlichkeit, die an uns offenbar werden soll. ¹⁹ Denn das Harren der Schöpfung ist ein Warten auf die Offenbarung der Söhne Gottes. ²⁰ Der Hinfälligkeit ist die Schöpfung unterworfen, – nicht aus sich heraus, sondern nach dem Willen dessen, der sie unterwarf, aber zugleich die Hoffnung gab, ²¹ daß auch sie, die Schöpfung, von der Knechtung an die Vergänglichkeit befreit wird zur Freiheit der Herrlichkeit der Kinder Gottes. ²² Denn wir wissen, daß bis zur Stunde die gesamte Schöpfung in Seufzen und Wehen liegt; ²³ doch nicht nur sie, sondern auch wir selbst, die wir die Erstlingsgabe des Geistes besitzen, ja wir selbst seufzen in uns im Warten auf die Kindschaft, auf die Erlösung unseres Leibes. ²⁴ Denn auf Hoffnung hin wurden wir gerettet; Hoffnung aber, die schon geschaut wird, ist nicht Hoffnung; denn was einer schaut, was soll er da noch hoffen? ²⁵ Hoffen wir aber auf das, was wir nicht schauen, so warten wir in Geduld.

²⁶ Ebenso auch nimmt der Geist sich unserer Schwachheit an; denn um was wir beten sollen, wie es sich gebührt, das wissen wir nicht; doch der Geist tritt selbst für uns ein mit unaus-

sprechlichen Seufzern. ²⁷ Der die Herzen erforscht, weiß um das Anliegen des Geistes; denn er tritt im Sinne Gottes ein für die Heiligen.
²⁸ Wir wissen, daß denen, die Gott lieben, alles mitwirkt zum Guten; sie sind ja nach seinem Ratschluß berufen. ²⁹ Denn die er im voraus erkannte, die bestimmte er auch im voraus zur Teilhabe an Gestalt und Bild seines Sohnes, auf daß er Erstgeborener sei unter vielen Brüdern. ³⁰ Die er aber vorherbestimmte, die rief er auch, und die er rief, die machte er auch gerecht; die er aber gerecht machte, die hat er auch verherrlicht.

Geborgen in der Liebe Gottes. ³¹ Was sollen wir zu all dem nun sagen? Wenn Gott für uns ist, wer ist gegen uns? ³² Der seines eigenen Sohnes nicht schonte, sondern ihn für uns alle hingab, wie sollte er nicht auch mit ihm uns alles schenken? ³³ Wer soll Klage erheben gegen die Auserwählten Gottes? Gott, der gerecht macht? ³⁴ Wer ist es, der verurteilt? Christus Jesus, der für uns starb? Mehr noch: der auferweckt wurde und der zur Rechten Gottes sitzt und der eintritt für uns? ³⁵ Wer will uns trennen von der Liebe Christi? Not oder Bedrängnis oder Verfolgung oder Hunger oder Blöße oder Gefahr oder Schwert, ³⁶ wie geschrieben steht: ›Um deinetwillen werden wir hingemordet den ganzen Tag, werden wir erachtet wie Schafe, die geschlachtet werden‹ (Ps 44,23)? ³⁷ Doch in all dem bleiben wir Sieger durch den, der uns liebte. ³⁸ Denn ich bin überzeugt, weder Tod noch Leben, weder Engel noch Mächte, weder Gegenwärtiges noch Zukünftiges noch Kräfte, ³⁹ weder Höhe noch Tiefe noch sonst etwas Geschaffenes wird uns zu trennen vermögen von der Liebe Gottes in Christus Jesus, unserem Herrn.

Der Heilsplan Gottes und das jüdische Volk

9. Kapitel

Klage des Apostels über sein Volk. ¹ Ich sage die Wahrheit in Christus, ich lüge nicht, mein Gewissen bezeugt es mir im

---

8,33 f: Die Fragesätze »Gott, der gerecht macht?« »Christus, der starb? . . .« werden auch als Antwortsätze übersetzt: »Gott macht gerecht! . . .« Doch dürfte die rhetorische Frage den Gedanken des Apostels wirksamer treffen.
9,1–11,36: Ein schmerzliches Anliegen für den mit seinem widerspenstigen Volk mitfühlenden Apostel. Warum hat gerade das heilsgeschichtlich so bevorzugte Judentum das Heil in Christus so wenig erkannt?

Römer 9,2—17

Heiligen Geist: ² Ich habe große Trauer und unaufhörliches Leid in meinem Herzen. ³ Ich wollte nämlich, ich könnte selber ein Ausgeschlossener sein, fern von Christus, zum Besten meiner Brüder, meiner Verwandten dem Fleisch nach. ⁴ Sie sind Israeliten, sie haben die Kindschaft, die Herrlichkeit, die Bündnisse, die Gesetzgebung, den Gottesdienst und die Verheißungen; ⁵ sie haben die Väter, und aus ihnen stammt dem Fleisch nach Christus, der über allem steht als Gott, hochgelobt in alle Ewigkeit. Amen.

Von Gottes freier Gnadenwahl. ⁶ Es ist aber nicht so, als wäre das Wort Gottes hinfällig geworden; denn nicht alle aus Israel sind als solche schon Israel. ⁷ Auch sind sie nicht als Nachkommen Abrahams schon alle seine Kinder; sondern ›in Isaak soll dir Nachkommenschaft gerufen werden‹ (Gen 21,12), ⁸ das heißt, nicht die Kinder des Fleisches sind Kinder Gottes, sondern die Kinder der Verheißung werden als Nachkommen gerechnet.

⁹ Denn ein Wort der Verheißung ist dieses: ›Um diese Zeit werde ich kommen, und Sara wird einen Sohn haben‹ (Gen 18,10). ¹⁰ So war es nicht nur hier, sondern auch bei Rebekka, die von einem einzigen empfangen hatte, unserem Vater Isaak: ¹¹ da sie nämlich noch nicht geboren waren und weder etwas Gutes noch Böses getan hatten, wurde ihr, damit der in freier Wahl gefaßte Ratschluß Gottes bestehen bleibe, ¹² und zwar nicht abhängig von Werken, sondern vom Berufenden, gesagt: ¹³ ›Der Ältere wird dem Jüngeren dienen‹ (Gen 25,23), gemäß dem Schriftwort: ›Jakob habe ich geliebt, Esau aber gehaßt‹ (Mal 1,2 f).

¹⁴ Was sollen wir nun sagen? Ist Ungerechtigkeit bei Gott? Das sei ferne! ¹⁵ Denn zu Mose sagt er: ›Ich werde mich erbarmen, wessen ich mich erbarme, und werde Mitleid erweisen, wem ich Mitleid erweise‹ (Ex 33,19). ¹⁶ So liegt es also nicht an dem, der will, noch an dem, der läuft, sondern an dem sich erbarmenden Gott. ¹⁷ Denn es sagt die Schrift zu Pharao: ›Gerade dazu habe ich dich erweckt, daß ich an dir meine

---

9,5: Der bedeutsame Satz wird bei Annahme anderer Satzzeichen von einigen Erklärern als einfacher Lobpreis auf Gott gedeutet: »Der über allem steht, Gott, (sei) hochgelobt in Ewigkeit. Amen.«

9,6—29: Paulus versucht uns das Menschen unbegreifliche Geheimnis der absolut freien Gnadenwahl zu zeigen, wie es sich schon in den angeführten Beispielen alttestamentlicher Geschichte kundgibt. Man darf freilich daraus keine extremen Folgerungen bezüglich der Freiheit des Menschen ziehen. Es soll vor allem die unendliche Größe Gottes in den Vordergrund treten, dessen Geschöpf der Mensch ist.

Kraft zeige und mein Name verkündet werde auf der ganzen Erde‹ (Ex 9,16). ¹⁸ So erbarmt er sich also, wessen er will, und verstockt, wen er will.

¹⁹ Du wirst mir nun sagen: »Wozu tadelt er noch? Denn wer widersteht seinem Willen?« ²⁰ O Mensch! Wer bist du denn, daß du rechten willst mit Gott? Wird etwa das Gebilde zu seinem Bildner sagen: »Warum hast du mich so gemacht?« ²¹ Oder hat der Töpfer nicht Macht über den Ton, um aus der gleichen Masse das eine Gefäß zu ehrenvollem Gebrauch, das andere zu nicht ehrenvollem zu machen?

²² Hat aber Gott, da er seinen Zorn zeigen und sein Mächtigsein kundtun wollte, in großer Geduld die für den Untergang bestimmten Gefäße des Zorns ertragen, ²³ und wollte er den Reichtum seiner Herrlichkeit erweisen an den Gefäßen, die er im voraus bereitet hat für die Herrlichkeit, ²⁴ so hat er dazu auch uns berufen, nicht nur aus Juden, sondern auch aus Heiden.

²⁵ So spricht er auch bei Hosea: ›Das Nicht-mein-Volk werde ich rufen als Mein-Volk und die Nichtgeliebte als Geliebte [und die Nichtbegnadete als Begnadete]‹ (Hos 2,25). ²⁶ ›Und es wird geschehen: an dem Ort, wo zu ihnen gesagt wurde: Ihr seid Nicht-mein-Volk, dort werden sie genannt werden: Söhne des lebendigen Gottes‹ (Hos 2,1).

²⁷ Jesaja aber ruft über Israel: ›Wäre die Zahl der Söhne Israels wie der Sand am Meer, nur der Rest wird gerettet werden. ²⁸ Denn sein Wort erfüllend und es rasch vollziehend, wird der Herr handeln auf Erden‹ (Jes 10,22). ²⁹ Ebenso hat Jesaja vorhergesagt: ›Hätte der Herr der Heerscharen uns nicht einen Samen gelassen, wie Sodom wären wir geworden, und Gomorra glichen wir‹ (Jes 1,9).

Israels verkehrte Gerechtigkeit. ³⁰ Was sollen wir also sagen? Heiden, die nicht nach Gerechtigkeit streben, erlangten Gerechtigkeit, Gerechtigkeit aber aus Glauben. ³¹ Israel jedoch, das dem Gesetz der Gerechtigkeit nachstrebte, ist nicht zum Ziel des Gesetzes gelangt. ³² Weshalb? Weil es nicht aus Glauben, sondern im Rechnen auf Werke geschah. Ange-

---

9,30—10,21: Gott hat dem Judentum nicht ohne dessen Schuld das Heil genommen. Die starre einseitige Gesetzesauffassung hat kein Verständnis für die Botschaft Christi zugelassen. Es war Eifer ohne Einsicht. Paulus deutet die Schriftworte aus Dt 30,12—14 im Sinn des Glaubens, der aus unserem Herzen komme und sich im vertrauensvollen Bekenntnis zu Jesus als dem »Herrn« bekunde. Die Juden könnten nicht sagen, daß ihnen keine Möglichkeit zum Glauben gegeben worden sei.

stoßen sind sie ›am Stein des Anstoßes‹, ³³ wie geschrieben steht: ›Siehe, ich setze auf Zion einen Stein des Anstoßes und einen Fels des Ärgernisses, und wer an ihn glaubt, wird nicht zuschanden werden‹ (Jes 8,14; 28,16).

10. Kapitel

¹ Brüder! Der Wunsch meines Herzens und mein Flehen zu Gott geht um sie und ihr Heil. ² Denn ich gebe ihnen das Zeugnis, daß sie Eifer haben für Gott, doch nicht in rechter Erkenntnis. ³ Denn da sie die Gerechtigkeit Gottes verkannten und ihre eigene aufzurichten suchten, unterwarfen sie sich nicht der Gerechtigkeit Gottes. ⁴ Endziel des Gesetzes ist ja Christus zur Gerechtigkeit für jeden, der glaubt. ⁵ Denn Mose schreibt von der Gesetzesgerechtigkeit: ›Wer nach dem Gesetz handelt, wird dadurch leben‹ (Lev 18,5).

⁶ Die Glaubensgerechtigkeit aber spricht so: ›Sag nicht in deinem Herzen: Wer wird hinaufsteigen zum Himmel?‹ (Dt 30,12), das heißt, um Christus herabzuholen, ⁷ oder: ›Wer wird hinabsteigen in den Abgrund?‹, das heißt, um Christus von den Toten heraufzuholen; ⁸ sondern was sagt sie? ›Nahe ist dir das Wort in deinem Mund und in deinem Herzen‹ (Dt 30,14), das ist das Wort des Glaubens, das wir verkünden. ⁹ Wenn du mit deinem Mund bekennst: »Herr Jesus« und in deinem Herzen glaubst, daß Gott ihn von den Toten erweckte, wirst du gerettet werden. ¹⁰ Denn aus dem Herzen kommt der Glaube, der zur Gerechtigkeit führt, und aus dem Mund das Bekenntnis zum Heil. ¹¹ Es sagt ja die Schrift: ›Ein j e d e r, der an ihn glaubt, wird nicht zuschanden werden‹ (Jes 28,16). ¹² Es ist nämlich kein Unterschied zwischen Jude und Hellene; denn ein und derselbe ist der Herr aller, reich für alle, die ihn anrufen. ¹³ Denn ›j e d e r, der anruft den Namen des Herrn, wird gerettet werden‹ (Joel 3,5).

Ablehnung der Botschaft Jesu. ¹⁴ Doch wie sollen sie ihn anrufen, an den sie nicht glauben? Wie aber sollen sie an ihn glauben, von dem sie nicht hörten? Und wie sollen sie hören, wenn niemand verkündet? ¹⁵ Wie aber sollen sie verkünden, wenn sie nicht ausgesandt wurden, wie geschrieben steht: ›Wie erfreulich sind die Füße [der Künder des Friedens,] der Künder des Guten!‹ (Jes 52,7). ¹⁶ Doch nicht alle beugten sich dem Evangelium. Jesaja sagt ja: ›Herr, wer glaubte unserer Botschaft?‹ (Jes 53,1). ¹⁷ So kommt also der Glaube durch die Botschaft, die Botschaft aber durch das Wort Christi.

¹⁸ Ich frage nun: Haben sie denn nicht gehört? Doch gewiß! ›Über die ganze Erde ging hin ihr Schall und bis an des Erdkreises Grenze ihr Sprechen‹ (Ps 19,5). ¹⁹ Weiter frage ich: Hat Israel etwa nicht verstanden? Als erster antwortet Mose: ›Ich will euch eifersüchtig machen auf ein Nicht-Volk; mit einem Volk ohne Einsicht will ich euch aufreizen‹ (Dt 32,21). ²⁰ Jesaja aber sagt das kühne Wort: ›Ich ließ mich finden von denen, die nicht nach mir suchen; ich offenbarte mich denen, die nicht nach mir fragen‹ (Jes 65,1). ²¹ Zu Israel aber sagt er: ›Den ganzen Tag streckte ich meine Hände aus nach einem störrischen und widerspenstigen Volk‹ (Jes 65,2).

11. Kapitel

Nicht ganz Israel ist verstoßen. ¹ Ich frage nun: Hat etwa Gott sein Volk verworfen? Keineswegs! Denn auch ich bin ein Israelit, aus dem Geschlecht Abrahams, vom Stamm Benjamin. ² ›Gott hat sein Volk nicht verworfen‹ (Ps 94,14), das er vorher erkannt hat. Oder wißt ihr nicht, was die Schrift sagt bei Elija, wo er vor Gott Klage führt gegen Israel: ³ ›Herr, deine Propheten haben sie getötet, deine Altäre zerstört. Ich allein bin übriggeblieben, und sie streben mir nach dem Leben‹ (1 Kg 19,10.14). ⁴ Was aber sagt ihm der Gottesspruch? ›Ich habe mir übrigbehalten siebentausend Männer, die ihr Knie nicht beugten vor Baal‹ (1 Kg 19,18).

⁵ So ist auch in dieser Zeit ein Rest vorhanden nach Auswahl der Gnade. ⁶ Wenn aber durch Gnade, dann nicht auf Grund von Werken; sonst wäre Gnade nicht mehr Gnade. ⁷ Was also? Was Israel anstrebt, das hat es nicht erreicht; nur die Auswahl erreichte es, die übrigen aber wurden verstockt, ⁸ wie geschrieben steht: ›Gott gab ihnen einen Geist der Betäubung; Augen, um nicht zu sehen, und Ohren, um nicht zu hören, bis zum heutigen Tag‹ (Jes 29,10). ⁹ Und David sagt: ›Ihr Tisch werde ihnen zum Fangnetz und zur Falle, zum Anstoß und zur Vergeltung. ¹⁰ Ihre Augen sollen finster wer-

---

11,1–32: Ein heilsgeschichtlich bedeutsamer Ausblick. Schon jetzt sei ein Teil der Juden zum Glauben gelangt. Das Versagen der Mehrzahl habe zunächst die gute Wirkung gehabt, daß das Evangelium zu den Heiden getragen wurde. (Auch die römische Christengemeinde bestand vor allem aus Heidenchristen.) Paulus ließ bei seinem Wirken als Heidenapostel nie die Rücksicht auf sein Volk aus dem Auge. Auch Gott hat die Berufung Israels nicht vergessen. Er wird einst auch ganz Israel zur Heilsgemeinschaft führen.

den, daß sie nicht sehen, ihre Rücken sollst du krümmen für immer‹ (Ps 69,23).

Der heilsgeschichtliche Sinn jüdischen Unglaubens. ¹¹ Ich frage nun: Sind sie etwa gestrauchelt, um zu Fall zu kommen? Das sei ferne! Vielmehr kam durch ihr Versagen das Heil zu den Heiden, um sie eifersüchtig zu machen. ¹² Bedeutet aber schon ihr Versagen Reichtum für die Welt und ihr Fehlen Reichtum für die Heiden, um wieviel mehr ihre Vollzahl?
¹³ Euch Heiden aber sage ich: Solange ich Heidenapostel bin, will ich meinen Dienst preisen, ¹⁴ wenn ich damit mein eigen Fleisch [zur Nacheiferung] aufreize und einige von ihnen zum Heil bringe. ¹⁵ Denn bedeutet schon ihre Verwerfung Versöhnung der Welt, was dann ihre Aufnahme anders als Leben aus Toten? ¹⁶ Ist aber der Anbruch heilig, dann auch der Teig, und ist die Wurzel heilig, dann auch die Zweige.
¹⁷ Wenn nun einige von den Zweigen herausgebrochen wurden und du vom Wildölbaum zwischen sie eingepfropft wurdest und Anteil erhieltest an der Wurzel und dem Saftstrom des Ölbaums, ¹⁸ so erhebe dich nicht über die Zweige; erhebst du dich aber, so wisse: Nicht du trägst die Wurzel, sondern die Wurzel dich.
¹⁹ Du wirst nun sagen: Die Zweige wurden herausgebrochen, damit ich eingepfropft werde. ²⁰ Richtig! Infolge ihres Unglaubens wurden sie herausgebrochen; du aber stehst durch den Glauben. Sei nicht hochmütigen Sinnes, sondern fürchte dich! ²¹ Hat nämlich Gott der natürlichen Zweige nicht geschont, so wird er auch deiner nicht schonen.
²² Sieh also Gottes Güte und Strenge: Strenge gegen jene, die gefallen sind. Gottes Güte aber gegen dich, wenn du bei seiner Güte verharrst; sonst wirst auch du herausgehauen werden. ²³ Aber auch jene werden, wenn sie nicht im Unglauben verharren, eingepfropft werden; denn Gott ist mächtig genug, sie wieder einzupfropfen. ²⁴ Wenn nämlich du aus dem von Natur wilden Ölbaum weggehauen und entgegen der Natur eingepfropft wurdest in den Edelölbaum, wieviel eher werden jene eingepfropft werden in den eigenen Ölbaum!

Rettung Israels. ²⁵ Denn ich möchte euch, Brüder, nicht in Unkenntnis lassen über dieses Geheimnis, damit ihr nicht für euch selber klug sein wollt: Verstockung kam über einen Teil von Israel, bis die Vollzahl der Heiden eingetreten ist, ²⁶ und so wird ganz Israel gerettet werden, wie geschrieben steht: ›Aus Zion wird kommen der Retter, er nimmt hinweg die Gottlosigkeiten von Jakob; ²⁷ und das ist für sie der Bund von

mir, wenn ich wegnehmen werde ihre Sünden‹ (Jes 59,20f;
Ps 14,7; Jer 31,31ff).
²⁸ Im Hinblick auf das Evangelium sind sie zwar Feinde um
euretwillen; doch im Hinblick auf die Erwählung sind sie
geliebt um der Väter willen; ²⁹ denn unwiderruflich sind die
Gnadengaben und die Berufung Gottes. ³⁰ Wie nämlich ihr
einst Gott nicht gehorchtet, jetzt aber Erbarmen fandet
infolge des Ungehorsams jener, ³¹ so sind auch sie jetzt in
Ungehorsam infolge des Erbarmens an euch, damit auch sie
nun Erbarmen finden. ³² Denn Gott hat alle zusammengeschlossen in Ungehorsam, um sich aller zu erbarmen.
Das Geheimnis göttlicher Vorsehung. ³³ O Tiefe des Reich-
tums, der Weisheit und der Erkenntnis Gottes! Wie uner-
gründlich sind seine Ratschlüsse und wie unerforschlich seine
Wege! ³⁴ Denn ›wer hat den Sinn des Herrn erkannt? Oder
wer ist sein Ratgeber gewesen?‹ (Jes 40,13). ³⁵ Oder ›wer hat
ihm vorher gegeben, daß ihm vergolten werde?‹ (Ijob 11,7f;
15,8). ³⁶ Denn aus ihm und durch ihn und zu ihm hin ist alles.
Ihm ist die Ehre in Ewigkeit! Amen.

Leben aus der Heilsgnade

12. Kapitel

Erneuerung der Gesinnung. ¹ Ich ermahne euch nun, Brüder,
um der Erbarmungen Gottes willen: Bringt euch mit Leib und
Seele dar als lebendiges, heiliges Opfer, das Gott gefällt als
der euch sinnvoll entsprechende Gottesdienst. ² Macht euch
nicht die Art dieser Welt zu eigen, sondern wandelt euch um
durch Erneuerung eures Denkens, um zu prüfen, was der
Wille Gottes ist, was gut, wohlgefällig und vollkommen.
Einordnung in die Gemeinschaft. ³ Denn kraft der mir verliehenen Gnade sage ich einem jeden unter euch: Sinnt nicht

---

11,33–36: Eine der ergreifendsten Stellen des Briefes. Die Unerfaßbar-
keit göttlicher Führung der Heilsgeschichte muß uns im Wissen um
die Größe und Einzigkeit Gottes immer wieder zur Anbetung führen.
Die Ijob-Stelle frei nach einer uns nicht erhaltenen Fassung.
12,1–15,13: Paulus schließt meist in seinen Briefen den theologischen
Darlegungen verschiedene Mahnungen an, so auch an die Christengemeinde Roms. Er fühlt sich nach 15,15f als Heidenapostel für alle verantwortlich.
12,3–8: Die im Anfang der Kirche stark hervortretenden charismati-
schen Gaben, die außerordentliche Fähigkeiten darstellen, konnten
leicht das Zusammenleben der Gemeinde beeinträchtigen. Daher
zeigt Paulus im Bild vom Leib Christi das Motiv zur rechten Einordnung der einzelnen ins Ganze. Vgl. 1 Kor 12–14.

nach mehr, als zu sinnen recht ist, sinnt vielmehr darauf, besonnen zu sein nach dem Maß des Glaubens, das Gott einem jeden zuteil werden ließ!
⁴ Wie wir nämlich an dem einen Leib viele Glieder haben, die Glieder aber nicht alle den gleichen Dienst verrichten, ⁵ so sind wir als viele ein einziger Leib in Christus, im einzelnen aber untereinander Glieder. ⁶ Wir besitzen Gaben, die entsprechend der uns verliehenen Gnade verschieden sind: Hat einer Prophetengabe, so nach Maßgabe des Glaubens; ⁷ hat einer ein Amt, der sei tätig im Amt; der Lehrende widme sich der Lehre; ⁸ wer Prediger ist, der predige; wer gibt, der gebe in Einfalt; wer Vorsteher ist, habe Eifer; wer Barmherzigkeit übt, tue es mit Frohsinn.
⁹ Die Liebe sei ungeheuchelt. Verabscheut das Böse, bindet euch an das Gute! ¹⁰ Seid einander zugetan in brüderlicher Liebe, kommt einander mit Achtung zuvor; ¹¹ im Eifer nicht lässig, im Geist glühend, dem Herrn dienend; ¹² in der Hoffnung fröhlich, in der Drangsal geduldig, im Beten beharrlich; ¹³ um die Bedürfnisse der Heiligen besorgt, auf Gastfreundschaft bedacht!
¹⁴ Segnet eure Verfolger; segnet und flucht nicht! ¹⁵ Freut euch mit den Fröhlichen, weint mit den Weinenden! ¹⁶ Seid eines Sinnes untereinander; trachtet nicht nach Hohem, sondern nehmt vorlieb mit dem Geringen! ›Seid nicht klug vor euch selbst‹ (Spr 3,7)!
¹⁷ Vergeltet niemand Böses mit Bösem! ›Seid auf Gutes bedacht [nicht nur vor Gott, sondern auch] vor allen Menschen‹ (Spr 3,4)! ¹⁸ Wenn möglich, haltet, soviel an euch liegt, Frieden mit allen Menschen! ¹⁹ Rächt euch nicht selbst, Geliebte, sondern gebt Raum dem Strafgericht; es steht ja geschrieben: ›Mein ist die Rache; ich will vergelten, spricht der Herr‹ (Dt 32,35). ²⁰ Sondern ›wenn dein Feind hungert, gib ihm zu essen; wenn er dürstet, gib ihm zu trinken; denn tust du das, wirst du glühende Kohlen sammeln auf sein Haupt‹ (Spr 25,21–23). ²¹ Laß dich nicht überwinden vom Bösen, sondern überwinde mit dem Guten das Böse!

12,20: Das Bild von den glühenden Kohlen ist dem atl. Buch der »Sprüche« (25,21ff) entnommen. Selbstlose Liebe beschämt und gewinnt den Gegner. Diese »Rache« ist wirksamer als Feuer.

13. Kapitel
Die Pflichten gegenüber dem Staat. ¹ Jedermann unterwerfe sich den vorgesetzten Obrigkeiten; denn es gibt keine Obrigkeit außer von Gott, und die bestehenden sind von Gott angeordnet. ² Wer sich daher der Obrigkeit widersetzt, der widersetzt sich der Anordnung Gottes, und die sich widersetzen, werden sich selber das Gericht zuziehen. ³ Die Regierenden sind ja nicht der guten Tat Anlaß zur Furcht, sondern der bösen. Willst du aber ohne Furcht sein vor der Obrigkeit, so tu das Gute, und du wirst Anerkennung finden bei ihr. ⁴ Denn Gottes Dienerin ist sie für dich zum Guten. Tust du aber das Böse, so fürchte dich; denn nicht umsonst trägt sie das Schwert. Sie ist ja Gottes Dienerin, Rechtsvollstreckerin zur Bestrafung dessen, der das Böse tut.
⁵ Daraus folgt, daß man sich unterordnen muß, nicht nur um der Strafe, sondern auch um des Gewissens willen. ⁶ Aus diesem Grund zahlt ihr ja auch Steuern; denn Beauftragte Gottes sind sie, und gerade dafür tun sie beharrlich ihren Dienst. ⁷ Gebt allen, was ihr schuldig seid: Steuer, wem Steuer, Zoll, wem Zoll, Furcht, wem Furcht, Ehre, wem Ehre!

Das Hauptgebot. ⁸ Niemand seid ihr etwas schuldig außer der Liebe zueinander. Denn wer den Nächsten liebt, hat das Gesetz erfüllt. ⁹ Denn die Gebote: ›Du sollst nicht ehebrechen, nicht töten, nicht stehlen, [nicht falsches Zeugnis geben,] nicht begehren‹ (Ex 20,13f; Dt 5,17), und jedes andere Gebot sind in diesem einen Wort zusammengefaßt: ›Du sollst deinen Nächsten lieben wie dich selbst‹ (Lev 19,18). ¹⁰ Die Liebe tut dem Nächsten nichts Böses. Des Gesetzes volle Erfüllung ist also die Liebe.

Ruf der Zeit. ¹¹ Und dabei sollt ihr am Stand der Zeit erkennen, daß die Stunde schon da ist für euch, um aufzustehen vom Schlaf; denn näher ist jetzt unser Heil als damals, da wir zum Glauben kamen. ¹² Die Nacht ist vorgerückt, der Tag hat sich genaht. So laßt uns denn ablegen die Werke der Finsternis und anlegen die Waffen des Lichtes! ¹³ Wie am Tag laßt uns ehrbar leben, nicht in maßloser Gier nach Essen und Trinken, nicht in Wollust und Ausschweifungen, nicht in Streit und Eifersucht; ¹⁴ ziehet vielmehr den Herrn Jesus Christus an und pflegt das Fleisch nicht so, daß es begehrlich wird!

13,1–7: Der Christ muß seiner Pflicht gegenüber dem Staat nachkommen, und zwar aus religiösen Beweggründen. Freilich verlangt Paulus nicht Unterwürfigkeit gegenüber gottwidrigen und unsittlichen Forderungen der staatlichen Gewalt. Vgl. Apg 4,19; 5,29; 1 Petr 2,13ff.

14. Kapitel

Duldung zwischen »Schwachen« und »Starken«. ¹ Den Schwachen im Glauben nehmt hin ohne Streit um Meinungsverschiedenheiten! ² Glaubt einer, er dürfe alles essen, der Schwache aber ißt nur Pflanzenkost, ³ so soll der Essende den Nichtessenden nicht verachten, und der Nichtessende den Essenden nicht richten; denn Gott hat ihn angenommen. ⁴ Wer bist du denn, daß du richten willst über den fremden Knecht? Seinem Herrn steht oder fällt er; er wird aber stehen; denn der Herr ist mächtig, ihn aufrecht zu halten. ⁵ Macht nämlich einer einen Unterschied in den Tagen, der andere aber hält jeden Tag gleich, so sei ein jeder in seiner Meinung voll überzeugt. ⁶ Wer auf den Tag achtet, der achtet darauf im Gedanken an den Herrn; wer ißt, der ißt im Gedanken an den Herrn; er spricht ja Gott das Dankgebet; und wer nicht ißt, der ißt nicht im Gedanken an den Herrn, und auch er spricht Gott das Dankgebet. ⁷ Denn keiner von uns lebt sich selbst und keiner stirbt sich selbst; ⁸ denn leben wir, so leben wir dem Herrn; sterben wir, so sterben wir dem Herrn; ob wir nun leben, ob wir nun sterben, wir sind des Herrn. ⁹ Denn dazu ist Christus gestorben und lebendig geworden, daß er Herr sei sowohl über Tote wie Lebende.

¹⁰ Du aber, was richtest du deinen Bruder? Oder auch du, was verachtest du deinen Bruder? Wir werden ja alle vor den Richterstuhl Gottes zu treten haben. ¹¹ Denn es ist geschrieben: ›So wahr ich lebe, spricht der Herr, vor mir wird sich beugen jedes Knie, und jede Zunge wird Gott lobpreisen‹ (Jes 45,23). ¹² So wird also ein jeder von uns über sich selbst Rechenschaft geben vor Gott.

Meidet das Ärgernis! ¹³ Darum laßt uns nicht mehr einander richten. Richtet vielmehr eure Sorge darauf, daß ihr dem Bruder nicht Anstoß oder Ärgernis gebt. ¹⁴ Ich weiß und habe im Herrn Jesus die Überzeugung, daß nichts in sich selbst unrein ist; nur für den, der es für unrein hält, ist es unrein. ¹⁵ Wird nämlich dein Bruder des Essens wegen betrübt, so handelst

---

14,1–15,13: Ein lehrreicher Abschnitt für die christliche Auffassung von der Freiheit des Gewissens. Nicht immer darf der Christ frei nach der an sich richtigen Überzeugung seines Gewissens handeln. Nämlich dann nicht, wenn er durch sein Handeln das ängstliche Gewissen der Mitchristen ernstlich verletzen könnte. So fordert Paulus die Leser auf, Rücksicht zu nehmen auf jene, die glauben, sich an gewisse Vorschriften bezüglich des Essens oder der Tage (Sabbat, Festtage) halten zu müssen. Vgl. das gleiche Problem 1 Kor 8–10.

du nicht mehr der Liebe gemäß. Bring mit deiner Speise nicht den ins Verderben, für den Christus gestorben ist!
¹⁶ Gebt das Gut, das euer ist, nicht der Lästerung preis!
¹⁷ Denn das Reich Gottes ist nicht Essen und Trinken, sondern Gerechtigkeit und Friede und Freude im Heiligen Geist.
¹⁸ Wer darin Christus dient, ist Gott wohlgefällig und geachtet bei den Menschen.
¹⁹ So laßt uns trachten nach dem, was dem Frieden dient und der Erbauung untereinander. ²⁰ Zerstöre nicht um des Essens willen das Werk Gottes! Es ist zwar alles rein, doch schlimm ist es für den Menschen, der durch sein Essen Anstoß gibt.
²¹ Besser ist es, kein Fleisch zu essen und keinen Wein zu trinken, noch irgend etwas, woran dein Bruder Anstoß nimmt [oder Ärgernis oder schwach wird]. ²² Hast du eine Glaubensüberzeugung, so behalte sie für dich selbst vor Gott. Selig, wer sich nicht selbst zu verurteilen braucht bei dem, was er für recht hält! ²³ Wer aber unter Zweifel ißt, der ist verurteilt, weil es nicht aus gläubiger Überzeugung geschieht. Alles, was nicht aus gläubiger Überzeugung geschieht, ist Sünde.

15. Kapitel

Eintracht und gegenseitige Rücksicht. ¹ Wir Starken aber, wir sollen die Gebrechen der Schwachen ertragen und nicht nach unserem Gefallen leben. ² Ein jeder von uns suche dem Nächsten zu Gefallen zu leben, damit es zum Guten führe, zur Erbauung. ³ Denn auch Christus lebte nicht sich selbst zu Gefallen, sondern wie geschrieben steht: ›Die Schmähungen derer, die dich schmähen, fielen auf mich‹ (Ps 69,10).
⁴ Alles nämlich, was dereinst geschrieben wurde, ist zu unserer Belehrung geschrieben, damit wir durch die Geduld und durch den Trost der Schriften die Hoffnung haben. ⁵ Der Gott der Geduld und des Trostes aber gebe euch, gleicher Gesinnung zu sein untereinander im Hinblick auf Christus Jesus, ⁶ auf daß ihr einmütig aus e i n e m Mund Gott und den Vater unseres Herrn Jesus Christus verherrlicht.
⁷ Darum nehme einer den anderen an, wie auch Christus euch angenommen hat zur Verherrlichung Gottes. ⁸ Ich meine damit, daß Christus Diener der Beschneidung wurde um der Wahrhaftigkeit Gottes willen, zur Bestätigung der Verheißung an die Väter. ⁹ Die Heiden aber sollen Gott preisen wegen seines Erbarmens, wie geschrieben steht: ›Darum will

ich dich preisen unter den Heidenvölkern und deinem Namen lobsingen‹ (Ps 18,50). [10] Und wiederum heißt es: ›Freut euch, ihr Heiden, zusammen mit seinem Volk!‹ (Dt 32,43). [11] Und abermals: ›Lobt, ihr Heidenvölker alle, den Herrn; es sollen ihn preisen alle Nationen‹ (Ps 117,1). [12] Jesaja wiederum sagt: ›Es wird kommen die Wurzel Isai und er, der aufsteht, zu herrschen über die Heiden; auf ihn werden hoffen die Heiden‹ (Jes 11,10).

[13] Der Gott der Hoffnung aber erfülle euch mit aller Freude und mit allem Frieden im Glauben, auf daß ihr überreich seid an Hoffnung in der Kraft des Heiligen Geistes.

Nachwort. [14] Ich bin überzeugt von euch, meine Brüder, ja gerade ich, daß ihr von selbst voll guter Gesinnung seid, erfüllt von aller Erkenntnis und fähig, euch einander zum Rechten zu leiten. [15] Doch habe ich euch nach mancher Hinsicht etwas freimütig geschrieben, in der Meinung, es euch wieder in Erinnerung zu bringen kraft der mir von Gott verliehenen Gnade, [16] um den Dienst Jesu Christi zu erfüllen bei den Heiden und das heilige Werk des Evangeliums Gottes zu verrichten, damit die Opfergabe der Heiden wohlgefällig sei, geheiligt im Heiligen Geist.

[17] Ich habe das Recht, mich zu rühmen in Christus Jesus in dem, was auf Gott gerichtet ist. [18] Denn ich vermesse mich nicht, von etwas zu reden, was nicht Christus gewirkt hat durch mich, um die Heiden zum Gehorsam zu führen in Wort und Tat, [19] in der Kraft von Zeichen und Wundern, in der Kraft des Geistes Gottes.

So habe ich von Jerusalem an im Umkreis bis nach Illyrien die Heilsverkündigung von Christus zum Abschluß gebracht. [20] Dabei setzte ich meine Ehre darein, nicht dort zu predigen, wo Christi Name schon genannt wurde, um nicht auf fremden Grund zu bauen, sondern wie geschrieben steht: [21] Denen davon nichts erzählt worden war, die werden es schauen, und die nichts gehört hatten, denen wird Einsicht werden‹ (Jes 52,15).

Reiseplan des Apostels. [22] Darum war ich auch sehr abgehalten, zu euch zu kommen [, und bin es bis jetzt noch]. [23] Nun aber, da ich in diesen Gegenden kein Arbeitsfeld mehr habe und schon seit vielen Jahren Verlangen trage, zu euch zu kommen, [24] falls ich nach Spanien reisen würde, hoffe ich, euch auf der Durchreise zu sehen und von euch dorthin geleitet zu werden, nachdem ich zuvor etwas mein Verlangen nach euch gestillt habe.

²⁵ Jetzt aber reise ich nach Jerusalem, in der Fürsorge für die Heiligen. ²⁶ Es faßten nämlich Mazedonien und Achaia den Entschluß, eine Beisteuer aufzubringen für die Armen unter den Heiligen in Jerusalem. ²⁷ Ja, sie entschlossen sich, und sie sind es ihnen auch schuldig; denn wenn die Heiden an ihren geistigen Gütern Anteil erhielten, sind sie verpflichtet, ihnen auch mit den leiblichen beizustehen.
²⁸ Habe ich also dies erledigt und ihnen diesen Ertrag ordnungsgemäß ausgehändigt, so will ich bei euch vorbei den Weg nach Spanien nehmen. ²⁹ Ich weiß aber, wenn ich zu euch komme, werde ich mit der Fülle des Segens Christi kommen.
³⁰ Ich ermahne euch, Brüder, bei unserem Herrn Jesus Christus und bei der Liebe des [Heiligen] Geistes: Steht mir bei im Kampf durch euer Beten für mich zu Gott, ³¹ damit ich bewahrt werde vor den Widersachern in Judäa und mein für Jerusalem bestimmter Dienst rechte Aufnahme finde bei den Heiligen. ³² Dann werde ich voll Freude zu euch kommen und, so Gott will, zusammen mit euch mich aufrichten.
³³ Der Gott des Friedens sei mit euch allen! Amen.

16. Kapitel

Empfehlung und Grüße. ¹ Ich empfehle euch unsere Schwester Phöbe; sie steht im Dienst der Gemeinde in Kenchreä. ² Nehmt sie auf im Herrn, wie es Heiligen ziemt, und steht ihr bei, wenn sie in irgendeiner Sache euer bedarf. Sie ist ja selber vielen beigestanden, auch mir selbst.

15,25–28: Das Sammeln von Liebesgaben für die bedürftigen Christen in Palästina wird auch Gal 2,10; 1 Kor 16,1–4; 2 Kor 8–9 berührt.
15,30 f: Die »Widersacher in Judäa«, wohl judaistisch gesinnte Kreise, scheinen Paulus auch in diesen finanziellen Dingen Schwierigkeiten bereitet zu haben, vgl. 2 Kor 8,20.
16,1–17: Diese Grußliste zeigt eindrucksvoll das Zusammenstehen der ersten Christen, die überall sich als Brüder und Schwestern betrachteten. Phöbe, eine der ersten Gemeindehelferinnen, hat wohl den Brief nach Rom überbracht. Prisca und Aquila, ein judenchristliches Ehepaar, gehörten zu den eifrigsten Mitarbeitern der Urkirche. Vgl. Apg 18,2.18.26; 1 Kor 16,19; 2 Tim 4,19. Es besteht die Meinung, dieser ganze Abschnitt sei ursprünglich Teil eines Briefes nach Ephesus gewesen und erst später mit dem Römerbrief vereinigt worden. Einige Bemerkungen würden dadurch leichter verständlich. Doch hat die reiche Grußliste gerade auch gegenüber der Paulus bis dahin unbekannten römischen Gemeinde eine besondere Bedeutung.
16,22: Tertius war der Schreiber des Briefes, den Paulus, wie seine meisten Briefe, diktiert hat.

Römer 16,3–23

³ Grüßt Prisca und Aquila, meine Mitarbeiter in Christus Jesus; ⁴ sie haben für mein Leben ihre Nacken dreingesetzt; ihnen schulde nicht nur ich Dank, sondern auch alle Gemeinden der Heiden. ⁵ Grüßt auch ihre Hausgemeinde. Grüßt meinen geliebten Epänetus; er ist die Erstlingsgabe von Asia für Christus.

⁶ Grüßt Maria, die sich viele Mühe machte für euch. ⁷ Grüßt Andronikus und Junias, meine Verwandten und Mitgefangenen; ihr Ansehen ist groß unter den Aposteln, schon vor mir gehörten sie Christus an. ⁸ Grüßt meinen im Herrn geliebten Ampliatus. ⁹ Grüßt Urbanus, unseren Mitarbeiter in Christus [Jesus], und meinen geliebten Stachys. ¹⁰ Grüßt Apelles, den in Christus Bewährten. Grüßt die vom Haus des Aristobul. ¹¹ Grüßt Herodion, meinen Verwandten; grüßt die Hausgenossen des Narzissus, die Anhänger des Herrn sind. ¹² Grüßt Tryphäna und Tryphosa, die sich mühen im Herrn. Grüßt die geliebte Persis, die viel gearbeitet hat im Herrn. ¹³ Grüßt Rufus, den im Herrn Erwählten, und auch seine Mutter, die es auch für mich ist. ¹⁴ Grüßt Asynkritus, Phlegon, Hermes, Patrobas, Hermas und die Brüder bei ihnen. ¹⁵ Grüßt Philologus und Julia, Nereus und seine Schwester und Olympas und alle Heiligen bei ihnen.

¹⁶ Grüßt einander mit heiligem Kuß. Es grüßen euch alle Gemeinden Christi.

Warnung vor Irrlehrern. ¹⁷ Ich mahne euch, Brüder, nehmt euch in acht vor denen, die Zwietracht und Ärgernisse anrichten im Widerspruch zu der Lehre, die ihr empfangen habt; geht ihnen aus dem Weg! ¹⁸ Denn derlei Menschen dienen nicht unserem Herrn Christus, sondern ihrem eigenen Bauch, und mit schönen Reden und frommen Sprüchen verführen sie die Herzen der Arglosen.

¹⁹ Euer Gehorsam freilich ist allerorten bekannt geworden; daher freue ich mich über euch und habe nur den Wunsch, ihr möchtet begabt sein für das Gute, unbegabt aber für das Böse. ²⁰ Der Gott des Friedens wird den Satan unter eueren Füßen rasch zertreten. Die Gnade unseres Herrn Jesus Christus sei mit euch!

Gruß der Mitarbeiter. ²¹ Es grüßen euch Timotheus, mein Mitarbeiter, sowie Lucius, Jason und Sosipatrus, meine Stammesverwandten. ²² Ich grüße euch im Herrn, ich, Tertius, der ich diesen Brief geschrieben habe. ²³ Es grüßt euch Gaius, mein und der ganzen Gemeinde Gastgeber. Es grüßt euch Erastus, der Stadtverwalter, und der Bruder Quartus.

²⁴ [Die Gnade unseres Herrn Jesus Christus sei mit euch allen! Amen.]

Schlußgebet. ²⁵ Dem aber, der euch zu stärken vermag gemäß meinem Evangelium und der Botschaft von Jesus Christus, gemäß der Offenbarung des Geheimnisses, von dem seit ewigen Zeiten geschwiegen, ²⁶ das aber jetzt geoffenbart und mit Hilfe prophetischer Schriften nach Auftrag des ewigen Gottes allen Völkern bekannt gemacht wurde zur Weckung des Glaubensgehorsams, ²⁷ ihm, dem einen, weisen Gott sei Ehre durch Jesus Christus in alle Ewigkeit! Amen.

Der erste Brief an die Korinther

Nach dem Bericht der Apostelgeschichte (18,1–17) kam Paulus auf seiner zweiten Missionsreise (50–53) über Mazedonien und Athen in die Hauptstadt der damals römischen Provinz Achaia, Korinth. In einem eineinhalbjährigen Aufenthalt legte er in der reich bevölkerten Hafenstadt den Grund zu einer rührigen Christengemeinde, die nach ihm auch durch den redegewandten alexandrinischen Judenchristen Apollos betreut wurde (vgl. Apg 18,24–28). Allerlei Mißstände und Unklarheiten in der Gemeinde veranlaßten den Apostel, während seiner dritten Reise (54–58) von seinem Missionszentrum Ephesus aus zu folgendem »ersten« Korintherbrief. Nach 5,9 sind aber diesem schon andere, nicht erhaltene briefliche Mitteilungen vorausgegangen. Im vorliegenden Brief geht der Apostel nach dem Briefeingang ausführlich auf die ihm bekannt gewordenen Mißstände ein (1,10–6,20) und äußert sich anschließend zu Fragen, die an ihn zum Teil schriftlich von den Korinthern gerichtet worden waren (7,1–15,58). Persönliche Notizen schließen den Brief 16,1–24. Der Brief gibt uns ein lebendiges Spiegelbild einer urchristlichen Großstadtgemeinde, deren Probleme und Anliegen in ähnlicher Weise allzeit wiederkehren. Er zeigt uns die Grundsätze und die seelsorgliche Methode des Apostels und der Urkirche, die, ungeachtet manches Zeitbedingten, den pastoralen Weg der Kirche für die weitere Entwicklung mitbestimmten. Sehr eindrucksvoll ist das dabei sich bekundende Verantwortungsbewußtsein des von seiner Sendung zutiefst erfüllten und um seine Gläubigen ringenden Apostels.

1. Kapitel

Eingangsgruß. ¹ Paulus, durch Gottes Willen berufen zum Apostel Jesu Christi, und der Bruder Sosthenes ² an die Gemeinde Gottes in Korinth, an die Geheiligten in Christus Jesus, die als Heilige berufen sind mit all denen, die den Namen unseres Herrn Jesus Christus anrufen an allen Orten,

---

1,1: Die Mitabsender, wie sie Paulus vielfach im Eingang seiner Briefe nennt, sollen den Inhalt auch als Anliegen der Gesamtkirche kennzeichnen. Der hier genannte Sosthenes ist wohl der Apg 18,17 erwähnte einstige Synagogenvorsteher.
1,2: Beachte den Hinweis auf das Verbundensein aller »Heiligen« (= Christen) auf der Welt der zu einen »Gemeinde« in Christus.

bei ihnen und bei uns. ³ Gnade euch und Friede von Gott, unserem Vater, und vom Herrn Jesus Christus!
⁴ Ich danke Gott allezeit euretwegen für die Gnade Gottes, die euch gegeben wurde in Christus Jesus. ⁵ An allem seid ihr in ihm reich geworden, an jedem Wort und jeder Erkenntnis, ⁶ und das Zeugnis von Christus ist kraftvoll geworden bei euch, ⁷ so daß es euch an keiner Gnadengabe fehlt im Warten auf das Offenbarwerden unseres Herrn Jesus Christus, ⁸ der euch auch Kraft geben wird bis ans Ende, daß ihr unsträflich seid am Tag unseres Herrn Jesus Christus. ⁹ Treu ist Gott, durch den ihr berufen seid zur Gemeinschaft mit seinem Sohn Jesus Christus, unserem Herrn.

Mißstände in der Gemeinde

Parteisucht. ¹⁰ Ich mahne euch, Brüder, beim Namen unseres Herrn Jesus Christus: Seid alle einmütig im Reden und laßt nicht zu Spaltungen unter euch kommen; seid vielmehr wohlgeordnet durch gleiche Gesinnung und gleiche Überzeugung. ¹¹ Es ist mir nämlich über euch, meine Brüder, durch die Leute der Chloë berichtet worden, es gebe Streitigkeiten unter euch. ¹² Ich meine dies, daß der eine von euch sagt: »Ich gehöre zu Paulus«; der andere: »Ich zu Apollos« – »ich zu Kefas« – »ich zu Christus«.
¹³ Ist denn Christus geteilt? Wurde denn Paulus gekreuzigt für euch? Oder wurdet ihr auf den Namen des Paulus getauft?
¹⁴ Ich danke Gott, daß ich niemand von euch taufte, außer Krispus und Gaius, ¹⁵ so daß keiner sagen kann, er sei auf

---

1,5: Das Streben nach »Erkenntnis« (»Gnosis«) spielte in heidnischen und in häretischen Kreisen eine besondere Rolle. Paulus zeigt in den folgenden Abschnitten eindringlich, wie allein im christlichen Glauben die wahre Erkenntnis gegeben ist.
1,9: Christentum ist nur dann echt, wenn der Christ in lebendiger Gemeinschaft mit Christus steht und ihn als »Herrn« betrachtet.
1,10–4,20: Als Ursache der das Gemeindeleben schwerstens bedrohenden Parteiungen zeigt Paulus das noch ganz am Irdischen und Sinnenfälligen haftende Denken der Korinther. Dadurch hätten sie auch eine vom Äußeren her orientierte Einschätzung der Glaubensboten. Nur wer vom Heiligen Geist erfüllt sei, werde die Botschaft Christi und vor allem das sonst unbegreifliche Heilsgeschehen des Kreuzestodes Christi als Weisheit verstehen und zur wahren Wertordnung finden. Diese Abschnitte zeigen in überzeitlicher Bedeutung den Weg von der Außenseite des kirchlichen Lebens zum Wesentlichen und Eigentlichen unserer Gläubigkeit.
1,14: Über Krispus vgl. Apg 18,8, über Gaius Röm 16,23.

meinen Namen getauft. ¹⁶ Doch ja, auch des Stephanas Haus habe ich getauft; sonst bin ich mir nicht bewußt, noch einen andern getauft zu haben. ¹⁷ Denn Christus hat mich nicht gesandt zu taufen, sondern das Evangelium zu verkünden, doch nicht in Weisheit des Wortes, damit das Kreuz Christi nicht um seinen Wert gebracht werde.

Die Botschaft vom Kreuz. ¹⁸ Denn das Wort vom Kreuz ist denen, die verlorengehen, Torheit; uns aber, die wir gerettet werden, ist es Kraft Gottes. ¹⁹ Es steht ja geschrieben: ›Vernichten will ich die Weisheit der Weisen und die Klugheit der Klugen verwerfen‹ (Jes 29,14). ²⁰ Wo ist ein Weiser, wo ein Gelehrter, wo ein Wortführer dieser Welt? Hat Gott die Weisheit dieser Welt nicht zur Torheit gemacht? ²¹ Denn da die Welt in ihrer Weisheit Gott in seiner Weisheit nicht erkannte, gefiel es Gott, durch die Torheit dessen, was wir verkünden, die zu retten, die glauben.

²² Denn die Juden fordern Zeichen, und die Hellenen suchen Weisheit; ²³ wir aber verkünden Christus als Gekreuzigten, den Juden ein Ärgernis und den Heiden eine Torheit, ²⁴ den Berufenen aber, Juden wie Hellenen, Christus als Gottes Kraft und Gottes Weisheit. ²⁵ Denn das Törichte auf seiten Gottes ist weiser als die Menschen, und das Schwache auf seiten Gottes stärker als die Menschen.

²⁶ Seht doch auf eure Berufung, Brüder! Dem Fleisch nach sind es nicht viele Weise, nicht viele Mächtige, nicht viele Hochgeborene, ²⁷ sondern was töricht ist vor der Welt, wählte Gott aus, um die Weisen zu beschämen; und was schwach ist vor der Welt, wählte Gott aus, um das Starke zu beschämen, ²⁸ was niedrig ist vor der Welt und verachtet, wählte Gott aus, das, was nichts ist, um das, was etwas ist, zunichte zu machen, ²⁹ damit niemand sich rühme vor Gott. ³⁰ Aus ihm seid ihr in Christus Jesus, der für uns Weisheit wurde von Gott her, Gerechtigkeit, Heiligung und Erlösung. ³¹ So soll sich das Schriftwort erfüllen: ›Wer sich rühmt, der rühme sich im Herrn‹ (Jer 9,22 f).

1,23 f: Die Juden nahmen am Kreuzestod Jesu Anstoß, weil sie in ihrer falschen Einstellung einen politisch-national führenden Messias erwarteten. Den antiken, auf Selbstgeltung und Lebensbejahung bedachten Heiden erschien die Selbsthingabe des Gekreuzigten als unmöglicher Heilsweg. Und doch zeigt der Apostel die »Gotteskraft« und »Gottesweisheit« dieser Erlösung.
1,25: Wörtlich »Das Törichte Gottes« bzw. »das Schwache Gottes« – so bezeichnet von der Beurteilung der Weltkinder aus.

2. Kapitel

Menschenweisheit und Geistesoffenbarung. ¹ Und als ich zu euch kam, Brüder, trat ich nicht mit überlegener Rede und Weisheit auf, als ich euch Kunde brachte vom Zeugnis Gottes. ² Denn ich hatte mir vorgenommen, nichts anderes unter euch zu wissen als Jesus Christus, und diesen als Gekreuzigten. ³ In Schwachheit, in großer Furcht und Zaghaftigkeit trat ich vor euch, ⁴ und meine Rede und meine Predigt bestand nicht in überredenden Worten der Weisheit, sondern im Erweis von Geist und Kraft, ⁵ damit euer Glaube sich nicht auf Weisheit von Menschen gründe, sondern auf Kraft von Gott.

⁶ Weisheit jedoch verkünden wir unter den Vollkommenen, freilich nicht Weisheit dieser Welt und nicht der Führenden dieser Welt, die zunichte werden, ⁷ sondern wir verkünden Gottes Weisheit im Geheimnis, die verborgene, die Gott vor aller Zeit vorherbestimmt hat zu unserer Herrlichkeit. ⁸ Sie erkannte keiner von den Führenden dieser Welt; denn hätten sie erkannt, hätten sie den Herrn der Herrlichkeit nicht gekreuzigt. ⁹ Vielmehr ist es, wie geschrieben steht: ›Was kein Auge sah und was kein Ohr vernahm und was in eines Menschen Herz nicht drang, was Gott denen bereitete, die ihn lieben‹ (Jes 64,3).

¹⁰ Uns aber offenbarte es Gott durch den Geist; denn der Geist erforscht alles, auch die Tiefen Gottes. ¹¹ Denn wer unter Menschen weiß, was im Menschen ist, wenn nicht der Geist des Menschen, der in ihm selbst ist? So hat auch keiner erkannt, was Gottes ist, als der Geist Gottes. ¹² Wir haben nicht den Geist der Welt empfangen, sondern den Geist, der aus Gott ist, damit wir erkennen, was von Gott an Gnade uns gegeben ist.

¹³ Dies verkünden wir auch, nicht mit Worten, wie Menschenweisheit es lehrt, sondern wie der Geist es lehrt, indem wir Geisterfüllten das, was des Geistes ist, deuten. ¹⁴ Der sinnenhafte Mensch aber faßt nicht, was des Geistes Gottes ist; denn Torheit ist es ihm, und er kann es nicht begreifen, da es im Geist zu verstehen ist. ¹⁵ Der Geisterfüllte versteht alles, doch

---

2,1–16: Nur der Glaube des vom Heiligen Geist erleuchteten Menschen vermag zum Erfassen der wahren Werte christlicher Offenbarung zu führen. Paulus zeigt den Unterschied zwischen dem »sinnenhaften« (im Griechischen »psychischen«, d. h. dem niederen Bereich des Irdischen zugewandten) Menschen und dem »geistigen« (»pneumatischen«). Wer Christi Offenbarung verstehen will, muß den »Sinn Christi«, d. h. den Heiligen Geist besitzen.

er selbst wird von niemand verstanden. ¹⁶ Denn ›wer hat den Sinn des Herrn erkannt, daß er ihn unterweise?‹ (Jes 40,13). Wir aber haben Christi Sinn.

3. Kapitel
Parteisucht widerspricht dem Geist. ¹ Und so konnte ich, Brüder, zu euch nicht reden wie zu Geisterfüllten, sondern wie zu fleischlich Gesinnten, wie zu Unmündigen in Christus. ² Milch gab ich euch zu trinken, nicht feste Speise; denn ihr ward dazu noch nicht fähig. Ja, auch jetzt seid ihr nicht fähig, denn noch seid ihr fleischlich gesinnt. ³ Wenn nämlich Eifersucht und Streit unter euch herrschen, seid ihr da nicht dem Fleisch verhaftet und verhaltet ihr euch nicht nach Menschenweise? ⁴ Denn wenn der eine sagt: »Ich gehöre zu Paulus«, der andere aber: »Ich zu Appolos«, seid ihr da nicht Menschen?
⁵ Was ist denn Apollos? Was ist Paulus? Dienende sind sie, durch die ihr zum Glauben kamt, und zwar so, wie es der Herr einem jeden verlieh. ⁶ Ich habe gepflanzt, Apollos hat begossen; Gott aber gab das Gedeihen. ⁷ So ist weder der Pflanzende etwas noch der Begießende, sondern Gott, der das Gedeihen gibt. ⁸ Der pflanzt und der begießt sind eins; ein jeder wird seinen Lohn empfangen gemäß seiner eigenen Mühe.
⁹ Denn Gottes Mitarbeiter sind wir; Gottes Ackerfeld, Gottes Bauwerk seid ihr. ¹⁰ Nach der mir von Gott verliehenen Gnade legte ich wie ein weiser Baumeister den Grund; ein anderer baut darauf weiter; doch sehe ein jeder, wie er weiterbaut. ¹¹ Denn einen andern Grund kann niemand legen als den, der gelegt ist, das ist Jesus Christus.
¹² Ob einer auf diesen Grund Gold baut oder Silber, Edelsteine, Holz, Heu oder Stroh, ¹³ eines jeden Werk wird sichtbar werden; denn der Tag [des Herrn] wird es erweisen, er offenbart sich ja im Feuer, und wie beschaffen das Werk des einzelnen ist – das Feuer wird es erproben. ¹⁴ Hält das Werk stand, das einer baute, wird er Lohn empfangen; ¹⁵ wessen

---

3,1–15: Die Korinther spielten die Predigtweise des Apostels und die des wohl formgewandteren Apollos gegeneinander aus und spalteten sich so. Paulus weist auf das entscheidende Gnadenwirken Gottes hin, das allein das Wirken der Prediger wertvoll machen kann.

3,15: Ein nicht ganz klarer Hinweis auf das Gericht Gottes, das zwar das »Werk« eines nicht recht wirkenden Glaubensboten zerstören wird, diesem selbst aber wie einem, der sich aus seinem brennenden Haus retten kann, eine Möglichkeit zum persönlichen Heil schenken wird.

Werk aber niederbrennt, der wird Schaden erleiden, er selbst jedoch wird gerettet werden, doch so wie durch Feuer hindurch.

Weisheit ist Torheit vor Gott. ¹⁶ Wißt ihr nicht, daß ihr Tempel Gottes seid und der Geist Gottes in euch wohnt? ¹⁷ Wenn aber einer den Tempel Gottes zugrunde richtet, den wird Gott zugrunde richten; denn der Tempel Gottes ist heilig, und der seid ihr. ¹⁸ Niemand täusche sich selbst! Glaubt jemand unter euch, weise zu sein in dieser Welt, der werde ein Tor, um ein Weiser zu werden. ¹⁹ Denn die Weisheit dieser Welt ist Torheit vor Gott. Es steht ja geschrieben: ›Der die Weisen fängt in ihrer Schlauheit‹ (Ijob 5,13). ²⁰ Und ferner: ›Der Herr kennt die Gedanken der Weisen, daß sie eitel sind‹ (Ps 94,11).
²¹ Darum rühme sich niemand der Menschen. ²² Denn alles ist euer, sei es Paulus oder Apollos oder Kefas oder Welt oder Leben oder Tod oder Gegenwärtiges oder Zukünftiges, alles ist euer; ²³ ihr aber seid Christi, Christus aber ist Gottes.

4. Kapitel

Aposteldienst. ¹ So halte man uns für Gehilfen Christi und Verwalter der Geheimnisse Gottes. ² Unter Verwaltern ist man zwar sonst darauf bedacht, daß einer als treu erfunden werde. ³ Mir aber kommt es gar wenig darauf an, von euch gerichtet zu werden oder von einem Gerichtstag von Menschen; ja nicht einmal selber richte ich mich. ⁴ Ich bin mir zwar keiner Schuld bewußt, doch damit noch nicht für gerecht befunden; der mich richtet, ist der Herr. ⁵ Richtet daher über nichts vor der Zeit, ehe der Herr kommt; er wird auch das im Dunkel Verborgene ans Licht bringen und offenbar machen die Regungen der Herzen, und dann wird Anerkennung werden einem jeden von Gott. ⁶ Dies nun, Brüder, habe ich in Anwendung auf mich und Apollos gesagt um euretwillen, daß ihr an uns einsehen lernt, nicht hinauszugehen über das, was

---

3,16–23: Nicht eine absolute Ablehnung der »Weisheit dieser Welt«, sondern eine Hinführung zum demütigen Weg des alles irdische Wissen überrangenden Glaubens.

4,1–13: Ein weiterer Versuch, die Korinther von der äußerlichen Beurteilung der Glaubensboten zur Ehrfurcht vor der Gnade und dem Gericht Gottes, dem diese unterstellt sind, zu führen.

4,6: Anspielung auf den Parteistreit um Paulus und Apollos. Der Apostel mahnt zur Zurückhaltung im Geist der Heiligen Schrift (»was geschrieben ist«). Es kann auch eine Anspielung auf eine sprichwörtliche Redensart vorliegen. Möglicherweise will Paulus nur auf das vorher »Geschriebene« verweisen.

geschrieben ist, so daß keiner von euch sich aufblähe in der Bevorzugung des einen und in der Ablehnung des andern.
⁷ Denn wer gibt dir einen Vorrang? Was hast du, das du nicht empfangen hättest? Hast du also empfangen, was rühmst du dich, als hättest du nicht empfangen?
⁸ Schon seid ihr gesättigt, schon wurdet ihr reich, ohne uns kamt ihr zum Herrschen. Ja, wäret ihr doch zum Herrschen gekommen, damit auch wir teilhätten an eurem Herrschen!
⁹ Denn mir scheint, als hätte Gott uns Apostel als die Allergeringsten hingestellt, wie solche, die bestimmt sind zum Tod; denn zum Schauspiel sind wir geworden der Welt, den Engeln und Menschen.
¹⁰ Wir sind töricht um Christi willen, ihr seid klug in Christus; wir sind schwach, ihr seid stark; ihr seid geehrt, wir sind verachtet. ¹¹ Bis zur Stunde hungern und dürsten wir, sind entblößt, werden geschlagen, haben keine bleibende Stätte, ¹² plagen uns ab und mühen uns mit unseren Händen; man verflucht uns, und wir segnen; man verfolgt uns, und wir dulden; ¹³ man lästert uns, und wir trösten; wie ein Auswurf der Welt sind wir geworden, wie ein Abschaum von allem bis zur Stunde.

Väterliche Mahnung. ¹⁴ Nicht um euch zu beschämen, schreibe ich dies, sondern um euch als meine geliebten Kinder zu ermahnen. ¹⁵ Denn hättet ihr auch zehntausend Lehrmeister in Christus, so doch nicht viele Väter; in Christus Jesus nämlich habe ich euch durch das Evangelium gezeugt. ¹⁶ Ich bitte euch daher: Werdet meine Nachahmer [, wie auch ich Christi Nachahmer bin]! ¹⁷ Eben darum sandte ich euch Timotheus, der mein geliebtes und treues Kind ist im Herrn; er wird euch ins Gedächtnis rufen meine Weisungen in Christus, wie ich allenthalben in jeder Gemeinde lehre.

¹⁸ Als ob ich nicht zu euch käme, so blähen sich einige auf.
¹⁹ Doch werde ich rasch zu euch kommen, wenn der Herr will, und dann will ich nicht das Reden der Aufgeblasenen kennenlernen, sondern ihre Kraft. ²⁰ Denn nicht im Reden zeigt sich

---

4,8–13: Dem oberflächlichen Verhalten und Urteilen der Korinther gegenüber zeigt Paulus in schmerzerfüllter Ironie das tatsächliche schwere Los der Glaubensprediger, vor allem sein eigenes. Vgl. 2 Kor 11,16–33!
4,14–21: Wiederum nicht eine absolute Verurteilung menschlicher Kultur und Wissenschaft, sondern ein Aufzeigen des Entscheidenden, das Paulus vermittelte, indem er die Korinther in Christus zu Kindern Gottes machte (»zeugte«).

das Reich Gottes, sondern in der Kraft. ²¹ Was wollt ihr? Soll ich mit dem Stock zu euch kommen oder mit Liebe und im Geist der Milde?

5. Kapitel
Über unwürdige Gemeindeglieder. ¹ Überhaupt, man hört von Unzucht unter euch, und zwar von einer Unzucht, wie sie derart nicht einmal unter den Heiden vorkommt, daß nämlich einer die Frau seines Vaters hat. ² Und ihr seid da noch aufgeblasen und wurdet nicht vielmehr in Trauer versetzt, damit ausgestoßen werde aus eurer Mitte, der diese Tat beging? ³ Ich nämlich – wenn auch leiblich abwesend, so doch anwesend dem Geist nach – habe bereits, gleichsam als Anwesender das Urteil gesprochen über den, der so etwas treibt: ⁴ Im Namen unseres Herrn Jesus sollt ihr und mein Geist euch versammeln und mit der Kraft unseres Herrn Jesus ⁵ einen solchen dem Satan übergeben zum Verderben des Fleisches, damit der Geist gerettet werde am Tag des Herrn [Jesus].
⁶ Nicht gut ist euer Rühmen! Wißt ihr nicht, daß ein wenig Sauerteig den ganzen Teig durchsäuert? ⁷ Fegt hinaus den alten Sauerteig, damit ihr ein neuer Teig seid; ihr seid ja ungesäuert; denn unser Osterlamm wurde geschlachtet, Christus. ⁸ So laßt uns Festtag halten nicht mit dem alten Sauerteig, nicht mit dem Sauerteig der Bosheit und Schlechtigkeit, sondern mit dem Ungesäuerten der Lauterkeit und Wahrheit.
⁹ Ich schrieb euch im Brief, ihr sollt nicht Gemeinschaft haben mit Unzüchtigen; ¹⁰ nicht allgemein meine ich dies von den Unzüchtigen dieser Welt oder den Habsüchtigen und Raffgierigen oder den Götzendienern; denn sonst müßtet ihr hinausgehen aus dieser Welt. ¹¹ Nun aber schreibe ich euch, keine Gemeinschaft zu haben mit einem, der sich Bruder nennt und ein Unzüchtiger ist oder ein Habsüchtiger oder Götzendiener oder Lästerer oder Säufer oder Räuber; mit einem solchen sollt ihr nicht einmal essen. ¹² Denn was habe ich die Drau-

---

5,1–13: Mit der Forderung, den Blutschänder aus der kirchlichen Gemeinschaft auszuschließen, zeigt der Apostel, wie unwürdige Gemeindeglieder, schlimmen Bazillen gleich, den Geist der Gemeinschaft gefährden. Die geforderte Kirchenstrafe, als Ausdruck der Binde- und Lösegewalt der Kirche (vgl. Mt 18,18), hat als Beweggrund die Bekehrung und Rettung des Ausgeschlossenen. Das ist auch heute noch das Motiv der kirchlichen Exkommunikation.
5,7 f: Das Leben des Christen wird mit der Osterfeier der Juden verglichen, die sich von allem Gesäuerten enthielten, wenn sie das Osterlamm schlachteten. Sauerteig hier als Bild des früheren Sündigseins der Christen.

ßenstehenden zu richten? Die aber herinnen sind, sollt nicht ihr sie richten? ¹³ Die draußen sind, wird Gott richten. ›Schafft den Bösen hinaus aus eurer Mitte‹ (Dt 17,7)!

6. Kapitel
Prozesse vor heidnischen Richtern. ¹ Wenn einer von euch einen Rechtsstreit hat mit dem andern, soll er es da auf sich nehmen, seine Sache bei den Unheiligen entscheiden zu lassen statt bei den Heiligen? ² Oder wißt ihr nicht, daß die Heiligen die Welt richten werden? Wenn aber durch euch die Welt gerichtet wird, seid ihr dann untauglich für Entscheidungen in ganz belanglosen Dingen? ³ Wißt ihr nicht, daß wir über Engel richten werden? Und über alltägliche Dinge etwa nicht?
⁴ Wenn ihr nun über alltägliche Dinge Rechtsfragen habt, nehmt ihr dann gerade jene zu Richtern, die in der Gemeinde nichts gelten? ⁵ Zu eurer Beschämung sage ich es. Ist denn gar kein Weiser unter euch, der zu richten vermag von Bruder zu Bruder? ⁶ So aber steht Bruder gegen Bruder vor Gericht, und das vor Ungläubigen. ⁷ Es ist schon an sich ein Versagen für euch, daß ihr Prozesse habt miteinander. Warum ertragt ihr nicht lieber das Unrecht? Warum laßt ihr euch nicht lieber übervorteilen? ⁸ So aber tut ihr selber Unrecht und übervorteilt, und das an Brüdern!
⁹ Oder wißt ihr nicht, daß Ungerechte am Reich Gottes nicht Anteil bekommen werden? Täuscht euch nicht! Weder Unzüchtige noch Götzendiener noch Ehebrecher noch Lüstlinge noch Knabenschänder, ¹⁰ weder Diebe noch Habsüchtige noch Säufer, noch Lästerer, noch Raffgierige werden am Reich Gottes Anteil bekommen. ¹¹ Und von der Art sind manche von euch gewesen; doch ihr wurdet abgewaschen, geheiligt, als gerecht erkannt im Namen unseres Herrn Jesus Christus und im Geist unseres Gottes.
Warnung vor Unzucht. ¹² »Alles ist mir erlaubt!« – Doch nicht alles tut gut! »Alles ist mir erlaubt!« – Doch möchte ich mich

---

6,1–11: Wie schon die Juden Prozesse vor heidnischen Richtern mißbilligten, sollen auch die Christen, wenn sie überhaupt prozessieren, ihre Rechtsfragen vor eigenen Schiedsrichtern austragen. Denn durch die Taufe (Vers 11) sind sie der Zuständigkeit der »Welt« entzogen.
6,3: Vgl. Dan 7,22; Weish 3,8; Mt 19,28.
6,12–20: In Anspielung auf Redensarten von solchen, die in der christlichen Freiheit einen Freibrief für alles, was den Leib betrifft, sehen und daher mit dem Wegfall jüdischer Speiseverbote auch jede Hemmung für geschlechtliche Triebe ablegen wollten, begründet der Apostel die Sündhaftigkeit der Unzucht.

nicht unterjochen lassen von irgend einer Sache. ¹³ Das Essen ist für den Magen da und der Magen für das Essen. Gott aber wird ihn und dieses vergehen lassen. Der Leib ist nicht für die Unzucht, sondern für den Herrn und der Herr für den Leib. ¹⁴ Gott erweckte den Herrn und wird auch uns erwecken durch seine Macht.

¹⁵ Wißt ihr nicht, daß eure Leiber Glieder Christi sind? Werde ich nun die Glieder Christi nehmen und sie zu Gliedern einer Dirne machen? Das sei fern! ¹⁶ Oder wißt ihr nicht, daß, wer einer Dirne anhängt, e i n Leib wird mit ihr? ›Denn es werden‹ – so heißt es – ›die zwei zu e i n e m Fleisch‹ (Gen 2,24). ¹⁷ Wer aber dem Herrn anhängt, ist e i n e s Geistes mit ihm. ¹⁸ Flieht die Unzucht! Jede Sünde, die sonst ein Mensch begeht, ist außerhalb des Leibes; wer aber Unzucht treibt, der sündigt gegen seinen eigenen Leib. ¹⁹ Oder wißt ihr nicht, daß euer Leib ein Tempel des Heiligen Geistes ist, der in euch wohnt; ihn habt ihr von Gott, und nicht euch selber gehört ihr. ²⁰ Denn ihr wurdet erkauft um einen Preis. So verherrlicht denn Gott in eurem Leib!

Antwort auf besondere Fragen

7. Kapitel

Ehe und Jungfräulichkeit. ¹ Zu dem, wovon ihr geschrieben habt: Es ist für den Mann gut, eine Frau nicht anzurühren. ² Doch zur Vermeidung von Sünden der Unzucht habe ein jeder seine Frau und eine jede ihren Mann. ³ Der Frau leiste der Mann die schuldige Pflicht, und ebenso auch die Frau dem Mann. ⁴ Die Frau verfügt nicht über den eigenen Leib, sondern der Mann; ebenso aber verfügt auch der Mann nicht über den eigenen Leib, sondern die Frau.

⁵ Entzieht euch einander nicht, es sei denn aus Übereinkommen für eine bestimmte Zeit, um euch dem Gebet zu widmen; dann kommt wieder zusammen, damit euch der Satan nicht versuche, wenn ihr nicht enthaltsam sein könnt. ⁶ Dies sage ich als Zugeständnis, nicht als Gebot. ⁷ Ich wünschte, alle

---

7,1–40: Ein bedeutsames Kapitel für die Auffassung von Ehe und Jungfräulichkeit, mit grundlegenden Sätzen für das noch heute geltende kirchliche Eherecht.

7,2: Nicht der erste und alleinige Sinn der Ehe. Paulus hebt nur einen besonderen Gesichtspunkt hervor, wenn er in der Ehe eine Hilfe zur Beruhigung geschlechtlicher Triebe sieht.

1 Korinther 7,8–21

Menschen wären wie ich selbst; doch ein jeder hat seine eigene Gabe von Gott, der eine so, der andere so.

⁸ Den Unverheirateten und den Verwitweten aber sage ich: Es ist gut für sie, wenn sie so bleiben wie ich. ⁹ Können sie aber nicht enthaltsam sein, so sollen sie heiraten; denn besser ist es, zu heiraten als zu brennen.

¹⁰ Den Verheirateten gebiete nicht ich, sondern der Herr: Die Frau soll sich vom Mann nicht trennen; ¹¹ ist sie aber getrennt, so bleibe sie ehelos oder versöhne sich mit ihrem Mann. Auch der Mann soll die Frau nicht entlassen.

Ehe mit Heiden. ¹² Den übrigen aber sage i c h, nicht der Herr: Hat ein Bruder eine ungläubige Frau und sie willigt ein, mit ihm zu leben, so entlaß er sie nicht. ¹³ Und hat eine [gläubige] Frau einen ungläubigen Mann und er willigt ein, mit ihr zu leben, so entlaß sie den Mann nicht. ¹⁴ Denn der ungläubige Mann ist geheiligt durch die [gläubige] Frau, und die ungläubige Frau ist geheiligt durch den Bruder; sonst wären ja eure Kinder unrein, nun aber sind sie heilig.

¹⁵ Will jedoch der Ungläubige sich trennen, so mag er sich trennen; denn nicht gebunden ist der Bruder oder die Schwester in solchen Fällen; in Frieden hat Gott euch berufen. ¹⁶ Denn was weißt du, Frau, ob du den Mann retten wirst? Oder was weißt du, Mann, ob du die Frau retten wirst?

Standestreue. ¹⁷ Sonst aber lebe ein jeder, wie es ihm der Herr zugeteilt, wie Gott ihn berufen hat. So ist meine Weisung in allen Gemeinden. ¹⁸ Ist einer als Beschnittener berufen, so mache er sich nicht unbeschnitten; ist einer als Unbeschnittener berufen, so lasse er sich nicht beschneiden.

¹⁹ Die Beschneidung bedeutet nichts und das Unbeschnittensein nichts, sondern die Erfüllung der Gebote Gottes.

²⁰ Jeder bleibe in dem Beruf, in dem er berufen wurde. ²¹ Bist du als Sklave berufen, so mach dir keine Sorge; aber auch

---

7,10 f: Zur Unauflöslichkeit der Ehe vgl. Mt 5,32; 19,3–11; Mk 10,4–12; Lk 16,18.

7,12–17: Das vom Apostel im Bewußtsein seiner Sendung formulierte »Privileg« im Fall des Übertritts eines Partners einer heidnischen Ehe zum christlichen Glauben ist heute noch als »Privilegium Paulinum« in Geltung.

7,21 f: Nicht von außen, sondern von innen her suchte die Kirche die soziale Ordnung zu reformieren. Jeder Mensch, ob Sklave oder Freier, steht im Dienst des Herrn Jesus Christus. Paulus will mit dem Zusatz in Vers 21 dem Sklaven kaum empfehlen, von einer Möglichkeit des Freiwerdens keinen Gebrauch zu machen, vgl. seine diesbezügliche Stellungnahme in Phm 15 f. Doch soll gerade der Freigelassene erst recht sich als Sklave Christi betrachten.

wenn du frei werden kannst, halte dich erst recht daran.
²² Denn wer im Herrn berufen wurde als Sklave, ist ein Freigelassener des Herrn; ebenso ist, wer als Freier berufen wurde, ein Sklave Christi. ²³ Um einen Preis seid ihr erkauft; werdet nicht Sklaven von Menschen! ²⁴ Worin ein jeder berufen wurde, Brüder, darin verbleibe er vor Gott!

Von der inneren Freiheit. ²⁵ Was aber die Jungfrauen betrifft, so habe ich keinen Auftrag vom Herrn; doch einen Rat gebe ich als einer, der durch das Erbarmen des Herrn Vertrauen verdient. ²⁶ Ich meine also, es ist gut bei der gegenwärtigen Bedrängnis, es ist gut für einen Menschen, daß er sich so verhalte: ²⁷ Bist du gebunden an eine Frau, so suche nicht Lösung! Bist du gelöst von der Frau, so suche nicht nach einer Frau! ²⁸ Wenn du aber heiratest, sündigst du nicht, und wenn die Jungfrau heiratet, sündigt sie nicht. Doch werden solche Bedrängnis haben durch das Fleisch, und davor möchte ich euch bewahren.

²⁹ Das sage ich, Brüder: Die Zeit ist kurz. Fortan sollen auch jene, die eine Frau haben, sich so verhalten, als hätten sie keine, ³⁰ und die weinen, als weinten sie nicht, und die sich freuen, als freuten sie sich nicht, und die kaufen, als behielten sie nichts, ³¹ und die mit der Welt verkehren, als verkehrten sie nicht; denn die Gestalt dieser Welt vergeht.

³² Möchte ich doch, daß ihr frei wäret von unruhiger Sorge. Der Unverheiratete sorgt sich um die Sache des Herrn, wie er gefalle dem Herrn; ³³ der Verheiratete sorgt sich um die Sache der Welt, wie er der Frau gefalle, ³⁴ und er ist geteilt. Die unverheiratete Frau und die Jungfrau sorgen sich um die Sache des Herrn, daß sie heilig seien an Leib und Geist; die Verheiratete aber sorgt sich um die Sache der Welt, wie sie dem Mann gefalle. ³⁵ Dies aber sage ich zu eurem Besten, nicht um eine Schlinge über euch zu werfen, sondern in der Sorge um das rechte Verhalten und ungestörte Verharren beim Herrn.

Heiraten und Wiederverheiratung. ³⁶ Meint aber jemand, er handle unschicklich gegenüber seiner Jungfrau, wenn sie über die Jahre kommt und es deshalb so sein soll, so möge er tun, was er will, er sündigt nicht; sie mögen heiraten. ³⁷ Wer aber feststeht in seinem Herzen und keinem Zwang unterliegt, sondern Freiheit hat über seinen Willen und dies in sei-

---

7,25 f: Wertmesser in jedem Stand ist die Liebe zu Christus. Von ihr erhält die Empfehlung der Jungfräulichkeit ihr besonderes Motiv.

nem Herzen beschlossen hat, seine Jungfrau zu bewahren, der wird recht tun. ³⁸ Wer also seine Jungfrau verheiratet, tut recht; wer sie aber nicht verheiratet, tut besser.
³⁹ Eine Frau ist gebunden, solange ihr Mann lebt; ist aber ihr Mann entschlafen, so ist sie frei, zu heiraten, wen sie will; doch geschehe es im Herrn. ⁴⁰ Glücklicher aber ist sie, wenn sie so bleibt, wie es meinem Rat entspricht; und ich glaube, daß auch ich den Geist Gottes habe.

8. Kapitel

Vom Essen des Opferfleisches. ¹ Bezüglich des Götzenopferfleisches: Wir wissen, daß wir alle Erkenntnis haben; doch die Erkenntnis bläht auf, die Liebe jedoch erbaut. ² Meint einer, etwas erkannt zu haben, so erkannte er noch nicht, wie man erkennen soll. ³ Wenn aber einer Gott liebt, der ist erkannt worden von ihm.
⁴ Was also das Essen von Götzenopferfleisch betrifft, so wissen wir, daß kein Götze in der Welt existiert und daß es keinen Gott gibt als den einen. ⁵ Denn wenn auch von »Göttern« die Rede ist, sei es im Himmel oder auf Erden, wie es ja viele »Götter« und viele »Herren« gibt, ⁶ so existiert für uns nur ein einziger Gott, der Vater, aus dem alles ist und für den wir sind, und ein einziger Herr, Jesus Christus, durch den alles ist und wir durch ihn.
⁷ Doch nicht in allen ist diese Erkenntnis, sondern manche essen in ihrer bisher gewohnten Auffassung vom Götzen das Fleisch als Götzenopfer, und ihr Gewissen, das schwach ist, wird befleckt. ⁸ Speise bringt uns nicht vor Gott, weder verlieren wir etwas, wenn wir nicht essen, noch gewinnen wir etwas, wenn wir essen. ⁹ Seht aber zu, daß diese eure Freiheit nicht zum Anstoß werde für die Schwachen.
¹⁰ Denn sieht einer dich, der du Erkenntnis hast, im Götzenhaus bei Tisch, wird nicht sein Gewissen, da er schwach ist, aufgemuntert werden zum Essen von Götzenopfern? ¹¹ Und so geht durch deine Erkenntnis der Schwache ins Verderben, er, dein Bruder, um dessentwillen Christus starb.

8,1–10,33: Bei der Frage, ob die Christen Fleisch verwenden dürfen, das von Götzenopfern stammt, betont Paulus die grundsätzliche Freiheit der Christen, die aber ihre Grenze erhält, wenn der Gebrauch dieser Freiheit für andere, vor allem für ängstliche Christen, eine Gewissensverwirrung schaffen könnte. Oberster Grundsatz ist daher die Rücksicht aus Liebe zu Christus und zum Mitmenschen. Vgl. Röm 14,1–15,13.

¹² Wenn ihr euch so an den Brüdern versündigt und ihr schwaches Gewissen verletzt, versündigt ihr euch an Christus. ¹³ Wenn daher eine Speise meinem Bruder Anstoß gibt, will ich in Ewigkeit kein Fleisch essen, um meinem Bruder nicht Anstoß zu geben.

9. Kapitel
Das Beispiel des Apostels. ¹ Bin ich nicht frei? Bin ich nicht Apostel? Habe ich nicht Jesus, unseren Herrn, gesehen? Seid nicht ihr mein Werk im Herrn? ² Bin ich auch für andere nicht Apostel, so doch für euch; denn das Siegel meines Apostelamtes seid ihr im Herrn. ³ Dies ist meine Verteidigung vor denen, die mich zur Rede stellen.

⁴ Haben wir nicht das Recht auf Essen und Trinken? ⁵ Haben wir nicht das Recht, eine Schwester, eine Frau, mitzuführen, wie auch die übrigen Apostel und die Brüder des Herrn und wie Kefas? ⁶ Oder haben nur ich und Barnabas nicht das Recht, die Handarbeit beiseite zu lassen? ⁷ Wer leistet je Kriegsdienst auf eigene Kosten? Wer pflanzt einen Weinberg und genießt nicht von seiner Frucht? Wer weidet eine Herde und nährt sich nicht von der Milch der Herde?

⁸ Sage ich das nur als menschliche Meinung? Oder sagt dies nicht auch das Gesetz? ⁹ Es steht doch im Gesetz des Mose geschrieben: ›Du sollst dem dreschenden Ochsen das Maul nicht zubinden‹ (Dt 25,4). Geht es denn Gott um die Ochsen? ¹⁰ Oder sagt er es nicht gerade unsertwegen? Ja, unsertwegen steht es geschrieben; denn in Hoffnung soll der Pflüger pflügen, und der Drescher soll arbeiten in der Hoffnung auf seinen Ertrag.

¹¹ Wenn wir für euch das Geistige säten, ist es da etwas Großes, wenn wir Dinge für den Leib von euch ernten? ¹² Wenn andere dieses Recht über euch genießen, dürfen wir es da

---

9,1–27: Trotz verschiedener, ihm zustehender Freiheiten und Rechte hat Paulus aus höheren Beweggründen Verzicht geübt und sogar den ihm gebührenden Unterhalt mit eigener Handarbeit erworben. Vgl. Apg 20,34; 2 Kor 12,13; 2 Thess 3,8 ff.

9,5: Die Apostel und »Brüder«, d. h. nahe Verwandte des Herrn, hatten demnach auf ihren Missionswegen auch Frauen bei sich. Die Stellung derselben ist aus unserem Satz nicht mit Sicherheit zu erkennen. Wenn man »Schwester« im Sinn von »Mitarbeiterin« nimmt, wäre der Sinn: »Eine Frau als Mitarbeiterin«. Der häufig vertretene Sinn von »Ehefrau« ist möglich, doch durch den Kontext nicht recht überzeugend. Paulus sah auch hier aus besonderen Beweggründen von einem ihm zustehenden Recht ab.

1 Korinther 9,13–27

nicht viel mehr? Doch wir machten nicht Gebrauch von diesem Recht, sondern nehmen alles auf uns, damit wir nicht zum Hindernis werden für das Evangelium Christi. [13] Wißt ihr nicht, daß die im Heiligtum Tätigen vom Heiligtum auch essen und daß die dem Altar Dienenden vom Altar ihren Anteil empfangen? [14] So hat auch der Herr verordnet, daß die Verkünder des Evangeliums vom Evangelium leben.

Verzicht aus Liebe. [15] Ich aber machte von all dem keinen Gebrauch. Doch schreibe ich dies nicht deswegen, damit es mir nun zuteil werde; denn lieber wollte ich sterben, als daß jemand meinen Ruhm zunichte mache. [16] Daß ich nämlich das Evangelium verkünde, gereicht mir nicht zum Ruhm, denn als zwingende Pflicht liegt es auf mir; denn wehe mir, wenn ich das Evangelium nicht verkünde! [17] Wenn ich nämlich freiwillig dies tue, so habe ich Verdienst; tue ich es aber unfreiwillig, dann bin ich eben mit einem Amt betraut.

[18] Was nun ist mein Verdienst? Dies, daß ich das Evangelium verkünde ohne Entgelt und nicht Gebrauch mache von meinem Recht am Evangelium. [19] Denn obwohl ich unabhängig bin von allen, machte ich mich doch zum Knecht aller, um recht viele zu gewinnen.

[20] Den Juden wurde ich wie ein Jude, um Juden zu gewinnen. Denen unter dem Gesetz wurde ich wie einer unter dem Gesetz – obwohl ich selber nicht unter dem Gesetz stehe –, um die unter dem Gesetz zu gewinnen. [21] Den Gesetzlosen wurde ich wie ein Gesetzloser – obwohl ich nicht gesetzlos bin vor Gott, sondern unter dem Gesetz Christi stehe –, um die Gesetzlosen zu gewinnen. [22] Den Schwachen wurde ich ein Schwacher, um die Schwachen zu gewinnen. Allen bin ich alles geworden, um auf jede Weise einige zu retten.

[23] Alles aber tue ich um des Evangeliums willen, damit ich teilhabe an ihm. [24] Wißt ihr nicht, daß die Läufer in der Rennbahn zwar alle laufen, jedoch nur einer den Preis erlangt? Lauft so, daß ihr ihn erhaltet. [25] Jeder, der im Wettkampf steht, enthält sich von allem. Diese tun es, um einen vergänglichen Kranz zu empfangen, wir aber um eines unvergänglichen willen. [26] Ich nun, ich laufe so, nicht wie einer, der ins Ungewisse rennt; ich führe den Faustschlag nicht wie einer, der Lufthiebe versetzt, [27] sondern ich züchtige meinen Leib und mache ihn gefügig, damit ich nicht etwa, indes ich anderen predige, selber die Probe nicht bestehe.

10. Kapitel

Das abschreckende Beispiel Israels. ¹ Denn ich möchte euch nicht darüber in Unkenntnis lassen, Brüder, daß unsere Väter alle unter der Wolke waren und alle das Meer durchschritten, ² und alle auf Mose getauft wurden in der Wolke und im Meer, ³ und alle dieselbe Speise des Geistes aßen ⁴ und alle denselben Trank des Geistes genossen – sie tranken nämlich aus dem Felsen des Geistes, der ihnen folgte, und dieser Fels war Christus. ⁵ Doch an den meisten von ihnen hatte Gott kein Gefallen, denn ›sie wurden dahingerafft in der Wüste‹ (Num 14,16). ⁶ Dies ist zum Zeichen für uns geschehen, daß wir nicht nach dem Bösen gelüsten, wie jene gelüsteten.
⁷ Werdet auch nicht Götzendiener wie einige von ihnen, von denen geschrieben steht: ›Das Volk setzte sich, um zu essen und zu trinken, und sie standen auf, um zu tanzen‹ (Ex 32,6). ⁸ Laßt uns auch nicht Unzucht treiben, wie einige von ihnen Unzucht trieben, und es kamen an einem Tag dreiundzwanzigtausend ums Leben. ⁹ Laßt uns auch den Herrn nicht versuchen, wie einige von ihnen ihn versuchten und durch Schlangen umkamen. ¹⁰ Murrt auch nicht, wie einige von ihnen murrten und durch den Würgengel zugrunde gingen (Num 25,1.9; 21,5 f; 14,2.36 f).
¹¹ Dies alles aber widerfuhr ihnen als Zeichen, und es wurde zur Warnung niedergeschrieben für uns, für die das Ende der Zeiten gekommen ist. ¹² Wer also meint, er stehe, der sehe zu, daß er nicht falle. ¹³ Es hat euch nur menschliche Anfechtung getroffen, Gott aber ist getreu; er wird euch nicht anfechten lassen über eure Kräfte, sondern bei der Anfechtung auch den Ausgang schaffen, daß ihr bestehen könnt.

Folgerungen. ¹⁴ Darum, meine Geliebten, flieht vor dem Götzendienst! ¹⁵ Zu Verständigen rede ich; beurteilt selbst, was ich sage. ¹⁶ Der Kelch des Segens, den wir segnen, ist er nicht Teilhabe am Blut Christi? Und das Brot, das wir brechen, ist es nicht Teilhabe am Leib Christi? ¹⁷ Weil es e i n Brot ist, sind wir e i n Leib als die vielen; denn wir nehmen alle teil

---

10,1–13: Mit diesen Hinweisen auf die jüdische Geschichte will der Apostel andeuten, daß bloße äußere Zugehörigkeit zur Kirche keine Sicherung vor Unheil besagt. Wir müssen daher mit der angebotenen Gnade wirken bis zur Vollendung und unserer Verantwortung für uns und für unsere Mitmenschen bewußt bleiben.
10,16–21: Eine bedeutsame Stelle für die Auffassung der Urkirche vom Geheimnis der Eucharistie als einer Wirklichkeit der Gegenwart des Herrn und der Lebensverbindung mit ihm.

an dem einen Brot. ¹⁸ Seht auf das Israel dem Fleische nach! Haben nicht jene, die vom Opfer essen, teil am Opferaltar?
¹⁹ Was sage ich damit? Sage ich, daß ein Götzenopfer etwas sei? Oder daß ein Götze etwas sei? ²⁰ Nein, vielmehr, daß die Heiden das, was sie opfern, den Dämonen opfern und nicht Gott. Ich will aber nicht, daß ihr Gemeinschaft habt mit den Dämonen. ²¹ Ihr könnt nicht den Kelch des Herrn trinken und den Kelch von Dämonen. Ihr könnt nicht Anteil haben am Tisch des Herrn und am Tisch der Dämonen. ²² Oder wollen wir den Herrn herausfordern? Sind wir etwa stärker als er?
²³ Alles ist erlaubt, doch nicht alles tut gut. Alles ist erlaubt, doch nicht alles baut auf. ²⁴ Keiner suche den eigenen Nutzen, sondern den des andern. ²⁵ Alles, was auf dem Fleischmarkt verkauft wird, das eßt, ohne um des Gewissens willen nachzufragen; ²⁶ denn ›des Herrn ist die Erde und was sie erfüllt‹ (Ps 24,1).
²⁷ Wenn einer von den Ungläubigen euch einlädt und ihr hingehen wollt, so eßt alles, was euch vorgesetzt wird, ohne um des Gewissens willen nachzufragen. ²⁸ Wenn aber einer euch sagt: »Dies ist Götzenopferfleisch!« so eßt nicht davon, und zwar um dessentwillen, der darauf hinwies, und um des Gewissens willen. ²⁹ Ich meine damit nicht das eigene Gewissen, sondern das des andern. Was soll denn meine Freiheit von eines andern Gewissen sich richten lassen? ³⁰ Wenn ich mit Danksagung genieße, was soll ich mich lästern lassen für das, wofür ich Dank sage?
³¹ Möget ihr nun essen oder trinken oder etwas anderes tun, tut alles zur Ehre Gottes! ³² Gebt nicht Ärgernis, weder Juden noch Hellenen, noch der Gemeinde Gottes, ³³ wie auch ich allen in allem zu Gefallen bin, indem ich nicht suche, was mir nützt, sondern den vielen, damit sie gerettet werden.

11. Kapitel

¹ Ahmt mein Beispiel nach, wie auch ich Christi Nachahmer bin!

Verschleierung der Frauen. ² Ich lobe euch, daß ihr in allem meiner eingedenk seid und die Überlieferung wahrt, wie ich sie euch übergeben habe. ³ Ich möchte aber, daß ihr wißt, daß

11,1–6: Eine aus zeitbedingter Sitte zu verstehende Anordnung. Man beachte Vers 11f, um zu sehen, daß Paulus nicht eine Unterbewertung der Frau ausspricht, sondern im Interesse der bedrohten gottesdienstlichen Ordnung an die Schicklichkeit appelliert. Die Einzelargumente sind aus der damaligen Zeit zu erklären.

das Haupt eines jeden Mannes Christus ist; Haupt der Frau ist der Mann, und Haupt Christi ist Gott.

⁴ Jeder Mann, der bedeckten Hauptes betet oder prophetisch redet, entehrt sein Haupt. ⁵ Jede Frau aber, die bei unverhülltem Haupt betet oder prophetisch redet, entehrt ihr Haupt; denn sie ist ein und dasselbe wie eine Geschorene. ⁶ Denn wenn eine Frau sich nicht verhüllt, soll sie sich auch die Haare abschneiden lassen. Ist es aber schimpflich für eine Frau, sich die Haare abschneiden oder sich scheren zu lassen, so verhülle sie sich [ihr Haupt].

⁷ Der Mann nämlich soll sein Haupt nicht verhüllen, weil er Gottes Bild und Abglanz ist; die Frau aber ist des Mannes Abglanz. ⁸ Denn der Mann ist nicht aus der Frau, sondern die Frau ist aus dem Mann; ⁹ es ist ja der Mann auch nicht der Frau wegen geschaffen, sondern die Frau des Mannes wegen. ¹⁰ Darum soll die Frau ein Zeichen der Hoheit auf dem Haupt tragen, der Engel wegen.

¹¹ Im übrigen gilt im Herrn weder die Frau anders als der Mann noch der Mann anders als die Frau; ¹² denn wie die Frau aus dem Mann, so ist auch der Mann durch die Frau, alles aber aus Gott.

¹³ Urteilt bei euch selbst: Ist es schicklich, daß eine Frau unverhüllt zu Gott betet? ¹⁴ Lehrt euch nicht schon die Natur, daß es für den Mann, wenn er langes Haar trägt, nicht zur Ehre gereicht? ¹⁵ Trägt aber die Frau langes Haar, gereicht es ihr zur Ehre. Denn das Haar ist ihr als Schleier gegeben. ¹⁶ Wenn jedoch jemand glaubt, widersprechen zu müssen – w i r haben eine derartige Sitte nicht und auch nicht die Gemeinden Gottes.

Würdige Feier der Eucharistie. ¹⁷ Bei folgender Anordnung weiß ich kein Lob für euch; denn eure Zusammenkünfte gereichen nicht zum Segen, sondern zum Schaden. ¹⁸ Fürs erste nämlich höre ich, daß es Spaltungen unter euch gibt, wenn ihr bei der Versammlung der Gemeinde zusammenkommt, und ich glaube es zum Teil. ¹⁹ Es muß ja Parteiungen unter euch geben, damit die Bewährten unter euch offenbar werden.

11,17–34: Mit der Eucharistiefeier waren sog. Liebesmahle (Agapen) verbunden. Paulus erinnert an die Einsetzung des eucharistischen Geheimnisses, um die Korinther aufmerksam zu machen auf den Ernst dieser Feier. Vgl. zum Einsetzungstext Mt 26,26 f; Mk 14,22 f; Lk 22,19 f.

²⁰ Wenn ihr also gemeinsam zusammenkommt, so ist das nicht mehr ein Essen des Herrenmahls. ²¹ Denn ein jeder nimmt beim Essen seine eigene Mahlzeit vorweg, und der eine hungert, indes der andere betrunken ist. ²² Habt ihr denn nicht Häuser zum Essen und Trinken? Oder verachtet ihr die Gemeinde Gottes und beschämt jene, die nichts haben? Was soll ich euch sagen? Soll ich euch loben? Hierin lobe ich euch nicht.

²³ Denn ich habe vom Herrn empfangen, was ich euch auch überliefert habe: Der Herr Jesus nahm in der Nacht, in der er verraten wurde, Brot, ²⁴ sagte Dank, brach es und sprach: »[Nehmt hin und eßt], das ist mein Leib [, der] für euch [hingegeben wird]. Tut dies zu meinem Gedächtnis.« ²⁵ Ebenso nahm er nach dem Mahl auch den Kelch und sprach: »Dieser Kelch ist der neue Bund in meinem Blut; tut dies, sooft ihr davon trinkt, zu meinem Gedächtnis!«

²⁶ Denn sooft ihr dieses Brot eßt und den Kelch trinkt, verkündet ihr den Tod des Herrn, bis er kommt. ²⁷ Wer daher unwürdig dieses Brot ißt oder den Kelch des Herrn trinkt, der wird schuldig an Leib und Blut des Herrn. ²⁸ Es prüfe ein jeder sich selbst, und so esse er von dem Brot und trinke aus dem Kelch. ²⁹ Denn wer [unwürdig] ißt und trinkt, der ißt und trinkt sich das Gericht, wenn er den Leib [des Herrn] nicht unterscheidet.

³⁰ Darum sind unter euch viele Schwache und Kranke und sind schon manche entschlafen. ³¹ Gingen wir mit uns selbst ins Gericht, würden wir nicht gerichtet werden. ³² Werden wir aber gerichtet vom Herrn, dann erfahren wir Züchtigung, damit wir nicht mit dieser Welt verdammt werden.

³³ Darum, meine Brüder: Wenn ihr euch versammelt zum Essen, so wartet aufeinander! ³⁴ Hat aber jemand Hunger, der esse zu Haus, damit ihr nicht zum Gericht zusammenkommt. Das übrige aber werde ich anordnen, sobald ich komme.

Von den Geistesgaben

12. Kapitel

Gaben des einen Geistes. ¹ Was die Geistesgaben betrifft, so will ich euch nicht ohne Kenntnis lassen, Brüder. ² Ihr wißt,

---

12,1–14,40: Die »Geistesgaben«, durch die sich, wie bei der Geistsendung am Pfingstfest, der Heilige Geist in außerordentlichen Fähigkeiten bekundete, konnten leicht die innere und äußere Ordnung des

als ihr noch Heiden waret, wurdet ihr unwiderstehlich zu den stummen Götzenbildern hingezogen. ³ Darum gebe ich euch zu bedenken, daß niemand, der im Geist Gottes redet, sagen kann: »Verflucht ist Jesus«, und keiner kann sagen: »Herr Jesus«, außer im Heiligen Geist.
⁴ Es gibt Verschiedenheiten unter den Gnadengaben, doch ist es derselbe Geist. ⁵ Und es gibt Verschiedenheiten unter den Diensten, doch ist es derselbe Herr. ⁶ Es gibt Verschiedenheiten unter den wirkenden Kräften, doch ist es derselbe Gott, der alles in allem wirkt.
⁷ Dem einzelnen wird die Offenbarung des Geistes zum Nutzen aller verliehen. ⁸ Dem einen nämlich wird durch den Geist das Wort der Weisheit verliehen, dem andern das Wort der Erkenntnis nach demselben Geist, ⁹ einem andern der Glaube in demselben Geist, einem andern die Gabe zu heilen in dem einen Geist, ¹⁰ einem andern machtvoll wirkende Kräfte, einem andern Prophetengabe, einem andern Unterscheidung der Geister, einem andern Arten des Zungenredens, einem andern Auslegung der Zungenreden. ¹¹ Dies alles aber wirkt ein und derselbe Geist, der einem jeden zuteilt, wie er will.

Glieder am Leib Christi. ¹² Denn wie der Leib e i n e r ist und doch viele Glieder hat, alle Glieder des Leibes aber, obschon ihrer viele sind, doch e i n e n Leib darstellen, so auch Christus. ¹³ Denn in e i n e m Geist sind wir alle zu e i n e m Leib getauft, ob Juden oder Hellenen, ob Knechte oder Freie, und alle sind wir mit e i n e m Geist getränkt.

¹⁴ Denn auch der Leib ist nicht ein einziges Glied, sondern besteht aus vielen. ¹⁵ Würde der Fuß sagen: »Weil ich nicht Hand bin, gehöre ich nicht zum Leib«, gehört er dennoch zum Leib. ¹⁶ Und würde das Ohr sagen: »Weil ich nicht Auge bin, gehöre ich nicht zum Leib«, gehört es dennoch zum Leib. ¹⁷ Wäre der ganze Leib Auge, wo wäre das Gehör? Wäre er ganz Gehör, wo wäre der Geruchsinn? ¹⁸ Nun aber hat Gott ein jedes einzelne von den Gliedern so dem Leib eingefügt, wie er es wollte. ¹⁹ Wären sie alle nur e i n Glied, wo bliebe der Leib? ²⁰ So aber sind es viele Glieder, aber nur e i n Leib. ²¹ Das Auge kann nicht zur Hand sagen: »Ich bedarf deiner

---

Gemeindelebens beeinträchtigen. Daher weist Paulus nachdrücklich auf die Einheit aller Glieder am Leib Christi hin und fordert in Kapitel 13 die Liebe, die über allem als die ordnende Macht zu stehen habe und unter den drei göttlichen Tugenden die allergrößte sei. Dieses »Hohe Lied« der Liebe gehört zum Schönsten der Paulusbriefe. Es ist eine eindrucksvolle Umschreibung des Grundgebotes Christi.

nicht«, oder wiederum das Haupt zu den Füßen: »Ich bedarf euer nicht.« ²² Im Gegenteil, gerade jene Glieder des Leibes, die schwächer zu sein scheinen, sind um so mehr notwendig; ²³ und die wir als die weniger wertvollen Glieder des Leibes ansehen, die umgeben wir mit besonderer Aufmerksamkeit, und die nicht ehrbaren an uns erfahren besonders ehrbare Beachtung; ²⁴ die ehrbaren an uns haben es nicht nötig. Gott fügte ja doch den Leib so zusammen, daß er dem größere Ehre zukommen ließ, dem es daran gebrach, ²⁵ damit nicht Zwiespalt sei im Leib, sondern in Eintracht die Glieder füreinander Sorge tragen.

²⁶ Ob nun ein einziges Glied leidet, es leiden mit ihm alle Glieder; oder ob ein einziges Glied verherrlicht wird, es freuen sich mit ihm alle Glieder. ²⁷ Ihr aber seid Christi Leib und im einzelnen Glieder, ²⁸ und die einen bestimmte Gott in der Kirche, erstens zu Aposteln, zweitens zu Propheten, drittens zu Lehrern, dann für Wunderkräfte, ferner für Gaben der Heilung, zu Dienstleistungen, zur Amtsführung, zu Arten der Zungenrede [, zur Auslegung der Zungenreden]. ²⁹ Sind etwa alle Apostel? Alle Propheten? Alle Lehrer? Alle mit besonderen Kräften begabt? ³⁰ Haben alle die Gaben für Heilungen? Reden alle in Zungen? Betätigen sich alle als Ausleger? ³¹ Bemüht euch um die vorzüglicheren Gaben! Und auch noch darüber hinaus will ich euch einen Weg zeigen.

13. Kapitel

Das Größte ist die Liebe. ¹ Wenn ich mit den Zungen der Menschen und der Engel rede, doch Liebe nicht habe, bin ich ein tönendes Metall oder eine klingende Schelle.

² Und wenn ich Prophetengabe besitze und um alle Geheimnisse weiß und alle Erkenntnis, und wenn ich allen Glauben habe, daß ich Berge versetze, doch Liebe nicht habe, so bin ich nichts.

³ Und wenn ich all meine Habe austeile [zur Speise für die Armen] und wenn ich meinen Leib hingebe zum Verbrennen, doch Liebe nicht habe, nützt es mir nichts.

⁴ Die Liebe übt Nachsicht; in Güte handelt die Liebe. Sie eifert nicht; die Liebe macht sich nicht groß, sie bläht sich nicht auf. ⁵ Sie benimmt sich nicht ungehörig; sie sucht nicht das Ihre; sie läßt sich nicht erbittern; sie rechnet das Böse nicht an. ⁶ Sie hat nicht Freude am Unrecht, freut sich jedoch an der Wahrheit. ⁷ Sie erträgt alles, sie glaubt alles, sie hofft alles, sie duldet alles.

⁸ Die Liebe hört niemals auf. Ob Prophetengaben, sie gehen zu Ende; ob Reden in Zungen, sie werden aufhören; ob Erkenntnis, sie nimmt ein Ende. ⁹ Denn Stückwerk ist unser Erkennen und Stückwerk unser prophetisches Reden. ¹⁰ Kommt aber die Vollendung, wird das Stückwerk abgelegt werden.
¹¹ Als ich noch Kind war, redete ich wie ein Kind, dachte ich wie ein Kind, überlegte wie ein Kind; da ich aber Mann geworden, legte ich die Art des Kindes ab. ¹² Denn jetzt schauen wir im Spiegel ein unklares Bild, dann aber von Angesicht zu Angesicht. Jetzt erkenne ich stückweise; dann aber werde ich erkennen, so wie auch ich erkannt bin.
¹³ Jetzt bleiben Glaube, Hoffnung, Liebe, diese drei: am größten unter ihnen ist die Liebe.

14. Kapitel
Zungenrede und Prophetengabe. ¹ Trachtet nach der Liebe! Bemüht euch um Geistesgaben, vorzüglich um prophetisches Reden! ² Wer nämlich in Zungen redet, der redet nicht zu Menschen, sondern zu Gott; denn niemand versteht ihn; im Geist spricht er Geheimnisvolles. ³ Wer aber prophetisch redet, der redet für Menschen zur Erbauung, Ermahnung und Tröstung. ⁴ Wer in Zungen redet, erbaut sich selbst; wer aber prophetisch redet, erbaut die Gemeinde.
⁵ Ich wünschte zwar, ihr würdet alle in Zungen reden, mehr aber noch, ihr würdet prophetisch reden; höher steht der prophetisch Redende als der in Zungen Redende, es sei denn, daß er die Auslegung gibt, damit die Gemeinde Erbauung empfange. ⁶ Wenn ich also, Brüder, zu euch komme und in Zungen zu euch rede, was nütze ich euch, wenn ich nicht zu euch spreche in Offenbarung oder in Erkenntnis oder in prophetischer Rede oder in Belehrung?
⁷ Wie soll man schon bei unbeseelten Tonwerkzeugen, einer Flöte oder Zither, wenn sie den Tönen keine Unterscheidung geben, das Geblasene oder Gespielte erkennen? ⁸ Und wenn die Trompete nur einen unklaren Ton hervorbringt, wer wird sich da zum Kampf rüsten?
⁹ So ist es auch bei euch! Wenn ihr beim Zungenreden nicht ein deutliches Wort hervorbringt, wie soll man erkennen, was

---

14,1–40: Das »Reden in Zungen« meint ein ekstatisches Sprechen, dessen Sinn nicht ohne besondere Erleuchtung oder Erklärung durch einen Propheten zu erkennen war. Daher ist der Apostel so sehr an der prophetischen Gabe zum Auslegen der Zungenrede interessiert.

gesagt wird? Ihr werdet in den Wind reden. ¹⁰ Es gibt, wer weiß, wie viele Arten von Sprachen in der Welt, und nichts ist ohne Sprache. ¹¹ Wenn ich aber die Bedeutung der Sprache nicht kenne, bin ich dem Sprechenden ein Fremdling, und der Sprechende ist mir ein Fremdling.
¹² So sollt auch ihr im Eifer für Gaben des Geistes danach streben, an ihnen reich zu sein zur Erbauung der Gemeinde. ¹³ Wer daher in Zungen redet, der bete auch um die Gabe der Auslegung. ¹⁴ Denn wenn ich in Zungen bete, so betet zwar mein Geist, doch mein Verstand bleibt ohne Frucht. ¹⁵ Was folgt daraus? Beten will ich mit dem Geist, beten aber auch mit dem Verstand, lobsingen will ich mit dem Geist, lobsingen aber auch mit dem Verstand.
¹⁶ Denn wenn du aus dem Geist ein Lobgebet sprichst, wie soll da einer, der als Unkundiger zugegen ist, zu deinem Dankgebet das Amen sagen? Er weiß ja nicht, was du sagst. ¹⁷ Du magst ein gutes Dankgebet sprechen, doch der andere wird nicht erbaut. ¹⁸ Ich danke [meinem] Gott, daß ich mehr in Zungen rede als ihr alle; ¹⁹ doch in der Gemeinde will ich lieber fünf Worte mit meinem Verstand reden, um auch andere zu unterweisen, als zehntausend Worte in Zungen.
²⁰ Brüder, seid nicht Kinder im Verstehen, wohl aber unerfahren in Bosheit; im Verstehen jedoch sollt ihr reif sein. ²¹ Im Gesetz steht geschrieben: ›Durch Anderssprechende und durch die Lippen von Fremden werde ich reden zu diesem Volk; und auch so werden sie nicht auf mich hören, spricht der Herr‹ (Jes 28,11). ²² So ist also das Zungenreden ein Zeichen nicht für die Gläubigen, sondern für die Ungläubigen; die prophetische Rede aber ist nicht für die Ungläubigen, sondern für die Gläubigen.

Praktische Anweisungen. ²³ Wenn nun die ganze Gemeinde am gleichen Ort zusammenkommt und es reden alle in Zungen, werden da Unkundige oder Ungläubige, die eintreten, nicht sagen: »Ihr seid von Sinnen!« ²⁴ Wenn aber alle prophetisch reden und es tritt ein Ungläubiger oder ein Unkundiger ein, so wird er zurechtgewiesen von allen und von allen ins Gericht genommen; ²⁵ das Verborgene seines Herzens wird offenbar, und er wird niederfallen auf sein Angesicht und Gott anbeten und bekennen, daß Gott wahrhaft in euch ist.
²⁶ Was folgt nun daraus, Brüder? Wenn ihr zusammenkommt und der einzelne hat einen Lobgesang, eine Lehre oder eine Offenbarung oder eine Zungenrede oder eine Auslegung, so geschehe alles zur Erbauung. ²⁷ Redet jemand in Zungen, so

seien es ihrer zwei, höchstens drei, und zwar nacheinander, und einer lege es aus. ²⁸ Ist aber niemand zum Auslegen da, so schweige man in der Versammlung; man spreche zu sich selbst und zu Gott.

²⁹ Als Propheten sollen ihrer zwei oder drei reden, und die übrigen mögen es prüfen. ³⁰ Wird aber einem andern, der dasitzt, eine Offenbarung zuteil, so soll der erste schweigen. ³¹ Denn ihr könnt alle, einer nach dem andern, prophetisch reden, damit alle lernen und alle ermahnt werden. ³² Auch Geister von Propheten sind den Propheten untertan. ³³ Denn Gott ist nicht ein Gott der Unordnung, sondern des Friedens. Wie in allen Gemeinden der Heiligen ³⁴ sollen die Frauen in den Versammlungen schweigen; denn es ist ihnen nicht gestattet zu reden, sondern sie sollen sich unterordnen, wie auch das Gesetz es sagt. ³⁵ Wollen sie aber Auskunft über etwas, so mögen sie zu Hause ihre Männer fragen; denn es steht der Frau nicht gut an, in der Versammlung zu reden. ³⁶ Oder ist etwa Gottes Wort von euch ausgegangen? Oder kam es allein zu euch?

³⁷ Glaubt jemand, ein Prophet zu sein oder ein Geistbegabter, der anerkenne, was ich euch schreibe, als ein Gebot des Herrn! ³⁸ Wer es mißachtet, wird mißachtet werden. ³⁹ Darum, Brüder, bemüht euch um prophetisches Reden und verhindert das Zungenreden nicht! ⁴⁰ Alles aber geschehe in Würde und Ordnung.

Auferstehung der Toten

15. Kapitel

Christi Auferstehung. ¹ Näher darlegen möchte ich euch, Brüder, das Evangelium, das ich euch verkündet habe; ihr nahmt es an und steht darin fest, ² und in ihm ist euer Heil, wenn ihr

---

14,34—36: Entsprechend der schon in der Synagoge geübten Zurückhaltung der Frau empfiehlt Paulus diese auch für den christlichen Gottesdienst, wobei er aber vor allem an das Auftreten als Prediger und Lehrer denkt. Denn 11,5—16 setzt auch ein Mitwirken der Frau am Gottesdienst voraus.

15,1—58: Ein bedeutsamer Abschnitt, in dem die geschichtliche Tatsache der Auferstehung Christi als grundlegender Glaubenssatz erscheint, zugleich aber die Bedeutung dieser Auferstehung für alle, die in Christus an seiner Auferstehung teilnehmen werden in der Verklärung ihres eigenen, jetzt allerdings noch verweslichen Leibes. Die ganze Geschichte der Menschen ist auf diese letzte Vollendung hingeordnet. Eindrucksvoll kommt in diesem Glauben die Stellung des Gottmenschen als Mitte der Schöpfung zur Geltung.

euch an das Wort haltet, mit dem ich es euch verkündete; sonst wäret ihr vergebens gläubig geworden.
³ Denn ich übergab euch vor allem, was auch ich empfangen habe: Christus starb für unsere Sünden, den Schriften gemäß; ⁴ er wurde begraben und auferweckt am dritten Tag, den Schriften gemäß. ⁵ Er erschien dem Kefas und danach den Zwölfen. ⁶ Hierauf erschien er mehr als fünfhundert Brüdern zugleich; von ihnen sind die meisten bis jetzt noch am Leben; einige aber sind entschlafen. ⁷ Danach erschien er dem Jakobus, dann allen Aposteln.
⁸ Als letztem von allen, der Fehlgeburt vergleichbar, erschien er auch mir. ⁹ Denn ich bin der geringste unter den Aposteln, der ich nicht würdig bin, Apostel zu heißen, da ich die Kirche Gottes verfolgte. ¹⁰ Doch durch die Gnade Gottes bin ich, was ich bin, und seine Gnade an mir ist nicht vergeblich gewesen, sondern mehr als sie alle arbeitete ich – doch nicht ich, sondern die Gnade Gottes mit mir. ¹¹ Sei es nun ich, seien es jene: so verkünden wir, und so seid ihr zum Glauben gekommen.

Bedeutung der Auferstehung Christi. ¹² Wenn nun von Christus verkündet wird, daß er auferweckt wurde von den Toten, wie behaupten da einige von euch, es gebe keine Auferstehung der Toten? ¹³ Wenn es keine Auferstehung der Toten gibt, dann ist auch Christus nicht auferweckt worden. ¹⁴ Ist aber Christus nicht auferweckt worden, dann ist unsere Predigt sinnlos, sinnlos auch euer Glaube. ¹⁵ Dann werden wir sogar als falsche Zeugen Gottes erfunden; denn wir hätten gegen Gott bezeugt, daß er Christus auferweckt habe, den er ja gar nicht auferweckt hat, wenn angeblich Tote nicht auferweckt werden.

¹⁶ Wenn nämlich Tote nicht auferweckt werden, ist auch Christus nicht auferweckt worden. ¹⁷ Ist aber Christus nicht auferweckt worden, ist nichtig euer Glaube, und ihr seid noch in euren Sünden. ¹⁸ Demnach sind auch die in Christus Entschlafenen verloren. ¹⁹ Wenn wir in diesem Leben nur auf Christus hoffen, sind wir beklagenswerter als alle Menschen.

Christus als Erstling der Auferstehung. ²⁰ Nun aber ist Christus auferweckt worden von den Toten, als Erstling der Entschlafenen. ²¹ Da nämlich durch einen Menschen der Tod kam, kommt auch durch einen Menschen die Auferstehung der Toten. ²² Denn wie in Adam alle sterben, werden in Christus auch alle lebendig gemacht werden. ²³ Ein jeder aber in seiner Ordnung: als Erstling Christus, danach die zu Christus Gehörenden bei seiner Ankunft; ²⁴ dann kommt das Ende,

wenn er das Reich Gott dem Vater übergibt und jede Herrschaft und Gewalt und Macht vernichtet hat. ²⁵ Denn er muß herrschen, ›bis er alle Feinde unter seine Füße gelegt hat‹ (Ps 110,1).
²⁶ Als letzter Feind wird vernichtet werden der Tod; ²⁷ denn ›alles hat er seinen Füßen unterworfen‹ (Ps 8,7). Wenn es aber heißt: ›A l l e s ist [ihm] unterworfen‹, so ist offenbar der ausgenommen, der ihm alles unterwarf. ²⁸ Wenn ihm aber alles unterworfen sein wird, dann wird auch der Sohn selber sich dem unterwerfen, der ihm alles unterwarf, damit er als Gott alles sei in allem.

In der Kraft der Auferstehungsgewißheit. ²⁹ Was tun sie denn, die sich da taufen lassen für die Toten? Wenn Tote ja gar nicht auferweckt werden, warum lassen sie sich noch taufen für sie? ³⁰ Was setzen auch wir uns Gefahren aus zu jeder Stunde? ³¹ Tag für Tag bin ich dem Tode nah, so wahr ihr mein Ruhm seid, Brüder, den ich habe in Christus Jesus, unserem Herrn. ³² Kämpfte ich nur nach menschlicher Rechnung mit wilden Tieren in Ephesus, was nützt es mir? Wenn Tote nicht auferweckt werden, so laßt uns essen und trinken, denn morgen werden wir sterben (Jes 22,13). ³³ Laßt euch nicht täuschen! Böser Umgang verdirbt gute Sitten. ³⁴ Werdet in Wahrheit nüchtern und sündigt nicht; denn gewisse Leute haben keine Ahnung von Gott; zu eurer Beschämung sage ich es.

Die Auferstehung als Vollendung. ³⁵ Doch da wird einer sagen: »W i e werden sie auferweckt, die Toten? In was für einem Leib kommen sie?« ³⁶ Du Tor! Was du säest, wird nicht lebendig, wenn es nicht zuvor starb; ³⁷ und was du säest, das säest du nicht als den Körper, der werden soll, sondern als bloßes Korn, etwa vom Weizen oder von einem der übrigen Samen. ³⁸ Gott aber gibt ihm den Körper so, wie er will, und jeder Art von Samen einen besonderen Körper.

15,29: Man braucht aus dieser Stelle kaum, wie es meist geschieht, zu schließen, daß die Korinther eine stellvertretende Taufe für ihre Verstorbenen übernahmen. Die »Toten« sind wohl eher die Leugner der Auferstehung selbst; denn wenn sie nicht auferstehen werden, bleiben sie ewig tot, und was hätte dann ihre Taufe »für Tote« für einen Sinn? Taufe ist ja wesentlich auf Teilnahme am Leben des Auferstandenen hingeordnet.

15,35-49: Der Auferstehungsleib wird wie der verklärte Leib Christi eine Daseinsweise besitzen, die wir nur mit Vergleich aus der Natur andeuten, aber nicht begreifen können. Er gehört der pneumatischen Ordnung an, so daß Paulus von einem »geistigen Leib« spricht, der unseren »sinnenhaften« (wörtlich nach dem Griechischen: »psychischen«) Leib ablösen wird.

³⁹ Nicht alles Fleisch ist dasselbe Fleisch, sondern ein anderes ist das von Menschen, ein anderes das von Haustieren, ein anderes das von Vögeln, ein anderes das von Fischen. ⁴⁰ Und es gibt himmlische Körper und irdische Körper; doch ein anderer ist der Glanz der himmlischen, ein anderer der Glanz der irdischen. ⁴¹ Ein anderer ist der Glanz der Sonne, ein anderer der Glanz des Mondes, ein anderer der Glanz der Sterne; denn ein Stern unterscheidet sich vom andern im Glanz.

⁴² So ist es auch mit der Auferstehung der Toten. Gesät wird in Verweslichkeit, auferweckt in Unverweslichkeit. ⁴³ Gesät wird in Unansehnlichkeit, auferweckt in Herrlichkeit; gesät wird in Schwachheit, auferweckt in Kraft. ⁴⁴ Gesät wird ein sinnenhafter Leib, auferweckt ein geistiger Leib. Gibt es einen sinnenhaften Leib, so gibt es auch einen geistigen Leib. ⁴⁵ Denn es steht auch geschrieben: ›Der erste Mensch Adam wurde zu einem lebenden Sinnenwesen‹ (Gen 2,7), der letzte Adam zum lebendigmachenden Geist. ⁴⁶ Das Geistige aber kommt nicht zuerst, sondern das Sinnenhafte, dann das Geistige. ⁴⁷ Der erste Mensch ist aus Erde, ist irdisch, der zweite Mensch vom Himmel [, ist himmlisch]. ⁴⁸ Wie beschaffen der irdische, derart sind auch die irdischen, und wie beschaffen der himmlische, derart sind auch die himmlischen. ⁴⁹ Wie wir das Bild des irdischen trugen, werden wir auch das Bild des himmlischen tragen.

⁵⁰ Das aber sage ich, Brüder: Fleisch und Blut können das Reich Gottes nicht erben; ebensowenig wird die Verweslichkeit die Unverweslichkeit erben. ⁵¹ Seht, ein Geheimnis sage ich euch: Nicht alle werden wir entschlafen, aber alle werden wir verwandelt werden, ⁵² plötzlich, in einem Augenblick, beim Schall der letzten Posaune; denn erschallen wird die Posaune, und die Toten werden als Unverwesliche auferweckt, und wir werden verwandelt werden. ⁵³ Denn dieses Verwesliche muß anziehen Unverweslichkeit und dieses Sterbliche muß anziehen Unsterblichkeit.

⁵⁴ Wenn aber dieses Verwesliche Unverweslichkeit angezogen und dieses Sterbliche Unsterblichkeit angezogen hat, dann wird zutreffen das Wort, das geschrieben steht: ›Verschlungen ist der Tod im Sieg! ⁵⁵ Tod, wo ist dein Sieg? Tod, wo ist dein Stachel?‹ (Jes 25,8; Hos 13,14). ⁵⁶ Der Stachel des Todes aber ist die Sünde; der Machtbereich der Sünde ist das Gesetz. ⁵⁷ Gott aber sei Dank, der uns den Sieg verleiht durch unsern Herrn Jesus Christus!

⁵⁸ Darum, meine geliebten Brüder, seid standhaft und unerschütterlich; tut euch allezeit hervor im Eifer für das Werk des Herrn und wißt, daß euer Mühen nicht vergeblich ist im Herrn!

Schlußbemerkungen

16. Kapitel

Sammlung für Jerusalem. ¹ Was die Sammlung für die Heiligen betrifft: Wie ich angeordnet habe für die Gemeinden von Galatien, so sollt auch ihr tun. ² Am ersten Tag der Woche lege ein jeder von euch etwas für sich als Ersparnis zurück, wie es ihm gelegen ist, damit nicht erst dann, wenn ich komme, die Sammlungen stattfinden. ³ Sobald ich aber eintreffe, will ich die von euch als geeignet Erachteten mit Briefen wegsenden, daß sie eure Gabe nach Jerusalem überbringen. ⁴ Wenn es angebracht ist, daß auch ich reise, so sollen sie mit mir reisen.

Reisepläne. ⁵ Ich werde zu euch kommen nach meiner Reise durch Mazedonien; denn Mazedonien werde ich durchreisen, ⁶ bei euch aber möchte ich, wenn möglich, bleiben oder auch überwintern, damit ihr mir das Geleit gebt, wohin ich gehe. ⁷ Denn ich möchte euch jetzt nicht nur im Vorbeigehen sehen, hoffe ich doch, eine Zeitlang bei euch zu bleiben, wenn der Herr es gestattet. ⁸ In Ephesus aber will ich bleiben bis Pfingsten; ⁹ denn eine Tür tat sich mir auf, groß und verheißungsvoll, doch auch der Widersacher sind viele.

¹⁰ Wenn Timotheus kommt, so seht zu, daß er ohne Furcht bei euch sei; denn er arbeitet am Werk des Herrn wie auch ich. ¹¹ Niemand denke gering von ihm, gebt ihm vielmehr im Frieden das Geleit, daß er zu mir komme; denn ich erwarte ihn mit den Brüdern. ¹² Was den Bruder Apollos betrifft, so bat ich ihn dringend, zu euch zu gehen mit den Brüdern; doch wollte er nicht gerade jetzt reisen, er wird aber kommen, wenn es ihm gelegen ist.

¹³ Seid wachsam, steht fest im Glauben; handelt mannhaft, seid stark! ¹⁴ Alles, was ihr tut, geschehe in Liebe!

¹⁵ Ich mahne euch, Brüder: Ihr wißt, das Haus des Stephanas [, des Fortunatus und Achaikus] ist die Erstlingsfrucht von

---

16,1–4: Zu den Sammlungen für die bedürftigen Christen, vor allem in Palästina, vgl. Röm 15,25–33; 2 Kor 8,1–9,15; Gal 2,10. Beachte die Erwähnung des »ersten Wochentages«, der von Anfang an als »Tag des Herrn« heilig blieb, vgl. Offb 1,10.

Achaia; sie haben sich eingesetzt für den Dienst an den Heiligen. ¹⁶ Seid auch ihr dienstfertig gegen solche und gegen jeden, der mitarbeitet und sich müht. ¹⁷ Ich freue mich über die Anwesenheit des Stephanas, des Fortunatus und Achaikus, denn sie ersetzen euer Fehlen. ¹⁸ Sie beglückten nämlich meinen Geist und den euren. Schätzt also solche Männer!
¹⁹ Es grüßen euch die Gemeinden in Asia. Es grüßen euch vielmals im Herrn Aquila und Prisca samt der Gemeinde in ihrem Haus, [bei denen ich zu Gast bin]. ²⁰ Es grüßen euch alle Brüder. Grüßt einander mit heiligem Kuß! ²¹ Mein eigenhändiger Gruß: Paulus.
²² Wenn einer den Herrn nicht liebt, der sei ausgeschlossen. Maranata. ²³ Die Gnade des Herrn Jesus [Christus] sei mit euch! ²⁴ Meine Liebe ist mit euch allen in Christus Jesus. [Amen.]

16,21: Die eigenhändige Unterschrift galt als Echtheitszeichen für die in der Regel diktierten Briefe. Vgl. Gal 6,11; Kol 4,18; 2 Thess 3,17.
16,22: »Maranata«, ein aramäischer Gebetsruf der Urkirche, der auf das Kommen des Herrn hinweist, bedeutet je nach der Worttrennung: »Unser Herr kommt«, oder: »Unser Herr, komm!«

Der zweite Brief an die Korinther

Der zweite Korintherbrief ist ein erschütterndes Zeugnis des um seine Gemeinde sich sorgenden Apostels. Noch von Ephesus aus, wo der erste Brief an die Korinther geschrieben ist (vgl. 1 Kor 15,32), hatte er seinen Mitarbeiter Titus zur Beilegung neu entstandener Schwierigkeiten nach Korinth geschickt, und zwar mit einem Brief (vgl. 2 Kor 2,3 f; 7,8 f), der uns nicht erhalten blieb. In Mazedonien konnte Paulus endlich den zurückkehrenden Titus treffen, von ihm beruhigende Kunde erfahren, aber auch Nachricht von neu einsetzender Wühlarbeit seiner judaistischen Gegner. Aus dieser Situation, zeitlich wohl im Jahre 57, schrieb er den vorliegenden Brief, der in bewegtem Wechsel der Gedanken und Stimmungen sich zunächst an die Korinther wendet, um das Verhältnis zwischen Apostel und Gemeinde vom Grundsätzlichen her klarzulegen (1,12–7,16), und nach einem ruhig gehaltenen Mittelstück über die vorzunehmende Kollekte (8,1–9,15) eine tief erregte Auseinandersetzung und Abrechnung mit den Gegnern bringt (10,1–13,10), die uns das menschliche Empfinden des Apostels ergreifend offenbart.

1. Kapitel

Eingangsgruß. ¹ Paulus, durch Gottes Willen Apostel Christi Jesu, und der Bruder Timotheus an die Gemeinde Gottes in Korinth mit allen Heiligen in ganz Achaia. ² Gnade euch und Friede von Gott, unserem Vater, und dem Herrn Jesus Christus.

Dank für Gottes Hilfe. ³ Gepriesen sei Gott, der Vater unseres Herrn Jesus Christus, der Vater der Erbarmungen und der Gott allen Trostes, ⁴ der uns tröstet in all unserer Drangsal, damit auch wir fähig seien, alle, die in irgendwelcher Bedrängnis sind, zu trösten mit dem Trost, durch den wir selbst getröstet werden von Gott. ⁵ Denn wie die Leiden Christi sich überreich ergießen über uns, so strömt auch durch Christus überreicher Trost auf uns nieder.

⁶ Ob wir nun Drangsal haben, es ist zu eurem Trost und zu eurem Heil; ob wir Trost erfahren, es geschieht zu eurem Trost, der sich auswirkt im Ertragen der gleichen Leiden, wie

---

1,3–11: Man lese den Bericht Apg 19,23–20,1 über den Aufstand in Ephesus, um die Hinweise auf die überstandenen Schwierigkeiten zu verstehen.

auch wir sie erfahren. ⁷ So ist unsere Hoffnung für euch festgegründet, da wir wissen, daß ihr wie in den Leiden, so auch Genossen seid im Trost.
⁸ Denn wir möchten euch, Brüder, nicht ohne Wissen lassen von der Drangsal, die uns in Asia widerfuhr; über unsere Kraft hinaus hatten wir in einem solchen Übermaß zu tragen, daß wir keine Möglichkeit mehr sahen, noch weiter zu leben.
⁹ Wir hatten vielmehr uns selbst das Urteil des Todes gesprochen und sollten so nicht auf uns selbst vertrauen, sondern auf Gott, der die Toten erweckt.
¹⁰ Er rettete uns aus so großer Todesgefahr und wird uns retten, er, auf den wir die Hoffnung gesetzt, daß er auch ferner rettet, ¹¹ da auch ihr mithelft durch euer Beten für uns; so soll aus vieler Mund für die uns zuteil gewordene Gnade vielmals Dank gesagt werden für uns.

Rechtfertigung des Apostels

Klärung von Mißverständnissen. ¹² Denn das ist für uns das frohe Bewußtsein, das Zeugnis unseres Gewissens, daß wir in Gottes Heiligkeit und Lauterkeit, nicht in der Weisheit des Fleisches, sondern in Gottes Gnade unseren Weg gingen in dieser Welt, vorzüglich aber bei euch. ¹³ Wir schreiben euch ja nichts anderes, als was ihr lesen und verstehen könnt, und ich hoffe, ihr werdet vollends verstehen, ¹⁴ so wie ihr uns schon einigermaßen verstanden habt, daß wir nämlich euer Ruhm sind, wie auch ihr für uns es seid am Tag unseres Herrn Jesus [Christus].
¹⁵ In dieser Zuversicht wollte ich früher zu euch kommen, damit ihr eine zweite Gnade erhieltet, ¹⁶ und von euch wollte ich weiterreisen nach Mazedonien und von Mazedonien abermals zu euch kommen und mich von euch weitergeleiten lassen nach Judäa.
¹⁷ Habe ich nun bei diesem Vorhaben leichtsinnig gehandelt? Oder fasse ich meine Entschlüsse nach Art des Fleisches, so daß es bei mir das »Ja, Ja« und zugleich das »Nein, Nein« gäbe? ¹⁸ Bei der Treue Gottes, unser Wort zu euch ist nicht »Ja

---

1,12–2,4: Paulus hatte bei einem wohl anzunehmenden »Zwischenbesuch« in Korinth (vgl. 13,2) sein baldiges Wiederkommen in Aussicht gestellt. Die Änderung dieses Planes legten ihm die Gegner als Zeichen seiner Unzuverlässigkeit aus; dagegen wenden sich diese Sätze. »Ja« und »Amen« sind als Begriffe der Wahrhaftigkeit der Offenbarung Christi und zugleich der des Apostels angeführt.

und Nein« zugleich. ¹⁹ Denn der Sohn Gottes, Christus Jesus, der bei euch durch uns verkündet wurde, durch mich und Silvanus und Timotheus, kam nicht als »Ja und Nein«, sondern in ihm ist das »Ja« Wirklichkeit geworden. ²⁰ Denn all die Verheißungen Gottes wurden in ihm zum »Ja«; und so erklingt auch durch ihn das »Amen« zu Gott als Lobpreis durch uns.

²¹ Gott ist es, der uns stark macht zusammen mit euch in Christus, der uns auch salbte ²² und besiegelte und das Angeld des Geistes uns gab in unsere Herzen. ²³ Ich aber rufe Gott zum Zeugen an bei meiner Seele, daß ich aus Schonung für euch nicht mehr nach Korinth gekommen bin. ²⁴ Nicht als Herren wollen wir auftreten über euren Glauben, sondern Mitarbeiter sind wir an eurer Freude, denn im Glauben steht ihr fest.

2. Kapitel

¹ So entschied ich mich, nicht abermals unter Betrübnis zu euch zu kommen. ² Denn wenn ich euch betrübe, wer ist es, der mir Freude macht? Doch nur der, der betrübt wurde durch mich. ³ Eben darum schrieb ich euch, damit ich nicht mit meinem Kommen Betrübnis erfahre von denen, die mir Freude machen sollten; ich habe ja die Zuversicht von euch allen, daß meine Freude die von euch allen ist. ⁴ Ja, aus großer Bedrängnis und Beklemmung des Herzens, unter vielen Tränen schrieb ich euch, nicht daß ihr betrübt werden solltet, sondern damit ihr die Liebe erkennen möchtet, die ich überströmend zu euch habe.

Mahnung zur Nachsicht. ⁵ Wenn aber einer Betrübnis verursachte, so hat er nicht mich betrübt, sondern in gewissem Maß, um nicht zu viel zu sagen, euch alle. ⁶ Es genügt für diesen die Strafe, die von der Mehrheit verhängt wurde, ⁷ so daß ihr im Gegenteil Gnade üben und ihn aufrichten sollt, damit er in seiner Lage nicht in allzu großer Betrübnis versinke.

⁸ Daher ermahne ich euch: Laßt Liebe gegen ihn walten. ⁹ Denn eben dazu hatte ich auch geschrieben, daß ich sähe, ob ihr bewährt und in allem gehorsam seid. ¹⁰ Wem ihr etwas verzeiht, dem verzeihe auch ich; denn was ich verziehen habe, sofern ich etwas zu verzeihen hatte, das geschah um euretwil-

---

2,5–17: Es ist nicht klar zu erkennen, auf welchen Fall von »Betrübnis« angespielt ist, kaum auf den Blutschänder von 1 Kor 5,1–13, vermutlich auf eine Beleidigung gelegentlich des zweiten Besuches (13,2).

len vor dem Angesicht Christi, ¹¹ damit wir nicht vom Satan überlistet werden; denn wir kennen seine Ränke gar wohl.
Apostelgesinnung. ¹² Als ich zur Verkündigung des Evangeliums Christi nach Troas kam und sich mir eine Tür auftat im Herrn, ¹³ hatte ich keine Ruhe im Geist, weil ich meinen Bruder Titus nicht antraf. So nahm ich Abschied von ihnen und reiste weiter nach Mazedonien. ¹⁴ Gott aber sei Dank, der uns allezeit zum Siege führt in Christus und den Duft seiner Erkenntnis ausströmen läßt durch uns an jedem Ort.
¹⁵ Denn Christi Wohlgeruch sind wir vor Gott unter denen, die gerettet werden, und unter denen, die zugrunde gehen; ¹⁶ den einen ein Todesgeruch zum Tod, den andern ein Lebensgeruch zum Leben. Und wer ist dafür geeignet? ¹⁷ Wir treiben ja nicht, wie so manche, mit dem Wort Gottes einen Handel, sondern aus lauterer Gesinnung, ja wie aus Gott heraus reden wir vor Gott in Christus.

3. Kapitel

Von der Erhabenheit des Apostelamtes. ¹ Fangen wir wiederum an, uns selbst zu empfehlen? Oder brauchen wir, wie gewisse Leute, Empfehlungsbriefe an euch oder von euch? ² Unser Brief seid ihr, hineingeschrieben in unsere Herzen, anerkannt und gelesen von allen Menschen. ³ Offen daliegend seid ihr ein Brief Christi, besorgt von uns, geschrieben nicht mit Tinte, sondern mit dem Geist des lebendigen Gottes, nicht auf Tafeln von Stein, sondern auf Tafeln menschlicher Herzen.

⁴ So große Zuversicht haben wir durch Christus vor Gott, ⁵ nicht weil wir von uns aus fähig wären, etwas als eigene Leistung uns anzurechnen, unsere Fähigkeit stammt vielmehr von Gott. ⁶ Er hat uns auch befähigt zu Dienern des Neuen Bundes, nicht des Buchstabens, sondern des Geistes; denn der Buchstabe macht tot, der Geist aber lebendig. ⁷ Wenn aber schon der Dienst am todbringenden Buchstaben, eingegraben auf Steine, in einem solchen Glanz geschah, daß die Söhne Israels das Antlitz des Mose nicht anzuschauen vermochten

---

3,1–18: Im Vergleich mit Mose hebt Paulus die erhabene Stellung des im Dienst des Neuen Bundes stehenden Apostels hervor. Die Juden hätten immer noch keinen freien Blick auf Mose, ihre Herzen seien gleichsam verhüllt, sonst müßten sie aus der Lesung des »Mose« (d. h. des Alten Testamentes) zu Christus finden. Beachte in Vers 18 die eindrucksvolle Kennzeichnung des schon im Diesseits vom »Glanz des Herrn« erleuchteten Christen.

wegen des Lichtglanzes auf seinem Angesicht, der doch vergänglich war, ⁸ wie sollte der Dienst des Geistes nicht noch viel herrlicher sein?
⁹ War schon der Dienst, der zur Verurteilung führte, so herrlich, wie viel mehr ist der zur Gerechtigkeit führende Dienst noch reicher an Glanz! ¹⁰ Ja, was dort im Glanz erstrahlte, ist gar kein Glanz mehr angesichts dieser alles überstrahlenden Herrlichkeit. ¹¹ Denn wenn das Vergängliche in so herrlichem Glanz sich zeigte, wird das Bleibende noch viel mehr im Glanz erstrahlen.

¹² Von so großer Zuversicht erfüllt, treten wir mit großem Freimut auf, ¹³ nicht wie Mose, der eine Hülle über sein Angesicht legte, damit die Söhne Israels nicht hinblickten auf das Vergehen dessen, was aufhören sollte. ¹⁴ Doch es verhärteten sich ihre Gedanken; denn bis auf den heutigen Tag liegt dieselbe Hülle über der Lesung des Alten Bundes, ohne daß sie weggenommen würde, nachdem er doch mit Christus ein Ende nahm. ¹⁵ Ja, bis auf den heutigen Tag liegt, wenn Mose gelesen wird, eine Hülle über ihrem Herzen. ¹⁶ ›Wenn es sich aber hinwendet zum Herrn, wird die Hülle weggenommen‹ (Ex 34,34).

¹⁷ Der Herr aber ist der Geist, und wo der Geist des Herrn, da ist Freiheit. ¹⁸ Wir alle aber werden, wenn wir mit enthülltem Antlitz den Glanz des Herrn widerspiegeln, zum selben Bild umgeformt von Herrlichkeit zu Herrlichkeit, wie sie ausstrahlt vom Geist des Herrn.

4. Kapitel

Zuversicht in Schwachheit. ¹ Betraut also mit diesem Dienst, wie er aus Erbarmen uns zuteil wurde, sind wir nicht mutlos, ² sondern sagten uns los von ehrlosen Heimlichkeiten, treten nicht arglistig auf und treiben kein Falschspiel mit dem Gotteswort, suchen vielmehr durch Offenbarung der Wahrheit Zutritt zu jedem Gewissen der Menschen im Angesicht Gottes.

³ Sollte jedoch auch unser Evangelium verhüllt sein, so ist es nur denen verhüllt, die verlorengehen, ⁴ den Ungläubigen, deren Sinn der Gott dieser Welt geblendet hat, um ihnen nicht aufstrahlen zu lassen das Leuchten der herrlichen Botschaft

---

4,1–18: Ein starker Optimismus des im Lichte Christi stehenden und trotz aller äußeren Widerstände ungebrochenen und freudig wirkenden Apostels liegt in diesen Sätzen.

2 Korinther 4,5–5,1

von Christus, der das Bild Gottes ist. ⁵ Denn nicht uns selbst verkünden wir, sondern Christus Jesus als den Herrn, uns selbst aber als eure Knechte um Jesu willen. ⁶ Denn der Gott, der befahl, daß aus der Finsternis Licht aufstrahle, ließ auch in unseren Herzen ein Licht erstrahlen, daß es leuchte zur Erkenntnis der Herrlichkeit Gottes auf dem Antlitz [Jesu] Christi. ⁷ Doch haben wir diesen Schatz in irdenen Gefäßen, damit das Übergewicht an Kraft auf seiten Gottes sei und nicht bei uns, ⁸ die wir auf alle Weise bedrängt, aber nicht erdrückt werden, hilflos sind, doch nicht verzweifeln, ⁹ verfolgt sind, doch nicht verlassen, niedergeworfen, doch nicht verloren.
¹⁰ Allzeit tragen wir das Hinsterben Jesu an unserem Leib, damit auch das Leben Jesu an unserem Leib sichtbar werde. ¹¹ Denn ständig werden wir in unserem Leben dem Tod anheimgegeben um Jesu willen, damit auch das Leben Jesu sichtbar werde an unserem sterblichen Fleisch. ¹² So ist der Tod an uns tätig, das Leben aber an euch.
¹³ Da wir aber denselben Geist des Glaubens haben, wie geschrieben steht: ›Ich glaubte, darum redete ich‹ (Ps 116,10), so glauben auch wir, und daher reden wir auch. ¹⁴ Wir wissen ja, daß er, der [den Herrn] Jesus auferweckte, auch uns mit Jesus auferwecken und zusammen mit euch an seine Seite stellen wird. ¹⁵ Denn alles geschieht um euretwillen, damit die mit der größeren Zahl sich mehrende Gnade auch die Danksagung anwachsen lasse zur Verherrlichung Gottes.
¹⁶ Darum verlieren wir nicht den Mut; mag auch unser äußerer Mensch aufgerieben werden, so wird doch der innere von Tag zu Tag neu. ¹⁷ Denn unsere gegenwärtige geringfügige Drangsal erwirkt uns in überströmender Fülle ein unvergängliches Übergewicht an Herrlichkeit, ¹⁸ wenn wir nicht auf das Sichtbare schauen, sondern auf das Unsichtbare; denn das Sichtbare ist von kurzer Dauer, das Unsichtbare jedoch ewig.

5. Kapitel
Die Hoffnung auf die Vollendung. ¹ Denn wir wissen, wenn das Zelt unserer irdischen Wohnung abgebrochen wird, werden wir eine Wohnstätte von Gott empfangen, ein nicht von

---

5,1–10: Der Christ weiß um sein eigentliches Ziel, daher sieht er alles Irdische unter dem Gedanken der Ewigkeit. Der uns als »Angeld« gegebene Heilige Geist ist schon ein Unterpfand des Himmels. In Vers 2 f meint der Ausdruck »überkleiden« das Anlegen des Verklärungsleibes (vgl. 1 Kor 15), wobei auch unser jetziger Leib mit »aufge-

Händen erbautes, ewiges Haus im Himmel. ² Und deswegen seufzen wir und sehnen uns, mit unserer Wohnung vom Himmel her überkleidet zu werden, ³ damit wir, von ihr überkleidet, nicht als nackt gefunden werden. ⁴ Denn solange wir in dem Zelt weilen, seufzen wir bekümmert, weil wir nicht entkleidet, sondern überkleidet werden wollen, damit das Sterbliche aufgesogen werde vom Leben.

⁵ Der uns aber gerade dafür bereitete, ist Gott, der uns das Angeld des Geistes gegeben hat. ⁶ So sind wir allezeit frohen Mutes, auch wenn wir wissen, daß wir, solange wir daheim sind im Leib, als Fremdlinge fern sind vom Herrn; ⁷ denn im Glauben gehen wir unsern Weg und nicht im Schauen. ⁸ Wir sind guten Mutes und möchten am liebsten ausziehen aus dem Leib und heimziehen zum Herrn.

⁹ Deshalb setzen wir auch unser Bestes darein, ob wir daheim sind oder in der Ferne, ihm zu gefallen. ¹⁰ Denn alle müssen wir erscheinen vor dem Richterstuhl Christi, damit ein jeder das erhalte, wofür er in seinem Leib tätig war, sei es Gutes, sei es Böses.

Alles um Christi willen. ¹¹ Im Wissen also um die Furcht des Herrn gilt unser Bemühen den Menschen; vor Gott stehen wir offen da; ich hoffe aber, auch in eurem Gewissen offen dazustehen. ¹² Wir wollen nicht wieder uns selbst euch empfehlen, sondern euch Anlaß geben, euch unser zu rühmen, damit ihr denen entgegnen könnt, die ihren Ruhm im Gesicht tragen, aber nicht im Herzen. ¹³ Ob wir von Sinnen kamen, es geschah für Gott; ob wir besonnen sind, es ist für euch.

¹⁴ Denn die Liebe Christi drängt uns, wenn wir dies bedenken: Einer starb für alle, folglich sind sie alle gestorben. ¹⁵ Er starb aber für alle, damit die Lebenden nicht mehr sich selbst leben, sondern ihm, der für sie starb und für sie auferweckt wurde. ¹⁶ Darum kennen wir von jetzt an niemand dem Fleisch nach, und wenn wir auch Christus dem Fleisch nach

---

sogen« wird vom »Leben«. »Entkleiden« meint das leibliche Sterben, an Stelle dessen die ersten Christen gleich unmittelbar in die Herrlichkeit Christi aufgenommen zu werden hofften. Vgl. 1 Thess 4,13 f und die Frage nach dem Los der Verstorbenen.

5,11–21: Wer einmal das Erlösungsgeheimnis ganz aufgenommen hat, den »drängt die Liebe Christi« zum Äußersten. In Vers 16 denkt Paulus an seine frühere, rein menschliche Beurteilung Christi. Auch unser Verhältnis zu Christus krankt oft an dieser äußerlichen Stellungnahme, die nicht zum Wesentlichen vordringt und in Christus nicht die Mitte der Heilsgeschichte sieht. In Vers 21 ist »Sünde« im Sinne von Röm 8,3 zu verstehen.

2 Korinther 5,17–6,13

kannten, so doch nicht mehr jetzt. ¹⁷ Ist also einer in Christus, ist er eine neue Schöpfung; das Alte ist vergangen, siehe, ein Neues ist geworden.
¹⁸ Das alles aber ist aus Gott, der uns mit sich durch Christus versöhnt und uns den Dienst der Versöhnung übertragen hat. ¹⁹ Ja, Gott war es, der in Christus die Welt mit sich versöhnte, ihnen ihre Vergehen nicht anrechnete und das Wort der Versöhnung in uns legte. ²⁰ An Christi Statt also walten wir des Amtes, in der Überzeugung, daß Gott durch uns mahnt. An Christi Statt bitten wir: Laßt euch versöhnen mit Gott! ²¹ Der von keiner Sünde wußte, den ließ er für uns Sünde werden, damit wir Gerechtigkeit Gottes würden in ihm.

6. Kapitel
Des Apostels Opferdienst. ¹ Als Mitarbeiter mahnen wir auch, ihr möchtet nicht vergeblich die Gnade Gottes empfangen. ² Es heißt ja: ›Zur Gnadenzeit erhörte ich dich, und am Tag des Heiles half ich dir‹ (Jes 49,8). Seht, jetzt ist die rechte Gnadenzeit, seht, jetzt ist der Tag des Heiles! ³ In keiner Hinsicht wollen wir irgendwie Anstoß geben, damit der Dienst nicht geschmäht werde, ⁴ sondern in allem erweisen wir uns als Gottes Diener:
in viel Geduld, in Drangsalen, in Nöten, in Ängsten, ⁵ in Mißhandlungen, in Gefängnissen, in Aufruhr, in Mühen, in Nachtwachen, in Fasten, ⁶ in Lauterkeit, in Verstehen, in Langmut, in Güte, im Heiligen Geist, in ungeheuchelter Liebe, ⁷ im Wort der Wahrheit, in der Kraft Gottes, mit den Waffen der Gerechtigkeit zur Rechten und zur Linken, ⁸ bei Ehre und Schmach, bei böser und guter Nachrede, als Verführer und doch wahrhaftig, als unbekannt und doch wohlbekannt, ⁹ als sterbend, und siehe, wir leben, als gezüchtigt und doch nicht getötet, ¹⁰ als trauernd und doch immer freudig, als arm und doch viele bereichernd, als Habenichtse und doch alles besitzend.

Warnung vor heidnischer Befleckung. ¹¹ Unser Mund hat sich aufgetan vor euch, Korinther, das Herz ist uns weit geworden. ¹² Nicht engen Raum nehmt ihr ein in uns, doch eng ist der Raum in euren Herzen. ¹³ Vergeltet Gleiches mit Gleichem – wie zu Kindern rede ich –, macht auch ihr euch weit!

6,11–7,1: Die heidnische Umgebung war für die leicht beeinflußbaren Korinther eine stete Gefährdung. Daher mahnt Paulus zur Wachsamkeit. »Beliar« (Belial) galt zu jener Zeit als Bezeichnung für den Teufel wie auch für den Antichrist.

¹⁴ Zieht nicht unter fremdem Joch an der Seite von Ungläubigen; denn was hat Gerechtigkeit mit Gesetzeswidrigkeit zu tun? Oder was haben Licht und Finsternis miteinander gemeinsam? ¹⁵ Wie steht Christus im Einklang mit Beliar? Oder welchen Anteil hat der Gläubige gemeinsam mit den Ungläubigen?

¹⁶ Wie verträgt sich der Tempel Gottes mit Götzen? Denn wir sind Tempel des lebendigen Gottes. Es sprach ja Gott: ›Ich will unter ihnen wohnen und einhergehen, und ich will ihr Gott sein, und sie sollen mein Volk sein‹ (Lev 26,11f). ¹⁷ ›Darum geht fort aus ihrer Mitte und sondert euch ab, spricht der Herr, und rührt nicht Unreines an‹ (Jes 52,11), ›und ich will euch aufnehmen‹ (Ez 20,34.41); ¹⁸ ›und ich will euer Vater sein, und ihr sollt mir Söhne und Töchter sein, spricht der Herr, der Allherrscher‹ (2 Sam 7,8.14; Jes 43,6).

7. Kapitel

¹ Da wir nun diese Verheißungen haben, Geliebte, wollen wir uns rein bewahren von aller Befleckung des Fleisches und Geistes und zu vollkommener Heiligkeit gelangen in der Furcht Gottes.

Freude über den empfangenen Trost. ² Gebt uns Raum! Wir haben niemand unrecht getan, niemand zugrunde gerichtet, niemand hintergangen. ³ Nicht um euch anzuklagen, sage ich das; denn soeben habe ich erklärt, daß ihr in unserem Herzen seid auf Sterben und Leben mit euch. ⁴ Groß ist meine Zuversicht zu euch, groß mein Rühmen um euretwillen; ich bin des Trostes voll, überreich an Freude bei all unserer Drangsal.

⁵ Denn auch als wir nach Mazedonien kamen, hatte unser Fleisch keine Ruhe, sondern alle Drangsal kam über uns, von außen her Kämpfe, von innen her Angst und Sorge. ⁶ Gott aber, der die Gebeugten tröstet, tröstete uns durch die Ankunft des Titus; ⁷ doch nicht allein durch sein Kommen, sondern auch durch den Trost, mit dem er getröstet wurde bei euch; er berichtete uns von eurer Sehnsucht, von eurem Schmerz und von eurem Eifer für mich, so daß ich noch mehr mich freute.

⁸ Denn wenn ich euch auch betrübte durch den Brief, so reut es mich nicht, und sollte es mich auch reuen – da ich sehe, daß jener Brief, wenn auch nur vorübergehend, euch betrübte –,

---

7,2–16: Paulus meint wohl einen uns nicht erhaltenen »Zwischenbrief«, der die Korinther zur Besinnung gebracht hat.

⁹ so freue ich mich jetzt, nicht weil ihr betrübt wurdet, sondern weil eure Betrübnis zur Umkehr führte. Denn ihr wurdet im Sinne Gottes betrübt, so daß ihr in keiner Weise Schaden littet durch uns. ¹⁰ Denn die Betrübnis im Sinne Gottes bewirkt Umkehr zum Heil, die man nicht zu bereuen braucht; die Betrübnis der Welt aber bewirkt Tod.
¹¹ Seht doch, wieviel Streben bewirkte gerade dieses Betrübtwerden im Sinne Gottes für euch, ja, auch Entschuldigung und Bedauern und Furcht und Sehnsucht, sogar Eifer und Bestrafung; in jeder Hinsicht habt ihr bewiesen, daß ihr schuldlos seid in dieser Sache. ¹² So erfolgte denn auch mein Schreiben an euch nicht dessentwegen, der Unrecht tat, noch auch dessentwegen, der Unrecht litt, sondern damit euer Eifer für uns an den Tag komme unter euch vor Gott.
¹³ Darum sind wir getröstet worden. Zu unserem Trost hinzu freuten wir uns besonders über des Titus Freude, weil sein Geist aufgerichtet wurde von euch allen. ¹⁴ Denn wenn ich mich vor ihm gerühmt hatte über euch, so bin ich nun nicht beschämt worden, sondern wie wir alles in Wahrheit vor euch sagten, so erwies sich auch unser Rühmen vor Titus als Wahrheit. ¹⁵ Sein Herz gehört euch nun noch viel mehr, wenn er des Gehorsams gedenkt von euch allen, wie ihr mit Furcht und Zittern ihn aufgenommen habt. ¹⁶ Ich freue mich, daß ich mich in allem verlassen kann auf euch.

Das Hilfswerk für Jerusalem

8. Kapitel
Das Beispiel Mazedoniens. ¹ Brüder, wir geben euch Kenntnis von der Gottesgabe, die in den Gemeinden Mazedoniens gegeben wurde. ² Trotz vieler trüber Erfahrung war ihre Freude übergroß, und in ihrer tiefen Armut haben sie sich in überströmender Herzlichkeit als reich gezeigt. ³ Denn sie haben nach Kräften, ja, ich bezeuge es, über ihre Kraft von selbst gespendet ⁴ und haben sich unter vielem Drängen von uns die Gunst erbeten zur Teilnahme am Dienst für die Heiligen. ⁵ Sie gaben nicht nur, wie wir es erhofften, sondern sich selber

---

8,1–9,15: Das Aufbringen von Unterstützungsgeldern für die bedürftigen Gemeinden in Palästina war ein besonderes Anliegen des Apostels, vgl. Gal 2,10; 1 Kor 16,1–4; Röm 15,25ff. Er stellt wirksam auch diese materielle Angelegenheit in den heilstheologischen Zusammenhang und gibt den Lesern Motive, die über das bloße Natürliche hinaus ihren Grund im Christusgeheimnis haben.

gaben sie hin, für den Herrn zunächst und dann auch für uns um Gottes willen.
⁶ Daher baten wir den Titus, er möchte so, wie er vorher schon angefangen hatte, dieses Werk der Liebe bei euch auch zu Ende führen. ⁷ Wie ihr nun in allen Dingen euch hervortut, in Glaube und Wort, in Erkenntnis und in allem Bemühen und in der Liebe, die von uns her in euch ist, so sollt ihr auch bei diesem Liebeswerk euch hervortun.
⁸ Nicht im Sinne eines Befehls sage ich es, sondern mit dem Eifer anderer möchte ich die Echtheit eurer Liebe erproben.
⁹ Ihr wißt ja um die Gnade unseres Herrn Jesus Christus, wie er um euretwillen arm wurde, da er reich war, damit ihr durch seine Armut reich würdet. ¹⁰ Nur einen Rat gebe ich euch hierzu, denn es ist zu eurem Besten; ihr habt ja schon den Anfang gemacht seit vorigem Jahr, nicht nur mit dem Tun, sondern auch mit eurem Wollen.
¹¹ Führt jetzt das Tun auch zu Ende, damit der Bereitschaft des Willens auch der Abschluß entspreche nach dem, was ihr habt. ¹² Denn ist die Bereitschaft vorhanden, so ist sie willkommen nach dem, was einer hat, nicht nach dem, was er nicht hat. ¹³ Es geht ja nicht darum, daß anderen Erleichterung, euch aber Bedrängnis bereitet werde, sondern im Ausgleich ¹⁴ soll in der gegenwärtigen Lage euer Überfluß ihrem Mangel abhelfen, damit auch ihr Überfluß eurem Mangel abhelfe, so daß es zum Ausgleich kommt, wie geschrieben steht: ¹⁵ ›Der mit dem Vielen hatte nicht Überfluß, und der mit dem Wenigen hatte nicht Mangel‹ (Ex 16,18).

Empfehlung der Beauftragten. ¹⁶ Dank aber sei Gott, der denselben Eifer für euch ins Herz des Titus gab. ¹⁷ Denn er nahm meine Bitte auf und ging voll Eifer aus freiem Willen zu euch.
¹⁸ Wir sandten mit ihm den Bruder, dessen Lob im Dienste des Evangeliums durch alle Gemeinden geht; ¹⁹ und nicht nur das, er wurde auch von den Gemeinden bestellt als unser Reisegefährte in diesem Liebeswerk, das von uns besorgt wird zur Ehre des Herrn und zum Erweis unserer Bereitwilligkeit, ²⁰ wobei wir verhüten möchten, daß man uns ins Gerede bringe angesichts dieser reichen, von uns besorgten Gabe.
²¹ Wir kümmern uns ja um das Rechte nicht allein vor Gott, sondern auch vor den Menschen.

8,18: Die Persönlichkeit dieses und des in Vers 22 erwähnten Mitarbeiters ist nicht weiter festzustellen. Paulus verwendete für diese finanziellen Obliegenheiten bewährte und zuverlässige Helfer, um jedem Verdacht unrechter Verwaltung vorzubeugen, vgl. Röm 15,30 f.

²² Ferner sandten wir mit ihnen unsern Bruder, den wir schon oft und in vielen Dingen als eifrig erprobt haben, der aber jetzt noch viel eifriger ist im großen Vertrauen zu euch. ²³ Ob ich nun für Titus spreche: er ist mein Gefährte und Mitarbeiter für euch, oder für unsere Brüder: sie sind Abgesandte der Gemeinden, Abglanz Christi. ²⁴ Gebt deshalb den Beweis eurer Liebe und bestätigt vor den Gemeinden, was ich zu ihnen Rühmliches gesagt habe über euch.

9. Kapitel
Aufmunterung zu freudigem Geben. ¹ Es ist ja für mich nicht nötig, euch über das Hilfswerk für die Heiligen zu schreiben; ² denn ich weiß um eure Bereitwilligkeit, von der ich rühmend zu den Mazedoniern über euch sagte, daß auch Achaia seit dem vorigen Jahr bereit sei; und der Eifer von euch war vielen ein Ansporn. ³ Ich sandte aber die Brüder, damit unser Rühmen über euch in dieser Sache sich nicht als unbegründet erweise, sondern ihr, wie ich sagte, gerüstet seid. ⁴ Sonst könnten Mazedonier mit mir kommen und euch unvorbereitet finden, und wir – um nicht zu sagen, ihr – würden beschämt sein in dieser Zuversicht.

⁵ Ich habe es daher für nötig erachtet, die Brüder aufzufordern, zu euch vorauszureisen und die von euch bereits zugesagte Spende zu ordnen, damit sie bereitliege als eine Gabe des Segens und nicht geizigen Sinnes. ⁶ Es ist so: Wer spärlich sät, wird auch spärlich ernten, und wer mit vollen Händen sät, wird mit vollen Händen auch ernten. ⁷ Jeder gebe, wie er es sich vorgenommen hat in seinem Herzen, nicht mit Unlust oder aus Zwang; denn ›einen freudigen Geber hat Gott lieb‹ (Spr 11,24; 22,9).

⁸ Gott aber ist mächtig, jede Gnade euch reichlich zukommen zu lassen, auf daß ihr in allem stets volles Auskommen habt und darüber hinaus Möglichkeit zu jedem guten Werk, ⁹ wie geschrieben steht: ›Er teilte aus, gab den Armen, seine Gerechtigkeit währt ewig‹ (Ps 112,9). ¹⁰ Der dem Sämann den Samen gibt und Brot zum Essen, wird auch euer Saatkorn beschaffen und mehren, und er wird heranwachsen lassen die Früchte eurer Gerechtigkeit.

¹¹ Reich werdend an allem, gelangt ihr zu vollkommener Lauterkeit, die hinführt zur Danksagung durch uns vor Gott. ¹² Denn der Dienst bei dieser Opfergabe hilft nicht nur dem Mangel der Heiligen ab, sondern bringt auch reiche Frucht durch die vielen Dankgebete zu Gott. ¹³ Angesichts eurer

Bewährung in diesem Dienst preisen sie Gott für den Gehorsam eures Bekenntnisses zum Evangelium Christi und für die lautere Gemeinschaft mit ihnen und mit allen. ¹⁴ Und bei ihrem Beten für euch sehnen sie sich nach euch wegen der überreichen Gnade, die Gott euch erwies. ¹⁵ Dank sei Gott für seine unbeschreiblich große Gabe!

Abrechnung mit den Gegnern

10. Kapitel
Unberechtigte Anmaßung der Gegner. ¹ Ich selbst aber, Paulus, ermahne euch bei der Sanftmut und Milde Christi, der ich angeblich von Angesicht zu Angesicht demütig bin unter euch, abwesend aber gegen euch mutig auftrete. ² Ich bitte euch, daß ich nicht persönlich anwesend mutig auftreten muß in der Zuversicht, mit der ich gegen gewisse Leute einzuschreiten gedenke, die uns so einschätzen, als würden wir nach Art des Fleisches leben.
³ Denn wir leben zwar im Fleisch, doch kämpfen wir nicht nach Art des Fleisches. ⁴ Denn die Waffen unseres Kampfes sind nicht von fleischlicher Art, sondern mächtig vor Gott zum Niederreißen von Bollwerken. ⁵ Wir reißen damit alle Vernunftgebilde ein und alles Hochfahrende, das sich erhebt gegen die Erkenntnis Gottes, und fangen jeden Gedanken ein zum gehorsamen Dienst an Christus.
⁶ Wir sind auch bereit, jeden Ungehorsam zu strafen, sobald euer Gehorsam vollkommen ist. ⁷ Seht doch, was klar vor Augen liegt! Wenn einer sich zutraut, Christus anzugehören, der möge doch auch bei sich bedenken, daß so wie er, auch wir zu Christus gehören. ⁸ Ja, wollte ich mich weiter rühmen angesichts der Vollmacht, die der Herr uns verlieh zur Erbauung und nicht zum Niederreißen unter euch, so würde ich nicht zuschanden werden.
⁹ Doch möchte ich nicht den Anschein erwecken, als wollte ich euch einschüchtern durch Briefe. ¹⁰ Die Briefe, so sagt man, sind zwar wuchtig und kraftvoll, sein leibhaftiges Auftreten aber ist schwach und seine Rede erbärmlich. ¹¹ Ein solcher merke sich dies: Wie wir durch das Wort in Briefen aus der

---

10,1–18: Der Apostel kennzeichnet die Überheblichkeit seiner Gegner, die auf seinem Arbeitsfeld in Korinth sich »maßlos« wichtig machten, ohne dort etwas geleistet zu haben.

Ferne uns zeigen, so werden wir auch sein durch die Tat, wenn wir anwesend sind.
[12] Denn wir wagen es nicht, uns gewissen Leuten beizuzählen oder mit ihnen in Vergleich zu treten, die sich selber empfehlen; sie sind ja, indem sie sich nur an sich selber messen und sich mit sich selbst vergleichen, nicht recht bei Sinnen. [13] Wir aber wollen uns nicht ins Maßlose rühmen, sondern nach dem Maßstab, mit dem Gott das Maß uns zuteilte, daß er uns sogar bis zu euch gelangen ließ. [14] Denn wir übertreiben nicht, als wären wir etwa nicht bis zu euch gekommen; gelangten wir doch als erste zu euch mit dem Evangelium Christi.
[15] Nicht ins Maßlose also rühmen wir uns mit den Arbeiten anderer, da wir sogar die Hoffnung hegen, mit dem Wachsen eures Glaubens bei euch noch größer zu werden und über den bisherigen Rahmen hinauszukommen [16] und auch über eure Grenzen hinaus das Evangelium zu verkünden und dabei nicht in fremdem Bereich uns dessen zu rühmen, was schon vorher geleistet wurde. [17] ›Wer sich rühmt, der rühme sich im Herrn‹ (Jer 9,23). [18] Denn nicht wer sich selbst empfiehlt, ist bewährt, sondern wen der Herr empfiehlt.

11. Kapitel

Gegenrechnung des Apostels. [1] Möchtet ihr doch ein wenig Torheit von mir ertragen! Doch ja, ihr ertragt mich. [2] Denn ich eifere um euch mit dem Eifer Gottes. Ich verlobte euch ja einem einzigen Mann, um euch als reine Jungfrau Christus zuzuführen. [3] Ich fürchte aber, es möchten, so wie die Schlange mit ihrer Arglist Eva verführte, auch eure Gedanken um die Lauterkeit und Reinheit gegen Christus gebracht werden.

[4] Denn wenn einer daherkommt und einen anderen Jesus verkündet, als wir verkündet haben, oder wenn ihr einen anderen Geist empfangt, als ihr empfangen habt, oder ein anderes Evangelium, als ihr erhalten habt, so nehmt ihr das ruhig hin. [5] Bin ich doch überzeugt, in keiner Hinsicht jenen Über-

---

10,12: Beachtung verdient auch die Lesart: »Denn wir wagen es nicht, ... selber empfehlen, sondern wir messen uns an uns selbst und vergleichen uns mit uns selbst.«

11,1–33: Diese Abrechnung will nicht die jüdische Herkunft des Apostels wichtig machen, sondern die Gegner zum Schweigen bringen, die mit ihrer jüdischen Vergangenheit Eindruck machen und die beeinflußbaren Korinther sich gefügig machen wollten. Paulus kann auf seine völlig uneigennützige Missionsarbeit in Korinth verweisen und vor allem auf seine vielen Opfer und Leiden im Dienste Christi.

aposteln nachzustehen. ⁶ Mag ich auch unbeholfen sein in der Rede, so doch nicht in der Erkenntnis; wir haben es ja in jeder Weise und in allen Dingen erwiesen bei euch.
⁷ Oder beging ich einen Fehler, daß ich mich klein machte, damit ihr groß würdet, da ich unentgeltlich euch das Evangelium Gottes verkündete? ⁸ Andere Gemeinden beraubte ich, indem ich Unterstützung annahm zum Dienst für euch; ⁹ und da ich bei euch war und Mangel hatte, bin ich keinem lästig gefallen, denn meinem Mangel halfen die Brüder ab, die aus Mazedonien kamen; und in allem habe ich mich gehütet, euch zur Last zu fallen, und werde mich ferner hüten. ¹⁰ So gewiß die Wahrheit Christi in mir ist, dieser Ruhm soll mir nicht geschmälert werden in den Gebieten Achaias. ¹¹ Weshalb? Weil ich euch etwa nicht liebe? Gott weiß es! ¹² Was ich aber tue, werde ich ferner tun, damit ich denen den Anlaß nehme, die einen Anlaß suchen, um in dem, womit sie sich rühmen, dazustehen wie wir. ¹³ Leute dieser Art sind falsche Apostel, hinterlistige Arbeiter, die sich als Apostel Christi tarnen. ¹⁴ Und das ist kein Wunder! Es tarnt sich ja selbst der Satan als ein Engel des Lichtes. ¹⁵ So ist es nichts Besonderes, wenn auch seine Diener sich als Diener der Gerechtigkeit tarnen; doch ihr Ende wird ihren Werken entsprechend sein.

¹⁶ Nochmals sage ich: Es halte mich niemand für töricht! Wenn aber doch, dann erträgt mich als Toren, damit auch ich ein wenig mich rühme. ¹⁷ Was ich sage, das sage ich nicht im Sinne des Herrn, sondern so ganz in Torheit bei diesem Anlaß des Rühmens. ¹⁸ Wenn viele sich rühmen dem Fleisch nach, will auch ich mich rühmen. ¹⁹ Ihr ertragt ja so gern die Toren, die ihr selbst so weise seid. ²⁰ Denn ihr ertragt es, wenn einer euch knechtet, euch ausbeutet, euch angreift, sich überheblich benimmt, euch ins Angesicht schlägt.

²¹ Unter Beschämung gestehe ich: darin sind w i r schwach gewesen. Doch was da einer kühn behauptet – ich rede in Torheit –, das sage auch ich voll Kühnheit. ²² Hebräer sind sie? Ich auch! Israeliten sind sie? Ich auch! Nachkommen Abrahams sind sie? Ich auch! ²³ Diener Christi sind sie? Ich rede unbesonnen: Ich bin es noch mehr, und zwar in Mühen viel mehr, in Gefängnissen viel mehr, in Mißhandlungen über die Maßen und gar oft in Todesgefahren; ²⁴ von den Juden erhielt ich fünfmal vierzig Streiche weniger einen; ²⁵ dreimal wurde

---

11,24: Die jüdische Geißelung durfte die Zahl von 40 Streichen nicht überschreiten; daher gab man zur Vorsicht nur 39.

ich gepeitscht, einmal gesteinigt, dreimal erlitt ich Schiffbruch, eine Nacht und einen Tag trieb ich auf dem Meer umher.
²⁶ Auf Reisen war ich gar oft in Gefahren von Flüssen, in Gefahren von Räubern, in Gefahren von meinem eigenen Volk, in Gefahren von Heiden, in Gefahren in Städten, in Gefahren in der Wüste, in Gefahren auf dem Meer, in Gefahren unter falschen Brüdern, ²⁷ in Mühsal und Plage, gar oft in durchwachten Nächten, in Hunger und Durst, oftmals ohne Essen, in Kälte und Blöße.
²⁸ Von allem anderen abgesehen war der tägliche Andrang zu mir, die Sorge um alle Gemeinden. ²⁹ Wer ist schwach, und ich wäre es nicht? Wer kommt zu Fall, und ich empfände nicht brennenden Schmerz? ³⁰ Wenn schon gerühmt sein muß, so will ich mich meiner Schwachheit rühmen. ³¹ Gott, der Vater unseres Herrn Jesus [Christus], der gepriesen ist in Ewigkeit, er weiß, daß ich nicht lüge!
³² In Damaskus ließ der Statthalter des Königs Aretas die Stadt der Damaszener bewachen in der Absicht, mich zu ergreifen, ³³ und durch ein Fenster wurde ich in einem Korb die Mauer heruntergelassen und entkam seinen Händen (Apg 9,23 ff).

12. Kapitel
Des Apostels Begnadungen und Heimsuchungen. ¹ Wenn schon gerühmt sein muß – ist es auch zu nichts nütze –, will ich zu den Gesichten kommen und zu den Offenbarungen des Herrn. ² Ich weiß einen Menschen in Christus, der vor vierzehn Jahren – ob im Leib, ich weiß es nicht, ob außer dem Leib, ich weiß es nicht, Gott weiß es – entrückt wurde bis in den dritten Himmel. ³ Und ich weiß, daß dieser Mensch – ob mit dem Leib oder außer dem Leib, ich weiß es nicht, Gott weiß es – ⁴ in das Paradies entrückt wurde und unsagbare Worte hörte, die ein Mensch nicht aussprechen darf.

12,1–10: Die Juden unterschieden mehrere Himmelssphären. Paulus erfuhr unter seinen vielen Begnadungen als höchste die Entrückung in die Sphäre der seligen Geister vor Gott, deren Erlebnis sich nicht mit irdischen Begriffen wiedergeben läßt. Doch half ein ihm von Gott geschicktes schweres, ständiges Leiden, das er als »Stachel für das Fleisch« bezeichnet, daß er stets an seine menschliche Schwachheit gemahnt und nicht überheblich wurde. Die Art dieses Leidens läßt sich nicht feststellen. Das Leiden gehörte zur besonderen Aufgabe seines Lebens, vgl. Apg 9,16.

⁵ Dessen will ich mich rühmen; doch meiner selbst will ich mich nicht rühmen, es sei denn meiner Schwächen. ⁶ Wollte ich nämlich mich rühmen, wäre ich kein Tor, denn ich würde die Wahrheit sagen, doch ich enthalte mich dessen, damit niemand mehr von mir halte, als er an mir sieht oder von mir hört.

⁷ Und daß ich bei dem Übermaß der Offenbarungen mich nicht überhebe, wurde mir ein Stachel gegeben ins Fleisch, ein Engel des Satans, daß er mich mit Fäusten schlage, damit ich mich nicht überhebe. ⁸ Dessentwegen bat ich dreimal den Herrn, er möge ablassen von mir, ⁹ und er sagte zu mir: »Es genügt dir meine Gnade; denn die Kraft kommt in der Schwachheit zur Vollendung.« So will ich mich denn viel lieber meiner Schwächen rühmen, damit die Kraft Christi sich niederlasse auf mich. ¹⁰ Darum habe ich Gefallen an Schwächen, an Schmähungen, an Nöten, an Verfolgungen, an Bedrängnissen um Christi willen; denn wenn ich schwach bin, dann bin ich stark.

Aufruf an die Gemeinde. ¹¹ Ich bin töricht geworden; ihr habt mich dazu getrieben. Ich hätte ja doch von euch empfohlen werden sollen, denn ich stand in nichts den Überaposteln nach, obgleich ich nichts bin. ¹² Die Kennzeichen des Apostels wurden ja erbracht unter euch, in aller Geduld, durch Zeichen, durch Wunder und Machttaten. ¹³ Denn was gibt es, worin ihr zurückgesetzt wurdet gegenüber den übrigen Gemeinden, außer dem, daß ich euch nicht persönlich zur Last fiel? Verzeiht mir dieses Unrecht!

¹⁴ Seht, zum drittenmal jetzt halte ich mich bereit, zu euch zu kommen, und ich werde euch nicht zur Last fallen; denn ich suche nicht das Eure, sondern euch. Es sollen ja nicht die Kinder für die Eltern sparen, sondern die Eltern für die Kinder. ¹⁵ Überaus gern will ich Opfer bringen, ja mich selbst will ich hinopfern für eure Seelen. Wenn ich euch so sehr liebe, soll ich da weniger geliebt werden?

¹⁶ Es könnte aber sein: ich fiel euch nicht zur Last; doch bei meiner »Verschlagenheit« habe ich euch »mit List« gefangen. ¹⁷ Habe ich euch etwa durch einen von denen, die ich zu euch sandte, euch übervorteilt? ¹⁸ Ich bat den Titus und sandte mit

---

12,16: Anspielung auf Unterstellungen der Gegner, die behaupteten, Paulus würde auf dem Weg über seine Beauftragten für sich Geschäfte machen.

ihm den Bruder; hat euch Titus überlistet? Sind wir nicht in demselben Geist gegangen? Nicht in denselben Spuren? ¹⁹ Ihr meint wohl längst, daß wir uns vor euch verteidigen? Vor Gott reden wir in Christus, alles aber, Geliebte, zu eurer Erbauung. ²⁰ Denn ich fürchte, ich könnte bei meinem Kommen euch nicht so finden, wie ich es wünsche, und auch ich könnte von euch so gefunden werden, wie ihr es nicht wünscht; ich fürchte, Streit und Eifersucht könnten unter euch sein, Gehässigkeit, Zänkereien, Verleumdungen, Zwischenträgereien, Überheblichkeiten und Unordnung. ²¹ Möge mich doch, wenn ich abermals komme, mein Gott nicht demütigen vor euch, und möchte ich nicht Betrübnis erfahren müssen über viele, die vorher gesündigt haben und sich noch nicht bekehrten von der Unlauterkeit, Unzucht und Ausschweifung, die sie trieben.

13. Kapitel

Schlußermahnung. ¹ Dies ist das dritte Mal, daß ich zu euch komme. ›Durch die Aussage zweier oder dreier Zeugen soll feststehen jede Sache‹ (Dt 19,15). ² Ich sagte es schon vorher und sage es abermals wie bei meiner zweiten Anwesenheit, wenn ich auch jetzt abwesend bin, sowohl denen, die früher gesündigt haben, als allen übrigen: Wenn ich wiederum komme, werde ich keine Schonung üben. ³ Ihr verlangt ja einen Beweis dafür, daß Christus in mir redet, er, der euch gegenüber nicht schwach ist, sondern der machtvoll wirkt unter euch. ⁴ Wurde er auch gekreuzigt in Schwäche, so lebt er doch in Gottes Kraft; und sind wir auch schwach in ihm, so werden wir doch leben mit ihm in Gottes Kraft euch gegenüber.

⁵ Prüft euch selber, ob ihr im Glauben seid; stellt euch selbst auf die Probe! Oder könnt ihr nicht an euch erkennen, daß Jesus Christus in euch ist? Wenn nicht, habt ihr euch nicht bewährt. ⁶ Ich hoffe jedoch, ihr werdet erkennen, daß wir nicht unbewährt sind. ⁷ Wir beten zu Gott, ihr möchtet nichts Böses tun, nicht, daß wir bewährt erscheinen, sondern damit ihr das Gute tut, wir aber wie unbewährt dastehen. ⁸ Denn wir vermögen nichts gegen die Wahrheit, sondern für die Wahrheit. ⁹ Ja, wir freuen uns, wenn wir schwach sind, ihr aber stark seid; und darum, nämlich um eure Vollendung, beten wir.

¹⁰ Darum schreibe ich dies aus der Ferne, damit ich anwesend nicht mit Strenge verfahren muß vermöge der Gewalt, die mir

der Herr verliehen hat zum Aufbauen und nicht zum Niederreißen.
¹¹ Im übrigen, Brüder, freut euch, werdet vollkommen, ermahnt einander, seid gleichen Sinnes, seid friedsam, und der Gott der Liebe und des Friedens wird mit euch sein. ¹² Grüßt einander mit heiligem Kuß! Es grüßen euch alle Heiligen. ¹³ Die Gnade unseres Herrn Jesus Christus und die Liebe Gottes und die Gemeinschaft des Heiligen Geistes sei mit euch allen! [Amen.]

Der Brief an die Galater

Die von Paulus auf seiner zweiten Missionsreise gegründeten und auf der dritten Reise nochmals besuchten heidenchristlichen Gemeinden in Galatien, im Innern von Kleinasien (vgl. Apg 16,6; 18,23), gerieten bald in Gefahr, sich von judaistischen Irrlehrern zur Annahme jüdischer Bräuche, vor allem der Beschneidung, verleiten zu lassen. In der bewegten Sorge um den unverfälschten Heilsweg schrieb daher der Apostel den folgenden Brief, um darin sowohl sein bisher verkündetes, gesetzesfreies Evangelium zu rechtfertigen, als auch die Leser zum rechten Verhalten im Geist der christlichen Freiheit anzuleiten. Paulus weilte zur Zeit der Abfassung des Briefes wahrscheinlich in Ephesus, wo er drei Jahre (54–57) tätig war.

1. Kapitel

Eingangsgruß. ¹ Paulus, Apostel, nicht von Menschen, auch nicht durch Vermittlung eines Menschen, sondern durch Jesus Christus und Gott, den Vater, der ihn auferweckte von den Toten, ² und alle Brüder bei mir an die Gemeinden von Galatien. ³ Gnade euch und Friede von Gott, unserem Vater, und dem Herrn Jesus Christus, ⁴ der sich hingab für unsere Sünden, damit er uns errette aus der gegenwärtigen bösen Welt nach dem Willen unseres Gottes und Vaters, ⁵ dem die Ehre ist von Ewigkeit zu Ewigkeit! Amen.

Grund des Schreibens. ⁶ Ich staune, daß ihr euch so rasch von dem, der euch in Christi Gnade berief, abwendig machen laßt zu einem anderen Evangelium, ⁷ wo es doch ein anderes gar nicht gibt, nur gewisse Leute gibt es, die euch verwirren und darauf ausgehen, das Evangelium Christi zu verkehren. ⁸ Doch wenn selbst wir oder ein Engel vom Himmel euch ein anderes Evangelium verkündeten, als wir euch verkündet haben, so sei er verflucht! ⁹ Wie wir schon sagten, so sage ich nun noch einmal: Wenn jemand euch ein anderes Evangelium verkündet, als ihr empfangen habt, so sei er verflucht! ¹⁰ Denn rede ich jetzt Menschen zuliebe oder Gott zuliebe? Oder suche ich Menschen zu gefallen? Wollte ich noch Menschen gefallen, so wäre ich nicht Christi Knecht.

1,1–5: Beachte schon im Eingang die Hervorhebung der Erlösungsgnade, die von den Galatern aufs Spiel gesetzt wurde.

Rechtfertigung seines Evangeliums

Nicht Menschenwerk, sondern Offenbarung. ¹¹ Denn ich tue euch kund, Brüder: Das Evangelium, das von mir verkündet wurde, ist nicht nach menschlicher Art. ¹² Denn ich empfing es weder von einem Menschen, noch erlernte ich es durch Unterweisung, sondern durch Offenbarung Jesu Christi. ¹³ Ihr habt ja von meinem einstigen Weg im Judentum gehört, wie ich maßlos die Gemeinde Gottes verfolgte und sie zu vernichten suchte. ¹⁴ Ich tat es im Eintreten für das Judentum vielen meiner Altersgenossen in meinem Volk zuvor, als ein leidenschaftlicher Verfechter meiner väterlichen Überlieferungen.
¹⁵ Doch als es dem, der mich vom Schoß meiner Mutter an ausgesondert und durch seine Gnade berufen hat, gefiel, ¹⁶ seinen Sohn in mir zu offenbaren, damit ich die Botschaft von ihm verkünde unter den Heiden, da wandte ich mich zunächst nicht an Fleisch und Blut, ¹⁷ auch ging ich nicht nach Jerusalem hinauf zu denen, die vor mir Apostel waren, sondern ich ging weg nach Arabien und kehrte wieder zurück nach Damaskus.
¹⁸ Hierauf, nach drei Jahren, ging ich nach Jerusalem hinauf, um Kefas aufzusuchen, und blieb bei ihm vierzehn Tage. ¹⁹ Einen anderen aber von den Aposteln sah ich nicht, außer Jakobus, den Bruder des Herrn. ²⁰ Was ich euch schreibe, seht, bei Gott, ich lüge nicht! ²¹ Darauf ging ich in die Gebiete

---

1,11–2,21: In diesem ersten Teil zeigt Paulus, wie er mit Übernahme des Aposteldienstes sich einzig an die Offenbarungen Gottes gehalten, somit ohne maßgebliche Beeinflussung von seiten der Menschen die Heiden zu Christus geführt habe. Doch hätten die Apostel gegenüber Angriffen judaisierender Christen seine Missionsmethode voll gebilligt, ja sogar gegenüber Petrus habe er seinen Standpunkt erneut begründen können.
1,15: Gemeint ist die Berufung in der Damaskusstunde, vgl. Apg 9,1–19.
1,17: »Arabien« meint die östlich von Damaskus liegenden Gebiete. Dort hat sich Paulus wohl im Sinne seines Auftrages schon als Glaubensprediger betätigt, dabei aber auch gewiß viele Offenbarungen für seine Aufgabe erhalten.
1,18: Dieser Besuch des unmittelbar von Christus berufenen Apostels bei Petrus (Kefas) ist eine nicht zu übersehende Anerkennung der Sonderstellung Petri als des von Christus berufenen Hauptes der Kirche.
1,19: »Bruder des Herrn«, d. h. naher Verwandter. Vgl. Mt 13,55; 27,56; Joh 19,25. Wenn dieser Jakobus – was nicht allgemein angenommen wird – als Apostel gelten soll, wäre er identisch mit »Jakobus, dem (Sohn) des Alfäus«, vgl. Mt 10,3; Mk 3,18; Lk 6,15; Apg 1,13.

von Syrien und Zilizien. ²² Den Christengemeinden von Judäa war ich dem Angesicht nach ein Unbekannter; ²³ nur vom Hörensagen wußten sie: »Der uns einst verfolgte, verkündet jetzt den Glauben, den er zuvor vernichten wollte.« ²⁴ Und sie priesen Gott um meinetwillen.

2. Kapitel

Anerkannt von den übrigen Aposteln. ¹ Später, nach vierzehn Jahren, ging ich abermals hinauf nach Jerusalem, zusammen mit Barnabas, und nahm auch den Titus mit. ² Ich ging einer Offenbarung zufolge hinauf und legte ihnen das Evangelium vor, wie ich es unter den Heiden verkünde, im besonderen aber denen, die Ansehen besitzen, um zu sehen, ob ich etwa ins Leere liefe oder gelaufen sei.

³ Doch nicht einmal Titus, der als Hellene mit mir war, wurde gezwungen, sich beschneiden zu lassen. ⁴ Den falschen Brüdern, die sich eingeschlichen und sich herangemacht hatten, um unsere Freiheit, die wir in Christus haben, zu belauern und uns zu knechten, ⁵ ihnen gaben wir auch nicht für eine Stunde unterwürfig nach, damit die Wahrheit des Evangeliums gewahrt bliebe für euch. ⁶ Von denen aber, die im Ansehen stehen – was sie ehedem waren, ist für mich ohne Bedeutung; Gott sieht nicht auf das Äußere der Person –, mir wurde von den Angesehenen nichts weiter auferlegt; ⁷ sondern im Gegenteil, als sie sahen, daß ich mit dem Evangelium für die Unbeschnittenen betraut sei wie Petrus mit dem für die Beschnittenen – ⁸ denn der in Petrus wirkte zum Apostoldienst unter den Beschnittenen, wirkte auch in mir für die Heiden – ⁹ und als sie die Gnade erkannten, die mir verliehen ist, gaben Jakobus, Kefas und Johannes, die als Säulen in Ansehen stehen, mir und Barnabas die Hand der Gemeinschaft; wir sollten zu den Heiden gehen, sie zu den Beschnittenen. ¹⁰ Nur sollten wir der Armen gedenken, und ich war bestrebt, gerade dies zu tun.

Verteidigung vor Petrus. ¹¹ Als aber Kefas nach Antiochien kam, widerstand ich ihm ins Angesicht, weil er im Unrecht

---

2,1–10: Vgl. Apg 15,1–34, wo die Verhandlungen dieses »Apostelkonzils« ausführlicher dargelegt sind. Auch dort ist gesagt, daß der Standpunkt des hl. Paulus von der Leitung der Kirche anerkannt wurde. Dabei ging es ihm weniger um eine Bestätigung für ihn persönlich als um eine Klärung gegenüber den Widersachern.

2,11–21: Dieser sog. »antiochenische Zwischenfall« zeigt, wie Paulus bei aller Achtung der Autorität sich offen mit Petrus aussprach in der Sorge um die rechte Entwicklung der kirchlichen Gemeinschaft

war. ¹² Denn bevor einige aus dem Kreis um Jakobus kamen, aß er zusammen mit den Heiden; als aber jene kamen, zog er sich zurück und sonderte sich ab aus Furcht vor denen aus der Beschneidung. ¹³ Und mit ihm verstellten sich auch die übrigen Juden, so daß selbst Barnabas mit hineingezogen wurde in ihre Heuchelei.

¹⁴ Als ich aber sah, daß sie nicht den geraden Weg nach der Wahrheit des Evangeliums gingen, sagte ich zu Kefas in Gegenwart aller: »Wenn du, obwohl du ein Jude bist, nach der Art der Heiden und nicht der Juden lebst, wie magst du die Heiden zwingen, nach jüdischer Art zu leben? ¹⁵ Wir sind zwar von Natur aus Juden und nicht sündige Heiden; ¹⁶ weil wir aber wissen, daß der Mensch nicht gerecht wird durch die Werke des Gesetzes, sondern durch den Glauben an Jesus Christus, so nahmen auch wir den Glauben an Christus Jesus an, damit wir gerecht würden auf Grund des Glaubens an Christus und nicht der Werke des Gesetzes; denn auf Grund von Werken des Gesetzes wird ›niemand gerecht werden‹ (Ps 143,2).

¹⁷ Wenn wir jedoch gerade im Suchen nach dem Gerechtwerden in Christus als Sünder befunden werden, ist da nicht Christus Mithelfer zur Sünde? Mitnichten! ¹⁸ Doch wenn ich das, was ich abgebrochen habe, wiederum aufbaue, so stelle ich mich selbst als Übertreter hin. ¹⁹ Ich nämlich bin durch das Gesetz dem Gesetz gestorben, damit ich Gott lebe; mit Christus bin ich gekreuzigt worden.

²⁰ So lebe nun nicht mehr ich, es lebt in mir Christus. Soweit ich jetzt noch lebe im Fleisch, lebe ich im Glauben an den Sohn Gottes, der mich liebte und sich hingab für mich. ²¹ Ich mißachte nicht die Gnade Gottes; denn käme durch das Gesetz die Gerechtigkeit, so wäre Christus vergeblich gestorben.«

---

zwischen Heiden und Juden. Infolge der strengen Tradition war es für jüdisches Denken anfangs schwer, zu einer unbefangenen Lebensgemeinschaft mit den Heidenchristen zu kommen, vgl. Apg 10.

2,17 f: Petrus erweckte mit seiner vorübergehenden Rückkehr zur jüdischen Sitte den Anschein, als ob sein vorhergehendes Verhalten Unrecht gewesen sei. Darin sieht Paulus die Inkonsequenz, nachdem doch der Christ aus der Bindung des Gesetzes durch die Teilhabe am Tod Christi gelöst und zu einer neuen Lebensgrundlage gekommen sei, vgl. Röm 6-7.

Galater 3,1–12

Begründung des gesetzesfreien Evangeliums

3. Kapitel

Der Glaubensweg der Galater. ¹ O ihr unverständigen Galater! Wer hat euch bezaubert [, der Wahrheit nicht zu folgen], euch, vor deren Augen Jesus Christus hingezeichnet wurde als Gekreuzigter? ² Nur dies möchte ich erfahren von euch: Habt ihr aus Werken des Gesetzes den Geist empfangen oder aus der Botschaft des Glaubens?

³ So töricht seid ihr? Ihr habt begonnen im Geist und wollt nun im Fleisch vollenden? ⁴ Habt ihr so Großes vergeblich erfahren? Wenn so, wirklich vergeblich! ⁵ Der euch also den Geist verleiht und Machtvolles wirkt unter euch, tut er es auf Grund von Gesetzeswerken oder um der Botschaft des Glaubens willen?

Abrahams Glaubensgerechtigkeit. ⁶ Wie bei Abraham ist es: ›Er glaubte Gott, und es wurde ihm angerechnet zur Gerechtigkeit‹ (Gen 15,6). ⁷ Erkennt somit: Die aus dem Glauben, die sind Söhne Abrahams! ⁸ Und da die Schrift vorhersah, daß Gott auf Grund des Glaubens die Heiden gerecht machen werde, verkündete sie im voraus dem Abraham: ›In dir werden gesegnet sein alle Heidenvölker‹ (Gen 12,3; 18,18).

⁹ So werden also die aus dem Glauben gesegnet zusammen mit dem glaubenden Abraham. ¹⁰ Denn alle, die Gesetzeswerke tun, stehen unter Fluch; es ist ja geschrieben: ›Verflucht ist ein jeder, der nicht festhält an allem, was das Buch des Gesetzes zu tun vorschreibt‹ (Dt 27,26). ¹¹ Daß aber durch das Gesetz niemand gerecht wird vor Gott, ist offenkundig, da ›der Gerechte aus dem Glauben lebt‹ (Hab 2,4). ¹² Im Gesetz aber geht es nicht um Glauben, sondern ›wer dies t u t, wird dadurch leben‹ (Lev 18,5).

3,1–5,12: Mit verschiedenen Begründungen sucht Paulus darzulegen, daß Christ nicht auf das jüdische Gesetz als Heilsgrundlage angewiesen sei. Seine Sätze sind zu verstehen vom scharfen Gegensatz zu der pharisäisch-jüdischen Meinung, daß der Mensch in der möglichst genauen Beobachtung der Gesetzesvorschriften sein Heil erwirke. Vgl. Röm 3,21–4,25.
3,1–5: Der Empfang der Taufe und des Heiligen Geistes war in der Urkirche oft von außerordentlichen Gnadengaben begleitet. Darauf weist der Apostel hier die einst heidnischen Galater hin.
3,6–14: Vgl. Röm 4,1–25. An Abraham zeigt Paulus den wesentlichen Unterschied von Gesetzes- und Glaubensgerechtigkeit.

¹³ Christus kaufte uns los aus dem Fluch des Gesetzes, indem er für uns ein Verfluchter wurde; denn es steht geschrieben: ›Verflucht ist jeder, der am Holz hängt‹ (Dt 21,23). ¹⁴ So sollte zu den Heidenvölkern der Segen des Abraham kommen in Christus Jesus, auf daß wir die Verheißung des Geistes empfangen durch den Glauben.

Des Gesetzes untergeordnete Aufgabe. ¹⁵ Brüder, ich spreche nach menschlicher Überlegung. Schon eines Menschen rechtskräftig gewordenes Testament setzt niemand außer Geltung oder versieht es mit Zusätzen. ¹⁶ Nun wurden dem Abraham und ›seinem Nachkommen‹ die Verheißungen zugesagt. Es heißt nicht: ›und den Nachkommen‹, im Sinne vieler, sondern im Sinne eines einzigen: ›und deinem Nachkommen‹, das ist Christus.

¹⁷ Damit will ich sagen: Ein von Gott zuvor für rechtskräftig erklärtes Testament wird durch das vierhundertdreißig Jahre später kommende Gesetz nicht außer Kraft gesetzt, so daß die Verheißung hinfällig würde. ¹⁸ Denn käme kraft des Gesetzes das Erbe, dann nicht mehr kraft der Verheißung; dem Abraham aber hat durch die Verheißung Gott Gnade erzeigt.

¹⁹ Wozu nun das Gesetz? Der Übertretungen wegen wurde es hinzugefügt, bis ›der Nachkomme‹ käme, auf den sich die Verheißung bezieht; angeordnet wurde es durch Engel, durch die Hand eines Mittlers. ²⁰ Den Mittler gibt es nicht bei einem einzigen; Gott aber ist ein einziger. ²¹ Steht also das Gesetz gegen die Verheißung Gottes? Keineswegs! Ja, wäre ein Gesetz gegeben mit der Kraft, Leben zu schaffen, dann käme wirklich aus dem Gesetz die Gerechtigkeit. ²² Aber die Schrift hat alles unter Sünde zusammengeschlossen, damit die Verheißung sich auf dem Weg des Glaubens an Jesus Christus an denen erfülle, die glauben.

²³ Bevor aber der Glaube kam, waren wir unter den Gewahrsam des Gesetzes genommen, zusammen eingeschlossen in Erwartung der kommenden Offenbarung des Glaubens. ²⁴ So ist das Gesetz unser Zuchtmeister geworden auf Christus zu,

---

3,13: Wörtlich nach dem Griechischen: »indem er für uns ein Fluch wurde«, im engen Anschluß an den vorausgehenden Ausdruck; vgl. 2 Kor 5,21.

3,15–29: Wichtiger als die Gesetzesordnung ist die in Abraham grundgelegte Gnadenordnung. Schon in der Übergabe des Gesetzes durch Engel, wie sie die jüdische Theologie annahm, und im Mittlerdienst des Mose komme die Zweitrangigkeit des Gesetzes zum Ausdruck, das wie ein harter Zuchtmeister die Menschen unter Zwang setzte, bis Christus das Kindschaftsverhältnis zu Gott brachte.

damit wir aus Glauben gerecht würden. ²⁵ Doch da der Glaube kam, stehen wir nicht mehr unter einem Zuchtmeister. ²⁶ Denn ihr alle seid Söhne Gottes durch den Glauben in Christus Jesus; ²⁷ alle nämlich, die ihr auf Christus getauft wurdet, habt das Gewand Christi angezogen. ²⁸ Da gilt nicht mehr Jude und Hellene, nicht Sklave und Freier, nicht Mann und Frau; denn alle seid ihr eins in Christus Jesus. ²⁹ Seid ihr aber in Christus, so seid ihr Abrahams Nachkommenschaft und der Verheißung gemäß Erben.

4. Kapitel
Freiheit in Christus Jesus. ¹ Ich sage nun: Solange der Erbe unmündig ist, unterscheidet er sich in nichts vom Sklaven, obwohl er Herr ist von allem, ² sondern er steht unter Vormündern und Verwaltern bis zu der vom Vater vorausbestimmten Zeit. ³ So waren auch wir, als wir unmündig waren, den Elementen der Welt versklavt.
⁴ Als aber die Fülle der Zeit kam, sandte Gott seinen Sohn, geboren von einer Frau, geboren unter der Ordnung des Gesetzes, ⁵ damit er die unter dem Gesetz loskaufte und wir die Annahme zu Söhnen empfingen. ⁶ Weil ihr aber Söhne seid, sandte Gott den Geist seines Sohnes in unsere Herzen, der rufen läßt: Abba, Vater! ⁷ Du bist also nicht mehr Sklave, sondern Sohn; wenn aber Sohn, dann auch Erbe durch Gott.
Warnung vor Selbstknechtung. ⁸ Doch damals, als ihr Gott nicht kanntet, dientet ihr Göttern, die dies in Wirklichkeit gar nicht sind. ⁹ Jetzt aber, da ihr Gott kennt, besser noch, da ihr erkannt wurdet von Gott, wie könnt ihr wieder zurückkehren zu den schwachen und armseligen Elementen, in der Absicht, ihnen wieder von neuem zu dienen? ¹⁰ Ihr beobachtet Tage und Monate und Zeiten und Jahre! ¹¹ Ich fürchte für euch, ich habe mich vergeblich bemüht um euch. ¹² Werdet doch wie ich; denn auch ich wurde wir ihr, Brüder; ich flehe euch an. Nichts tatet ihr mir zuleide. ¹³ Ihr wißt ja, wie ich in Schwachheit des Fleisches euch erstmals das Evangelium verkündete, ¹⁴ und ihr habt die in meinem Fleisch liegende Prüfung nicht

---

4,3: »Elemente der Welt« dürfte nach dem Zusammenhang die vom Glauben her gesehene vorchristliche Ordnung bezeichnen, die im Heidentum im primitiven Götterglauben (Elementargeister?), im Judentum im Gesetzesdienst mit seinem äußeren Zwang ihren Ausdruck fand, vgl. 4,9.
4,8–20: Die Galater, ehedem begeisterte Anhänger des Apostels, waren daran, die judaistischen Zeremonialgesetze wichtiger zu nehmen als den Heilsglauben an Jesus Christus.

verächtlich zurückgewiesen, auch habt ihr nicht ausgespuckt, sondern wie einen Engel Gottes nahmt ihr mich auf, wie Christus Jesus.

¹⁵ Wo ist nun eure Begeisterung? Ich gebe euch das Zeugnis, ihr hättet, wäre es möglich gewesen, eure Augen herausgerissen und mir gegeben. ¹⁶ Bin ich denn nun euer Feind geworden, der ich euch die Wahrheit sage? ¹⁷ Man bemüht sich um euch in nicht guter Absicht; wegdrängen wollen sie euch, damit ihr euch um sie bemüht. ¹⁸ Doch schön wäre es, allezeit eifriges Bemühen in guter Absicht zu erfahren und nicht nur, wenn ich bei euch zugegen bin, ¹⁹ bei euch, meinen Kindern, für die ich aufs neue Geburtswehen leide, bis Christus Gestalt wird in euch! ²⁰ Ich wollte, ich könnte jetzt bei euch sein und mit anderer Stimme reden; denn ratlos bin ich in der Sorge um euch.

Zeugnis der Schrift für die Freiheit. ²¹ Sagt mir, die ihr unter dem Gesetz sein wollt, vernehmt ihr nicht das Gesetz? ²² Es steht doch geschrieben, daß Abraham zwei Söhne hatte, einen von der Sklavin und einen von der Freien. ²³ Doch der von der Sklavin war dem Fleisch nach geboren, der von der Freien hingegen zufolge der Verheißung.

²⁴ Das ist sinnbildlich gesagt; denn sie bedeuten die zwei Bündnisse. Das eine nämlich vom Berg Sinai, das zur Knechtschaft gebiert, das ist Hagar. ²⁵ Denn ›Hagar‹ bezeichnet den Berg Sinai in Arabien, was dem jetzigen Jerusalem entspricht, das ja in Knechtschaft ist mit seinen Kindern. ²⁶ Das obere Jerusalem aber ist frei, und das ist unsere Mutter. ²⁷ Es steht ja geschrieben: ›Freue dich, du Unfruchtbare, die du nicht gebierst, frohlocke und jauchze, die du keine Geburtswehen hast; denn zahlreich sind die Kinder der Alleinstehenden, mehr als jener, die vermählt ist‹ (Jes 54,1).

²⁸ Ihr aber, Brüder, seid wie Isaak Kinder der Verheißung. ²⁹ Doch wie damals der dem Fleisch nach Geborene den verfolgte, der es dem Geist nach war, so ist es auch jetzt. ³⁰ Doch was sagt die Schrift? ›Treib fort die Sklavin und ihren Sohn! Denn der Sohn der Sklavin soll nicht Erbe sein mit dem Sohn der Freien‹ (Gen 21,10). ³¹ Demnach, Brüder: wir sind nicht Kinder der Sklavin, sondern der Freien.

4,21–31: Ein Beispiel von allegorischer Schriftdeutung, wie sie das damalige Judentum liebte. In den beiden Müttern sieht Paulus die Sinnbilder der beiden Heilsordnungen des Gesetzes bzw. der Gnade. Das »obere Jerusalem« ist die vom Himmel kommende christliche Kirche, die das irdische Jerusalem ablöst.

5. Kapitel

Rückfall heißt Christus verlieren. ¹ Für die Freiheit hat Christus uns befreit; steht also fest und laßt euch nicht wieder unter das Joch einer Knechtschaft bringen! ² Seht, ich, Paulus, sage euch: Wenn ihr euch beschneiden laßt, wird Christus euch nichts nützen. ³ Ich bezeuge es noch einmal jedem Menschen, der sich beschneiden läßt: Er verpflichtet sich, das ganze Gesetz zu halten.
⁴ Weggerissen seid ihr von Christus, die ihr im Gesetz Gerechtigkeit sucht; seid aus der Gnade gefallen. ⁵ Denn wir erwarten im Geist auf Grund von Glauben die Hoffnung der Gerechtigkeit. ⁶ Denn in Christus Jesus gilt weder Beschneidung etwas noch Unbeschnittensein, sondern der Glaube, der durch Liebe sich wirksam erweist.
⁷ Ihr waret gut im Lauf; wer hielt euch ab, der Wahrheit zu folgen? ⁸ Diese Überredung kommt nicht von dem, der euch ruft. ⁹ Ein wenig Sauerteig durchsäuert den ganzen Teig. ¹⁰ Ich habe das Vertrauen zu euch im Herrn, daß ihr auf nichts anderes sinnt. Wer euch aber irre macht, der wird das Gericht zu tragen haben, wer es auch sei. ¹¹ Ich aber, Brüder, wenn ich angeblich noch die Beschneidung predige, was werde ich dann noch verfolgt? Dann wäre ja das Ärgernis des Kreuzes aus der Welt geschafft. ¹² Möchten doch jene, die euch verwirren, gleich ganz verschnitten werden!

Der wahre Wandel in Freiheit

Dienen in Liebe. ¹³ Ja, ihr seid zur Freiheit gerufen, Brüder; nur laßt die Freiheit nicht zum Anreiz werden für das Fleisch, sondern dient einander in Liebe! ¹⁴ Denn das ganze Gesetz wird in einem einzigen Wort erfüllt, in dem: ›Du sollst deinen Nächsten lieben wie dich selbst‹ (Lev 19,18). ¹⁵ Wenn ihr aber einander beißt und zu fressen sucht, dann gebt acht, daß ihr voneinander nicht vollends verschlungen werdet.
Der Geist überwindet das Fleisch. ¹⁶ So sage ich: Lebt im Geist, und ihr werdet das Begehren des Fleisches nicht erfüllen. ¹⁷ Denn das Begehren des Fleisches ist gegen den Geist

---

5,13–6,10: Sinn und Reichweite christlicher Freiheit ist festgelegt durch das Grundgebot der Liebe. Sie ist die kostbarste Frucht des Geistes. Dem Christen ist das sittliche Ringen nicht genommen, aber durch den Heiligen Geist ist er über das ohnmächtige Streben des bloßen Gesetzesdienstes hinausgehoben.

gerichtet, das des Geistes gegen das Fleisch; sie liegen im Streit gegeneinander, so daß ihr nicht das, was ihr wollt, vollbringt. ¹⁸ Werdet ihr aber vom Geist geleitet, steht ihr nicht unter dem Gesetz.
¹⁹ Offenkundig sind die Werke des Fleisches: es sind Unzucht, Unlauterkeit, Ausschweifung, ²⁰ Götzendienst, Zauberei, Feindschaften, Zank, Eifersucht, Gehässigkeiten, Hetzereien, Entzweiungen, Spaltungen, ²¹ Mißgünstigkeiten, [Totschlag,] Trinkereien, Schwelgereien und was dergleichen ist; davon sage ich warnend zu euch, was ich schon früher sagte: Die solches treiben, werden das Reich Gottes nicht erben.
²² Die Frucht des Geistes aber ist Liebe, Freude, Friede, Geduld, Freundlichkeit, Güte, Treue, ²³ Milde, Enthaltsamkeit [, Keuschheit]; dagegen richtet sich kein Gesetz. ²⁴ Die Christus Jesus zu eigen sind, haben das Fleisch gekreuzigt samt den Leidenschaften und Begierden. ²⁵ Wenn wir aber leben im Geist, laßt uns auch den Weg des Geistes gehen. ²⁶ Laßt uns nicht eitler Ehre nachstreben, einander nicht herausfordern, einander nicht beneiden!

6. Kapitel
Wahre Nächstenliebe. ¹ Brüder, selbst wenn einer bei einem Fehltritt betroffen wird, sollt ihr als Geisterfüllte einen solchen im Geist der Milde zurechtweisen; denke dabei an dich selbst, damit nicht auch du versucht werdest. ² Einer trage des andern Last, und ihr werdet so das Gesetz Christi erfüllen. ³ Denn wenn einer glaubt, etwas zu sein, da er doch nichts ist, so betrügt er sich selbst. ⁴ Sein eigenes Tun prüfe ein jeder, und dann mag er Ruhm vor sich selber haben und nicht vor dem andern. ⁵ Denn ein jeder hat seine eigene Last zu tragen.
⁶ Wer sich unterweisen läßt im Wort, gebe dem, der ihn unterweist, Anteil an allen Gütern. ⁷ Täuscht euch nicht, Gott läßt seiner nicht spotten; denn was einer sät, das wird er auch ernten: ⁸ wer auf sein Fleisch sät, wird vom Fleisch Verderben ernten; wer auf den Geist sät, wird vom Geist ewiges Leben ernten. ⁹ Laßt uns nicht müde werden, Gutes zu tun; denn zur rechten Zeit werden wir ernten, wenn wir nicht nachlassen. ¹⁰ Solange wir also Zeit haben, wollen wir Gutes tun an allen, vornehmlich an denen, die uns nahestehen im Glauben.

6,1–10: Der Christ hat als Glied am mystischen Leib Christi eine Mitverantwortung und Mitsorge für die Brüder und Schwestern in Christus.

Unsere Zuversicht in Christus. ¹¹ Seht, mit was für Buchstaben ich euch schreibe mit eigener Hand! ¹² Die nach außen schön dastehen möchten im Fleisch, die zwingen euch zur Beschneidung nur deshalb, damit sie um des Kreuzes willen nicht verfolgt werden. ¹³ Denn nicht einmal sie, die Beschnittenen, halten das Gesetz; aber sie wollen, daß ihr euch beschneiden laßt, damit sie sich eures Fleisches rühmen könnten.
¹⁴ Mir sei es ferne, mich in etwas anderem zu rühmen als im Kreuz unseres Herrn Jesus Christus, durch den mir die Welt gekreuzigt ist und ich der Welt. ¹⁵ Denn weder Beschneidung gilt etwas noch Unbeschnittensein, sondern eine neue Schöpfung. ¹⁶ Und alle, die sich nach diesem Grundsatz richten: Heil und Erbarmen komme über sie, das Israel Gottes.
¹⁷ Fortan mache mir niemand Beschwernis; denn ich trage die Kennmale Jesu [meines Herrn] an meinem Leib.
¹⁸ Die Gnade unseres Herrn Jesus Christus sei mit eurem Geist, Brüder! Amen.

6,11–18: Wahrscheinlich schrieb Paulus den Schlußabschnitt eigenhändig, während das übrige diktiert wurde. Die besondere Form der Buchstaben soll auf die Echtheit der Unterschrift aufmerksam machen, vgl. 2 Thess 3,17.
6,17: Paulus meint nicht eine Stigmatisierung, sondern wohl die Spuren aller Mißhandlungen, die ihn als echten Knecht und Kämpfer für Christus gegenüber den selbstsüchtigen Gegnern ausweisen.

Der Brief an die Epheser

Der Epheserbrief bildet mit dem Brief an die Kolosser, an Philemon und an die Philipper die Gruppe der sog. Gefangenschaftsbriefe, die in Rom (61–63) zum Teil vielleicht schon in einer früheren Haft des Apostels geschrieben wurden (vgl. Apg 28,16–31). Da in wichtigen Textzeugen in der Adresse unseres Briefes (1,1) die Ortsangabe fehlt und der Brief nichts Persönliches enthält, wie man es doch von einem Brief an die mit Paulus eng verbundene Gemeinde in Ephesus (vgl. Apg 19,1–40; 20,17–21,1) erwarten möchte, nimmt man an, daß wir in unserem Brief ein Rundschreiben zu sehen haben, das für die kleinasiatischen Städte im Umkreis von Ephesus bestimmt war. Manche glauben, daß unser Brief der in Kol 4,16 erwähnte Brief an Laodizea sei, der später als Epheserbrief überliefert wurde. Er hat auf jeden Fall viel Gemeinsames mit dem Kolosserbrief, mit dem zusammen er durch Tychikus überbracht wurde (vgl. Eph 6,21 und Kol 4,7). Inhaltlich ist er ein bewegtes Zeugnis der tiefen Auffassung des Apostels vom Erlösungsgeheimnis in Christus und vom Heilsmysterium der Kirche als des mystischen Leibes Christi.

1. Kapitel

Eingangsgruß. [1] Paulus, durch Gottes Willen Apostel Christi Jesu, an die Heiligen [in Ephesus] und Gläubigen in Christus Jesus. [2] Gnade euch und Friede von Gott, unserem Vater, und dem Herrn Jesus Christus!

Von der Herrlichkeit der Erlösten

Lobgebet auf das Heilswirken Gottes. [3] Gepriesen sei Gott der Vater unseres Herrn Jesus Christus, der uns in Christus gesegnet hat mit allem Segen des Geistes im Himmel. [4] Er hat uns auserwählt in ihm vor Grundlegung der Welt, daß wir heilig seien und untadelig vor ihm; in Liebe [5] hat er uns

---

1,3–14: Dieser Hymnus auf die Erlösungsgnade zeigt an Stelle einer persönlichen Einstimmung, wie sie in den übrigen Briefen eingangs zu stehen pflegt, den Reichtum des nach dem ewigen Heilsplan des Vaters berufenen Menschen, der in Christus und im Heiligen Geist zum Höchsten bestimmt ist. »Angeld« (14) ist der Heilige Geist, insofern wir in seinem Besitz schon eine Vorausgabe und damit ein Unterpfand der kommenden Herrlichkeit haben.

vorherbestimmt zur Kindschaft vor ihm durch Jesus Christus, nach dem huldvollen Ratschluß seines Willens, ⁶ zum Preis der Herrlichkeit seiner Gnade, mit der er uns begnadet hat in dem Geliebten.
⁷ In ihm haben wir die Erlösung durch sein Blut, die Vergebung der Sünden nach dem Reichtum seiner Gnade, ⁸ die er ausströmen ließ auf uns in aller Weisheit und Einsicht. ⁹ Er tat uns kund das Geheimnis seines Willens nach seinem huldvollen Ratschluß, den er im voraus gefaßt hat in ihm, ¹⁰ um eintreten zu lassen die Fülle der Zeiten und alles zusammenzuführen in Christus, was im Himmel ist und was auf Erden. ¹¹ In ihm wurden wir auch ausgelost, vorherbestimmt nach der Absicht dessen, der alles wirkt nach dem Ratschluß seines Willens, ¹² damit wir zum Preis seiner Herrlichkeit seien, die wir schon vorher unsere Hoffnung auf Christus gesetzt haben. ¹³ In ihm seid auch ihr, die ihr das Wort der Wahrheit vernommen habt, das Evangelium eurer Rettung; in ihm fandet ihr auch zum Glauben und wurdet besiegelt mit dem Heiligen Geist der Verheißung, ¹⁴ der das Angeld ist für unser Erbe, zum Loskauf seines Eigentums, zum Lobpreis seiner Herrlichkeit.
Seid euch der Erlösung bewußt. ¹⁵ So will auch ich, seit ich von eurem Glauben im Herrn Jesus hörte und von eurer Liebe zu allen Heiligen, ¹⁶ nicht aufhören, euretwegen Dank zu sagen, wenn ich euer gedenke in meinen Gebeten. ¹⁷ Der Gott unseres Herrn Jesus Christus, der Vater der Herrlichkeit, verleihe euch den Geist der Weisheit und der Offenbarung in seiner Erkenntnis.
¹⁸ Die Augen eures Herzens seien erleuchtet, daß ihr innewerdet, was es um die Hoffnung seiner Berufung, was es um den Reichtum seiner herrlichen Erbschaft unter den Heiligen, ¹⁹ was es um die überragende Größe seiner Macht ist, die sich an uns, die wir glauben, tätig erweist in seiner Kraft und Stärke. ²⁰ Er ließ sie wirksam werden in Christus, da er ihn von den Toten erweckte und zu seiner Rechten im Himmel setzte, ²¹ hoch über alle Macht und Gewalt und Kraft und Herrschaft und jeden Namen, der genannt wird nicht nur in dieser Welt, sondern auch in der zukünftigen. ²² ›Alles legte er

---

1,15–23: Die Kirche gehört zu Christus wie der Leib zum Haupt; in ihr vollzieht sich das erlösende Wirken des Gottmenschen, dessen lebendige Glieder wir in einer geheimnisvollen Wechselbeziehung sind. Nur in der Gnadengemeinschaft mit der Kirche gibt es wahres Christentum.

ihm unter die Füße‹ (Ps 8,7) und ihn bestimmte er zum alles überragenden Haupt für die Kirche, ²³ die sein Leib ist, die volle Gestalt dessen, der alles in allem erfüllt.

2. Kapitel

Von Gottes reichem Erbarmen. ¹ Auch ihr waret tot in euren Fehlern und Sünden, ² in denen ihr einst dahinlebtet nach Art dieser Weltzeit, nach Art des Herrschers im Machtbereich der Luft, des Geistes, der noch jetzt wirksam ist in den Söhnen des Ungehorsams. ³ Unter ihnen lebten einmal auch wir alle in den Begierden unseres Fleisches; wir taten, was das Wollen des Fleisches und der Sinne verlangte, und waren von Natur aus Kinder des Zorns wie die übrigen.
⁴ Gott aber, reich an Erbarmen, machte in seiner großen Liebe, mit der er uns liebte, ⁵ auch uns, die wir tot waren in Sünden, zusammen mit Christus lebendig – durch Gnade seid ihr zum Heil gekommen – ⁶ und hat uns in Christus Jesus mit auferweckt und mit eingesetzt im Himmel, ⁷ um in den nachkommenden Zeiträumen kundwerden zu lassen den überströmenden Reichtum seiner Gnade in der Güte zu uns in Christus Jesus.
⁸ Ja, durch die Gnade seid ihr zum Heil gekommen auf Grund des Glaubens, und das nicht aus euch selbst – es ist Gottes Geschenk –, ⁹ nicht auf Grund von Werken, damit niemand sich rühme. ¹⁰ Denn s e i n Geschöpf sind wir, geschaffen in Christus Jesus zu guten Werken, die zu tun uns Gott vorausbestimmt hat.

Geeint im neuen Israel. ¹¹ Darum denkt daran, daß ihr einst dem Fleisch nach Heiden waret und Unbeschnittene genannt wurdet von denen, die sich wegen der mit der Hand an ihrem Fleisch gemachten Beschneidung ›Beschnittene‹ nennen –, ¹² bedenkt, daß ihr zu jener Zeit fern waret von Christus, ausgeschlossen von der Bürgerschaft Israels, Fremdlinge für die Bündnisse der Verheißung, ohne Hoffnung und ohne Gott in der Welt. ¹³ Jetzt aber wurdet ihr in Christus Jesus als die ehedem ›Fernen‹ zu ›Nahen‹ im Blut Christi. ¹⁴ Denn er ist

---

2,1–10: Christus führt die heilswilligen Menschen aus der Gewalt Satans, der mit bösen Geistern nach jüdischer Anschauung die Luft beherrscht, in sein Reich und befähigt sie zu »guten Werken«. Er allein ist Mittler des Heils.
2,11–22: Vor Christus war zwischen Juden und Heiden eine starke Trennung. Erst durch ihn kam es zur großen Gemeinschaft aller Erlösten, mit den gleichen Rechten für alle.

unser Friede, der aus den beiden eins werden ließ und die trennende Scheidewand, die Feindschaft, beseitigte, da er in seinem Fleisch ¹⁵ das Gesetz der Gebote mit seinen Bestimmungen aufhob und so in sich die zwei zu e i n e m neuen Menschen werden ließ; er stiftete Frieden ¹⁶ und versöhnte die beiden in e i n e m Leib mit Gott durch das Kreuz, da er die Feindschaft an ihm tötete. ¹⁷ Er kam und ›verkündete Frieden‹, euch ›den Fernen, und Frieden den Nahen‹ (Jes 57,19). ¹⁸ Denn durch ihn haben wir beide Zutritt in dem einen Geist zum Vater. ¹⁹ So seid ihr denn nicht mehr Fremdlinge und Beisassen, sondern Mitbürger der Heiligen und Hausgenossen Gottes, ²⁰ aufgebaut auf dem Fundament der Apostel und Propheten, und der Eckstein davon ist Christus Jesus, ²¹ in dem zusammengefügt der ganze Bau emporwächst zu einem heiligen Tempel im Herrn, ²² in dem auch ihr mit aufgebaut werdet zu einer Wohnung Gottes im Geist.

3. Kapitel

Herrlichkeit des Aposteldienstes. ¹ Um dessentwillen bin ich, Paulus, der Gefangene Christi Jesu für euch Heiden. ² Ihr habt doch gehört von dem Amt der Gnade Gottes, das mir übertragen wurde im Hinblick auf euch. ³ Durch Offenbarung wurde mir das Geheimnis kundgetan, wie ich es eben kurz umschrieb.
⁴ Daran könnt ihr, wenn ihr es lest, meine Einsicht erkennen in das Geheimnis Christi, ⁵ das in anderen Generationen den Menschenkindern nicht kundgetan wurde, wie es jetzt seinen heiligen Aposteln und Propheten enthüllt wurde durch den Geist, ⁶ daß nämlich die Heiden Miterben sind und Miteinverleibte und Mitteilhaber der Verheißung in Christus Jesus durch das Evangelium. ⁷ Dessen Diener wurde ich durch die Gnadengabe Gottes, die mir geschenkt wurde gemäß seiner wirkenden Kraft.
⁸ Mir, dem Geringsten unter allen Heiligen, wurde diese Gnade geschenkt, den Heiden die Botschaft zu bringen vom unergründlichen Reichtum Christi ⁹ und allen aufleuchten zu lassen, was es um die Verwirklichung des Geheimnisses ist, das von Ewigkeit her verborgen war in Gott, dem Schöpfer des Alls, ¹⁰ um jetzt den Mächten und Gewalten im Himmel

---

3,1–13: Ein wertvolles Selbstzeugnis des Apostels, das uns zeigt, wie er durch persönliche Offenbarung das volle Verständnis für Christus erhalten hat und zum Künder dieser Botschaft geworden ist.

kundwerden zu lassen durch die Kirche die vielgestaltige Weisheit Gottes, ¹¹ dem Heilsplan der Ewigkeiten gemäß, den er ausführte in Christus Jesus, unserem Herrn.

¹² In ihm haben wir Zuversicht und vertrauensvollen Zutritt durch den Glauben an ihn. ¹³ Darum bitte ich, werdet nicht mutlos angesichts der Drangsale, die ich erleide um euretwillen; es gereicht ja euch zum Ruhm.

Apostelgebet. ¹⁴ Daher beuge ich meine Knie vor dem Vater [unseres Herrn Jesus Christus], ¹⁵ von dem jede Vaterschaft im Himmel und auf Erden ihren Namen hat; ¹⁶ er verleihe euch nach dem Reichtum seiner Herrlichkeit, an Kraft zu erstarken durch seinen Geist im inneren Menschen, ¹⁷ daß Christus durch den Glauben Wohnung nehme in euren Herzen. Möget ihr in der Liebe verwurzelt und festgegründet sein, ¹⁸ um fähig zu werden, in der Gemeinschaft mit allen Heiligen zu begreifen, was die Breite und Länge, die Höhe und Tiefe ist, ¹⁹ und die alle Erkenntnis weit überragende Liebe Christi verstehen zu lernen, so daß ihr erfüllt werdet bis hin zur ganzen Fülle Gottes.

²⁰ Dem aber, der Macht hat, gemäß der in uns wirkenden Kraft weitaus mehr zu tun als alles, was wir erbitten oder ersinnen, ²¹ ihm sei Ehre in der Kirche und in Christus Jesus durch alle Generationen von Ewigkeit zu Ewigkeit. Amen.

Wandel der Erlösten

4. Kapitel

Einigkeit der Glieder in der Liebe. ¹ So ermahne ich euch denn, ich, der Gefangene im Herrn, verhaltet euch würdig der Berufung, mit der ihr gerufen wurdet, ² in aller Demut und Milde, in Geduld, einander in Liebe ertragend, ³ bedacht auf die Wahrung der Einheit des Geistes durch das Band des Friedens: ⁴ E i n Leib und e i n Geist, wie ihr auch gerufen wurdet zur e i n e n Hoffnung eurer Berufung, ⁵ e i n Herr, e i n

---

3,14–21: Dieses Gebet enthält die wesentlichen Anliegen, die ein wahrhaft christliches Beten bestimmen sollen. Es sind auch die Hauptmotive im »Vaterunser«.

4,1–16: Angesichts der damals in Kleinasien herrschenden Spannungen unter den verschiedenen Gruppen, besonders zwischen Juden- und Heidenchristen, fordert der Apostel vor allem den Geist der Gemeinschaft und des Friedens, der im organischen Zusammenwirken aller Glieder die Kirche wachsen lasse, daß sie aus dem Zustand der Unmündigkeit zur Vollreife, bildlich gesprochen »zum Vollmaß der Gestalt Christi« heranwachse.

Glaube, e i n e Taufe, ⁶ e i n Gott und Vater aller, der über allen ist und vor allen und in allen.

⁷ Einem jeden aber unter uns wurde die Gnade verliehen nach dem Maß der Gabe Christi. ⁸ Darum heißt es: ›Aufsteigend in die Höhe, führte er die Gefangenen mit sich und gab den Menschen seine Gaben‹ (Ps 68,19). ⁹ Das ›Aufsteigend‹ aber, was bedeutet es anders, als daß er auch herabstieg in die Niederungen der Erde? ¹⁰ Der herabstieg, ist derselbe, der auch hinaufstieg über alle Himmel, damit er alles erfülle. ¹¹ Und er ist es, der ›gab‹: die einen bestellte er als Apostel, die andern als Propheten, andere als Evangelisten, andere als Hirten und Lehrer, ¹² zur Heranbildung der Heiligen für die Ausübung des Dienstes, für den Aufbau des Leibes Christi, ¹³ bis wir alle hingelangen zur Einheit des Glaubens und der Erkenntnis des Sohnes Gottes, zur vollen Mannesreife, zum Vollmaß der Gestalt in der Fülle Christi. ¹⁴ Nicht mehr unmündige Kinder wollen wir sein, geschaukelt und umhergeworfen von jedem Wind der Lehre im Trugspiel der Menschen, das voll Hinterlist ausgeht auf Täuschung und Verführung. ¹⁵ In der Wahrheit wollen wir stehen und in Liebe alles hinwachsen lassen auf ihn, der das Haupt ist, Christus. ¹⁶ Von ihm aus wird der ganze Leib zusammengefügt und zusammengehalten durch jedes Band des Zusammenwirkens, entsprechend der dem einzelnen Teil zugemessenen Kraft, und so wirkt er das Wachsen des Leibes zu seinem Aufbau in Liebe.

Der neue Mensch. ¹⁷ So sage ich denn und bekräftige es im Herrn: Führt nicht mehr ein Leben, wie die Heiden dahinleben in der eitlen Nichtigkeit ihres Sinnes. ¹⁸ Verdunkelt sind sie in ihrem Denken, dem Leben Gottes entfremdet wegen der Verständnislosigkeit in ihrem Innern, wegen der Verstocktheit ihrer Herzen. ¹⁹ Haltlos geworden gaben sie sich der Ausschweifung hin, um unersättlich jeder Art von Unlauterkeit nachzugehen.

²⁰ Ihr aber lerntet nicht derart Christus kennen, ²¹ sofern ihr von ihm hörtet und in ihm unterwiesen wurdet, wie es Wahrheit ist in Jesus: ²² ablegen sollt ihr im Hinblick auf den früheren Lebenswandel den alten Menschen, der den Weg des Verderbens geht in seinen trügerischen Leidenschaften, ²³ und neu sollt ihr werden in Geist und Gesinnung, ²⁴ um den neuen Menschen anzuziehen, der nach Gott geschaffen ist in wahrer Gerechtigkeit und Heiligkeit.

²⁵ Darum legt ab die Lüge, und ›jeder rede mit seinem Nächsten die Wahrheit‹ (Sach 8,16); denn wir sind Glieder unter-

einander. ²⁶ ›Zürnt ihr, so sündigt nicht‹ (Ps 4,5); die Sonne gehe nicht unter über eurem Zorn; ²⁷ gebt nicht Raum dem Teufel! ²⁸ Wer zu stehlen gewohnt ist, stehle nicht mehr, er arbeite lieber und verschaffe sich mit seinen Händen Einkommen, damit er in der Lage sei, dem Bedürftigen davon zukommen zu lassen.
²⁹ Kein böses Wort komme aus eurem Mund, sondern nur ein gutes, das erbaut, wo es nottut, damit es denen, die es hören, Segen bringe. ³⁰ Betrübt nicht Gottes Heiligen Geist, mit dem ihr besiegelt wurdet zum Tag der Erlösung. ³¹ Jegliche Art von Bitterkeit, Groll, Zorn, Lärm und Lästerung sei fern von euch samt aller Bosheit. ³² Seid gütig zueinander, barmherzig, und verzeiht einander, so wie auch Gott euch verziehen hat in Christus.

5. Kapitel

Gottes Ebenbild. ¹ Seid also Nachahmer Gottes als seine geliebten Kinder, ² und lebt die Liebe, wie auch Christus euch liebte und sich hingab für uns als ›Gabe und Opfer‹ (Ps 40,7), Gott ›zum lieblichen Wohlgeruch‹ (Gen 8,21; Lev 6,8).
³ Von Unzucht aber und jeder Art von Unlauterkeit oder Gier werde nicht einmal geredet unter euch, wie es Heiligen geziemt, ⁴ und ebensowenig von schamlosen Dingen, Albernheiten und ungeziemenden Possen – sondern besser von Danksagung. ⁵ Denn das wißt und merkt euch: Kein Unzüchtiger oder Unreiner oder Habsüchtiger, was so viel wie ein Götzendiener ist, hat Anteil am Reich Christi und Gottes.
⁶ Niemand verführe euch mit leeren Sprüchen; denn um dieser Dinge willen kommt der Zorn Gottes über die Kinder des Ungehorsams. ⁷ Werdet also nicht ihre Genossen!
Kinder des Lichtes. ⁸ Denn ihr waret ehedem Finsternis, nun aber seid ihr Licht im Herrn; lebt als Kinder des Lichtes; ⁹ denn die Frucht des Lichtes zeigt sich in lauter Güte und Gerechtigkeit und Wahrheit. ¹⁰ Prüft, was wohlgefällig ist dem Herrn, ¹¹ und habt nichts gemein mit den unfruchtbaren Werken der Finsternis, bringt sie vielmehr ans Licht! ¹² Denn was durch diese heimlich geschieht, davon auch nur zu reden, ist beschämend. ¹³ Alles aber, was ans Licht gebracht wird, wird vom Licht erhellt; denn alles, was erhellt wird, ist Licht.

5,8–21: Das Licht ist ein Sinnbild des in der Gnade und Wahrheit stehenden Christen. Als solcher hat er die Aufgabe, auch anderen Lichtbringer und Führer zu Christus zu sein. Das Zitat Vers 14 ist vermutlich einem Hymnus der urchristlichen Tauflilurgie entnommen.

¹⁴ Darum heißt es: ›Wach auf, der du schläfst, steh auf von den Toten, und als Licht wird dir erstrahlen Christus.‹
¹⁵ Seid also mit Sorgfalt bedacht, wie ihr lebt – nicht wie Unweise, ¹⁶ sondern wie Weise. Geht wählerisch um mit der Zeit; denn die Tage sind böse. ¹⁷ Seid daher nicht unverständig, sondern versteht, was der Wille des Herrn ist.
¹⁸ Berauscht euch nicht mit Wein; in ihm liegt Liederlichkeit; sondern seid erfüllt vom Geist, ¹⁹ und sprecht zueinander in Psalmen und Hymnen und geistlichen Liedern und dem Herrn lobsingt und jubiliert in euren Herzen! ²⁰ Sagt allzeit und für alles Dank im Namen unseres Herrn Jesus Christus vor Gott, dem Vater, ²¹ und seid gefügig einander in der Furcht Christi!

Christliche Hausordnung. ²² Die F r a u e n seien ihren Männern untertan wie dem Herrn; ²³ denn der Mann ist das Haupt der Frau, wie auch Christus das Haupt der Kirche ist, die er bewahrt als seinen Leib. ²⁴ Wie aber die Kirche Christus untertan ist, so seien es auch die Frauen ihren Männern in allem.
²⁵ M ä n n e r, liebt eure Frauen, wie auch Christus die Kirche liebte und sich hingab für sie, ²⁶ um sie heilig und rein zu machen durch das Bad im Wasser und das Wort ²⁷ und so für sich die Kirche herrlich erscheinen zu lassen, ohne Flecken oder Falten oder etwas dergleichen, sondern daß sie heilig sei und ohne Makel.
²⁸ So sollen auch die Männer ihre Frauen lieben wie ihren eigenen Leib. Wer seine Frau liebt, liebt sich selbst. ²⁹ Denn niemand hat je sein eigenes Fleisch gehaßt, sondern er nährt und pflegt es wie auch Christus die Kirche. ³⁰ Denn Glieder sind wir seines Leibes [von seinem Fleisch und von seinem Gebein]. ³¹ ›Darum wird der Mensch Vater und Mutter verlassen und seiner Frau anhangen; und die zwei werden zu e i n e m Fleisch‹ (Gen 2,24). ³² Dieses Geheimnis ist groß; ich sage dies im Hinblick auf Christus und die Kirche. ³³ So liebe

---

5,16: »Geht wählerisch um«, wörtlich nach dem Griechischen: »Kauft aus«, meint das sorgsam prüfende Ausnützen der angebotenen Zeit.
5,22–23: Die Ehe ist mehr als eine äußere Verbindung, sie erhält ihren tiefsten Sinn als Abbild der mystischen Lebensgemeinschaft zwischen Christus und der Kirche.
5,32: Der Apostel deutet das in Gen 2,24 verborgene »Geheimnis« (griechisch: »Mysterion«) gegenüber irrigen Meinungen (Gnostiker!) auf das Verbundensein von Christus und Kirche und von diesem Verstehen aus auch auf die Ehe von Mann und Frau.

denn auch von euch ein jeder seine Frau wie sich selbst; die Frau aber stehe in Ehrfurcht zum Mann.

6. Kapitel

¹ Ihr K i n d e r , gehorcht euren Eltern im Herrn; denn das ist geziemend. ² ›Ehre deinen Vater und deine Mutter‹ – das ist das erste Gebot mit einer Verheißung –, ³ ›daß es dir wohl ergehe und du lange lebest auf Erden‹ (Ex 20,12).
⁴ Ihr V ä t e r , verbittert nicht eure Kinder, sondern erzieht sie in Zucht und Weisung des Herrn!
⁵ Ihr S k l a v e n , gehorcht den irdischen Herren mit Furcht und Zittern, aus lauterem Herzen, als gehorchtet ihr Christus, ⁶ nicht als Augendiener, um Menschen zu gefallen, sondern als Sklaven Christi, die den Willen Gottes von Herzen tun ⁷ und willig dienen, dem Herrn und nicht den Menschen zuliebe. ⁸ Ihr wißt ja, daß jeder, der Gutes tut, dies zurückbekommen wird vom Herrn, sei er Sklave oder Freier.
⁹ Und ihr H e r r e n , tut ebenso ihnen gegenüber; laßt das Drohen! Ihr wißt ja, daß für sie wie für euch der Herr im Himmel ist, und bei ihm gilt nicht das Ansehen der Person.
Ausrüstung zum Kampf. ¹⁰ Und nun denn, Brüder, erstarkt im Herrn und in seiner Kraft und Stärke. ¹¹ Zieht an die Vollrüstung Gottes, damit ihr bestehen könnt gegenüber den Anschlägen des Teufels! ¹² Wir haben ja nicht gegen Fleisch und Blut zu kämpfen, sondern gegen die Mächte, gegen die Gewalten, gegen die Weltherrscher dieser Finsternis, gegen die Geister des Bösen im Reich der Himmel.
¹³ So legt denn die Vollrüstung Gottes an, damit ihr imstande seid, am bösen Tag zu widerstehen und alles bis zum Ende bestehen könnt. ¹⁴ Tretet also an, eure Lenden umgürtet mit Wahrheit, angetan mit dem Panzer der Gerechtigkeit ¹⁵ und die Füße beschuht mit der Bereitschaft für das Evangelium des Friedens! ¹⁶ Zu allem ergreift den Schild des Glaubens, mit dem ihr alle feurigen Geschosse des Bösen auszulöschen vermögt. ¹⁷ Nehmt den Helm des Heiles und das Schwert des Geistes, das ist das Wort Gottes!
¹⁸ Tut alles unter Beten und Flehen; betet zu aller Zeit im Geist und seid gerade dafür wachsam in aller Beharrlichkeit.

6,10–20: Der Christ, der auch als Erlöster noch bedroht ist von den Angriffen des Satans und den »bösen Geistern im Reich der Himmel« (vgl. 2,2), vermag den Kampf zu bestehen, wenn er sich all die Hilfen zu eigen macht, die ihm Glaube und Gnade bieten. Die stärkste Waffe ist das Gebet aus dem Glauben.

Epheser 6,19–24 Philipper 1,1–4

Betet für alle Heiligen ¹⁹ und auch für mich, daß mir das Wort gegeben werde beim Auftun meines Mundes, um freimütig das Geheimnis des Evangeliums zu verkünden, ²⁰ für das ich meines Amtes walte in Fesseln, damit ich mit Freimut dafür eintrete, wie es zu künden meine Pflicht ist.

Schluß. ²¹ Damit nun auch ihr wißt, wie es um mich steht und was ich mache, wird euch Tychikus, der geliebte Bruder und treue Diener im Herrn, alles berichten; ²² dafür gerade sende ich ihn zu euch, damit ihr erfahrt, wie es um uns steht, und er eure Herzen aufrichte.

²³ Friede sei den Brüdern und Liebe mit Glauben von Gott dem Vater und dem Herrn Jesus Christus. ²⁴ Die Gnade sei mit allen, die unserem Herrn Jesus Christus anhangen in unwandelbarer Liebe.

Der Brief an die Philipper

Philippi in Mazedonien, von Paulus auf seiner zweiten Missionsreise (50–53) als erste Gemeinde in Europa gegründet (vgl. Apg 16,11–40) und von ihm stets mit besonderer Herzlichkeit betreut (vgl. Apg 20,6 und die Hinweise unseres Briefes), übersandte dem in Untersuchungshaft (vgl. 1,13 f) festgehaltenen Apostel eine Liebesgabe durch Epaphroditus. In der Dankbarkeit dafür schrieb Paulus an die Philipper unseren Brief, der zu den schönsten Zeugnissen seines Wirkens gehört. Er bekundet das reiche Fühlen und Empfinden des Apostels, der bei allen persönlichen Anliegen die letzte Verantwortung und Sorge für die ihm Anvertrauten nicht vergißt. Der Brief ist vermutlich in Rom (61–63), nach anderen Vermutungen in Ephesus geschrieben.

1. Kapitel

Eingangsgruß. ¹ Paulus und Timotheus, Knechte Christi Jesu, an alle Heiligen in Christus Jesus in Philippi mit ihren Bischöfen und Diakonen. ² Gnade euch und Friede von Gott, unserem Vater, und dem Herrn Jesus Christus.

Lob und Aufmunterung der Gemeinde. ³ Ich danke meinem Gott bei jedem Gedenken an euch ⁴ und bete allezeit in all

---

1,1 f: Beachte die Unterscheidung von Gemeinde und ihren Amtsträgern, den »Bischöfen und Diakonen«, mag auch das Wort »Bischof« (Aufseher, Vorsteher) als Bezeichnung für »Presbyter« und noch nicht allgemein im jetzigen Sinn genommen sein. Vgl. Apg 20,17.28.

meinen Gebeten für euch alle, voll Freude ⁵ über eure Anteilnahme am Evangelium [Christi] vom ersten Tag an bis jetzt.
⁶ Ich habe dabei die Zuversicht, daß er, der in euch das gute Werk begann, es vollenden wird bis zum Tag Christi Jesu.
⁷ Ja, es ist recht für mich, daß ich so von euch allen denke; denn ich trage euch im Herzen, euch, die ihr in meinem Gefangensein wie in der Verteidigung und Beglaubigung des Evangeliums alle in Gemeinschaft steht mit meiner Gnade.
⁸ Denn Gott ist mein Zeuge, wie ich mich nach euch allen sehne in inniger Liebe zu Christus Jesus. ⁹ Und um das bete ich, daß eure Liebe immerzu reicher werde an Erkenntnis und allem Verstehen, ¹⁰ damit ihr zu unterscheiden vermögt, worauf es ankommt, so daß ihr lauter und makellos seid für den Tag Christi, ¹¹ reich an Frucht der Gerechtigkeit durch Jesus Christus, zur Ehre und zum Lob Gottes.

Von der Lage des Apostels. ¹² Ich möchte euch wissen lassen, Brüder, daß sich die Dinge bei mir weiter zum Besten des Evangeliums entwickelt haben, ¹³ so daß es im ganzen Prätorium und bei allen anderen bekannt wurde, daß ich um Christi willen gefangen bin, ¹⁴ und die meisten unter den Brüdern haben Vertrauen gewonnen im Herrn und wagen angesichts meiner Fesseln um so furchtloser das Wort Gottes zu verkünden.

¹⁵ Einige freilich verkünden Christus aus Neid und Streit, andere aber mit gutem Willen. ¹⁶ Die einen tun es aus Liebe, da sie wissen, daß ich zur Verteidigung des Evangeliums in Haft liege; ¹⁷ andere aber verkünden Christus aus Selbstsucht, nicht aus lauterem Wollen, da sie der Meinung sind, mir in den Fesseln noch Trübsal verursachen zu müssen.
¹⁸ Doch was liegt daran? Wenn nur auf alle Weise Christus verkündet wird, sei es aus Berechnung, sei es in Aufrichtigkeit; darüber freue ich mich und werde auch ferner mich freuen.

¹⁹ Denn ich weiß, daß mir dies zum Heil gereichen wird durch euer Gebet und den Beistand des Geistes Jesu Christi.
²⁰ Meine Erwartung und Hoffnung ist es ja, daß ich in keiner

1,12–26: Paulus lebte nach Apg 28,16.30 in Rom in eigener Mietwohnung unter steter Bewachung eines Soldaten, den das Prätorianerlager zu stellen hatte. Man erkannte bald, daß nicht politisch-kriminelle, sondern rein religiöse Gründe zu seiner Haft geführt hatten. Beachte die starke Christusliebe, die dem Apostel die Frage nach Leben oder Sterben belanglos macht, da gerade der Tod ihn zur vollen Gemeinschaft mit Christus führt.

Hinsicht zuschanden werde, sondern mit aller Zuversicht wird wie allezeit so auch jetzt Christus verherrlicht werden an meinem Leib, sei es durch Leben, sei es durch Sterben. ²¹ Denn für mich ist das Leben Christus und das Sterben Gewinn. ²² Bedeutet aber gerade das Leben im Fleisch für mich ein fruchtreiches Wirken, dann weiß ich nicht, was ich wählen soll.
²³ Von beiden Seiten werde ich angezogen: Ich habe Verlangen, aufzubrechen und mit Christus zu sein; denn das ist bei weitem das Bessere. ²⁴ Doch auszuharren im Fleisch ist nötiger euretwegen. ²⁵ Und davon überzeugt, weiß ich, daß ich bleiben werde, und zwar für euch alle ausharren werde zu eurem Fortschritt und zu eurer Freude im Glauben, ²⁶ damit eure Frohstimmung in Christus Jesus um so größer sei, wenn ich wieder zu euch komme.

Aufruf zum Streben in der Gesinnung Christi. ²⁷ Verhaltet euch würdig des Evangeliums Christi, damit ich, ob ich nun komme und euch sehe oder ob ich fern bin, von euch höre, daß ihr feststeht in e i n e m Geist und e i n e s Sinnes mitkämpft für den Glauben an das Evangelium ²⁸ und euch durch nichts einschüchtern laßt von den Widersachern. Für sie ist es ein Beweis des Untergangs, für euch aber des Heiles, und zwar von Gott.
²⁹ Denn euch wurde die Gnade zuteil, nicht nur an Christus zu glauben, sondern für ihn auch zu leiden; ³⁰ ihr habt denselben Kampf zu kämpfen, wie ihr ihn saht an mir und jetzt von mir hört.

2. Kapitel

¹ Geht es nun um eine Mahnung in Christus, um einen Zuspruch der Liebe, um Gemeinschaft des Geistes, um Mitgefühl und Erbarmen, ² macht meine Freude dadurch voll, daß ihr gleichen Sinnes seid, die gleiche Liebe habt, aus gleichgestimmter Seele auf das eine bedacht seid; ³ nichts geschehe aus Eigensucht oder eitlem Begehren; sondern in Demut achte der eine den andern höher als sich selbst, ⁴ und nicht auf das Seine nur blicke ein jeder, sondern auch auf das Wohl der anderen.
⁵ Diese Gesinnung erfülle euch in Christus Jesus: ⁶ Er, der in Gottes Gestalt war, sah im Gottgleichsein nicht einen für sich

---

2,1–11: Durch den Verzicht auf »Gottes Gestalt« (= göttliche Seinsweise) und seinen Gehorsam erwarb sich der Sohn Gottes als Menschgewordener die Erhöhung.

festzuhaltenden Gewinn, ⁷ sondern er entsagte seiner selbst, nahm Knechtsgestalt an, wurde Menschen gleich und seinem Äußern nach erfunden wie ein Mensch; ⁸ er erniedrigte sich selbst und wurde gehorsam bis in den Tod, den Tod am Kreuz.
⁹ Und darum erhöhte ihn Gott so hoch und verlieh ihm den Namen, der jeden Namen überragt, ¹⁰ auf daß beim Namen Jesu ›sich beuge jedes Knie‹, derer im Himmel, derer auf Erden und derer unter der Erde, ¹¹ und ›jede Zunge bekenne‹ (Jes 45,23): »Herr Jesus Christus«, zur Verherrlichung Gottes, des Vaters.

Wirkt euer Heil. ¹² Wirkt also, meine Geliebten, gehorsam, wie ihr allezeit wart, nicht nur in meiner Anwesenheit, sondern jetzt erst recht in meiner Abwesenheit, wirkt euer Heil mit Furcht und Zittern! ¹³ Denn Gott ist es, der in euch das Wollen bewirkt und über das gute Wollen hinaus auch das Vollbringen.

¹⁴ Tut alles ohne Murren und Widerstreben, ¹⁵ daß ihr ohne Tadel und Makel seid, Gotteskinder ohne Schuld und Fehl inmitten ›eines bösen und verkehrten Geschlechts‹ (Dt 32,5), unter denen ihr leuchtet wie Sterne im Weltall. ¹⁶ Haltet fest am Wort des Lebens, mir zum Ruhm am Tage Christi, daß ich nicht ins Leere gelaufen bin und nicht vergeblich mich abgemüht habe. ¹⁷ Aber sollte ich auch hingeopfert werden am Opferaltar und beim heiligen Dienst für euren Glauben, so bin ich doch froh und freue mich mit euch allen. ¹⁸ So sollt auch ihr froh sein und euch freuen mit mir.

Über Timotheus und Epaphroditus. ¹⁹ Ich hoffe aber im Herrn Jesus, daß ich Timotheus bald zu euch senden kann, damit auch ich guten Mutes werde, wenn ich erfahre, wie es um euch steht. ²⁰ Denn ich habe keinen von gleicher Gesinnung, der sich mit so herzlicher Teilnahme um eure Anliegen kümmert. ²¹ Es suchen ja alle das Ihre, nicht die Sache Christi Jesu. ²² Seine bewährte Treue aber kennt ihr; denn wie ein Kind dem Vater, diente er mit mir für das Evangelium. ²³ Ihn also hoffe ich [zu euch] zu senden, sobald ich sehe, wie es mit mir geht. ²⁴ Ich habe jedoch Zuversicht im Herrn, auch selber bald zu kommen.

²⁵ Ich hielt es aber für notwendig, Epaphroditus, meinen Bruder, Mitarbeiter und Mitkämpfer, euren Abgesandten und

---

2,24: Paulus hatte begründete Aussicht auf Freispruch in seinem Untersuchungsverfahren, wie dies auch die Apostelgeschichte wiederholt bestätigt.

Beauftragten für meine Bedürfnisse, zu euch zu senden; ²⁶ denn er sehnte sich nach euch allen und war bekümmert darüber, weil ihr gehört habt von seiner Erkrankung. ²⁷ Er war auch wirklich krank und dem Tod nahe; aber Gott erbarmte sich seiner und nicht nur seiner, sondern auch meiner, damit ich nicht Betrübnis über Betrübnis erfahre. ²⁸ Um so eiliger sende ich ihn nun, damit ihr bei seinem Wiedersehen euch freut und auch ich weniger an Sorgen habe. ²⁹ So nehmt ihn denn auf im Herrn mit aller Freude, und haltet solche Männer in Ehren; ³⁰ denn im Wirken für Christus kam er dem Tod nahe, da er sein Leben einsetzte, um das zu ergänzen, was euch im Dienst für mich nicht möglich war.

3. Kapitel

Paulus und seine Widersacher. ¹ Im übrigen, meine Brüder, freut euch im Herrn!
Das gleiche euch immer wieder zu schreiben, zögere ich nicht, es dient zu eurem Schutz: ² Hütet euch vor den Hunden, hütet euch vor den schlechten Arbeitern, hütet euch vor der Zerschneidung! ³ Denn w i r sind die Beschneidung, wir, die wir im Geist Gottes den Dienst verrichten und uns in Christus Jesus rühmen und nicht auf das Fleisch unser Vertrauen setzen.

⁴ Gleichwohl könnte ich auch auf das Fleisch Vertrauen setzen. Wenn da ein anderer meint, auf Fleisch vertrauen zu können, ich könnte es noch mehr: ⁵ Beschnitten wurde ich am achten Tag, bin aus dem Volk Israel, aus dem Stamm Benjamin, ein Hebräer von Hebräern, im Hinblick auf das Gesetz ein Pharisäer, ⁶ dem Eifer entsprechend ein Verfolger der Kirche [Gottes], und der Gesetzesgerechtigkeit nach war ich ohne Tadel.

⁷ Doch was mir als Vorteil galt, das habe ich um Christi willen für Unwert erachtet. ⁸ Ja, ich erachte auch wirklich alles für Unwert angesichts der alles übertreffenden Erkenntnis Christi Jesu, meines Herrn; um seinetwillen gab ich alles auf und betrachte es als Unrat, um Christus zu gewinnen ⁹ und in ihm mich zu finden, nicht mit meiner eigenen Gerechtigkeit, die aus dem Gesetz, sondern mit jener, die aus dem Glauben an

---

3,1–11: Der Gedanke an seine judaistischen Widersacher, die mit ihrer Forderung nach Beschneidung (»Zerschneidung« ist ironische Bezeichnung) die paulinischen Gemeinden beunruhigten, läßt die ungewöhnlich scharfen Ausdrücke verstehen, vgl. Gal 5,12; 2 Kor 11.

Christus kommt, mit der Gerechtigkeit aus Gott, auf Grund des Glaubens. [10] I h n möchte ich gewahr werden, in der Kraft seiner Auferstehung wie in der Gemeinschaft mit seinen Leiden, indem ich die Gestalt seines Todes miterleide, [11] um so hingelangen zu dürfen zur Auferstehung von den Toten.

Dem Ziel entgegen. [12] Nicht als hätte ich es schon erlangt oder als wäre ich schon am Ziel; doch ich jage ihm nach, um es zu ergreifen, da ja auch ich ergriffen wurde von Christus Jesus. [13] Brüder, noch halte ich mich nicht dafür, als hätte ich es schon ergriffen; doch e i n e s tue ich: Ich vergesse, was hinter mir liegt, und strecke mich aus nach dem, was vor mir liegt. [14] Das Ziel vor mir, jage ich nach dem Siegespreis der himmlischen Berufung Gottes in Christus Jesus.

[15] Die wir also vollkommen sind, laßt uns darauf sinnen; und solltet ihr irgendwie anders gesonnen sein, wird auch dies Gott euch offenbaren. [16] Doch was wir erreichten, in dem laßt uns weitergehen [und die gleiche Richtung halten]! [17] Seid meine Nachahmer, Brüder, und schaut auf jene, die so leben, wie ihr ein Vorbild habt an uns. [18] Denn viele, von denen ich oft zu euch sprach, von denen ich aber jetzt unter Tränen spreche, leben als Feinde des Kreuzes Christi. [19] Ihr Ende ist Verderben, ihr Gott ist der Bauch; ihr Ruhm liegt in ihrer Schande, auf Irdisches richtet sich ihr Sinnen und Trachten.
[20] Unser Heimatrecht aber ist im Himmel, von wo wir auch den Heiland erwarten, den Herrn Jesus Christus. [21] Er wird unseren armseligen Leib umgestalten, daß er teilhabe an der Gestalt seines verherrlichten Leibes vermöge der Kraft, mit der er sich auch das All zu unterwerfen vermag.

4. Kapitel

Mahnung zu frohgemutem Streben. [1] Nun denn, meine sehnsuchtsvoll geliebten Brüder, meine Freude und mein Kranz, steht in dieser Weise fest im Herrn, Geliebte!
[2] Evodia mahne ich und Syntyche mahne ich, eines Sinnes zu sein im Herrn. [3] Und dich bitte ich, treuer Gefährte, nimm

---

3,12–21: Wie ein Wettläufer, der alles hinter sich vergißt und dem Ziel zujagt, soll der Christ seinem ewigen Ziel zustreben, das auch dem menschlichen Leib die Verklärung bringen wird.
4,2: Zwei nicht näher bekannte, um das Missionswerk verdiente Frauen von Philippi, vgl. Apg 16,13.

dich ihrer an; sie mühten sich mit mir im Dienst des Evangeliums, zusammen mit Klemens und meinen übrigen Mitarbeitern, deren Namen im Buch des Lebens stehen.

⁴ Freut euch allezeit im Herrn; nochmals sage ich, freut euch! ⁵ Euer Edelsinn werde kund allen Menschen. Der Herr ist nahe! ⁶ Nichts mache euch Sorge, sondern laßt in allem durch Gebet und Flehen eure Anliegen unter Danksagung kundwerden vor Gott! ⁷ Und der Friede Gottes, der alles Begreifen übersteigt, wird eure Herzen und eure Gedanken behüten in Christus Jesus!

⁸ Im übrigen, Brüder, was wahr ist, was ehrbar, was gerecht, was rein, was liebenswert, was ansprechend, was es an Tugend und löblichen Dingen gibt, darauf richtet euren Sinn! ⁹ Und was ihr gelernt und empfangen, gehört und gesehen habt an mir, das tut, und der Gott des Friedens wird mit euch sein.

Dank für die Unterstützung. ¹⁰ Ich freute mich sehr im Herrn, daß ihr wieder einmal in die Lage kamt, fürsorgend an mich zu denken. Ihr dachtet ja daran, doch fehlte euch die Gelegenheit hierfür. ¹¹ Nicht weil ich Mangel hätte, sage ich das; denn ich habe gelernt, in jeder Lage, in der ich bin, auszukommen. ¹² Ich weiß Not zu leiden, ich weiß aber auch Überfluß zu haben; mit allem und jedem bin ich vertraut: gesättigt zu sein und zu hungern, Überfluß zu haben und Mangel. ¹³ Alles vermag ich in dem, der mich stärkt.

¹⁴ Doch tatet ihr recht, daß ihr Anteil nahmt an meiner Bedrängnis. ¹⁵ Ihr wißt ja selbst, liebe Philipper, daß in der ersten Zeit des Evangeliums, als ich von Mazedonien weiterreiste, keine Gemeinde mit mir Gemeinschaft hatte in bezug auf Geben und Nehmen als ihr allein. ¹⁶ Auch in Thessalonich sandtet ihr mir mehr als einmal für meinen Bedarf. ¹⁷ Nicht als ob es mir um die Gabe ginge, es geht mir vielmehr um den reichlich fließenden Gewinn, der euch zugute kommt.

¹⁸ Ich habe alles erhalten, und zwar mehr als genug; ich habe in Fülle, seit ich von Epaphroditus eure Spende erhielt als ›lieblichen Wohlgeruch‹ (Gen 8,21), als angenehmes Opfer, wohlgefällig vor Gott. ¹⁹ Mein Gott wird alles, was ihr nötig habt, in Fülle euch geben gemäß dem Reichtum seiner Herrlichkeit in Christus Jesus.

4,10–20: Während Paulus sonst jede Unterstützung durch die von ihm gegründeten Gemeinden ablehnte, um seine Missionsarbeit nicht zu belasten, vgl. 1 Kor 9, nahm er von seiner Lieblingsgemeinde Philippi wiederholt finanzielle Hilfe entgegen.

²⁰ Unserem Gott und Vater sei Ehre von Ewigkeit zu Ewigkeit! Amen.
²¹ Grüßt einen jeden Heiligen in Christus Jesus. ²² Es grüßen euch die Brüder, die bei mir sind. Es grüßen euch alle Heiligen, vorzüglich die vom Haus des Kaisers. ²³ Die Gnade des Herrn Jesus Christus sei mit eurem Geist! [Amen].

Der Brief an die Kolosser

Auch dieser Brief ist ein Gefangenschaftsbrief. Zusammen mit dem Epheser- und Philemonbrief wurde er von Paulus vermutlich aus der römischen Untersuchungshaft (61–63) an die Christengemeinde in Kolossä in Phrygien geschrieben, die von Epaphras, wahrscheinlich im Auftrag des Apostels, gegründet worden war. Durch diesen erhielt der Apostel Nachricht von den Umtrieben einer Sekte, die mit ihren Sondervorschriften und Kulten die Gemeinde beunruhigte und die Rechtgläubigen verwirrte. Der Brief ist daher eine besorgte Mahnung zur Treue zu Christus, dessen einzigartige Stellung im Bereich der Schöpfung und Erlösung in eindrucksvoller Weise gezeigt wird.

1. Kapitel

Gruß und Einleitung. ¹ Paulus, durch den Willen Gottes Apostel Christi Jesu, und der Bruder Timotheus ² an die Heiligen und Gläubigen, die Brüder in Christus zu Kolossä. Gnade euch und Friede von Gott, unserem Vater [und dem Herrn Jesus Christus].
³ Wir danken Gott, dem Vater unseres Herrn Jesus Christus allezeit in unserem Beten für euch; ⁴ denn wir hörten von eurem Glauben in Christus Jesus und von der Liebe, die ihr

---

4,22: »Haus des Kaisers«, meint wohl den ganzen Kreis des kaiserlichen Hofes, vermutlich Angestellte oder Soldaten der Leibgarde, kaum Mitglieder der kaiserlichen Familie.
1,1–12: Beachte, wie Paulus schon in der Einleitung indirekt an die Glaubenstreue der Leser appelliert mit Hinweis auf die Erlösungsgnaden. Im Hinblick auf die Irrlehrer hebt er die von ihnen propagierten Begriffe »Erkenntnis« und »Weisheit« gerade als Kennzeichen christlicher Glaubensoffenbarung hervor. Dabei sieht man, wie Paulus in seinem Sendungsbewußtsein als Heidenapostel sich auch verantwortlich fühlt für die nicht von ihm persönlich gegründeten Gemeinden. So auch im Römerbrief.

Kolosser 1,5–20

hegt zu allen Heiligen, [5] um der Hoffnung willen, die für euch hinterlegt ist im Himmel. Von ihr habt ihr schon gehört im Wort der Wahrheit des Evangeliums, [6] das bei euch Zugang fand und auch bei euch, wie in der ganzen Welt, Frucht trägt und heranwächst seit dem Tag, da ihr davon gehört und in Wahrheit die Gnade Gottes erkannt habt. [7] Ihr lerntet sie kennen von Epaphras, unserem geliebten Mitknecht, der getreu an unser statt ein Diener Christi ist. [8] Er war es auch, der uns Kunde brachte von eurer geistgewirkten Liebe.

[9] Und so hören auch wir seit dem Tag, da wir dies vernahmen, nicht auf, für euch zu beten und darum zu bitten, daß ihr erfüllt werdet mit der Erkenntnis seines Willens in aller vom Geist gewirkten Weisheit und Einsicht [10] und so euer Leben würdig sei des Herrn, ganz ihm zu Gefallen, und ihr Frucht bringt in jedem guten Werk und voranschreitet in der Erkenntnis Gottes. [11] Durch seine machtvolle Herrlichkeit möget ihr gestärkt sein zu aller Ausdauer und Geduld, [12] und so in Freude Dank sagen dem Vater, der uns befähigt hat, Anteil zu erhalten am Erbe seiner Heiligen im Licht.

Von der erhabenen Stellung Christi. [13] Er entriß uns der Gewalt der Finsternis und versetzte uns in das Reich des Sohnes seiner Liebe, [14] in dem wir die Erlösung haben [durch sein Blut], die Vergebung der Sünden. [15] Er ist das Bild Gottes, des Unsichtbaren, Erstgeborener aller Schöpfung. [16] Denn in ihm wurde alles erschaffen, was im Himmel ist und auf Erden, das Sichtbare und das Unsichtbare, ob Throne oder Herrschaften oder Mächte oder Gewalten: alles ist durch ihn und auf ihn hin erschaffen. [17] Er ist vor allem, und alles hat in ihm seinen Bestand.

[18] Er ist das Haupt des Leibes, der Kirche. Er ist der Anfang, der Erstgeborene aus den Toten, damit er in allem den Vorrang habe. [19] Denn es war Gottes Ratschluß, in ihm alle Vollkommenheit wohnen zu lassen [20] und durch ihn alles mit sich zu versöhnen – da er den Frieden wirkte durch sein Blut

---

1,13–17: Der Gottmensch Jesus Christus ist Mitte der ganzen Schöpfung und Mittler allen Heils. Vgl. das Christusbild im Johannesprolog, Joh 1,1–18. Die Irrlehrer scheinen das Heil an eine Weihe an Engel geknüpft zu haben sowie an die Beobachtung bestimmter Riten und Enthaltungen. Paulus zeigt, wie alles Heil von Christus kommt, dem auch die Geisterwelt unterworfen ist.

1,18–23: In der inneren Lebensverbindung mit Christus bildet die Kirche als Gemeinschaft der Christgläubigen den geheimnisvollen Leib Christi. Aus Christus, als dem Haupt dieses Leibes, strömt der innere Lebenskreis der Kirche.

am Kreuz – alles durch ihn, sei es auf der Erde, sei es im Himmel.
²¹ Auch euch, die ihr einst fremd waret und feindlich gesinnt in euren bösen Werken, ²² hat er nunmehr versöhnt durch den Tod im Leib seines Fleisches, um euch als Heilige, Fehlerlose und Makellose hintreten zu lassen vor sein Angesicht, ²³ wenn ihr nur feststeht und unerschütterlich bleibt auf dem Grund des Glaubens und nicht wankend werdet in der Hoffnung des Evangeliums, das ihr vernommen habt, das in der ganzen Schöpfung, die unter dem Himmel ist, verkündet wurde und dessen Diener ich, Paulus, geworden bin.

Paulus als Apostel Jesu Christi. ²⁴ Nun freue ich mich der Leiden für euch und will das, was an Christi Drangsalen noch aussteht, ergänzen an meinem Fleisch zum Besten seines Leibes, das ist die Kirche. ²⁵ Deren Diener bin ich geworden kraft des Amtes, das mir von Gott verliehen wurde, um an euch die Botschaft Gottes auszurichten: ²⁶ das Geheimnis, das seit Anfang der Zeiten und seit Generationen verborgen war, jetzt aber kundgetan wurde seinen Heiligen. ²⁷ Gott wollte sie erkennen lassen, was es um den herrlichen Reichtum dieses Geheimnisses ist unter den Heidenvölkern: das ist Christus in euch, die Hoffnung auf die Herrlichkeit. ²⁸ Ihn verkünden wir, indem wir jedermann anrufen und jedermann in aller Weisheit lehren und so jeden Menschen zur Vollkommenheit führen in Christus. ²⁹ Ja, dafür arbeite und ringe ich unter dem Antrieb seiner Kraft, die machtvoll in mir tätig ist.

2. Kapitel

Warnung vor Irrlehrern – Christus allein ist das Heil. ¹ Ihr sollt nämlich wissen, wie sehr ich ringe um euch und um die in Laodizea sowie um alle, die mich nicht von Angesicht dem Leib nach sahen. ² Möchte ich doch, daß ihre Herzen bestärkt

---

1,24: Die Kirche, als der in Zeit und Raum fortlebende Christus, nimmt teil am Leidensweg Christi, mag Christus auch schon mit seinem Opfertod den Gerechtigkeitsanspruch Gottes voll erfüllt haben. Im Mitleiden für den Leib Christi, die Kirche, dürfen wir nach einem geheimnisvollen Lebensgesetz des Gottesreiches mitwirken am Heil aller. Das meint Paulus, wenn er vom »Ergänzen« der Drangsale Christi spricht.

2,1–23: Im Bild der Irrlehren treten teils jüdische Forderungen, wie die Beschneidung, Feier von Neumonden und Sabbaten, hervor, teils Forderungen gnostischer Richtung, vor allem »Selbsterniedrigung, Engelskult und Gesichte«. Der Apostel faßt alles zusammen als

werden, daß sie festgefügt seien in Liebe und reich im Vollbesitz des Verstehens, zur Erkenntnis des Geheimnisses Gottes in Christus. ³ In ihm sind alle Schätze der Weisheit und der Erkenntnis verborgen (Jes 45,3; Sir 1,25; Spr 2,3f).

⁴ Ich sage dies, damit euch niemand überliste mit trügerischer Rede. ⁵ Denn bin ich auch dem Leib nach fern von euch, so bin ich doch dem Geist nach bei euch und freue mich, da ich eure Ordnung sehe und eure Festigkeit im Glauben an Christus. ⁶ Wie ihr nun Christus Jesus angenommen habt als den Herrn, so lebt in ihm: ⁷ verwurzelt und aufgebaut in ihm, sollt ihr kraftvoll werden im Glauben, wie er euch gelehrt wurde, und überströmen von Dankbarkeit.

⁸ Seht zu, daß euch niemand umgarne mit Weltweisheit und leerem Trug nach Art menschlicher Überlieferung, nach Art der Weltelemente, aber nicht im Sinne Christi. ⁹ Denn in ihm wohnt die ganze Fülle des Gottseins in leibhafter Weise, ¹⁰ und ihr seid erfüllt in ihm, der das Haupt aller Herrschaft ist und aller Gewalt.

¹¹ In ihm wurdet ihr auch beschnitten durch eine nicht mit Händen vollzogene Beschneidung, durch das Ablegen des fleischlichen Leibes in der Beschneidung Christi, ¹² da ihr begraben wurdet mit ihm in der Taufe; in ihm wurdet ihr auch mitauferweckt durch den Glauben an das machtvolle Wirken Gottes, der ihn erweckte von den Toten.

¹³ Auch euch, die ihr tot waret durch eure Sünden und im Unbeschnittensein eures Fleisches, machte er lebendig zusammen mit ihm, da er in Gnaden uns alle Sünden erließ. ¹⁴ Er löschte den wider uns gerichteten Schuldschein, der mit seinen Forderungen gegen uns lautete, nahm ihn fort und heftete ihn ans Kreuz. ¹⁵ Er entwaffnete die Mächte und Gewalten, stellte sie öffentlich an den Pranger und triumphierte in ihm über sie.

¹⁶ So sei denn niemand Richter über euch in Fragen von Speise und Trank oder bezüglich der Feier von Festen, Neumonden und Sabbaten. ¹⁷ Dies sind ja nur Schatten dessen, was kommt; die wahre Gestalt aber ist Christus. ¹⁸ Keiner spre-

---

»Weltelemente«. Demgegenüber betont er die erlösende Kraft der Taufe in Christus, der durch seinen Tod die Schuld der Menschheit getilgt, gleichsam den Schuldbrief ans Kreuz geheftet und so alle anderen Versuche der Heilserlangung wertlos gemacht habe.

2,17: »Die wahre Gestalt«, d. h. wie jeder Schatten von einem Körper geworfen wird, so ist Christus derjenige, dessen Schatten in den Riten und Vorschriften des Alten Bundes sich anzeigt. Mit seinem Kommen hat der Schatten zu weichen.

che euch den Siegespreis ab, indem er Wert legt auf Selbsterniedrigung und Engelskult, sich wichtig macht mit seinen Gesichten und eitel aufgeblasen ist von seinem fleischlichen Sinn, ¹⁹ dabei aber nicht festhält an dem Haupt, von dem aus der ganze Leib durch Sehnen und Bänder getragen und zusammengehalten wird und sich entfaltet im Wachstum Gottes. ²⁰ Seid ihr mit Christus den Weltelementen gestorben, was laßt ihr euch dann, als lebtet ihr noch in der Welt, euch Weisungen geben: ²¹ »Faß es nicht an – koste nicht davon – berühre es nicht!« ²² wo doch alles dem Vergehen anheimfällt durch den Gebrauch? Weisungen und Lehren von Menschen sind dies (Jes 29,13), ²³ mit dem Anschein von Weisheit bei eigenwilligem Sonderkult, bei Selbstverachtung und schonungsloser Härte gegen den Leib – doch nicht irgendwie zur Sühne, sondern zur Befriedigung des Fleisches.

3. Kapitel
Inhalt und Ziel sittlichen Strebens. ¹ Wurdet ihr also auferweckt mit Christus, so sucht, was droben ist, wo Christus ist und zur Rechten Gottes sitzt! ² Was droben ist, habt im Sinn, nicht das auf Erden! ³ Denn gestorben seid ihr, und euer Leben ist mit Christus verborgen in Gott. ⁴ Wenn Christus erscheinen wird, er, unser Leben, werdet auch ihr mit ihm erscheinen in Herrlichkeit.

⁵ So tötet denn, was an euren Gliedern noch irdisch ist: Unzucht, Unlauterkeit, Leidenschaft, böse Begierde und Habsucht, die Götzendienst ist. ⁶ Wegen all dessen kommt das Strafgericht Gottes über die Söhne des Ungehorsams. ⁷ Auch ihr gehörtet einst zu ihnen, als ihr in diesen Lastern lebtet. ⁸ Jetzt aber legt auch ihr dies alles ab: Zorn, Erbitterung, Bosheit, Lästerung, unehrbares Reden eures Mundes. ⁹ Belügt nicht einander, die ihr den alten Menschen samt seinen Werken ausgezogen habt ¹⁰ und angezogen den neuen, den man in seiner Erneuerung wiedererkennen soll nach dem Bild dessen, der ihn schuf (Gen 1,27). ¹¹ Da gilt nicht mehr Hellene

---

2,20–23: Paulus weiß gar wohl um Sinn und Wert echter Abtötung (vgl. 3,5), aber er verurteilt an den Irrlehrern die falschen Beweggründe, die nichts zu tun haben mit dem Heilsweg Christi. V. 23 ist im Grundtext nicht eindeutig; statt »zur Sühne« wird vielfach übersetzt »von Wert«.

3,11: Nicht die berechtigten Unterschiede in der Ordnung des menschlichen Lebens will Paulus damit verwischen; er will nur sagen, daß im Vollzug des Heils diese Unterschiede nicht als solche von Bedeutung sind.

Kolosser 3,12–4,3

und Jude, nicht Beschneidung und Unbeschnittensein, nicht Barbar, Skythe, Knecht, Freier, sondern alles und in allem Christus.
¹² So zieht denn an als von Gott erwählte Heilige und Geliebte herzliches Erbarmen, Güte, Demut, Milde, Geduld! ¹³ Ertragt und verzeiht einander, falls einer dem andern gegenüber zu klagen hat; wie auch der Herr euch verzieh, so sollt auch ihr es tun. ¹⁴ Über all dem zieht die Liebe an, sie ist das zusammenschließende Band der Vollendung.
¹⁵ Der Friede Christi herrsche in euren Herzen; für ihn seid ihr ja berufen in dem einen Leib. Auch dankbar sollt ihr sein.
¹⁶ Das Wort Christi wohne in seiner Fülle unter euch: lehrt und mahnt einander in aller Weisheit, und singt voll Dank in euren Herzen Gott Psalmen, Hymnen und geistliche Lieder.
¹⁷ Alles, was ihr tut, in Wort oder Werk, das tut alles im Namen des Herrn Jesus und sagt Gott, dem Vater, Dank durch ihn!
Christliche Hausordnung. ¹⁸ Ihr F r a u e n, seid untertan euren Männern, wie es sich ziemt im Herrn! ¹⁹ Ihr M ä n n e r, liebt eure Frauen und seid nicht bitter gegen sie! ²⁰ Ihr K i n d e r, gehorcht den Eltern in allem; denn das ist wohlgefällig im Herrn. ²¹ Ihr V ä t e r, verbittert nicht eure Kinder, damit sie nicht mutlos werden!
²² Ihr S k l a v e n, gehorcht in allem den irdischen Herren, nicht in Augendienerei, um Menschen zu gefallen, sondern aus lauterem Herzen, in der Furcht des Herrn! ²³ Was ihr tut, das tut von Herzen, dem Herrn zuliebe, und nicht für Menschen, ²⁴ und wißt, daß ihr vom Herrn als Lohn das Erbe empfangen werdet; Christus dem Herrn sollt ihr dienen. ²⁵ Denn wer unrecht tut, wird zurückerhalten, was er unrecht tat, und da gilt kein Ansehen der Person.

4. Kapitel
¹ Ihr H e r r e n, gewährt den Sklaven, was recht ist und billig, und wißt: auch ihr habt einen Herrn im Himmel!
Letzte Mahnung und Grüße. ² Seid beharrlich im Beten und seid darin wachsam mit Danksagung! ³ Betet zugleich auch

---

3,14: Wie ein Gürtel das Gewand zusammenfaßt und umschließt, so gibt die Liebe allem Tugendstreben die Vollendung, vgl. 1 Kor 13.
3,18–4,1: Vgl. die »Hausordnung« Eph 5,22–6,10. In der christlichen Familie soll sich das Gottesreich vor allem bewähren. Auch hier hält der Apostel an der naturgegebenen Ordnung fest, zeigt aber den inneren Ausgleich in den Motiven des Glaubens und der Gliedschaft am mystischen Leib Christi.

für uns, daß Gott eine Tür uns öffne für das Wort, das Geheimnis Christi zu künden – dessentwegen ich ja gefangen bin –, ⁴ damit ich es kundtue, wie zu künden ich gehalten bin. ⁵ Seid weise im Umgang mit denen, die draußen sind! Nützt sorgsam die Gelegenheit aus! ⁶ Euer Wort sei allezeit freundlich, mit Salz gewürzt, damit ihr wißt, wie ihr einem jeden zu antworten habt.
⁷ Was mich betrifft, so wird euch Tychikus alles berichten, der geliebte Bruder und treue Diener und Mitknecht im Herrn. ⁸ Ich habe ihn ja gerade dafür zu euch geschickt, daß ihr erfahrt, wie es um uns steht, und er euer Herz aufrichte, ⁹ zusammen mit Onesimus, dem treuen und geliebten Bruder, einem von euch; sie werden euch alles berichten, was hier vorgeht.
¹⁰ Es grüßt euch Aristarchus, mein Mitgefangener, und Markus, der Vetter des Barnabas, über den ihr Weisungen erhalten habt; wenn er zu euch kommt, nehmt ihn auf. ¹¹ Es grüßt euch Jesus mit dem Beinamen Justus. Diese allein sind von der Beschneidung Mitarbeiter für das Reich Gottes; sie gereichten mir zum Trost.
¹² Es grüßt euch Epaphras, euer Landsmann, Knecht Christi Jesu, der allzeit in seinen Gebeten sich absorgt um euch, daß ihr vollkommen dasteht und in allem erfüllt seid vom Willen Gottes. ¹³ Ich bezeuge ihm, daß er sich viel abmüht um euch und um die in Laodizea und in Hierapolis.
¹⁴ Es grüßt euch Lukas, der geliebte Arzt, und Demas.
¹⁵ Grüßt die Brüder in Laodizea und Nymphas und die Gemeinde in seinem Haus.
¹⁶ Und wenn dieser Brief bei euch vorgelesen ist, dann sorgt dafür, daß er auch in der Gemeinde von Laodizea vorgelesen werde, und den aus Laodizea sollt auch ihr lesen.
¹⁷ Sagt dem Archippus: Hab acht auf den Dienst, den du empfangen hast im Herrn, um ihn zu erfüllen. ¹⁸ Hier mein eigenhändiger Gruß: Paulus. Denkt an meine Fesseln! Die Gnade sei mit euch!

4,16: Der genannte Laodizeerbrief ist wahrscheinlich verlorengegangen. Manche vermuten, daß er im sogenannten Epheserbrief erhalten ist. Vgl. Einleitung zum Epheserbrief.

Der erste Brief an die Thessalonicher

Wie uns Apg 17,1–9 berichtet, kam Paulus auf der zweiten Missionsreise (50–53) erstmals auch nach Thessalonich (heute Saloniki) in Mazedonien, wurde aber nach kurzem, erfolgreichem Wirken durch die Hetze der Juden vertrieben. Von Korinth aus schrieb er bald, nachdem er Mazedonien verlassen hatte, wohl im Jahre 51, diesen von ergreifender Apostelsorge veranlaßten Brief, um der jungen Gemeinde Aufmunterung und Trost zu sagen und sie dabei vor allem zu beruhigen in ihrer Sorge um das Los der Verstorbenen.

1. Kapitel
Gruß und Lob für die Gemeinde. ¹ Paulus, Silvanus und Timotheus an die Gemeinde der Thessalonicher in Gott, dem Vater, und dem Herrn Jesus Christus. Gnade euch und Friede!
² Wir danken Gott immerdar um euer aller willen, wenn wir bei unseren Gebeten euer gedenken. ³ Unablässig denken wir ja vor unserem Gott und Vater an euer Wirken im Glauben, euer Bemühen in der Liebe und eure Ausdauer in der Hoffnung auf unseren Herrn Jesus Christus. ⁴ Wir wissen, von Gott geliebte Brüder, um eure Erwählung. ⁵ Denn unsere Heilsbotschaft erging an euch nicht bloß im Wort, sondern auch in Kraft und im Heiligen Geist und in großer Zuversicht; ihr wißt ja, wie wir bei euch auftraten um euretwillen.
⁶ Und ihr wurdet unsere und des Herrn Nachahmer, als ihr das Wort unter viel Bedrängnis aufnahmt in der Freude des Heiligen Geistes. ⁷ So seid ihr zum Vorbild geworden für alle Gläubigen in Mazedonien und in Achaia. ⁸ Denn von euch aus erklang das Wort des Herrn nicht nur in Mazedonien und Achaia, sondern überallhin ist euer Glaube an Gott gedrungen, so daß wir nicht nötig haben, etwas darüber zu sagen. ⁹ Von selber erzählen die Menschen, welche Aufnahme wir bei euch fanden und wie ihr euch Gott zugewandt habt, weg von den Götzen, um dem lebendigen und wahren Gott zu dienen ¹⁰ und vom Himmel her seinen Sohn zu erwarten, den er auferweckte von den Toten, Jesus, der uns rettet vor dem kommenden Zorngericht.

1,3: Beachte die drei göttlichen Tugenden, Glaube, Hoffnung, Liebe. Vgl. 5,8; 1 Kor 13,13; Eph 1,15; Kol 1,4f; Hebr 10,22f.

2. Kapitel

Gedenken an das erste Wirken. ¹ Ihr wißt ja selber, meine Brüder, daß unser Kommen zu euch nicht vergeblich war. ² Denn obgleich wir zuvor, wie ihr wißt, in Philippi Leiden und Mißhandlungen zu ertragen hatten, faßten wir im Vertrauen auf unseren Gott den Mut, euch das Evangelium Gottes zu verkünden, trotz schweren Kampfes.
³ Unser Predigen kommt ja nicht aus Trug und Unredlichkeit und Arglist, ⁴ sondern wie wir von Gott als brauchbar erachtet und mit dem Evangelium betraut wurden, so reden wir, nicht um Menschen zu gefallen, sondern Gott, ›dem Prüfer unserer Herzen‹ (Jer 11,20).
⁵ Denn wir traten weder mit schmeichelnder Rede jemals auf, wie ihr wißt, noch mit versteckter Habgier; Gott ist Zeuge!
⁶ Auch suchten wir nicht Ehre von Menschen, weder von euch noch von anderen; ⁷ als Apostel Christi hätten wir gewichtig auftreten können, doch wir waren voll Liebe in eurer Mitte, einer Mutter gleich, die ihre Kinder zärtlich umsorgt. ⁸ In dieser hingebenden Liebe zu euch waren wir gewillt, euch nicht nur das Evangelium Gottes darzubieten, sondern auch unser Leben; ja, so lieb und teuer seid ihr uns geworden.
⁹ Ihr erinnert euch ja, liebe Brüder, unserer Mühen und Plagen; Tag und Nacht arbeiteten wir, damit wir keinem von euch zur Last fielen, und verkündeten so das Evangelium Gottes. ¹⁰ Ihr seid Zeugen, und auch Gott ist es, wie lauter und gerecht und untadelig wir uns gegen euch verhielten, als ihr gläubig wurdet. ¹¹ Ihr wißt es auch, wie wir einen jeden von euch, wie ein Vater seine Kinder, ¹² mahnten und aufmunterten und beschworen, würdig zu leben vor Gott, der euch ruft in sein Reich und in seine Herrlichkeit.
¹³ Und deshalb danken wir auch Gott ohne Unterlaß, daß ihr das Wort der von uns verkündeten Botschaft Gottes aufnahmt, nicht als Wort von Menschen, sondern als das, was es wahrhaft ist, als Gotteswort, das auch wirksam ist in euch, die ihr glaubt.
¹⁴ Ihr habt ja, liebe Brüder, die Gemeinden Gottes nachgeahmt, die in Judäa sich zu Christus Jesus bekennen; denn auch ihr erlittet Gleiches von euren Landsleuten wie jene von den Juden. ¹⁵ Diese haben den Herrn Jesus und die Propheten

---

2,9: Paulus arbeitete als Zeltmacher, um so seinen Unterhalt selbst zu erwerben, obwohl er ein Recht gehabt hätte, von den Gläubigen Entgelt zu empfangen, vgl. Apg 18,3; 20,33f; 1 Kor 9,6–18.

getötet und uns verfolgt; sie mißfallen Gott und sind allen Menschen feind. ¹⁶ Sie wollen uns hindern, den Heiden den Weg des Heils zu verkünden, und machen so das Maß ihrer Sünden voll zu allen Zeiten. Aber schon hat sie das Strafgericht erreicht in vollem Maß.

Des Apostels Sehnsucht und Sorge. ¹⁷ Wir aber, Brüder, vereinsamt und getrennt von euch zur Stunde, dem Angesicht, nicht aber dem Herzen nach, waren aufs eifrigste darauf bedacht, euch von Angesicht zu sehen, in großer Sehnsucht. ¹⁸ Daher wollten wir zu euch kommen, ich, Paulus, einmal und ein zweites Mal; doch der Satan hinderte uns daran. ¹⁹ Denn wer ist unsere Hoffnung, unsere Freude oder unser Ruhmeskranz, wenn nicht gerade ihr, vor unserem Herrn Jesus [Christus] bei seiner Ankunft? ²⁰ Ja, ihr seid unser Ruhm und unsere Freude.

3. Kapitel

¹ Als wir es daher nicht mehr aushielten, entschlossen wir uns, allein in Athen zurückzubleiben, ² und sandten Timotheus, unsern Bruder und Diener Gottes im Evangelium Christi, daß er euch stärke und aufrichte in eurem Glauben, ³ damit niemand wankend werde in diesen Bedrängnissen. Ihr wißt ja selbst, daß wir dazu bestimmt sind. ⁴ Sagten wir doch, als wir bei euch waren, euch voraus, daß wir Drangsal zu erleiden hätten, und so kam es denn auch, wie ihr wißt. ⁵ Daher hielt ich es nicht mehr aus und schickte hin, um von eurem Glauben zu erfahren, ob etwa der Versucher euch versucht habe und unsere Arbeit vereitelt sei.

⁶ Nun kam soeben Timotheus von euch zu uns und brachte uns die frohe Kunde von eurem Glauben und eurer Liebe, und daß ihr für uns stets ein gutes Gedenken habt und danach verlangt, uns zu sehen, so wie auch wir euch. ⁷ Dadurch, liebe Brüder, wurden wir bei all unserer Not aufgerichtet an euch durch euren Glauben. ⁸ Ja, nun leben wir auf, wenn ihr feststeht im Herrn. ⁹ Denn welchen Dank können wir Gott darbringen für euch bei all der Freude, mit der wir euretwegen uns freuen vor unserem Gott!

¹⁰ Tag und Nacht bitten wir inständig, euch von Angesicht sehen zu dürfen und in Ordnung zu bringen, was eurem Glauben noch fehlt. ¹¹ Er selbst, unser Gott und Vater, und unser

---

3,4: Schon Jesus hat die Bereitschaft zum Leiden von seinen Jüngern gefordert und Verfolgung vorhergesagt, vgl. Mt 10,17 f; Joh 15,18–24; 16,1–4.

Herr Jesus lenke unseren Weg zu euch. ¹² Euch aber lasse der Herr reich werden und überströmen in der Liebe zueinander und zu allen, wie auch wir sie haben zu euch. ¹³ Er mache stark eure Herzen, daß sie untadelig seien in Heiligkeit vor unserem Gott und Vater bei der Ankunft unseres Herrn Jesus mit allen seinen Heiligen.

4. Kapitel
Denkt an eure Heiligung. ¹ Und nun Brüder, bitten und ermahnen wir euch im Herrn Jesus, daß ihr so, wie ihr Weisung erhieltet von uns über den angemessenen Weg und das Wohlgefallen vor Gott – daß ihr so, wie ihr den Weg schon geht, immer weiter voranschreitet. ² Ihr wißt ja, welche Weisungen wir euch gaben durch den Herrn Jesus.
³ Denn das ist der Wille Gottes: eure Heiligung. Ihr sollt euch enthalten von Unzucht; ⁴ ein jeder von euch wisse seinen Leib in Heiligung und Ehrbarkeit zu besitzen, ⁵ nicht in leidenschaftlicher Gier wie die Heiden, die Gott nicht kennen.
⁶ Niemand hintergehe und übervorteile im Geschäft seinen Bruder; denn ›der Herr ist Rächer‹ (Ps 94,1) alles dessen, wie wir euch schon sagten und bezeugten. ⁷ Gott rief uns ja nicht zur Unlauterkeit, sondern zur Heiligung. ⁸ Wer darum dies mißachtet, der mißachtet nicht einen Menschen, sondern Gott, der ja ›seinen Heiligen Geist in euch legt‹ (Ez 37,14).
Bruderliebe. ⁹ Über die Bruderliebe euch zu schreiben, habt ihr nicht nötig; seid ihr doch selber von Gott belehrt, einander zu lieben. ¹⁰ Und ihr betätigt es auch an allen Brüdern in ganz Mazedonien. Doch mahnen wir euch, Brüder, darin weiter voranzuschreiten ¹¹ und eure Ehre dareinzusetzen, in Ruhe zu leben, eure eigenen Aufgaben zu erfüllen, mit euren eigenen Händen zu arbeiten, wie wir es euch anempfohlen haben, ¹² so daß ihr ein ehrbares Leben führt vor den Außenstehenden und auf niemand angewiesen seid.
Vom Kommen des Herrn. ¹³ Wir wollen euch, Brüder, nicht im ungewissen lassen hinsichtlich der Entschlafenen, damit ihr

---

4,4: Statt »Leib« (wörtlich »Gefäß«) könnte man auch »Frau« übersetzen. Der Apostel will die in Christus Geheiligten frei wissen von der Zügellosigkeit geschlechtlichen Lebens und der Entartung der Ehe, wie sie sich im antiken Heidentum besonders schlimm zeigte.
4,13–18: Damit berührt Paulus ein besonderes Anliegen der Urkirche, die auf eine baldige Wiederkunft des Herrn wartete. Die Thessalonicher hatten Sorge, es könnten die vorher Gestorbenen das Glück dieses »Tages des Herrn« nicht verkosten. Daher gibt der Apostel diesen tröstenden Bescheid.

1 Thessalonicher 4,14–5,10

nicht trauert wie die übrigen, die keine Hoffnung haben. ¹⁴ Ist nämlich Jesus, wie wir glauben, gestorben und auferstanden, wird Gott ebenso auch die Entschlafenen durch Jesus zusammen mit ihm heranführen. ¹⁵ Denn dies sagen wir euch mit einem Wort des Herrn: Wir, die wir leben und zurückgelassen sind für die Ankunft des Herrn, werden keineswegs den Entschlafenen vorausein.

¹⁶ Denn er selber, der Herr, wird zugleich mit dem Aufruf des Herolds, mit dem Kampfruf des Erzengels und dem Schall der Posaune Gottes herniedersteigen vom Himmel, und zuerst werden die Toten in Christus auferstehen; ¹⁷ dann werden wir, die Lebenden, die Übriggelassenen, zusammen mit ihnen auf Wolken entrückt werden in die Lüfte, zur Begegnung mit dem Herrn; und so werden wir immerfort beim Herrn sein. ¹⁸ So tröstet denn einander mit diesen Worten.

5. Kapitel

¹ Über die Zeiten und Stunden aber, Brüder, brauchen wir euch nicht zu schreiben. ² Ihr selbst wißt ja genau: Der Tag des Herrn – wie ein Dieb in der Nacht, geradeso kommt er. ³ Wenn sie das Wort »Friede« und »Sicherheit« sagen, wird sie plötzlich das Verderben überfallen wie die Geburtswehe die Schwangere, und sie werden nicht entkommen.

⁴ Ihr aber, Brüder, seid nicht in Finsternis, daß jener Tag euch wie ein Dieb überfallen könnte; ⁵ denn ihr alle seid Söhne des Lichtes und Söhne des Tages; nicht der Nacht gehören wir an noch der Finsternis. ⁶ So laßt uns denn nicht schlafen wie die übrigen, sondern wachsam sein und nüchtern. ⁷ Die Schlafenden schlafen ja nachts, und die Trunksüchtigen betrinken sich nachts.

⁸ Wir aber, die wir dem Tag gehören, wollen nüchtern sein, angetan mit dem Panzer des Glaubens und der Liebe und mit dem Helm der Hoffnung auf das Heil. ⁹ Denn Gott hat uns nicht bestimmt für das Strafgericht, sondern zur Erlangung des Heils durch unsern Herrn Jesus Christus, ¹⁰ der für uns starb, damit wir, ob wir wachen oder schlafen, mit ihm vereint leben.

5,1–11: Dieser Hinweis auf das unerwartete Kommen des Herrn und die Forderung steter Bereitschaft hierfür mochte die Leser auf den Gedanken bringen, daß dieses Kommen unmittelbar bevorstehe. Daher mußte Paulus im 2. Brief (2,1–17) falschen Auffassungen entgegentreten.

Von rechter Gemeinschaft. ¹¹ So richtet euch gegenseitig auf und erbaut einander, wie ihr es auch schon tut. ¹² Wir bitten euch aber, Brüder, anerkennt jene, die sich unter euch mühen, die eure Vorsteher sind im Herrn und euch anleiten zum Guten; ¹³ schätzt sie besonders hoch in Liebe wegen ihres Wirkens! Lebt in Frieden untereinander!

¹⁴ Wir mahnen euch, Brüder, weist die Ungeordneten zurecht, ermuntert die Kleinmütigen, nehmt euch der Schwachen an, seid geduldig gegen alle! ¹⁵ Seht zu, daß keiner dem andern Böses mit Bösem vergelte; sondern seid stets auf das Gute bedacht, untereinander wie gegenüber allen!

¹⁶ Freut euch allezeit! ¹⁷ Betet ohne Unterlaß! ¹⁸ Sagt Dank bei allem! Denn das ist Gottes Wille in Christus Jesus für euch.

¹⁹ Löscht den Geist nicht aus! ²⁰ Verachtet nicht prophetische Gaben! ²¹ Prüft alles! Das Gute behaltet! ²² Haltet euch fern von jeder Art des Bösen!

²³ Er selber, der Gott des Friedens, heilige euch voll und ganz, und euer Geist und eure Seele und euer Leib werde unversehrt und untadelig bewahrt für die Ankunft unseres Herrn Jesus Christus. ²⁴ Treu ist er, der euch ruft, er wird es auch wirken.

²⁵ Brüder, betet auch für uns! ²⁶ Grüßt alle Brüder mit heiligem Kuß! ²⁷ Ich beschwöre euch beim Herrn, daß der Brief allen Brüdern vorgelesen werde.

²⁸ Die Gnade unseres Herrn Jesus Christus sei mit euch! [Amen.]

Der zweite Brief an die Thessalonicher

Der zweite Thessalonicherbrief, wohl sehr bald nach dem ersten, und daher auch noch von Korinth aus geschrieben, ist veranlaßt durch Mißverständnisse und Mißstände, die bei der Gemeinde bezüglich der Wiederkunft des Herrn entstanden waren. Irrig gedeutete Aussagen im ersten Brief, das Auftreten von Schwarmgeistern, beunruhigende Propaganda mit angeblichen Mitteilungen des Apostels brachten große Unsicherheit unter die Gläubigen, die sich sogar in Pflichtvergessenheit und Arbeitsscheu bekundete. In teilweise scharfer Zurechtweisung gibt daher der Brief Klärung und Mahnung.

1. Kapitel

Gruß und Aneiferung der Gemeinde. ¹ Paulus, Silvanus und Timotheus an die Gemeinde der Thessalonicher in Gott, unserem Vater, und dem Herrn Jesus Christus. ² Gnade euch und Friede von Gott, dem Vater, und vom Herrn Jesus Christus!
³ Dank schulden wir Gott allezeit um euretwillen, Brüder, und es ist geziemend, da euer Glaube so kraftvoll wächst und bei jedem einzelnen von euch allen die Liebe zum andern so zunimmt, ⁴ daß wir selber uns rühmen über euch bei den Gemeinden Gottes wegen eurer Ausdauer und eures Glaubens bei all euren Verfolgungen und Drangsalen, die ihr zu ertragen habt. ⁵ Dies ist ein Anzeichen des gerechten Gerichtes Gottes: ihr sollt würdig werden für das Reich Gottes, für das ihr ja leidet.
⁶ Es ist ja gerecht von Gott, daß er euren Bedrängern mit Drangsal vergelte, ⁷ euch aber, den Bedrängten, Ruhe und Trost schenke, zusammen mit uns, wenn der Herr Jesus sich offenbaren wird vom Himmel her mit den Engeln seiner Macht, ⁸ und in Feuerflammen Vergeltung übt an denen, die Gott nicht kennen und sich nicht beugen dem Evangelium unseres Herrn Jesus [Christus]. ⁹ Sie werden bestraft werden mit ewigem Verderben, fern vom Angesicht des Herrn und von der Herrlichkeit seiner Macht, ¹⁰ wenn er kommt, um an jenem Tag verherrlicht zu werden in seinen Heiligen und bewundert zu werden in allen, die glaubten – denn gläubig aufgenommen wurde unser Zeugnis bei euch.

1,4–12: Beachte die hohe Auffassung vom Sinn der Bedrängnisse des Christen. Sie sind ein Läuterungsweg zur Vollendung im Gottesreich. Beim Kommen des Herrn wird sich dieser Sinn offenbaren.

¹¹ Darum auch beten wir allezeit für euch, unser Gott mache auch euch würdig der Berufung, und er führe in seiner Kraft zur Vollendung allen Willen zum Guten und das Werk des Glaubens, ¹² damit verherrlicht werde der Name unseres Herrn Jesus [Christus] in euch und ihr in ihm, dank der Gnade unseres Gottes und des Herrn Jesus Christus.

2. Kapitel
Das Kommen des Herrn und seine Vorzeichen. ¹ Wir bitten euch aber, Brüder, bezüglich der Ankunft unseres Herrn Jesus Christus und unserer Vereinigung mit ihm: ² Laßt euch nicht so schnell die Besinnung rauben und euch schrecken, weder durch eine Geistesoffenbarung noch durch ein angebliches Wort oder ein Schreiben von uns, als stünde der Tag des Herrn nahe bevor.
³ Niemand führe euch irre auf irgendeine Weise. Denn zuvor muß der Abfall kommen und offenbar werden der Mensch der Gesetzlosigkeit, der Sohn des Verderbens, ⁴ der Widersacher, der ›sich über alles erhebt, was Gott heißt‹ (Dan 11,36) oder Gottesverehrung, so daß er sich in das Haus Gottes setzt und von sich erklärt, daß er Gott sei. ⁵ Erinnert ihr euch nicht, daß ich dies euch sagte, da ich noch bei euch war?
⁶ Und nun wißt ihr was im Wege steht, daß er offenbar werde zu seiner Zeit. ⁷ Denn das Geheimnis der Gesetzlosigkeit ist schon am Werk; nur muß der im Wege Stehende noch weggeräumt werden, ⁸ und dann wird sich der Gesetzlose offenbaren, den der Herr Jesus ›hinwegnehmen wird mit dem Hauch seines Mundes‹ (Jes 11,4) und vernichten wird mit dem Aufleuchten seines Kommens.
⁹ Sein Auftreten zeigt sich entsprechend der Kraftentfaltung des Satans in jeder Art von Macht, trügerischen Zeichen und Wundern, ¹⁰ in jeder Art böser Verführung für jene, die verlorengehen, weil sie der Liebe zur Wahrheit nicht Einlaß gaben,

---

2,1–13: Ehe der Tag des Herrn und damit die Vollendung des Gottesreiches kommt, müssen bestimmte Vorzeichen erscheinen, vor allem das Auftreten des Antichrists und der durch seine Verführung kommende Abfall der Menschen von Christus. Dies ist alles ein letzter Versuch des Satans, des Widersachers des Herrn. Vgl. die Weissagung Jesu vom Ende: Mt 24; Mk 13; Lk 21. Der Apostel beruft sich auf seine mündliche Unterweisung, bei der er ausführlicher vom Antichrist gesprochen hatte. Der Ausdruck »Was im Wege steht« und »der im Wege Stehende« läßt sich für uns nicht sicher deuten; Paulus deutet damit an, daß die Kirche Christi auf Erden in einem steten Ringen sich befindet, dessen Ende uns Menschen verborgen ist.

um gerettet zu werden. ¹¹ Daher schickt ihnen Gott die Kraftentfaltung der Verführung, daß sie der Lüge glauben, ¹² damit alle das Gericht erfahren, die der Wahrheit nicht glaubten, sondern Gefallen hatten am Frevel.

Vertrauen und Beharrlichkeit. ¹³ Wir aber schulden Gott allezeit Dank um euretwillen, vom Herrn geliebte Brüder, daß Gott euch von Anfang an erwählt hat zum Heil in der Heiligung des Geistes und im Glauben an die Wahrheit. ¹⁴ Hierzu berief er euch durch unser Evangelium, zur Teilhabe nämlich an der Herrlichkeit unseres Herrn Jesus Christus.

¹⁵ So steht denn fest, Brüder, und haltet euch an die Überlieferungen, die ihr gelehrt wurdet, sei es durch ein Wort, sei es durch einen Brief von uns. ¹⁶ Er aber, unser Herr Jesus Christus, und Gott, unser Vater, der uns liebte und unvergänglichen Trost uns gab und gute Hoffnung in Gnade, ¹⁷ er richte eure Herzen auf und stärke sie in jedem guten Werk und Wort!

3. Kapitel

Mahnungen und Weisungen. ¹ Und nun, Brüder, betet für uns, daß das Wort des Herrn seinen Lauf nehme und verherrlicht werde, so wie auch bei euch, ² und daß wir bewahrt seien vor den verkehrten und bösen Menschen; denn die Treue ist nicht jedermanns Sache. ³ Der Herr aber ist getreu, er wird euch stärken und bewahren vor dem Bösen. ⁴ Wir vertrauen auf euch im Herrn, daß ihr nach unseren Weisungen euch richtet und richten werdet. ⁵ Der Herr aber lenke eure Herzen zur Liebe Gottes und zum Festhalten an Christus.

⁶ Wir gebieten euch aber, Brüder, im Namen unseres Herrn Jesus Christus: Zieht euch zurück von jedem Bruder, der ungeordnet lebt und nicht nach der Überlieferung, die ihr von uns empfangen habt. ⁷ Ihr wißt ja selbst, wie ihr uns nachahmen sollt; nicht ungeordnet lebten wir unter euch. ⁸ Auch aßen wir nicht ohne Entgelt von jemand das Brot, sondern wir arbeiteten in Mühe und Plage bei Tag und Nacht, um keinem von euch zur Last zu fallen; ⁹ nicht als ob wir kein Recht gehabt hätten, sondern wir wollten euch ein Beispiel geben, es uns gleichzutun. ¹⁰ Denn schon als wir bei euch waren, schärf-

---

3,2: Für »Treue« könnte nach dem gleichen griechischen Wort auch »Glaube« übersetzt werden, in dem Sinn: »Nicht jedermanns Sache ist der Glaube.«

3,5: Für »Festhalten an Christus« ist auch die Übersetzung möglich: »Geduld Christi« oder »geduldiges Erwarten Christi«.

ten wir euch dies ein: Wer nicht arbeiten will, soll auch nicht essen.
¹¹ Wir hören nämlich, daß einige unter euch ungeordnet leben, nicht arbeiten, sondern unnütze Dinge treiben. ¹² Solchen sagen und gebieten wir im Herrn Jesus Christus, sie sollen in Ruhe arbeiten und ihr eigenes Brot essen. ¹³ Ihr aber, Brüder, werdet nicht müde, Gutes zu tun! ¹⁴ Sollte einer unserer brieflichen Mahnung nicht folgen, den merkt euch und pflegt keine Gemeinschaft mit ihm, damit er beschämt werde. ¹⁵ Doch betrachtet ihn nicht als Feind, sondern weist ihn zurecht als Bruder!
¹⁶ Er aber, der Herr des Friedens, gebe euch den Frieden zu jeder Zeit und in jeder Weise! Der Herr sei mit euch allen!
¹⁷ Hier mein eigenhändiger Gruß: Paulus. Das ist mein Zeichen in jedem Brief; so schreibe ich. ¹⁸ Die Gnade unseres Herrn Jesus Christus sei mit euch allen! [Amen.]

1 Timotheus 1,1–5

Der erste Brief an Timotheus

Aus einer Reihe von Gründen nimmt man an, daß Paulus nach der in der Apostelgeschichte und in den Gefangenschaftsbriefen bezeugten römischen Untersuchungshaft (61–63) frei wurde und damit auch die Möglichkeit bekommen konnte, die östlichen Missionsgebiete nochmals aufzusuchen. Diese Tatsache setzt der 1. Timotheusbrief voraus, in dem Paulus seinem treuen Mitarbeiter Anweisungen gibt für die verantwortungsbewußte Erfüllung seiner Aufgabe als Leiter der Gemeinde von Ephesus. Zusammen mit 2 Tim und Tit gehört unser Schreiben zu den sog. »Pastoralbriefen«. Ob wir in ihnen echte Paulusbriefe vor uns haben, wird aus verschiedenen Gründen bezweifelt. Sie gelten weithin als Zeugnisse der weiterwirkenden Paulustheologie und der sich entfaltenden Kirche.

1. Kapitel

Eingangsgruß. ¹ Paulus, Apostel Christi Jesu nach Auftrag Gottes, unseres Retters, und Christi Jesu, unserer Hoffnung, ² an Timotheus, sein wahres Kind im Glauben: Gnade, Erbarmen und Friede von Gott, dem Vater, und von Christus Jesus, unserem Herrn.

Abwehr der Irrlehrer. ³ Als ich nach Mazedonien reiste, gab ich dir Weisung, in Ephesus zu bleiben und gewissen Leuten einzuschärfen, sie sollten keine abwegige Lehre verkünden ⁴ und sich nicht mit Fabeln und endlosen Geschlechtsregistern abgeben, die doch nur Streitgespräche nach sich ziehen, statt dem Heilswerk Gottes im Glauben zu dienen.

⁵ Das Ziel der Verkündigung aber ist Liebe aus reinem Herzen, aus gutem Gewissen und aus ungeheucheltem Glauben.

1,1 f: »Gott, unser Retter« (= »Heiland«, vgl. 2,3 f; Tit 1,3; 3,4 f) weist auf die Erlöserliebe Gottes hin, wie sie im »Heiland« Jesus Christus sich am größten offenbarte. – Timotheus, von Paulus für Christus gewonnen, daher »sein wahres Kind« (vgl. Apg 16,1–3), diente ihm »wie ein Sohn dem Vater«, vgl. Phil 2,19–23; Apg 17,14; 19,22; 20,4; 1 Thess 3,1–6; 1 Kor 4,17; 16,10 f; Röm 16,21. Er ist Mitabsender verschiedener Briefe: 2 Kor 1,1; Phil 1,1; Kol 1,1; 1 Thess 1,1; 2 Thess 1,1; Phlm 1.

1,3–20: Rabbinisch-pharisäischer Geist bedrohte mit seinen Spitzfindigkeiten und Gesetzestheorien die junge Kirche. Der in Christus lebende Mensch hat mehr als die unvollkommene Hilfe des Gesetzes, weil ihn als Kind Gottes die Liebe zum rechten Handeln führt, vgl. Gal 5,18.23. – Der Ausschluß (die Exkommunikation) aus der kirchlichen Gemeinschaft soll zur Umkehr führen; vgl. 1 Kor 5,5; 2 Tim 2,17; 4,14.

⁶ Diesen Weg verließen gewisse Leute und verlegten sich auf eitles Geschwätz; ⁷ Gesetzeslehrer möchten sie sein und verstehen nicht, was sie daherreden und worüber sie so sicher sprechen.
⁸ Wir wissen, daß das Gesetz gut ist, wenn es einer im Sinn des Gesetzes anwendet, ⁹ wobei er sich dessen bewußt sei, daß das Gesetz nicht für einen Gerechten bestimmt ist, sondern für Ungesetzliche und Unbotmäßige, für Gottlose und Sünder, für Unheilige und Gemeine, für Vatermörder und Muttermörder, für Menschenmörder, ¹⁰ für Unzüchtige, Knabenschänder, Menschenräuber, Lügner und Meineidige und was sonst im Gegensatz steht zur gesunden Lehre, ¹¹ im Sinne des Evangeliums der Herrlichkeit des seligen Gottes, mit dem ich betraut bin.

Aposteldank. ¹² Dank schulde ich dem, der mir Kraft verlieh, Christus Jesus, unserem Herrn, daß er mich für zuverlässig hielt und zum Dienst bestellte, ¹³ mich, der ich zuvor ein Lästerer war, Verfolger und Frevler, jedoch Erbarmen fand, weil ich nicht wußte, was ich tat im Unglauben. ¹⁴ Überströmend aber zeigte sich die Gnade unseres Herrn zusammen mit Glaube und Liebe in Christus Jesus.
¹⁵ Glaubhaft ist das Wort und aller Annahme wert: Christus Jesus kam in die Welt, um Sünder zu retten; der erste unter ihnen bin ich. ¹⁶ Doch dazu fand ich Erbarmen, daß an mir zuerst Jesus Christus seine ganze Großmut zeigte zum Vorbild für jene, die an ihn glauben werden zu ewigem Leben. ¹⁷ Dem König der Ewigkeit, dem unvergänglichen, unsichtbaren, einzigen Gott sei Ehre und Lobpreis in alle Ewigkeit! Amen.
¹⁸ Diese Weisung lege ich dir nahe, mein Kind Timotheus, im Hinblick auf die Weissagungen, die vordem über dich ergingen, damit du ihnen gemäß den edlen Kampf kämpfest, ¹⁹ ausgestattet mit Glauben und gutem Gewissen, das gewisse Leute von sich warfen, die im Glauben Schiffbruch litten. ²⁰ Zu ihnen gehören Hymenäus und Alexander, die ich dem Satan übergab, damit sie, so gezüchtigt, nicht mehr lästern.

2. Kapitel

Vom rechten Gottesdienst. ¹ Vor allem möchte ich mahnen, daß Bitten, Gebete, Fürbitten und Danksagungen verrichtet

---

2,1–15: Die Sorge um würdigen Gottesdienst war von Anfang an ein ernstes Anliegen der Kirche. Beachte die Wichtigkeit des Fürbittgebetes, vor allem auch für die Träger der öffentlichen Gewalt! Zur

werden für alle Menschen, ² für Könige und alle Obrigkeiten, damit wir ein ungestörtes und ruhiges Leben führen können in aller Frömmigkeit und Ehrbarkeit. ³ Das ist edel und wohlgefällig vor Gott, unserem Retter, ⁴ dessen Wille es ist, daß alle Menschen gerettet werden und zur Erkenntnis der Wahrheit gelangen.
⁵ Denn nur e i n e n Gott gibt es und e i n e n Mittler zwischen Gott und den Menschen, den Menschen Christus Jesus, ⁶ der sich selbst hingab als Lösepreis für alle, das Zeugnis zur rechten Zeit. ⁷ Dafür wurde ich als Herold und Apostel bestellt – ich sage die Wahrheit, ich lüge nicht –, als Lehrer der Heiden im Glauben und in der Wahrheit.
⁸ So möchte ich denn, daß die Männer allerorten beten, und heilige Hände erheben, frei von Zorn und Streit. ⁹ Ebenso sollen die Frauen in würdiger Haltung mit Ehrgefühl und Sittsamkeit sich schmücken, nicht mit Haargeflechten, Gold, Perlen oder teurem Kleid, ¹⁰ sondern, wie es Frauen ziemt, die sich zur Gottesfurcht bekennen, mit guten Werken.
¹¹ Die Frau soll sich ruhig verhalten und lernen in aller Unterordnung. ¹² Daß eine Frau lehre, gestatte ich nicht, auch nicht, daß sie sich unabhängig erhebe über den Mann, sondern sie verhalte sich ruhig. ¹³ Es wurde ja Adam zuerst geschaffen und dann Eva. ¹⁴ Und Adam wurde nicht verführt, doch die Frau ließ sich verführen und kam zu Fall. ¹⁵ Sie wird aber das Heil erlangen als Mutter ihrer Kinder, wenn sie verharrt in Glaube und Liebe und in besonnenem Streben nach Heiligkeit.

3. Kapitel
Von den kirchlichen Ämtern. ¹ Glaubhaft ist das Wort: Wer nach einem Bischofsamt strebt, begehrt eine erhabene Aufgabe. ² Der B i s c h o f soll daher untadelig sein, Mann einer einzigen Frau, nüchtern, besonnen, maßvoll, gastfreundlich, befähigt zum Lehren, ³ nicht dem Trunk ergeben, nicht

---

Stellung der Frau beim Gottesdienst vgl. 1 Kor 14,34 f. Die Empfehlung der Mutterschaft Vers 15 (wörtlich: »durch Gebären der Kinder«) hebt das Wort über den Wert der Jungfräulichkeit 1 Kor 7,8 ff nicht auf.
3,1–16: »Bischofsamt« meint das kirchliche Vorsteheramt, ohne daß deutlich zwischen »Bischof« und »Presbyter« unterschieden ist; vgl. den wechselnden Gebrauch Apg 20,17 und 20,28. Nur die ein einziges Mal Verheirateten durften ein Vorsteheramt annehmen. In Vers 11 sind nach dem Zusammenhang Frauen gemeint, die im Dienst der Gemeinde standen. In Vers 16 dürfte ein urchristlicher Gebetshymnus vorliegen.

gewalttätig, sondern gütig, nicht zänkisch, nicht geldgierig, ⁴ ein rechter Walter in seinem eigenen Haus, der die Kinder in Zucht hält in aller Würde – ⁵ wenn einer im eigenen Haus nicht zu walten weiß, wie soll der für die Gemeinde Gottes sorgen? ⁶ Er soll kein Neubekehrter sein, damit er nicht überheblich werde und dem Gericht des Teufels verfalle. ⁷ Er soll auch einen guten Ruf genießen bei den Außenstehenden, damit er nicht in üble Nachrede gerate und in die Fallstricke des Teufels.

⁸ D i a k o n e sollen in gleicher Weise ehrbar sein, nicht doppelzüngig, nicht vielem Weingenuß ergeben und nicht auf unlauteren Gewinn bedacht; ⁹ das Geheimnis des Glaubens sollen sie hüten in einem reinen Gewissen. ¹⁰ Auch sie sollen zuvor geprüft werden und dann ihren Dienst übernehmen, wenn sie untadelig sind. ¹¹ Ebenso sollen die Frauen ehrbar sein, nicht verleumderisch, nüchtern, verlässig in allem. ¹² Die Diakone sollen mit einer einzigen Frau verheiratet sein und in rechter Weise die Kinder und das eigene Haus leiten. ¹³ Die nämlich in rechter Weise den Dienst versehen, erwirken sich eine ehrenvolle Stellung und reiche Möglichkeit des öffentlichen Wirkens im Glauben an Christus Jesus.

¹⁴ Dies schreibe ich dir in der Hoffnung, bald zu dir zu kommen. ¹⁵ Sollte ich aber säumen, sollst du wissen, wie man sich verhalten soll im Haus Gottes, das die Kirche des lebendigen Gottes ist, Säule und Grundfeste der Wahrheit. ¹⁶ Und demgemäß groß ist das Geheimnis frommen Betens: ›Er wurde offenbar im Fleisch, als gerecht erklärt im Geist, geschaut von Engeln, verkündet den Heiden, geglaubt in der Welt, hinaufgenommen in Herrlichkeit‹.

4. Kapitel

Von bevorstehenden Irrlehren. ¹ Der Geist sagt ausdrücklich: In den späteren Zeiten werden manche vom Glauben abfallen und Irrgeistern sich zuwenden und Lehren von Dämonen, ² die unter Verstellung trügerisch reden, aber gebrandmarkt sind in ihrem eigenen Gewissen. ³ Sie verbieten das Heiraten und den Genuß von Speisen, die Gott doch geschaffen hat, damit sie unter Danksagung genossen werden von denen, die glauben und die Wahrheit erkannt haben. ⁴ Denn alles, was

---

4,1–5: Ähnliche rigorose Forderungen von Irrlehrern sind auch Kol 2,21 ff angedeutet. Es handelt sich um Vorläufer der sog. Gnostiker, die in der Materie etwas Böses sahen.

Gott geschaffen, ist gut, und nichts ist verwerflich, wenn es unter Danksagung genommen wird; ⁵ es wird ja geheiligt durch Gottes Wort und durch Gebet.

Mahnung zu vorbildlichem Verhalten. ⁶ Wenn du dies den Brüdern darlegst, bist du ein trefflicher Diener Christi Jesu, lebend von den Worten des Glaubens und der rechten Lehre, der du gefolgt bist. ⁷ Mit den unheiligen, albernen Geschichten befasse dich nicht; übe dich vielmehr in der Frömmigkeit! ⁸ Die leibliche Übung ist zu wenigem nützlich; die Frömmigkeit aber ist zu allem nützlich, sie hat die Verheißung des Lebens, des irdischen und des künftigen. ⁹ Glaubhaft ist das Wort und aller Annahme wert. ¹⁰ Denn dafür arbeiten und kämpfen wir, weil wir unser Hoffen auf den lebendigen Gott gesetzt haben, der aller Menschen Retter ist, vor allem der Glaubenden. ¹¹ Dies verkünde und lehre!
¹² Niemand soll dich geringschätzen deiner Jugend wegen. Sei vielmehr ein Vorbild für die Gläubigen im Wort, im Wandel, in der Liebe, im Glauben, in der Reinheit. ¹³ Bis ich komme, widme dich dem Vorlesen, der Ermahnung, der Unterweisung.
¹⁴ Vernachlässige nicht die Gnadengabe in dir, wie sie dir zuteil wurde auf Grund einer prophetischen Offenbarung unter Handauflegung der Ältestenschaft. ¹⁵ Darauf richte deine Sorge, darin gehe auf, so daß dein Voranschreiten sichtbar sei für alle. ¹⁶ Hab acht auf dich selbst und auf die Lehre, halte dich daran; denn wenn du es tust, wirst du dich selber retten und jene, die auf dich hören.

5. Kapitel

Von der Sorge um die verschiedenen Stände. ¹ Einem älteren M a n n begegne nicht schroff, sondern ermuntere ihn wie einen Vater, jüngere Männer wie Brüder, ² ältere F r a u e n wie Mütter, jüngere wie Schwestern in aller Ehrbarkeit.
³ W i t w e n ehre, wenn sie wirklich Witwen sind. ⁴ Hat aber eine Witwe Kinder oder Enkel, so sollen sie erst lernen, in Ehrfurcht für das eigene Haus zu sorgen und Vergeltung zu leisten gegenüber den Ahnen; denn so ist es wohlgefällig vor Gott.

5,1–16: Erste Form von religiöser Gemeinschaft christlicher Frauen, die sich nach Vers 12 durch eine Art von Gelübde dem ausschließlichen Dienst Christi weihten. Aus den Zeilen spricht große, zum Teil schmerzliche Erfahrung; daher die strengen Forderungen.

⁵ Die wirkliche Witwe aber, die allein steht, hat ihre Hoffnung auf Gott gesetzt, sie verharrt Tag und Nacht in Gebet und Flehen. ⁶ Die sich aber der Ausschweifung hingibt, ist als Lebende tot. ⁷ Und dies halte ihnen vor Augen, damit sie sich unsträflich verhalten. ⁸ Wenn aber jemand für die Seinigen und besonders für die Hausgenossen nicht sorgt, hat er den Glauben verleugnet und ist schlimmer als ein Ungläubiger.

⁹ Zu den Witwen soll eine gerechnet werden, die nicht unter sechzig Jahre alt ist, eines einzigen Mannes Frau war, ¹⁰ anerkannt ist durch ihr gutes Wirken, Kinder erzogen, Gastlichkeit geübt, Heiligen die Füße gewaschen, Bedrängten geholfen und jedem guten Werke sich gewidmet hat.

¹¹ Jüngere Witwen dagegen weise zurück; denn verfallen sie, in Abkehr von Christus, der Sinnenlust, wollen sie heiraten, ¹² und sie laden sträfliche Schuld auf sich, weil sie die erste Treue gebrochen haben. ¹³ Zugleich lernen sie nichtstuend in den Häusern herumzugehen, und nicht nur nichtstuend, sondern auch plaudersüchtig und geschwätzig, wobei sie Ungehöriges reden.

¹⁴ Ich möchte daher, daß die jüngeren heiraten, Kinder zur Welt bringen, den Haushalt versehen und dem Gegner keinen Anlaß geben zu böser Rede. ¹⁵ Denn schon sind einige abgefallen und dem Satan gefolgt. ¹⁶ Hat eine gläubige Frau Witwen bei sich, so versorge sie diese, und die Gemeinde werde nicht belastet, damit sie sich um die wirklichen Witwen annehmen kann.

¹⁷ P r e s b y t e r, die gute Vorsteher sind, halte man doppelter Ehre wert, besonders jene, die in Wort und Lehre sich mühen. ¹⁸ Denn es sagt die Schrift: ›Du sollst einem dreschenden Ochsen das Maul nicht zubinden‹ (Dt 25,4) und: ›Der Arbeiter ist seines Lohnes wert‹ (Mt 10,10; Lk 10,7). ¹⁹ Gegen einen Presbyter nimm eine Klage nur an bei ›zwei oder drei Zeugen‹ (Dt 19,15; Mt 18,16). ²⁰ Die Fehlenden weise in Gegenwart aller zurecht, damit auch die übrigen Furcht bekommen. ²¹ Ich beschwöre dich vor Gott und Christus Jesus und den auserwählten Engeln, daß du dies so haltest, frei von Vorurteil und ohne etwas aus Zuneigung zu tun. ²² Lege niemand voreilig die Hände auf und werde nicht mitschuldig an fremden Sünden; halte dich rein.

5,17–25: Anfänge der kirchlichen Rechtsvorschriften über den Stand der Kleriker. »Doppelte Ehre« bezieht sich besonders auf den wirtschaftlichen Unterhalt.

²³ Trink nicht längerhin Wasser, sondern nimm etwas Wein wegen deines Magens und deiner häufigen Erkrankungen. ²⁴ Von manchen Menschen sind die Sünden längst offenkundig und dem Gericht voraus, bei anderen aber folgen sie auch hinterher. ²⁵ Ebenso sind auch die guten Werke schon offenkundig, und wo es anders ist, können sie nicht verborgengehalten werden.

6. Kapitel

¹ Alle, die als S k l a v e n unter dem Joch sind, sollen ihre Herren aller Ehre wert halten, damit der Name Gottes und die Lehre nicht in Verruf kommt. ² Die aber gläubige Herren haben, sollen von diesen nicht deshalb geringer denken, weil sie Brüder sind, sondern erst recht ihnen zu Diensten sein, weil sie Gläubige sind und Geliebte und als solche sich edlen Tuns befleißen. Dies lehre und schärfe ein!

Gegen Irrlehre und Gewinnsucht. ³ Wenn jemand Fremdartiges lehrt und sich nicht richtet nach den gesunden Worten unseres Herrn Jesus Christus und nach der Lehre, die gemäß ist unserem frommen Beten, ⁴ der ist eitel aufgeblasen, ohne etwas zu verstehen; er ist krank in seinen Grübeleien und Wortstreitigkeiten. Hieraus entspringt Neid, Hader, Lästerungen, böser Argwohn ⁵ und ständiger Zwist unter Menschen, denen der Sinn verdorben und die Wahrheit abhanden gekommen ist und die meinen, Frömmigkeit sei eine gewinnreiche Sache.

⁶ Ja, Frömmigkeit ist eine gewinnreiche Sache – jedoch im Verein mit Anspruchslosigkeit. ⁷ Denn nichts brachten wir herein in diese Welt, so daß wir auch nichts mit fortnehmen können. ⁸ Haben wir Nahrung und Kleidung, so wollen wir damit zufrieden sein. ⁹ Denn die reich werden möchten, geraten in Versuchung und in Fallstricke [des Teufels] und in viele törichte und schädliche Begierden, die die Menschen in Untergang und Verderben stürzen. ¹⁰ Denn die Wurzel aller Übel ist die Geldgier; die sich ihr hingaben, irrten ab vom Glauben und gerieten in viele quälende Sorgen.

¹¹ Du aber, Mann Gottes, fliehe davor; strebe vielmehr nach Gerechtigkeit, Frömmigkeit, Glauben, Liebe, Geduld, Ver-

---

5,24: Der etwas seltsam formulierte Satz scheint wohl als Ergänzung zu Vers 22 zu nehmen zu sein.

6,1f: Das Bewußtsein brüderlicher Gleichheit in Christus darf die äußere soziale Ordnung im Sinn der rechten Über- und Unterordnung nicht stören.

träglichkeit. ¹² Kämpfe den guten Kampf des Glaubens, erstreite das ewige Leben, zu dem du berufen bist und zu dem du dich bekannt hast durch das herrliche Bekenntnis vor vielen Zeugen. ¹³ Ich fordere dich auf vor Gott, der allem Leben gibt, und vor Christus Jesus, der unter Pontius Pilatus Zeugnis gab im herrlichen Bekenntnis, ¹⁴ daß du den Auftrag unversehrt und untadelig bewahrst bis zum Erscheinen unseres Herrn Jesus Christus, ¹⁵ das zur rechten Zeit herbeiführen wird der selige und allein machtvolle Gebieter, der König der Könige und der Herr der Herren, ¹⁶ er, der allein Unsterblichkeit besitzt und in unzugänglichem Lichte wohnt, den kein Mensch gesehen hat noch zu sehen vermag. Sein ist Ehre und ewige Macht! Amen.
¹⁷ Den R e i c h e n in dieser Welt schärfe ein, nicht hochmütig zu sein und ihre Hoffnung nicht auf den trügerischen Reichtum zu setzen, sondern auf Gott, der uns alles reichlich bietet zum Genuß. ¹⁸ Gutes sollen sie tun, reich werden an guten Werken, mitteilsam sein, an die anderen denken ¹⁹ und so einen Schatz sich sammeln als gute Grundlage für die Zukunft zur Erreichung des wahren Lebens.

Schlußwort. ²⁰ Timotheus, bewahre das anvertraute Gut, halte dich fern von unheiligen, leeren Redereien und den Widersprüchen der fälschlich so genannten »Erkenntnis«, ²¹ zu der sich gewisse Leute bekennen, die den Weg des Glaubens verloren. Die Gnade sei mit euch! [Amen.]

Der zweite Brief an Timotheus

Der zweite Timotheusbrief ist ein ergreifendes Zeugnis des abermals gefangenen und vor seinem Martyrium stehenden Apostels, wahrscheinlich während der Neronischen Christenverfolgung um das Jahr 66 geschrieben. In seiner Verlassenheit wünscht er das Kommen seines geliebten Schülers und legt ihm angesichts der bereits auftretenden und noch zu erwartenden Irrlehren die Treue zur »gesunden Lehre« und die unerschrockene Erfüllung seines Hirtenamtes ans Herz. Vgl. Einleitung zu 1 Tim.

1. Kapitel
Eingangsgruß. ¹ Paulus, durch Gottes Willen Apostel Christi Jesu gemäß der Verheißung des Lebens in Christus Jesus, ² an Timotheus, sein geliebtes Kind: Gnade, Erbarmen und Friede von Gott, dem Vater, und von Christus Jesus, unserem Herrn.

Mahnung zu furchtlosem Wirken. ³ Voll des Dankes bin ich gegen Gott – dem ich von den Voreltern her mit reinem Gewissen diene –, wenn ich in meinen Gebeten bei Tag und Nacht unablässig deiner gedenke; ⁴ denn in Erinnerung an deine Tränen habe ich Verlangen, dich zu sehen, um mit Freude erfüllt zu werden. ⁵ Dabei tritt in mein Gedächtnis der ungeheuchelte Glaube, der in dir ist; wie er schon zuvor deiner Großmutter Lois und deiner Mutter Eunike innewohnte, so wohnt er, des bin ich gewiß, auch in dir. ⁶ Aus diesem Grund ermahne ich dich: Entfache von neuem die Gnadengabe Gottes, die in dir ist durch die Auflegung meiner Hände. ⁷ Denn Gott gab uns nicht einen Geist der Verzagtheit, sondern der Kraft und der Liebe und der Besonnenheit. ⁸ Schäme dich also nicht des Zeugnisses für unseren Herrn, auch nicht meiner, seines Gefangenen; sondern hilf mittragen am Evangelium in der Kraft Gottes.
⁹ Er hat uns gerettet und uns gerufen in heiliger Berufung, nicht auf Grund unserer Werke, sondern nach seinem Ratschluß und seiner Gnade, die uns gegeben wurde in Christus Jesus vor ewigen Zeiten, ¹⁰ die aber jetzt offenkundig wurde durch das Erscheinen unseres Heilandes Christus Jesus, der den Tod entmachtete, das Leben aber und die Unsterblichkeit aufleuchten ließ durch das Evangelium, ¹¹ für das ich bestellt bin als Herold und Apostel und Lehrer [der Heiden].
¹² Aus diesem Grund erleide ich auch dies, doch ich schäme mich nicht; denn ich weiß, wem ich vertraut habe, und bin überzeugt, daß er mächtig ist, mein anvertrautes Gut zu bewahren bis zu jenem Tag. ¹³ Als Vorbild gesunder Lehren halte dich an das, was du von mir gehört hast, im Glauben und in der Liebe in Christus Jesus! ¹⁴ Behüte das anvertraute kostbare Gut durch den Heiligen Geist, der in uns wohnt!
¹⁵ Du weißt es, daß die in Asia sich alle zurückzogen von mir, darunter auch Phygelus und Hermogenes. ¹⁶ Erbarmen schenke der Herr dem Haus des Onesiphorus; denn oft hat er mich aufgerichtet und sich meiner Ketten nicht geschämt, ¹⁷ sondern als er nach Rom kam, suchte er eifrig nach mir und fand mich. ¹⁸ Der Herr lasse ihn Erbarmen finden vor dem Herrn an jenem Tag! Und welche Dienste er mir in Ephesus erwies, weißt du gar wohl.

1,3-18: Der Apostel hatte Sorge, es könnte der noch jugendliche Bischof Timotheus angesichts der Widerstände in Ephesus den Mut verlieren. Daher diese aufmunternden Worte.

2. Kapitel

Im Dienst Christi. ¹ Du also, mein Kind, sei stark in der Gnade, die in Christus Jesus ist. ² Und was du von mir gehört hast vor vielen Zeugen, das vertraue zuverlässigen Menschen an, die geeignet sein werden, auch andere zu lehren. ³ Trage mit am schweren Dienst als guter Soldat Christi Jesu! ⁴ Keiner, der Kriegsdienste tut, verwickelt sich in Geschäfte des Alltags, damit er dem gefalle, der ihn angeworben hat. ⁵ Und wenn einer im Wettkampf steht, empfängt er keinen Kranz, wenn er nicht nach Vorschrift gekämpft hat. ⁶ Nur der Landmann, der sich müht, hat zuerst Anspruch auf die Früchte. ⁷ Bedenke, was ich sage; denn der Herr wird dir Einsicht geben in allem. ⁸ Denk an Jesus Christus, der auferweckt wurde von den Toten, als Sproß Davids, gemäß meinem Evangelium. ⁹ In ihm ertrage ich alles Leid, auch die Fesseln wie ein Verbrecher; doch das Wort Gottes ist nicht gefesselt. ¹⁰ Deswegen erdulde ich alles um der Auserwählten willen, damit auch sie das Heil in Christus Jesus erlangen mit ewiger Herrlichkeit.

¹¹ Glaubhaft ist ja das Wort: Sind wir mit ihm gestorben, werden wir mit ihm auch leben. ¹² Wenn wir ausharren, werden wir mit ihm auch herrschen; wenn wir verleugnen, wird auch er uns verleugnen. ¹³ Wenn wir treulos sind, so bleibt er doch treu; denn er kann sich nicht selber verleugnen.

In der Abwehr der Irrlehrer. ¹⁴ Dazu halte sie an und beschwöre sie vor Gott, daß sie nicht in Wortgefechte sich einlassen; das bringt keinen Nutzen, nur Unheil für die Zuhörer. ¹⁵ Trachte mit Eifer danach, dich selbst als ein Bewährter zu erweisen vor Gott, als ein Arbeiter ohne Scheu, der klar einzutreten weiß für das Wort der Wahrheit. ¹⁶ Von unheiligen, leeren Redereien halte dich fern; denn immer weiter treiben sie in die Gottlosigkeit hinein, ¹⁷ und ihr Wort frißt um sich

---

2,1–13: Beachte die Sorge um die verlässige Weitergabe der Heilslehre in der mündlichen Überlieferung, die von Anfang an die Wahrheit des Glaubens getragen und gesichert hat, so daß bei aller Ehrfurcht vor den Schriften des Neuen Testamentes die hier angedeutete mündliche Tradition als Quelle unserer Glaubenserkenntnis nicht übersehen werden darf. Die Sätze 11 bis 13 scheinen einem urchristlichen Gebetstext entnommen zu sein.

2,14–26: Wie 1 Tim handelt es sich bei den Irrlehren um judaisierende Sekten gnostischer Richtung. Hymenäus ist schon 1 Tim 1,20 genannt. Zur Bekehrung der Irrlehrer führt weniger Auseinandersetzung in Worten als ruhige Darlegung und echtes Vorleben des Glaubens.

wie ein Krebs; zu ihnen gehören Hymenäus und Philetus,
¹⁸ die von der Wahrheit abgeirrt sind, wenn sie behaupten, die Auferstehung sei schon geschehen, und dadurch den Glauben von manchen untergraben.
¹⁹ Doch der feste Gottesgrund hält stand, er trägt das Siegel: ›Der Herr kennt die Seinen‹ (Num 16,5) und: ›Es lasse jeder vom Unrecht ab, der anruft den Namen des Herrn‹ (Jes 52,11).
²⁰ In einem großen Haus gibt es nicht nur goldene und silberne Gefäße, sondern auch hölzerne und irdene, die einen zu ehrenvollem Gebrauch, die anderen zu weniger ehrenvollem.
²¹ Hält sich nun jemand rein von den genannten Dingen, wird er ein Gefäß sein zur Ehre, geheiligt und brauchbar für den Herrn, bereitgestellt für jedes gute Werk.
²² Fliehe die Begierden der Jugend! Strebe dagegen nach Gerechtigkeit, Glauben, [Hoffnung,] Liebe und Frieden in Gemeinschaft mit denen, die den Herrn anrufen aus reinem Herzen. ²³ Die törichten und ungezügelten Wortgefechte meide; du weißt, sie erzeugen nur Streit. ²⁴ Ein Knecht des Herrn aber soll nicht streiten, sondern gütig sein gegen jedermann, fähig zur Unterweisung, verträglich. ²⁵ In Milde soll er die Widersacher zurechtweisen, vielleicht, daß Gott ihnen Bekehrung schenkt zur Erkenntnis der Wahrheit, ²⁶ und sie wieder zu sich selber finden, von der Schlinge des Teufels weg, von dem sie gefangen wurden für seine Absichten.

3. Kapitel

Von der drohenden Verführung. ¹ Das aber wisse: in den letzten Tagen stehen schwere Zeiten bevor; ² denn es werden die Menschen selbstsüchtig sein, geldgierig, großtuerisch, überheblich, schmähsüchtig, widerspenstig gegen die Eltern, undankbar, ehrfurchtslos, ³ lieblos, unverträglich, verleumderisch, unbeherrscht, zuchtlos, rücksichtslos, ⁴ verräterisch, verwegen, aufgeblasen, mehr auf Genuß bedacht als auf Gott. ⁵ Sie haben die äußere Form von Frömmigkeit; doch haben sie sich losgesagt von deren Kraft. Von Leuten dieser Art halte dich fern! ⁶ Denn aus ihren Reihen sind jene, die sich in die Häuser einschleichen, leichtes Frauenvolk umgarnen, das in

---

3,1–9: Die »letzten Tage« sind die Zeit vor der Weltvollendung, wie sie schon mit Christus angebrochen und vor allem gekennzeichnet ist durch die immer stärker hervortretenden Angriffe der Feinde des Gottesreiches. Der Christ steht zu jeder Zeit in dieser Auseinandersetzung. »Jannes und Jambres«, nach jüdischer Überlieferung die Namen der Ex 7,11–22 erwähnten ägyptischen Zauberer.

Sünden steckt und von mannigfachen Begierden getrieben, ⁷ immerfort lernt und doch niemals zur Erkenntnis der Wahrheit zu kommen vermag.

⁸ Wie Jannes und Jambres dem Mose widerstanden, so widerstehen auch diese der Wahrheit als Menschen mit verderbtem Sinn, ohne Bewährung im Glauben. ⁹ Doch werden sie nicht weiter vorankommen; denn ihre Torheit wird allen offenkundig werden, wie es auch bei jenen geschah.

Treue und Beständigkeit. ¹⁰ Du aber folgtest dem Weg meiner Lehre, meiner Lebensführung, meines Strebens, meines Glaubens, meiner Ausdauer, Liebe, Geduld, ¹¹ meiner Verfolgungen und Leiden, wie sie mir in Antiochien, Ikonium und Lystra begegneten. Was habe ich doch an Verfolgungen ertragen, und aus ihnen allen errettete mich der Herr. ¹² Ja, alle, die willens sind, fromm zu leben in Christus Jesus, werden verfolgt werden. ¹³ Böse Menschen aber und Betrüger werden es immer ärger treiben, als Verführer und als Verführte.

¹⁴ Du aber halte fest an dem, was du gelernt und als verlässig erkannt hast; du weißt ja, von wem du es lerntest, ¹⁵ und du kennst von Kindheit an die Heiligen Schriften, die dich weise zu machen vermögen für das Heil auf Grund des Glaubens in Christus Jesus. ¹⁶ Jede von Gott eingegebene Schrift ist auch dienlich zur Belehrung, zur Beweisführung, zur Zurechtweisung, zur Schulung in der Gerechtigkeit, ¹⁷ damit der Mann Gottes ausgestattet und wohlgerüstet sei zu jedem guten Werk.

4. Kapitel

Unverdrossener Dienst an der Wahrheit. ¹ Ich beschwöre dich vor Gott und vor Christus Jesus, der kommen wird als Richter über Lebende und Tote, bei seinem Erscheinen und bei seinem Königtum: ² Künde das Wort, sei zur Stelle, ob gelegen, ob ungelegen, widerlege, tadle, ermahne in aller Langmut und Belehrung! ³ Denn es wird eine Zeit kommen, da sie die gesunde Lehre nicht ertragen, sondern nach eigenen Gelüsten sich Lehrer zusammensuchen, weil sie nach Ohrenkitzel verlangen. ⁴ Von der Wahrheit werden sie das Ohr abwenden und den Fabeleien sich zuwenden.

⁵ Du aber sei besonnen in allem, nimm alles Ungemach auf dich, erfülle das Werk eines Boten des Evangeliums, widme

---

3,10–17: Beachte die Empfehlung der Heiligen Schrift als Quelle und Sicherung des Glaubens. Häufiges Lesen der Bibel aus gläubiger Haltung fördert unser inneres Leben.

dich ganz deinem Dienst! ⁶ Denn ich werde schon hingeopfert, und die Zeit meines Aufbruchs steht bevor. ⁷ Den guten Kampf habe ich gekämpft, den Lauf vollendet, den Glauben bewahrt. ⁸ Nun liegt mir bereit der Kranz der Gerechtigkeit, den mir der Herr überreichen wird an jenem Tag als der gerechte Richter; nicht nur mir, sondern auch allen, die in Liebe zugewandt sind seinem Erscheinen.

Persönliche Schlußnotizen. ⁹ Beeile dich, bald zu mir zu kommen! ¹⁰ Denn Demas hat mich verlassen, aus Liebe zu dieser Welt, und ist nach Thessalonich gegangen, Crescens nach Galatien, Titus nach Dalmatien. ¹¹ Lukas ist als einziger bei mir. Nimm Markus hinzu und bring ihn mit dir; denn ich kann seinen Dienst gut brauchen. ¹² Tychikus habe ich nach Ephesus gesandt.
¹³ Den Mantel, den ich in Troas bei Karpus ließ, nimm mit dir, wenn du kommst, auch die Bücher, vor allem die Pergamente.
¹⁴ Alexander, der Schmied, hat mir viel Böses angetan; der Herr wird ihm vergelten nach seinen Werken. ¹⁵ Vor ihm nimm auch du dich in acht; denn er hat unseren Worten heftigen Widerstand geleistet.
¹⁶ Bei meiner ersten Verteidigung stand mir niemand bei, sondern alle ließen mich im Stich; möge es ihnen nicht angerechnet werden! ¹⁷ Der Herr aber stand mir bei und stärkte mich, daß durch mich die Verkündigung vollendet werde und alle Heiden sie hören, und so wurde ich dem Rachen des Löwen entrissen. ¹⁸ Retten wird mich der Herr vor jedem bösen Unterfangen und wird mir verhelfen in sein himmlisches Reich. Ihm sei Ehre in alle Ewigkeit! Amen.
¹⁹ Grüße Prisca und Aquila und das Haus des Onesiphorus!
²⁰ Erastus blieb in Korinth, Trophimus ließ ich krank in Milet zurück. ²¹ Beeile dich, vor dem Winter zu kommen! Es grüßen dich Eubulus, Pudens, Linus, Klaudia und alle Brüder. ²² Der Herr Jesus [Christus] sei mit deinem Geist! Die Gnade sei mit euch! [Amen.]

4,14: Alexander ist 1 Tim 1,20 erwähnt.
4,16f: Paulus erinnert vermutlich an den ersten Prozeß in Rom, der demnach mit seiner Freilassung endete, so daß er noch Möglichkeit hatte, nach Spanien und in östliche Gebiete (vgl. 1 Tim; Tit) zu kommen, ehe er abermals verhaftet wurde.

Der Brief an Titus

Titus, einer der eifrigsten Mitarbeiter des Apostels, entstammte dem Heidentum (Gal 2,3), begleitete Paulus zum Apostelkonzil (Gal 2,1) und war als besonderer Vertrauensmann bei der Beilegung der Schwierigkeiten in der korinthischen Gemeinde tätig (vgl. 2 Kor 2,13; 7,5–16; 8,6–23; 12,18). Als Paulus nach seiner ersten römischen Gefangenschaft (61–63), wie wir vermuten, nochmals in den Orient kam, ließ er nach Aussage unseres Briefes Titus in Kreta zurück zur weiteren Ordnung des dort begonnenen Missionswerkes. Der Brief, der – seine Echtheit vorausgesetzt – nach 63 geschrieben ist, gibt Anweisungen für diese Aufgabe, die sich vor allem auf die Einsetzung von Mitarbeitern und die Abwehr auftretender Irrlehrer beziehen.

1. Kapitel

Eingangsgruß. ¹ Paulus, Knecht Gottes, Apostel Jesu Christi um des Glaubens der Auserwählten Gottes willen und der Erkenntnis der Wahrheit, wie sie der Frömmigkeit entspricht, ² in der Hoffnung auf das ewige Leben, das verheißen hat der untrügliche Gott vor ewigen Zeiten; ³ offenbar aber machte er sein Wort zu seiner Zeit in der Verkündigung, mit der ich betraut wurde nach dem Auftrag Gottes, unseres Erretters: ⁴ an Titus, sein wahres Kind im gemeinsamen Glauben: Gnade und Friede von Gott, dem Vater, und von Christus Jesus, unserem Heiland.

Bestellung von Vorstehern. ⁵ Ich ließ dich dazu in Kreta zurück, daß du das Fehlende ordnest und in den einzelnen Städten Presbyter einsetzt, wie ich es dir auftrug: ⁶ Ein solcher sei unbescholten, Mann einer einzigen Frau und Vater gläubiger Kinder, denen nicht Ausschweifung nachgesagt wird oder Unbotmäßigkeit.

⁷ Denn der Bischof soll als Hauswalter Gottes untadelig sein, nicht selbstherrlich, nicht zornmütig, nicht trunksüchtig, nicht gewalttätig, nicht auf unlauteren Gewinn bedacht, ⁸ sondern gastfreundlich, gütig, besonnen, gerecht, ehrbar, enthaltsam. ⁹ Er halte sich an das verlässige Wort, der Lehre entsprechend, damit er imstande sei, in der gesunden Lehre zu ermahnen und die Widersacher zu widerlegen.

1,5–9: Vgl. 1 Tim 3,1–7 mit ähnlichen Anweisungen. Beachte in Vers 5 und 7 den wechselnden Gebrauch der noch nicht streng geschiedenen Bezeichnung »Presbyter« und »Bischof«.

Abwehr der Irrlehrer. ¹⁰ Es gibt ja viele Widerspenstige, Schwätzer und Verführer, besonders die aus der Beschneidung, ¹¹ denen man den Mund stopfen muß; denn sie bringen ganze Häuser durcheinander, indem sie aus schnöder Gewinnsucht ungehörige Lehren verbreiten. ¹² Es sagte ja einer von ihnen als ihr eigener Prophet: »Kreter sind immerdar Lügner, schlimme Bestien, faule Bäuche.«
¹³ Dieses Zeugnis ist wahr. Darum weise sie mit aller Strenge zurecht, damit sie gesund bleiben im Glauben ¹⁴ und nicht auf jüdische Fabeln hören und auf Satzungen von Menschen, die von der Wahrheit sich abkehren. ¹⁵ Den Reinen ist alles rein; den Befleckten aber und Ungläubigen ist nichts rein, sondern sowohl ihr Verstand ist befleckt als auch ihr Gewissen. ¹⁶ Gott zu kennen, behaupten sie, doch in ihren Werken verleugnen sie ihn; ein Greuel sind sie, unbekehrbar und unfähig zu irgendeiner guten Tat.

2. Kapitel

Pflichten der einzelnen Stände. ¹ Du aber verkünde, wie es der gesunden Lehre entspricht: ² Die älteren M ä n n e r sollen nüchtern sein, ehrbar, besonnen, gesund im Glauben, in der Liebe, in der Geduld. ³ Desgleichen seien die älteren F r a u e n ehrwürdig in ihrem Benehmen, nicht verleumderisch, nicht vielem Trunk ergeben, Lehrerinnen des Guten, ⁴ um die jungen Frauen verständnisvoll anzuhalten, liebevoll zu sein gegen Mann und Kinder, ⁵ besonnen, ehrbar, häuslich, gütig, dem eigenen Mann sich unterordnend, damit das Wort Gottes nicht gelästert werde.
⁶ Ebenso mahne die jüngeren Männer, besonnen zu sein in allem. ⁷ Du selbst zeige dich als Vorbild edlen Tuns, lauter und würdevoll in der Belehrung; ⁸ dein Wort sei gesund und unanfechtbar, damit der Gegner beschämt werde, wenn er nichts Schlechtes über uns zu sagen weiß.

⁹ Die S k l a v e n sollen ihren Herren in allem untertänig sein, gefällig, nicht widersprechen, ¹⁰ nichts veruntreuen, sondern in allem die rechte Treue zeigen, damit sie in jeder Hinsicht der Lehre Gottes, unseres Erretters, zur Zierde gereichen.

1,12: Das Wort wird auf den Dichter Epimenides (6. Jhrh. v. Chr.) zurückgeführt, der im weiteren Sinn als »Prophet« der Kreter bezeichnet ist.
1,15: Ein wichtiger Grundsatz für die Beurteilung der Güter dieses Lebens. Entscheidend ist die innere Gesinnung, mit der wir sie verwenden.

¹¹ Erschienen ist ja die Gnade Gottes als Heil für alle Menschen. ¹² Sie leitet uns an, daß wir uns lossagen von der Gottlosigkeit und von den weltlichen Begierden und besonnen, gerecht und fromm in dieser Welt leben ¹³ im Warten auf die selige Hoffnung und das Erscheinen der Herrlichkeit unseres großen Gottes und Heilandes Jesus Christus. ¹⁴ Er gab sich für uns hin, um uns loszukaufen von aller Ungerechtigkeit und für sich ein reines Volk zu bereiten, das ihm zu eigen ist und eifrig im Wirken des Guten. ¹⁵ So rede und mahne und weise zurecht mit aller Entschiedenheit! Niemand soll gering von dir denken.

3. Kapitel
Der Christ in der Gemeinschaft. ¹ Ermahne sie, den obrigkeitlichen Gewalten untertan und gehorsam zu sein und bereit zu jedem guten Werk, ² über niemand zu lästern, nicht streitsüchtig zu sein, sondern nachgiebig und alle Güte zu zeigen gegenüber allen Menschen.

³ Einstmals waren ja auch wir unverständig, ungehorsam, im Irrtum befangen, Sklaven von allen möglichen Leidenschaften und Begierden, in Bosheit und Neid dahinlebend, abscheulich und voll Haß gegeneinander. ⁴ Als aber die Güte und Menschenliebe Gottes, unseres Retters, erschien, ⁵ rettete er uns, nicht auf Grund von Werken der Gerechtigkeit, die wir vollbracht hätten, sondern nach seinem Erbarmen durch das Bad der Wiedergeburt und der Erneuerung des Heiligen Geistes; ⁶ ihn goß er in reicher Fülle über uns durch Jesus Christus, unseren Retter, ⁷ damit wir, gerecht geworden durch seine Gnade, Erben würden gemäß der Hoffnung auf ewiges Leben. ⁸ Glaubhaft ist das Wort, und ich möchte, daß du mit allem Nachdruck dich dafür einsetzt, damit sie, die an Gott glauben, es sich angelegen sein lassen, sich hervorzutun durch gute Werke. Das ist edel und von Nutzen für die Menschen.

Schlußermahnungen und Aufträge. ⁹ Mit törichten Auseinandersetzungen aber, mit Geschlechtsregistern, Streitigkeiten und Kämpfen um das Gesetz befasse dich nicht; denn sie sind nutzlos und ohne Wert. ¹⁰ Von einem Menschen, der falsche Lehren vertritt, ziehe dich zurück, wenn du ein erstes und zweites Mal ihn zurechtgewiesen hast! ¹¹ Du weißt ja, ein sol-

---

3,1–8: Der Christ hat innerhalb der staatlichen und sozialen Gemeinschaft eine wichtige Aufgabe, wenn er aus der Kraft seines Glaubens lebt und tätig ist.

cher ist verkehrt und sündigt, indem er sich zu seinem eigenen Richter macht.

¹² Wenn ich Artemas oder Tychikus zu dir schicken werde, dann komm baldigst zu mir nach Nikopolis; denn ich entschloß mich, dort den Winter zu verbringen. ¹³ Zenas, den Gesetzeskundigen, und Apollos versorge bestens für die Weiterreise, damit ihnen nichts mangelt. ¹⁴ Auch die Unseren sollen lernen, voranzugehen in guten Werken bei Not und Bedürftigkeit, damit sie nicht ohne Frucht bleiben.

¹⁵ Es grüßen dich alle, die bei mir sind. Grüße, die uns freund sind im Glauben! Die Gnade [Gottes] sei mit euch allen! [Amen.]

3,12: Einer von diesen beiden sollte wahrscheinlich Titus ersetzen, wenn er zu weiteren Aufgaben zu Paulus nach Nikopolis (in Epirus in Griechenland) gerufen würde. Über Tychikus vgl. Apg 20,4; Eph 6,21; Kol 4,7; 2 Tim 4,12.

Der Brief an Philemon

Dieser kleinste der Paulusbriefe ist als Begleitschreiben zu betrachten, das der gefangene Apostel dem entlaufenen Sklaven Onesimus mitgab, als er ihn an dessen Herrn Philemon in Kolossä zurückschickte, vgl. Kol 4,9. Ein kostbares Beispiel antiker Briefe, ist er zugleich ein aufschlußreiches Dokument für die christliche Stellungnahme zum sozialen Problem der Sklaverei, das die Kirche von innen her, aus der Kraft des Glaubens und der Liebe zu lösen suchte.

Eingangsgruß. ¹ Paulus, Gefangener Christi Jesu, und Bruder Timotheus an Philemon, unseren Freund und Mitarbeiter, ² sowie an die Schwester Apphia und an Archippus, unseren Kampfgefährten, und an die Gemeinde in deinem Hause. ³ Gnade euch und Friede von Gott, unserem Vater, und dem Herrn Jesus Christus.
Dank und Lob. ⁴ Ich danke meinem Gott in stetem Gedenken an dich bei meinen Gebeten, ⁵ da ich von deiner Liebe höre und deinem Glauben, wie du sie bekundest vor dem Herrn Jesus und gegenüber allen Heiligen. ⁶ Möge der Gemeinschaftssinn deines Glaubens sich wirksam erweisen im Erkennen alles Guten, das in uns ist im Hinblick auf Christus. ⁷ Empfing ich doch viel Freude und Trost wegen deiner Liebe, weil die Herzen der Heiligen beglückt wurden durch dich, Bruder!
Fürsprache für Onesimus. ⁸ Daher möchte ich – so sehr ich dir ganz offen in Christus einen diesbezüglichen Auftrag erteilen könnte – ⁹ mehr um der Liebe willen eine Bitte aussprechen als das, was ich bin: Paulus, ein alter Mann und jetzt noch dazu ein Gefangener Christi Jesu. ¹⁰ Ich bitte dich für mein Kind, dem ich das Leben gab in meinen Fesseln, für Onesimus. ¹¹ Er war dir früher ein Nichtsnutz, jetzt aber ist er dir und mir nützlich.
¹² Ich schicke ihn dir zurück, [du aber nimm ihn an,] ihn, das heißt mein Herz. ¹³ Ich wollte ihn gern bei mir behalten, daß er mir an deiner Stelle zu Diensten wäre in meinem Gefan-

---

1–3: Apphia ist wahrscheinlich die Frau des Philemon; Archippus, der nach Kol 4,17 ein kirchliches Amt innehatte, vermutlich der Sohn des Hauses, das als Sammelpunkt einer »Hausgemeinde« genannt ist.
10f: Paulus meint die geistige Vaterschaft, mit der er Onesimus zu Christus bekehrt hat. »Nichtsnutz« und »nützlich« spielt auf den Namen »Onesimus« (= »nutzbringend«) an.

gensein für das Evangelium. ¹⁴ Doch ohne deine Einwilligung wollte ich nichts tun, damit deine Guttat nicht erzwungen geschehe, sondern aus freier Entscheidung.

¹⁵ Denn vielleicht wurde er deswegen auf kurze Zeit [von dir] getrennt, damit du für immer ihn wiedererhältst, ¹⁶ nicht mehr als Sklaven, sondern über einen Sklaven hinaus: als geliebten Bruder; ist er es für mich gar sehr, dann um so mehr für dich, sowohl in menschlicher Hinsicht als auch im Herrn. ¹⁷ Betrachtest du mich nun als deinen Gefährten, so nimm ihn auf wie mich selbst. ¹⁸ Sollte er dir aber Schaden zugefügt haben oder dir etwas schuldig sein, so setze dies mir auf die Rechnung. ¹⁹ Ich, Paulus – ich schreibe es mit eigener Hand –, ich will es bezahlen, ohne daß ich zu dir sage, daß du sogar dich selbst mir schuldig bist. ²⁰ Ja, Bruder, laß mich von dir Nutzen haben im Herrn, beglücke mein Herz in Christus.

²¹ Im Vertrauen auf deine Bereitwilligkeit habe ich dir geschrieben; denn ich weiß, daß du mehr tun wirst, als ich sage. ²² Zugleich halte mir auch eine Herberge bereit; denn ich hoffe, daß ich dank eurem Beten euch wieder geschenkt werde.

²³ Es grüßt dich Epaphras, mein Mitgefangener in Christus Jesus, ²⁴ Markus, Aristarchus, Demas und Lukas, meine Mitarbeiter. ²⁵ Die Gnade unseres Herrn Jesus Christus sei mit eurem Geist! [Amen.]

Der Brief an die Hebräer

Im Unterschied zu den bisherigen Briefen fehlt beim sogenannten Hebräerbrief eine bestimmte Angabe des Absenders wie der Adressaten. Er wendet sich an Leser, die in der Gefahr stehen, sich dem jüdischen Kult zuzuwenden und damit den Glauben an Christus aufzugeben. In eindrucksvoller Gedankenführung sucht daher das Schreiben den Vorrang der in Christus begründeten Heilsordnung gegenüber der mosaischen darzustellen, wobei häufige Mahnungen zur tätigen Glaubenstreue die Beweisführung durchziehen. Auffallend sind die zahlreichen Schriftzitate und die Art ihrer Zitation und Deutung, sowie die sprachliche Eigenart des ganzen Briefes. Schon in der Väterzeit entstand daher die Meinung, daß der Inhalt zwar auf Paulus hinweise, daß aber die Formgebung von einem anderen, dem Apostel nahestehenden Mann der Urkirche stamme. Man denkt bei den verschiedenen Möglichkeiten besonders an Apollos von Alexandrien (vgl. Apg 18,24–28; 1 Kor 1,12; 3,4; 4,6; 16,12; Tit 3,13). Als Empfänger kommt wohl eine judenchristliche Gemeinschaft, sei es in Palästina, sei es in einem jüdischen Diasporabezirk, in Frage. Die Abfassungszeit ist schwer feststellbar. 13,19 und 13,23 wird vielfach auf die erste römische Gefangenschaft des Apostels (61–63) bezogen.

1. Kapitel

Erhabenheit des Sohnes Gottes. ¹ Nachdem oftmals und in mancher Gestalt und Weise dereinst Gott zu den Vätern gesprochen hatte in den Propheten, ² sprach er am Ende dieser Tage zu uns durch seinen Sohn, den er eingesetzt hat zum Erben des Alls, durch den er auch die Welten schuf. ³ Er, der Abglanz seiner Herrlichkeit ist und Abbild seines Wesens, der das Weltall trägt durch sein machtvolles Wort, hat Reinigung von den Sünden erwirkt und setzte sich zur Rechten der Majestät in der Höhe (Ps 110,1).

1,1–3: Um gleich eingangs die Erhabenheit der christlichen Offenbarung gegenüber der alttestamentlichen aufzuzeigen, wird die einzigartige Stellung Jesu Christi als des wesensgleichen Gottessohnes sowohl hinsichtlich der Schöpfung als auch der Erlösung gezeigt.

Hebräer 1,4–2,4

Höher als die Engel. ⁴ Er ist so viel erhabener als die Engel, als sein Name, den er geerbt hat, sie überragt. ⁵ Denn zu welchem der Engel sprach er je: ›Mein Sohn bist du, ich habe dich heute gezeugt‹ (Ps 2,7)? Und ferner: ›Ich werde ihm Vater sein, und er wird mir Sohn sein‹ (2 Sam 7,14)? ⁶ Wiederum spricht er, da er den Erstgeborenen einführt in die Welt: ›Und anbeten sollen ihn alle Engel Gottes‹ (Dt 32,43). ⁷ Im Hinblick auf die Engel sagt er: ›Zu seinen Engeln macht er Winde und zu seinen Dienern die Flamme des Feuers‹ (Ps 104,4).
⁸ Zum Sohn aber: ›Dein Thron, o Gott, steht in alle Ewigkeit‹, und: ›Der Stab der Gerechtigkeit ist dein Herrscherstab; ⁹ du liebtest das Recht, verhaßt war dir der Frevel; darum hat dich, o Gott, dein Gott gesalbt mit Freudenöl vor deinen Genossen‹ (Ps 45,7f), ¹⁰ sowie: ›Du hast im Anfang, o Herr, die Erde gegründet, und deiner Hände Werke sind die Himmel. ¹¹ Sie werden vergehen, du aber wirst bleiben, und alle werden altern wie ein Kleid; ¹² wie einen Mantel wirst du sie zusammenrollen, wie ein Gewand, und sie werden sich ändern; du aber bist derselbe, und deine Jahre werden nicht aufhören‹ (Ps 102,26–28).
¹³ Zu welchem der Engel hat er je gesagt: ›Setz dich zu meiner Rechten, bis ich deine Feinde hinlege als Schemel deiner Füße‹ (Ps 110,1)? ¹⁴ Sind sie nicht alle dienende Geister, ausgesandt zum Dienst derer, die das Heil erben sollen?

2. Kapitel
Mahnung zur Heilsbereitschaft. ¹ Darum müssen wir um so mehr achten auf das, was wir hörten, damit wir nicht unser Ziel verfehlen. ² Denn wenn schon das durch Engel verkündete Wort verpflichtend war und jede Übertretung und Mißachtung gebührende Vergeltung empfing, ³ wie werden dann wir entrinnen, wenn wir nicht achten auf ein so großes Heil, dessen Verkündigung ihren Anfang nahm durch den Herrn und das von jenen, die sie hörten, beglaubigt wurde für uns? ⁴ Gott gab Zeugnis dafür durch Zeichen und Wunder, durch vielgestaltige Machterweise und Zuteilungen des Heiligen Geistes nach seinem Ratschluß.

1,4–14: Nach jüdischer Auffassung waren die Engel die Mittler der alttestamentlichen Offenbarung, vgl. Apg 7,38.53; Gal 3,19. Daher wird hier mit einer Reihe von Schriftworten der Vorrang Christi vor den Engeln aufgezeigt. Die Stellen sind nach dem griechischen Text des AT zitiert, in messianischer Deutung ihres Inhaltes. Dabei ist einer der wichtigsten Beweise der messianische Ps 110.

Christus unser aller Erlöser. ⁵ Denn nicht Engeln unterwarf er die künftige Welt, von der wir reden. ⁶ Es hat ja doch einer bezeugt: ›Was ist der Mensch, daß du seiner gedenkst, oder des Menschen Sohn, daß du seiner achtest? ⁷ Erniedrigt hast du ihn für kurz unter die Engel, mit Herrlichkeit und Ehre ihn gekrönt [und ihn gesetzt über die Werke deiner Hände]; ⁸ alles hast du unterworfen seinen Füßen‹ (Ps 8,5ff). Wenn er ihm ›alles unterwarf‹, nahm er nichts aus, das ihm nicht unterworfen wäre. Jetzt sehen wir freilich noch nicht, daß ihm ›alles unterworfen‹ ist. ⁹ Den aber, der ›für kurz unter die Engel erniedrigt‹ wurde, sehen wir in Jesus, der für das Erleiden des Todes ›mit Herrlichkeit und Ehre gekrönt‹ wurde – er sollte ja durch Gottes Gnade für alle den Tod verkosten. ¹⁰ War es doch entsprechend für ihn, dessentwegen das All und durch den das All ist, daß er, um viele Söhne zur Herrlichkeit zu führen, als der Urheber ihres Heils durch Leiden hindurch zur Vollendung gelangte. ¹¹ Es stammen ja der Heiligende und die zu Heiligenden alle von e i n e m. Aus diesem Grund schämt er sich auch nicht, sie Brüder zu nennen, da er spricht: ¹² ›Verkünden will ich deinen Namen meinen Brüdern, inmitten der Gemeinde will ich dich preisen‹ (Ps 22,23). ¹³ Ferner: ›Ich will mein Vertrauen setzen auf ihn‹, und weiter: ›Siehe mich und die Kinder, die mir Gott gegeben hat‹ (Jes 8,17f).

¹⁴ Da nun die Kinder in Gemeinschaft stehen durch Blut und Fleisch, nahm auch er in gleicher Weise daran teil, um durch den Tod den zu entmachten, der des Todes Gewalt besitzt, nämlich den Teufel, ¹⁵ und alle zu erlösen, die in der Furcht des Todes das ganze Leben hindurch einer Versklavung verfallen waren.

¹⁶ Denn er nimmt sich doch nicht der Engel an, sondern ›der Nachkommen Abrahams nimmt er sich an‹ (Jes 41,8). ¹⁷ Darum mußte er in allem den Brüdern gleich werden, damit er ein mitfühlender und getreuer Hoherpriester werde im Dienst vor Gott, um die Sünden des Volkes zu sühnen. ¹⁸ Denn da er selbst versucht wurde und gelitten hat, vermag er auch denen, die versucht werden, beizustehen.

2,5–18: Der Erlöserweg Christi bedeutete eine vorübergehende Erniedrigung im Leiden, endete aber in der Verherrlichung, in der Christus als der universale Herr erschien. Der Gedanke richtet sich gegen jüdische Kreise, die an der Erniedrigung Jesu Anstoß nahmen. Ps 8 ist messianisch gedeutet, vgl. 1 Kor 15,27; Eph 1,22; Phil 3,21, wobei »des Menschen Sohn« auf Christus bezogen wird, der nur »für kurz«, d. h. während seines Erdenlebens, niedriger als die Engel erschien. Beachte die Kennzeichnung Jesu als »Bruder« der Erlösten.

3. Kapitel

Höher als Mose. ¹ Darum, heilige Brüder, teilhaft geworden der himmlischen Berufung, schaut auf Jesus, den Gesandten und Hohenpriester unseres Bekenntnisses: ² Er war getreu vor dem, der ihn bestellt hat, wie es auch ›Mose war in seinem ganzen Hause‹ (Num 12,7). ³ Denn er wurde größerer Herrlichkeit für würdig erachtet als Mose; größere Ehre als das Haus erfährt ja sein Erbauer. ⁴ Denn jedes Haus wird von jemand erbaut; der Erbauer von allem aber ist Gott. ⁵ ›Mose war getreu in seinem ganzen Hause als ein Diener‹ (Num 12,7), zur Bezeugung dessen, was geoffenbart werden sollte. ⁶ Christus aber steht als Sohn über seinem Haus. Sein Haus sind wir, wenn wir die Zuversicht und frohgestimmte Hoffnung [bis ans Ende unwandelbar] festhalten.

Warnung vor Glaubensabfall. ⁷ Darum bedenkt, was der Heilige Geist sagt: ›Heute, wenn ihr seine Stimme hört, ⁸ verhärtet eure Herzen nicht wie bei der Erbitterung am Tag der Versuchung in der Wüste, ⁹ wo mich eure Väter versuchten und auf die Probe stellten, obwohl sie meine Werke sahen ¹⁰ vierzig Jahre hindurch. Darum war ich unwillig über dieses Geschlecht und sprach: Allezeit irren sie mit ihrem Herzen, und meine Wege erkannten sie nicht. ¹¹ So schwor ich denn in meinem Zorn: Sie sollen nicht eingehen in meine Ruhe‹ (Ps 95,7ff).

¹² Sehet zu, Brüder, daß in keinem von euch ein böses, ungläubiges Herz sich finde, um abzufallen vom lebendigen Gott. ¹³ Ermahnt vielmehr einander an jedem Tag, solange man das ›Heute‹ ruft, damit keiner von euch ›verhärtet‹ werde durch den Trug der Sünde. ¹⁴ Denn wir sind ja zur Teilhabe an Christus erwählt worden, wenn wir nur den Anfangsgrund bis ans Ende sicher bewahren.

¹⁵ Wenn es heißt: ›Heute, wenn ihr seine Stimme hört, verhärtet eure Herzen nicht wie bei der Erbitterung‹, ¹⁶ wer waren dann jene, die ›hörten‹ und ihn ›erbitterten‹? Waren es denn nicht alle, die aus Ägypten auszogen unter Mose? ¹⁷ Über wen war er ›unwillig vierzig Jahre hindurch‹? Waren es nicht jene, die gesündigt hatten, deren ›Leiber in der Wüste dahinsanken‹ (Num 14,29)? ¹⁸ Wem anders ›schwor‹ er, daß sie ›nicht einge-

---

3,1–6: Mose wurde von den Juden über die Engel gestellt. Jesus steht als »Gesandter« (wörtlich: »Apostel«) und »Hoherpriester« der neuen Offenbarung über ihm. Er vereint die höchsten Würden, die im AT auf Mose und Aaron verteilt waren.

hen sollten in seine Ruhe‹, als denen, die ungehorsam waren? ¹⁹ So sehen wir denn, daß sie nicht eingehen konnten wegen ihres Unglaubens.

4. Kapitel
Aufruf zum Glaubenseifer. ¹ Seien wir also mit Besorgnis darauf bedacht, daß keiner von euch als säumig erscheine, indes die Verheißung, in ›seine Ruhe einzugehen‹, noch offensteht. ² Denn auch an uns erging die Heilsbotschaft wie an jene; doch ihnen nützte das Wort der Botschaft nichts, da es sich nicht durch den Glauben mit denen vereinte, die hörten. ³ Denn ›eingehen werden wir in die Ruhe‹, wenn wir geglaubt haben, gemäß seinem Wort: ›So schwor ich denn in meinem Zorn: Sie sollen nicht eingehen in meine Ruhe‹ und dies, obgleich mit der Grundlegung die Welt die Werke getan waren. ⁴ Es heißt ja an einer Stelle vom siebten Tag also: ›Und Gott ruhte am siebten Tag von allen seinen Werken‹ (Gen 2,2). ⁵ Und an unserer Stelle wiederum: ›Sie sollen nicht eingehen in meine Ruhe‹.
⁶ Da es nun dabei bleibt, daß einige in sie eingehen werden, jene aber, an die zuerst die Heilsbotschaft erging, infolge ihres Ungehorsams nicht eingingen, ⁷ so bestimmt er nochmals einen Tag als ›Heute‹, indem er nach so langer Zeit durch David spricht, wie oben gesagt wurde: ›Heute, wenn ihr seine Stimme hört, verhärtet eure Herzen nicht!‹ ⁸ Denn hätte Josua ihnen ›Ruhe‹ verschafft, wäre nachher nicht von einem anderen Tag die Rede.
⁹ So steht also noch eine Sabbatruhe aus für das Volk Gottes. ¹⁰ Denn wer eingegangen ist in seine ›Ruhe‹, der ruht auch selber aus von seinen Werken, wie Gott von den seinen. ¹¹ Laßt uns also mit Eifer danach streben, ›einzugehen in diese Ruhe‹, damit keiner zu Fall komme in der gleichen Weise des Ungehorsams.
¹² Denn lebendig ist das Wort Gottes, wirksam und schärfer als jedes zweischneidige Schwert; es dringt durch bis zur Trennung von Seele und Geist, von Gelenk und Mark, und ist Richter über Gedanken und Regungen des Herzens. ¹³ Nichts Geschaffenes ist verborgen vor ihm, alles liegt nackt und

---

4,1–13: Erst den Christen wird der Eingang in die im Ps 95 verheißene »Sabbatruhe« Gottes beschieden sein. Daher gilt auch ihnen die Warnung des Psalmes. Denn nur im Glauben an Christus erhalten wir diese Verheißung.

offen vor den Augen dessen, vor dem wir Rede und Antwort schulden.

Christus, unser Hoherpriester. ¹⁴ Wir haben also einen erhabenen Hohenpriester, einen, der die Himmel durchschritt, Jesus, den Sohn Gottes; so laßt uns denn festhalten an dem Bekenntnis! ¹⁵ Denn wir haben nicht einen Hohenpriester, der nicht mitfühlen könnte mit unseren Schwächen, sondern einen, der in jeder Hinsicht auf gleiche Weise versucht wurde – ohne aber zu sündigen.

¹⁶ Darum laßt uns mit Zuversicht hintreten zum Thron der Gnade, um Barmherzigkeit zu erfahren und Gnade zu finden als Hilfe zu rechter Zeit.

5. Kapitel

¹ Denn jeder aus Menschen genommene Hohepriester wird für Menschen bestellt in ihren Anliegen vor Gott, damit er Gaben und Opfer darbringe für die Sünden ² als einer, der mitzufühlen vermag mit den Unwissenden und Irrenden, da er auch selber mit Schwachheit behaftet ist. ³ Deshalb muß er wie für das Volk so auch für sich selbst Opfer darbringen um der Sünden willen.

⁴ Keiner nimmt sich selbst die Würde, sondern berufen wird er von Gott wie auch Aaron. ⁵ So hat auch Christus nicht sich selbst verherrlicht, um Hoherpriester zu werden, sondern der zu ihm sprach: ›Mein Sohn bist du, ich habe dich heute gezeugt‹ (Ps 2,7). ⁶ So sagt er auch an einer andern Stelle: ›Du bist Priester in Ewigkeit nach der Ordnung des Melchisedek‹ (Ps 110,4).

⁷ In den Tagen seines Erdenlebens hat er unter lautem Stöhnen und unter Tränen Gebete und Flehrufe vor den gebracht, der ihn vom Tod erretten konnte, und er fand Erhörung aus seiner Not; ⁸ obgleich Gottes Sohn, lernte er an dem, was er litt, den Gehorsam, ⁹ und zur Vollendung gelangt, wurde er allen, die ihm gehorchen, Urheber ewigen Heils, ¹⁰ von Gott angesprochen als Hoherpriester ›nach der Ordnung des Melchisedek‹ (Ps 110,4).

4,14–5,10: Jesus ist von Gott bestellter Hoherpriester, aber nicht in unerreichbarer Ferne, sondern in mitfühlender Gemeinschaft, da er als Mensch die Nöte menschlichen Daseins selbst erfuhr. Vers 7 bezieht sich auf den Seelenkampf Jesu am Ölberg. Statt »aus seiner Not« könnte nach dem Griechischen auch übersetzt werden: »infolge seiner Gottesfurcht«.

Warnung vor Rückfall. ¹¹ Darüber wäre noch viel von uns zu sagen, aber es ist schwer zu erklären, da ihr träge geworden seid im Hören. ¹² Denn die ihr der Zeit nach Lehrer sein solltet, habt wieder nötig, daß man euch die Anfangsgründe der Worte Gottes lehrt, und ihr wurdet zu solchen, die Milch brauchen und nicht feste Speise. ¹³ Ist doch ein jeder, der noch Milch bekommt, unerfahren zu rechter Rede; er ist ja ein Kind. ¹⁴ Erwachsenen aber steht feste Nahrung zu, da sie durch steten Gebrauch geübte Sinne haben zur Unterscheidung von Gutem und Schlechtem.

6. Kapitel

¹ Lassen wir daher die Anfangsgründe der Lehre von Christus beiseite und wenden uns der Vollendung zu, um nicht nochmals den Grund zu legen mit: Abkehr von toten Werken und Glaube an Gott, ² Belehrung über Taufen, Handauflegung, Auferstehung der Toten und ewiges Gericht. ³ Und dies wollen wir tun, sofern Gott es zuläßt.
⁴ Denn unmöglich ist es, daß Menschen, die einmal erleuchtet worden waren, die himmlische Gabe gekostet, die Mitteilung des Heiligen Geistes empfangen, ⁵ das herrliche Gotteswort und die Kräfte der kommenden Welt verspürt haben, ⁶ und dennoch abfielen, nochmals zu einer neuen Umkehr gebracht werden. Sie kreuzigen ja für sich abermals den Sohn Gottes und geben ihn dem Gespött preis. ⁷ Denn das Land, das den häufig darübergehenden Regen getrunken hat und jenen, für die es bestellt wird, ein schönes Wachstum bringt, erhält Anteil am Segen von Gott. ⁸ Bringt es aber Dornen und Disteln hervor, so ist es unbrauchbar und dem Fluch verfallen, an dessen Ende die Verbrennung steht.

Mahnung zu vertrauensvollem Eifer. ⁹ Wir sind aber, was euch betrifft, Geliebte, vom Besseren überzeugt, und zwar gerade hinsichtlich dessen, was zum Heil führt – auch wenn wir so reden. ¹⁰ Denn Gott ist nicht ungerecht, daß er vergessen sollte eures Wirkens und der Liebe, die ihr zu seinem Namen bewiesen habt, da ihr den Heiligen dientet und noch dient. ¹¹ Wir möchten aber, daß jeder von euch den gleichen Eifer zeige zur vollen Entfaltung der Hoffnung bis ans Ende.

5,11–6,8: Den sinkenden Glaubensstand der Leser tadelnd, weist der Apostel auf die Grundlehren der christlichen Unterweisung hin, über die sie längst hinausgeschritten sein sollten. Die in 6,4–6 ausgesprochene Unmöglichkeit der Rückkehr von Abgefallenen darf nicht im absoluten Sinn verstanden werden; doch soll damit das äußerst Schwierige einer solchen Umkehr angedeutet werden.

Hebräer 6,12–7,3

¹² Werdet daher nicht schlaff, sondern seid Nachahmer derer, die durch Glauben und Geduld Erben der Verheißungen sind. ¹³ Denn als Gott dem Abraham die Verheißung gab, schwor er, da er bei keinem Höheren schwören konnte, bei sich selbst ¹⁴ und sprach: ›Wahrlich, ich will dich in Fülle segnen, und überreich will ich dich mehren‹ (Gen 22,16f). ¹⁵ Und so wartete er geduldig und empfing das Verheißene. ¹⁶ Menschen schwören nämlich bei dem Höheren, und der Eid dient ihnen zur Bekräftigung und macht jedem Einwand ein Ende. ¹⁷ Darum hat Gott, da er den Erben der Verheißung mit allem Nachdruck die Unwandelbarkeit seines Ratschlusses zeigen wollte, sich mit einem Eid verbürgt, ¹⁸ damit wir durch zwei unwandelbare Tatsachen, bei denen Gott unmöglich trügen konnte, eine starke Zuversicht haben, um als Rettungsuchende nach der vor uns liegenden Hoffnung zu greifen. ¹⁹ Wir halten sie fest als zuverlässigen und festen Anker der Seele, der ›hineinreicht bis ins Innere des Vorhangs‹ (Lev 16,2.12). ²⁰ Dort hinein ist als Vorläufer für uns Jesus gegangen, der Hoherpriester geworden ist ›nach der Ordnung des Melchisedek in Ewigkeit‹ (Ps 110,4).

7. Kapitel

Jesu vollkommenes Priestertum. ¹ Denn dieser ›Melchisedek, König von Salem, Priester des höchsten Gottes, ging Abraham entgegen, als dieser von der Niederwerfung der Könige zurückkehrte, und segnete ihn‹ (Gen 14,17–20). ² Ihm gab Abraham auch ›den Zehnten von allem‹ (Gen 14,20). Zunächst bedeutet sein Name ›König der Gerechtigkeit‹, dann aber auch ›König von Salem‹, das ist ›König des Friedens‹. ³ Ohne Vater, ohne Mutter, ohne Stammbaum, ohne Anfang der Tage und ohne Ende seines Lebens, ähnlich dem Sohn Gottes, bleibt er Priester in Ewigkeit.

6,19: Anspielung auf den »Vorhang« vor dem »Allerheiligsten« des jüdischen Tempels, das hier als Sinnbild des Himmels genommen ist, in dem der erhöhte Christus für uns als Hoherpriester wirkt.

7,1–28: Der Nachweis, daß in Christus die vollkommenste Form des Priestertums erreicht wurde, soll die dem jüdischen Kult wieder zuneigenden Judenchristen auf das Widersinnige ihrer Absicht aufmerksam machen. Christus steht nicht in der unvollkommenen Ordnung des von Levi abstammenden Priestertums, sondern in ihm erfüllt sich die in Melchisedek vorgebildete hohepriesterliche Würde im Sinne des prophetischen Psalmwortes 110,4. Da von Melchisedek, der die priesterliche und königliche Würde in sich vereinte, die Heilige Schrift weder Herkunft noch Tod erwähnt, galt er als »ewig« lebend und wird so zum Vorbild des ewigen Priestertums Christi.

⁴ Beachtet, wie groß der ist, dem selbst Abraham, der Stammvater, den Zehnten gab von seiner Beute. ⁵ Wohl haben auch jene von den Söhnen Levis, die das Priestertum übernehmen, den Auftrag, nach dem Gesetz den Zehnten zu nehmen vom Volk, das heißt also von ihren Brüdern, obgleich sie hervorgingen aus der Lende Abrahams. ⁶ Jener aber, der nicht ihrem Geschlecht entstammte, nahm den Zehnten von Abraham und segnete den, der die Verheißungen besaß.

⁷ Ohne allen Zweifel wird das Geringere vom Größeren gesegnet. ⁸ Und hier nehmen sterbliche Menschen den Zehnten, dort aber einer, von dem bezeugt wird, daß er lebt. ⁹ Und so kann man wohl sagen: in Abraham ist auch von Levi, der den Zehnten empfängt, der Zehnte erhoben worden; ¹⁰ denn er war noch in den Lenden seines Vaters, da Melchisedek ihm begegnete.

¹¹ Wenn nun die Vollendung durch das levitische Priestertum erreicht wäre – das Volk erhielt ja auf dieses hin die gesetzliche Ordnung –, wozu war es noch nötig, nach der ›Ordnung des Melchisedek‹ einen anderen Priester zu bestellen und ihn nicht nach der Ordnung des Aaron zu benennen? ¹² Mit dem Wechsel des Priestertums erfolgt ja notwendig auch ein Wechsel des Gesetzes. ¹³ Der nämlich, von dem dies gesagt wird, gehörte einem anderen Stamm an, aus dem nie einer dem Altar diente.

¹⁴ Unser Herr ist ja bekanntlich aus Juda entsprossen, einem Stamm, von dem Mose nichts in bezug auf Priester gesagt hat. ¹⁵ Und noch offenkundiger wird es, wenn nach der Weise des Melchisedek ein anderer Priester bestellt wird, ¹⁶ der es nicht geworden ist nach der Norm fleischlicher Ordnung, sondern nach der Kraft unzerstörbaren Lebens. ¹⁷ Das Zeugnis lautet doch: ›Du bist Priester in Ewigkeit nach der Ordnung des Melchisedek‹ (Ps 110,4).

¹⁸ Aufgehoben wird die vorausgehende Ordnung wegen ihrer Schwäche und Unbrauchbarkeit – ¹⁹ das Gesetz hat ja in nichts Vollendung gebracht –, heraufgeführt wird eine bessere Hoffnung, durch die wir Gott nahekommen. ²⁰ Und insofern es nicht ohne einen Eid geschah – jene andern nämlich sind ohne einen Eid Priester geworden, ²¹ dieser aber mit einem Eid durch den, der zu ihm sprach: ›Der Herr hat geschworen und es wird ihn nicht gereuen: Du bist Priester in Ewigkeit‹ (Ps 110,4) –, ²² wurde demgemäß Jesus Bürge auch eines besseren Bundes. ²³ Und dort sind es viele, die Priester geworden sind – da sie durch ihr Sterben gehindert wurden zu

bleiben –, ²⁴ dieser aber hat, weil er ›in Ewigkeit‹ bleibt, das Priestertum als ein nichtvergehendes. ²⁵ Daher vermag er auch in vollem Sinn alle zu retten, die durch ihn vor Gott treten, da er immerfort lebt, um einzutreten für sie.
²⁶ Ein solcher Hoherpriester war auch geziemend für uns, einer der heilig ist, schuldlos, ohne Makel, gesondert von den Sündern und hocherhoben über die Himmel, ²⁷ einer, der nicht wie die Hohenpriester es jeden Tag nötig hat, zuerst für seine eigenen Sünden Opfer darzubringen, dann für die des Volkes. Denn dies tat er ein für allemal, da er sich darbrachte zum Opfer. ²⁸ Das Gesetz stellt ja Menschen zu Hohenpriestern auf, die mit Schwächen behaftet sind, das Wort des Eides aber, zeitlich nach dem Gesetz, den Sohn, der vollkommen ist in Ewigkeit.

8. Kapitel

Jesu unvergleichbares Mittlertum. ¹ Das Entscheidende aber bei diesen Aussagen ist: Wir haben einen als Hohenpriester, der sich zur Rechten des Thrones der Majestät im Himmel setzte ² als Liturge im Heiligtum und im wahren Zelt, das errichtet hat der Herr, nicht ein Mensch. ³ Jeder Hoherpriester nämlich ist bestellt zum Darbringen von Gaben und Opfern, weshalb auch dieser etwas haben muß, was er darbringen kann.
⁴ Wäre er nun auf der Erde, so wäre er gar nicht Priester; denn da sind jene, die dem Gesetz gemäß die Gaben darbringen. ⁵ Sie dienen einem Sinnbild und Schatten der himmlischen Dinge, so wie Mose die Weisung erhielt, als er daranging, das Zelt aufzurichten: ›Sieh zu‹, so heißt es, ›daß du alles fertigest nach dem Urbild, das dir gezeigt wurde auf dem Berg‹ (Ex 25,40).
⁶ Nun aber hat er einen um so erhabeneren Priesterdienst empfangen, als er auch Mittler ist eines höherstehenden Bundes, der auf höherstehende Verheißungen hin gültig geworden ist. ⁷ Wäre nämlich jener erste ohne Mängel gewesen, hätte man nicht nach der Möglichkeit für einen zweiten gesucht.
⁸ Denn voll Tadel spricht er zu ihnen:
›Siehe, es kommen Tage, spricht der Herr, da ich mit dem Haus Israel und mit dem Haus Juda einen neuen Bund schließen werde, ⁹ nicht nach Art des Bundes, den ich mit ihren

---

8,1–13: Auch diese Aussage über den priesterlichen Mittlerdienst des zur Rechten Gottes sitzenden Gottessohnes soll die Leser in der Treue zu ihm bestärken.

Vätern schloß an dem Tag, als ich ihre Hand ergriff, um sie herauszuführen aus dem Land Ägypten. Denn sie sind nicht treu geblieben meinem Bund, und ich kümmerte mich nicht mehr um sie, spricht der Herr.
¹⁰ Denn dies ist der Bund, den ich schließen werde mit dem Haus Israel nach jenen Tagen, spricht der Herr: Ich will meine Gesetze in ihren Sinn legen und sie einschreiben in ihre Herzen; ich will ihnen Gott sein, und sie werden mir Volk sein. ¹¹ Keiner soll seinen Mitbürger, keiner seinen Bruder lehren und ihm sagen müssen: Erkenne den Herrn! Denn alle werden sie mich erkennen, vom Kleinsten unter ihnen bis zum Größten. ¹² Ja, gnädig werde ich sein ihren Ungerechtigkeiten, und ihrer Sünden werde ich nicht mehr gedenken‹ (Jer 31,31–34).
¹³ Da er aber von einem ›neuen‹ Bund redet, macht er den ersten zu einem alten. Was aber veraltet ist und greisenhaft, ist dem Vergehen nahe.

9. Kapitel
Der unvollkommene Opferdienst des Alten Bundes. ¹ Es hatte nun freilich auch der erste Bund Vorschriften für den Gottesdienst und das irdische Heiligtum. ² Da wurde nämlich das vordere Zelt errichtet, mit dem Leuchter darin und dem Tisch mit den Schaubroten; man nennt es »das Heilige«. ³ Hinter dem zweiten Vorhang ist das Zelt, das man »das Allerheiligste« nennt. ⁴ Darin befindet sich der goldene Rauchopferaltar und die durchweg mit Gold verkleidete Bundeslade, darin ein goldener Krug mit dem Manna, der einst grünende Stab Aarons und die Bundestafeln ⁵ und darüber die Kerubim der Herrlichkeit, die den Versöhnungsschrein überschatten. Von diesen Dingen soll jedoch jetzt nicht im einzelnen gesprochen werden.
⁶ Bei der so bestehenden Ausstattung steht der Zutritt zum vorderen Zelt zu jeder Zeit den Priestern offen zum Vollzug gottesdienstlicher Aufgaben, ⁷ das zweite hingegen betritt einmal im Jahr der Hohepriester allein, und zwar nicht ohne Blut, das er darbringt für seine eigenen und des Volkes Verfehlungen. ⁸ Dadurch will der Heilige Geist andeuten, daß der Weg zum Heiligtum noch nicht aufgetan ist, solange das erste Zelt noch Bestand hat.
⁹ Dieses ist ein Sinnbild für die gegenwärtige Zeit, insofern in seinem Bereich Gaben und Opfer dargebracht werden, die nicht imstande sind, den Opfernden in seinem Gewissen zur

Vollkommenheit zu führen. ¹⁰ Nur mit Speise und Trank und allerlei Waschungen befassen sich die dem Äußeren zugeordneten Satzungen, die bis zum Zeitpunkt der Neuordnung festgelegt sind.

Das unvergleichbare Opfer Jesu Christi. ¹¹ Christus dagegen trat als Hoherpriester der künftigen Güter durch das größere und vollkommenere Zelt, das nicht von Menschenhänden gemacht, das heißt, nicht von dieser Schöpfung ist. ¹² Er trat auch nicht mit dem Blut von Böcken und Rindern, sondern mit seinem eigenen Blut ein für allemal in das Heiligtum und erwirkte eine ewig dauernde Erlösung.

¹³ Denn wenn das Blut von Böcken und Stieren und die Asche einer Kuh bei Besprengung die Verunreinigten heiligt zur Erlangung äußerer Reinheit (Num 19,1–22), ¹⁴ wieviel mehr wird das Blut Christi, der im ewigen Geist sich selbst als ein makelloses Opfer Gott darbrachte, euer Gewissen reinigen von toten Werken, zum Dienst vor dem lebendigen Gott.

¹⁵ Und deshalb ist er eines neuen Bundes Mittler, damit durch seinen Tod, der zum Loskauf diente von den im ersten Bund geschehenen Sünden, die Berufenen die Verheißungen empfingen für das ewige Erbe. ¹⁶ Denn wo es um ein Testament geht, muß der Tod dessen nachgewiesen werden, der das Testament verfügte. ¹⁷ Ein Testament wird ja erst bei Toten rechtskräftig, da es sonst nicht in Kraft tritt, wenn der noch lebt, der es verfügte.

¹⁸ Daher wurde auch der erste Bund nicht ohne Blut eingeweiht. ¹⁹ Als nämlich Mose jedes Gebot dem Gesetz gemäß dem ganzen Volk vorgetragen hatte, nahm er das Blut von Rindern und Böcken nebst Wasser, purpurroter Wolle und Ysop und besprengte das Buch selbst und das ganze Volk, ²⁰ wobei er sprach: ›Dies ist das Blut des Bundes, den Gott angeordnet hat für euch‹ (Ex 24,8). ²¹ Ebenso besprengte er auch das Zelt und alle Geräte für den liturgischen Dienst mit Blut. ²² Und mit Blut wird ja nach dem Gesetz fast alles gereinigt, und ohne Vergießen von Blut gibt es keine Vergebung.

9,11–28: Nach der Beschreibung der unvollkommenen jüdischen Kultordnung wird die Vollkommenheit des Priestertums Christi vor allem in seiner sündentilgenden Kraft gezeigt. Gegenüber dem stets zu wiederholenden Sühneopfer des jüdischen Hohenpriesters steht das einmalige Opfer Christi, mit dem er, ewig lebend, seinen Eintritt in das himmlische Heiligtum erhalten hat. Vers 13 weist auf den levitischen Brauch der Besprengung mit Asche von einer als Opfer verbrannten Kuh hin. In 15–20 sind die Ausdrücke »Bund« und »Testament« vom gleichen griechischen Wort »Diatheke« übersetzt.

²³ Es ergibt sich also als zwingender Schluß: die Sinnbilder des Himmlischen werden zwar mit diesen Dingen gereinigt, das Himmlische selber aber mit höheren Opfern als jene. ²⁴ Denn nicht in ein von Menschenhänden errichtetes Heiligtum, das nur Abbild des eigentlichen war, ist Christus eingegangen, sondern in den Himmel selbst, um nunmehr vor das Angesicht Gottes hinzutreten für uns.

²⁵ Auch braucht er sich nicht immer wieder zu opfern, wie der Hohepriester jedes Jahr in das Allerheiligste eintritt mit fremdem Blut. ²⁶ Denn dann hätte er oftmals leiden müssen seit Grundlegung der Welt. So aber ist er nur einmal am Ende der Zeiten zur Hinwegnahme der Sünde durch sein Opfer erschienen. ²⁷ Und wie es für die Menschen bestimmt ist, e i n m a l zu sterben, und darauf kommt das Gericht, ²⁸ so wurde auch Christus ein einziges Mal geopfert, ›um die Sünden vieler hinwegzunehmen‹ (Jes 53,12); ein zweites Mal wird er ohne Bezug auf Sünde den auf ihn Wartenden erscheinen zum Heil.

10. Kapitel

Wirksamkeit des Opfers Christi. ¹ Denn das Gesetz trägt nur den Schatten der zukünftigen Güter, nicht das Erscheinungsbild der Dinge selbst; so kann es mit den jährlich stets sich wiederholenden Opfern niemals die Opfernden zur Vollkommenheit bringen. ² Hätte sonst ihre Darbringung nicht aufhören müssen, da ja die Opfernden kein Sündenbewußtsein mehr hätten, wären sie mit e i n e m Mal gereinigt? ³ Im Gegenteil, durch sie wird ihnen die Erinnerung an die Sünden wachgerufen von Jahr zu Jahr.

⁴ Denn unmöglich nimmt Blut von Stieren und Böcken Sünden hinweg. ⁵ Darum spricht er bei seinem Eintritt in die Welt: ›Opfer und Gabe verlangtest du nicht, einen Leib aber hast du mir bereitet; ⁶ an Brand- und Sühnopfern fandest du kein Gefallen. ⁷ Da sprach ich: Siehe, ich komme – in der Buchrolle steht es von mir geschrieben –, deinen Willen, o Gott, zu vollbringen‹ (Ps 40,7 ff).

10,1–18: Christus hat die unvollkommenen Opfer des Alten Bundes abgelöst. Daher legt ihm der Apostel die Worte des Psalmisten, 40,7–9, in den Mund, gleichsam als Morgengebet seines Lebens, dessen Grundhaltung die gehorsame Hingabe an den Vater im Himmel war, vgl. Phil 2,6–11.

⁸ Zuvor sagte er: ›Opfer und Gabe, Brand- und Sühnopfer verlangtest du nicht und fandest kein Gefallen an ihnen‹ – an denen also, die dem Gesetz gemäß dargebracht werden; ⁹ darauf sagte er: ›Siehe, ich komme, deinen Willen zu vollbringen.‹ Er hebt also das erste auf, um das zweite festzusetzen. ¹⁰ In diesem Willen sind wir geheiligt durch das Opfer des Leibes Jesu Christi ein für allemal.

¹¹ Jeder Priester tritt täglich hin zur Verrichtung seines Dienstes und bringt immer wieder die gleichen Opfer dar, die niemals imstande sind, Sünden hinwegzunehmen. ¹² Dieser aber brachte nur ein einziges Opfer für die Sünden dar und setzte sich für immer zur ›Rechten‹ Gottes ¹³ und wartet fortan, ›bis seine Feinde hingelegt werden zum Schemel seiner Füße‹ (Ps 110,1). ¹⁴ Denn durch ein einziges Opfer hat er für immer jene, die geheiligt werden sollen, zur Vollendung geführt.

¹⁵ Dies bezeugt uns aber auch der Heilige Geist; denn nach dem Wort: ¹⁶ Dies ist der Bund, den ich mit ihnen schließen werde in jenen Tagen, spricht der Herr: Ich will meine Gesetze in ihre Herzen legen und sie einschreiben in ihren Sinn, ¹⁷ und ihrer Sünden und Frevel werde ich nicht mehr gedenken‹ (Jer 31,33f). ¹⁸ Sind aber diese vergeben, so ist weiter kein Opfer mehr nötig für die Sünde.

Mahnung zu standhaftem Glauben. ¹⁹ Da wir nun, Brüder, zuversichtliche Hoffnung haben, in das Heiligtum einzugehen im Blut Jesu, ²⁰ wofür er uns einen neuen und lebendigen Weg eröffnet hat durch den Vorhang hindurch, nämlich durch sein Fleisch, ²¹ und da wir einen erhabenen Priester haben über dem Haus Gottes, ²² so laßt uns hinzutreten mit aufrichtigem Herzen, erfüllt von Glauben, die Herzen gereinigt von einem bösen Gewissen und den Leib gewaschen mit reinem Wasser. ²³ Laßt uns unwandelbar festhalten am Bekenntnis unserer Hoffnung – denn getreu ist er, der die Verheißung gegeben hat –, ²⁴ und laßt uns aufeinander achtgeben im Wetteifer der Liebe und der guten Werke. ²⁵ Von unseren Versammlungen wollen wir nicht wegbleiben, wie es bei einigen üblich geworden ist; vielmehr laßt uns einander aufmuntern, und das um so mehr, je näher ihr herankommen seht den Tag.

10,25: Mit dieser Mahnung zur regelmäßigen Teilnahme an den gottesdienstlichen Versammlungen treffen wir das Motiv, mit dem die Kirche die Teilnahme an der sonntäglichen Meßfeier zur strengen Pflicht erhoben hat. Unter »den Tag« ist hingewiesen auf den Tag der erwarteten Wiederkunft des Herrn.

²⁶ Denn wenn wir vorsätzlich sündigen, nachdem wir die volle Erkenntnis der Wahrheit erlangt haben, gibt es kein Opfer mehr für die Sünden. ²⁷ Es wartet unser vielmehr ein schreckliches Gericht und ›ein wütendes Feuer, das die Widersacher verzehren wird‹ (Jes 26,11). ²⁸ Wenn einer das Gesetz des Mose mißachtet hat, muß er ohne Erbarmen ›auf Grund von zwei oder drei Zeugen sterben‹ (Num 15,30; 35,30; Dt 17,6). ²⁹ Wieviel ärgere Strafe, meint ihr, verdient jener, der den Sohn Gottes mit Füßen tritt und das Blut des Bundes, durch das er geheiligt wurde, für gemein erachtet und den Geist der Gnade schmäht? ³⁰ Wir kennen ihn doch, der gesagt hat: ›Mein ist die Rache, ich werde vergelten‹ (Dt 32,35), und ferner: ›Der Herr wird richten sein Volk‹ (Dt 32,36). ³¹ Schrecklich ist es, in die Hände des lebendigen Gottes zu fallen.

³² Gedenkt doch der früheren Tage, in denen ihr nach eurer Erleuchtung einen schweren Leidenskampf zu bestehen hattet. ³³ Ihr wurdet bald durch Schmähungen und Bedrängnisse zum Schauspiel, bald waret ihr Gefährten derer, die das gleiche erfuhren. ³⁴ Denn ihr habt mitgelitten mit den Gefangenen und mit Freude den Raub eurer Güter ertragen, da ihr wußtet, daß ihr ein besseres und ein bleibendes Gut besitzt. ³⁵ Werft also eure Zuversicht nicht fort, sie bringt einen reichen Lohn.

³⁶ Doch ihr braucht Geduld, um in der Erfüllung des Willens Gottes die Verheißung zu erlangen. ³⁷ Denn nur ›eine kleine Weile noch‹ (Jes 26,20), und ›es wird kommen, der da kommen soll, und er wird nicht säumen. ³⁸ Mein Gerechter wird aus dem Glauben leben; wenn er aber zurückweicht, hat meine Seele an ihm kein Gefallen mehr‹ (Hab 2,3 f). ³⁹ Wir aber gehören nicht zu denen, die zurückweichen zu ihrem Verderben, sondern zu denen, die treuen Glaubens sind zur Gewinnung des Lebens.

10,26 f: Wie bei 6,4–8 ist hier, in Anbetracht der übrigen Aussagen des NT von der immer wieder verzeihenden Liebe Gottes, die Sünde des bewußten Abfalls vom Glauben, die Sünde wider den Heiligen Geist, gemeint.

10,32–39: Die hier erwähnten Verfolgungen beziehen sich auf die Bedrängnisse, wie sie nach der Apostelgeschichte seit der Verfolgung gegen Stephanus immer wieder gegen die als Verräter behandelten Judenchristen ausbrachen.

11. Kapitel

Vorbilder des Glaubens. ¹ Glaube ist die feste Zuversicht auf das, was wir erhoffen, die Überzeugung von dem, was wir nicht sehen. ² In ihm haben die Alten sich ein gutes Zeugnis erworben. ³ Im Glauben erkennen wir, daß die Welten durch Gottes Wort geschaffen wurden, so daß nicht aus sinnlich Wahrnehmbarem das Sichtbare geworden ist. ⁴ Im Glauben brachte Abel Gott ein wertvolleres Opfer dar als Kain und erhielt durch ihn das Zeugnis, gerecht zu sein, indem Gott Zeugnis gab ›bei seinen Gaben‹ (Gen 4,4). Durch diesen Glauben redet er noch als Toter.

⁵ Im Glauben wurde Henoch entrückt, ohne den Tod zu sehen, und ›er wurde nicht mehr gefunden, weil Gott ihn entrückt hatte‹ (Gen 5,24). Denn vor seiner Entrückung wurde ihm bezeugt, daß er Gott wohlgefalle. ⁶ Ohne Glauben aber ist es unmöglich, [Gott] zu gefallen; denn wer vor Gott treten will, muß glauben, daß er ist und daß er denen, die ihn suchen, ein Vergelter wird.

⁷ Im Glauben empfing Noach Weisung über Dinge, die noch nicht zu sehen waren, und baute fromm und gewissenhaft die Arche zur Rettung seines Hauses; durch ihn wurde er zum Richter über die Welt und zum Erben der im Glauben gründenden Gerechtigkeit.

⁸ Im Glauben gehorchte Abraham, als er gerufen wurde, fortzuziehen an einen Ort, den er zum Erbe erhalten sollte, und er zog aus, ohne zu wissen, wohin er komme. ⁹ Im Glauben ließ er sich nieder im Land der Verheißung wie in einem fremden und wohnte in Zelten mit Isaak und Jakob, den Miterben der gleichen Verheißung; ¹⁰ denn er wartete auf die festgegründete Stadt, deren Baumeister und Schöpfer Gott ist.

¹¹ Im Glauben empfing selbst die [unfruchtbare] Sara noch Kraft, trotz ihres Alters Mutter zu werden, weil sie den für treu hielt, der die Verheißung gab. ¹² Und so gingen von einem Einzigen – und dies von einem schon kraftlos Gewordenen – Nachkommen hervor, ›so zahlreich wie die Sterne des Himmels und unzählbar wie der Sand am Ufer des Meeres‹ (Gen 22,17).

11,1–40: Die eindrucksvoll geschilderte Reihe alttestamentlicher Glaubensgestalten will vor allem die Größe und Kraft ihres Glaubens darin zeigen, daß sie schon glaubten, obwohl die Erfüllung der Offenbarung, wie sie in Jesus Christus kam, noch nicht gegenwärtig war.

11,3: Die Vulgata hat als Text: »...so daß aus Unsichtbarem das Sichtbare wurde«; auch das Griechische läßt diesen Sinn zu.

¹³ Im Glauben sind alle diese gestorben, ohne die Verheißungen erlangt zu haben. Nur von ferne sahen und begrüßten sie diese und bekannten, daß sie ›Pilger und Fremdlinge seien auf Erden‹ (Ps 39,13). ¹⁴ Denn die so reden, geben zu erkennen, daß sie eine Heimat suchen. ¹⁵ Hätten sie nun jene gemeint, aus der sie ausgezogen waren, so hätten sie ja Gelegenheit gehabt, zurückzukehren. ¹⁶ Nun aber verlangen sie nach einer besseren, nämlich nach der himmlischen. Darum schämt sich Gott ihrer nicht, ihr Gott zu heißen; denn er hat ihnen eine Stadt bereitet.

¹⁷ Im Glauben hat Abraham, da er geprüft wurde, den Isaak dargebracht und wollte den einzigen Sohn hinopfern, er, der die Verheißungen empfangen hatte ¹⁸ und zu dem gesagt worden war: ›In Isaak soll dir Nachkommenschaft werden‹ (Gen 21,12). ¹⁹ Er dachte, Gott habe die Macht, auch von den Toten zu erwecken und so bekam er ihn wieder als ein Sinnbild zurück.

²⁰ Im Glauben segnete auch Isaak mit dem Blick auf das Kommende den Jakob und Esau. ²¹ Im Glauben segnete der sterbende Jakob jeden der Söhne Josefs und ›beugte sich über das Ende seines Stabes‹ (Gen 47,31). ²² Im Glauben gedachte Josef bei seinem Verscheiden des Auszugs der Söhne Israels und gab Weisung wegen seiner Gebeine.

²³ Im Glauben wurde Mose nach seiner Geburt drei Monate von seinen Eltern verborgen, weil sie die Schönheit des Kindes sahen, und sie fürchteten nicht den Befehl des Königs. ²⁴ Im Glauben verschmähte es Mose, da er herangewachsen war, als ein Sohn der Tochter des Pharao zu gelten; ²⁵ er wollte lieber mit dem Volk Gottes Unbill erfahren, als vorübergehenden Vorteil der Sünde haben. ²⁶ Für größeren Reichtum als die Schätze Ägyptens hielt er die Schmach des Gesalbten; denn er sah auf die Vergeltung. ²⁷ Im Glauben verließ er Ägypten, ohne Furcht vor dem Zorn des Königs; denn er hielt sich an den Unsichtbaren, als sähe er ihn. ²⁸ Im Glauben vollzog er das Pascha und die Besprengung mit Blut, damit der Würger ihre Erstgeborenen nicht anrühre. ²⁹ Im Glauben zogen sie durch das Rote Meer wie über trockenes Land, während die Ägypter, die das gleiche versuchten, verschlungen wurden. ³⁰ Im Glauben stürzten die Mauern von Jericho ein, nachdem man sieben Tage um sie herumgezogen war. ³¹ Im Glauben kam Rahab, die Dirne, nicht mit den Widerspenstigen um, weil sie die Kundschafter friedlich aufgenommen hatte.

Hebräer 11,32–12,6

³² Was soll ich noch mehr sagen? Die Zeit würde mir nicht reichen, wollte ich erzählen von Gideon, Barak, Simson, Jiftach, David, Samuel und den Propheten. ³³ Sie bezwangen durch ihren Glauben Königreiche, erwirkten Gerechtigkeit, erlangten Verheißungen, verschlossen der Löwen Rachen, ³⁴ löschten des Feuers Kraft, entgingen der Schärfe des Schwertes, wurden aus Schwachen zu Starken, Mächtige im Streit, brachten die Heere der Fremden zum Weichen.
³⁵ Frauen bekamen durch Auferstehung ihre Toten wieder zurück; andere ließen sich foltern und lehnten die Freilassung ab, um eine herrlichere Auferstehung zu erlangen. ³⁶ Andere ertrugen Spott und Schläge, Ketten und Kerker. ³⁷ Sie wurden gesteinigt, gefoltert, zersägt, durchs Schwert getötet; sie gingen umher in Schaffellen und Ziegenhäuten, Not leidend, bedrängt und mißhandelt.
³⁸ Sie, derer die Welt nicht wert war, irrten umher in Wüsten und Gebirgen, in Höhlen und Klüften der Erde. ³⁹ Und diese alle, wenngleich anerkannt ob ihres Glaubens, erlangten das Verheißene nicht, ⁴⁰ weil Gott unsertwegen etwas Größeres ausersehen hatte, damit sie nicht gesondert von uns zur Vollendung kämen.

12. Kapitel
Mahnung zur Standhaftigkeit im Leiden. ¹ So laßt denn auch uns, von einer so großen Wolke von Zeugen umgeben, alle hemmende Last und die Bestrickung der Sünde abwerfen und laßt mit Ausdauer uns laufen auf der vor uns liegenden Rennbahn. ² Laßt uns dabei aufblicken zu Jesus, dem Begründer und Vollender des Glaubens, der angesichts der vor ihm liegenden Freude das Kreuz erduldete, ohne der Schmach zu achten, und zur Rechten des Thrones Gottes sich gesetzt hat (Ps 110,1). ³ Ja, betrachtet ihn, der solchen Widerspruch von den Sündern gegen sich erduldete, damit ihr nicht erschlafft in eurer Seele und den Mut nicht sinken laßt.
⁴ Noch habt ihr nicht bis aufs Blut widerstanden im Kampf gegen die Sünde, ⁵ und habt die Mahnung vergessen, die an euch als die Söhne ergeht: ›Mein Sohn, achte nicht gering die Züchtigung des Herrn und verzage nicht, wenn du von ihm gestraft wirst; ⁶ denn wen der Herr lieb hat, den züchtigt er;

12,1–13: Das Vorbild Jesu soll den von Bedrängnis und Verfolgung bedrückten Lesern Aufmunterung sein und in ihren Heimsuchungen Gottes väterliche Liebe sehen lassen, die uns Menschen durch Leiden zu Läuterung, Bewährung und Verherrlichung führen will.

er schlägt jeden Sohn, den er annimmt‹ (Spr 3,11f). ⁷ Haltet aus unter der Züchtigung! Gott verfährt mit euch als seinen Söhnen; denn wo ist ein Sohn, den der Vater nicht züchtigt? ⁸ Wäret ihr frei von Züchtigung, wie sie alle anderen erfahren haben, wäret ihr nicht vollgültige und echte Söhne. ⁹ Ferner: an unseren leiblichen Vätern hatten wir Erzieher, denen wir in Ehrfurcht uns beugten; sollten wir da nicht viel mehr dem Vater der Geister uns unterwerfen, damit wir leben? ¹⁰ Jene züchtigen uns für kurze Zeit, nach ihrem Gutdünken; er aber tut es zu unserem Besten, damit wir teilhaben an seiner Heiligkeit. ¹¹ Jede Züchtigung bedeutet für den Augenblick nicht Freude, sondern Schmerz; später aber bringt sie denen, die durch sie geschult worden sind, als Entgelt eine heilbringende Frucht: die Gerechtigkeit. ¹² Darum ›richtet wieder auf die erschlafften Hände und die wankenden Knie‹ (Jes 35,3) ¹³ und macht gerade Wege euren Füßen, damit, was gelähmt ist, sich nicht verrenke, sondern geheilt werde.

Steht fest in der erhaltenen Gnade. ¹⁴ Strebt nach Frieden mit allen und nach Heiligung, ohne die niemand den Herrn schauen wird! ¹⁵ Seht zu, daß keiner um die Gnade Gottes komme, daß ›kein Giftkraut aufwachse und Schaden stifte‹ (Dt 29,17) und dadurch die vielen verdorben werden, ¹⁶ daß keiner zuchtlos sei oder niedrig gesinnt wie Esau, der um ein einziges Gericht ›sein Erstgeburtsrecht dahingab‹ (Gen 25,33). ¹⁷ Ihr wißt ja: als er nachher den Segen erhalten wollte, wurde er abgewiesen; denn er fand keinen Weg zur Umstimmung, wenn er sie auch unter Tränen herbeizuführen suchte. ¹⁸ Ihr seid ja nicht hingetreten zu einem Berg, den man mit Händen berühren kann, nicht zu einem lodernden Feuer, zu dunklem Gewölk und Wettersturm, ¹⁹ zum Schall der Posaune und zu dröhnender Stimme, bei der jene, die sie hörten, baten, es möchte nicht länger das Wort an sie ergehen (Ex 19,12–18; Dt 9,9f). ²⁰ Sie ertrugen nämlich nicht die Weisung: ›Wenn auch nur ein Tier den Berg berührt, soll es gesteinigt werden‹ (Ex 19,13). ²¹ Ja, so furchtbar war die Erscheinung, daß Mose sprach: ›Ich bin voll Furcht und Zittern‹ (Dt 9,19).

12,18–29: Nochmals stellt der Apostel den zwischen christlicher und jüdischer Lebensordnung Schwankenden den großen Unterschied zwischen der alttestamentlichen Gesetzgebung am Berge Sinai und der neutestamentlichen Heilsordnung vor Augen, wobei er zuletzt eindringlich auf das Gericht hinweist, das für alle bevorsteht, wenn unvergleichbar gewaltiger als bei der Sinaigesetzgebung die Welt »erschüttert« und das Bleibende offenbar wird.

²² Ihr seid vielmehr hingetreten zum Berg Zion, zur Stadt des lebendigen Gottes, zum himmlischen Jerusalem, zu ungezählten Engeln, zum Freudenfest, ²³ zur Gemeinde der Erstgeborenen, die im Himmel eingetragen sind, zu Gott, dem Richter aller, zu den Geistern der vollendeten Gerechten ²⁴ und zu Jesus, dem Mittler des neuen Bundes, und zum Blut der Besprengung, das wirksamer redet als das Blut Abels.

²⁵ Seht zu, daß ihr den Redenden nicht abweist; sind nämlich jene nicht entkommen, als sie den abwiesen, der auf Erden sich kundgab, werden wir es noch weniger, wenn wir uns abwenden von ihm, der vom Himmel her zu uns spricht! ²⁶ Seine Stimme erschütterte damals die Erde; jetzt aber lautet die Vorhersage: ›Noch einmal, und ich will nicht nur die Erde, sondern auch den Himmel erschüttern‹ (Hag 2,6).

²⁷ Das Wort ›noch einmal‹ zeigt an, daß das, was erschüttert wird, verändert wird als etwas Geschaffenes, damit bestehen bleibe, was nicht zu erschüttern ist. ²⁸ Da wir ein unerschütterliches Reich empfangen, laßt uns von Dank erfüllt sein, mit dem wir Gott dienen in wohlgefälliger Weise, voll Furcht und Scheu! ²⁹ Denn auch ›unser Gott ist ein verzehrendes Feuer‹ (Dt 4,24).

13. Kapitel

Schlußermahnungen. ¹ Die Bruderliebe bleibe [unter euch]! ² Die Gastfreundschaft vergeßt nicht; denn durch diese haben einige, ohne es zu wissen, Engel beherbergt. ³ Gedenkt der Gefangenen, als wäret ihr mitgefangen, der Mißhandelten, als solche, die selber noch im Leib sind. ⁴ Ehrbar sei die Ehe in allem und das Ehebett unbefleckt; denn Unzüchtige und Ehebrecher wird Gott richten. ⁵ Euer Wandel sei frei von Geldgier. Seid zufrieden mit dem, was ihr habt; denn er selbst hat gesagt: ›Nimmermehr werde ich dich preisgeben, nimmermehr dich verlassen‹ (Dt 31,6.8; Jos 1,5). ⁶ So können wir mit Vertrauen sprechen: ›Der Herr ist mein Helfer; ich fürchte mich nicht. Was will mir antun ein Mensch?‹ (Ps 118,6).

⁷ Gedenkt eurer Vorsteher, die euch das Wort Gottes verkündet haben; seht auf den Ausgang ihres Lebens, ahmt ihren Glauben nach! ⁸ Jesus Christus ist gestern und heute derselbe und in Ewigkeit. ⁹ Laßt euch nicht verführen durch buntschil-

---

13,2: Erinnert an die Engelserscheinungen im Alten Testament bei Abraham (Gen 18–19), Tobias (Tob 5) u. ä.
13,9–13: Weist wahrscheinlich auf die jüdischen Speisegesetze hin, die für die Leser wieder von Interesse geworden sind. Die Christen haben nur ein Speisegesetz, das der Eucharistie, das alle übrigen vom

lernde und fremdartige Lehren; denn gut ist es, das Herz mit Gnade zu stärken, nicht mit Speisen, die denen nichts nützten, die sich danach richteten.

¹⁰ Wir haben einen Altar, von dem zu essen jene kein Recht haben, die dem Zelt dienen. ¹¹ Denn von den Tieren, deren Blut durch den Hohenpriester um der Sünde willen in das Heiligtum getragen wird, werden die Leiber außerhalb des Lagers verbrannt (Lev 16,27). ¹² Deshalb hat auch Jesus, um durch sein Blut das Volk zu heiligen, außerhalb des Tores gelitten. ¹³ So laßt uns denn hinausgehen zu ihm vor das Lager und die Schmach mit ihm tragen! ¹⁴ Denn wir haben hier keine bleibende Stätte, sondern nach der künftigen suchen wir. ¹⁵ Durch ihn also wollen wir ›Gott allzeit ein Lobopfer darbringen‹ (Ps 50,14.23), das ist die ›Frucht von den Lippen‹ (Hos 14,3) derer, die seinen Namen preisen.

¹⁶ Vergeßt nicht, wohlzutun und Gemeinschaft zu üben; denn an solchen Opfern hat Gott Gefallen. ¹⁷ Gehorcht euren Vorstehern und ordnet euch unter; denn sie wachen über eure Seelen, um Rechenschaft zu geben. Mögen sie dies mit Freude tun und nicht mit Seufzen; denn das wäre euch nicht von Nutzen.

Grüße und Wünsche. ¹⁸ Betet für uns! Denn wir sind zwar der Zuversicht, ein gutes Gewissen zu haben, da wir in allem eines guten Wandels uns befleißigen, ¹⁹ doch bitte ich euch, dies besonders deswegen zu tun, daß ich euch recht bald zurückgegeben werde.

²⁰ Der Gott des Friedens aber, der den erhabenen ›Hirten der Schafe im Blut des ewigen Bundes‹ (Jes 63,11; 53,3; Sach 9,11) heraufgeführt hat von den Toten, unseren Herrn Jesus [Christus], ²¹ befähige euch zu allem, was gut ist, damit ihr seinen Willen tut; er wirke in uns, was ihm wohlgefällig ist, durch Jesus Christus, dem Ehre sei von Ewigkeit zu Ewigkeit. Amen.

²² Ich bitte euch, Brüder, nehmt dies Mahnwort willig hin! Denn nur kurz schreibe ich es für euch.

²³ Wißt, daß unser Bruder Timotheus freigelassen ist. Mit ihm werde ich, wenn er eintrifft, euch sehen. ²⁴ Grüßt alle eure Vorsteher und alle Heiligen! Es grüßen euch die [Brüder] aus Italien. ²⁵ Die Gnade sei mit euch allen! Amen.

Genuß ausschließt, besonders auch die im Judentum (»Dienst des Zeltes«) Verharrenden. Christus ist »außerhalb des Tores« gestorben. Tatsächlich lag beim Sterben Jesu die Golgotastätte außerhalb der damaligen Stadtmauer.

Die katholischen Briefe

Die folgenden sieben Briefe entstammen der Überlieferung nach dem Kreis der Altapostel. Man nennt sie seit frühester Zeit »Katholische Briefe«, wahrscheinlich deswegen, weil sie nahezu alle an einen weiten Kreis von Lesern gerichtet sind (Katholisch = allgemein). Die heutige, schon früh sich findende Reihenfolge im Kanon: Jakobusbrief, zwei Petrusbriefe, drei Johannesbriefe, Judasbrief, ist möglicherweise beeinflußt durch die Namensfolge bei Gal 2,9.

Der Jakobusbrief

Der Verfasser des folgenden Briefes nennt sich eingangs: »Jakobus, Knecht Gottes und des Herrn Jesus Christus.« Es handelt sich nach allen Anzeichen um den in Gal 2,9; Apg 12,17; 15,13; 21,18 bezeugten Leiter der Gemeinde in Jerusalem, der als personengleich anzusehen ist mit dem »Bruder des Herrn«, der Gal 1,19; Mt 13,55; Mk 6,3 genannt wird. Aus guten Gründen dürfte er auch als Apostel anzusehen und als solcher mit dem Alfäussohn »Jakobus dem Jüngeren« gleichzusetzen sein (vgl. Mt 10,3; 27,56; Mk 3,18; 15,40; 16,1; Lk 6,15; Apg 1,13), da »Jakobus der Ältere«, der Sohn des Zebedäus und Bruder des Johannes, nicht in Frage kommt. Es ist aber auch begründbar, wenn der Verfasser unseres Briefes wohl als »Bruder des Herrn« und Leiter der Gemeinde von Jerusalem angesehen wird, aber nicht als Apostel im Sinn der Zwölf. Unser Brief ist an Judenchristen, die zerstreut in heidnischer Umgebung, in der »Diaspora«, lebten, gerichtet. Er erinnert in der Zusammenordnung und Fassung seiner Gedanken stark an die Bergpredigt bei Mt 5–7 und wird von manchen als eine der frühesten Schriften des NT angesehen.

1. Kapitel

Eingangsgruß. ¹ Jakobus, Knecht Gottes und des Herrn Jesus Christus, sendet den zwölf Stämmen in der Diaspora seinen Gruß.

1,1: »Knecht« im ntl. Gebrauch, wird auch zur Bezeichnung eines höheren Beauftragten und damit auch für die Stellung des Apostels verwendet. »Die zwölf Stämme« sind hier als das neue Israel (Gal 6,16) zu verstehen. »Zerstreuung«, griechisch »Diaspora«.

Von Anfechtungen und Versuchungen. ² Erachtet es für lauter Freude, meine Brüder, wenn mancherlei Anfechtungen euch überfallen. ³ Ihr wißt ja, daß die Erprobung eures Glaubens Ausdauer bewirkt. ⁴ Die Ausdauer aber soll das Werk vollenden, so daß ihr vollkommen seid und ohne Fehl und in nichts einen Mangel zeigt.

⁵ Mangelt es aber jemand von euch an Weisheit, so bete er zu Gott, der allen ohne weiteres und ohne Widerrede gibt, und sie wird ihm gegeben werden. ⁶ Er bete aber aus gläubigem Vertrauen, ohne irgendwie zu zweifeln; denn wer zweifelt, gleicht der Meereswelle, die vom Wind bewegt und umhergetrieben wird. ⁷ Ein solcher darf ja nicht meinen, er werde vom Herrn etwas empfangen; ⁸ ist er doch ein Mann mit zwiespältiger Seele, ohne Halt und Ziel auf all seinen Wegen.

⁹ Es rühme sich der niedrig gestellte Bruder seiner Hoheit, ¹⁰ der reiche aber seiner Niedrigkeit; denn ›wie eine Blüte des Grases wird er vergehen‹ (Jes 40,6). ¹¹ Geht nämlich die Sonne auf mit ihrer versengenden Glut, so ›versengt sie das Gras, und seine Blüte fällt ab‹ (Jes 40,7), und die Schönheit ihres Anblicks ist dahin. So wird auch der Reiche dahinwelken auf seinen Wegen.

¹² Selig der Mann, der die Anfechtung besteht; denn als ein Bewährter wird er den Kranz des Lebens empfangen, den der Herr denen verhieß, die ihn lieben. ¹³ Niemand, der versucht wird, sage: »Von Gott werde ich versucht«. Denn Gott kann nicht zum Bösen versucht werden, und versucht auch selber niemand. ¹⁴ Vielmehr wird jeder versucht, weil er von seiner eigenen Begierde gereizt und gelockt wird. ¹⁵ Hat aber die Begierde einmal empfangen, gebiert sie die Sünde; die Sünde aber gebiert, wenn sie vollbracht ist, den Tod.

¹⁶ Täuscht euch nicht, meine geliebten Brüder! ¹⁷ Jede gute Gabe und jedes vollkommene Geschenk kommt von oben, vom Vater der Lichter, bei dem kein Wechsel ist oder ein Schatten von Veränderung. ¹⁸ Nach seinem Willen ließ er uns werden durch das Wort der Wahrheit, daß wir gewissermaßen Ehrengabe seien seiner Geschöpfe.

Verpflichtung gegenüber der Berufung. ¹⁹ Wißt, meine geliebten Brüder: Jeder Mensch soll schnell bereit sein zum Hören,

---

1,2–18: Mit den »Anfechtungen« meint der Apostel zunächst wohl die Schwierigkeiten der Judenchristen von seiten ihrer christusfeindlichen Stammesbrüder, vgl. 2,6 f, aber darüber hinaus auch alle übrigen Heimsuchungen und Kämpfe eines aufrichtig strebenden Christen.

aber langsam zum Reden, langsam zum Zorn. ²⁰ Denn der Zorn eines Menschen erwirkt nicht Gerechtigkeit vor Gott. ²¹ Macht euch darum frei von aller Unlauterkeit und allem noch anhaftenden Bösen und nehmt bereitwillig entgegen das euch eingepflanzte Wort, das eure Seelen zu retten vermag.
²² Seid Vollbringer des Wortes und nicht nur Hörer, die sich selbst betrügen. ²³ Denn ist jemand nur Hörer des Wortes und nicht Vollbringer, der gleicht einem Mann, der das ihm angeborene Aussehen im Spiegel betrachtet; ²⁴ er betrachtete sich nämlich, ging weg, und vergaß sogleich, wie er aussah. ²⁵ Wer sich aber in das vollkommene Gesetz der Freiheit versenkt und darin verharrt, nicht als vergeßlicher Hörer, sondern als Vollbringer im Werk, der wird selig sein in seinem Tun.
²⁶ Wenn einer meint, gottesfürchtig zu sein, seine Zunge aber nicht im Zaum hält, der betrügt sein eigenes Herz, und sein Frommsein ist wertlos. ²⁷ Frömmigkeit, die lauter ist und makellos vor Gott, dem Vater, ist dies: um Waisen und Witwen sich kümmern in ihrer Bedrängnis und sich rein bewahren von Befleckung durch die Welt.

2. Kapitel
Unparteiliche Nächstenliebe. ¹ Meine Brüder, macht bei eurem Glauben an unseren glorreichen Herrn Jesus Christus nicht Unterschiede nach Ansehen der Person. ² Kommt nämlich in eure Versammlung ein Mann mit goldberingten Fingern und prunkvollem Gewand und tritt auch ein Armer ein in ungepflegter Kleidung, ³ und ihr beachtet den Mann mit dem prunkvollen Gewand und sagt: »Du, mach es dir an diesem Platz bequem!«, zum Armen aber sagt ihr: »Du, stell dich dorthin oder laß dich da nieder auf meinem Schemel!« – ⁴ urteilt ihr da nicht zwiespältig und werdet ihr als Richter nicht von schlimmen Erwägungen geleitet?
⁵ Hört, meine geliebten Brüder! Hat nicht Gott die vor der Welt Armen auserwählt zu Reichen im Glauben und zu Erben des Reiches, das er denen verhieß, die ihn lieben? ⁶ Ihr aber habt den Armen entehrt. Sind es nicht die Reichen, die Gewalt an euch üben und euch vor die Gerichte schleppen? ⁷ Lästern nicht sie den erhabenen Namen, der über euch

---

2,1–13: Die Nächstenliebe überragt als Hauptgebot Christi alle übrigen Gebote und faßt sie zusammen, daher wird sie als »königliches Gebot« bezeichnet, vgl. Röm 13,8–10.

angerufen wurde? ⁸ Wenn ihr indes das königliche Gebot erfüllt, dem Schriftwort gemäß: ›Liebe deinen Nächsten wie dich selbst!‹ (Lev 19,18), so verhaltet ihr euch recht.
⁹ Schaut ihr aber auf das Äußere der Person, so begeht ihr Sünde und werdet vom Gesetz als Übertreter gebrandmarkt. ¹⁰ Denn wer das ganze Gesetz erfüllt, aber in einem einzigen fehlt, der hat sich am ganzen schuldig gemacht. ¹¹ Denn der gesagt hat: ›Du sollst nicht ehebrechen!‹ (Ex 20,14; Dt 5,18), sagte auch: ›Du sollst nicht töten!‹ (Ex 20,13; Dt 5,17).
Wenn du nun zwar die Ehe nicht brichst, aber tötest, bist du zum Übertreter des Gesetzes geworden. ¹² Redet und handelt als solche, die durch das Gesetz der Freiheit gerichtet werden. ¹³ Denn ohne Erbarmen wird das Gericht über den ergehen, der nicht Barmherzigkeit übt. Barmherzigkeit aber triumphiert über das Gericht.

Werktätiger Glaube. ¹⁴ Was nützt es, meine Brüder, wenn einer sagt, er habe Glauben, und er hat nicht Werke? Kann etwa der Glaube ihn retten? ¹⁵ Wenn ein Bruder oder eine Schwester ohne Kleider sind und nichts haben zum täglichen Essen, ¹⁶ und jemand von euch sagt zu ihnen: »Geht in Frieden, wärmt und sättigt euch!« und ihr gebt ihnen nicht, wessen sie für ihren Leib bedürfen, was hat das für einen Wert?
¹⁷ So ist auch der Glaube, wenn er nicht Werke hat, in sich selber tot. ¹⁸ Ja, es könnte einer sagen: »Du hast Glauben, ich habe Werke. Zeig mir deinen Glauben ohne Werke, und ich werde dir aus meinen Werken den Glauben zeigen!« ¹⁹ Du glaubst, daß es nur einen Gott gibt. Du tust recht! Aber auch die Dämonen glauben – und zittern.
²⁰ Willst du aber einsehen, törichter Mensch, daß der Glaube ohne die Werke nichtig ist? ²¹ Wurde Abraham, unser Vater, nicht auf Grund von Werken ein Gerechter, da er ›seinen Sohn Isaak auf den Opferaltar legte‹ (Gen 22,9)? ²² Du siehst, der Glaube wirkte zusammen mit seinen Werken, und durch die Werke wurde der Glaube vollendet. ²³ Und so wurde die Schrift erfüllt, wenn sie sagt: ›Abraham glaubte Gott, und es

---

2,14–26: Diese Gedanken werden zumeist als gegensätzlich zur paulinischen Glaubenstheologie angesehen. Doch will Jakobus nur jene irregeleiteten Christen treffen, die sich mit bloßer Glaubensüberzeugung begnügen wollten, ohne sie in einem tatsächlichen Leben nach Christi Geboten sichtbar werden zu lassen. Damit stimmt er aber im Grund mit Paulus überein, so sehr dieser gegenüber der pharisäischen Gesetzestheorie die Heilsentscheidung im Glauben an Christus betont. Auch für Paulus gehört zum Glauben das entsprechende Wirken, vor allem durch die Liebe, vgl. 1 Kor 13,13; Gal 5,6.

wurde ihm angerechnet zur Gerechtigkeit‹ (Gen 15,6) und er wurde ›Freund Gottes‹ genannt (Jes 41,8; 2 Chr 20,7).
²⁴ Ihr seht also, daß der Mensch durch Werke Gerechtigkeit erlangt und nicht durch Glauben allein. ²⁵ Wurde nicht ebenso die Dirne Rahab durch Werke als gerecht anerkannt, da sie die Kundschafter aufnahm und auf einem anderen Weg entließ (Jos 2,1–21)? ²⁶ Denn wie der Leib ohne Geist tot ist, so ist auch der Glaube ohne Werke tot.

3. Kapitel

Beherrschung der Zunge. ¹ Meine Brüder! Tretet nicht so zahlreich als Lehrer auf, da ihr doch wißt, daß wir ein strengeres Gericht erfahren werden. ² Denn in gar mancher Hinsicht fehlen wir alle; wer sich aber im Reden nicht verfehlt, der ist ein vollkommener Mann, der fähig ist, auch den ganzen Leib in Zaum zu halten.
³ Wenn wir den Pferden die Zäume ins Maul legen, damit sie uns gehorchen, lenken wir auch ihren ganzen Körper. ⁴ Seht, auch die Schiffe, die so groß sind und von heftigen Winden getrieben werden, lassen sich durch ein kleines Steuerruder lenken, wohin der Druck des Steuermannes will. ⁵ So ist auch die Zunge ein kleines Glied und vermißt sich großer Dinge. Seht, wie klein das Feuer – wie groß der Wald, den es in Brand setzt! ⁶ Auch die Zunge ist ein Feuer. Als eine Welt von Unrecht stellt sich die Zunge dar unter unseren Gliedern; sie befleckt den ganzen Leib und bringt unser Lebensrad in Brand, indes sie selbst von der Hölle in Brand gesetzt ist.
⁷ Denn jegliche Art von Tieren, auch der fliegenden, kriechenden und schwimmenden, läßt sich zähmen und ist gezähmt worden durch die menschliche Natur; ⁸ die Zunge aber vermag kein Mensch zu zähmen, das niemals ruhende Übel voll tödlichen Giftes. ⁹ Mit ihr loben wir den Herrn und Vater, und mit ihr verfluchen wir die Menschen, die nach ›dem Ebenbild Gottes‹ (Gen 1,27) geschaffen sind.
¹⁰ Aus dem gleichen Mund geht Segen und Fluch hervor. Es ist nicht recht, meine Brüder, daß dem so ist. ¹¹ Läßt denn eine Quelle aus der gleichen Öffnung süßes und bitteres Wasser sprudeln? ¹² Kann denn, meine Brüder, ein Feigenbaum Ölfrüchte tragen oder ein Weinstock Feigen? Und eine Salzquelle kann nicht Süßwasser spenden.
Die wahre Weisheit. ¹³ Wer ist weise und verständig unter euch? Der zeige in einem rechten Verhalten seine Werke in

weiser Besonnenheit. ¹⁴ Wenn ihr aber bittere Eifersucht habt und Streit in euren Herzen, dann rühmt euch nicht und werdet nicht zu Lügnern gegen die Wahrheit! ¹⁵ Denn das ist nicht die Weisheit, die von oben kommt, sondern eine irdische, sinnenhafte, dämonische. ¹⁶ Wo nämlich Mißgunst und Streitsucht herrschen, dort ist Unordnung und jegliches böse Tun.
¹⁷ Die Weisheit von oben aber ist zuallererst lauter, dann friedsam, gütig, nachgiebig, [dem Guten hold,] voll Erbarmen und guter Früchte, nicht zwiespältig, nicht heuchlerisch.
¹⁸ Die Frucht der Gerechtigkeit wird in Frieden gesät für jene, die Frieden halten.

4. Kapitel

Vollkommene Liebe. ¹ Woher kommen Streitigkeiten und Kämpfe unter euch? Woher anders als aus euren Begierden, die in euren Gliedern im Streit liegen? ² Ihr begehrt und erhaltet nicht; ihr mordet und neidet und könnt nichts erreichen; ihr streitet und kämpft und erhaltet nicht, weil ihr nicht betet. ³ Ihr betet und empfangt nicht, weil ihr in schlechter Absicht betet, um in euren Begierden dahinzuleben. ⁴ Ihr ehebrecherisch Gesinnten, wißt ihr nicht, daß die Liebe zur Welt Feindin Gottes ist? Wer also ein Freund der Welt sein will, macht sich zum Feind Gottes. ⁵ Oder meint ihr, daß die Schrift ohne Grund sagt: ›Auf Neid ist das Streben des Geistes gerichtet, den er in uns wohnen ließ‹. ⁶ Er gibt uns aber eine größere Gnade. Darum heißt es: ›Gott widersteht den Hoffärtigen, den Demütigen aber gibt er Gnade‹ (Spr 3,34).
⁷ Unterwerft euch also Gott! Widersteht dem Teufel, und er wird von euch fliehen! ⁸ Naht euch Gott, und er wird sich euch nahen! Reinigt die Hände, ihr Sünder, und heiligt die Herzen, ihr Wankelmütigen! ⁹ Fühlt eure Not, klagt und weint! Euer Lachen verwandle sich in Klage und eure Freude in Betrübnis. ¹⁰ Demütigt euch vor dem Herrn, und er wird euch erhöhen.

4,5 f: Das angeführte Schriftwort ist eine freie Zusammenfassung alttestamentlicher Gedanken, vielleicht von Gen 4,7 und 6,5. Der etwas unklare Sinn der verschieden übersetzbaren Stelle ist wohl der: Der Geist des Menschen neigt zum Neid, aus dem die Unordnung des Lebens entsteht. Gott aber gibt dem, der demütig vor ihm steht, die alle menschliche Schwäche überwindende Gnade.
4,11 f: Gemeint ist hier nicht ein direktes »Richten über das Gesetz«, sondern ein indirektes, insofern der Mensch, der sich gegen das Hauptgebot des Gesetzes, die Bruderliebe, verfehlt, das ganze Gesetz mißachtet, vgl. 1,25; 2,8.

Jakobus 4,11–5,10

¹¹ Redet nicht bös übereinander, Brüder! Wer bös über seinen Bruder redet oder über seinen Bruder richtet, der redet bös über das Gesetz und richtet das Gesetz. Wenn du aber das Gesetz richtest, so bist du nicht ein Vollbringer, sondern ein Richter des Gesetzes. ¹² Einer ist Gesetzgeber und Richter, er, der die Macht hat zu retten und zu verderben. Du aber, wer bist du, daß du den Nächsten richtest?

Falsche Sicherheit. ¹³ Hört doch, die ihr sagt: »Heute oder morgen werden wir in die und die Stadt reisen, dort ein Jahr verbringen, Handel treiben und Geschäfte machen!« ¹⁴ Ihr wißt ja nicht, was morgen sein wird! Denn was ist euer Leben? Ein Hauch seid ihr, der für kurz zu sehen ist und dann wieder verschwindet. ¹⁵ Statt dessen sollt ihr sagen: »Wenn der Herr will, werden wir leben, wollen wir dies oder jenes tun.« ¹⁶ Nun aber macht ihr euch groß in eurem Übermut! Alles Großtun dieser Art ist böse. ¹⁷ Wer daher recht zu handeln weiß und nicht so tut, für den ist es Sünde.

5. Kapitel

Warnung an die Reichen. ¹ Hört nun, ihr Reichen, weint und klagt über die Drangsale, die über euch kommen werden. ² Euer Reichtum wird verfault sein und eure Kleider von Motten zerfressen, ³ euer Gold und Silber verrostet, und ihr Rost wird ein Zeugnis sein gegen euch und an eurem Fleisch fressen wie Feuer. Noch bis zuletzt habt ihr Schätze angehäuft. ⁴ Seht, der von euch vorenthaltene Lohn der Arbeiter, die eure Felder abernteten, schreit, und die Schreie der Schnitter sind zu den ›Ohren des Herrn der Heerscharen‹ (Jes 5,9) gedrungen. ⁵ Gepraßt habt ihr auf Erden und geschwelgt, und habt in der Gier eurer Herzen euch gemästet am ›Tag des Schlachtens‹ (Jer 12,3); ⁶ ihr habt den Gerechten verurteilt und gemordet; er wehrt sich nicht gegen euch.

Beharrlichkeit. ⁷ Seid beharrlich, Brüder, bis zur Ankunft des Herrn! Seht, der Ackermann wartet auf die kostbare Frucht der Erde, und er wartet geduldig darauf, bis sie den Früh- und Spätregen empfängt (Jer 5,24). ⁸ Seid so auch ihr beharrlich, und erstarkt in euren Herzen; denn die Ankunft des Herrn hat sich genaht.

⁹ Seid nicht mürrisch zueinander, Brüder, damit ihr nicht verurteilt werdet! Seht, der Richter steht vor der Tür! ¹⁰ Nehmt,

---

5,1–6: Vgl. die Sätze Jesu über den Reichtum Mt 6,24; 19,23f; Mk 10,23ff; Lk 12,15–20.

Brüder, als Vorbild der Geduld und Beharrlichkeit die Propheten, die im Namen des Herrn geredet haben. ¹¹ Seht, wir preisen sie selig, die ausgeharrt haben. Von der Beharrlichkeit des Ijob habt ihr gehört und das Ende geschaut, das der Herr wirkte; denn ›der Herr ist gütig und voll Erbarmen‹ (Ps 103,8; 111,4).

Schwört nicht! ¹² Vor allen Dingen, meine Brüder, schwört nicht, weder beim Himmel noch bei der Erde noch sonst einen Eid! Euer Ja sei ein Ja, euer Nein ein Nein, damit ihr nicht dem Gericht verfallt.

Betet! ¹³ Trägt von euch jemand ein Leid, so bete er; ist jemand frohen Mutes, lobsinge er. ¹⁴ Ist unter euch jemand krank, so rufe er die Presbyter der Gemeinde; die sollen über ihn beten und ihn mit Öl salben im Namen des Herrn, ¹⁵ und das Gebet des Glaubens wird dem Kranken zum Heil sein, und der Herr wird ihn aufrichten, und wenn er Sünden begangen hat, wird ihm vergeben werden.

¹⁶ Bekennt also einander die Sünden und betet füreinander, damit ihr geheilt werdet. Viel vermag das hingebende Gebet des Gerechten. ¹⁷ Elija war ein Mensch, gleichgeartet wie wir; er betete inständig, daß es nicht regnen solle, und es regnete drei Jahre und sechs Monate nicht über das Land. ¹⁸ Da betete er abermals, und der Himmel spendete Regen, und die Erde brachte ihre Frucht hervor (1 Kg 17,1; 18,1).

¹⁹ Meine Brüder! Sollte unter euch jemand von der Wahrheit abgeirrt sein und jemand führt ihn zurück, ²⁰ der wisse: Wer einen Sünder von seinem Irrweg zurückbringt, rettet seine Seele und deckt eine Menge von Sünden zu.

5,12: Vgl. Mt 5,34–37. Das Schwören ist ein Zeichen mangelnder Wahrheitsliebe und mangelnden Vertrauens unter den Menschen.
5,14: In dieser Stelle sieht die kirchliche Überlieferung das biblische Zeugnis für das Sakrament der Krankensalbung. Vgl. Mk 6,13.

Der erste Petrusbrief

Zwei Briefe im neutestamentlichen Kanon werden dem Apostel Petrus zugeschrieben. Der erste ist von »Babylon« (5,13) geschrieben. Damit ist nach einer auch sonst nachweisbaren symbolischen Bezeichnung die Welthauptstadt Rom gemeint. Der Aufenthalt des Apostels in Rom ist auch durch andere Zeugnisse erweisbar. Empfänger des Briefes, der als Rundschreiben gedacht ist, sind die Christen der in 1,1 genannten kleinasiatischen Gebiete, zu denen Petrus auf Grund seiner Führerstellung in der Kirche, vgl. besonders Mt 16,17–19; Lk 22,32; Joh 21,15–17; Apg 1,15; 2,14; 10,1–11,18, mit voller Autorität spricht. Dabei soll die Möglichkeit nicht verneint sein, daß Petrus vor seinem Brief in persönlicher Beziehung mit den angeredeten Gemeinden gestanden war. Der Brief, der nach 5,12 durch den bekannten Missionsgefährten Silvanus (Silas), vgl. Apg 16,19; 17,4.10; 18,5; 2 Kor 1,19; 1 und 2 Thess 1,1, seine sprachliche Fassung erhielt, dürfte, seine Echtheit vorausgesetzt, um 64 entstanden sein. Er will die von Leiden heimgesuchten Christen mit Mut und Zuversicht aus christlicher Glaubenshaltung erfüllen.

1. Kapitel
Eingangsgruß. ¹ Petrus, Apostel Jesu Christi, an die auserwählten Fremdlinge, die zerstreut leben in Pontus, Galatien, Kappadozien, Asien und Bithynien, ² auserwählt nach dem Vorherwissen Gottes, des Vaters, durch die Heiligung des Geistes zum Gehorsam und zur Besprengung mit dem Blut Jesu Christi. Gnade euch und Friede in reicher Fülle!
Lobpreis der Erlösungsgnade. ³ Gepriesen sei der Gott und Vater unseres Herrn Jesus Christus, der uns nach seinem reichen Erbarmen von neuem geboren werden ließ zu einer lebendigen Hoffnung durch die Auferstehung Jesu Christi von den Toten, ⁴ für ein unvergängliches, unbeflecktes und unverwelkliches Erbe, das für euch aufbewahrt ist im Himmel, ⁵ die ihr in der Kraft Gottes geborgen seid durch den Glauben für

---

1,1f: Wie zuvor die Diasporajuden als »Fremdlinge« zerstreut unter den Heiden, so lebten die ersten Christen als Minderheit in ihrer ungläubigen Umgebung. »Asien« ist die römische Provinz »Asia« im vorderen Kleinasien.
1,3–12: Eindrucksvolle Begründung des Optimismus des in Christus erlösten Menschen.

das Heil, das bereit ist, um offenbar zu werden am Ende der Zeit.
⁶ Freut euch darüber, auch wenn ihr jetzt, wenn es sein soll, vorübergehend durch mancherlei Anfechtungen bedrückt werdet. ⁷ Euer Glaube soll dadurch als echt sich erweisen und weit kostbarer als vergängliches, im Feuer geläutertes Gold, zum Lobpreis, zur Verherrlichung und Ehre beim Offenbarwerden Jesu Christi. ⁸ Ohne ihn gesehen zu haben, liebt ihr ihn; ohne ihn jetzt zu schauen, glaubt ihr an ihn; in unsagbarer und strahlender Freude werdet ihr frohlocken, ⁹ wenn euch die Vollendung eures Glaubens beschieden sein wird: das Heil der Seelen.
¹⁰ Nach diesem Heil suchten und forschten die Propheten, die von der auf euch kommenden Gnade weissagten. ¹¹ Sie forschten, auf welche Zeit und Umstände der in ihnen wirksame Geist Christi hindeute, da er die auf Christus kommenden Leiden und die darauffolgende Herrlichkeit im voraus bezeugte. ¹² Ihnen wurde offenbart, daß sie nicht sich selbst, sondern euch dienen sollen in dem, was euch jetzt verkündet wurde durch die Boten des Evangeliums im Heiligen Geist, der vom Himmel gesandt wurde; davor sich schauend zu beugen, sehnen sich Engel.

Würdige Lebensführung. ¹³ Darum umgürtet die Lenden eurer Gesinnung, seid nüchtern und setzt eure Hoffnung ganz und gar auf die Gnade, die euch gebracht wird in der Offenbarung Jesu Christi. ¹⁴ Gestaltet als gehorsame Kinder euer Leben nicht mehr nach den Begierden wie in eurer früheren Unwissenheit, ¹⁵ sondern seid entsprechend eurer Berufung durch den Heiligen auch selber heilig in eurem ganzen Leben. ¹⁶ Denn es steht geschrieben: ›Heilig sollt ihr sein, weil ich heilig bin!‹ (Lev 11,44; 19,2).
¹⁷ Und wenn ihr den als Vater anruft, der ohne Ansehen der Person nach dem Tun eines jeden richtet, so geht in Sorge den Weg eurer Pilgerschaft. ¹⁸ Ihr wißt ja, daß ihr nicht mit vergänglichen Dingen, mit Silber oder Gold, losgekauft wurdet aus der Torheit eurer, von den Vätern überkommenen Lebensweise, ¹⁹ sondern mit dem kostbaren Blut Christi als eines untadeligen und makellosen Lammes. ²⁰ Vor der Grundlegung der Welt war er ausersehen, aber offenbar wurde er zum Ende der Zeiten um euretwillen. ²¹ Durch ihn glaubt ihr

1,13–25: Aufruf zur Lebenshaltung, die der großen Begnadung des Christen entspricht. Entscheidender Bewegrund ist der Gedanke an das Vorbild Christi.

an Gott, der ihn von den Toten erweckte und ihm Herrlichkeit verlieh, damit euer Glaube sich auch als Hoffnung auf Gott richte.
²² Da ihr eure Seelen im Gehorsam gegenüber der Wahrheit geheiligt habt zu ungeheuchelter Bruderliebe, so liebt in Hingabe einander aus lauterem Herzen! ²³ Ihr seid ja von neuem geboren, nicht aus vergänglichem, sondern aus unvergänglichem Samen durch Gottes lebendiges und bleibendes Wort. ²⁴ Denn ›alles Fleisch ist wie Gras und all seine Herrlichkeit wie die Blüte des Grases; das Gras verdorrt und die Blüte fällt ab, ²⁵ das Wort des Herrn aber bleibt in Ewigkeit‹ (Jes 40,6–8). Dieses ›Wort‹ ist die Heilsbotschaft, die an euch erging.

2. Kapitel

In der Gemeinschaft mit Christus. ¹ Legt daher alles Böse ab, alle Hinterlist, Heuchelei und Mißgunst und alles böse Nachreden! ² Wie neugeborene Kinder verlangt nach der euch zusagenden, lauteren Milch, damit ihr durch sie heranwachst zum Heil, ³ da ihr doch ›verkostet habt, wie gut der Herr ist‹ (Ps 34,9). ⁴ Wenn ihr hintretet zu ihm, dem lebendigen Stein, der von den Menschen verworfen, vor Gott aber ›auserlesen‹ ist und ›kostbar‹ (Jes 28,16), ⁵ werdet auch ihr selber als lebendige Steine aufgebaut zu einem geistigen Haus, zu einer heiligen Priesterschaft, um geistige Opfer darzubringen, wohlgefällig vor Gott, durch Jesus Christus.
⁶ Darum heißt es in der Schrift: ›Siehe, ich setze auf Zion einen auserlesenen, kostbaren Eckstein; wer an ihn glaubt, wird nicht zuschanden werden‹ (Jes 28,16). ⁷ Für euch nun, die ihr glaubt, ist er kostbar; den Ungläubigen aber ist er ›der Stein, den die Bauleute verwarfen und der dennoch zum Eckstein wurde‹ (Ps 118,22), ⁸ und ›ein Stein des Anstoßes und ein

---

2,1–10: Zum Bild vom Eckstein vgl. Mt 21,42–44; Röm 9,32 f. Der Nachsatz in V. 8: »dazu sind sie auch bestimmt« ist wahrscheinlich auf die Ungläubigen zu beziehen, mit der Voraussetzung, daß sie zum Anstoßnehmen vorhergesehen sind. Wir haben eine Ausdeutung von Jes 8,14–16 vor uns. Man könnte statt »bestimmt« vielleicht auch übersetzen: »hingesetzt« und dies auf »Stein« und »Fels« beziehen. Beachte den Gedanken, daß jeder Christ eingegliedert ist in eine »königliche Priesterschaft«, die sich wohl vom amtlichen, hierarchischen Priestertum unterscheidet, aber als wichtige Ergänzung zu ihm gehört und jeden Christen zu tätiger Mitverantwortung aufruft.
2,2: Für »euch zusagende« Milch, wird zumeist übersetzt: »geistige Milch«. Petrus meint aber mit dem Ausdruck »logikón« wohl die dem »neugeborenen Kind« entsprechende, ihm zustehende Milch – der christlichen Botschaft.

Fels des Ärgernisses‹ (Jes 8,14). Die dem Wort nicht glauben, stoßen sich daran; dazu sind sie auch bestimmt. ⁹ Ihr aber seid ›ein auserwähltes Geschlecht‹ (Jes 43,20), ›eine königliche Priesterschaft, ein geheiligtes Volk‹ (Ex 19,6), ›ein Volk, das dazu erworben wurde, damit ihr die Ruhmestaten dessen verkündet‹ (Jes 43,21), der euch aus der Finsternis berufen hat in sein wunderbares Licht. ¹⁰ Einst waret ihr ein Nicht-Volk, jetzt aber seid ihr ein Gottesvolk; die ihr kein Erbarmen fandet, habt jetzt Erbarmen gefunden (Hos 1,6.9; 2,3.25).

Das rechte Verhalten gegenüber der heidnischen Umwelt. ¹¹ Geliebte, ich mahne euch als ›Beisassen und Fremdlinge‹ (Ps 39,13), enthaltet euch der fleischlichen Begierden, die gegen die Seele streiten. ¹² Führt ein rechtschaffenes Leben unter den Heiden, damit sie, die euch als Übeltäter verleumden, an euren guten Werken eines Besseren belehrt werden und Gott die Ehre geben ›am Tag der Heimsuchung‹ (Jes 10,3). ¹³ Ordnet euch jeder menschlichen Einrichtung unter um des Herrn willen, sei es dem König als dem obersten Herrn, ¹⁴ sei es den Statthaltern als denen, die von ihm abgeordnet sind zur Bestrafung der Übeltäter und zur Anerkennung derer, die Gutes tun. ¹⁵ Denn so ist es der Wille Gottes, daß ihr durch gute Taten den Unverstand der törichten Menschen zum Schweigen bringt, ¹⁶ als freie Menschen, doch nicht als solche, die in der Freiheit einen Deckmantel haben zum Schlechten, sondern als Knechte Gottes. ¹⁷ Ehrt alle, liebt die Brüder, fürchtet Gott, ehrt den König!

An die Sklaven. ¹⁸ Ihr S k l a v e n, seid mit aller Ehrfurcht untertan den Herren, nicht nur den gütigen und freundlichen, sondern auch den bösartigen. ¹⁹ Denn das ist Gnade, wenn einer in Gewissenstreue vor Gott Widerwärtigkeiten erträgt und ungerecht leidet. ²⁰ Denn was ist es für ein Ruhm, wenn ihr wegen Verfehlungen gestraft werdet und es erduldet? Wenn ihr aber Gutes tut und geduldig leidet, so ist das Gnade vor Gott. ²¹ Dazu seid ihr ja berufen; denn auch Christus litt für euch und hinterließ euch ein Vorbild, damit ihr seinen Fußstapfen folgt. ²² ›Er tat keine Sünde, und in seinem Mund fand sich kein Trug‹ (Jes 53,9). ²³ Da man ihn schmähte, schmähte er

---

2,11–17: Vgl. Röm 13,1–7; 1 Tim 2,1f; 3,1, wo ebenfalls die Pflichten der Christen gegenüber der staatlichen Obrigkeit mit inneren Beweggründen gefordert werden.
2,23: Die lateinische Vulgata sagt für »der gerecht richtet«: »der ungerecht richtet«, was auf das Urteil des Pilatus hinweisen würde.

nicht wieder; da er litt, drohte er nicht, sondern überließ sich dem, der gerecht richtet. ²⁴ ›Er trug selber unsere Sünden an seinem Leib ans Holz hinan‹ (Jes 53,12), damit wir den Sünden absterben und der Gerechtigkeit leben; durch seine Wunden seid ihr geheilt worden (Jes 53,5). ²⁵ Denn ihr waret wie irrende Schafe; jetzt aber seid ihr hingewendet zum Hirten und Hüter eurer Seelen.

3. Kapitel

Für Ehegatten. ¹ Desgleichen sollt ihr F r a u e n untertan sein euren Männern, damit auch jene, die dem Wort sich nicht unterwerfen, durch das Verhalten der Frauen ohne Worte gewonnen werden, ² wenn sie eure lautere, gottesfürchtige Lebensführung sehen. ³ Euer Schmuck bestehe nicht im Äußeren, im Haargeflecht, im Anlegen von Gold oder im Tragen von Kleidern, ⁴ vielmehr ist es der verborgene Herzensmensch in der Unwandelbarkeit eines bescheidenen und ruhigen Geistes, der kostbar ist vor Gott. ⁵ Denn so schmückten sich einst auch die heiligen Frauen, die auf Gott ihre Hoffnungen setzten und ihren Ehemännern untertan waren. ⁶ So gehorchte Sara dem Abraham, da sie ›Herr‹ zu ihm sagte (Gen 18,12). Deren Kinder seid ihr geworden, wenn ihr das Gute tut und euch von keinerlei Furcht beunruhigen laßt (Spr 3,25). ⁷ Desgleichen sollt ihr M ä n n e r verstehend zusammenleben mit dem weiblichen Geschlecht als dem schwächeren; erweist ihnen Ehre als den Miterben der Gnade des Lebens, damit euer Beten nicht vereitelt werde.

Mahnungen an alle. ⁸ Ihr alle endlich, seid einmütig, mitfühlend, brüderlich, barmherzig, bescheiden! ⁹ Vergeltet nicht Böses mit Bösem, nicht Schmähung mit Schmähung; segnet vielmehr, weil ihr dazu berufen seid, Segen zu erben. ¹⁰ Denn ›wer das Leben liebt und gute Tage sehen will, bewahre seine Zunge vor Bösem und seine Lippen vor hinterlistiger Rede. ¹¹ Er wende sich ab vom Bösen und tue Gutes; er suche Frieden und strebe ihm nach. ¹² Denn die Augen des Herrn wenden sich nach Gerechten, und seine Ohren zu ihrem Flehen, das Antlitz des Herrn aber gegen solche, die Böses tun‹ (Ps 34,13 ff).

¹³ Wer kann euch schaden, wenn ihr nach dem Guten trachtet? ¹⁴ Ja, auch wenn ihr leiden müßtet um der Gerechtigkeit willen, sollt ihr selig sein! ›Fürchtet euch nicht in der Furcht vor ihnen und laßt euch nicht in Unruhe bringen‹ (Jes 8,12)! ¹⁵ Christus aber, den Herrn, haltet heilig in euren Herzen, all-

zeit bereit zur Verantwortung gegenüber einem jeden, der von euch Rechenschaft fordert über die Hoffnung, die ihr in euch tragt. ¹⁶ Tut es aber in Bescheidenheit und Ehrfurcht, und bewahrt ein gutes Gewissen, damit sie, die euren guten Wandel in Christus schmähen, gerade in dem beschämt werden, worin ihr verleumdet werdet. ¹⁷ Denn es ist besser, daß ihr, wenn Gott es so will, für gute Taten leidet als für schlechte.

Das Vorbild Christi. ¹⁸ Denn auch Christus starb einmal für die Sünden, als Gerechter für Ungerechte, um euch zu Gott zu führen, nachdem er dem Fleisch nach getötet, dem Geist nach aber lebendig gemacht wurde. ¹⁹ Im Geist ging er auch hin zu den Geistern im Gefängnis und predigte ihnen, ²⁰ die einst nicht gehorchen wollten, als in den Tagen Noachs Gottes Langmut zuwartete und die Arche gebaut wurde, in der wenige, nämlich acht Seelen, gerettet wurden durch das Wasser hindurch.

²¹ Dieses rettet nunmehr auch euch im Gegenbild, der Taufe; sie ist nicht ein Wegnehmen körperlichen Schmutzes, sondern ein Anrufen Gottes um ein gutes Gewissen kraft der Auferstehung Jesu Christi, ²² der zur Rechten Gottes ist, nachdem er [den Tod verschlungen, damit wir Erben des ewigen Lebens würden, und] aufgefahren ist in den Himmel und Engel und Mächte und Gewalten ihm unterworfen wurden.

4. Kapitel

Absage an die Sünde. ¹ Da also Christus im Fleisch gelitten hat, sollt auch ihr mit dieser Gesinnung euch rüsten; denn wer im Fleische litt, hat aufgehört mit der Sünde, ² damit er nicht mehr den menschlichen Begierden, sondern dem Willen Gottes die verbleibende Zeit seiner Erdentage lebe. ³ Denn es ist schon genug, daß ihr die vergangene Zeit im Sinnen und Streben der Heiden zugebracht habt und euer Leben dahingin in Ausschweifungen, Leidenschaften, Trinkgelagen, Schmausereien, Zechgelagen und ausgelassenen Götzenfeiern.

⁴ Das befremdet sie, daß ihr euch nicht mit ihnen in den gleichen Strom von Liederlichkeit stürzt, und so lästern sie euch.

3,18–22: Jesus starb nur »einmal« den Opfertod, vgl. Hebr 7,27; 9,28. Unter »Geist« Jesu ist hier wohl die menschliche Seele gemeint, mit der er zwischen Tod und Auferstehung die »Geister im Gefängnis«, d. h. die Seelen der Verstorbenen in der sog. »Vorhölle«, in der »Scheol« nach jüdischer Bezeichnung, besuchte. Dabei nennt Petrus nur die in der Sintflut untergegangenen Menschen, weil er anschließend die im Wasser der Sintflut versinnbildete Taufe als die große Auferstehungsgnade Christi hervorheben will.

⁵ Doch sie werden sich verantworten müssen vor dem, der bereit ist, Lebende und Tote zu richten. ⁶ Denn deshalb wurde auch Toten das Evangelium verkündet, damit sie, zwar Gericht erfahren als Menschen dem Fleisch nach, aber lebendig seien im Hinblick auf Gott dem Geist nach.

Mahnung zu einträchtiger Liebe. ⁷ Das Ende aller Dinge hat sich genaht. Seid also besonnen und nüchtern zum Gebet! ⁸ Vor allem aber habt zueinander beharrliche Liebe; denn Liebe überdeckt eine Menge von Sünden (Spr 10,12). ⁹ Seid gastlich zueinander, ohne Murren!

¹⁰ Dient einander mit der Gnadengabe, die ein jeder empfing, als gute Verwalter der vielgestaltigen Gnade Gottes! ¹¹ Wer predigt, tue es als Verkünder der Worte Gottes; wer einen Dienst versieht, aus der Kraft, die Gott verleiht, damit in allem Gott verherrlicht werde durch Jesus Christus, dem die Herrlichkeit und Macht zu eigen ist von Ewigkeit zu Ewigkeit. Amen.

Vom Sinn der Leiden. ¹² Geliebte, wundert euch nicht über die zu eurer Prüfung unter euch entstandene Feuersglut, als ob euch etwas Befremdliches widerfahre. ¹³ Freut euch vielmehr der Gemeinschaft mit den Leiden Christi, damit ihr auch beim Offenbarwerden seiner Herrlichkeit jubelnde Freude erlebt.

¹⁴ Seid selig, wenn ihr wegen des Namens Christi geschmäht werdet; denn der Geist der Herrlichkeit, der Geist Gottes ruht auf euch. ¹⁵ Denn keiner von euch soll leiden als Mörder oder Dieb oder Übeltäter oder als Ehebrecher. ¹⁶ Leidet er dagegen als Christ, so schäme er sich nicht, sondern verherrliche Gott in diesem Namen.

¹⁷ Denn die Zeit ist da, daß das Gericht seinen Anfang nimmt beim Haus Gottes. Beginnt es aber bei uns, was wird dann das Ende derer sein, die auf das Evangelium Gottes nicht hören? ¹⁸ ›Wenn der Gerechte kaum das Heil erlangt, wo wird der Gottlose und der Sünder zu sehen sein?‹ (Spr 11,31). ¹⁹ Darum

---

4,6: Der schwer zu deutende Satz weist wohl auf 3,19 zurück. Die in der Sintflut dem Fleisch nach Gerichteten erhielten durch Christus die Möglichkeit der Rettung ihrer Seele.
4,12–19: Leid und Heimsuchung gehören zum Christen, der dadurch Christus ähnlich wird. Der Name »Christ« wurde sehr früh als Selbstbezeichnung der Christusanhänger gebraucht, vgl. Apg 11,26; 26,28.
4,15: Für »Ehebrecher« könnte im Hinblick auf das nicht eindeutige griechische Grundwort auch »Hehler, Angeber, Bedrücker« übersetzt werden.

sollen auch jene, die nach dem Willen Gottes leiden, ihre Seelen dem getreuen Schöpfer anempfehlen im Tun des Guten.

5. Kapitel
An die Vorsteher der Gemeinden. ¹ Die Presbyter unter euch mahne ich als Mitpresbyter und Zeuge der Leiden Christi wie auch als einer, der teilhaben wird an der künftig sich offenbarenden Herrlichkeit: ² Weidet die euch anvertraute Herde Gottes und wacht über sie, nicht aus Zwang, sondern aus freiem Entschluß im Hinblick auf Gott, nicht aus Gewinnsucht, sondern aus Hingabe. ³ Spielt nicht die Herren über die euch Anvertrauten, sondern seid Vorbilder für die Herde! ⁴ Erscheint dann der oberste Hirt, werdet ihr den unverwelklichen Kranz der Herrlichkeit entgegennehmen.

An alle. ⁵ Desgleichen sollt ihr Jüngeren euch unterordnen den Älteren; alle aber sollt ihr einander verbunden sein in demütigem Sinn; denn ›Gott widersteht den Hoffärtigen, den Demütigen aber gibt er Gnade‹ (Spr 3,34). ⁶ Demütigt euch also unter die starke Hand Gottes, daß er euch erhöhe zur rechten Zeit! ⁷ All eure Sorge werft auf ihn; denn er sorgt sich um euch.

⁸ Seid nüchtern und wachsam! Euer Widersacher, der Teufel, geht umher wie ein brüllender Löwe und sucht, wen er verschlinge. ⁹ Widersteht ihm standhaft im Glauben und wißt, daß das gleiche an Leiden all euren auf der Welt lebenden Brüdern auferlegt ist!

¹⁰ Der Gott aller Gnade, der euch in Christus berufen hat zu seiner ewigen Herrlichkeit, wird nach kurzer Zeit des Leidens selber euch aufrichten, euch stark und kraftvoll machen und euch sicheren Halt verleihen. ¹¹ Sein ist die [Herrlichkeit und] Macht von Ewigkeit zu Ewigkeit. Amen.

Schlußgrüße. ¹² Durch Silvanus, den nach meiner Überzeugung euch treu ergebenen Bruder, habe ich euch kurz geschrieben, euch zu ermahnen und zu bezeugen, daß dies die wahre Gnade ist, in der ihr steht.

¹³ Es grüßt euch die miterwählte Gemeinde in Babylon und Markus, mein Sohn. ¹⁴ Grüßt einander mit dem Kuß der Liebe! Friede euch allen in Christus [Jesus, Amen]!

5,1: »Presbyter« kann auch mit »Ältester« übersetzt werden. Davon das Wort »Priester«; doch deckt sich der neutestamentliche Ausdruck nicht durchweg mit dem heutigen Sinn dieses Wortes.

Der zweite Petrusbrief

Der folgende Brief bezeichnet sich im Eingang als von Symeon Petrus stammend, verweist 1,16–18 ausdrücklich auf das Miterleben der Verklärung Jesu, spricht 1,14 von einer persönlich empfangenen Offenbarung über den bevorstehenden Tod des Absenders und bezieht sich 3,1 auf ein früheres Schreiben, das wohl mit 1 Petr identisch sein dürfte. Neben diesen Anzeichen, die eindeutig für den Apostel Petrus sprechen, zeigt der Brief nicht zu übersehende kanongeschichtliche, literarische und inhaltliche Besonderheiten, so daß es nicht an ernsten Stimmen fehlt, die meinen, der Brief könnte erst später unter dem Namen des Apostels verfaßt worden sein. Andere versuchen, die Schwierigkeiten mit Hinweis auf 1 Petr 5,12 zu lösen, in der Annahme, daß unser Brief im Auftrag des Apostels durch einen unbekannten Mitarbeiter seine Form erhalten habe. Bei dieser Annahme wäre der Brief mit Rücksicht auf 1,14 in die Zeit kurz vor dem Tod des heiligen Petrus zu setzen, vielleicht 66–67, wenn man nicht ein früheres Todesjahr annehmen muß. Als Leser nimmt man auf Grund von 3,1 den gleichen Personenkreis an wie in 1 Petr.

1. Kapitel

Eingangsgruß. ¹ Symeon Petrus, Knecht und Apostel Jesu Christi, an jene, die gleich uns den kostbaren Glauben erlangt haben durch die Gerechtigkeit unseres Gottes und Heilandes Jesus Christus. ² Gnade und Friede werde euch in Fülle zuteil in der Erkenntnis Gottes und Jesu, unseres Herrn.

Mahnung zur Festigung der Berufung. ³ Alles, was dienlich ist zum Leben und zur Frömmigkeit, hat uns seine göttliche Macht geschenkt durch die Erkenntnis dessen, der uns gerufen hat in seiner Herrlichkeit und Kraft. ⁴ Dadurch wurden uns die kostbarsten und größten Verheißungen geschenkt, damit ihr durch sie teilhaft werdet göttlicher Natur, die ihr entronnen seid den verderblichen Begierden in der Welt.

1,1: Wie Apg 15,14 bezeugt, war »Symeon« eine Nebenform für das bekanntere »Simon«.
1,3–11: Eine eindrucksvolle Zeichnung der Erlösungsgnade, deren größte Gabe die in Vers 4 genannte »Teilnahme an der göttlichen Natur« ist. Zugleich ruhen darin die stärksten Beweggründe für persönliches Mitwirken des Begnadeten.

⁵ So wendet gerade deswegen allen Eifer auf und zeigt in eurem Glauben die tapfere Entschlossenheit, in der Entschlossenheit die Erkenntnis, ⁶ in der Erkenntnis die maßvolle Zucht, in der Zucht die Ausdauer, in der Ausdauer die Frömmigkeit, ⁷ in der Frömmigkeit die Brudergesinnung, in der Brudergesinnung die Liebe.

⁸ Sind diese Tugenden euch zu eigen und im Fortschreiten begriffen, werden sie euch nicht träge und unfruchtbar sein lassen für die Erkenntnis unseres Herrn Jesus Christus. ⁹ Wem sie nämlich nicht zu Gebote stehen, der ist blind und kurzsichtig, da er die Reinigung von seinen früheren Sünden vergaß. ¹⁰ Daher, Brüder, seid um so mehr bestrebt, eure Berufung und Auserwählung [durch gute Werke] sicherzustellen. Wenn ihr nämlich dies tut, werdet ihr nimmermehr scheitern. ¹¹ Denn so wird euch in reicher Fülle der Zutritt geboten werden in das ewige Reich unseres Herrn und Heilandes Jesus Christus.

¹² Daher will ich allzeit darauf bedacht sein, euch an dies zu erinnern, auch wenn ihr darum wißt und gefestigt seid im Besitz der Wahrheit. ¹³ Halte ich es doch für meine Pflicht, solange ich in diesem Zelt lebe, euch mahnend wach zu halten. ¹⁴ Ich weiß ja, daß der Abbruch meines Zeltes nahe bevorstehend ist, wie mir auch unser Herr Jesus Christus geoffenbart hat. ¹⁵ Ich bin aber darum besorgt, daß ihr auch nach meinem Hingang stets in der Lage seid, euch dies ins Gedächtnis zu rufen.

Verlässigkeit der Heilswahrheit. ¹⁶ Denn nicht ausgeklügelten Fabeln hingen wir an, als wir euch die Macht und Ankunft unseres Herrn Jesus Christus verkündeten, sondern wir waren Augenzeugen seiner erhabenen Größe. ¹⁷ Denn er empfing von Gott Vater Ehre und Verherrlichung, als aus glanzvoller Erhabenheit diese Stimme auf ihn herniederkam: »Dieser ist mein geliebter Sohn, an dem ich Wohlgefallen habe [, auf ihn sollt ihr hören].« ¹⁸ Und diese Stimme hörten wir vom Himmel herabkommen, als wir mit ihm beisammen waren auf dem heiligen Berg.

1,16–21: Mit Hinweis auf die Verklärung Jesu, vgl. Mt 17,1–9, die zu den stärksten Erlebnissen des Apostels gehörte, begründet er die Glaubwürdigkeit der christlichen Offenbarung. Durch sie sei auch die »prophetische« Offenbarung des Alten Testamentes klarer und verständlicher geworden. Beachte die Mahnung zu ehrfürchtiger Deutung der Hl. Schrift, die nicht Sache persönlicher Willkür sein darf!

¹⁹ Und so besitzen wir um so gesicherter das prophetische Wort, und ihr tut gut daran, daß ihr darauf achtet wie auf eine Leuchte, die aufstrahlt an dunkler Stätte, bis der Tag anbricht und der Morgenstern aufgeht in euren Herzen. ²⁰ Wißt vor allem dies: Ein prophetisches Wort der Schrift ist nicht Sache eigener Deutung. ²¹ Denn nicht durch eines Menschen Willen wurde eine prophetische Aussage hervorgebracht, sondern vom Heiligen Geist getrieben, haben von Gott her [heilige] Menschen gesprochen.

2. Kapitel

Warnung vor Irrlehrern. ¹ Es gab aber auch falsche Propheten unter dem Volk, wie es auch unter euch falsche Lehrer geben wird, die verderbliche Irrlehren aufbringen und den Herrn verleugnen werden, der sie erkauft hat. Sie bereiten sich selbst ein jähes Verderben. ² Und viele werden ihren Ausschweifungen folgen, und der Weg der Wahrheit wird ihretwegen gelästert werden. ³ In Habgier werden sie euch mit betrügerischen Worten übervorteilen; doch schon längst ist für sie das Gericht nicht müßig, und ihr Verderben schläft nicht.

Gottes Gericht über die Irrlehrer. ⁴ Denn Gott hat der Engel, die sich versündigten, nicht geschont, sondern sie den finsteren Höhlen der Unterwelt übergeben, um sie zu verwahren für das Gericht. ⁵ Er hat der alten Welt nicht geschont, sondern nur Noach, den Künder der Gerechtigkeit, mit sieben anderen gerettet, da er die Flut über die Welt der Gottlosen heraufführte.

⁶ Er hat die Städte Sodom und Gomorra durch die Vernichtung mit Feuer gerichtet und sie als Beispiel hingestellt für künftige Gottlose, ⁷ indes er den gerechten Lot rettete, der durch das liederliche Treiben der Zuchtlosen zu leiden hatte. ⁸ Denn der Gerechte, der in ihrer Mitte wohnte, quälte sich in seiner Seele, da er Tag für Tag ihr frevlerisches Treiben sah und hörte.

⁹ So weiß der Herr die Frommen aus der Prüfung zu erretten, die Ungerechten aber für den Tag des Gerichtes zur Bestrafung aufzubewahren, ¹⁰ und zwar vor allem jene, die in

---

2,4–11: Vgl. die auffallende Ähnlichkeit mit Jud 4–16. Es scheint 2 Petr von Jud abhängig zu sein, sofern nicht beide von einer gemeinsamen Quelle beeinflußt sind.

schmutziger Gier dem Fleisch sich hingeben und die Macht des Herrn mißachten. In ihrer Verwegenheit und Anmaßung scheuen sie sich nicht, Herrlichkeiten zu lästern, ¹¹ wo doch Engel, die an Stärke und Macht überlegen sind, kein Fluchurteil gegen sie beim Herrn vorbringen.

Vom Treiben der Irrlehrer. ¹² Diese aber sind wie vernunftlose Tiere, von der Natur hervorgebracht zu Fang und Untergang; sie lästern, was sie nicht verstehen, und werden in ihrer Verderbtheit auch selber verderben, ¹³ indem sie Strafe erleiden als Entgelt für ihre Ruchlosigkeit. Ihr Vergnügen sehen sie in der Schwelgerei mitten am Tag, Schand- und Schmutzflecken sind sie, wenn sie in ihren Betrügereien schwelgen und dabei mit euch zusammen schmausen. ¹⁴ Ihre Augen sind erfüllt von ehebrecherischer Gier und unersättlicher Sünde; sie locken haltlose Seelen an sich; ihr Herz ist geübt in gierigem Verlangen, Kinder des Fluches sind sie.

¹⁵ Sie haben den geraden Weg verlassen und sind in die Irre gegangen, sie folgten dem Weg Bileams, des Sohnes des Beor, der auf den Lohn der Ruchlosigkeit aus war, ¹⁶ jedoch die Zurechtweisung für seine Untat erfuhr: ein stummes Lasttier redete mit Menschenstimme und gebot dem Wahnsinn des Propheten Einhalt.

¹⁷ Sie sind wasserlose Brunnen, Nebelwolken, vom Sturmwind gejagt; auf sie wartet der Abgrund der Finsternis. ¹⁸ Sie führen hochtrabende Reden ohne Inhalt und verlocken in ihrer fleischlichen Gier und Ausschweifung jene, die kaum entronnen sind den im Irrtum lebenden Menschen. ¹⁹ Sie verheißen ihnen Freiheit, obgleich sie selber Sklaven des Verderbens sind; denn von wem einer beherrscht wird, dem ist er versklavt.

²⁰ Wenn sie nämlich, den Befleckungen der Welt durch die Erkenntnis des Herrn und Heilandes Jesus Christus entronnen, sich wieder von diesen umgarnen und überwältigen lassen, so sind für sie die letzten Dinge ärger geworden als die ersten. ²¹ Denn besser wäre es für sie, sie hätten den Weg der Gerechtigkeit nicht kennengelernt, als nach dem Erkennen sich wieder abzuwenden von dem heiligen Auftrag, der ihnen anvertraut wurde. ²² Auf sie trifft in Wahrheit das Sprichwort

---

2,15f: Über Bileam vgl. Num 22–24. Er sollte gegen Belohnung im Auftrag des Moabiterkönigs Balak gegen Israel eine Verfluchung aussprechen; doch Gott fügte es, daß sein Esel ihn zur Erkenntnis führte. Für »Beor« haben andere Texte »Bosor«.

zu: ›Der Hund kehrt zu seinem Auswurf zurück‹ (Spr 26,11) und: ›Das Schwein wälzt sich nach der Schwemme wieder im Schlamm.‹

3. Kapitel

Von der Wiederkunft Christi. ¹ Das ist, Geliebte, bereits der zweite Brief, den ich euch schreibe; ich möchte in ihnen durch mein Mahnen eure lautere Gesinnung wachrufen, ² daß ihr eingedenk seid der Worte, die von heiligen Propheten vorherverkündet sind, und des von euren Aposteln übergebenen Auftrags des Herrn und Heilandes. ³ Wißt vor allem aber dies: In den letzten Tagen werden Spötter auftreten, die voll Hohn ihren eigenen Begierden nachgehen ⁴ und sagen: »Wo ist die Verheißung seiner Wiederkunft? Seitdem die Väter entschliefen, bleibt ja alles so wie seit Anfang der Schöpfung.«
⁵ Die dies behaupten, übersehen nämlich, daß schon einmal ein Himmel war und eine Erde, die kraft des Gotteswortes aus Wasser und durch Wasser Bestand hatte, ⁶ und daß inzwischen die damalige Welt, vom Wasser überschwemmt, zugrunde ging. ⁷ Der Himmel und die Erde aber, wie sie jetzt sind, werden durch dasselbe Wort aufgespart für das Feuer und bewahrt für den Tag des Gerichtes und des Untergangs der gottlosen Menschen.
⁸ Dies eine aber entgehe euch nicht, Geliebte: Ein Tag bei dem Herrn ist wie tausend Jahre, und ›tausend Jahre sind wie ein Tag‹ (Ps 90,4). ⁹ Der Herr ist nicht säumig mit seiner Verheißung, wie einige es für ein Säumen halten; sondern er ist nur langmütig mit euch, da es sein Wille ist, daß niemand verlorengehe, sondern daß alle zur Umkehr gelangen. ¹⁰ Es wird aber der Tag des Herrn kommen wie ein Dieb, und an ihm werden die Himmel zusammenkrachend vergehen, die Elemente brennend sich auflösen und auch die Erde und die Werke auf ihr werden sich darunter finden.

3,1–10: Der Gedanke an die Wiederkunft Christi war in den ersten Christen sehr lebendig. Schon Jesus selbst hatte vor Falschpropheten gewarnt, vgl. Mt 24,11 f. Dem frivolen Spott über das angebliche Ausbleiben Christi tritt Petrus mit dem Hinweis auf das einstige Strafgericht der Sintflut entgegen. Ebenso werde sich das kommende Gericht einstellen, wobei die Zeit nicht mit menschlichen Maßstäben gerechnet werden kann.

3,5 f: Textbezeugung und Sinn dieses Satzes nicht klar, daher verschiedene Übersetzung möglich.

3,10: Der Satzschluß ist im Griechischen nicht einheitlich überliefert. Manche übersetzen: »werden verbrennen (vergehen)« oder: »nicht mehr sich finden«.

Mahnung zu entsprechendem Leben. ¹¹ Wenn dies alles sich so auflösen wird, wie sehr muß euch ein heiliger Wandel und Frömmigkeit angelegen sein, ¹² indes ihr auf das Kommen des Tages Gottes wartet und ihn beschleunigt, um dessentwillen die Himmel im Feuer zergehen und die Elemente brennend zerschmelzen werden. ¹³ Wir erwarten aber nach seiner Verheißung ›einen neuen Himmel und eine neue Erde‹ (Jes 65,17; 66,22), worin die Gerechtigkeit wohnt.

¹⁴ Da ihr nun, Geliebte, eine solche Erwartung habt, so befleißigt euch, ohne Fehl und Makel vor ihm gefunden zu werden in Frieden. ¹⁵ Erachtet die Langmut unseres Herrn für Heil, so wie es auch unser geliebter Bruder Paulus nach der ihm verliehenen Weisheit euch schrieb, ¹⁶ in all seinen Briefen, in denen er davon spricht. In ihnen ist manches schwer zu verstehen, was ungebildete und ungefestigte Leute, wie auch bei den übrigen Schriften, zu ihrem eigenen Verderben verdrehen.

¹⁷ Ihr nun, Geliebte, die ihr dies im voraus wißt, seht euch vor, daß ihr vom Irrwahn der Frevler nicht mit fortgezogen werdet und herausfallt aus eurem sicheren Halt. ¹⁸ Wachset vielmehr in der Gnade und Erkenntnis unseres Herrn und Heilandes Jesus Christus! Ihm ist Ehre jetzt und für den Tag der Ewigkeit. Amen.

3,11–13: Die Menschen können mit wahrer Bekehrung das Kommen Christi »beschleunigen«, vgl. Apg 3,19; Röm 11,25. Möglicherweise bedeutet an unserer Stelle »beschleunigen« das »Herbeisehnen« des Tages Gottes.
3,15 f: Welche Paulusbriefe gemeint sind, ist unsicher. Man darf vielleicht auch an solche denken, die uns nicht erhalten blieben.

1 Johannes 1,1–9

Der erste Johannesbrief

Dem Apostel Johannes, dem Verfasser des vierten Evangeliums und der »Offenbarung« (Apokalypse) werden auch drei Briefe zugeschrieben. Der erste trägt keinen Briefeingang und richtet sich an einen größeren Kreis von Lesern, wahrscheinlich in Kleinasien. Gegenüber auftretenden Irrlehrern sucht sie der Verfasser mit Gedanken, die an das vierte Evangelium erinnern, zur Glaubensfreude und zu einer entsprechenden Lebensführung aufzumuntern. Der Brief wird wohl in die Zeit nach dem Johannesevangelium, zwischen 90 und 100 n. Chr., zu setzen sein.

1. Kapitel

Das Zeugnis vom Wort des Lebens. ¹ Was von Anfang an war, was wir gehört, was wir mit unseren Augen gesehen haben, was wir schauten und was unsere Hände betasteten vom Logos (Wort) des Lebens – ² und das Leben erschien, und wir haben es gesehen und bezeugen es und verkünden euch das Leben, das ewige, das beim Vater war und uns erschien – ³ was wir gesehen und gehört haben, verkünden wir euch, damit auch ihr Gemeinschaft habt mit uns. Unsere Gemeinschaft ist Gemeinschaft mit dem Vater und mit seinem Sohn, Jesus Christus. ⁴ Dies schreiben wir euch, damit [ihr euch freut und] unsere Freude vollkommen sei.

Seid Kinder des Lichtes. ⁵ Und das ist die Botschaft, die wir von ihm gehört haben und euch verkünden: Gott ist Licht, und Finsternis ist nicht in ihm. ⁶ Wenn wir sagen, daß wir Gemeinschaft mit ihm haben, und in der Finsternis leben, so lügen wir und tun nicht die Wahrheit. ⁷ Leben wir aber im Licht, wie auch er im Licht ist, haben wir Gemeinschaft miteinander, und das Blut Jesu [Christi], seines Sohnes, macht uns rein von aller Sünde.

⁸ Wenn wir sagen, daß wir keine Sünde haben, so betrügen wir uns selbst, und die Wahrheit ist nicht in uns. ⁹ Bekennen wir unsere Sünden, so ist er treu und gerecht, daß er uns die

---

1,1–4: Beachte die nachdrückliche Betonung der Glaubwürdigkeit der apostolischen Verkündigung mit Hervorhebung der persönlichen Zeugenschaft des Verfassers, vgl. Joh 1,14; 19,35.

1,5–2,2: »Licht« ist Sinnbild der in Gott ruhenden und von ihm kommenden Wahrheit, wie sie in Christus offenbar wurde, vgl. Joh 3,19–21.

Sünden erläßt und uns rein macht von allem Unrecht. ¹⁰ Wenn wir sagen, daß wir nicht sündigten, machen wir ihn zum Lügner, und sein Wort ist nicht in uns.

2. Kapitel

¹ Meine Kinder, dies schreibe ich euch, damit ihr nicht sündigt. Und wenn einer sündigte, so haben wir einen Fürsprecher vor dem Vater, Jesus Christus, den Gerechten. ² Er ist die Sühne für unsere Sünden, nicht nur für die unseren, sondern auch für die der ganzen Welt.

Lebt nach Christi Geboten. ³ Daran erkennen wir, daß wir ihn erkannt haben, wenn wir seine Gebote halten. ⁴ Wer sagt, er habe ihn erkannt, und seine Gebote nicht hält, ist ein Lügner, und in ihm ist nicht die Wahrheit. ⁵ Wer aber sein Wort hält, in dem ist wahrhaft die Liebe Gottes vollendet. Daran erkennen wir, daß wir in ihm sind. ⁶ Wer sagt, er bleibe in ihm, ist gehalten, so, wie er gelebt hat, auch selber zu leben.

⁷ Geliebte! Nicht ein neues Gebot schreibe ich euch, sondern ein altes Gebot, das ihr von Anfang an habt; dieses alte Gebot ist das Wort, das ihr vernommen habt. ⁸ Anderseits schreibe ich euch ein neues Gebot, das in Wahrheit in ihm ist und in euch; denn die Finsternis geht dahin, und das Licht, das wahre, es leuchtet schon.

⁹ Wer sagt, er sei im Licht, und seinen Bruder haßt, ist noch in der Finsternis bis jetzt. ¹⁰ Wer seinen Bruder liebt, der bleibt im Licht und kein Anstoßen gibt es bei ihm. ¹¹ Wer aber seinen Bruder haßt, bleibt in der Finsternis und geht im Finstern dahin und weiß nicht, wohin er geht, denn die Finsternis nahm seinen Augen das Licht.

Warnung vor der sündigen Welt. ¹² Ich schreibe euch, Kinder, denn vergeben sind euch die Sünden um seines Namens willen. ¹³ Ich schreibe euch, Väter, denn ihr habt ihn erkannt, der von Anfang an ist. Ich schreibe euch, junge Männer, denn ihr habt den Bösen besiegt. ¹⁴ Ich schrieb euch, Knaben, denn ihr habt den Vater erkannt. Ich schrieb euch, Väter, denn ihr habt ihn erkannt, der von Anfang an ist. Ich schrieb euch, junge Männer, denn ihr seid stark, und das Wort Gottes bleibt in euch, und ihr habt den Bösen besiegt.

2,3–11: Glaube an Christus schließt Erfüllung seiner Gebote ein, an erster Stelle das der Bruderliebe, vgl. Joh 13,34.

2,12–17: Christ sein heißt gegenüber der dem Bösen verhafteten Welt Abstand nehmen. Das bedeutet nicht Verachtung der Schöpfung Gottes und der irdischen Aufgabe, sondern die Gott zugewandte, über der Welt stehende Haltung des Glaubens.

¹⁵ Liebt nicht die Welt und nicht, was in der Welt ist! Liebt einer die Welt, ist die Liebe des Vaters nicht in ihm. ¹⁶ Denn alles, was in der Welt ist, die Fleischeslust, die Augenlust und die Hoffart des Lebens, ist nicht vom Vater, sondern ist von der Welt. ¹⁷ Doch die Welt vergeht mitsamt ihrer Lust; wer aber den Willen Gottes tut, der bleibt in Ewigkeit. ¹⁸ Kinder, es ist letzte Stunde, und wie ihr gehört habt, daß der Antichrist kommt, so sind auch jetzt viele Antichristen erstanden; daran erkennen wir, daß es die letzte Stunde ist. ¹⁹ Von uns gingen sie aus; doch sie waren nicht von uns. Wären sie nämlich von uns gewesen, wären sie bei uns geblieben; doch sollte an ihnen offenbar werden, daß nicht alle von uns sind. ²⁰ Ihr jedoch habt Salbung vom Heiligen und seid alle Wissende.

²¹ Ich schrieb euch nicht, weil ihr die Wahrheit nicht wüßtet, sondern weil ihr sie wißt und weil es keinerlei Lüge gibt, die aus der Wahrheit ist. ²² Wer ist der Lügner, wenn nicht derjenige, der leugnet, daß Jesus der Christus (Messias) ist? Das ist der Antichrist: der den Vater leugnet und den Sohn. ²³ Jeder, der den Sohn leugnet, hat auch den Vater nicht; wer den Sohn bekennt, hat auch den Vater. ²⁴ Was ihr nun von Anfang an vernommen habt, soll in euch bleiben. Wenn in euch bleibt, was ihr von Anfang an hörtet, so werdet auch ihr im Sohn und im Vater bleiben. ²⁵ Und das ist die Verheißung, die er selber uns gab: das ewige Leben.

²⁶ Dies schrieb ich euch um deretwillen, die euch verführen. ²⁷ In euch aber bleibt die Salbung, die ihr von ihm empfangen habt, und ihr habt nicht nötig, daß euch jemand belehre; sondern, wie seine Salbung euch alles lehrt, ist es wahr und nicht Lüge. Und wie sie euch lehrte, so bleibt in ihm! ²⁸ Und nun, Kinder, bleibt in ihm, damit wir, wenn er erscheint, Zuversicht haben und nicht zuschanden werden vor ihm bei seiner Ankunft.

Wir sind Kinder Gottes. ²⁹ Wenn ihr wißt, daß er gerecht ist, so erkennt auch, daß jeder, der Gerechtigkeit tut, aus ihm geboren ist.

2,18–28: In den schon auftretenden Irrlehren sieht Johannes das Wirken des für die letzte Zeit erwarteten Antichrists. Auch Christus selbst warnte vor Falschpropheten und falschen Messiassen, vgl. Mt 24,23f; Mk 13,21f. »Salbung von dem Heiligen« meint den durch Christus vermittelten Heiligen Geist, der in das Verständnis der Wahrheit einführt, vgl. Joh 16,13.
2,29–3,10: Die Kindschaft Gottes wird den Gläubigen in der Taufe mitgeteilt wie in einer Geburt aus Gott, vgl. Joh 1,12f. Wir treten

3. Kapitel

¹ Seht, welch große Liebe uns der Vater geschenkt hat: Kinder Gottes heißen wir und sind es. Darum erkennt die Welt uns nicht, weil sie ihn nicht erkannt hat. ² Geliebte, jetzt sind wir Kinder Gottes; aber noch ist es nicht offenbar, was wir sein werden. Wir wissen: wenn er sich offenbaren wird, werden wir ihm ähnlich sein; denn wir werden ihn schauen, wie er ist. ³ Und jeder, der diese Hoffnung auf ihn setzt, heiligt sich, gleichwie auch er heilig ist.

⁴ Jeder, der die Sünde tut, verübt auch die Gesetzwidrigkeit, die Sünde ist ja die Gesetzwidrigkeit. ⁵ Ihr wißt aber, daß jener erschien, damit er die Sünden hinwegnehme, und Sünde ist nicht in ihm. ⁶ Jeder, der in ihm bleibt, sündigt nicht; jeder, der sündigt, hat ihn nicht gesehen und hat ihn nicht erkannt. ⁷ Kinder, niemand verführe euch! Wer die Gerechtigkeit übt, ist gerecht, wie auch jener gerecht ist.

⁸ Wer die Sünde tut, ist vom Teufel; denn seit Anbeginn sündigt der Teufel. Dazu erschien der Sohn Gottes, daß er die Werke des Teufels vernichte. ⁹ Keiner, der aus Gott geboren ist, begeht Sünde; denn sein Same bleibt in ihm, und er kann nicht sündigen, weil er aus Gott geboren ist. ¹⁰ Daran erkennt man die Kinder Gottes und die Kinder des Teufels: Jeder, der nicht Gerechtigkeit tut, ist nicht aus Gott sowie jeder, der seinen Bruder nicht liebt.

Die Pflicht der Bruderliebe. ¹¹ Denn das ist die Botschaft, die ihr von Anfang an vernommen habt: Wir sollen einander lieben, ¹² – nicht wie Kain, der aus dem Bösen war und seinen Bruder erschlug. Und weshalb erschlug er ihn? Weil seine Werke böse waren, die seines Bruders aber gerecht. ¹³ Wundert euch nicht, Brüder, wenn die Welt euch haßt. ¹⁴ Wir wissen, daß wir hinübergeschritten sind vom Tod ins Leben, weil wir die Brüder lieben. Wer nicht liebt, bleibt im Tod.

¹⁵ Jeder, der seinen Bruder haßt, ist ein Menschenmörder, und ihr wißt, kein Mörder hat ewiges Leben, das in ihm bliebe. ¹⁶ Daran erkannten wir die Liebe [Gottes], daß jener für uns sein Leben hingab; auch wir sollen für die Brüder das Leben

---

dadurch in Lebensgemeinschaft mit Christus, die erst bei seiner Wiederkunft voll in Erscheinung treten wird. Diese Kindschaft und die Todsünde sind ein unvereinbarer Gegensatz.
3,11–24: Die Gotteskindschaft schließt vor allem tatkräftige Nächstenliebe in sich. Zur Gleichstellung von Haß und Mord vgl. Mt 5,21–26. Wer sich um die Liebe bemüht, darf auch Vertrauen zur größeren Liebe Gottes haben, wenn ihn das Bewußtsein seiner Sündhaftigkeit bedrückt.

1 Johannes 3,17–4,8

hingeben. ¹⁷ Wer die Güter dieser Welt besitzt und seinen Bruder Not leiden sieht, aber sein Herz vor ihm verschließt, wie soll die Liebe Gottes in ihm bleiben? ¹⁸ Kinder, wir wollen nicht lieben mit Wort und Zunge, sondern in Tat und Wahrheit.

¹⁹ Dadurch werden wir erkennen, daß wir aus der Wahrheit sind, und vor ihm werden wir unser Herz mit Zutrauen erfüllen; ²⁰ denn verurteilt uns unser Herz: Gott ist größer als unser Herz, und er weiß alles. ²¹ Geliebte, wenn das Herz uns nicht verurteilt, haben wir Zuversicht vor Gott, ²² und was wir erbitten, empfangen wir von ihm, weil wir seine Gebote halten und tun, was ihm wohlgefällig ist.

²³ Und das ist sein Gebot: Glauben sollen wir an den Namen seines Sohnes Jesus Christus und einander lieben dem Gebot gemäß, das er uns gab. ²⁴ Wer seine Gebote hält, bleibt in ihm wie auch er in ihm, und daran erkennen wir, daß er in uns bleibt: an dem Geist, den er uns gab.

4. Kapitel

Prüft die Geister. ¹ Geliebte, traut nicht jedem Geist, sondern prüft die Geister, ob sie aus Gott sind; denn viele falsche Propheten sind ausgezogen in die Welt. ² Daran erkennt ihr den Geist Gottes: Jeder Geist, der bekennt, daß Jesus Christus im Fleisch gekommen ist, ist aus Gott, ³ und jeder Geist, der Jesus nicht bekennt, ist nicht aus Gott. Und das ist der Geist des Antichrists, von dem ihr gehört habt, daß er kommt; und nun ist er schon in der Welt.

⁴ Ihr seid aus Gott, Kinder, und habt jene besiegt; denn der in euch ist mächtiger als der in der Welt. ⁵ Sie sind aus der Welt; darum reden sie aus der Welt, und die Welt hört auf sie. ⁶ Wir sind aus Gott; wer Gott erkennt, hört auf uns, wer nicht aus Gott ist, hört nicht auf uns. Daran erkennen wir den Geist der Wahrheit und den Geist der Verführung.

Gott ist die Liebe. ⁷ Geliebte, laßt uns einander lieben; denn die Liebe ist aus Gott, und jeder, der liebt, ist aus Gott geboren und erkennt Gott. ⁸ Wer nicht liebt, hat Gott nicht

---

4,1–6: Kennzeichen der rechten Geistesoffenbarung ist die Übereinstimmung mit der unverfälschten Glaubenswahrheit. Vers 2 deutet auf die Irrlehre der sog. Doketen hin, von denen die volle Menschwerdung des Gottessohnes geleugnet wurde.

4,7–21: Beachte den stets wiederkehrenden Hinweis auf die Bruderliebe. In ihr liegt das Kennzeichen und die Sicherung wahrer Gottesliebe.

erkannt; denn Gott ist Liebe. ⁹ Darin wurde die Liebe Gottes unter uns sichtbar, daß Gott seinen eingeborenen Sohn in die Welt sandte, damit wir leben durch ihn. ¹⁰ Darin besteht diese Liebe: nicht daß wir Gott liebten, sondern daß er uns liebte und seinen Sohn sandte zur Sühne für unsere Sünden. ¹¹ Geliebte, wenn Gott uns so liebte, müssen auch wir einander lieben. ¹² Niemand hat Gott je gesehen; wenn wir einander lieben, bleibt Gott in uns, und seine Liebe ist vollkommen in uns. ¹³ Daran erkennen wir, daß wir in ihm bleiben und er in uns, daß er uns von seinem Geist gegeben hat. ¹⁴ Und wir haben geschaut und bezeugen, daß der Vater den Sohn gesandt hat als Heiland der Welt.

¹⁵ Wer bekennt, daß Jesus der Sohn Gottes ist, in dem bleibt Gott und er in Gott. ¹⁶ Und wir erkannten und glaubten die Liebe, die Gott an uns erweist. Gott ist Liebe, und wer in der Liebe bleibt, der bleibt in Gott, und Gott bleibt in ihm.

¹⁷ Darin ist die Liebe [Gottes] bei uns vollkommen geworden, daß wir am Tag des Gerichtes Zuversicht haben: So wie er ist, sind auch wir in dieser Welt. ¹⁸ Furcht ist nicht in der Liebe, sondern die vollkommene Liebe treibt die Furcht hinaus. Die Furcht ist ja auf Bestrafung gerichtet; wer aber in Furcht lebt, ist nicht vollkommen in der Liebe. ¹⁹ Wir lieben, weil er uns zuvor geliebt hat.

²⁰ Wenn einer sagt: »Ich liebe Gott«, jedoch seinen Bruder haßt, der ist ein Lügner. Denn wer seinen Bruder nicht liebt, den er sieht, der kann Gott nicht lieben, den er nicht sieht. ²¹ Und dieses Gebot haben wir von ihm: Wer Gott liebt, der liebe auch seinen Bruder.

5. Kapitel

Zuversichtlicher Glaube. ¹ Jeder, der glaubt, daß Jesus der Christus (Messias) ist, ist aus Gott geboren, und jeder, der den Vater liebt, liebt auch den, der aus ihm stammt. ² Daran

---

4,17: Übersetzung und Deutung dieses Satzes nicht einhellig. Gemeint ist wohl, daß wir »in der Welt« jetzt schon die Zuversicht haben, an der Herrlichkeit Christi (»wie er ist«) teilnehmen zu dürfen, vgl. Röm 8,17.

5,1–13: Der Sohn Gottes hat sich durch »Wasser«, d. h. durch seine Taufe, und durch »Blut«, d. h. durch seinen Sühnetod am Kreuz, geoffenbart und ist durch den »Heiligen Geist« verherrlicht worden, vgl. Joh 16,14. Die in Klammern gesetzten Stücke von Vers 7f (das sog. »Comma Joanneum«) sind in den besten Textzeugen nicht überliefert und eine spätere Ergänzung, die sich im lateinischen Text verbreitet hat.

1 Johannes 5,3–18

erkennen wir, daß wir Gottes Kinder lieben, wenn wir Gott lieben und seine Gebote erfüllen. ³ Denn das ist die Liebe zu Gott, daß wir seine Gebote halten; seine Gebote aber sind nicht schwer; ⁴ denn alles, was aus Gott geboren ist, besiegt die Welt; und das ist der Sieg, der die Welt besiegte: unser Glaube.

⁵ Wer ist es, der die Welt besiegt, wenn nicht jener, der glaubt, daß Jesus der Sohn Gottes ist? ⁶ Dieser ist es, der gekommen ist durch Wasser und Blut [und Geist], Jesus Christus, nicht im Wasser allein, sondern im Wasser und im Blut. Und der Geist ist es, der Zeugnis gibt; denn der Geist ist die Wahrheit. ⁷ Denn drei sind es, die Zeugnis geben [im Himmel: der Vater, das Wort und der Heilige Geist; und diese drei sind eins. ⁸ Und drei sind, die Zeugnis geben auf Erden]: der Geist und das Wasser und das Blut, und diese drei beziehen sich auf das Eine.

⁹ Nehmen wir schon das Zeugnis der Menschen an – das Zeugnis Gottes ist größer; denn dies ist das Zeugnis Gottes, [das größer ist,] daß er Zeugnis gab von seinem Sohn. ¹⁰ Wer an den Sohn Gottes glaubt, der hat dieses Zeugnis in sich. Wer Gott nicht glaubt, der hat ihn zum Lügner gemacht, weil er nicht an das Zeugnis glaubte, mit dem Gott Zeugnis gab von seinem Sohn.

¹¹ Und dies ist das Zeugnis, daß uns Gott ewiges Leben gab, und dieses Leben ist in seinem Sohn. ¹² Wer den Sohn hat, der hat das Leben; wer den Sohn nicht hat, der hat das Leben nicht. ¹³ Dies schrieb ich euch, damit ihr wißt, daß ihr ewiges Leben habt, die ihr glaubt an den Namen des Sohnes Gottes.

Schlußmahnungen. ¹⁴ Und dies ist die Zuversicht, die wir zu ihm haben, daß er uns erhört, wenn wir seinem Willen gemäß um etwas bitten. ¹⁵ Und wissen wir, daß er uns erhört, wenn wir ihn um etwas bitten, dann wissen wir auch, daß wir schon im Besitz des Erbetenen sind, um das wir ihn gebeten haben. ¹⁶ Wenn einer seinen Bruder eine Sünde begehen sieht, die nicht zum Tod ist, so bete er, und er wird ihm das Leben geben, freilich nur solchen, deren Sünde nicht zum Tod ist. Es gibt eine Sünde zum Tod; nicht von der sage ich, daß er beten soll. ¹⁷ Alles Unrecht ist Sünde, doch gibt es Sünde, die nicht zum Tod ist. ¹⁸ Wir wissen: jeder aus Gott Geborene sündigt

---

5,16 f: Unter »Sünde zum Tod« meint hier Johannes wohl, wie Hebr 6,4–6; 10,26–29 die völlige Abkehr von Christus und damit von Gott, die menschlich keine Hoffnung mehr läßt zur Umkehr.

nicht, sondern der aus Gott Geborene bewahrt sich, und der Böse rührt ihn nicht an.

[19] Wir wissen, daß wir aus Gott sind, die Welt aber liegt ganz im Bösen. [20] Wir wissen, daß der Sohn Gottes gekommen ist und uns Einsicht gegeben hat, den Wahren zu erkennen; und wir sind im Wahren: in seinem Sohn Jesus Christus. Dieser ist der wahre Gott und ewiges Leben. [21] Kinder, hütet euch vor den Götzen! [Amen.]

Der zweite Johannesbrief

Verbirgt sich der Absender dieses und des folgenden Briefes auch unter der Bezeichnung »Ältester« (wörtlich: »Presbyter«), so ergibt sich, abgesehen von der Überlieferung, aus dem Inhalt wie aus der Sprechweise, daß es sich um den gleichen Verfasser wie den von 1 Joh und dem vierten Evangelium handelt, also den Apostel Johannes. Unter »auserwählter Herrin«, 2 Joh 1, ist kaum eine Einzelpersönlichkeit zu verstehen, sondern eine damit personifizierte Gemeinde. Die beiden Briefe sind wohl in Ephesus und um die gleiche Zeit wie 1 Joh entstanden.

Eingangsgruß. [1] Der Älteste an die auserwählte Herrin und ihre Kinder, die ich in Wahrheit liebe – und nicht nur ich, sondern auch alle, die zur Erkenntnis der Wahrheit gelangt sind – [2] um der Wahrheit willen, die in uns bleibt und bei uns sein wird in Ewigkeit. [3] Gnade wird mit uns sein, Erbarmen und Friede von Gott, dem Vater, und von Jesus Christus, dem Sohn des Vaters, in Wahrheit und Liebe.

Aufmunterung zu brüderlicher Liebe. [4] Ich freute mich sehr, unter deinen Kindern solche gefunden zu haben, die in Wahrheit so leben, wie wir es als Auftrag empfangen haben vom Vater. [5] Und so bitte ich dich, Herrin, ohne dir ein neues Gebot zu schreiben, sondern jenes, das wir von Anfang an haben: Laßt uns einander lieben! [6] Darin aber besteht die Liebe, daß wir nach seinen Geboten leben; das ist das Gebot wie ihr es von Anfang an gehört habt; danach sollt ihr auch leben.

4: »Kinder« sind die Mitglieder der angeredeten Gemeinde.
4–6: Die starke Hervorhebung der Bruderliebe als Kennzeichen der echten Gottesliebe entspricht den Grundgedanken von 1 Joh, vgl. 2,3–11; 4,7.20 f; 5,2.

Warnung vor Verführern. ⁷ Denn viele Verführer sind ausgezogen in die Welt, die nicht bekennen, daß Jesus Christus im Fleisch gekommen ist; das ist der Verführer und der Antichrist. ⁸ Seht euch vor, daß ihr nicht verliert, was ihr erarbeitet habt, sondern vollen Lohn empfangt! ⁹ Jeder, der davon abgeht und nicht in der Lehre Christi bleibt, hat Gott nicht. Wer in der Lehre bleibt, der hat den Vater und den Sohn. ¹⁰ Wenn einer kommt und diese Lehre nicht bringt, den nehmt nicht auf in das Haus und sagt ihm auch nicht den Gruß; ¹¹ wer ihm den Gruß entbietet, macht sich teilhaftig seiner bösen Werke.

Schlußgruß. ¹² Vieles hätte ich euch zu schreiben, doch wollte ich es nicht mit Papier und Tinte tun; denn ich hoffe, zu euch zu kommen und von Mund zu Mund zu sprechen, damit unsere Freude vollkommen sei. ¹³ Es grüßen dich die Kinder deiner auserwählten Schwester.

Der dritte Johannesbrief

Gaius, der Empfänger dieses mit 2 Joh eng verwandten Schreibens, gehört wohl der gleichen Gemeinde an, wie sie in 2 Joh angeredet ist. An ihn wendet sich der »Älteste«, weil anscheinend der in 9f genannte Diotrephes den ersten Brief nicht gebührend beachtet hatte.

Eingangsgruß und Anerkennung des Empfängers. ¹ Der Älteste an den geliebten Gaius, den ich in Wahrheit liebe. ² Geliebter, es ist mein Wunsch, daß es dir in allem gut gehe und du gesund seiest, wie es auch deiner Seele gut geht. ³ Denn ich wurde sehr erfreut, als Brüder kamen und für deine Wahrheit Zeugnis gaben, wie du in der Wahrheit lebst. ⁴ Eine größere Freude habe ich nicht als die, wenn ich höre, daß meine Kinder in der Wahrheit leben.

⁵ Geliebter, du handelst getreu in dem, was du an den Brüdern und gerade an fremden tust. ⁶ Sie legten vor der

---

7: Die Irrlehrer sind dieselben wie die in 1 Joh 4,3 genannten, vgl. auch 1 Joh 2,18–22.

10: Die Verweigerung von Begrüßung und Gastfreundschaft gegenüber einem Irrlehrer hat ihren Beweggrund in der Treue zur Wahrheit und im Schutz des eigenen Glaubenslebens.

13: Die »auserwählte Schwester« ist die Gemeinde, in der Johannes sich gerade aufhielt, wahrscheinlich Ephesus.

5–8: Unter Brüdern sind in erster Linie christliche Wanderprediger zu verstehen. Auch Paulus hat ohne Entgelt gepredigt, gerade auch im Gebiet von Ephesus, vgl. Apg 20,33–35.

Gemeinde Zeugnis ab von deiner Liebe; du wirst recht tun, wenn du ihnen das Geleit gibst, wie es sich vor Gott gebührt. ⁷ Denn um seines Namens willen zogen sie aus, ohne etwas von den Heiden anzunehmen. ⁸ Wir müssen uns daher solcher Männer annehmen, damit wir Mitarbeiter der Wahrheit werden.

Über Diotrephes und Demetrius. ⁹ Ich habe wohl der Gemeinde geschrieben, doch Diotrephes, der den ersten spielen will unter ihnen, nimmt uns nicht an. ¹⁰ Wenn ich daher komme, werde ich sein Verhalten vor Augen führen, das er bezeigt, wenn er üble Reden gegen uns führt und – damit nicht zufrieden – weder selber die Brüder aufnimmt noch es denen gestattet, die es tun möchten, ja sie sogar aus der Gemeinde ausschließt.

¹¹ Geliebter, ahme nicht das Böse nach, sondern das Gute! Wer Gutes tut, ist aus Gott; wer Böses tut, hat Gott nicht gesehen. ¹² Demetrius hat von jedermann und von der Wahrheit selbst ein gutes Zeugnis, und auch wir geben es ihm, und du weißt, daß unser Zeugnis wahr ist.

Schlußgruß. ¹³ Vieles hätte ich dir zu schreiben, doch ich wollte es dir nicht mit Tinte und Feder schreiben. ¹⁴ Ich hoffe aber, dich bald zu sehen und von Mund zu Mund zu sprechen. Friede sei mit dir! Es grüßen dich die Freunde. Grüße die Freunde namentlich!

Der Judasbrief

Der Verfasser des folgenden Schreibens bezeichnet sich als »Knecht Jesu Christi, Bruder des Jakobus«, womit auf den Verfasser des Jakobusbriefes hingewiesen sein dürfte. Nach Mt 13,55; Mk 6,3 sind unter den »Brüdern« Jesu Jakobus und Judas bezeugt. Ist bei Jakobus die Annahme möglich, daß er Apostel war, dann dürfte dies auch bei Judas zutreffen. Unter dieser Voraussetzung ist er gleichzusetzen mit dem in den Apostelkatalogen genannten Taddäus (Lebbäus), auch »Judas Jakobi«, vgl. Mt 10,3; Mk 3,18; Lk 6,16; Apg 1,13. Der Brief ist gerichtet an nicht näher bezeichnete Leser, denen Gefahr droht von seiten ausschweifend lebender, die christliche Frei-

---

10: Im Bewußtsein seiner apostolischen Verantwortung und Vollmacht droht Johannes dem unwürdigen Gemeindevorsteher das Gericht an.
12: Über Demetrius haben wir sonst keine Nachricht.

heit mißbrauchender Irrlehrer. Die Abfassungszeit ist bei der Unsicherheit der Herkunft des Briefes nicht näher bestimmbar.

Eingangsgruß. [1] Judas, Knecht Jesu Christi, Bruder des Jakobus, an die Berufenen, die in der Liebe Gottes, des Vaters, stehen und in Christus bewahrt sind. [2] Erbarmen euch und Friede und Liebe in reicher Fülle.

Grund des Briefes. [3] Geliebte! In der Absicht, euch aus ganzer Besorgtheit über unser gemeinsames Heil zu schreiben, hielt ich es für nötig, euch schriftlich zu ermahnen, daß ihr euch einsetzt für den Glauben, der ein für allemal den Heiligen übergeben wurde. [4] Denn es haben sich gewisse Leute eingeschlichen, die längst schon vorgemerkt sind für dieses Gericht, Gottlose, die die Gnade unseres Gottes mißbrauchen zur Ausschweifung und unseren einzigen Gebieter und Herrn, Jesus Christus, leugnen.

Warnende Beispiele. [5] Ich will euch, auch wenn ihr das alles schon wißt, ins Gedächtnis rufen, daß der Herr zwar sein Volk aus dem Land Ägypten rettete, das zweitemal aber die nicht Glaubenden zugrunde richtete. [6] Auch die Engel, die ihre Würde nicht wahrten, sondern ihre Stätte preisgaben, hält er für das Gericht des großen Tages mit ewigen Fesseln in der Finsternis in Verwahrung. [7] So stehen Sodom und Gomorra und die umliegenden Städte, die auf ähnliche Weise wie sie Unzucht trieben und unnatürlicher Wollust nachgingen, als Beispiel da, indem sie die Strafe ewigen Feuers erleiden.

[8] Geradeso beflecken auch diese Träumer ihr Fleisch, mißachten Herrschermacht und schmähen Herrlichkeiten. [9] Nicht einmal der Erzengel Michael wagte, als er mit dem Teufel kämpfte und um den Leib des Mose stritt, ein schmähendes Urteil zu äußern, sondern sprach: »Der Herr soll dich strafen.«

Das Treiben der Irrlehrer. [10] Diese aber schmähen, was sie nicht kennen; an dem aber, was sie naturhaft, gleich den vernunftlosen Tieren verstehen, gehen sie zugrunde. [11] Wehe

---

3: »Heilige«, die urkirchliche Bezeichnung für die der sündigen Welt entzogenen Christen, vgl. Apg 9,32; Röm 1,7 u. a.
4–9: »Vorgemerkt« sind die Irrlehrer durch die in 5–9 angeführten Strafgerichte. Die beiden letzten Beispiele auch bei 2 Ptr 2,4–6. Der Streit zwischen Michael und dem Teufel um den Leib des Mose ist nach außerbiblischer jüdischer Tradition dargestellt (vgl. Dt 34,5).
10: Hinweis auf sinnliche Ausschweifungen der Irrlehrer, durch die sie über die animalische Stufe der Tiere sich nicht erheben.

ihnen! Sie begaben sich auf den Weg des Kain und sind dem Irrwahn des lohnsüchtigen Bileam verfallen und ins Verderben gestürzt wie Korach in seiner Widersetzlichkeit.
¹² Sie sind die Schandflecken bei euren Liebesmahlen, die ohne jede Scheu mitschmausen und sich mästen; wasserlose Wolken sind sie, von Winden umhergetrieben, spätherbstliche Bäume, ohne Frucht, zweimal abgestorben und entwurzelt, ¹³ wilde Wogen des Meeres, die ihre eigenen Schändlichkeiten ausschäumen, Irrsterne, denen für ewig die dunkelste Finsternis vorbehalten bleibt.
¹⁴ Für sie gerade hat Henoch, der siebente Nachkomme Adams, geweissagt: ›Siehe, es kommt der Herr mit seinen Zehntausenden [von Heiligen], ¹⁵ um Gericht zu halten über alle und die Gottlosen zur Rechenschaft zu ziehen wegen all ihrer gottwidrigen Werke, die sie verübt, und wegen all der Lästerungen, die sie gegen ihn ausgesprochen haben als gottlose Sünder‹. ¹⁶ Sie sind störrische, unzufriedene Leute; sie leben dahin nach ihren Leidenschaften, und ihr Mund führt anmaßende Reden, wobei sie den Menschen schöntun um des Vorteils willen.

Mahnung zur Treue. ¹⁷ Ihr aber, Geliebte, erinnert euch der Worte, die von den Aposteln unseres Herrn Jesus Christus im voraus verkündet wurden, ¹⁸ da sie euch sagten, daß am Ende der Zeit Spötter auftreten werden, die nach ihren gottwidrigen Begierden leben; ¹⁹ sie sind es, die Zwietracht stiften, Sinnenmenschen, die den Geist nicht haben.
²⁰ Ihr aber, Geliebte, baut euch auf in eurem hochheiligen Glauben; betet im Heiligen Geist! ²¹ Bewahrt euch in der Liebe Gottes, indes ihr wartet auf das Erbarmen unseres Herrn Jesus Christus, dem ewigen Leben entgegen! ²² Nehmt euch erbarmend der Schwankenden an; ²³ rettet sie und entreißt sie dem Feuer, nehmt euch mitfühlend anderer an, jedoch in Furcht, indem ihr sogar von dem durch das Fleisch beschmutzten Kleid euch abwendet.

Lobgebet. ²⁴ Ihm aber, der Macht hat, euch ohne Fall zu bewahren und euch makellos und voll Jubel hintreten zu las-

---

11: Über Bileam vgl. Num 22–24, über Korach Num 16.
14: Auch hier wie Vers 9 spielt die außerbiblische Überlieferung der Juden, wahrscheinlich das nicht kanonische Buch Henoch (1,9), herein, ohne daß damit diese Schrift den heiligen Schriften gleichgestellt werden will.
22: Beachte den Rat zu wachsamer Zurückhaltung bei allem Eifer um Wiedergewinnung der in Irrtum und Sünde Stehenden.

sen vor seine Herrlichkeit [bei der Ankunft unseres Herrn Jesus Christus], ²⁵ ihm, dem einen Gott, unserem Erretter, ist durch Jesus Christus, unseren Herrn, Herrlichkeit, Hoheit, Gewalt und Macht vor aller Zeit und jetzt und in Ewigkeit. Amen.

Die Offenbarung des Johannes

(Apokalypse)

Das letzte Buch des Neuen Testamentes, oft auch »Geheime Offenbarung« genannt, ist in der Art der alttestamentlichen Propheten, vor allem Ezechiel, Daniel, Sacharja, eine prophetische Schau auf Weg und Endziel des Gottesreiches.
Als Verfasser nennt sich ausdrücklich Johannes, vgl. 1,1.4.9; 22,8. Schon die älteste Überlieferung sieht darin mit wenigen Ausnahmen den Apostel Johannes, den Verfasser des vierten Evangeliums und der drei Johannesbriefe. Sprache und Stil sowie Inhalt zeigen freilich manche Besonderheiten gegenüber den übrigen johanneischen Schriften. Dies könnte allerdings auch durch die besondere literarische Gattung der apokalyptischen Schrift begründet sein. Der Verfasser gibt darin die Visionen wieder, die er, wohl unter Kaiser Domitian (81—96), als Verbannter auf der Insel Patmos schauen durfte, vgl. 1,9. Es war die Zeit der großen blutigen Christenverfolgung, deren Bedrängnis auch auf die kleinasiatischen Gebiete übergriff, in denen Johannes nach der Überlieferung bis zu seinem Lebensende in Ephesus wirkte.
Angesichts der Verfolgung und der für die geängstigten Christen drohenden Gefahr der Entmutigung wollte der Verfasser mit der Niederschrift seiner Visionen ein Mahn- und Trostbuch geben, um seine Zeitgenossen mit Zuversicht zu erfüllen. Da aber die geschilderten Kämpfe in wechselnder Form zu allen Zeiten der Kirche wiederkehren, gilt seine Offenbarung über das Zeitgeschichtliche hinaus als trostreiche Botschaft für jede christliche Generation. Sie will zeigen, wie über allem Dunkel und Schweren der Menschheitsgeschichte der unantastbare Heilsratschluß Gottes steht, den er im Erlöserweg seines menschgewordenen Sohnes sichtbar werden ließ und den er über alle Bedrängnisse der Christen hinweg zur Vollendung führen wird. Immer wieder ist daher in den Bildern und Visionen der Blick des Sehers auf das »Lamm« gerichtet, in dem die Erlösung und die heilsgeschichtliche Bedeutung Christi dargestellt wird.
Im einzelnen bietet freilich die Apokalypse viel Rätselvolles und kaum zu Erklärendes; denn der Seher erlebt seine Visionen in den Vorstellungen und Symbolen seiner Zeit, er bedient sich bei der Niederschrift oft bewußt geheimnisvoller Umschreibungen und Namen, hinter denen sich bestimmte Personen und Vorgänge verbergen, die wir nur unsicher zu

Offenbarung

erkennen vermögen. Da aber alle zeitgeschichtlichen Hinweise über sich selbst hinausweisen auf die Geschichte des Gottesreiches überhaupt, liegt das Interesse nicht an der genauen Feststellung bestimmter geschichtlicher Gegebenheiten. Man wird daher dieser Offenbarung nicht gerecht, wenn man, wie es oft geschah und wie es immer wieder versucht wird, in ihr den Ablauf der Kirchengeschichte im einzelnen dargestellt sehen will und meint, den augenblicklichen Stand des Gottesreiches an ihren Angaben ablesen zu können. Dies gilt vor allem hinsichtlich der Frage nach der Zeit des Untergangs der Welt.

Die Offenbarung muß vielmehr zunächst als Ganzes verstanden werden, als bildhafte, dramatische Darstellung des sich immer wiederholenden Kampfes des Bösen gegen das Reich Christi und als Zeugnis für den sinnvollen, von Gott bestimmten Lauf der Geschichte, die einst in der gewaltigen Schlußoffenbarung des wiederkommenden Herrn ihren für Gott glorreichen Abschluß und ihre ewige Vollendung finden soll. So gesehen ist die Offenbarung an Johannes im wesentlichen nichts anderes als die Offenbarung, die Jesus selbst gegen Ende seines Wirkens gegeben hat, vgl. Mt 24; Mk 13; Lk 21, sowie die Abschiedsreden bei Joh 14–16.

Was den Aufbau der Offenbarung betrifft, so gliedert sie sich deutlich in zwei, wenn auch sehr ungleich lange Hauptteile. Zunächst wendet sie sich der gegenwärtigen Lage der Kirche zu in den sieben Sendschreiben an die sieben kleinasiatischen Gemeinden 2,1–3,22. Darauf schildert sie Kampf und Sieg des Gottesreiches in der Endzeit, 4,1–22,5, wobei als Endzeit die gesamte, mit Christus eingeleitete Zeit bis zur Vollendung der Welt in einem »neuen Himmel« und einer »neuen Erde« gemeint ist. Dieser zweite Teil läßt wiederum zwei Abschnitte hervortreten, insofern zunächst die dem Endkampf vorausgehenden Heimsuchungen geschildert werden, 4,1–11,14, und dann der Entscheidungskampf zwischen Christus und dem Satan selbst, 11,15–22,5. Eingeleitet wird dieser zweite, der eigentlich apokalyptische Teil, mit einer Vision auf den himmlischen Thron Gottes und auf das »Lamm«, dem die Ausführung des göttlichen Ratschlusses in Gestalt eines versiegelten Buches übergeben wird, 4,1–5,14. Abgeschlossen wird er mit der Vision der neuen Welt, die nach der endgültigen Vernichtung Satans den jetzigen unvollkommenen Zustand ablösen wird. Das erste Kapitel gibt Aufschluß über das Entstehen des Buches, und der Schlußabschnitt 22,6–21 bezieht sich auf die Verlässigkeit und Unantastbarkeit der mitgeteilten Offenbarungen.

1. Kapitel

Vorwort. [1] Offenbarung Jesu Christi, die Gott ihm gab, um seinen Knechten zu zeigen, was bald geschehen soll. Durch Sendung seines Engels gab er sie seinem Knecht Johannes kund, [2] der Zeugnis ablegte vom Wort Gottes und vom Zeugnis Jesu Christi, von allem, was er sah. [3] Selig, der vorliest und die hinhören auf die Worte der Prophetie und die beachten, was darin geschrieben steht. Denn die Zeit ist nahe.

Zueignung und Einstimmung. [4] Johannes an die sieben Gemeinden in Asia. Gnade euch und Friede von dem, der ist und der war und der kommt, und von den sieben Geistern vor seinem Thron [5] und von Jesus Christus, dem treuen Zeugen, dem Erstgeborenen der Toten, dem Herrscher über die Könige der Erde. Er hat uns geliebt und uns erlöst von unseren Sünden in seinem Blut; [6] er hat uns zu einem Königreich gemacht, zu Priestern vor seinem Gott und Vater: Ihm ist die Herrlichkeit und Macht in alle Ewigkeit! Amen.
[7] Siehe, er kommt mit den Wolken, und schauen wird ihn jedes Auge, auch jene, die ihn durchbohrten, und wehklagen werden über ihn alle Geschlechter der Erde. Ja, Amen. [8] Ich bin das Alpha und das Omega, [der Anfang und das Ende,] spricht der Herr und Gott, der ist und der war und der kommt, der Allherrscher.

Beauftragung des Sehers. [9] Ich, Johannes, euer Bruder und Gefährte in der Drangsal, im Königtum und im Ausharren in

---

1,1–3: Das Buch enthält also eine »Offenbarung Jesu Christi«. Johannes ist nur der Empfänger und Zeuge der Offenbarung, bei deren Vermittlung und Deutung ein Engel mitwirkte.
1,4–8: Diese Widmung erinnert an die Eingänge der neutestamentlichen Briefe. Die »sieben Geister vor dem Thron« scheinen nach 3,1; 4,5 Engel zu sein. Die Bezeichnung wird auch häufig auf den Heiligen Geist und seine siebenfache Gnadenfülle bezogen. »Alpha« und »Omega« sind Anfangs- bzw. Endbuchstabe des griechischen Alphabets, daher Sinnbild der alles umfassenden Macht Gottes.
1,9–20: Patmos liegt der kleinasiatischen Westküste vorgelagert, zu den sog. Sporaden gehörig. »Tag des Herrn« meint den ersten Tag der Woche, unseren Sonntag, der von Anfang an in der Erinnerung an die Auferstehung Christi heilig gehalten wurde. Die »sieben Gemeinden«, die alle im Gebiet anschließend an Ephesus liegen, versinnbildlichen die Gesamtkirche. Die Beschreibung des »Menschensohnes« erinnert an Dan 7,13. Die »Engel« der Gemeinden sind als himmlische Schutzgeister der Gemeinden oder als die verantwortlichen Leiter (Bischöfe) anzusehen.

Offenbarung 1,10–2,1

[Christus] Jesus, war auf der Insel, die Patmos genannt wird, um des Wortes Gottes und um des Zeugnisses Jesu willen. [10] Ich kam in eine Entrückung des Geistes am Tag des Herrn und hörte hinter mir eine Stimme, gewaltig wie von einer Posaune, [11] die sprach:»»Was du erblickst, das schreib in ein Buch und sende es den sieben Gemeinden [in Asia], nach Ephesus, nach Smyrna, nach Pergamon, nach Thyatira, nach Sardes, nach Philadelphia und nach Laodizea!«
[12] Ich wandte mich um, nach der Stimme zu sehen, die mit mir sprach, und da ich mich umwandte, sah ich sieben goldene Leuchter [13] und inmitten der [sieben goldenen] Leuchter einen, der einem Menschensohn glich, angetan mit einem bis zu den Füßen reichenden Gewand und an der Brust umgürtet mit einem goldenen Gürtel.
[14] Sein Haupt und seine Haare waren leuchtend hell wie schneeweiße Wolle, seine Augen wie Feuerflammen, [15] und seine Füße glichen glänzendem Erz, das im Feuerofen zum Glühen gebracht ist, und seine Stimme war wie das Rauschen vieler Wasser. [16] In seiner Rechten hielt er sieben Sterne, und aus seinem Mund ging ein scharfes zweischneidiges Schwert hervor, und sein Antlitz strahlte wie die Sonne in ihrer Kraft. [17] Als ich ihn sah, fiel ich wie tot zu seinen Füßen hin, und er legte seine Rechte auf mich und sprach: »Fürchte dich nicht. Ich bin der Erste und der Letzte [18] und der Lebendige; ich war tot, doch siehe, ich bin lebend in alle Ewigkeit und ich habe die Schlüssel des Todes und der Unterwelt. [19] Schreib nun auf, was du sahst, sowohl was ist, als auch, was geschehen wird hernach. [20] Das Geheimnis der sieben Sterne, die du sahst auf meiner Rechten, und das Geheimnis der sieben goldenen Leuchter: Die sieben Sterne sind die Engel der sieben Gemeinden, und die sieben Leuchter sind die sieben Gemeinden.«

Offenbarung für die Gegenwart in sieben Sendschreiben

2. Kapitel

An Ephesus. [1] »Dem Engel der Gemeinde in Ephesus schreibe: So spricht er, der die sieben Sterne hält in seiner Rechten, der einhergeht inmitten der sieben goldenen Leuchter:

2,1–3,22: Die sieben Sendschreiben sind ausdrücklich als Worte Christi bezeichnet. Seine Vollmacht und richterliche Eigenschaft werden jeweils einleitend durch besondere Sinnbilder gekennzeichnet. In den

² Ich weiß um deine Werke, um deine Mühe und dein Ausharren, und daß du das Böse nicht ertragen kannst; du prüftest jene, die sich Apostel nennen und es nicht sind, und fandest sie als Lügner. ³ Auch hast du Geduld und hast um meines Namens willen getragen und bist nicht müde geworden.

⁴ Doch ich habe gegen dich, daß du von deiner ersten Liebe gelassen hast. ⁵ Bedenk also, aus welcher Höhe du gefallen bist! Kehr um und tu die ersten Werke! Sonst komme ich zu dir und werde deinen Leuchter wegrücken von seinem Platz, wenn du nicht umkehrst. ⁶ Doch hast du dies: Du hassest das Treiben der Nikolaiten, das auch ich hasse.

⁷ Wer ein Ohr hat, der höre, was der Geist den Gemeinden sagt: Dem Sieger werde ich zu essen geben vom Baum des Lebens, der im Paradies Gottes steht.«

An Smyrna. ⁸ »Dem Engel der Gemeinde in Smyrna schreibe: So spricht der Erste und der Letzte, der tot war und lebendig wurde: ⁹ Ich weiß um deine Drangsal und deine Armut – doch du bist reich – ich weiß um das Lästern derer, die sich Juden nennen und es nicht sind, sondern Synagoge des Satans. ¹⁰ Fürchte dich nicht vor dem, was du zu leiden haben wirst. Siehe, der Teufel wird welche von euch ins Gefängnis werfen, damit ihr erprobt werdet; ihr werdet eine Drangsal haben von zehn Tagen. Sei getreu bis in den Tod, und ich werde dir den Kranz des Lebens geben.

¹¹ Wer ein Ohr hat, der höre, was der Geist den Gemeinden sagt: Der Sieger wird nicht Leid erfahren vom zweiten Tod.«

An Pergamon. ¹² »Dem Engel der Gemeinde in Pergamon schreibe: So spricht der mit dem scharfen zweischneidigen Schwert:

¹³ Ich weiß, wo du wohnst: Dort, wo der Thron des Satans ist. Doch du hältst fest an meinem Namen und hast den Glauben an mich nicht verleugnet, auch nicht in den Tagen, da Anti-

---

Aussagen über die einzelne Gemeinde finden sich interessante Anspielungen auf die wirtschaftliche und kulturelle Besonderheit der Stadt.

2,1–7: »Nikolaiten« waren eine uns außerhalb der Apokalypse nicht weiter bezeugte Sekte, die in ihrer Lebenshaltung dem sittlichen Ernst der christlichen Lehre widersprach.

2,8–11: Smyrna war ein bekannter Handelsplatz mit einer starken Judenschaft, die sich feindselig gegen die Christen verhielt.

2,12–17: Pergamon pflegte vor allem den Kult des Zeus und Äskulap. Die neueren Ausgrabungen haben das bestätigt. Zu »Bileam« vgl. Num 22–24.

pas, mein treuer Zeuge, getötet wurde bei euch, wo der Satan wohnt.
¹⁴ Doch habe ich einiges gegen dich: Du hast dort Anhänger der Lehre Bileams, der den Balak lehrte, eine Falle zu stellen vor den Söhnen Israels, um sie zum Essen von Götzenopfern und zur Unzucht zu verleiten. ¹⁵ So hast auch du solche, die in gleicher Weise der Lehre der Nikolaiten anhängen. ¹⁶ Bekehre dich also, sonst komme ich unverzüglich zu dir und werde gegen sie kämpfen mit dem Schwert meines Mundes.
¹⁷ Wer ein Ohr hat, der höre, was der Geist den Gemeinden sagt: Dem Sieger werde ich geben vom verborgenen Manna und werde einen weißen Stein ihm geben und auf den Stein geschrieben einen neuen Namen, den niemand weiß als, der ihn empfängt.«

An Thyatira. ¹⁸ »Dem Engel der Gemeinde in Thyatira schreibe: So spricht der Sohn Gottes, der Augen hat wie Feuerflammen und dessen Füße glänzendem Erz gleichen:
¹⁹ Ich weiß um deine Werke und deine Liebe, deinen Glauben, deinen Dienst, dein Ausharren und deine letzten Werke, die reicher sind als die ersten. ²⁰ Doch ich habe gegen dich, daß du das Weib Isebel gewähren läßt, die sich als Prophetin ausgibt: sie lehrt und verführt meine Diener, Unzucht zu treiben und Götzenopfer zu essen.
²¹ Ich habe ihr eine Frist gegeben zur Umkehr, doch sie will sich nicht bekehren von ihrer Unzucht. ²² Siehe, ich werfe sie auf das Krankenbett, und die mit ihr buhlen, in große Drangsal, wenn sie sich nicht abkehren von ihrem Treiben. ²³ Ihre Kinder werde ich des Todes sterben lassen, und alle Gemeinden sollen erkennen, daß ich es bin, der Nieren und Herzen erforscht, und jedem von euch werde ich vergelten nach euren Werken.
²⁴ Euch aber, den übrigen in Thyatira, die solche Lehre nicht teilen und ›die Tiefen Satans‹, wie sie es nennen, nicht kennenlernten, euch sage ich: auf euch lege ich nicht weitere Last. ²⁵ Doch was ihr habt, an dem haltet fest, bis ich komme! ²⁶ Dem Sieger aber und dem, der bis ans Ende meine Werke

---

2,18–29: Thyatira war vor allem durch seinen Handel mit Purpurfabrikaten berühmt, vgl. Apg 16,14. Die an unserer Stelle genannte Sektenführerin ist wohl nur symbolisch mit dem Namen Isebel (Jezabel) bezeichnet, um ihr Treiben zu charakterisieren, vgl. 1 Kg 16,31ff; 18,4; 21. Mit »Tiefen des Satans« ist ironisch auf den Mystizismus der Sekte hingewiesen. Der »Morgenstern«, als Gabe für den Sieger, will wohl den Sieg des Lichtes über das Dunkel des Unglaubens versinnbilden.

tut, ihm werde ich Macht geben über die Heidenvölker, ²⁷ und er wird über sie herrschen mit eisernem Stab, wie man Geschirr aus Ton zerschlägt, ²⁸ wie auch ich Macht erhalten habe von meinem Vater, und ich werde ihm den Morgenstern geben. ²⁹ Wer ein Ohr hat, der höre, was der Geist den Gemeinden sagt.«

3. Kapitel

An Sardes. ¹ »Dem Engel der Gemeinde in Sardes schreibe: So spricht er, der die sieben Geister Gottes hat und die sieben Sterne:
Ich weiß um deine Werke: du hast den Namen, daß du lebst, und bist tot. ² Werde wach und stärke das übrige, das nahe am Sterben war; denn ich fand deine Werke nicht vollwertig vor meinem Gott. ³ Bedenke also, was du empfangen und gehört hast, und bewahre es und kehre um! Wenn du daher nicht wachsam bist, werde ich kommen wie ein Dieb, und du wirst nicht wissen, zu welcher Stunde ich über dich kommen werde. ⁴ Doch hast du einige Namen in Sardes, die ihre Kleider nicht befleckten; sie werden einhergehen mit mir in weißen Gewändern, denn sie sind es wert.
⁵ Der Sieger wird so bekleidet werden mit weißen Gewändern, und seinen Namen werde ich nie und nimmer austilgen aus dem Buch des Lebens, und bekennen will ich seinen Namen vor meinem Vater und vor seinen Engeln. ⁶ Wer ein Ohr hat, der höre, was der Geist den Gemeinden sagt.«
An Philadelphia. ⁷ »Dem Engel der Gemeinde in Philadelphia schreibe: So spricht der Heilige, der Wahrhafte, der den Schlüssel Davids hat, der öffnet, und niemand schließt, der schließt, und niemand öffnet:
⁸ Ich weiß um deine Werke. Siehe, ich gab dir eine Tür, die offen steht, die niemand zu schließen vermag; denn hast du auch nur geringe Kraft, du hast mein Wort bewahrt und meinen Namen nicht verleugnet. ⁹ Siehe, ich bringe sie herbei aus der Synagoge des Satans, die sich Juden nennen, es aber nicht sind, sondern Lügner sind sie. Siehe, ich werde sie dazu brin-

---

3,1–6: Die »weißen Gewänder« sind in Anspielung auf die in Sardes blühende Wollverarbeitung erwähnt.
3,7–13: Die »Schlüssel Davids« bedeuten die Eigentums- und Verfügungsgewalt über das himmlische Jerusalem, das Sinnbild des Gottesreiches. Die »Säule im Tempel Gottes« ist Sinnbild für die Ehrung der Getreuen im Gottesreich. Im Heidentum wurden vielfach den scheidenden Oberpriestern Ehrenstandbilder errichtet.

gen, daß sie kommen und dir huldigend zu Füßen fallen und erkennen, daß ich dich liebgewonnen habe.
[10] Weil du das Wort vom Harren auf mich bewahrt hast, will auch ich dich bewahren vor der Stunde der Prüfung, die über den ganzen Erdkreis kommen wird, um die Bewohner der Erde zu prüfen. [11] Ich komme bald. Halte fest, was du hast, daß niemand deinen Kranz dir nehme.
[12] Den Sieger werde ich zu einer Säule machen im Tempel meines Gottes, und sie wird nimmermehr herausgenommen werden. Und ich werde auf sie den Namen meines Gottes schreiben und den Namen der Stadt meines Gottes, des neuen Jerusalem, das herabsteigt aus dem Himmel von meinem Gott, und meinen neuen Namen. [13] Wer ein Ohr hat, der höre, was der Geist den Gemeinden sagt.«

An Laodizea. [14] »Dem Engel der Gemeinde in Laodizea schreibe: So spricht der Amen, der verlässige und wahrhafte Zeuge, der Urgrund der Schöpfung Gottes:
[15] Ich weiß um deine Werke: du bist weder kalt noch warm. Wärest du doch kalt oder warm! [16] So aber, weil du lau bist und weder warm noch kalt, bin ich daran, dich auszuspeien aus meinem Mund. [17] Du behauptest ja: Ich bin reich und zu Reichtum gekommen und brauche nichts, und weißt nicht, daß gerade du der Elende und Erbärmliche bist, der Notleidende und Blinde und Nackte.
[18] Ich rate dir: Kauf von mir im Feuer geläutertes Gold, damit du reich wirst, und weiße Gewänder, damit du dich bekleidest und nicht sichtbar ist deine beschämende Nacktheit, und Salbe zum Bestreichen deiner Augen, damit du sehend werdest. [19] Die ich liebe, weise ich zurecht und züchtige sie. Werde also eifrig und bekehre dich! [20] Siehe, ich stehe vor der Tür und klopfe an; wenn einer meine Stimme hört und die Tür aufmacht, bei dem will ich eintreten und das Mahl mit ihm halten und er mit mir.
[21] Dem Sieger werde ich gewähren, sich mit mir auf meinen Thron zu setzen, wie auch ich siegte und mich mit meinem Vater auf den Thron setzte. [22] Wer ein Ohr hat, der höre, was der Geist den Gemeinden sagt.«

3,14–22: Anspielung auf das lauwarme Wasser, das in Laodizea, von den heißen Quellen von Hierapolis herkommend, vorüberfloß, ebenso auf den wirtschaftlichen Wohlstand der Stadt, der zur Gefahr für den ernsten Glaubensgeist der Gemeinde wurde. Das »Gold« weist auf die berühmten Banken der Stadt hin, das Salböl auf die medizinischen Schulen und Arzneifabriken.

Kampf und Endsieg des Gottesreiches

4. Kapitel

Der Thron der göttlichen Majestät. ¹ Danach schaute ich, und siehe, eine Tür war aufgetan im Himmel, und die erste Stimme, die ich mit mir hatte reden hören gleich einer Posaune, sprach: »Steig da herauf, und ich werde dir zeigen, was zu geschehen hat hernach.«
² Sogleich wurde ich im Geist entrückt, und siehe, ein Thron stand im Himmel und auf dem Thron saß einer, ³ und der darauf saß, war wie Jaspis- und Sardisstein anzusehen, und ein farbenreicher Strahlenbogen war rings um den Thron, anzusehen wie Smaragd. ⁴ Und im Umkreis des Thrones waren vierundzwanzig Throne, und auf den Thronen saßen vierundzwanzig Älteste, angetan mit weißen Kleidern, und auf ihren Häuptern goldene Kränze.
⁵ Vom Thron gehen Blitze aus und Stimmen und Donner, und sieben Feuerfackeln brennen vor dem Thron, das sind die sieben Geister Gottes.
⁶ Vor dem Thron ist es wie ein gläsernes Meer, gleich einem Kristall, und in der Mitte vor dem Thron und rings um den Thron sind vier Wesen, voller Augen vorne und hinten.
⁷ Das erste Wesen ist gleich einem Löwen, das zweite Wesen gleich einem Stier, das dritte Wesen hat ein Gesicht wie das eines Menschen, und das vierte Wesen ist gleich einem fliegenden Adler. ⁸ Und von den vier Wesen hat jedes sechs Flügel, und ringsum und inwendig sind sie voller Augen. Ohne Aufhören rufen sie Tag und Nacht: »Heilig, heilig, heilig ist der Herr, Gott, der Allherrscher, der war und der ist und der kommt.«

4,1–11: Die Schilderung des göttlichen Thrones will zeigen, wie Gott in absoluter Souveränität als der oberste und einzige Herr der Welt die Geschichte der Menschen lenkt. Ähnliche Vision bei Ez 1–2 und Jes 6,1–13. Absichtlich ist Gott als der Unbeschreibbare nicht beschrieben. Die »vierundzwanzig Ältesten« scheinen die Vertretung der alttestamentlichen (12 Stämme Israels) und der neutestamentlichen Gottesgemeinde (zwölf Apostel, neues Israel) darzustellen; vgl. 21,12–14, wonach die Namen der zwölf Stämme Israels und der zwölf Apostel in der Mauer um die himmlische Stadt stehen. Man denkt auch an die 24 Priesterklassen, die unter der Leitung von »Ältesten« den Tempeldienst versahen. Die »vier Wesen« (wörtlich: »Lebewesen«), wie sie ähnlich auch nach Ez 1 am Thron Gottes sich finden, dürften am besten als Sinnbilder der irdischen Schöpfung, die ja zur Verherrlichung Gottes geschaffen ist, zu deuten sein.

⁹ Und wenn die Wesen dem, der auf dem Thron sitzt und in alle Ewigkeit lebt, Lobpreis darbringen, Ehre und Dank, ¹⁰ fallen die vierundzwanzig Ältesten vor dem Thronenden nieder, beten den in alle Ewigkeit Lebenden an, legen ihre Kränze vor dem Thron nieder und sprechen: ¹¹ »Würdig bist du, unser Herr und Gott, den Lobpreis zu empfangen und die Ehre und Macht; denn du schufst alle Dinge, und durch deinen Willen waren sie und wurden geschaffen.«

5. Kapitel

Das versiegelte Buch und das Lamm. ¹ Und ich sah auf der Rechten dessen, der auf dem Thron saß, eine Buchrolle, innen und auf der Rückseite beschrieben und versiegelt mit sieben Siegeln. ² Und ich sah einen mächtigen Engel, der mit lauter Stimme rief: »Wer ist würdig, die Buchrolle zu öffnen und ihre Siegel zu lösen?«
³ Und niemand, weder im Himmel noch auf Erden noch unter der Erde war imstande, die Buchrolle zu öffnen und Einblick in sie zu nehmen. ⁴ Ich weinte sehr, weil niemand für würdig befunden wurde, die Buchrolle zu öffnen und Einblick in sie zu nehmen. ⁵ Da sagte einer der Ältesten zu mir: »Weine nicht! Siehe, es siegte der Löwe aus dem Stamm Juda, der Wurzelsproß Davids, um das Buch und seine sieben Siegel zu öffnen.«
⁶ Und ich sah inmitten des Thrones und der vier Wesen und inmitten der Ältesten ein Lamm stehen, wie geschlachtet. Es hat sieben Hörner und sieben Augen, das sind die sieben Geister Gottes, ausgesandt auf die ganze Erde. ⁷ Es trat hinzu und nahm die Buchrolle aus der Rechten dessen, der auf dem Thron saß. ⁸ Und als es das Buch entgegennahm, fielen die vier Wesen und die vierundzwanzig Ältesten vor dem Lamm nieder; jeder trug eine Harfe und goldene Schalen voll Rauchwerk – das sind die Gebete der Heiligen –, ⁹ und sie sangen ein neues Lied: »Würdig bist du, [Herr,] das Buch entgegenzunehmen und seine Siegel zu lösen! Denn du wurdest geschlachtet und hast sie mit deinem Blut für Gott erkauft aus jedem Stamm und jeder Sprache, aus jedem Volk und jeder Nation,

---

5,1–14: Die Buchrolle, doppelseitig beschrieben und nach Art antiker Testamente siebenfach versiegelt, ist Sinnbild des unerforschlichen Ratschlusses Gottes, dessen Ausführung Christus übergeben wurde. Er wird im Sinnbild des »geschlachteten Lammes« dargestellt, um seinen Opfertod anzudeuten.

¹⁰ und hast sie für unseren Gott zu einem Königreich und zu Priestern gemacht, und sie werden herrschen auf Erden.«
¹¹ Und ich sah, und hörte die Stimme vieler Engel im Umkreis des Thrones und der Wesen und der Ältesten, und ihre Zahl war zehntausend mal zehntausend und tausend mal tausend, ¹² und sie riefen mit lauter Stimme: »Würdig ist das Lamm, das geschlachtet wurde, die Macht zu empfangen und Reichtum und Weisheit und Stärke und Ehre, Verherrlichung und Lobpreis.«
¹³ Und jedes Geschöpf im Himmel und auf der Erde und unter der Erde und auf dem Meer, samt allem darin und darauf, hörte ich sprechen: »Dem, der auf dem Thron sitzt, und dem Lamm sei der Lobpreis und die Ehre und die Verherrlichung und die Macht in alle Ewigkeit.« ¹⁴ Die vier Wesen sprachen: »Amen.« Und die Ältesten fielen nieder [auf ihr Angesicht] und beteten an [den, der lebt in alle Ewigkeit].

6. Kapitel
Bei Öffnung der ersten vier Siegel. ¹ Und ich sah, wie das Lamm das erste der sieben Siegel öffnete, und hörte eines der vier Wesen wie mit Donnerstimme rufen: »Komm [und sieh]!« ² Und ich sah, und siehe, ein weißes Pferd, und der auf ihm saß, hielt einen Bogen, und es wurde ihm ein Kranz gereicht, und er zog aus als Sieger und um zu siegen. ³ Als es das zweite Siegel öffnete, hörte ich das zweite Wesen rufen: »Komm [und sieh]!« ⁴ Und es kam ein anderes Pferd daher, feuerrot, und dem, der auf ihm saß, wurde gewährt, den Frieden hinwegzunehmen von der Erde und daß sie einander hinschlachten, und es wurde ihm ein großes Schwert gereicht.
⁵ Als es das dritte Siegel öffnete, hörte ich das dritte Wesen rufen: »Komm [und sieh]!« Und ich sah, und siehe, ein schwarzes Pferd, und der auf ihm saß, hatte eine Waage in seiner Hand. ⁶ Ich hörte inmitten der vier Wesen eine Stimme

---

6,1–8: Die mit den ersten sechs Siegeln kommenden Ereignisse stellen Heimsuchungen Gottes dar, mit denen die Menschen auf die drohende Gericht aufmerksam gemacht werden sollen. Sie entsprechen den Weissagungen Jesu in Mt 24; Mk 13; Lk 21. Die vier Reiter erinnern an die Vision des Propheten Sacharja 1,7–10; 6,1–8. Die Bedeutung des ersten Reiters ist nicht sicher. Auch er ist aber als Heimsuchung aufzufassen, wahrscheinlich als Sinnbild des Machtkampfes unter den Völkern, während der zweite den Kampf aller gegen alle in der Selbstzerfleischung der Menschen darstellt. Der dritte kennzeichnet mit den Angaben des Preises die Not der Teuerung.

rufen: »Ein Maß Weizen um einen Denar und drei Maß Gerste um einen Denar! Dem Öl aber und dem Wein füge keinen Schaden zu!«

[7] Als es das vierte Siegel öffnete, hörte ich die Stimme des vierten Wesens rufen: »Komm [und sieh]!« [8] Und ich sah, und siehe, ein fahles Pferd, und der auf ihm saß, des Name ist »der Tod«, und die Unterwelt war sein Gefolge. Es wurde ihnen Macht gegeben über den vierten Teil der Erde, zu töten durch Schwert, Hunger und Pest und durch die wilden Tiere der Erde.

Öffnung des fünften Siegels: Ruf der Martyrer. [9] Und als es das fünfte Siegel öffnete, sah ich unter dem Altar die Seelen derer, die hingemordet waren um des Wortes Gottes und um des Zeugnisses willen, an dem sie festhielten. [10] Sie riefen mit lauter Stimme: »Wie lange noch, Herr, du Heiliger, du Wahrhaftiger, richtest du nicht und rächst nicht unser Blut an den Bewohnern der Erde?« [11] Da wurde einem jeden von ihnen ein weißes Kleid gegeben und es wurde ihnen gesagt, sie sollten sich gedulden noch kurze Zeit, bis vollzählig geworden seien ihre Mitknechte und Brüder, die noch den Tod zu erleiden hätten wie sie.

Öffnung des sechsten Siegels: Naturkatastrophen. [12] Und ich sah, wie es das sechste Siegel öffnete. Es entstand ein gewaltiges Beben, die Sonne wurde schwarz wie ein härener Sack und der ganze Mond wurde wie Blut. [13] Die Sterne des Himmels fielen auf die Erde, wie der Feigenbaum seine unreifen Früchte abwirft, wenn er vom Sturmwind geschüttelt wird. [14] Der Himmel wurde weggezogen wie ein Buch, das zusammengerollt wird, und alle Berge und Inseln wurden von ihrer Stelle gerückt.

[15] Die Könige der Erde, die Großen, die Heerführer, die Reichen und die Mächtigen, die Sklaven und Freien alle verbargen sich in den Höhlen und Klüften der Berge, [16] und sie riefen den Bergen und Felsen zu: »Fallet über uns und verbergt uns vor dem Angesicht dessen, der auf dem Thron sitzt, und vor dem Zorn des Lammes! [17] Denn gekommen ist der große Tag ihres Zornes. Wer kann da bestehen?«

6,9–17: Im Gerechtigkeitsruf der Martyrerseelen ist zugleich auch das unruhige Warten der Christen angesprochen, die angesichts der immer mehr um sich greifenden Verfolgung an der Gerechtigkeit Gottes zweifeln möchten. Die Mahnung zu vertrauensvoller Beharrlichkeit berührt ein Grundmotiv des christlichen Daseins.

7. Kapitel
Zwischenszene: Besiegelung der Auserwählten. ¹ Danach sah ich vier Engel, die standen an den vier Ecken der Erde und hielten die vier Winde der Erde fest, damit kein Wind wehe über das Land und über das Meer und über irgendeinen Baum. ² Und ich sah einen andern Engel, der stieg herauf vom Aufgang der Sonne; er hatte ein Siegel des lebendigen Gottes und rief mit lauter Stimme den vier Engeln zu, denen Macht gegeben ist, Schaden zu bringen dem Land und dem Meer: ³ »Bringt nicht Schaden dem Land und dem Meer und den Bäumen, bis wir die Knechte unseres Gottes mit dem Siegel bezeichnet haben auf ihren Stirnen!«

⁴ Und ich vernahm die Zahl der Bezeichneten: einhundertvierundvierzigtausend Bezeichnete aus allen Stämmen der Söhne Israels: ⁵ Aus dem Stamm Juda zwölftausend Bezeichnete, aus dem Stamm Ruben zwölftausend, aus dem Stamm Gad zwölftausend, ⁶ aus dem Stamm Ascher zwölftausend, aus dem Stamm Naftali zwölftausend, aus dem Stamm Manasse zwölftausend, ⁷ aus dem Stamm Simeon zwölftausend, aus dem Stamm Levi zwölftausend, aus dem Stamm Issachar zwölftausend, ⁸ aus dem Stamm Sebulon zwölftausend, aus dem Stamm Josef zwölftausend, aus dem Stamm Benjamin zwölftausend Bezeichnete. ⁹ Darauf sah ich hin, und siehe, es war eine große Schar, die niemand zu zählen vermochte, aus jeder Nation und aus allen Stämmen, Völkern und Sprachen; sie standen vor dem Thron und vor dem Lamm, angetan mit weißen Gewändern und mit Palmen in ihren Händen. ¹⁰ Sie riefen mit lauter Stimme: »Das Heil unserem Gott, der auf dem Thron sitzt, und dem Lamm!«

¹¹ Und alle Engel standen im Umkreis des Thrones und der Ältesten und der vier Wesen; sie fielen vor dem Thron auf ihr Angesicht nieder, beteten Gott an ¹² und riefen: »Amen. Lob und Herrlichkeit, Weisheit und Dank, Ehre, Macht und Stärke unserem Gott in alle Ewigkeit. Amen.«

¹³ Da wandte sich einer von den Ältesten an mich und fragte: »Wer sind denn diese in ihren weißen Gewändern? Woher sind sie gekommen?« ¹⁴ Ich entgegnete ihm: »Mein Herr, du weißt es.« Und er sagte zu mir: »Es sind jene, die aus der großen Drangsal kommen; sie wuschen ihre Kleider und reinig-

---

7,1–17: Vgl. Ez 9,2–7. Die Besiegelung ist ein symbolischer Hinweis auf die besondere Fürsorge, die Gott seinen Getreuen in den Bedrängnissen der Endzeit zukommen läßt. Die Zahlen sind symbolisch zu nehmen.

ten sie im Blut des Lammes. ¹⁵ Darum sind sie vor dem Thron Gottes und dienen ihm Tag und Nacht in seinem Tempel, und der auf dem Thron sitzt, wird über ihnen wohnen. ¹⁶ Sie werden nicht mehr hungern und dürsten; nimmer wird die Sonne auf sie fallen noch irgendeine Glut. ¹⁷ Denn das Lamm in der Mitte vor dem Thron wird sie weiden und zu den Wasserquellen des Lebens führen, und Gott wird jede Träne wegwischen von ihren Augen.«

8. Kapitel

Nach der Öffnung des siebten Siegels. ¹ Und als es das siebte Siegel öffnete, wurde es still im Himmel, wohl eine halbe Stunde lang. ² Und ich sah die sieben Engel, die vor Gott stehen, und es wurden ihnen sieben Posaunen gegeben. ³ Ein anderer Engel kam und trat vor den Altar, eine goldene Rauchschale tragend, und es wurde ihm viel Räucherwerk gegeben, daß er es darbringe unter dem Gebet aller Heiligen auf dem goldenen Altar vor dem Thron [Gottes]. ⁴ Und der Rauch des Räucherwerkes stieg unter den Gebeten der Heiligen aus der Hand des Engels empor zu Gott. ⁵ Und der Engel nahm das Rauchfaß und füllte es mit Feuer vom Altar und warf es auf die Erde, und Donner folgte, Getöse, Blitz und Beben.

Beim Schall der ersten vier Posaunen. ⁶ Die sieben Engel mit den sieben Posaunen machten sich bereit zu blasen. ⁷ Es blies der erste [Engel]: Da kam Hagel und Feuer, mit Blut vermischt, und wurde auf die Erde geworfen, und es verbrannte der dritte Teil der Erde, und es verbrannte der dritte Teil der Bäume, und es verbrannte alles grüne Gras. ⁸ Und es blies der zweite Engel: Da wurde etwas wie ein großer feuerglühender Berg in das Meer geworfen, und der dritte Teil des Meeres wurde zu Blut, ⁹ und es starb der dritte Teil der Geschöpfe, die im Meer leben, und der dritte Teil der Schiffe ging zugrunde.

8,1–6: Wie sich die siebte Siegelvision entfaltet in sieben Posaunenvisionen, so wird 11,15 die siebte Posaunenvision die sieben Schalenvisionen, 16,1 ff, bringen. Damit ist angedeutet, wie die Heimsuchungen Gottes die Menschen immer eindringlicher vor dem Endgericht warnen.

8,3–5: Statt »unter den Gebeten der Heiligen« kann auch übersetzt werden »für die Gebete d. H.«, womit angedeutet wäre, daß die Gebete der Christen erst durch Engel geläutert zu Gott kommen.

8,7–13: Die neuen Heimsuchungen erinnern an die ägyptischen Plagen vor dem Auszug der Israeliten. »Wermut« (»Absinthium«) ist Sinnbild des Bitteren der Plagen.

¹⁰ Und es blies der dritte Engel: Da fiel ein großer Stern vom Himmel, der wie eine Fackel brannte, und fiel auf den dritten Teil der Flüsse und auf die Wasserquellen. ¹¹ Und der Name des Sternes heißt »der Wermut«; und der dritte Teil der Wasser wurde zu Wermut, und viele Menschen starben von den Wassern, weil sie bitter geworden waren.

¹² Und es blies der vierte Engel: Da wurde der dritte Teil der Sonne getroffen und der dritte Teil des Mondes und der dritte Teil der Sterne, so daß sie zu einem Drittel verfinstert wurden und der Tag für ein Drittel sein Licht verlor und die Nacht desgleichen. ¹³ Und ich sah, und ich hörte einen Adler, der hoch am Himmel flog, mit lauter Stimme rufen: »Wehe, wehe, wehe den Bewohnern der Erde wegen der weiteren Posaunenstimmen der drei Engel, die noch blasen werden.«

9. Kapitel
Bei der fünften Posaune: das dämonische Heer. ¹ Es blies der fünfte Engel: Da sah ich einen Stern, der vom Himmel auf die Erde gefallen war, und ihm wurde der Schlüssel zum Schacht des Abgrundes gegeben. ² Er öffnete den Schacht des Abgrundes, und es stieg Rauch aus dem Schacht empor wie der Rauch eines mächtigen Ofens, und die Sonne und die Luft wurden verfinstert vom Rauch des Schachtes. ³ Aus dem Rauch [des Schachtes] kamen Heuschrecken über die Erde, und es wurde ihnen Kraft verliehen, eine Kraft, wie die Skorpione der Erde sie besitzen.

⁴ Und es wurde ihnen befohlen, sie sollten weder das Gras der Erde schädigen noch irgend etwas Grünes noch irgendeinen Baum, sondern nur die Menschen, die nicht das Siegel Gottes auf den Stirnen tragen. ⁵ Auch wurde ihnen aufgetragen, sie nicht zu töten, sondern sie zu quälen, fünf Monate lang. Ihre Peinigung gleicht der Peinigung eines Skorpions, wenn er einen Menschen sticht. ⁶ In jenen Tagen werden die Menschen den Tod suchen, ohne ihn zu finden, und werden zu sterben verlangen, doch der Tod flieht fort von ihnen.

⁷ Das Aussehen der Heuschrecken glich Pferden, die zum Kampf gerüstet sind; auf ihren Köpfen trugen sie eine Art golden schimmernder Kränze, und ihre Gesichter glichen Menschengesichtern; ⁸ sie hatten Haare wie Frauenhaare, und

---

9,1–12: Vgl. Joel 1–2. Das dämonische Aussehen der Heuschrecken soll das Schreckenerregende der neuen Heimsuchungen besonders wirksam kennzeichnen.

ihre Zähne waren wie Löwenzähne. ⁹ Sie hatten Brustkörbe wie eiserne Panzer, und das Rauschen ihrer Flügel war wie das Rasseln vieler Pferdegespanne, die in den Kampf stürmen. ¹⁰ Sie haben Schwänze wie Skorpione und Stacheln, und in ihren Schwänzen liegt die Kraft, die Menschen zu schädigen, fünf Monate lang.
¹¹ Sie haben über sich als König den Engel des Abgrundes, dessen Name ist auf hebräisch »Abaddon« und auf griechisch »Apollyon« [, das heißt »Verderber«]. ¹² Das erste »Wehe« ist vorüber, doch siehe, noch kommen zwei »Wehe« nach dem.

Bei der sechsten Posaune: dämonische Reiterscharen. ¹³ Und es blies der sechste Engel: Da hörte ich eine Stimme von den vier Hörnern des vor Gott stehenden goldenen Altares her, ¹⁴ und sie sprach zum sechsten Engel, der die Posaune hielt: »Laß die vier Engel los, die gebunden sind am großen Eufratstrom!« ¹⁵ Man ließ die vier Engel los, die bereitstanden auf Stunde und Tag und Monat und Jahr, den dritten Teil der Menschen zu töten. ¹⁶ Die Zahl der Streitmassen des Reiterheeres war zwanzigtausend mal zehntausend; ich vernahm ihre Zahl.

¹⁷ Und so sah ich in dem Gesicht die Pferde und die Reiter auf ihnen: Sie hatten Panzer, feurigrot, rauchblau und schwefelfarbig; die Köpfe der Pferde waren wie Löwenköpfe, und aus ihren Mäulern kommt Feuer und Rauch und Schwefel. ¹⁸ Von diesen drei Plagen wurde der dritte Teil der Menschen getötet, vom Feuer und Rauch und Schwefel, die aus ihren Mäulern kamen. ¹⁹ Denn die Kraft der Pferde sitzt in ihrem Maul und in ihren Schwänzen; denn ihre Schwänze sind Schlangen gleich und haben Köpfe, und damit richten sie Schaden an.

²⁰ Die übrigen Menschen aber, die nicht getötet wurden durch diese Plagen, bekehrten sich nicht von den Werken ihrer Hände, um abzulassen von der Anbetung der Dämonen und der goldenen, silbernen, ehernen, steinernen und hölzernen Götzen, die weder zu sehen vermögen noch zu hören noch zu gehen; ²¹ und sie bekehrten sich auch nicht von ihren Mordtaten, von ihren Zaubereien, von ihrer Unzucht und ihren Diebereien.

9,13–21: Anspielung auf die dem Römerreich stets gefährlichen Ostvölker, besonders die nie ganz besiegten Parther. Das Reiterheer ist Sinnbild des Strafgerichtes, das Gott über die immer noch unbelehrbare Menschheit vor allem wegen des gottwidrigen Götzendienstes verhängt.

10. Kapitel
Zwischenszene: Übergabe der Offenbarungsschrift. ¹ Und ich sah einen anderen mächtigen Engel vom Himmel herabsteigen; er war in eine Wolke gehüllt, über seinem Haupt hatte er den Regenbogen, und sein Antlitz war wie die Sonne und seine Beine wie Feuersäulen.
² In seiner Hand hatte er ein geöffnetes Büchlein; er setzte seinen rechten Fuß auf das Meer, den linken aber auf das Land ³ und rief mit lauter Stimme, so wie ein Löwe brüllt. Und als er rief, erhoben die sieben Donner ihre Stimmen. ⁴ Und als die sieben Donner sprachen, wollte ich schreiben. Da hörte ich eine Stimme aus dem Himmel [zu mir] sagen: »Versiegle, was die sieben Donner gesprochen haben, und schreib es nicht auf!«
⁵ Der Engel aber, den ich stehen sah auf dem Meer und auf dem Land, hob seine rechte Hand zum Himmel ⁶ und schwor bei dem, der in alle Ewigkeit lebt, der den Himmel geschaffen und was darin ist, und die Erde und was auf ihr ist, und das Meer und was in ihm ist: »Nun wird keine Zeit mehr sein, ⁷ sondern in den Tagen, da der siebte Engel seine Stimme erhebt und zu posaunen sich anschickt, wird das Geheimnis Gottes erfüllt werden, wie er es verkündet hat seinen Knechten, den Propheten.«
⁸ Da hörte ich die Stimme, die aus dem Himmel kam, abermals zu mir reden, und sie sprach: »Geh und nimm das geöffnete Büchlein in der Hand des Engels, der auf dem Meer und auf dem Land steht!« ⁹ Und ich ging zu dem Engel hin und sagte zu ihm, er möge das Büchlein mir geben. Er antwortete mir: »Nimm und iß es auf! In deinem Leib wird es bitter sein, in deinem Mund aber süß wie Honig.«
¹⁰ Und ich nahm das Büchlein aus der Hand des Engels und aß es auf. Es war in meinem Mund süß wie Honig; als ich es aber gegessen hatte, wurde es bitter in meinem Leib. ¹¹ Da sagte man zu mir: »Du mußt von neuem weissagen über viele Völker und Nationen und Sprachen und Könige.«

10,1–11: Mit dem Essen des Büchleins, also einer kleinen Schriftrolle, soll die völlige Aufnahme des Geoffenbarten versinnbildet werden. Die ehrende Berufung, die zunächst erfreut, offenbart ihre Bitterkeit, d. h. ihr Schweres, erst bei der Ausführung des Auftrages. Vgl. die ähnliche Szene bei Ez 3,1 f.

11. Kapitel
Messung des Tempels: die beiden Zeugen. ¹ Und man gab mir ein Rohr in der Art eines Meßstabs und sagte: »Steh auf und miß den Tempel Gottes und den Altar und die Beter darin! ² Den Vorhof aber außerhalb des Tempels laß beiseite und miß ihn nicht; denn er ist den Heiden gegeben. Sie werden die Heilige Stadt zertreten zweiundvierzig Monate lang. ³ Und ich werde Weisung geben meinen zwei Zeugen, und sie werden weissagen zwölfhundertsechzig Tage lang, mit Säcken bekleidet.«
⁴ Sie sind die zwei Ölbäume und die zwei Leuchter, die vor dem Herrn der Erde stehen. ⁵ Will jemand ihnen Böses zufügen, so kommt Feuer aus ihrem Mund und verzehrt ihre Feinde; ja, wenn einer ihnen Böses antun will, muß er auf diese Weise sterben. ⁶ Sie haben die Macht, den Himmel zu verschließen, daß es nicht regne in den Tagen ihrer Weissagung, und sie haben Macht über die Wasser, um sie in Blut zu verwandeln, und die Erde zu schlagen mit jeder Plage, sooft sie wollen.
⁷ Wenn sie ihr Zeugnis zu Ende geführt haben, wird das Tier, das aus dem Abgrund heraufsteigt, Krieg mit ihnen führen, sie überwinden und sie töten. ⁸ Ihre Leichen werden liegenbleiben auf der Straße der großen Stadt, die sinnbildlich Sodom und Ägypten genannt wird, in der auch ihr Herr gekreuzigt wurde. ⁹ Menschen aus den Völkern und Stämmen, Sprachen und Nationen werden dreieinhalb Tage ihre Leichen liegen sehen, und es wird nicht gestattet, daß ihre Leichen in ein Grab gelegt werden.
¹⁰ Die Bewohner der Erde freuen sich darüber und frohlocken und werden sich gegenseitig beschenken, weil diese zwei Propheten die Bewohner der Erde bedrängt hatten. ¹¹ Doch nach dreieinhalb Tagen fuhr Lebensgeist von Gott her in sie, und sie stellten sich auf ihre Füße, und große Furcht fiel über alle,

---

11,1: Die Messung des Tempels als des Sinnbildes der Gottesgemeinde soll ähnlich wie die Besiegelung 7,1–17 eine Schutzmaßnahme für die Auserwählten bedeuten durch Schaffung eines Asyls der Sicherheit gegenüber den kommenden Bedrängnissen. In den »zwei Zeugen« scheinen Mose (oder Henoch) und Elija gemeint zu sein, die aber wiederum als Sinnbilder der Beauftragten Gottes anzusehen sind. Trotz aller Widerstände und Überheblichkeit der Feinde Gottes wird sich ihre Wirkkraft immer wieder als lebendig erweisen. Vers 8 will sagen, daß sich Jerusalem durch die in ihm geschehenen Frevel, besonders die Kreuzigung Jesu, Sodom und Ägypten gleichgemacht hat.

die sie sahen. ¹² Und sie vernahmen eine laute Stimme, die ihnen vom Himmel her zurief: »Steigt hier herauf!« Und sie stiegen zum Himmel empor in der Wolke, und ihre Feinde sahen ihnen zu.

¹³ In jener Stunde kam es zu einem starken Erdbeben, und der zehnte Teil der Stadt stürzte ein, und bei dem Erdbeben kamen siebentausend Menschen um. Die übrigen aber gerieten in Furcht und gaben dem Gott des Himmels die Ehre. ¹⁴ Das zweite »Wehe« ist vorüber. Siehe, das dritte »Wehe« kommt schnell.

Bei der siebten Posaune: Ankündigung des Entscheidungskampfes. ¹⁵ Es blies der siebte Engel: Da erschollen laute Stimmen im Himmel, die riefen: »Aufgerichtet wurde das Weltreich unseres Herrn und seines Gesalbten, er wird herrschen in alle Ewigkeit [. Amen].« ¹⁶ Die vierundzwanzig Ältesten, die vor Gott auf ihren Thronen sitzen, fielen auf ihr Angesicht nieder, beteten Gott an und sprachen:

¹⁷ »Wir danken dir, Herr, Gott, Allherrscher, der ist und der war [und der kommt], daß du deine große Macht ergriffen und angetreten hast deine Herrschaft. ¹⁸ Die Heidenvölker waren ergrimmt, da kam dein strafender Zorn und die Stunde zum Gericht für die Toten und zur Belohnung für deine Knechte, die Propheten und die Heiligen, und für alle, die deinen Namen fürchten, die Kleinen und Großen, und zur Vernichtung derer, die die Erde verderben.« ¹⁹ Da wurde der Tempel Gottes im Himmel aufgetan, und die Lade seines Bundes war zu sehen in seinem Tempel, und es folgten Blitze und dröhnender Schall, Beben und starker Hagel.

12. Kapitel

Angriff des Drachen gegen das Gottesvolk. ¹ Ein großes Zeichen erschien am Himmel: Eine Frau, mit der Sonne umklei-

---

11,15–19: In der Zuversicht des Gottesreiches singt der Himmel schon im voraus das Jubellied über den Sieg Gottes und des Lammes. Die himmlische Bundeslade erscheint als Sinnbild der kommenden Vollendung.
12,1–18: Der Widersacher des Gottesreiches und der Verführer der Menschen ist der Satan, hier als »Drache« auftretend. Er sucht das Wirken des Messias von Anfang an zu hindern und zu stören. In der »Frau« ist wahrscheinlich die Gottesgemeinde symbolisiert. Die »übrigen Kinder«, Vers 17, bedeuten die Christgläubigen auf Erden, die nach dem Sturz des Satans aus dem Himmel seinen unaufhörlichen Angriffen ausgesetzt sind. Eine unmittelbare Gleichsetzung der »Frau« mit Maria, der Gottesmutter, ist wohl kaum beabsichtigt, doch läßt sich die Stelle sehr wirksam auf Maria beziehen.

det, der Mond unter ihren Füßen und auf ihrem Haupt ein Kranz von zwölf Sternen. ² Sie war gesegneten Leibes und schrie in Wehen und Schmerzen des Gebärens. ³ Und ein anderes Zeichen erschien am Himmel: Siehe, ein Drache, feurig und gewaltig groß, mit sieben Köpfen und zehn Hörnern und sieben Diademen auf seinen Köpfen. ⁴ Sein Schwanz fegte den dritten Teil der Sterne des Himmels hinweg und warf sie auf die Erde. Der Drache stellte sich vor die Frau, die daran war zu gebären, damit er ihr Kind verschlinge, wenn sie gebären würde.

⁵ Und sie gebar ein Kind, einen Knaben, der alle Völker lenken wird mit ehernem Zepter. Doch ihr Kind wurde entrückt zu Gott und zu seinem Thron. ⁶ Die Frau aber floh in die Wüste, wo sie einen Platz erhielt, der von Gott dort bereitet war, damit man ihr dort Unterhalt gebe zwölfhundertsechzig Tage lang.

Niederlage des Drachen im Himmel. ⁷ Da erhob sich ein Kampf im Himmel: Michael und seine Engel kämpften mit dem Drachen, und auch der Drache und seine Engel kämpften. ⁸ Doch sie richteten nichts aus, und es blieb kein Platz mehr für sie im Himmel. ⁹ Gestürzt wurde der große Drache, die alte Schlange, die die Namen Teufel und Satan tragen, und den ganzen Erdkreis verführt; er wurde hinabgestürzt auf die Erde, und seine Engel wurden mit ihm gestürzt.

¹⁰ Und ich hörte eine laute Stimme im Himmel rufen: »Jetzt ist gekommen das Heil und die Kraft und das Königtum unseres Gottes und die Macht seines Gesalbten; denn gestürzt ist der Ankläger unserer Brüder, der sie verklagte vor unserem Gott Tag und Nacht. ¹¹ Sie besiegten ihn kraft des Blutes des Lammes und kraft des Wortes ihres Zeugnisses und sie hingen nicht an ihrem Leben – bis in den Tod. ¹² Darum jubelt, ihr Himmel, und alle, die darin wohnen! Wehe aber der Erde und dem Meer; denn hinabgestiegen ist zu euch der Teufel voll grimmigen Zornes; er weiß, daß er eine kurze Frist hat.«

Kampf des Drachen auf der Erde. ¹³ Als der Drache sah, daß er auf die Erde gestürzt war, verfolgte er die Frau, die den Knaben geboren hatte. ¹⁴ Der Frau aber wurden die zwei Flügel des großen Adlers gegeben, so daß sie in die Wüste fliegen konnte, an ihren Ort, wo sie Unterhalt bekommt eine Zeit und zwei Zeiten und eine halbe Zeit, weit weg von der Schlange.

¹⁵ Und die Schlange schleuderte aus ihrem Maul hinter der Frau Wasser her, gleich einem Strom, um sie vom Strom wegschwemmen zu lassen; ¹⁶ doch die Erde kam der Frau zu

Hilfe: die Erde öffnete ihren Mund und verschlang den Strom, den der Drache aus seinem Maul geschleudert hatte. ¹⁷ Da wurde der Drache zornig über die Frau und machte sich auf, Krieg zu führen mit den übrigen ihrer Kinder, mit denen, die Gottes Gebote erfüllen und festhalten am Zeugnis Jesu [Christi]. ¹⁸ Und er stellte sich auf am Strand des Meeres.

13. Kapitel
Das Tier im Dienst des Drachen. ¹ Und ich sah aus dem Meer ein Tier aufsteigen, das hatte zehn Hörner und sieben Köpfe und auf seinen Hörnern zehn Diademe und auf seinen Köpfen Namen voll Lästerung. ² Das Tier, das ich sah, glich einem Panther; seine Füße waren wie die eines Bären, und sein Maul wie das Maul eines Löwen. Der Drache verlieh ihm seine Macht, seinen Thron und große Gewalt. ³ Einen seiner Köpfe sah ich wie zu Tode getroffen, doch die tödliche Wunde wurde geheilt, und die ganze Erde wandte sich staunend dem Tier zu.

⁴ Sie beteten den Drachen an, weil er dem Tier die Gewalt verliehen hatte, und auch das Tier beteten sie an und sprachen: »Wer ist dem Tiere gleich, und wer vermag mit ihm zu kämpfen?« ⁵ Und es wurde ihm ein Maul gegeben, das große und lästernde Reden führte, und es wurde ihm Vollmacht gegeben, es zweiundvierzig Monate lang zu treiben. ⁶ Und es öffnete sein Maul zu Lästerungen gegen Gott, zu lästern seinen Namen und seine Wohnstatt und die Bewohner des Himmels.

⁷ Und es wurde ihm gegeben, Krieg zu führen mit den Heiligen und sie zu besiegen, und es wurde ihm Macht gegeben über jeden Stamm und jedes Volk, jede Zunge und jede Nation, ⁸ und anbeten werden es alle Bewohner der Erde, deren Namen nicht eingeschrieben sind im Lebensbuch des geschlachteten Lammes seit Grundlegung der Welt.

⁹ Wer ein Ohr hat, der höre. ¹⁰ Wer in die Gefangenschaft soll, der gehe in die Gefangenschaft; wer durch das Schwert ster-

---

13,1–8: Die Vision erinnert an Dan 7,2–8. Im »Tier aus dem Meer« ist wahrscheinlich die irdische, antichristliche politische Macht versinnbildet, die sich in den Dienst des Satans stellt und das Gottesreich verfolgt. Zur Zeichnung dieses Symbols sind deutlich Züge vom damaligen, der Kirche feindlichen Römerreich genommen. So werden die sieben Häupter auf die römischen Cäsaren – das mit der Todeswunde auf Nero – bezogen.
13,10: Der Satz stellt nach anderer Textüberlieferung eine Drohung dar, wenn es heißt: »Wer in die Gefangenschaft führt, der wird selbst

ben soll, der muß mit dem Schwert getötet werden. Hier zeigt sich die Standhaftigkeit und der Glaube der Heiligen.

Das zweite Tier. ¹¹ Ein anderes Tier sah ich, das stieg aus dem Land empor; es hatte zwei Hörner wie ein Lamm, redete aber wie ein Drache. ¹² Es übt alle Gewalt des ersten Tieres vor dessen Augen aus und bewirkt, daß die Erde und ihre Bewohner das erste Tier anbeten, dessen tödliche Wunde geheilt wurde. ¹³ Und es vollbringt große Zeichen, daß es sogar Feuer vom Himmel herabfallen läßt auf die Erde vor den Augen der Menschen.

¹⁴ Es verführt die Bewohner der Erde durch die Zeichen, die vor dem Tier zu vollbringen ihm gegeben war, und es fordert die Erdenbewohner auf, ein Bild zu fertigen für das Tier, das die Schwertwunde trägt und lebendig wurde. ¹⁵ Und es wurde ihm gegeben, dem Bild des Tieres Lebensgeist zu verleihen, so daß das Bild des Tieres sogar redete und bewirkte, daß alle, die das Bild des Tieres nicht anbeteten, getötet wurden.

¹⁶ So veranlaßt es alle, die Kleinen und Großen, die Reichen und Armen, die Freien und die Sklaven, sich ein Malzeichen zu machen auf ihrer rechten Hand oder auf ihrer Stirn. ¹⁷ Niemand soll kaufen oder verkaufen können, der nicht das Malzeichen trägt, den Namen des Tieres oder die Zahl seines Namens.

¹⁸ Hier ist die Einsicht: Wer Verstand hat, der berechne die Zahl des Tieres; denn es ist eines Menschen Zahl, und seine Zahl ist sechshundertsechsundsechzig.

---

in die Gefangenschaft gehen. Wer mit dem Schwert tötet, muß durch das Schwert fallen.« Es liegt hier vermutlich eine Angleichung an Mt 26,52 vor. Nach dem obigen Text soll es eine Mahnung sein zu unbeirrbarem Ausharren in aller Verfolgung, zum zuversichtlichen Ertragen des Martyriums um Christi willen.

13,11–18: Das zweite Tier, im Dienst des ersten stehend, versinnbildet die geistigen Mächte, die sich im Kampf gegen das Gottesreich mit der politischen Macht verbinden und die Menschen förmlich zur Anbetung irdischer Machthaber verführen. Anlaß für diese Aussage ist wahrscheinlich der damalige Kaiserkult mit seiner Vergöttlichung des irdischen Herrschers. Die Deutung der Zahl 666 ist trotz aller Versuche bis jetzt nicht überzeugend gelungen, sie war schon im zweiten Jahrhundert, nach dem Zeugnis des Irenäus, nicht mehr bekannt. Vielleicht soll weniger auf einen bestimmten Namen als auf die dämonische Gottwidrigkeit und zugleich die damit gegebene Unvollkommenheit hingewiesen werden, insofern die Grundziffer 6 hinter der heiligen Zahl 7 oder der doppelt so großen Zahl 12 zurücksteht.

14. Kapitel

Die Front des Lammes. ¹ Ich schaute, und siehe, das Lamm stand auf dem Berg Zion und mit ihm hundertvierundvierzigtausend, die seinen Namen tragen und den Namen seines Vaters, geschrieben auf ihren Stirnen. ² Und ich hörte eine Stimme aus dem Himmel wie das Rauschen vieler Wasser und wie das Rollen eines starken Donners, und die Stimme, die ich hörte, war wie von Harfenspielern, die ihre Harfen schlagen. ³ Und sie sangen ein neues Lied vor dem Thron und vor den vier Wesen und den Ältesten, und niemand konnte das Lied erlernen als die hundertvierundvierzigtausend, die losgekauft sind von der Erde.
⁴ Es sind jene, die sich mit Frauen nicht befleckt haben; denn jungfräulich sind sie. Sie folgen dem Lamm, wohin es geht. Sie wurden losgekauft aus den Menschen als Erstlinge für Gott und das Lamm. ⁵ In ihrem Mund wurde keine Lüge gefunden; makellos sind sie [vor dem Thron Gottes].

Gerichtsankündigung. ⁶ Und ich sah einen anderen Engel hoch oben am Himmel fliegen; der hatte den Bewohnern der Erde eine ewige Heilsbotschaft zu künden, jedem Volk und Stamm, jeder Zunge und Nation. ⁷ Er rief mit lauter Stimme: »Fürchtet Gott und gebt ihm Ehre; denn die Stunde seines Gerichtes ist gekommen. Betet ihn an, der den Himmel geschaffen hat und die Erde, das Meer und die Quellen der Wasser!«
⁸ Ein anderer, ein zweiter Engel folgte und rief: »Sie ist gefallen, sie ist gefallen, die Stadt Babylon, die große, die vom Glutwein ihrer Unzucht trinken ließ alle Völker.«
⁹ Ein anderer, ein dritter Engel folgte ihnen und rief mit lauter Stimme: »Wenn einer das Tier anbetet und sein Bild und das Malzeichen annimmt auf seiner Stirn oder Hand, ¹⁰ wird auch er trinken vom Glutwein Gottes, der ungemischt eingegossen ist in den Becher seines Zornes, und er wird gepeinigt werden in Feuer und Schwefel vor den heiligen Engeln und vor dem Lamm. ¹¹ Und der Rauch von ihrer Qual wird aufsteigen in alle Ewigkeit, und sie werden nicht Ruhe haben Tag und Nacht, die das Tier anbeten und sein Bild und das Malzeichen seines Namens annehmen.«

14,1–13: Den gottwidrigen Mächten tritt die Front der um das Lamm sich scharenden Auserwählten gegenüber, darunter an erster Stelle die von der Unreinheit nicht befleckten, sich ungeteilt Gott weihenden Seelen. »Im Herrn sterben« heißt in der Gnadenverbindung mit Christus sterben.

¹² Hier zeigt sich die Standhaftigkeit der Heiligen, die Gottes Gebote bewahren und den Glauben an Jesus. ¹³ Und ich hörte eine Stimme vom Himmel, die [zu mir] sprach: »Schreibe: Selig die Toten, die im Herrn sterben von nun an! Wahrlich, spricht der Geist, sie werden ausruhen von ihren Mühen; denn ihre Werke folgen ihnen nach.«

Das kommende Gericht als Gottesernte. ¹⁴ Ich schaute, und siehe, eine weiße Wolke, und auf der Wolke saß einer gleich einem Menschensohn, der hatte auf seinem Haupt einen goldenen Kranz und in seiner Hand eine scharfe Sichel.
¹⁵ Ein anderer Engel trat aus dem Tempel hervor und rief mit lauter Stimme dem zu, der auf der Wolke saß: »Leg deine Sichel an und ernte! Denn gekommen ist die Stunde des Erntens; ausgereift ist die Ernte der Erde.« ¹⁶ Und der auf der Wolke saß, legte seine Sichel an die Erde und die Erde wurde abgeerntet. ¹⁷ Ein anderer Engel trat aus dem Tempel im Himmel; auch er hatte eine scharfe Sichel. ¹⁸ Ein weiterer Engel kam vom Altar her; er hatte Macht über das Feuer, und er rief mit lauter Stimme dem zu, der die scharfe Sichel hatte: »Leg deine scharfe Sichel an und ernte die Trauben vom Weinstock der Erde; denn seine Beeren sind reif!«
¹⁹ Und der Engel legte seine [scharfe] Sichel an die Erde und sammelte die Ernte vom Weinstock der Erde und schüttete sie ein in die große Kelter des Zornes Gottes. ²⁰ Und die Kelter wurde getreten außerhalb der Stadt, und es floß Blut aus der Kelter bis hinan zu den Zügeln der Pferde, sechzehnhundert Stadien weit.

15. Kapitel

Feierliche Eröffnung des Gerichtsvollzuges. ¹ Und ich sah ein anderes Zeichen am Himmel, groß und wunderbar: Sieben Engel mit den sieben letzten Plagen; denn mit diesen vollendet sich der Zorn Gottes. ² Ich sah etwas wie ein gläsernes Meer, gemischt mit Feuer, und die Sieger im Kampf gegen das Tier und sein Bild und gegen die Zahl seines Namens standen auf dem gläsernen Meer und trugen die Harfen Gottes.
³ Sie sangen das Lied des Mose, des Knechtes Gottes, und das Lied des Lammes mit den Worten: »Groß und wunderbar sind deine Werke, Herr, Gott, Allherrscher; gerecht und wahrhaft

---

14,14–20: Die Ernte ist Sinnbild des bevorstehenden Gerichtes, die Kelter Sinnbild des strengen, unbestechlichen Gerichtsvollzugs. Die Zahl 1600 (4 × 400) scheint als Maß der Welt auf die Allgemeinheit des Gerichtes hinzuweisen.

sind deine Wege, König der Völker. ⁴ Wer sollte nicht Furcht haben, o Herr, und deinen Namen nicht verherrlichen! Denn du allein bist heilig. Alle Völker werden kommen und anbeten vor dir; denn deine gerechten Taten wurden offenbar.«

⁵ Und darauf sah ich, und es öffnete sich der Tempel des Offenbarungszeltes im Himmel, ⁶ und es schritten aus dem Tempel die sieben Engel mit den sieben Plagen hervor, angetan mit reinem, strahlendem Linnen und die Brust umgürtet mit goldenen Gürteln. ⁷ Eines der vier Wesen reichte den sieben Engeln sieben goldene Schalen, angefüllt mit dem Zorn Gottes, der lebt in alle Ewigkeit. ⁸ Und der Tempel wurde erfüllt vom Rauch der Herrlichkeit Gottes und seiner Macht, und niemand konnte den Tempel betreten, bis vollendet waren die sieben Plagen der sieben Engel.

16. Kapitel

Die sieben letzten Plagen. ¹ Und ich vernahm eine laute Stimme aus dem Tempel, die den sieben Engeln zurief: »Geht hin und gießt die sieben Schalen des Zornes Gottes auf die Erde!«

² Da ging der erste und goß seine Schale auf das Land, und es entstand ein böses und übles Geschwür an den Menschen, die das Zeichen des Tieres trugen und sein Bild anbeteten.

³ Der zweite goß seine Schale über das Meer, und es wurde wie das Blut von einem Toten, und es starben alle Lebewesen im Meer.

⁴ Der dritte goß seine Schale auf die Flüsse und Wasserquellen, und es bildete sich Blut. ⁵ Und ich hörte den Engel der Wasser sagen: »Gerecht bist du, der du bist und warst, du Heiliger, daß du so gerichtet hast. ⁶ Denn Blut von Heiligen und Propheten haben sie vergossen, und Blut gabst du ihnen zu trinken; sie haben es verdient.« ⁷ Und ich hörte den Altar sprechen: »Ja, Herr, Gott, Allherrscher, wahr und gerecht sind deine Gerichte.«

⁸ Der vierte goß seine Schale auf die Sonne, und es wurde ihr gegeben, auf die Menschen zu brennen mit Feuerglut. ⁹ Da erlitten die Menschen brennende Hitze, und sie lästerten den

---

16,1–21: Mit der Ausgießung der sieben Schalen wird der Endkampf gegen die antichristlichen Mächte eingeleitet. Die Stimme aus dem Tempel deutet an, daß Gott selbst den Auftrag dazu gibt. In Vers 15 unterbricht der Seher seine Schilderung mit einer Mahnung an die Leser zu steter Bereitschaft. »Harmagedon« heißt soviel wie »Berg von Megiddo« und erinnert an die Vernichtung der Feinde Israels in der Schlacht von Megiddo, vgl. Ri 4–5.

Namen Gottes, der Macht hat über diese Plagen; doch sie bekehrten sich nicht, ihm die Ehre zu geben.
¹⁰ Der fünfte goß seine Schale auf den Thron des Tieres, und sein Reich wurde verfinstert, und vor Schmerz zerbissen sie sich ihre Zungen ¹¹ und lästerten den Gott des Himmels wegen ihrer Schmerzen und ihrer Geschwüre; doch sie bekehrten sich nicht von ihren Werken.
¹² Der sechste goß seine Schale auf den großen Eufratstrom; da vertrocknete sein Wasser, auf daß bereitet werde der Weg für die Könige vom Aufgang der Sonne.
¹³ Und ich sah aus dem Maul des Drachen und aus dem Maul des Tieres und aus dem Maul des falschen Propheten drei unreine Geister herauskommen gleich Fröschen. ¹⁴ Es sind dies dämonische Geister, die Zeichen vollbringen; sie ziehen aus zu den Königen des ganzen Erdkreises, um sie zu sammeln für den Kampf am großen Tag Gottes, des Allherrschers. – ¹⁵ Siehe, ich komme wie ein Dieb. Selig, der wachsam ist und auf seine Kleider achtet, damit er nicht nackt umhergeht und man seine Blöße sieht. – ¹⁶ Und sie versammelten sie an dem Ort, der auf hebräisch »Harmagedon« heißt.
¹⁷ Der siebte goß seine Schale in die Luft; da kam eine laute Stimme aus dem Tempel vom Thron her und rief: »Es ist geschehen!« ¹⁸ Und es folgten Blitze, dröhnende Donner und ein großes Beben, wie ein solches noch nie war, seit Menschen die Erde betraten. So gewaltig, so erschreckend groß war das Beben.
¹⁹ Da zerfiel die große Stadt in drei Teile, die Städte der Heiden stürzten zusammen, und Babylon, der großen Stadt, wurde gedacht vor Gott, um ihr den Becher mit dem Glutwein seines Zornes zu reichen. ²⁰ Auch alle Inseln verschwanden, und von den Bergen wurde nichts mehr gefunden. ²¹ Ein gewaltiger Hagel, zentnerschwer, ging nieder vom Himmel auf die Menschen, und die Menschen lästerten Gott wegen der Plage des Hagels; denn gewaltig groß ist seine Plage.

17. Kapitel
Babylon vor seinem Fall. ¹ Und es kam einer von den sieben Engeln mit den sieben Schalen und sagte zu mir: »Komm, ich

---

17,1–18: Unter Babylon ist zunächst in einem auch sonst bezeugten Decknamen auf die Stadt Rom hingewiesen, aber nur um damit überhaupt die gottwidrige Macht zu kennzeichnen. Der Ausdruck »Buhlerei« dient zur Charakterisierung des gottlosen Lebens und Treibens der antichristlichen Welt, wobei vor allem auch der Götzendienst gemeint ist.

will dir das Gericht über die große Buhlerin zeigen, die an vielen Wassern sitzt! ² Mit ihr buhlten die Könige der Erde, und vom Wein ihrer Buhlerei wurden trunken die Bewohner der Erde.«

³ Und er entrückte mich im Geist in eine Wüste; da sah ich ein Weib, das saß auf einem scharlachroten Tier voll Lästernamen, mit sieben Köpfen und zehn Hörnern. ⁴ Das Weib war in Purpur und Scharlach gekleidet und geschmückt mit Gold, Edelsteinen und Perlen. Es hielt einen goldenen Becher in seiner Hand, voll vom Greuel und Unrat seiner Buhlerei. ⁵ Auf seiner Stirn stand als Geheimnis ein Name geschrieben: »Babylon, die Große, die Mutter der Buhlerinnen und der Greuel der Erde.« ⁶ Ich sah das Weib trunken vom Blut der Heiligen und vom Blut der Zeugen Jesu. Ich staunte und große Verwunderung überkam mich, als ich es sah.

⁷ Da sprach der Engel zu mir: »Warum wunderst du dich? Ich will dir das Geheimnis des Weibes sagen, und auch des Tieres, das es trägt, das sieben Köpfe hat und zehn Hörner: ⁸ Das Tier, das du sahst, es war und ist nicht. Es wird heraufsteigen aus dem Abgrund und ins Verderben fahren. Staunen werden die Bewohner der Erde, deren Namen nicht eingeschrieben sind im Buch des Lebens seit Grundlegung der Welt, wenn sie nach dem Tier blicken, das war und nicht ist und wieder dasein wird.

⁹ Hier zeigt sich der Verstand, der Einsicht besitzt: Die sieben Köpfe sind sieben Berge, auf denen das Weib sitzt; auch sind es sieben Könige. ¹⁰ Fünf sind gefallen, einer ist da, und der andere ist noch nicht gekommen. Und wenn er kommt, soll er nur kurze Zeit bleiben. ¹¹ Das Tier, das war und nicht ist, ist selber der achte; er kommt aus den sieben und geht ins Verderben.

¹² Die zehn Hörner, die du sahst: Zehn Könige sind es, die noch nicht zur Herrschaft gelangten, doch empfangen sie Macht wie Könige für eine einzige Stunde zusammen mit dem Tier. ¹³ Sie sind gleichen Sinnes und geben dem Tier ihre Macht und Gewalt. ¹⁴ Sie werden Krieg führen gegen das Lamm, doch das Lamm wird sie besiegen; denn ›Herr der Herren‹ ist es, ›König der Könige‹, und sein Gefolge sind Berufene, Auserwählte und Getreue.« ¹⁵ Und er sagte zu mir: »Die Wasser, die du sahst, an denen die Buhlerin sitzt, sind Leute und Menschenscharen, Nationen und Sprachen.

¹⁶ Und die zehn Hörner, die du sahst, und das Tier, sie werden die Buhlerin hassen, sie einsam und nackt werden lassen und

ihr Fleisch fressen und sie im Feuer verbrennen. ¹⁷ Denn Gott gab es ihnen ins Herz, nach seinem Plan zu handeln und in Ausführung dieses einen Planes ihre Herrschaft dem Tier zu geben, bis Gottes Worte ihre Erfüllung finden. ¹⁸ Das Weib, das du sahst, ist die große Stadt, die Herrschaft hat über die Könige der Erde.«

18. Kapitel
Ankündigung des Falls von Babylon. ¹ Darauf sah ich einen anderen Engel vom Himmel herniedersteigen, der besaß große Gewalt, und die Erde wurde hell vom Leuchten seines Glanzes. ² Er rief mit mächtiger Stimme: »Sie ist gefallen, sie ist gefallen, Babylon, die Große; sie wurde zur Behausung für Dämonen, zum Schlupfwinkel für jeglichen unreinen Geist und zum Schlupfwinkel für alles unreine und abscheuliche Gefieder. ³ Denn vom Glutwein ihrer Buhlerei tranken alle Völker; die Könige der Erde buhlten mit ihr, und die Kaufleute der Erde sind reich geworden an ihrer maßlosen Üppigkeit.«

⁴ Und ich hörte eine andere Stimme vom Himmel her, die sprach: »Zieht fort von ihr, mein Volk, damit ihr euch nicht teilhaft macht an ihren Sünden und nicht betroffen werdet von ihren Plagen. ⁵ Denn ihre Sünden reichten hinan bis zum Himmel, und Gott gedachte ihrer Freveltaten. ⁶ Vergeltet ihr, wie auch sie vergalt, und zahlt ihr das Doppelte heim entsprechend ihren Werken! In den Becher, den sie mischte, schenkt ihr doppelt so viel ein! ⁷ In dem Maß, in dem sie es herrlich sich machte und in Lüsten schwelgte, gebt ihr Qual und Trübsal! Denn sie spricht in ihrem Herzen: Als Königin sitze ich auf dem Thron; ich bin nicht Witwe und werde Trübsal nicht schauen. ⁸ Darum werden an einem einzigen Tag ihre Plagen kommen: Tod und Trübsal und Hunger, und im Feuer wird sie verbrannt werden; denn stark ist Gott, der Herr, der sie gerichtet hat.«

Die Klage der Freunde Babylons. ⁹ Da werden sie weinen und klagen über sie, die Könige der Erde, die mit ihr gebuhlt und in Lüsten geschwelgt haben, wenn sie den Rauch ihres Brandes sehen. ¹⁰ Von ferne werden sie dastehen aus Furcht vor ihrer Qual und rufen: Wehe, wehe, du große Stadt Babylon,

---

18,1–24: In der erschütternden Klage über die Vernichtung Babylons kommt nochmals eindrucksvoll der dem irdischen Genuß und dem sinnlichen Wohlleben zugewandte Sinn der Anhänger und Diener Satans zur Darstellung.

du mächtige Stadt – in einer einzigen Stunde kam dein Gericht.

¹¹ Und die Kaufleute der Erde werden weinen und wehklagen über sie; denn ihre Ware kauft niemand mehr, ¹² die Ware an Gold und Silber, Edelsteinen und Perlen, Byssus und Purpur, Seide und Scharlach, all das Thujaholz, all das Gerät aus Elfenbein, Edelholz, Erz, Eisen und Marmor, ¹³ sowie Zimt und Balsam, Räucherwerk, Salböl und Weihrauch, Wein und Öl, Feinmehl und Weizen, Rinder und Schafe, Pferde und Wagen, Menschenleiber und Menschenseelen. ¹⁴ Auch die Früchte, nach denen dein Herz begehrte, sind dir entschwunden, und alles, was köstlich und leuchtend war, ging dir verloren, und nimmermehr wird man es finden.

¹⁵ Ja, die Kaufleute, die Handel trieben damit und an ihr sich bereicherten, werden von ferne dastehen aus Furcht vor ihrer Qual und werden weinen und wehklagen ¹⁶ und sprechen: »Wehe, wehe, du große Stadt, die sich in Byssus, Purpur und Scharlach kleidete und mit Gold und Edelsteinen und Perlen sich schmückte – ¹⁷ in einer einzigen Stunde war der große Reichtum dahin.«

Alle Steuermänner und Lotsen, alle Matrosen und alle, die tätig sind auf dem Meer, blieben fernab stehen ¹⁸ und riefen, als sie den Rauch von ihrem Brand sahen: »Wo ist eine Stadt, die gleichkäme dieser so großen Stadt?« ¹⁹ Und sie streuten Staub auf ihr Haupt und riefen weinend und klagend: »Wehe, wehe, du große Stadt, an deren Wohlstand alle, die Schiffe auf dem Meer haben, reich wurden – in einer einzigen Stunde ist sie öde geworden.«

²⁰ Frohlockt über sie, o Himmel, ihr Heiligen, ihr Apostel und Propheten; denn vollzogen hat Gott euren Urteilsspruch an ihr.

Sinnbild der bevorstehenden Vernichtung. ²¹ Da hob ein mächtiger Engel einen Stein auf, so groß wie ein Mühlstein, warf ihn ins Meer und sprach: »Mit solcher Wucht wird Babylon, die große Stadt, gestürzt und nicht mehr gefunden werden. ²² Kein Klang von Harfenspielern und Sängern, Flötenspielern und Posaunenbläsern wird mehr in dir vernommen, kein Künstler irgendwelcher Art soll mehr in dir gefunden, kein Mühlengeräusch mehr in dir gehört werden.

²³ Kein Licht der Lampe wird mehr in dir scheinen, kein Ruf von Bräutigam und Braut in dir mehr zu hören sein. Denn deine Kaufleute waren die Großen der Erde, und durch deinen Zaubertrank wurden betört alle Völker, ²⁴ und in ihm

befand sich das Blut von Propheten und Heiligen und von allen Erschlagenen auf Erden.«

19. Kapitel
Himmlisches Danklied über den Sieg des Lammes. ¹ Darauf hörte ich, wie ein machtvoller Chor einer großen Menge im Himmel rief: »Halleluja! Das Heil und die Herrlichkeit und die Macht ist unseres Gottes! ² Denn wahr und gerecht sind seine Gerichte. Er hielt Gericht über die große Buhlerin, die Verderben brachte über die Erde mit ihrer Unzucht, und er nahm Rache für das Blut seiner Knechte von ihrer Hand!« ³ Und abermals riefen sie: »Halleluja! Ihr Rauch steigt auf in alle Ewigkeit.«
⁴ Da fielen die vierundzwanzig Ältesten und die vier Wesen nieder und beteten Gott an, der auf dem Thron sitzt, und sprachen: »Amen! Halleluja!« ⁵ Eine Stimme kam vom Thron her und sprach: »Lobsingt unserem Gott, all seine Knechte, [und alle,] die ihn fürchten, die Kleinen und die Großen!« ⁶ Und ich hörte ein Rufen wie von einer großen Menge und ein Rufen wie von vielen Wassern und ein Rufen wie von gewaltigen Donnern:
»Halleluja! Denn die Herrschaft ergriff der Herr, unser Gott, der Allherrscher. ⁷ Laßt uns freudig sein und frohlocken und ihm die Ehre geben; denn die Hochzeit des Lammes ist gekommen, und seine Braut hält sich bereit.« ⁸ Es wurde ihr als Kleid ein strahlend reines Byssus-Linnen gegeben; denn der Byssus bedeutet die gerechten Werke der Heiligen. ⁹ Und er sagte zu mir: »Schreibe: Selig, die zum Hochzeitsmahl des Lammes gerufen sind!« Weiter sagte er zu mir: »Dies sind die zuverlässigen Worte Gottes.« ¹⁰ Da fiel ich ihm zu Füßen, ihn anzubeten, er aber entgegnete mir: »Nicht doch! Ein Mitknecht bin ich von dir und deinen Brüdern, die das Zeugnis Jesu haben. Gott bete an! Denn das Zeugnis Jesu ist der Geist der Weissagung.«
Aufbruch des Christkönigs zum Endkampf. ¹¹ Und ich sah den Himmel offenstehen, und siehe, ein weißes Pferd, und der auf

---

19,1–10: Die Vollendung des Gottesreiches wird mit einer Hochzeit verglichen, in der das Lamm, d. h. Christus, sich mit seiner Braut, der Gottesgemeinde, für immer vereinigt.
19,11–21: Christus erscheint als Richter zu Pferd wie ein Sieger nach gewonnener Schlacht, an dessen Mantel noch das Blut des Kampfes zu sehen ist. Sein Name »Logos (Wort) Gottes« erinnert an den Logos im Prolog des Johannesevangeliums.

ihm sitzt, heißt »Treu und Wahr«, und in Gerechtigkeit richtet und kämpft er. ¹² Seine Augen sind wie Feuerflammen, und auf seinem Haupt sind viele Diademe. Er trägt einen Namen geschrieben, den niemand kennt als er selber. ¹³ Er ist umkleidet mit einem Gewand, das mit Blut getränkt ist, und sein Name heißt: »Der Logos (das Wort) Gottes.«
¹⁴ Die Heerscharen im Himmel zogen hinter ihm her auf weißen Pferden, gekleidet in hell leuchtendes und reines Byssus-Linnen. ¹⁵ Aus seinem Mund geht ein scharfes [zweischneidiges] Schwert, um damit die Völker zu schlagen. Er wird sie leiten mit eisernem Stab, und er tritt die Kelter des glühenden Zornweins Gottes, des Allherrschers. ¹⁶ Auf seinem Gewand trägt er an der Hüfte als Namen geschrieben: »König der Könige und Herr der Herren!«
¹⁷ Und ich sah einen Engel in der Sonne stehen, der rief mit lauter Stimme allen Vögeln zu, die oben am Himmel flogen: »Kommt und findet euch ein zum großen Mahl Gottes! ¹⁸ Ihr sollt Fleisch verzehren von Königen und Fleisch von Heerführern, Fleisch von Mächtigen und Fleisch von Pferden und von denen, die auf ihnen sitzen, Fleisch von allen, von Freien und Sklaven, Kleinen und Großen!«

Der Sieg des Christkönigs. ¹⁹ Und ich sah das Tier und die Könige der Erde und ihre Heere versammelt, um Krieg zu führen gegen den, der auf dem Pferd saß, und gegen sein Heer. ²⁰ Da wurde das Tier ergriffen und mit ihm der falsche Prophet, der vor ihm die Zeichen tat, mit denen er jene verführte, die das Malzeichen des Tieres nahmen und sein Bild anbeteten. Lebend wurden sie beide in den Feuersee geworfen, der von Schwefel brennt. ²¹ Die übrigen aber wurden getötet vom Schwert, das aus dem Mund dessen kam, der auf dem Pferd saß, und alle Vögel fraßen sich satt an ihrem Fleisch.

20. Kapitel
Das tausendjährige Reich. ¹ Und ich sah einen Engel niedersteigen aus dem Himmel, der hatte den Schlüssel zum Abgrund und eine große Kette in seiner Hand. ² Er ergriff den Drachen, die alte Schlange, das ist der Teufel und Satan, und

---

20,1–10: Das »tausendjährige Reich« ist wiederum symbolisch zu verstehen für eine, der endgültigen Vernichtung Satans vorausgehende Herrschaft Christi mit seinen Auserwählten, über deren Dauer und Form wir schwer etwas Sicheres aussagen können. Die Zahl 1000

fesselte ihn auf tausend Jahre. ³ Er warf ihn in den Abgrund, schloß zu und brachte ein Siegel darüber an, damit er nicht mehr die Völker verführe, bis vollendet sind die tausend Jahre. Danach muß er losgelassen werden auf eine kurze Zeit.
⁴ Und ich sah Throne, und denen, die sich darauf setzten, wurde das Gericht übergeben, und ich sah die Seelen derer, die hingerichtet worden waren wegen des Zeugnisses für Jesus und wegen des Wortes Gottes, die weder das Tier und sein Bild angebetet, noch dessen Malzeichen auf ihre Stirn und ihre Hand angenommen hatten. Sie wurden lebendig und traten die Herrschaft an mit Christus für tausend Jahre.
⁵ Die übrigen Toten wurden nicht lebendig bis zur Vollendung der tausend Jahre. Dies ist die erste Auferstehung. ⁶ Selig und heilig, wer teilhat an der ersten Auferstehung. Über sie hat der zweite Tod keine Gewalt, sondern Priester Gottes und Christi werden sie sein und mit ihm herrschen tausend Jahre.
Letzter Versuch Satans und sein Sturz. ⁷ Wenn die tausend Jahre vollendet sind, wird der Satan losgelassen werden aus seinem Kerker, ⁸ und er wird ausziehen, um die Völker an den vier Enden der Erde zu verführen, den Gog und den Magog, um sie zusammenzuholen zum Kampf. Ihre Zahl ist wie der Sand am Meer. ⁹ Und sie zogen herauf über die breite Fläche der Erde und umzingelten das Lager der Heiligen und die geliebte Stadt.
Da fiel Feuer herab von Gott aus dem Himmel und verzehrte sie. ¹⁰ Der Teufel aber, der sie verführt hatte, wurde in den Feuer- und Schwefelsee geworfen, in dem auch das Tier und der falsche Prophet sich befinden, und sie werden gepeinigt werden Tag und Nacht in alle Ewigkeit.
Das Endgericht. ¹¹ Und ich sah einen mächtigen, leuchtenden Thron und den, der darauf sitzt. Vor seinem Angesicht floh die Erde und der Himmel, und für sie fand sich kein Platz mehr. ¹² Ich sah die Toten, groß und klein, vor dem Thron stehen, und Bücher wurden geöffnet. Ein eigenes Buch wurde geöffnet, das ist das Buch des Lebens, und die Toten wurden aus dem, was geschrieben war in den Büchern, gerichtet nach ihren Werken.

---

ist wie alle Zahlen in der Offenbarung nicht im mathematischen Sinn zu nehmen, sondern in ihrem, für uns allerdings geheimnisvollen Symbolwert. »Gog und Magog«, vgl. Ez 38,2, ist wohl eine Zusammenfassung aller Gottesfeinde.
20,11–15: Beim allgemeinen Gericht werden auch der »Tod« und die »Unterwelt« (»Hades«), die Unheilsmächte, gerichtet und verdammt.

¹³ Das Meer gab die Toten heraus, die in ihm waren, und der Tod und die Unterwelt gaben die Toten, die in ihnen waren, zurück, und sie wurden gerichtet, ein jeder nach seinen Werken. ¹⁴ Der Tod und die Unterwelt wurden in den Feuersee geworfen; das ist der zweite Tod, der Feuersee. ¹⁵ Und wenn sich einer nicht eingeschrieben fand im Buch des Lebens, wurde er in den Feuersee geworfen.

21. Kapitel
Der neue Himmel und die neue Erde. ¹ Und ich sah einen neuen Himmel und eine neue Erde; denn der erste Himmel und die erste Erde sind vergangen, auch das Meer ist nicht mehr. ² Ich [, Johannes,] sah die Heilige Stadt, das neue Jerusalem herniedersteigen aus dem Himmel von Gott her, gekleidet wie eine Braut, die geschmückt ist für ihren Mann. ³ Und ich hörte eine laute Stimme vom Thron her rufen: »Seht, das Zelt Gottes unter den Menschen! Er wird bei ihnen wohnen, und sie werden sein Volk sein, und er selbst wird als Gott bei ihnen sein. ⁴ Er wird jede Träne wegwischen von ihren Augen; der Tod wird nicht mehr sein, und nicht Trauer und Klage und Mühsal; denn, was vorher war, ist vergangen.«
⁵ Der auf dem Thron Sitzende sprach: »Siehe, ich mache alles neu!« Und er sagte [zu mir]: »Schreibe! Denn diese Worte sind zuverlässig und wahr!« ⁶ Und er sprach zu mir: »Es ist geschehen. Ich bin das Alpha und das Omega, der Anfang und das Ende. Umsonst werde ich dem Dürstenden geben von der Quelle lebendigen Wassers. ⁷ Der Sieger wird dies als Erbe erhalten, und ich werde ihm Gott sein, und er wird mir Sohn sein. ⁸ Den Feiglingen aber und den Treulosen, den Unheiligen und Mördern, den Unzüchtigen und Zauberern, den Götzendienern und allen Lügnern wird ihr Anteil sein im See, der von Feuer und Schwefel brennt; das ist der zweite Tod.«
Das neue Jerusalem. ⁹ Und es kam einer der sieben Engel, die die sieben Schalen trugen mit den letzten sieben Plagen, und sagte zu mir: »Komm, ich will dir die Braut zeigen, die Frau des Lammes!« ¹⁰ Und er entrückte mich im Geist auf einen

---

21,1–8: Das Weltende bedeutet keine totale Vernichtung der Schöpfung, sondern eine Verwandlung und Verklärung zu einer vollkommeneren Welt.
21,9–27: Das Glück und die Seligkeit des neuen Lebens wird mit der Beschreibung der aus kostbarem Stoff und in vollkommenen Maßverhältnissen erbauten himmlischen Stadt sinnbildlich dargestellt.

großen, hohen Berg und zeigte mir die Heilige Stadt Jerusalem, die von Gott aus dem Himmel herniederstieg ¹¹ in der Herrlichkeit Gottes. Ihr Lichtglanz gleicht einem kostbarsten Stein, wie kristallheller Jaspis.

¹² Sie hat eine mächtige, hohe Mauer mit zwölf Toren, und auf den Toren zwölf Engel und Namen daraufgeschrieben; dies sind die Namen der zwölf Stämme der Söhne Israels. ¹³ Von Osten her sind es drei Tore, von Norden drei Tore, von Süden drei Tore und von Westen drei Tore. ¹⁴ Die Mauer der Stadt hat zwölf Grundsteine, und auf ihnen die zwölf Namen der zwölf Apostel des Lammes.

¹⁵ Und der mit mir sprach, hatte einen goldenen Meßstab, um die Stadt, ihre Tore und die Mauer zu messen. ¹⁶ Die Stadt ist im Viereck gebaut, ihre Länge so groß wie ihre Breite. Er maß bei der Stadt mit dem Stab zwölftausend Stadien; ihre Länge, Breite und Höhe sind gleich. ¹⁷ Und er maß ihre Mauer mit einhundertvierundvierzig Ellen, – eines Menschen, das heißt eines Engels Maß.

¹⁸ Der Bau ihrer Mauer war aus Jaspis, und die Stadt war lauteres Gold, wie reines Kristall. ¹⁹ Die Grundsteine der Mauer der Stadt sind mit Edelsteinen aller Art geschmückt: Der erste Grundstein ein Jaspis, der zweite ein Saphir, der dritte ein Chalzedon, der vierte ein Smaragd, ²⁰ der fünfte ein Sardonyx, der sechste ein Sardion, der siebte ein Chrysolith, der achte ein Beryll, der neunte ein Topas, der zehnte ein Chrysopras, der elfte ein Hyazint, der zwölfte ein Amethyst. ²¹ Die zwölf Tore sind zwölf Perlen, jedes einzelne Tor aus einer einzigen Perle. Der Platz der Stadt ist lauteres Gold, klar und hell wie Kristall.

²² Einen Tempel sah ich nicht in ihr; denn ihr Tempel ist der Herr, Gott, der Allherrscher, und das Lamm. ²³ Die Stadt bedarf weder der Sonne noch des Mondes, daß sie scheinen in ihr; denn die Herrlichkeit Gottes erleuchtete sie, und ihre Leuchte ist das Lamm.

²⁴ Die Völker werden in ihrem Licht einhergehen, und die Könige der Erde werden ihre Herrlichkeit [und ihre Kostbarkeit] zu ihr bringen. ²⁵ Ihre Tore werden nicht geschlossen werden bei Tag; Nacht wird ja dort nicht mehr sein. ²⁶ Man wird die Herrlichkeit und Kostbarkeit der Völker zu ihr bringen. ²⁷ Nichts Gemeines wird eingehen in sie und niemand, der Greuel begeht und Lüge, sondern nur jene, die eingeschrieben sind im Lebensbuch des Lammes.

22. Kapitel

¹ Und er zeigte mir einen Strom mit dem Wasser des Lebens, schimmernd wie Kristall, der vom Thron Gottes und des Lammes hervorkam. ² In der Mitte ihres Platzes und des Stromes zu seinen beiden Seiten steht der Baum des Lebens, der zwölfmal Früchte trägt, jeden Monat gibt er seine Frucht, die Blätter des Baumes aber dienen zur Heilung der Völker.
³ Nichts Fluchbeladenes wird es mehr geben. Der Thron Gottes und des Lammes wird in ihr sein, und seine Knechte werden ihm dienen. ⁴ Sie werden sein Angesicht schauen, und sein Name ist auf ihren Stirnen. ⁵ Nacht wird nicht mehr sein, und man braucht nicht das Licht einer Lampe oder das Licht der Sonne; denn Gott, der Herr, wird über ihnen leuchten, und sie werden herrschen in alle Ewigkeit.

Schlußwort

Verlässigkeit der Offenbarung. ⁶ Und er sagte zu mir: »Diese Worte sind verlässig und wahr. Der Herr, der Gott der prophetischen Geister, entsandte seinen Engel, um seinen Knechten zu zeigen, was bald geschehen soll. ⁷ Siehe, ich komme bald. Selig, wer die prophetischen Worte dieses Buches bewahrt.«
⁸ Ich, Johannes, bin es, der dies hörte und schaute. Als ich es gehört und geschaut hatte, fiel ich zu Füßen des Engels, der mir dies zeigte, nieder, um ihn anzubeten. ⁹ Er aber sagte zu mir: »Nicht doch! Ein Mitknecht bin ich von dir und deinen Brüdern, den Propheten, und von denen, die festhalten an den Worten dieses Buches. Gott bete an!«
Nähe der Ankunft Christi. ¹⁰ Und er sagte zu mir: »Versiegle nicht die prophetischen Worte dieses Buches! Denn die Zeit

---

22,1–5: Vgl. 2,7. Es ist nicht klar zu ersehen, ob der »Baum des Lebens« (wörtlich: »Holz des Lebens«) in der Einzahl, im Sinn von Gen 2,9; 3,22 gemeint ist. Ebenso ist die Angabe des Standortes nicht sicher zu erkennen. Doch ist das Bild wohl so gedacht, daß auf dem großen Platz (nicht »Straße«, wie gewöhnlich übersetzt wird) der »Lebensbaum« (oder auch: der »lebendige Baum«) steht, während der »Strom mit dem Wasser des Lebens« den Platz auf zwei Seiten umfließt.
22,6–21: Diese Schlußverse heben die Zuverlässigkeit der Offenbarung hervor und warnen vor deren Änderung. Die letzten Sätze sind getragen von der sehnsuchtsvollen Erwartung des Herrn zur Vollendung des Gottesreiches.

ist nahe. ¹¹ Der Frevler frevle weiterhin; der Unreine sei weiterhin unrein; der Gerechte übe weiterhin Gerechtigkeit, der Heilige heilige sich weiterhin. ¹² Siehe, ich komme bald, und mit mir mein Lohn, um einem jeden zu vergelten nach seinem Werk. ¹³ Ich bin das Alpha und das Omega, der Erste und der Letzte, der Anfang und das Ende.
¹⁴ Selig, die ihre Kleider [im Blut des Lammes] waschen! Sie sollen Anrecht erhalten auf den Baum des Lebens und durch die Tore eingehen in die Stadt. ¹⁵ Draußen aber sind die Hunde und die Zauberer, die Unzüchtigen und die Mörder, die Götzendiener und jeder, der die Lüge liebt und sie begeht.
¹⁶ Ich, Jesus, sandte meinen Engel, um euch dies vor den Gemeinden zu bezeugen. Ich bin der Wurzelsproß und der Stamm Davids, der hellstrahlende Morgenstern. ¹⁷ Der Geist und die Braut sprechen: Komm! Wer es hört, der spreche: Komm; und wen dürstet, der komme, und wer will, der empfange umsonst Wasser des Lebens!«

Sicherung des Inhaltes des Buches. ¹⁸ Ich bezeuge jedem, der die prophetischen Worte dieses Buches hört: Wenn einer ihnen etwas hinzufügt, über den wird Gott all die Plagen bringen, von denen geschrieben ist in diesem Buch. ¹⁹ Und wenn einer etwas wegnimmt von den Worten dieses prophetischen Buches, dem wird Gott seinen Anteil wegnehmen am Baum des Lebens und an der Heiligen Stadt, wovon geschrieben ist in diesem Buch.

²⁰ Der dies bezeugt, spricht: Ja, ich komme bald! Amen! Komm, Herr Jesus!
²¹ Die Gnade des Herrn Jesus Christus sei mit allen! [Amen!]

Anhang

**Verzeichnis der Schrifttexte für Lesung und Evangelium
in der Heiligen Messe für die drei Jahreszyklen A B C**
(A beginnt mit dem Jahr 1969, B mit 1970, C mit 1971 usw.)
I. Erste Lesung – II. Lesung

Mit dem Sonntag nach dem Fest der Taufe Christi beginnen die Lesungen der Sonntage (1–34) im Jahreskreis (außerhalb der Festkreise). Vom ersten Fastensonntag bis zum Fest der Hl. Dreifaltigkeit wird die Reihe der Sonntage im Jahreskreis unterbrochen und dann bis zum Christkönigsfest, am letzten Sonntag im Kirchenjahr, fortgesetzt.

Kirchenjahr und Feste des Herrn	Jahr	Lesungen	Evangelium
1. Adventssonntag	A	I. Jes 2,1–5; II. Röm 13,11–14	Mt 24,37–44
1. Adventssonntag	B	I. Jes 63,16b–17; 64,1. 3b–8; II. 1 Kor 1,3–9	Mk 13,33–37
1. Adventssonntag	C	I. Jer 33,14–16; II. 1 Thess 3,12–4,2	Lk 21,25–28. 34–36
2. Adventssonntag	A	I. Jes 11,1–10; II. Röm 15,4–9	Mt 3,1–12
2. Adventssonntag	B	I. Jes 40,1–5.9–11; II. 2 Petr 3,8–14	Mk 1,1–8
2. Adventssonntag	C	I. Bar 5,1–9; II. Phil 1,4–6.8–11	Lk 3,1–6
3. Adventssonntag	A	I. Jes 35,1–6a.10; II. Jak 5,7–10	Mt 11,2–11
3. Adventssonntag	B	I. Jes 61,1–2a.10–11; II. 1 Thess 5,16–24	Joh. 1,6–8.19–28
3. Adventssonntag	C	I. Zef 3,14–18a; II. Phil 4,4–7	Lk 3,10–18
4. Fastensonntag	A	I. Jes 7,10–14; II. Röm 1,1–7	Mt 1,18–24
4. Fastensonntag	B	I. 2 Sam 7,1–5.8b–11.16; II. Röm 16, 25–27	Lk 1,26–38
4. Fastensonntag	C	I. Mich 5,2–5a; II. Hebr 10,5–10	Lk 1,39–45
Weihnachtsvigil		I. Jes 62,1–5; II. Apg 13,16–17.22–25	Mt 1,1–25 oder 18–25
Weihnachten			
In der Nacht		I. Jes 9,2–7; II. Tit 2,11–14	Lk 2,1–14
In der Morgenfrühe		I. Jes 62,11–12; II. Tit 3,4–7	Lk 2,15–20
Am Tage		I. Jes 52,7–10; II. Hebr 1,1–6	Joh 1,1–18 oder 1–5. 9–14
1. Sonntag nach Weihnachten Fest der Hl. Familie		I. Sir 3,3–7.14–17a oder 3,2–6.12–14; II. Kol 3,12–21	A. Mt 2,13–15. 19–23 B. Lk 2,22–40 oder 22.39–40 C. Lk 2,41–52
Weihnachtsoktav (1. Januar) Maria Gottesgebärerin		I. Num 6,22–27; II. Gal 4,4–7	Lk 2,16–21
2. Sonntag nach Weihnachten		I. Sir 24,1–4.12–16 oder 24,1–2.8–12; II. Eph 1,3–6.15–18	Joh 1,1–18 oder 1,1–5. 9–14

Verzeichnis der Schrifttexte

Kirchenjahr und Feste des Herrn	Jahr	Lesungen	Evangelium
Erscheinung des Herrn (Ephiphanie)		I. Jes 60,1–6 II. Eph 3,2–3a.5–6	Mt 2,1–12
1. Sonntag nach Erscheinung Taufe Christi		I. Jes 42,1–4.6–7 II. Apg 10,34–38	A. Mt 3,13–17 B. Mk 1,6b–11 C. Lk 3,15–16. 21–22
2. Sonntag nach Erscheinung	A	I. Jes 49,3.5–6 II. 1 Kor 1,1–3	Joh 1,29–34
2. Sonntag nach Erscheinung	B	I. 1 Sam 3,3b–10.19 II. 1 Kor 6,13c–15a. 17–20	Joh 1,35–42
2. Sonntag nach Erscheinung	C	I. Jes 62,1–5 II. 1 Kor 12,4–11	Joh 2,1–12
3. Sonntag nach Erscheinung	A	I. Jes 9,1–4 II. 1 Kor 1,10–13.17	Mt 4,12–23 oder 12–17
3. Sonntag nach Erscheinung	B	I. Jon 3,1–5.10 II. 1 Kor 7,29–31	Mk 1,14–20
3. Sonntag nach Erscheinung	C	I. Neh 8,1–4a.5–6.8–10 II. 1 Kor 12,12–30 oder 12–14.27	Lk 1,1–4; 4,14–21
4. Sonntag nach Erscheinung	A	I. Zef 2,3; 3,12–13 II. 1 Kor 1,26–31	Mt 5,1–12a
4. Sonntag nach Erscheinung	B	I. Dt 18,15–20 II. 1 Kor 7,32–35	Mk 1,21–28
4. Sonntag nach Erscheinung	C	I. Jer 1,4–5.17–19 II. 1 Kor 12,31–13, 13 oder 13,4–13	Lk 4,21–30
5. Sonntag nach Erscheinung	A	I. Jes 58,7–10 II. 1 Kor 2,1–5	Mt 5,13–16
5. Sonntag nach Erscheinung	B	I. Ijob 7,1–4.6–7 II. 1 Kor 9,16–19.22–23	Mk 1,29–39
5. Sonntag nach Erscheinung	C	I. Jes 6,1–2a.3–8 II. 1 Kor 15,1–11 oder 3–8.11	Lk 5,1–11
6. Sonntag nach Erscheinung	A	I. Sir 15,16–21 oder 15,15–20 II. 1 Kor 2,6–10	Mt 5,17–37 oder 20–22a, 27–28, 33–34a.37
6. Sonntag nach Erscheinung	B	I. Lev 13,1–2.44–46 II. 1 Kor 10,31–11,1	Mk 1,40–45
6. Sonntag nach Erscheinung	C	I. Jer 17,5–8 II. 1 Kor 15,12.16–20	Lk 6,17.20–26
Aschermittwoch		I. Joel 2,12–18 II. 2 Kor 5,20–6,2	Mt 6,1–6.16–18
Donnerstag nach Aschermittwoch		Dt 30,15–20	Lk 9,22–25

Verzeichnis der Schrifttexte

Kirchenjahr und Feste des Herrn	Jahr	Lesungen	Evangelium
Freitag nach Aschermittwoch		Jes 58,1–9a	Mt 9,14–15
Samstag nach Aschermittwoch		I. Jes 58,9b–14	Lk 5,27–32
1. Fastensonntag	A	I. Gen 2,7–9; 3,1–7 II. Röm 5,12–19 oder 5,12.17–19	Mt 4,1–11
1. Fastensonntag	B	I. Gen 9,8–15 II. 1 Petr 3,18–22	Mk 1,12–15
1. Fastensonntag	C	I. Dt 26,4–10 II. Röm 10,8–13	Lk 4,1–13
2. Fastensonntag	A	I. Gen 12,1–4a II. 2 Tim 1,8b–10	Mt 17,1–9
2. Fastensonntag	B	I. Gen 22,1–2.9a.10–13.15–18 II. Röm 8,31b–34	Mk 9,1–9
2. Fastensonntag	C	I. Gen 15,5–12.17–18 II. Phil 3,17–4,1 oder 3,20–4,1	Lk 9,28b–36
3. Fastensonntag	A	I. Ex 17,3–7 II. Röm 5,1–2.5–8	Joh 4,5–42 oder 5–15.19b–26.39a.40–42
3. Fastensonntag	B	I. Ex 20,1–17 oder 1–3.7–8.12–17 II. 1 Kor 1,22–25	Joh 2,13–25
3. Fastensonntag	C	I. Ex 3,1–8a.13–15 II. 1 Kor 10,1–6.10–12	Lk 13,1–9
4. Fastensonntag	A	I. 1 Sam 16,1b.6–7.11–13a II. Eph 5,8–14	Joh 9,1–41 oder 1.6–9.13–17.34–38
4. Fastensonntag	B	I. 2 Chr 36,14–16.19–32 II. Eph 2,4–10	Joh 3,14–21
4. Fastensonntag	C	I. Jos 5,9a10–12 II. 2 Kor 5,17–21	Lk 15,1–3.11–32
5. Fastensonntag	A	I. Ez 37,12–14 II. Röm 8,8–11	Joh 11,1–45 oder 11,3–7.17.20–27.33b–45
5. Fastensonntag	B	I. Jer 31,31–34 II. Hebr 5,7–9	Joh 12,20–33
5. Fastensonntag	C	I. Jes 43,16–21 II. Phil 3,8–14	Joh 8,1–11
Palmsonntag			
Palmprozession	A		Mt 21,1–11
Palmprozession	B		Mk 11,1–10 oder Joh 12,12–18
Palmprozession	C		Lk 19,28–40
Messe	A	I. Jes 50,4–7 II. Phil 2,6–11	Mt 26,14–27 oder 27,11–54
Messe	B	wie oben	Mk 14,1–15.47 oder 15,1–39
Messe	C	wie oben	Lk 22,14–23,56 oder 23,1–49
Gründonnerstag			
Messe zur Ölweihe		I. Jes 61,1–3a.8b–9 II. Offb 1,5–8	Lk 4,16–21
Abendmesse		I. Ex 12,1–8.11–14 II. 1 Kor 11,23–26	Joh 13,1–15

Verzeichnis der Schrifttexte

Kirchenjahr und Feste des Herrn	Jahr	Lesungen	Evangelium
Karfreitag		I. Jes 52,13–53,12 II. Hebr 4,14–16; 5,7–9	Joh 18,1–19,42
Ostersonntag Osternachtfeier		I. Gen 1,1–2,2 oder 26–31a II. Gen 22,1–18 oder 1–2.9a.10–13.15–18 III. Ex 14,15–15,1 IV. Jes 54,5–14 V. Jes 55,1–11 VI. Bar 3,9–15.32–4,4 VII. Ez 36,16–28 VIII. Röm 6,3–11	A. Mt 28,1–10 B. Mk 16,1–8 C. Lk 24,1–12
Am Ostertag		I. Apg 10,34a.37–45 II. Kol 3,1–4	Joh 20,1–9
Ostermontag		Apg 2,14.22–32	Mt 28,8–15
Osterdienstag		Apg 2,36–41	Joh 20,11–18
Ostermittwoch		Apg 3,1–10	Lk 24,13–35
Osterdonnerstag		Apg 3,11–26	Lk 24,35–48
Osterfreitag		Apg 4,1–12	Joh 21,1–14
Ostersamstag		Apg 4,13–21	Mk 16,9–15
2. Ostersonntag	A	I. Apg 2,42–47 II. 1 Petr 1,3–9	Joh 20,19–31
2. Ostersonntag	B	I. Apg 4,32–35 II. 1 Joh 5,1–6	Joh 20,19–31
2. Ostersonntag	C	I. Apg 5,12–16 II. Offb 1,9–11a.12–13.17–19	Joh 20,19–31
3. Ostersonntag	A	I. Apg 2,14.22–28 II. 1 Petr 1,17–21	Lk 24,13–35
3. Ostersonntag	B	I. Apg 3,13–15.17–19 II. 1 Joh 2,1–5a	Lk 24,35–48
3. Ostersonntag	C	I. Apg 5,27b–32.40b–41 II. Offb 5,11–14	Joh 21,1–19 oder 1–14
4. Ostersonntag	A	I. Apg 2,14a.36–41 II. 1 Petr 2,20b–25	Joh 10,1–10
4. Ostersonntag	B	I. Apg 4,8–12 II. 1 Joh 3,1–2	Joh 10,11–18
4. Ostersonntag	C	I. Apg 13,14.43–52 II. Offb 7,9.14b–17	Joh 10,27–30
5. Ostersonntag	A	I. Apg 6,1–7 II. 1 Petr 2,4–9	Joh 14,1–2
5. Ostersonntag	B	I. Apg 9,26–31 II. 1 Joh 3,18–24	Joh 15,1–8
5. Ostersonntag	C	I. Apg 14,20b–26 II. Offb 21,1–5a	Joh 13,31–33a.34–35
6. Ostersonntag	A	I. Apg 8,5–8.14–17 II. 1 Petr 3,15–18	Joh 14,15–21
6. Ostersonntag	B	I. Apg 10,25–26.34–35.44–48 II. 1 Joh 4,7–10	Joh 15,9–17
6. Ostersonntag	C	I. Apg 15,1–2.22–29 II. Offb 21,10–14.22–23	Joh 14,23–29
Christi Himmelfahrt		I. Apg 1,1–11 II. Eph 1,17–23	A. Mt 28,16–20 B. Mk 16,15–20 C. Lk 24,46–53

Verzeichnis der Schrifttexte

Kirchenjahr und Feste des Herrn	Jahr	Lesungen	Evangelium
7. Ostersonntag	A	I. Apg 1,12–14 II. 1 Petr 4.13–16	Joh 17,1–11a
7. Ostersonntag	B	I. Apg 1,15–17.20a. 20c–26 II. 1 Joh 4,11–16	Joh 17,11b–19
7. Ostersonntag	C	I. Apg 7,55–60 II. Offb 22,12–14.16–17.20	Joh 17,20–26
Vigil von Pfingsten		I. Gen 11,1–9. oder Ex 19.3–8a. 16–20b oder Ex 37,1–14 oder Joel 2,28–32 II. Röm 8,22–27	Joh 7,37–39
Pfingstsonntag		I. Apg 2,1–11 II. 1 Kor 12,3b–7.12–13	Joh 20,19–23
Dreifaltigkeitsfest	A	I. Ex 34,4b–6.8–9 II. 2 Kor 13,11–13	Joh 3,16–18
Dreifaltigkeitsfest	B	I. Dt 4,32–34.39–40 II. Röm 8,14–17	Mt 28,16–20
Dreifaltigkeitsfest	C	I. Spr 8,22–31 II. Röm 5,1–5	Joh 16,12–15
Fronleichnam	A	I. Dt 8,2–3.14b–16a II. 1 Kor 10,16–17	Joh 6,51–59
Fronleichnam	B	I. Ex 24,3–8 II. Hebr 9,11–15	Mk 14,12–16. 22–26
Fronleichnam	C	I. Gen 14,18–20 II. 1 Kor 11,23–26	Lk 9,11b–17
7. Sonntag im Jahreskreis (2. Sonntag nach Pfingsten)	A	I. Lev 19,1–2.17–18 II. 1 Kor 3,16–23	Mt 5,38–48
	B	I. Jes 43,18–19.21–22. 24b–25 II. 2 Kor 1,18–22	Mk 2,1–12
	C	I. 1 Sam 26,2.7–9.12–13. 22–23 II. 1 Kor 15,45–49	Lk 6,27–38
Herz-Jesu-Fest (Freitag nach dem 2. Sonntag nach Pfingsten)	A	I. Dt 7,6–11 II. 1 Joh 4,7–16	Mt 11,25–30
	B	I. Hos 11,1b.3–4.8c–9 II. Eph 3,8–12.14–19	Joh 19,31–37
	C	I. Ez 34,11–16 II. Röm 5,5–11	Lk 15,3–7
8. Sonntag im Jahreskreis	A	I. Jes 49,14–15 II. 1 Kor 4,1–5	Mt 6,24–34
8. Sonntag im Jahreskreis	B	I. Hos 2,14b.15b.19–20 II. 2 Kor 3,1b–6	Mk 2,18–22
8. Sonntag im Jahreskreis	C	I. Sir 27,5–8 II. 1 Kor 15,54–58	Lk 6,39–45
9. Sonntag im Jahreskreis	A	I. Dt 11,18.26–28 II. Röm 3,21–25a.28	Mt 7,21–27
9. Sonntag im Jahreskreis	B	I. Dt 5,12–15 II. 2 Kor 4,6–11	Mk 2,23–3,6 oder 2.23–28
9. Sonntag im Jahreskreis	C	I. 1 Kön 8,41–43 II. Gal 1,1–2.6–10	Lk 7,1–10

Verzeichnis der Schrifttexte

Kirchenjahr und Feste des Herrn	Jahr	Lesungen	Evangelium
10. Sonntag im Jahreskreis	A	I. Hos 6,3b–6 II. Röm 4,18–25	Mt 9,9–13
10. Sonntag im Jahreskreis	B	I. Gen 3,9–15 II. 2 Kor 4,13–5,1	Mk 3,20–35
10. Sonntag im Jahreskreis	C	I. 1 Kön 17,17–24 II. Gal 1,11–19	Lk 7,11–17
11. Sonntag im Jahreskreis	A	I. Ex 19,2–6a II. Röm 5,6–11	Mt 9,36–10,8
11. Sonntag im Jahreskreis	B	I. Ez 17,22–24 II. 2 Kor 5,6–10	Mk 4,26–34
11. Sonntag im Jahreskreis	C	I. 2 Sam 12,7–10.13 II. Gal 2,16.19–21	Lk 7,36–8,3 oder 7,36–50
12. Sonntag im Jahreskreis	A	I. Jer 20,10–13 II. Röm 5,12–15	Mt 10,26–33
12. Sonntag im Jahreskreis	B	I. Ijob 38,1.8–11 II. 2 Kor 5,14–17	Mk 4,35–40
12. Sonntag im Jahreskreis	C	I. Sach 12,10–11 II. Gal 3,26–29	Lk 9,18–24
13. Sonntag im Jahreskreis	A	I. 2 Kön 4,8–11.14–16a II. Röm 6,3–4.8–11	Mt 10,37–42
13. Sonntag im Jahreskreis	B	I. Weish 1,13–15; 2,23–25 II. 2 Kor 8,7.9.13–15	Mk 5,21–43 oder 21–24. 35b–43
13. Sonntag im Jahreskreis	C	I. 1 Kön 19,16b.19–21 II. Gal 4,31b–5,1.13–18	Lk 9,51–62
14. Sonntag im Jahreskreis	A	I. Sach 9,9–10 II. Röm 8,9.11–13	Mt 11,25–30
14. Sonntag im Jahreskreis	B	I. Ez 2,2–5 II. 2 Kor 12,7–10	Mk 6,1–6
14. Sonntag im Jahreskreis	C	I. Jes 66,10–14c II. Gal 6,14–18	Lk 10,1–12. 17–20 oder 1–9
15. Sonntag im Jahreskreis	A	I. Jes 55,10–11 II. Röm 8,18–23	Mt 13,1–23 oder 1–9
15. Sonntag im Jahreskreis	B	I. Am 7,12–15 II. Eph 1,3–14 oder 3–10	Mk 6,7–13
15. Sonntag im Jahreskreis	C	I. Dt 30,10–14 II. Kol 1,15–20	Lk 10,25–37
16. Sonntag im Jahreskreis	A	I. Weish 12,13.16–19 II. Röm 8,26–27	Mt 13,24–43 oder 24–30
16. Sonntag im Jahreskreis	B	I. Jer 23,1–6 II. Eph 2,13–18	Mk 6,30–34
16. Sonntag im Jahreskreis	C	I. Gen 18,1–10a II. Kol 1,24–28	Lk 10,38–42
17. Sonntag im Jahreskreis	A	I. 1 Kön 3,5.7–12 II. Röm 8,28–30	Mt 13,44–52 oder 44–46
17. Sonntag im Jahreskreis	B	I. 2 Kön 4,42–44 II. Eph 4,1–6	Joh 6,1–15
17. Sonntag im Jahreskreis	C	I. Gen 18,20–32 II. Kol 2,12–14	Lk 11,1–13
18. Sonntag im Jahreskreis	A	I. Jes 55,1–3 II. Röm 8,35.37–39	Mt 14,13–21
18. Sonntag im Jahreskreis	B	I. Ex 16,2–4.12–15 II. Eph 4,17.20–24	Joh 6,24–35
18. Sonntag im Jahreskreis	C	I. Pred 1,2; 2,21–23 II. Kol 3,1–5.9–11	Lk 12,13–21

Verzeichnis der Schrifttexte

Kirchenjahr und Feste des Herrn	Jahr	Lesungen	Evangelium
19. Sonntag im Kirchenjahr	A	I. 1 Kön 19,9a.11–13a II. Röm 9,1–5	Mt 14,22–23
19. Sonntag im Kirchenjahr	B	I. 1 Kön 19,4–8 II. Eph 4,30–5,2	Joh 6,41–52
19. Sonntag im Kirchenjahr	C	I. Weish 18,6–9 II. Hebr 11,1–2.8–19 oder 1–2.8–12	Lk 12,32–48 oder 35–40
20. Sonntag im Kirchenjahr	A	I. Jes 56,1.6–7 II. Röm 11,13–15.29–32	Mt 15,21–28
20. Sonntag im Kirchenjahr	B	I. Spr 9,1–6 II. Eph 5,15–20	Joh 6,51–59
20. Sonntag im Kirchenjahr	C	I. Jer 38,4–6.8–10 II. Hebr 12,1–4	Lk 12,49–53
21. Sonntag im Kirchenjahr	A	I. Jes 22,19–23 II. Röm 11,33–36	Mt 16,13–20
21. Sonntag im Kirchenjahr	B	I. Jos 24,1–2a.15–17.18 II. Eph 5,21–32	Joh 6,61–70
21. Sonntag im Kirchenjahr	C	I. Jes 66,18–21 II. Hebr 12,5–7.11–13	Lk 13,22–30
22. Sonntag im Kirchenjahr	A	I. Jer 20,7–9 II. Röm 12,1–2	Mt 16,21–27
22. Sonntag im Kirchenjahr	B	I. Dt 4,1–2.6–8 II. Jak 1,17–18.21b–22.27	Mk 7,1–8a. 14–15.21–23
22. Sonntag im Kirchenjahr	C	I. Sir 3,19–21.30–31 II. Hebr 12,18–19.22–24a	Lk 14,1.7–14
23. Sonntag im Kirchenjahr	A	I. Ex 33,7–9 II. Röm 13,8–10	Mt 18,15–20
23. Sonntag im Kirchenjahr	B	I. Jes 35,4–7a II. Jak 2,1–5	Mk 7,31–37
23. Sonntag im Kirchenjahr	C	I. Weish 9,13–19 II. Phm 9b–10.12–17	Lk 14,25–33
24. Sonntag im Kirchenjahr	A	I. Sir 27,33–28,9 II. Röm 14,7–9	Mt 18,21–35
24. Sonntag im Kirchenjahr	B	I. Jes 50,5–9a II. Jak 2,14–18	Mk 8,27–35
24. Sonntag im Kirchenjahr	C	I. Ex 32,7–11.13–14 II. 1 Tim 1,12–17	Lk 15,1–32 oder 1–10
25. Sonntag im Kirchenjahr	A	I. Jes 55,6–9 II. Phil 1,20c–24.27a	Mt 20,1–16a
25. Sonntag im Kirchenjahr	B	I. Weish 2,12.17–20 II. Jak 3,16–4,3	Mk 9,29–36
25. Sonntag im Kirchenjahr	C	I. Am 8,4–7 II. 1 Tim 2,1–8	Lk 16,1–13 oder 10–13
26. Sonntag im Kirchenjahr	A	I. Ex 18,25–28 II. Phil 2,1–11 oder 1–5	Mt 21,28–32
26. Sonntag im Kirchenjahr	B	I. Num 11,25–29 II. Jak 5,1–6	Mk 9,37–42. 44.46–47
26. Sonntag im Kirchenjahr	C	I. Am 6,1a.4–7 II. 1 Tim 6,11–16	Lk 16.19–31
27. Sonntag im Kirchenjahr	A	I. Jes 5,1–7 II. Phil 4,6–9	Mt 21,33–43
27. Sonntag im Kirchenjahr	B	I. Gen 2,18–24 II. Hebr 2,9–11	Mk 10,2–16 oder 2–12
27. Sonntag im Kirchenjahr	C	I. Hab 1,2–3; 2,2–4 II. 2 Tim 1,6–8.13–14	Lk 17,5–10
28. Sonntag im Kirchenjahr	A	I. Jes 25,6–10 II. Phil 4,12–14.19–20	Mt 22,1–14 oder 1–10

Verzeichnis der Schrifttexte

Kirchenjahr und Feste des Herrn	Jahr	Lesungen	Evangelium
28. Sonntag im Kirchenjahr	B	I. Weish 7,7–11 II. Hebr 4,12–13	Mk 10,17–30 oder 17–27
28. Sonntag im Kirchenjahr	C	I. 2 Kön 5,14–17 II. 2 Tim 2,8–13	Lk 17,11–19
29. Sonntag im Kirchenjahr	A	I. Jes 45,1.4–6 II. 1 Thess 1,1–5b	Mt 22,15–21
29. Sonntag im Kirchenjahr	B	I. Jes 53,10–11 II. Hebr 4,14–16	Mk 10,35–45 oder 42–45
29. Sonntag im Kirchenjahr	C	I. Ex 17,8–13 II. 2 Tim 3,14–4,2	Lk 18,1–8
30. Sonntag im Kirchenjahr	A	I. Ex 22,21–27 II. 1 Thess 1,5c–10	Mt 22,34–40
30. Sonntag im Kirchenjahr	B	I. Jer 31,7–9 II. Hebr 5,1–6	Mk 10,46–52
30. Sonntag im Kirchenjahr	C	I. Sir 35,15b–17.20–22a II. 2 Tim 4,6–8.16–18	Lk 18,9–14
31. Sonntag im Kirchenjahr	A	I. Mal 1,14b–2,2b.8–10 II. 1. Thess 2,7b–9.13	Mt 23,1–12
31. Sonntag im Kirchenjahr	B	I. Dt 6,2–6 II. Hebr 7,23–28	Mk 12,28b–34
31. Sonntag im Kirchenjahr	C	I. Weish 11,23–12,2 II. 2 Thess 1,11–2,2	Lk 19,1–10
32. Sonntag im Kirchenjahr	A	I. Weish 6,13–17 II. 1 Thess 4,12–17 oder 12–13	Mt 25,1–13
32. Sonntag im Kirchenjahr	B	I. 1 Kön 17,10–16 II. Hebr 9,24–28	Mk 12,38–44 oder 41–44
32. Sonntag im Kirchenjahr	C	I. 2 Makk 7,1–2.9–14 II. 2 Thess 2,15–3,5	Lk 20,27.38 oder 27.34–38
33. Sonntag im Kirchenjahr	A	I. Spr 31,1–13.19–20.30–31 II. 1 Thess 5,1–6	Mt 25,14–30 oder 14–15.19–20
33. Sonntag im Kirchenjahr	B	I. Dan 12,1–3 II. Hebr 10,11–14.18	Mk 13,24–32
33. Sonntag im Kirchenjahr	C	I. Mal 4,1–2a II. 2 Thess 3,7–12	Lk 21,5–19
34. Sonntag im Kirchenjahr (Hochfest vom Königtum Christi)	A	I. Ez 34,11–12.15–17 II. 1 Kor 15,20–26a.28	Mt 25,31–46
34. Sonntag im Kirchenjahr	B	I. Dan 7,13–14 II. Offb 1,5–8	Joh 18,33b–37
34. Sonntag im Kirchenjahr	C	I. 2 Sam 5,1–3 II. Kol 1,12–20	Lk 23,35–43

Ntl. Personenregister

Aaron: Lk 1,5; Apg 7,40; Hebr 5,4; 7,11; 9,4.
Abel: Mt 23,35; Lk 11,51; Hebr 11,4; 12,24.
Abija: Lk 1,5.
Abjatar: Mk 2,26.
Abraham: Mt 1,1.2.17; 3,9; 8,11; 22,32; Mk 12,26; Lk 1,55.73; 3,8.34; 13,16.28; 16,22.29; 19,9; 20,37; Joh 8,33–58; Apg 3,13.25; 7,2–8; 7,16. 17.32; 13,26; Röm 4,1–25; 9,7; 11,1; 2 Kor 11,12; Gal 3,6–18.29; 4,22; Hebr 2,16; 6,13–15; 7,1–10; 11,8 bis 12.17; Jak 2,21–23; 1 Petr 3,6.
Achaikus: 1 Kor 16,17.
Achim: Mt 1,14.
Adam: Lk 3,38; Röm 5,12.14.15.19; 1 Kor 15,22.45–49; 1 Tim 2,13.14; Jud 14.
Addi: Lk 3,28
Agabus: Apg 11,28; 21,10.
Ahas: Mt 1,9.
Alexander: 1) Mk 15,21; 2) Apg 4,6; 3) Apg 19,33; 4) 1 Tim 1,20; 2 Tim 4,14.
Alfäus: 1) Mt 10,3; Mk 3,18; Lk 6,15; Apg 1,13. 2) Mk 2,14.
Aminadab: Mt 1,4; Lk 3,33.
Ampliatus: Röm 16,8.
Ananias: 1) Apg 5,1–11. 2) Apg 9,10 bis 19; 22,12.13. 3) Apg 23,2; 24,1.
Andreas: Mt 4,18; 10,2; Mk 1,16.29; 3,18; 13,3; Lk 6,14; Joh 1,40.44; 6,8; 12,22; Apg 1,13.
Andronikus: Röm 16,7.
Äneas: Apg 9,33–35.
Lk 3,2; Joh 18,13.24; Apg 4,6.
Antipas: Offb 2,13.
Apelles: Röm 16,10.
Apollos: Apg 18,24–19,1; 1 Kor 1,12; 3,4–6.22; 4,6; 16,12; Tit 3,13.
Apphia: Phm 2.
Aquila: Apg 18,2.18.26; Röm 16,3; 1 Kor 16,19; 2 Tim 4,19.
Archelaus: Mt 2,22.
Archippus: Kol 4,17; Phm 2.
Aretas: 2 Kor 11,32.
Aristarchus: Apg 19,29; 20,4; 27,2; Kol 4,10; Phm 24.
Aristobul: Röm 16,10.
Arni: Lk 3,33.
Artemas: Tit 3,12.
Artemis: Apg 19,23–40.
Ascher: Lk 2,36; Offb 7,6.
Asynkritus: Röm 16,14.
Augustus: Lk 2,1.

Baal: Röm 11,4.
Balak: Offb 2,14.
Barabbas: Mt 27,15–18.20–26; Mk 15,6–15; Lk 23,17–25; Joh 18,40; Apg 3,14.
Barak: Hebr 11,32.
Barjesus: Apg 13,6–12.
Barjona: Mt 16,17.
Barnabas: Apg 4,36; 9,27; 11,22 bis 26.30; 12,25; 13,1–3.43–51; 14,12 bis 27; 15,2.36–39; Gal 2,1.9.13; Kol 4,10.
Barsabbas: 1) Apg 1,23. 2) Apg 15,22.
Bartolomäus: Mt 10,3; Mk 3,18; Lk 6,14; Apg 1,13.
Bartimäus: Mk 10,46–52.
Beliar: 2 Kor 6,15.
Benjamin: Apg 13,21; Röm 11,1; Phil 3,5; Offb 7,8.
Berenike: Apg 25,13.23; 26,30.
Bileam: 2 Petr 2,15; Jud 11; Offb 2,14.
Blastus: Apg 12,20.
Boanerges: Mk 3,17.
Boas: Mt 1,5; Lk 3,32.
Bosor (Beor): 2 Petr 2,15.

Chloe: 1 Kor 1,11.
Chusa: Lk 8,3.

Damaris: Apg 17,34.
Daniel: Mt 24.15.
David: Mt 1,1.6.17.20; 9,27; 12,3.23; 15,22; 20,29–34; 22,41–46; Mk 2,25; 10,46–52; 11,10; 12,35–37; Lk 1,27. 32.69; 2,4.11; 3,31; 6,3; 18,35–43; 20,41–44; Joh 7,42; Apg 1,16; 2,25 bis 35; 4,25.26; 7,45; 13,22.34–36; 15,16; Röm 1,3; 4,6–8; 11,9.10; 2 Tim 2,8; Hebr 11,32; Offb 3,7; 5,5; 22,16.
Demas: Kol 4,14; 2 Tim 4,10; Phm 24.
Demetrius: 1) Apg 19,24–27.38. 2) 3 Joh 12.
Didymus: Joh 11,16; 20,24; 21,2.
Dionysius: Apg 17,34.
Diotrephes: 3 Joh 9–11.
Drusilla: Apg 24,24.

Eber: Lk 3,35.
Eleasar: Mt 1,15.
Eljakim: Mt 1,13; Lk 3,30.
Elija: Mt 11,14; 16,14; 17,3.4.10–12; 27,47.49; Mk 6,15; 8,28; 9,4.5.11 bis 13; 15,35f; Lk 1,17; 4,25; 9,8. 19.30.33; Joh 1,21.25; Röm 11,2; Jak 5,17.
Eliezer: Lk 3,29.
Elisabet: Lk 1,5–57.
Elischa: Lk 4,27.
Eliud: Mt 1,14.15.
Elmadam: Lk 3,28.
Elymas: Apg 13,8.
Enosch: Lk 3,38.
Epänetus: Röm 16,5.
Epaphras: Kol 1,7.8; 4,12; Phm 23.
Epaphroditus: Phil 2,25–30; 4,18.
Erastus: Apg 19,22; Röm 16,23; 2 Tim 4,20.
Esau: Röm 9,13; Hebr 11,20; 12,16. Mt 1,3; Lk 3,33.
Eubulus: 2 Tim 4,21.
Eunike: Apg 16,1; 2 Tim 1,5.
Eutychus: Apg 20,9–12.
Eva: 2 Kor 11,3; 1 Tim 2,13–15.
Evodia: Phil 4,2.

Ntl. Personenregister

Felix: Apg 23,24–30; 24,1–27.
Festus: Apg 24,27–26,32.
Fortunatus: 1 Kor 16,15.17.

Gabriel: Lk 1,19.26.
Gad: Offb 7,5.
Gaius: 1) Apg 19,29. 2) Apg 20,4. 3) Röm 16,23; 1 Kor 1,14. 4) 3 oh 1.
Gallio: Apg 18,12–17.
Gamaliel: Apg 5,34–40; 22,3.
Gideon: Hebr 11,32.

Hagar: Gal 4,24.25.
Hamor: Apg 7,16.
Hanna: Lk 2,36.
Hannas: Lk 3,2; Joh 18,13.24; Apg 4,6.
Henoch: Hebr 11,5; Jud 14.
Hermas: Röm 16,14.
Hermes: 1) Apg 14,12. 2) Röm 16,14.
Hermogenes: 2 Tim 1,15.
Herodes der Große: Mt 2,1–23; Lk 1,5.
Herodes Agrippa I.: Apg 12,1–6. 19–23.
Herodes Agrippa II.: Apg 25,13 bis 26,32.
Herodes Antipas: Mt 14,1–12; Mk 6,14–29; 8,15; Lk 3,1.19.20; 8,3; 9,7 bis 9; 13,31.32; 23,7–15; Apg 4,27. 28; 13,1.
Herodes Philippus: Lk 3,1.
Herodias: Mt 14,3.6; Mk 6,17–28; Lk 3,19.
Herodion: Röm 16,11.
Hesli: Lk 3,25.
Hezrom: Mt 1,3; Lk 3,33.
Hymenäus: 1 Tim 1,20; 2 Tim 2,17.

Ijob: Jak 5,11.
Immanuel: Mt 1,23.
Isaak: Mt 1,2; 8,11; Lk 3,34; 13,28; Apg 3,13; Röm 9,6–13; Gal 4,28. 30; Hebr 11,9.17.20.
Isai: Mt 1,5.6; Lk 3,23; Apg 13,22; Röm 15,12.
Isebel: Offb 2,20.
Iskariot: vgl. Judas.
Issachar: Offb 7,7.

Jairus: Mt 9,18–26; Mk 5,21–43; Lk 8,40–56.
Jakob (Patriarch): Mt 1,2; 8,11; 22,32; Lk 1,33; 13,28; Joh 4,5.6.12; Apg 3,13; 7,8.12–16; Röm 9,13; 11,26; Hebr 11,9.20.21.
Jakob (Vater Joseis): Mt 1,15.16.
Jakobus der Ältere: Mt 4,21; 10,2; 17,1; 20,20–25; 26,37; Mk 1,19.29; 3,17; 5,37; 9,2; 10,35–41; 13,3; 14,33; Lk 5,10; 6,14; 8,51; 9,28.54; Joh 21,2; Apg 1,13; 12,2.
Jakobus der Jüngere (Bruder Jesu): Mt 10,3; 13,55; 27,56; Mk 3,18; 6,3; 15,40; Lk 6,15.16; 24,10; Apg 1,13; 12,17; 15,13; 21,18;
1 Kor 15,7; Gal 1,19; 2,9.12; Jak 1,1; Jud 1.
Jambres: 2 Tim 3,8.
Jannai: Lk 3,24.
Jannes: 2 Tim 3,8.
Jason: 1) Apg 17,5–9. 2) Röm 16,21.
Jered: Lk 3,37;
Jeremia: Mt 2,17; 16,14; 27,9.
Jesaja: Mt 3,3; 4,14–16; 8,17; 12,17 bis 21; 13,14.15; 15,7–9; Mk 1,2; 7,6.7; Lk 3,4–6; 4,17–19; Joh 1,23; 12,38–41; Apg 8,28–33; 28,25–27; Röm 9,27–29; 10,16.20; 15,12.
Jesus Christus: Siehe Sachregister!
Jesus Justus: Kol 4,11.
Jesus (Sohn d. Eliezer): Lk 3,29.
Jiftach: Hebr 11,32.
Joachin: Mt 1,11 f.
Joda: Lk 3,26.
Joel: Apg 2,16.
Johanan: Lk 3,27.
Johanna: Lk 8,3; 24,10.
Johannes der Apostel und Evangelist: Mt 4,21; 10,2; 17,1; 20,20 bis 24; 26,37; Mk 1,19.29; 3,17; 5,37; 9,2.38; 10,35–41; 13,3; 14,33; Lk 5,10; 6,14; 8,51; 9,28.49.54; 22,8; Joh 1,35; 13,23.24; 18,15.16; 19,26; 27; 20,3–10; 21,7.20–25; Apg 1,13; 3,1–11; 4,13; 8,14; 12,2; Gal 2,9; Offb 1,1.4.9; 22,8.
Johannes der Täufer: Mt 3,1–17; 4,12; 9,14; 11,2–15; 14,1–12; 6,14; 17,13; 21,25.32; Mk 1,1–9.14; 2,18; 6,14–29; 8,28; 11,30; Lk 1,5–25.57 bis 63; 3,1–22; 5,33; 7,18–30; 9,7 bis 9; 11,1; 20,4; Joh 1,19–34; 3,22 bis 36; 4,1; Apg 1,5.22; 10,37; 11,16; 13,24.25; 18,25; 19,3.4.
Johannes (Markus): Apg 12,12.25; 13,5.13; 15,37.
Johannes (Vater d. Petrus): Joh 1,42; 21,15–17.
Johannes (Jonatas): Apg 4,6.
Jona: Mt 12,39–41; 16,4; Lk 11,29 bis 32.
Joram: Mt 1,8.
Jorim: Lk 3,29.
Joschafat: Mt 1,8.
Josech: Lk 3,26.
Josef der Nährvater Jesu: Mt 1,16.18–25; 2,13–15.19–23; Lk 1,27; 2,4–6.41–51; 3,23; Joh 1,45.
Josef der Patriarch: Joh 4,5; Apg 7,9–16; Hebr 11,21.22; Offb 7,8.
Josef von Arimatäa: Mt 27,57–60; Mk 15,43–47; Lk 23,50–55; Joh 19,38.
Josef (Joses) der Bruder Jakobus des Jüngeren: Mt 13,55; 27,56; Mk 6,3; 15,40.
Josef Barnabas: Siehe Barnabas!
Josef Barsabbas: Apg 1,23.
Josef (Vorfahren Jesu): Lk 3,24.30.
Josua: Apg 7,45; Hebr 4,8.
Jotam: Mt 1,9.

Ntl. Personenregister

Juda: Mt 1,2.3; Lk 3,33; Hebr 7,14; Offb 5,5; 7,5.
Judas Taddäus: Mt 10,3; Mk 6,3; Jud 1.
Judas Iskariot: Mt 10,4; 26,14–16. 25.47–50; 27,3–5; Mk 3,19; 14,10. 11.43–45; Lk 6,16; 22,3–6.21–23.47. 48; Joh 6,71; 12,4–6; 13,2.21–30; 17,12; 18,2.3; Apg 1,16–20.
Judas Barsabbas: Apg 15,22.27.32.
Judas, ein Damaszener: Apg 9,11.
Judas der Galiläer: Apg 5,37.
Julia: Röm 16,15.
Julius: Apg 27,1.3.
Junias: Röm 16,7.
Justus: 1) Apg 1,23. 2) Apg 18,7. 3) Kol 4,11.

Kajafas: Mt 26,3.57; Lk 3,2; Joh 11,49–51; 18,13.14.24.28; Apg 4,6.
Kain: Hebr 11,4; 1 Joh 3,12; Jud 11.
Kandake: Apg 8,27.
Karpus: 2 Tim 4,13.
Kenan: Lk 3,36.37.
Kisch: Apg 13,21.
Klaudia: 2 Tim 4,21.
Klaudius: 1) Apg 11,28; 18,2. 2) Apg 21,31–40; 22,24–30; 23,10.15–31.
Klemens: Phil 4,3.
Kleopas: Lk 24,18.
Klopas: Joh 19,25.
Korach: Jud 11.
Kornelius: Apg 10,1–48.
Kreszenz: 2 Tim 4,10.
Krispus: Apg 18,8; 1 Kor 1,14.

Lazarus: 1) Lk 16,20–25. 2) Joh 11,1 bis 15.39–43; 12,1.2.9–11.17.
Levi: 1) Lk 3,24.29; Hebr 7,5.9; Offb 7,7. 2) Mk 2,14; Lk 5,27–29.
Linus: 2 Tim 4,21.
Lois: 2 Tim 1,5.
Lot: Lk 17,28–32; 2 Petr 2,7.
Lukas: Kol 4,14; 2 Tim 4,11; Phm 24.
Luzius: Apg 13,1; Röm 16,21.
Lydia: Apg 16,14.15.40.
Lysanias: Lk 3,1.
Lysias: Apg 23,26–30.

Mahalalel: Lk 3,37.
Malchus: Mt 26,51; Mk 14,47; Lk 22,50; Joh 18,10.
Manaën: Apg 13,1.
Manasse: Offb 7,6.
Maria von Betanien: Mt 26,6–13; Mk 14,3–9; Joh 11,1–44; 12,3–8.
Maria die Mutter Jesu: Mt 1,16.18. 20; 2,11; 12,46.47; 13,55; Mk 3,31. 32; 6,3; Lk 1,26–56; 2,5–7.16.19.34. 35; Joh 2,1–5.12; 19,25–27; Apg 1,14; Gal 4,4.
Maria die Frau des Kleopas (Mutter des Jakobus): Mt 27,56; 28,1–10; Mk 15,40; 16,1–8; Lk 23,55.56; 24,1–11; Joh 19,25.
Maria Magdalena: Mt 27,55.56; 27, 61; 28,1; Mk 15,40.41.47; 16,1–11; Lk 8,2; 23,49.55; 24,1–11; Joh 19, 25; 20,1.2.11–18.
Maria die Mutter des Markus: Apg 12,12.
Maria, eine Christin in Rom: Röm 16,6.
Markus: Apg 12,12.25; 13,5.13; 15,37 bis 39; Kol 4,10; 2 Tim 4,11; Phm 24; 1 Petr 5,13.
Marta: Lk 10,38–42; Joh 11,1–44; 12,2.
Mattäus: Mt 9,9; 10,3; Mk 3,18; Lk 6,15; Apg 1,13.
Mattan: Mt 1,15.
Mattat: Lk 3,29.
Mattata: Lk 3,31.
Mattias: Apg 1,23–26.
Mattitja: Lk 3,25.26.
Melchisedek: Hebr 5,6.10; 6,20; 7,1 bis 3.11.15.17.
Melchi: Lk 3,24.28.
Melea: Lk 3,31.
Menna: Lk 3,31.
Merkur: Apg 14,12.
Metuschelach: Lk 3,37.
Michael: Jud 9; Offb 12,7.
Mnason: Apg 21,16.
Mose: Mt 8,4; 17,3.4; 19,7.8; 22,24; Mk 1,44; 7,10; 9,4.5; 10,3–5; 12,19. 26; Lk 2,22; 9,30.33; 16,29; 20,28; 24,27.44; Joh 1,17; 3,14; 5,45.46; 6,32; 7,22; 9,28; Apg 6,11; 7,20–43; 13,38; Röm 5,14; 1 Kor 10,2; 2 Kor 3,7.15.16; Hebr 3,2–6; 11,23–30; Jud 9; Offb 15,3.

Naaman: Lk 4,27.
Nachschon: Mt 1,4; Lk 3,32.
Naftali: Mt 4,13.15; Offb 7,6.
Naggai: Lk 3,25.
Nahor: Lk 3,34.
Nahum: Lk 3,25.
Narzissus: Röm 16,11.
Natan: Lk 3,31.
Natanael: Joh 1,45–51; 21,2.
Nereus: Röm 16,15.
Neri: Lk 3,27.
Nikanor: Apg 6,5.
Nikodemus: Joh 3,1–21; 7,50–52; 19,39.
Nikolaiten: Offb 2,6.15.
Nikolaus: Apg 6,5.
Noach: Mt 24,37.38; Lk 17,26.27; Hebr 11,7; 1 Petr 3,20; 2 Petr 2,5.
Nymphas: Kol 4,15.

Obed: Mt 1,5; Lk 3,32.
Olympas: Röm 16,15.
Onesimus: Kol 4,9; Phm 10.
Onesiphorus: 2 Tim 1,16; 4,19.

Parmenas: Apg 6,5.
Parther: Apg 2,9.
Patrobas: Röm 16,14.

Ntl. Personenregister

Paulus (Saulus): Apg 7,58; 8,1–3; 9,3–30; 13,1–14,27; 15,1–28.31 (sein Wirken und seine Gefangenschaft); sämtliche Briefe von Röm bis Phm; 2 Petr 3,15.
Peleg: Lk 3,35.
Penuel: Lk 2,36.
Perez: Mt 1,3; Lk 3,33.
Persis: Röm 16,12.
Petrus (Simon, Barjona, Kefas): Mt 4,18; 8,4; 10,2; 14,28.29; 15,15; 16,16–22; 17,1 ff; 17,24; 18,21; 26, 37.58.69; Mk 3,16; 5,37; 8,29–33; 9,2.5; 10,28; 11,21; 13,3; 14,29–72; Lk 5,8; 6,14; 8,45.51; 9,20–33; 12, 41; 18,28; 22,8.54–61; Joh 1,40.42; 6,8–68; 13,6–37; 18,10; 20,2–6; 21,2; Apg 1,13.15; 2,14–38; 3,1–12; 4,8 bis 19; 5,3–29; 8,20; 9,32–40; 10,5 bis 11,13; 12,3–18; 15,7; 1 Kor 9,5; Gal 1,18; 2,7.8; 1 Petr; 2 Petr.
Pharao: Apg 7,10.13.21; Röm 9,17; Hebr 11,24.
Philemon: Phm 1.
Philetus: 2 Tim 2,17.
Philippus der Apostel: Mt 10,3; Mk 3,18; Lk 6,14; Joh 1,43–48; 6,5 bis 7; 12,21.22; 14,8–10; Apg 1,13.
Philippus der „Diakon": Apg 6,5; 8,5–13.26–40; 21,8.9.
Philippus, Fürst: Lk 3,1.
Philologus: Röm 16,15.
Phlegon: Röm 16,14.
Phöbe: Röm 16,1.
Phygelus: 2 Tim 1,15.
Pilatus: Mt 27,2–26.58.62–65; Mk 15, 1–15.43–45; Lk 3,1; 13,1; 23,1–6.52; Joh 18,29–31.33; 19,1.22.31.38; Apg 3,13; 4,27; 13,28; 1 Tim 6,13.
Priscilla (Prisca): Apg 18,2.18.26; Röm 16,3; 1 Kor 16,19; 2 Tim 4,19.
Prochorus: Apg 6,5.
Publius: Apg 28,7–10.
Pudens: 2 Tim 4,21.
Pyrrhus: Apg 20,4.

Quartus: Röm 16,23.
Quirinus: Lk 2,2.

Rahel: Mt 2,18.
Rahab: Mt 1,5; Hebr 11,31; Jak 2,25.
Ram: Mt 1,4.
Rebekka: Röm 9,10.
Regu: Lk 3,35.
Resa: Lk 3,27.
Rhode: Apg 12,13.
Ruben: Offb 7,5.
Rufus: Mk 15,21; Röm 16,13.

Sacharja: Mt 23,35; Lk 11,51.
Salmon: Mt 1,4.5; Lk 3,32.
Salome: Mt 20,20–24; Mk 10,35–41; 15,40; 16,1.
Salomo: Mt 1,6.7; 6,29; 12,42; Lk 11,31; 12,27; Joh 10,23; Apg 3,11; 5,12; 7,47.
Samuel: Apg 3,24; 13,20; Hebr 11,32.
Saphira: Apg 5,1–11.
Sara: Röm 4,19; 9,9; Hebr 11,11; 1 Petr 3,6.
Saulus: Siehe Paulus!
Schealtiel: Mt 1,12; Lk 3,27.
Schelach: Lk 1,35.
Schimi: Lk 3,26.
Sebulon: Mt 4,13.15; Offb 7,8.
Sekundus: Apg 20,4.
Sem: Lk 3,36.
Serach: Mt 1,3.
Sergius Paulus: Apg 13,7.12.
Serug: Lk 3,35.
Set: Lk 3,38.
Silas (Silvanus): Apg 15,22.27.32.40; 16,19.25.29; 17,4.10.15; 18,5; 2 Kor 1,19; 1 Thess 1,1; 2 Thess 1,1; 1 Petr 5,12.
Simon: 1) Mt 26,6; Mk 14,3. 2) Mt 13,55; Mk 6,3. 3) Apg 9,43; 10,6. 17.32. 4) Joh 6,71; 13,26. 5) Mt 10,4; Mk 3,18; Lk 6,15; Apg 1,13. 6) Mt 27,32; Mk 15,21; Lk 23,26. 7) Lk 7,36–50. 8) Apg 8,9–24. 9) Apg 13,1.
Simson: Hebr 11,32.
Skevas: Apg 19,14.
Sopatrus: Apg 20,4.
Sosipatrus: Röm 16,21.
Sosthenes: 1) Apg 18,17. 2) 1 Kor 1,1.
Stachys: Röm 16,9.
Stephanas: 1 Kor 1,16; 16,15.17.
Stephanus: Apg 6,5–7.60; 22,20.
Susanna: Lk 8,3.
Syntyche: Phil 4,2.

Tabita: Apg 9,36–42.
Taddäus (Judas): Mt 10,3; Mk 3,18; Lk 6,16; Joh 14,22; Apg 1,13.
Terach: Lk 3,34.
Tertius: Röm 16,22.
Tertullus: Apg 24,1.2.
Theophilus: Lk 1,4; Apg 1,1.
Theudas: Apg 5,36.
Timäus: Mk 10,46.
Timon: Apg 6,5.
Timotheus: Apg 16,1–3; 17,15; 18,5; 19,22; 20,4; Röm 16,21; 1 Kor 4,17; 16,10; 2 Kor 1,1.19; Phil 1,1; 2,19 bis 23; Kol 1,1; 1 Thess 1,1; 3,2.6; 2 Thess 1,1; 1 Tim 1,1.18; 4,12; 6,20; 2 Tim 1,2–5; Phm 1; Hebr 13,23.
Titius Justus: Apg 18,7.
Titus: 2 Kor 2,13; 7,6.7.13–15; 8,6. 16.23; 12,18; Gal 2,1.3; 2 Tim 4,10; Tit 1,4; 2,7.
Tomas: Mt 10,3; Mk 3,18; Lk 6,15; Joh 11,16; 14,5; 20,24–29; 21,2; Apg 1,13.
Trophimus: Apg 20,4; 21,29; 2 Tim 4,20.
Tryphäna: Röm 16,12.
Tryphosa: Röm 16,12.

Ntl. Personenregister / Ntl. Ortsregister

Tychikus: Apg 20,4; Eph 6,21; Kol 4,7; 2 Tim 4,12; Tit 3,12.
Tyrannus: Apg 19,9.
Urbanus: Röm 16,9.
Urija: Mt 1,6.
Zacharias: Lk 1,5–23.40.57–79; 3,2.
Zachäus: Lk 19,1–10.
Zadok: Mt 1,15.
Zebedäus: Mt 4,21.22; 10,2; 20,20–24; 26,37; 27,56; Mk 1,19.20; 3,17; 10, 35–41; Joh 21,2.
Zenas: Tit 3,13.
Zeus: Apg 14,12.13.

Ntl. Ortsregister

Abilene: Lk 3,1.
Achaia: Apg 18,12.27; 19,21; Röm 15,26; 1 Kor 16,15; 2 Kor 1,1; 9,2; 11,10; 1 Thess 1,7.8.
Adramyttium: Apg 27,2.
Adria: Apg 27,27.
Ägypten: Mt 2,13–15,19; Apg 2,10; 7,9–40; 13,17; Hebr 3,16; 8,9; 11, 26.27; Jud 5.
Alexandrien: Apg 18,24.
Amphipolis: Apg 17,1.
Änon: Joh 3,23.
Antiochien: 1) Apg 6,5; 11,19–27; 13,1; 14,26; 15,22.23.30.35; 18,22; Gal 2,11. 2) Apg 13,14–51; 14,19. 21–23; 2 Tim 3,11.
Antipatris: Apg 23,31.
Antonia: Apg 21,34.
Apollonia: Apg 17,1.
Arabien: Gal 1,17; 4,25.
Areopag: Apg 17,19.22.
Arimatäa: Mt 27,57; Mk 15,43; Lk 23,51; Joh 19,38.
Aschdod: Apg 8,40.
Asia (Asien): Apg 2,9; 6,9; 16,6; 19, 10.22.26; 20,4.16.18; 21,27; 24,19; 27,2; Röm 16,5; 1 Kor 16,19; 2 Kor 1,8; 2 Tim 1,15; 1 Petr 1,1; Offb 1,4.11.
Assos: Apg 20,13.14.
Athen: Apg 17,15–34; 18,1; 1 Thess 3,1.
Äthiopien: Apg 8,27.
Attalia: Apg 14,25.

Babylon: Mt 1,11.17; Apg 7,43; 1 Petr 5,13; Offb 16,19; 17,5; 18,2. 10.21.
Beröa: Apg 17,10.13; 20,4.
Betanien: 1) Mt 21,17; 26,6; Mk 11,1.12; 14,3; Lk 19,29; 24,50; Joh 11,1.18; 21,1. 2) Joh 1,28.
Betesda: Joh 5,2.
Betlehem: Mt 2,1.5.6.8.16; Lk 2,4. 11.15; Joh 7,42.
Betfage: Mt 21,1; Mk 11,1; Lk 19,29.
Betsaida: Mt 11,21; Mk 6,45; 8,22; Lk 9,10; 10,13; Joh 1,44; 12,21.
Bithynien: Apg 16,7; 1 Petr 1,1.

Cäsarea: 1) Apg 8,40; 9.30; 10,1.24; 11,11; 12,19; 18,21; 21.8.16; 23,23. 33; 24,1; 25,1.4.6.13. 2) Mt 16,13; Mk 8,27.
Chorazin: Mt 11,21; Lk 10,13.
Chios: Apg 20,15.

Dalmanuta: Mk 8,10.
Dalmatien: 2 Tim 4,10.
Damaskus: Apg 9,1–25; 22,5.6.11; 26,12.20; 2 Kor 11,32; Gal 1,17.
Dekapolis (Zehnstädtegebiet): Mt 4,25; Mk 5,20; 7,31.
Derbe: Apg 14,6.20; 16,1; 20,4.

Emmaus: Lk 24,13.
Efraim: Joh 11,54.
Ephesus: Apg 18,19–24; 19,1.17.28. 34.35; 20,16.17; 1 Kor 15,32; 16,8; Eph 1,1; 1 Tim 1,3; 2 Tim 1,18; 4,12; Offb 1,11; 2,1.
Eufrat: Offb 9,14; 16,12.

Gabbata: Joh 19,13.
Gadara (Gerasa): Mt 8,28.
Galatien: Apg 16,6; 18,23; 1 Kor 16, 1; Gal 1,2; 2 Tim 4,10; 1 Petr 1,1.
Galiläa: Mt 2,22; 3,13; 4,12.23; 19,1; 21,11; 27,55; Mk 1,9.14.28.39; 3,7; 9,30; 15,51; Lk 1,26; 2,4.39; 3,1; 4, 14.31; 5,17; 17,11; 23,5.6.49; 24,6; Joh 1,43; 2,1.11; 4,3.43–47.54; 7,1. 9.41.52; 12,21; 21,2; Apg 2,7; 5,37; 9,31.
Gaza: Apg 8,26.
Gennesaret: Mt 14,34; Mk 6,53; Lk 5,1.
Gerasa: Mk 5,1; Lk 8,26.37.
Gergesa (Gerasa): Lk 8,26.37.
Getsemani: Mt 26,36–56; Mk 14,32 bis 50; Lk 22,39–53; Joh 18,2–12.
Golgota: Mt 27,33; Mk 15,22; Lk 23,33; Joh 19,17.
Gomorra: Mt 10,15; Röm 9,29; 2 Petr 2,6; Jud 7.
Griechenland: Apg 20,2.

Haran: Apg 7,2.4.
Hierapolis: Kol 4,13.

Ntl. Ortsregister

Idumäa: Mk 3,8.
Ikonium: Apg 13,51; 14,1.19.21; 16,2;
  2 Tim 3,11.
Illyrien: Röm 15,19.
Italien: Apg 10,1; 18,2; 27,1; Hebr
  13,24.
Ituräa: Lk 3,1.

Jafo: Apg 9,36 ff; 10,5-32; 11,5-13.
Jericho: Mt 20,29; Mk 10,46; Lk 10,
  30; 18,35; 19,1; Hebr 11,30.
Jeremia: Mt 2,17; 16,14; 27,9.
Jerusalem: Mt 2,1; 3,5; 16,21; 20,18;
  23,37; Mk 10,33; Lk 2,22.41.43;
  4,9; 9,31.51; 10,30; 13,33.34; 17,11;
  18,31; 19,28; 21,20.24; 23,28; 24,18.
  47.52; Joh 4,21; Apg 1,4.8; 5,28;
  6,7; 8,1; 15,2; 21,12.13; Röm 15,25;
  1 Kor 16,3; Gal 1,17; 4,26; Hebr
  12,22; Offb 3,12; 21,2.10.
Jordan: Mt 3,5.6; 3,13; 4,15.25; 19,1;
  Mk 1,5.9; 3,8; 10,1; Lk 3,3; 4,1;
  Joh 1,28.
Juda: Mt 2,6; Lk 1,39.
Judäa: Mt 2,1.5.22; 3,1.5; 4,25; 19,1;
  24,16; Mk 3,7; 10,1; Lk 1,5.39; 3,1;
  5,17; 6,17; Joh 3,22; 4,3.47.54; 7,1.3;
  Apg 1,8; 2,9; 8,1; 9,31; 11,1; 12,19;
  15,1; 21,10; 28,21; Röm 15,31;
  2 Kor 1,16; Gal 1,22.

Kafarnaum: Mt 4,13; 8,5; 9,1; 11,23;
  17,24; Mk 1,21; 2,1; 9,33; Lk 4,23.
  31; 7,1; 10,15; Joh 2,12; 4,46; 6,17.
  24.59.
Kana: Joh 2,1.11; 4,46; 21,2.
Kanaan: Apg 7,11; 13,19.
Kappadozien: Apg 2,9; 1 Petr 1,1.
Kenchreä: Apg 18,18; Röm 16,1.
Kidron: Joh 18,1.
Klauda: Apg 27,16.
Knidus: Apg 27,7.
Kolossä: Kol 1,2.
Korinth: Apg 18,1.11; 19,1; 1 Kor
  1,2; 2 Kor 1,1; 2 Tim 4,20.
Kos: Apg 21,1.
Kreta: Apg 27,7.13.21; Tit 1,5.

Laodizea: Kol 2,1; 4,13.15.16; Offb
  1,11; 3,14.
Lasäa: Apg 27,8.
Libyen: Apg 2,10.
Lod: Apg 9,32.35.38.
Lykaonien: Apg 14,6.
Lystra: Apg 14,6.8.21; 16,1.2; 2 Tim
  3,11.
Lyzien: Apg 27,5.

Magadan: Mt 15,39.
Magog: Offb 20,8.
Malta: Apg 28,1-10.
Mazedonien: Apg 16,9.10; 18,5; 19,
  21.22; 20,1.3; Röm 15,26; 1 Kor
  16,5; 2 Kor 1,16; 2,13; 7,5; 8,1;
  11,9; 1 Thess 1,8; 4,10; 1 Tim 1,3.
Mesopotamien: Apg 2,9; 7,2.

Midian: Apg 7,29.
Milet: Apg 20,15-38; 2 Tim 4,20.
Mitylene: Apg 20,14.
Myra: Apg 27,5.
Mysien: Apg 16,7.8.

Nain (Naim): Lk 7,11-17.
Nazaret: Mt 2,23; 4,13; 21,11; Mk
  1,9.24; 10,47; Lk 1,26; 2,4.39.51;
  4,16; 18,37; Joh 1,46; 18,5; Apg
  2,22; 4,10; 10,38; 22,8; 26,9.
Neapolis: Apg 16,11.12.
Nikopolis: Tit 3,12.
Ninive: Mt 12,41; Lk 11,30.32.

Ölberg: Mt 21,1; 26,30; Mk 11,1; 14,
  26; Lk 19,37; 21,37; 22,39; Joh
  18,1; Apg 1,12.

Pamphylien: Apg 2,10; 13,13; 14,24;
  15,38; 27,5.
Paphos: Apg 13,6.13.
Patara: Apg 21,1.
Patmos: Offb 1,9.
Peräa: Mt 4,25; 19,1; Mk 10,1; Joh
  10,40.
Pergamon: Offb 1,11; 2,12.
Perge: Apg 13,13.14; 14.25.
Philadelphia: Offb 1,11; 3,7.
Philippi: Apg 16,12-40; 20,6; Phil
  1,1; 1 Thess 2,2.
Phönix: Apg 27,12.
Phönizien: Apg 11,19; 15,3; 21,2.
Phrygien: Apg 2,10; 16,6; 18,23.
Pisidien: Apg 13,14; 14,24.
Pontus: Apg 2,9; 18,2; 1 Petr 1,1.
Ptolemais: Apg 21,7.
Puteoli: Apg 28,13.

Rama: Mt 2,18.
Regium: Apg 28,13.
Rhodos: Apg 21,1.
Rom: Apg 18,2; 19,21; 28,14.16; Röm
  1,7; 2 Tim 1,17.

Salamis: Apg 13,5.
Salem: Hebr 7,1.
Salim: Joh 3,23.
Salmone: Apg 27,7.
Samaria: Lk 17,11; Joh 4,4.5; Apg
  1,8; 8,1.5.14; 9,31; 15,3.
Samos: Apg 20,15.
Samothrake: Apg 16,11.
Sardes: Offb 1,11; 3,1.4.
Sarepta: Lk 4,26.
Saron: Apg 9,35.
Schiloach (Siloam): Lk 13,4; Joh 9,7.
Schönhafen: Apg 27,8.
Seleuzia: Apg 13,4.
Sichem: Apg 7,16.
Sidon: Mt 11,21.22; 15,21; Mk 3,8;
  7,24.31; Lk 4,26; 6,17; 10,13.14;
  Apg 12,20; 27,3.
Sinai: Apg 7,30.38; Gal 4,24.25.

Smyrna: Offb 1,11; 2,8.
Sodom: Mt 10,15; 11,23; Lk 17,29; Röm 9,29; Jud 7.
Spanien: Röm 15,24.28.
Sychar (Sichar): Joh 4,5.
Syrakus: Apg 28,12.
Syrien: Lk 2,2; Apg 15,23.41; 18,18; 20,3; 21,3; Gal 1,21.
Syrophönizien: Mk 7,26.
Syrte: Apg 27,17.

Tarsus: Apg 9,11.30; 11,25; 21,39; 22,3.
Thessalonich: Apg 17,1.11.13; 20,4; 27,2; Phil 4,16; 1 Thess 1,1; 2 Thess 1,1; 2 Tim 4,10.
Thyatira: Apg 16,14.15; Offb 1,11; 2,18.24.

Tiberias: Joh 6,1.23; 21,1.
Trachonitis: Lk 3,1.
Troas: Apg 16,8.11; 20,5.6; 2 Kor 2,12.
Tyus: Mt 11,21.22; 15,21; Mk 3,8; 7,24.31; Lk 6,17; 10,13.14; Apg 12,20; 21,3.7.

Zilizien: Apg 6,9; 15,23.41; 21,39; 22,3; 23,34; 27,5; Gal 1,21.
Zion: Joh 12,15; Röm 9,33; 11,26; Hebr 12,22; 1 Petr 2,6; Offb 14,1.
Zypern: Apg 4,36; 11,19 f; 13,4; 15,39; 21,3.16.
Zyrene: Mt 27,32; Mk 15,21; Lk 23,26; Apg 2,10; 6,9; 11,20; 13,1.

Ntl. Sachregister

Überblick über die wichtigsten Begriffe neutestamentlicher Offenbarung

(Das Verzeichnis will nur eine erste Hilfeleistung bieten,
ohne erschöpfend zu sein)

Abba: Vertrauliche, vom Aramäischen übernommene Vater-Anrede Gottes: Mk 14,36; Röm 8,15; Gal 4,6.
Abendmahl: (Eucharistie, Altarsakrament): Mt 26,17–29; Mk 14,12–25; Lk 22,7–38; Joh 6,48–71; 13,1–30 (ohne Eucharistieeinsetzung); 1 Kor 10,16; 11,23 ff; Apg 2,46; 20,7 ff.
Agape (das griechische Wort für „Liebe" im neutest. Sinn, bedeutet auch die Liebesmahle der Urkirche): Apg 2,42; 20,7.11; 1 Kor 10,16; 11,17 ff; 2 Petr 2,13; Jud 12.
Almosen: Mt 5,42; 6,3 f; 10,42; 19,21; 25,40; Mk 9,41; 12,41 ff; Lk 3,11; 6,35; 11,41; 14,13; Apg 2,45; 3,1 ff; 4,32 ff; 6,1 ff; 9,36; 10,2; 20,35; Röm 12,13.20; 1 Kor 16,1 f; 2 Kor 9,1 ff; Eph 4,28; Jak 2,15 f; 1 Joh 3,17.
Ältester (= Presbyter, Bischof, Vorsteher): Apg 6,1–7 (vielfach als Diakone bezeichnet); 11,30; 14,23; 15,2 f; 20,17–35; Röm 12,8; Phil 1,1; 1 Tim 3,1–7; 4,14; 5,17 bis 25; 2 Tim 1,6; 4,1 ff; Tit 1,5–9; Hebr 13,7; Jak 5,14 f; 1 Petr 5,1–4; Offb 4,10; 5,8.14; 11,16; 19,4.
Anbetung: Mt 2,2.8.11; 8,2; 9,18; 14,33; 15,25; 20,20; 28,9.17; Joh 4,20 ff; 9,38; 12,20; Apg 7,43; 8,27; 10,25; 24,11; 1 Kor 4,25; Hebr 1,6; Offb 3,9; 4,10; 5,14; 7,11; 11,1; 11,16; 14,7; 15,4; 19,4; 19,10.
Angeld: (des Geistes): Röm 8,23; 2 Kor 1,22; 2 Kor 5,5; Eph 1,14.
Antichrist (Pseudomessias): Mt 24,24; Mk 13,22; 2 Thess 2,3 ff; 1 Joh 2,18 ff; 4,3; 2 Joh 7; Offb 11,7; 13,11 ff; 14,9.11; 15,2; 16,2–13; 17,9; 19,19 f; 20,4.10.
Äon (Weltzeit, Ewigkeit): Mt 12,32; 13,39 f; 18,8; 24,3; 25,46; 28,20; Mk 4,19; 10,30; 11,14; Lk 1,70; 16,8; 20,34 f; Joh 12,34; 13,8; 14,16; Apg 3,21; 15,18; Röm 9,5; 11,36; 1 Kor 1,20; 2,6.8; 3,18; 2 Kor 11,31; Gal 1,4; Eph 1,21; 2,2.7; 3,11; 3,21; Hebr 5,6; 6,20; 7,24.28; 11,3; 1 Petr 4,11; 5,10 f; 1 Joh 2,17; 2 Joh 2; Jud 13; Offb 1,18; 4,9; 11,15; 14,11; 19,3; 20,10.
Apostel: Mt 10,1 ff; 28,18 ff; Mk 3,14 ff; 6,7 ff; Lk 6,13 ff; 9,1 ff; Apg 1,2; 1,13; 1,21 ff; 2,37.42 f; 4,33–37; 5,2; 5,17–42; 6,6; 8,1.14.18; 9,27; 11,1; 15,2–6.22 f; 16,4; Röm 1,1.5; 11,13; 16,7; 1 Kor 1,1; 4,9; 9,1 ff; 12,28 f; 15,7 ff; 2 Kor 1,1; 11,5.13; 12,11 f; Gal 1,1.17.19; Eph 1,1; 2,20; 3,5; 4,11; Kol 1,1; 1 Tim 1,1; 2,7; 2 Tim 1,1.11; Tit 1,1; 1 Petr 1,1; 2 Petr 1,1; 3,2; Jud 17; Offb 2,2; 18,20; 21,14.

Arbeit: Mt 10,10; 20,1 ff; 25,14 ff; Mk 6,3; Lk 2,51; 5,4 ff; Joh 4,38; Apg 18,3; 20,34 ff; Röm 16,12; 1 Kor 9,6; 15,10; Eph 4,28; 1 Thess 4,11; 2 Thess 3,10; Jak 5,4.

Ärgernis (Anstoß): Mt 5,29 f; 13,41; 16,23; 15,12; 17,27; 18,6 f; 24,10; Mk 4,17; 6,3; 9,42–47; 14,27 ff; Lk 17,1 ff; Joh 6,61; 16,1; Röm 9,32 f; 11,9; 14,13.21; 16,17; 1 Kor 1,23; 8,9–13; 2 Kor 6,3; Gal 5,11; 1 Petr 2,8; Offb 2,14.

Armut: Arm an äußeren Gütern: Mt 25,35–40; 26,9 f; Mk 10,46; 14,5; Lk 15,14; 16,3; 18,35; 19,8; Joh 12, 5 f; 13,29; Apg 2,45; 4,34; Röm 15, 26; 2 Kor 8,14; 9,9; 9,12; 11,9; Gal 2,10; Phil 4,11.17; Tit 3,13; Jak 2,2–6.15 f; arm an seelischen Gütern: Mt 5,3; 11,5; Mk 10,21; Lk 6,20; Röm 3,23; 1 Kor 1,7; 8,8; Phil 2,30; 1 Thess 3,10; Hebr 12, 15; Jak 1,4; Offb 3,17. Vgl. auch Reichtum.

Auferstehung (Auferweckung) Jesu: Mt 12,40; 16,21; 17,9; 17,23; 20,19; 26,32; 27,63 f; 28,2–6; 28,9 f; 28,16 bis 20; Mk 8,31; 9,9 f; 9,31; 10,34; 14,28; 16,4–7; 16,9–14; Lk 9,22; 18, 33; 24,2 ff; 24,22–24; 24,46; Joh 2, 22; 20,1–29; 21,1–23; Apg 1.3.22; 2,24 ff; 2,32; 3,15; 4,2; 4,10; 4,33; 5,30; 10,40 f; 13,30–33; 17,31; 23,6; 26,8.23; Röm 1,4; 4,24 f; 6,4 ff; 7,4; 8,34; 1 Kor 6,14; 15,4–21; 2 Kor 4,14; 5,15; Gal 1,1; Eph 2,6; Kol 1,18; 2,12; 3,1; 1 Thess 1,10; 4,14; Hebr 13,20; 1 Petr 1,3 f; 1,21; Offb 1,5; 20,12.

Auferstehung der Toten: Auferweckungswunder Jesu: Mt 11, 5; 9,25; Mk 5,41 f; Lk 7,14 f; 8,54 f; Joh 11,23 ff; 12,1; 27,52; Totenerweckungen durch die Apostel: Mt 10,8; Apg 9,40; 20,9–12; Allgemeine Auferstehung (des Fleisches): Mt 22,28; Mk 12,23; Lk 14,14; 20,33; Joh 5,21; 5,24 f; 6,39 f. 44.54; Apg 4,2; 17,18; 23,6 ff; 24,15; Röm 8,11; 1 Kor 15,20–57; 2 Kor 1,9; 4,14; 5,1; Phil 3,11; 1 Thess 4,13 ff; 2 Tim 2,11 f; Hebr 6,2; 11, 19.35; Offb 1,5; 20,4 ff.12.

Auserwählung: des Messias: Mt 17,5; Mk 9,7; Lk 9,35; 23,35; Joh 1,34; 1 Petr 2,4 f f; der Apostel: Mt 10,1 f; Mk 3,14; Lk 6,13; Joh 6,70; 13,18; 15,16.19; Apg 1,2; 1,24; 6,5; 9,15; 15,7.22; der Gotteskinder: Mt 22,14; 24,22–31; Mk 13, 20 ff.27; Lk 18,7; Apg 13,17; Röm 8,33; 16,13; 1 Kor 1,27 f; Eph 1,4; Kol 3,12; 2 Thess 2,13; 2 Tim 2,10; Tit 1,1; Jak 2,5; 1 Petr 2,9; 5,13; 2 Joh 1,13; Offb 17,14.

Barmherzigkeit: Gottes: Lk 1,50. 54.72.78; Röm 9,15 ff.23; 11,30 ff; 12,1; 15,9; 2 Kor 1,3; Eph 2,4; Tit 3,5; Hebr 2,17; 4,16; 1 Petr 1,3; 2,10; Jud 21; Jesu: Mt 9,27; 9,36; 10,48; 15,22; 17,15; Mk 1,41; 5,19; 8,2; 10,47 f; Lk 18,38; als Jüngerpflicht: Mt 5,7; 9,13; 12,7; 18,27.33; 23,23; Lk 6,36; 10,37; Röm 12,8; Phil 3,12; Kol 3,12; 1 Tim 5,10; Jak 2,13; 3,17; 1 Petr 3,9; Jud 22.

Begierde (Gelüste): Mt 5,28; Mk 4,19; Joh 8,44; Röm 1,24; 6,12; 7,7 f; 13,9.14; 1 Kor 10,6; Gal 5, 16 f.24; Eph 2,3; 4,22; Kol 3,5; 1 Thess 4,5; 1 Tim 6,9; 2 Tim 2,22; 3,4 ff; 4,3; Tit 2,12; 3,3; Jak 1,14 f; 4,1 ff; 1 Petr 1,14; 2,11; 4,2 f; 2 Petr 1,4; 2,10.13.18; 3,3; 1 Joh 2,16 f; Jud 16 f f.

Beharrlichkeit: Mt 7,24 f; 13,23; Mk 13,13; Apg 1,14; 2,42; 14,22; Röm 2,7; 1 Kor 13,7; 15,58; Gal 5,1; Eph 6,1 ff; Phil 4,1; Kol 1,23; Hebr 10,23; 12,7; Jak 5,7 f; 1 Petr 5,9; Offb 2,3 ff; 2,13; 3,10.

Bekenntnis (zu Christus): Mt 10,32; Lk 12,8; Joh 1,20; 9,22; 12,42; Apg 24,14; Röm 10,9 f; 2 Kor 9,13; Phil 2,11; 1 Tim 6,12 f; Tit 1,16; Hebr 3,1; 4,14; 10,23; 13,15; 1 Joh 2,23; 4,2 f.15; 2 Joh 7; Offb 3,5.

Berufung: zum Heil: Mt 9,13; 22, 3–8; 22,14; Mk 2,17; Lk 5,32; Apg 2,39; Röm 1,6 f; 8,28; 9,12.24; 11,29; 1 Kor 1,2; 1,9; 1,24; 7,15 ff; Gal 1,6; 5,8; Eph 1,18; Kol 1,12; 1 Thess 2,12; 5,24; 2 Thess 2,14; 2 Tim 1,9; 1 Petr 2,9; 5,10; 2 Petr 1,3; Jud 1; Offb 17,14; zu einem Amt: Mt 4,21; 10,1; Mk 1,20; 3,13; Lk 6,13; Apg 13,2; 16,10; Röm 1,1; 1 Kor 1,1; Gal 1,15; Hebr 5,4.

Beschneidung: als jüd. Brauch: Lk 1,59; 2,21; Joh 7,22 f; Apg 7,8; 15,1; 15,5; 16,3; 21,21; Röm 3,1; 3,30; 4,9–12; 1 Kor 7,18; Gal 2,7 f; 5,2 f; Eph 2,11; Phil 3,5; Kol 3,11; 4,11; Tit 1,10; religiöser Wert: Röm 2,25 ff; 4,9–12; Gal 5,6; 6,15; Phil 3,3; Kol 2,13.

Bewährung: Röm 5,4; 14,18; 1 Kor 3,13; 9,27; 11,19; 2 Kor 2,9; 8,8; 9,13; 10,18; 13,5 ff; Phil 2,2; 1 Tim 3,10; Hebr 6,8; Jak 1,3; 1,12; 1 Petr 1,7.

Bild: Christus als Bild Gottes: 2 Kor 4,4; Phil 2,6; Kol 1,15; Hebr 1,3; der Mensch als Bild Gottes: 1 Kor 11,7; Kol 3,10; der Mensch als Bild Christi: Röm 8,29; 1 Kor 15, 49; 2 Kor 3,18; Phil 3,10.21.

Bischof: s. Ältester.

Blindheit (im geistigen Sinn): Mt 15,14; 23,16 f.19.24.26; Lk 6,39; Joh

Ntl. Sachregister

9,39 ff; 12,40; Röm 2,19; 2 Kor 4,4; 2 Petr 1,9; 1 Joh 2,11; Offb 3,17.

Blut (als Heilsbegriff): Mt 26,28; Mk 14,24; Lk 22,20; Joh 6,53 ff; Apg 20,28; Röm 3,25; 5,9; 1 Kor 10,16; 11,25 ff; Eph 1,7; 2,13; Kol 1,20; Hebr 9,12.14; 10,19; 10,29; 12,24; 13,12.20; 1 Petr 1.2.19; 1 Joh 1,7; 5,6.8; Offb 1,5; 5,9; 7,14; 12,11.

Braut – Bräutigam (im religiösen Sinn): Mt 9,15; 25,1–10; Mk 2,19 f; Lk 5,34 f; Joh 3,29; Offb 21,2; 21,9; 22,17.

Brot: im wörtl. Sinn: Brotvermehrung: Mt 14,13 ff; 15,32 ff; 16,9; Mk 6,31 ff; 8,1 ff; Lk 9,10 ff; Joh 6,1 ff; als Nahrung: Mt 4,3 ff; 6,11; 7,9; 15,26; Mk 6,8; 7,27; Lk 9,3; 11,5; 15,7; Joh 21,9; 21,13; im religiösen Sinn: Joh 6,26–58; 1 Kor 10,16.17; 11,27 f.

Brotbrechen: Mt 14,19 f; 15,36 f; 26, 26; Mk 6,41 ff; 8,6 ff; 8,19 f; 14,22; Lk 9,16 f; 22,19; 24,30; 24,35; Apg 2,42; 2,46; 20,7; 20,11; 27,35.

Bruder: im religiösen Sinn: Mt 5, 22 ff; 5,47; 7,3 ff; 18,15 ff; 18,21 f; 18, 35; Lk 6,41 f; 17,3 f; Apg 2,29.37; 3,17.22; 7,2.23.25 f; 9,17; 13,15; 13, 26; 22,1.5; 23,1; 28,17.21; Röm 9,3; 16,23; 1 Kor 1,1; 5,11; 15,6; 16,12; 2 Kor 1,1; 2,13; Eph 6,21; Kol 4,7; Phil 2,25; Phm 16.20; Hebr 13,23; Jak 1,9; 2,15; 4,11; 1 Petr 5,12; 2 Petr 3,15; 1 Joh 2,9 ff; 3,10.14 ff; 4,20 f; 5,16; 3 Joh 3; Offb 1,9.

Brüder Jesu: Mt 12,46 ff; 13,55 f; Mk 3,31 ff; 6,3; Lk 8,19 f; Joh 2,12; 7,3. 5.10; Apg 1,14; 1 Kor 9,5; Gal 1,19.

Bruderliebe: Röm 12,10; 1 Thess 4,9; Hebr 13,1; 1 Petr 1,22; 3,8; 2 Petr 1,7.

Buch: Hl. Schrift: Mk 12,26; Lk 3,4; 4,17.20; 20,42; Apg 1,20; 7,42; Gal 3,10; 2 Tim 4,13; Hebr 9,19; Buch der Offenbarung (Apokalypse): Offb 1,11; 22,7.9.10.18.19; das versiegelte Buch: Offb 5,1–9; Buch des Lebens: Phil 4,3; Offb 3,5; 13,8; 17,8; 20,12.15; 21,27; Buch des Gerichtes: Offb 20,12.

Buchstabe (Gegensatz zum Pneuma): Röm 2,27 ff; 7,6; 2 Kor 3,6.

Bund: der Alte Bund: Lk 1,72; Apg 3,25; 7,8; Röm 9,4; 2 Kor 3,14; Gal 4,24; Eph 2,12; Hebr 8,9; 9,4. 15.20; Offb 11,19; der Neue Bund: Mt 26,28; Mk 14,24; Lk 22,20; Röm 11,27; 2 Kor 3,6; Gal 4,24; Hebr 7,22; 8,6.8; 9,15; 10,29; 13,20.

Buße, Umkehr: Heilsruf im NT: Mt 3,2; 3,11; 4,17; 11,20 f; Mk 1,4; 1,15; 6,12; Lk 1,16; 3,3; 5,32; 15,7. 10; Apg 2,38; 3,19; 8,22; 13,24; 17, 30; 19,4; 20,21; 26,20; Röm 2,4;

2 Kor 7,9; Offb 2,5.16; 3,3.19; Wesen und Weg der Umkehr: Lk 24,47; Apg 3,26; 8,22; 11,18; 17,30; 20,21; 26,18 ff; 2 Kor 12,21; 1 Thess 1,9; Hebr 6,1; Jak 5,19 f; 1 Petr 2, 25; Offb 2,21 f; 9,20 f; 16,11.

Charismen (Geistesgaben): Mk 16, 17 f; Joh 14,12 ff.16 f; 15,26; Röm 1,11; 12,6 f; 1 Kor 1,7; 7,7; 12–14; Gal 3,5; Eph 4,11; 1 Tim 4,14; 2 Tim 1,6; Hebr 2,4; 1 Petr 4,10.

Dämonen, böse, unreine Geister, Teufel: satanische Mächte: Mt 9, 34; 12,24 ff; Mk 3,22–26; Lk 11,15. 18; 13,11.16; Apg 10,38; Eph 2,2; 6,12; mit besonderem Wissen begabt: Mt 8,29; 12,16; Mk 1,23 f; 1,34; 3,11; 5,7; Lk 4,33 ff; 4,41; 8,28; Apg 16,16 f; 19,15; Jak 2,19; vom Menschen und anderen Geschöpfen Besitz ergreifend (Besessenheit): Mt 8,28 f; 9,32 f; 12,22. 43 ff; 15,22; 17,5; 17,18; Mk 1,23.26; 5,2–13; 7,25 f; 9,17–22; Lk 4,33 ff; 8,27 ff; 9,39–42; 11,24 ff; 13,11; Apg 16,16; 19,16; widergöttlich: 1 Kor 10,20 f; Eph 6,12; Jak 3,15; besonders in der Endzeit tätig: 1 Tim 4,1; Offb 9,20; 13,1–18; 16,13 ff; Jesu Macht über die Dämonen: Mt 4,24; 8,16.31–34; 9,32 f; 12,22.27; Mk 1,25 ff; 1,32 ff; 1,39; 3,22; 5,8.13 bis 16; 7,29 f; 9,25 ff; 16,9; Lk 4,35; 6,18; 7,21; 8,2; 8,29–38; 9,42; Macht der Apostel: Mt 10,1; Mk 3,15; 6,7; Lk 9,1; 10,17.20; Apg 5,16; 8,7; 16,18; 19,12.

Dank, Dankbarkeit: Mt 15,36; 26,27; Mk 8,6; 14,23; Lk 17,16; 22,17; Joh 6,11.23; 11,41; Apg 27,35; Röm 1,21; 6,17; 14,6; 1 Kor 1,4; 10,30; 14,16 f; 2 Kor 2,14; 4,15; 8,16; 9,11 f.15; Eph 1,16; Kol 1,3; Phil 1,3; 1 Tim 4,3 f; Phm 4; Offb 4,9; 7,12; 11,17.

Demut: Mt 11,29; 18,1 ff; 20,26; Mk 9,34 ff; Lk 6,20; 14,11; 18,14; 22,26; Röm 11,20; 12,3; 1 Kor 4,6; Phil 2,3; Kol 2,18; 3,12; Jak 1,9; 4,10; 1 Petr 5,5 f.

Dienen, Dienst: Gott gegenüber: Mt 4,10; 20,28; 25,44; Mk 10,45; Lk 1,74; 2,37; Apg 7,7; 13,36; 24,14; 26,7; 27,23; Röm 1,9; Phil 3,3; 2 Tim 1,3; Hebr 3,5; 9,14; den Menschen gegenüber: Mt 20,26 ff; 23,11; Mk 10,43 ff; Röm 12,7; 1 Kor 16,15; Gal 5,13; Kol 1,25; 2 Tim 1,18; Phm 13; Offb 2,19.

Eckstein: Mt 21,42; Mk 12,10; Lk 20,17; Apg 4,11; Eph 2,20; 1 Petr 2,6 f.

Ntl. Sachregister

Ehe: Mt 5,27 ff; 19,3; Mk 10,2 ff; Lk 16,18; Joh 2,1; 8,1–11; Röm 7,2 f; 1 Kor 6,9; 7,1 ff; Eph 5,23 ff; 1 Thess 4,3 ff; Hebr 13,4; 2 Petr 2,14.

Eid: Mt 5,33 ff; 23,16 ff; Mk 6,23.26; 14,71; Apg 2,40; 19,13; 1 Thess 5, 27; 1 Tim 5,21; 2 Tim 2,14; Hebr 3,11; 6,13 ff; 7,20.28; Jak 5,12.

Eingeboren: Lk 7,12; 8,42; 9,38; Joh 1,14.18; 3,16.18; Hebr 11,17.

Eintracht: Lk 5,7; Joh 10,16; 17,21 ff; Apg 2,44 ff; 4,32; 5,12; Röm 12,4 ff. 16; 14,1–15,13; 1 Kor 1,10; 12,4 bis 14,22; Eph 4,1 ff; 1 Thess 5,11 ff; 1 Petr 4,7 ff.

Eltern: Mt 10,21.35 ff; 15,4 ff; 19,19. 29; Mk 7,10 ff; 10,7; 10,19.29 ff; 13, 12; Lk 12,53; 21,16; Joh 9,2 f; Röm 1,30; 2 Kor 12,14; Eph 6,1 f; Kol 3,20; 2 Tim 3,2.

Engel: Mt 1,13.19; 4,11; 13,41; 18,10; 22,30; 24,31; 26,53; 28,2; Mk 1,13; 8,38; 11,25; 13,27; 16,4; Lk 1,11 ff; 1,26 ff; 2,9 ff; 12,8 f; 15,10; 20,36; 22, 43; 24,4; Joh 1,51; 5,4; Apg 1,10; 5,19; 6,15; 7,53; 10,3 ff; 11,13; 12, 7 ff; 12,15; 23,9; Röm 8,38; 1 Kor 11,10; 13,1; Gal 1,8; 3,19; 4,14; Kol 2,18; 1 Thess 4,16; 2 Thess 1,7; Hebr 1,4 ff; 2,5; 2 Petr 2,4; Jud 6; Offb 1,1; 5,2; 10,1 ff; 17,1 ff; 18,1. 21; 19,17; 21,9.17; 22,6.16.

Erbe (als Heilsgut): Mt 5,5; 19,29; 25,34; Mk 10,17; Lk 10,25; 18,18 ff; Apg 20,32; 26,18; Röm 4,13 f; 8,17; 1 Kor 6,9 f; Gal 3,18.29; 4,1.7; Eph 1,11 ff; 1,18; 3,6; Kol 1,12; 3,24; Tit 3,7; Hebr 1,14; 6,17; 9,15; Jak 2,5; 1 Petr 1,4; 3,7 ff; Offb 21,7.

Erbsünde: Röm 5,12 ff; 7,7–25; 1 Kor 15,21 f; Eph 2,2 f.

Erkenntnis: Gottes: Apg 17,30; Röm 1,18 f.21.28.32; 2,18; 1 Kor 15,34; Eph 4,18; 1 Tim 1,13; Hebr 5,2; 1 Petr 1,14; 2,15; 2 Petr 2,12; des Heilswerkes Jesu: Mt 7,16; 10,26; 16,3; 24,32 f.50; Mk 4,13; 9,32; 13, 28 f; Lk 6,44; 8,17; 12,2; 18,34; 19,42 ff; 21,20; Apg 1,7; 2,36; 8,30; 13,38; 28,28; Röm 10,2 f.19; 1 Kor 8,2; 14,37 f; Eph 1,17; 5,5; Kol 1,9; Hebr 3,10; Jak 2,20; 5,20; 2 Petr 1,20; Erkennen nach Johannes: 1,10; 1,31.33; 6,69; 7,26; 8,28.43; 8, 55; 10,27; 10,38; 14,7 ff; 14,17; 16,3; 17,3.25; 1 Joh 2,3 f; 2,13 f; 3,1.6; 4,6 f; 4,16; 5,20; Offb 3,3.9; 2,23.

Erlösung: Mt 1,21; Mk 10,45; Lk 1, 68; 2,38; 21,28; 24,21; Röm 3,24; 8,23; 1 Kor 1,30; Eph 1,7.14; 4,30; Kol 1,14; 1 Tim 2,6; Tit 2,14; Hebr 9,12.15; 1 Petr 1,18; Offb 1,5.

Erstgeboren: Lk 2,7; 2,23; Röm 8,29; Kol 1,15.18; Hebr 1,6; Offb 1,5.

Exkommunikation: Mt 18,17; 1 Kor 5,3 f.13; 2 Kor 2,6; 2 Thess 3,6.14 f; 1 Tim 1,20; 2 Tim 3,5; Tit 3,10; 2 Joh 10 f; Jud 23.

Familie: Mt 8,21 f; 10,21.34–38; 12, 46–50; 19,29; Lk 14,26; Eph 5,21 ff; Kol 3,18 ff; 1 Tim 2,9 ff; 3,11; 5,8; 2 Tim 1,5; Tit 2,4; 1 Petr 3,1 ff.

Fasten: Mt 4,2; 6,16 ff; 9,14 f; 17,21; Mk 2,18 ff; 9,28 f; Lk 2,37; 4,2; 5, 33 ff; 18,12; Apg 13,2 f; 14,23.

Feindesliebe: Mt 5,23 ff; 6,14 f; 18,33; Mk 11,25; Lk 6,27 ff; Röm 12,14 ff; Eph 4,26; 1 Thess 5,15; 1 Petr 3,9.

Feuer: als Bild göttlicher Strafe oder Läuterung: Mt 3,10; 7,19; 13,30. 40 ff; Mk 9,49; Lk 3,9; 9,54; 17,29; Joh 15,6; Apg 2,19; 1 Kor 3,13 ff; Hebr 6,8; Jak 1,11; 3,5 f; 1 Petr 1,7; 4,12; 2 Petr 3,7.10 ff; Jud 7; Offb 8,4–10; 9,2 f.17 f; 11,5; 16,8 f; 17,16; 18,8 f; 19,3.9; 20,9.

Finsternis: Bereich der Gottesferne (Satans): Mt 4,16; 8,12; 22,13; 25, 30; Lk 1,79; 22,53; Joh 1,5; 3,19; 8,12; 12,35.46; Röm 1,21; 11,10; 13,12; Eph 4,18; 1 Thess 5,4 f; Kol 1,13; 1 Petr 2,9; 2 Petr 2,17; Jud 13.

Firmung (Geistspendung): Apg 8, 14 ff; 19,1 ff; 2 Kor 1,21 f; Eph 1,13; Hebr 6,2; 1 Joh 2,20 ff.

Frau: Frauen um Jesus: Mt 8,14 f; 9,18 ff; 10,37; 14,21; 15,21 ff; 19,30; 24,19; 26,6 ff; 27,19; Mk 1,29 ff; 5, 21 ff; 7,24 ff; 12,41 ff; 13,17; 14,3 ff; 15,40.47; Lk 1–2; 4,38 f; 7,11 ff; 7, 36 ff; 8,2 ff; 8,40 ff; 10,38 ff; 11,27; 14, 20.26; 18,29; 23,27 ff.49.55 f; Joh 2, 1 ff; 4,1 ff; 8,2 ff; 11,1 ff; 12,1 ff; 19, 25; **Frau in Gleichnissen:** Mt 13, 33; 24,41; 25,1 ff; Lk 13,21; 15,8 f; 17,35; 18,1 ff; Joh 16,21; **Frau in der Ehe:** Mt 5,28 ff; Mk 10,6 f; Lk 16,18; **Frau in der ersten Kirche:** Apg 1,14; 5,1 ff; 5,14; 6,1; 8,3; 12, 12 ff; 8,12; 9,2; 9,36 ff; 16,1; 16,13 f; 17,4; 17,12.34; 18,2; 21,5; 21,9; **Frau in den Paulusbriefen:** Röm 1,26 f; 7,2; 9,9 ff; 16,1 ff; 1 Kor 1,11; 5,1; 6,15 f; 7,1 ff; 9,5; 11,2 ff; 16,19; 2 Kor 11,2 f; Gal 4,22 ff; Eph 5,22 ff; Phil 4,2; Kol 3,18 f; 1 Thess 4,3 f; 1 Tim 2,9 ff; 3,11; 5,2 ff; 2 Tim 1,5; Tit 2,3 ff; Phm 2; Hebr 11.11.31.35; 13,4; **in den Katholischen Briefen:** Jak 1,27; 2,25; 1 Petr 3,1 ff; **in der Offenbarung:** 2,20 ff; 12,1 ff; 14,4; 17,1 ff; 19,7 ff; 21,9 ff.

Freiheit (als Heilsgut): Joh 8,32 ff; Röm 6,17 ff; 7,1 ff; 8,2; 8,21 ff; 1 Kor 9,1.19; 10,29; 2 Kor 3,17; Gal 2,4; 3,20; 4,30 f; 5,1; Hebr 2,14 f; Jak 2, 12; 1 Petr 2,16.

Freude: Freude über das Heil: Mt 2,10; 5,11 f; 13,20.44; 18,12 ff; 25,21;

Ntl. Sachregister

28,8; Mk 4,16; Lk 1,14.41 ff.58; 2,10; 8,13; 10,17.20; 15,5 ff.9.23 ff; 19,6. 37; 24,41.52; Joh 3,29; 4,36; 8,56; 14,28; 15,11; 16,20 ff; 17,13; 20,20; Apg 2,46; 8,39; 11,23; 13,52; 16,34; in den Paulusbriefen: Röm 12,12. 15; 14,17; 15,10; 15,13; 1 Kor 16, 17; 2 Kor 1,24; 2,2 f; 7,4.9.13; 8,2; Gal 4,27; Phil 1,4.18.25; 2,2.5; 2, 28 f; 3,1; 4,4.10; Kol 1,11; 2,5; 1 Thess 2,19 f; Hebr 1,9; 10,34; 12, 11; in den Katholischen Briefen: Jak 1,2; 4,9; 1 Petr 1,6 ff; 4,13; 1 Joh 1,4; 2 Joh 12; 3 Joh 3 ff; Offb 12,12; 18,20; 19,7.

Friede: als Heilsgabe: Mt 5,9; 10, 12 f; 12,25; Mk 9,50; Lk 2,14; 10,5 f; 19,38.42; Joh 10,27; 14,27; 16,33; Apg 9,31; 10,36; Röm 1,7; 2,10; 5,1; 8,6; 12,18; 14,14.17 ff; 15,13.33; 16, 20; 1 Kor 7,15; 2 Kor 13,11; Gal 1,3; 5,22; 6,16; Eph 2,14 ff; 4,3; 6, 15.23; Phil 4,7 ff; Kol 1,2; 1,20; 3, 15; 1 Thess 1,1; 5,13.23; 2 Thess 3,16; 1 Tim 1,2; 2 Tim 2,22; Tit 1,4; Hebr 12,11.14; 13,20; Jak 3,17; 1 Petr 3,11; 5,14; 2 Petr 1,2; 3,14; 2 Joh 3; 3 Joh 15; Jud 15; Offb 1,4; 6,4; 21,3 ff.

Furcht: Überwindung der Furcht im Glauben: Mt 1,20; 8,26; 10,26 ff; 14,30; 17,7; 24,6; 28,5.10; Mk 4,40; 6,50; 14,33; 16,5 f.8; Lk 1,12 f.29 f; 2,9 f; 12,4 f.32.50; 21,9; 24,37 f; Joh 12,27; 14,1.27; Apg 18,9; 27,24; Röm 8,15; Phil 1,14; 2 Thess 2,2; 2 Tim 1,7; Hebr 2,15; 11,23.27; 13, 5; 1 Petr 3,6.14; 1 Joh 4,17 f; Offb 1,17; 2,10; angemessene Furcht: Mt 10,28; Lk 12,5; 23,40; Apg 10,2. 35; 13,43; 22,12; Röm 11,20; 13,7; 2 Kor 5,11; 7,1.11.15; 11,3; 12,20; Eph 5,21.33; 6,5; Phil 2,12; Kol 3,22; 1 Tim 5,20; Hebr 4,1; 5,7; 10,27.31; 12,28 f; 1 Petr 1,17; 2,17 f; 3,2.16; Jud 23; Offb 11,13; 15,4.

Gastlichkeit: Mt 25,35.43; Apg 10,6. 23; 21,16; 28,7; Röm 12,13; 16,23; Phm 22; 1 Tim 3,2; 5,10; Hebr 13,2; 1 Petr 4,9; 3 Joh 5 ff.

Gebet: Jesu: Mt 9,13; 14,23; 19,13; 26,36.44.53; Mk 1,35; 6,46; 14,32. 35.39; Lk 3,21; 6,12; 9,28 f; 11,1; 22,32.41.45; Joh 11,22; 14,16; 16, 26; 17,9.15.20.26; Röm 8,34; Hebr 5, 7; 7,25; 1 Joh 2,1; des Christen: Mt 6,5 f.7 ff; 7,7 ff; 15,7 ff; 18,19; 21, 21; Mk 7,6; 11,24 f; 12,40; 13,33; 14,38; Lk 11,1 ff; 18,10 ff; 24,53; Joh 14,13 f; 15,7.16; 16,23 ff; Apg 2, 42; 3,1; 4,24 ff; 7,59; 10,9; 22,17; Röm 8.15.26 f; 1 Kor 7,5; 11,4 f.13; 14,13; 2 Kor 12,8; Gal 4,6; Eph 6, 18; 1 Tim 2,8; 1 Petr 3,7.21; 1 Joh 5,14 f; beharrliches Gebet: Lk 21,

36; Röm 12,12; Phil 4,6; Kol 4,2; 1 Tim 5,5; Jak 4,2 f; 1 Petr 4,7; vertrauensvolles Gebet: Mt 7,7 f; 18,19; Lk 11,9 ff; 18,1.7; Joh 14, 13 f; 16,26; Eph 3,20; Jak 1,5 f; 1 Petr 3,12; 1 Joh 3,22; 5,14 f; Anliegen des Gebetes: Mt 6,9 ff; 9,38; 24,20; Mk 13,18; Lk 10,2; 11,2 ff; Apg 8,22 ff; 26,29; Röm 1,10; 10,1; 1 Kor 14,13; 2 Kor 12,8; Phil 4,6; Jak 5,13 ff; Gebet des Apostels für die Gläubigen: Röm 1,10; 2 Kor 13,7 ff; Eph 1,16; Phil 1,4; 1,9; Kol 1,3; 1,9; 4,12; 1 Thess 1,2; 3,10; 2 Thess 1,11; 2 Tim 1,3; Phm 4; Gebet für die Glaubensboten: Apg 12,5.12; Röm 15,30; 2 Kor 1,11; Eph 6,18 f; Phil 1,19; Kol 4,3; 1 Thess 5,25; 2 Thess 3,1; Phm 22; Hebr 13,18; für die Gläubigen untereinander: Apg 1,24; 20,36; 21,5; 2 Kor 9,14; Eph 6,18; Jak 5,16; 1 Joh 5,16; für die Obrigkeit: 1 Tim 2,1 ff; für die Feinde: Mt 5, 44; Lk 6,28; für die Kranken: Jak 5,14 f; bei Übertragung des Geistes: Apg 6,6; 8,15; 13,3; 14,23.

Geduld: Gottes: Röm 2,4; 3,26; im Warten auf die Heilsvollendung: Mt 10,22; 24,13; Mk 13,13; Lk 8,15; 21,19; Röm 2,7; 5,3 ff; 8,25; 1 Kor 4,12; 2 Kor 1,6; 6,4; 12,12; 1 Tim 6,11; 2 Tim 2,12; 3,10; Tit 2,2; Hebr 10,36; 12,1.7; Jak 1,3 f.12; 5, 11; Offb 2,2; 2,19; 13,10; 14,12; Geduld mit den Mitmenschen: Röm 15,1; 2 Kor 11,1.4; 11,19 f; Eph 4,2; Kol 3,13; 2 Tim 4,3; Hebr 13,22; Offb 2,2.

Geheimnis: des Gottesreiches: Mt 13,11; Mk 4,11; Lk 8,10; Christi: Röm 16,25; 1 Kor 2,7; 4,1; Eph 1, 9; 3,3 ff; 6,19; Kol 1,26 f; 2,2; 4,3; 1 Tim 3,9; 3,16; Glaubensgeheimnisse: Röm 11,25; 1 Kor 13,2; 14,2; 15,51; Eph 5,32; 2 Thess 2,7; Offb 1,20.

Gehorsam: Jesu: Lk 2,51; Joh 4,34; 5,30; Röm 5,19; 1 Kor 15,27 f; Phil 2,8; Hebr 5,8 f; gegen Gott und Christus: Mt 7,24; Apg 4,19; 5, 29 ff; 5,32; 6,7; 26,19; Röm 1,5; 6, 12; 6,16 f; 10,16; 10,21; 15,18; 16, 26; 2 Kor 10,5 f; Gal 5,7; Eph 5,6; Phil 2,12; 2 Thess 1,8; Tit 1,6; Hebr 2,2; 5,9; 11,8; 12,9; Jak 1,14; 1 Petr 1,2.22; 1 Joh 2,17; 3,24.

Geist: in den synoptischen Evangelien: menschlicher Geist: Mt 5,3; 27,50; Mk 2,8; 8,12; Lk 1,47; 1,80; 8,55; Geistwesen: Lk 24,37.39 (siehe Dämon); Gottes Geist: in Jesus: Mt 1,18; 1,20; 3,16; 4,1; 12,18.28.31 ff; Mk 1,10; 1,12; 3,29; Lk 1,35; 4,1; 4,14.18; 10,21; Apg

1,2; für die Gläubigen: Mt 3,11; 10,20; 28,19; Mk 1,8; 13,11; Lk 3, 16; 12,12.
in der Apostelgeschichte: Empfang des Geistes: 1,5.8; 2,2–21. 32 ff; 2,38; 4,31; 5,32; 8,15 ff; 9,17; 10,44; 13,2; 15,8; 19,2.6; Wirksamkeit des Geistes: 4,8; 4,31; 5,32; 6,3 ff; 8,29.39; 9,31; 10,19; 11,15; 11,28; 13,2 ff.9; 13,52; 15,28; 16,6; 18,25; 20,22 f.28; 21,4.11;
in d. Johannes-Schriften: Joh 1, 32 f; 3,5–8.34; 4,23 f; 6,63; 7,39; 13, 21; 14,17.26; 15,26; 16,7.13; 20,22; 1 Joh 3,24; 4,1 f.13; 5,6.8;
in den Paulus-Briefen: im natürlichen Sinn: Röm 1,9; 8,16; 11,18; 1 Kor 2,11 f; 5,3 ff; 7,34; 16,18; 2 Kor 2,13; 7,1.13; 12,18; Gal 6,18; Phil 1,27; 2,1; 4,23; 1 Thess 5,23; Phm 25; als Gottes Geist: Röm 1,4; 5,5; 7,6; 8,2–26; 9,1; 12,11; 14, 17; 15,13.16; 16,19.30; 1 Kor 2,4; 2,10 ff.14 ff; 3,16; 6,11.19; 7,40; 9,11; 12,3–13; 14,2.12 ff.32; 2 Kor 1,22; 3,3.6 ff.17 f; 5,5; 6,6; 11,4; 13,13; Gal 3,2–5; 5,5.16 ff.22.25; 6,1.8; Eph 1,3.13.17; 2,18.22; 3,5.16; 4,3 f; 5, 18; 6,17; Phil 1,19; 3,3; Kol 1,8 f; 2,5; 1 Thess 1,5 f; 4,8; 5,19; 2 Thess 2,2.13; 1 Tim 3,16; 4,1; 2 Tim 1,7; 1,14; 4,22; Tit 3,5; Hebr 2,4; 3,7; 6,4; 9,8; 10,29;
in den Katholischen Briefen: Jak 2,26; 4,5; 1 Petr 1,2.11 ff; 3,4.18 f; 4,6.14; 2 Petr 1,21; Jud 19 f;
in der Offenbarung: 1,4.10; 2,7; 3,1; 4,5; 5,6; 11,8; 14,13; 19,10; 22,6.

Geistesgaben: siehe Charismen.

Gerechtigkeit: Rechtschaffenheit vor Gott und den Menschen: Mt 1,9; 3,15; 5,6.10.20.45; 6,1.33; 9,13; 10,41; 13,7; 13,43.49; 23,28 f.35; 25, 37.46; Lk 1,6; 1,17.75; 2,25; 5,32; 14,14; 15,7; 16,15; 18,19; 20,20; 23, 50; Apg 10,22.35; 13,10; 24,15; 1 Petr 2,24; 3,12; 4,18; 13,38 f; 2 Petr 2,5 f.8; 3,13; 1 Joh 2,29; 3,7. 10 ff; Gerechtigkeit Gottes: als Richter: Mt 12,37; Lk 23,41; Joh 16,8.10; Apg 17,31; 28,4; Röm 2,5; 1 Petr 2,23; Jud 7; Offb 15,3 f; 16, 5 ff; 19,2; in seinem Handeln: Mt 11,9; Lk 7,29.35; 2 Petr 1,1; 1 Joh 1,9; Jesus als der Gerechte: Mt 27,19; Lk 23,47; Joh 5,30; Apg 3, 14; 7,52; 22,14; 1 Petr 3,18; 1 Joh 2,1; 3,7; Offb 19,11; Gerechtigkeit als das in Christus gewirkte Heil nach Paulus: Röm 1,17; 2,13; 3,4 f. 10; 3,20–30; 4,2–25; 5,9.16–21; 6, 13–20; 8,10.30.33; 10,3 ff.10; 14,17; 1 Kor 1,30; 4,4; 6,11; 2 Kor 3,9; 5,21; 6,7.14; 9,9 f; 11,5; Eph 4,24; 5,9; 6,1.14; Kol 4,1; Phil 1,11; 3,6. 9; 1 Tim 1,9; 6,11; 2 Tim 3,16; 4,8;

Tit 2,12; 3,5 ff; Hebr 10,38; 11,4.7; nach Jakobus: 1,20; 3,18.

Gericht: Gottes in der Zeit: Lk 23, 40; Apg 8,33; Röm 11,33; 13,2; 1 Kor 11,29.31 f.34; 1 Petr 2,23; 4,6; 2 Petr 2,6; Offb 16,5 ff; das Endgericht: Mt 7,1 f; 10,15.28; 12,36 f; 12,41 f; 13,40 ff.49 f; 16,27; 19,28; 23, 14.33; 24,30 ff; 25,31 ff; Mk 12,40 13,32 ff; 14,62; 16,16; Lk 6,37; 10, 14; 11,31; 19,22; 21,25 ff; 22,30; Joh 3,17 ff; 5,22–30; 8,15 ff; 9,39; 12,31. 48; 1 Joh 4,17; Apg 1,7; 2,20 f; 10, 42; 17,31; 24,25; Röm 2,1 ff; 2,12. 16.27; 3,8; 8,1.3 f; 14,10.13; 1 Kor 3,13; 4,5; 5,13; 15,51 ff; 2 Kor 5,10; Gal 5,10; 1 Thess 5,1 ff; 2 Thess 1, 5 ff; 2,1 ff; 1 Tim 3,6; 5,24; 2 Tim 4,1; 4,8; Hebr 4,12; 10,27.30; 12, 33; 13,4; Jak 2,12 f; 3,1; 4,11 f; 5,9. 12; 1 Petr 1,7; 2,9; 4,17; Jud 4.6. 15; Offb 1,7; 6,10 ff; 11,15 ff; 14,7; 17,1; 18,8 ff; 19,11; 20,4.12 f.

Gesetz: Mt 5,17 ff; 15,3 ff; 19,3 ff; Mk 7,1 ff; 10,1 ff; 12,28 ff; Lk 11,37 ff; 18,20 f; 20,28; Röm 2,12 ff; 3,20 ff; 4,15; 5,20; 6,14; 7,1 ff; 8,2 f; 2 Kor 3,6 ff; Gal 3,10 ff; 4,4 f.31; 1 Tim 1,9; Hebr 3–7; 9,1 ff.

Gewalten (Geistermächte): Röm 8, 38; 1 Kor 2,6 ff; 15,24; Eph 1,21; 3,10; 6,12; Kol 1,16; 2,10.15; 1 Petr 3,22; 2 Petr 2,10; Jud 8; Offb 12 bis 13; 20,14.

Gewissen: Röm 2,14 ff; 7,14 ff; 14,5 ff; 1 Kor 4,4; 8,7 ff; 1 Tim 3,9; 2 Tim 1,3; Jak 4,17; 1 Petr 3,16.

Glaube: Mt 7,21; 10,32 ff; 11,6; 16, 15 ff; Mk 9,24; 16,16; Lk 1,45; 12, 8 f; 17,5; Joh 3,36; 12,42; 16,27; Apg 4,12; 10,43; Röm 1,16 f; 3,21 ff; 4,1 ff; 10,9; Gal 2,16; 3,6 ff; Eph 2,8; 3,14 ff; Phil 3,8; Hebr 4,3; 10,38; 11,4 ff; Jak 1,3; 1,22 ff; 2,14 ff; 1 Joh 3,23; 4,15; 5,10.

Gnade: Mt 11,27; 16,17; 25,27; Mk 14,38; Lk 1,28 ff; 18,26; Joh 1,14 ff; 6,44; 15,4 f; Apg 6,8; 7,10.46; 11,23; 13,43; 14,3.26; 15,11.40; 18,27; 20, 24.32; Röm 3,24; 5,2.15 ff; 6,23; 8, 17.26.29.33; 1 Kor 2,10 ff; 4,7; 12,3; 15,10; 2 Kor 1,12; 3,5; 5,18.21; 6,1; 8,9; 9,8; Gal 1,5; 2,21; 3,18; Eph 1,7; 2,5 ff; 3,2; 3,7 f; 4,7.24; 6,23; Phil 1,29; 2,13; Kol 1,6.12 f; 3,16; 4,18; 2 Thess 1,12; 2,16; Phm 22; 1 Tim 1,14; 2 Tim 1,9; 2,1; Tit 2,1; 3,7; Hebr 2,9; 4,16; 10,29; 12,15; 13,9; Jak 1,5; 1 Petr 1,10.13; 3,7; 5,12; 2 Petr 3,18; 1 Joh 5,20; Jud 4; Offb 1,4.

Gott: Sein Bild: oberster, einziger Herr: Mt 4,7.10; 11,25 ff; 15,3; 19, 26; 22,37; Mk 12,30 ff; Lk 1,6.16.32; 4,8; 10,27; Joh 1,16; Apg 2,39; 3,22;

7,2; Röm 1,8 f; 1 Kor 8,4 ff; Gal 3,
20; Eph 4,6; 1 Tim 2,5; 6,15 f; Tit
2,13; Hebr 7,1; Jak 2,19; Offb 4,8;
15,3; 16,7; 19,6.15; 21,22;
heilig und vollkommen: Mt 5,48;
6,9; Lk 1,49; Joh 17,11;. Röm 7,
11 f; 1 Thess 4,3; Jak 1,13; 1 Petr
1,16; 1 Joh 3,3; Offb 3,7;
ewig, unvergänglich: Joh 5,26;
Röm 1,23; 9,6; Eph 1,4 f; 1 Tim 1,
17; 6,16; Hebr 1,10 ff; 2 Petr 3,8;
Offb 1.8.17;
gerecht: Mt 3,10; 5,21 f; 7,2.23; 10,
15; 11,22 ff; 12,36 ff; 13,30.39 ff; 16,
27; 18,32 ff; 22,13; 23,33; 24,48–51;
Lk 12,43–48; Joh 17,25; Röm 1,18;
2,6; 3,4; 1 Kor 3,13 f; 2 Kor 5,10;
2 Thess 1,6–10; 2 Tim 4,8; Offb
19,2;
barmherzig: Mt 5,45; 6,12; 12,7;
18,33; Lk 1,58; 6,36; 15,7.11 ff; Joh
3,16.24; 10,1 ff; Röm 16 f; 2,4; 3,24;
9,32; 10,3 f; 11,30 f; 2 Kor 1,3; Eph
2,4 ff; Hebr 8,12; Jak 5,11; 1 Petr
1,3; 2,9; 1 Joh 4,7 ff;
Schöpfer und Lenker der Welt:
Mt 3,9; 5,34.45; 6,25 ff; 11,25; 19,
26; Mk 8,33; 13,9; Lk 12,22 ff; Joh
1,3; 5,17; Apg 7,48 ff; 14,15 ff; 17,
24; Röm 1,20; 11,33; 1 Kor 8,4 ff;
10,26; 11,12; 12,6; Eph 4,6; 1 Tim
4,4; 6,13.15 f; Hebr 1,10 ff; 2,10; 3,
4; 6,7 f; 11,3.6; Jak 2,19; 2 Petr 3,
5 ff; Offb 4,11; 10,6; 14,7.
Vater der Menschen: Mt 5,16.45.
48; 6,1.4.6.8 f.18.26.32; 7,11; 10,20.
29; 13,43; 18,14; 23,9; Lk 6,36; 11,
2.13; 12,30 ff; Joh 20,17; Röm 8,15;
1 Kor 1,3; 2 Kor 6,18; Gal 1,4; 4,6;
Eph 2,18; 4,6; Phil 4,20; Kol 1,12;
1 Thess 1,3; 3,11.13; 2 Thess 1,1 f;
2,16; 1 Petr 1,17;
Vater Jesu Christi: Mt 3,17; 7,21;
10,32 f; 11,25 ff; 12,50; 15,13; 16,17;
18,10.19.35; 20,23; 25,34; 26,29.53;
28,19; Mk 8,38; 13,32; 14,32; Lk
2,49; 22,29; 23,34.46; 24,49; Joh 1,
14.18; 2,16; 3,35; 4,21 ff; 5,17–45;
6,27–65; 8,18 f.27 f; 8,49.54; 10,15
bis 37; 11,41; 12,26 ff.49 f; 13,1 ff;
14,2–31; 15,1–26; 16,3–32; 17,1 ff.
20,17.20; Apg 1,4.7; Röm 6,4; 15,6;
1 Kor 8,6; 15,24; 2 Kor 1,3; 11,31;
15,24; 2 Kor 1,3; 11,31; Gal 1,1;
Eph 3,14; 5,20; 6,23; Phil 2,11;
Kol 1,3; 3,17; 1 Thess 1,1; 2 Thess
2,1; 1 Tim 1,2; Tit 1,4; Hebr 1,5;
Jak 1,27; 3,9; 1 Petr 1,2 f; 2 Petr 1,
17; 1 Joh 1,2 f; 2,1.14 ff.22 ff; 3,1;
4,14; 2 Joh 3 f.9; Jud 1; Offb 1,6;
2,28; 3,5.21; 14,1.
Gottesreich (Himmelreich): Mt 3,2;
4,17; 5,3.19 f; 6,10.33; 11,12; 13,19
bis 52; 18,1 ff.23–35; 19,14.23 f; 21,
31 f.43; Mk 1,15; 4,26; 10,14; Lk 6,
20; 8,10; 9,2.11; 9,62; 11,20; 12,32;
13,18; 18,16; Joh 3,3 ff; Röm 14,17;
1 Kor 15,50.
Gotteskindschaft: Mt 5,9.45; Joh
1,2; Röm 8,15 f; Gal 3,26; 4,5 f; Eph
1,5; Tit 3,7; 1 Petr 3,22; 1 Joh 3,1.

Habsucht: Mt 6,24; Lk 12,15; 16,13;
Röm 1,29; 1 Kor 6,9 f; Eph 5,3 ff;
Kol 3,5; 1 Tim 6,10; 2 Tim 3,2;
Tit 1,7; Hebr 13,5; 2 Petr 2,3.
Hades (Unterwelt): Mt 11,23; 16,18;
Lk 16,23; Apg 2,27.31; 1 Petr 3,
19; 4,6; Offb 1,18; 20,13.
Handauflegung: Mt 9,18.25; 19,13 ff;
Mk 5,23; 6,5; 7,32; 10,16; 16,18;
Lk 4,40; 13,13; Apg 6,6; 8,17.19;
13,3; 14,23; 19,6.17; 1 Tim 4,14;
5,22; 2 Tim 1,6.
Haupt: Mann als Haupt der Frau:
1 Kor 11,3.5; Eph 5,23; Christus,
Haupt des Mannes: 1 Kor 11,3 f;
Haupt der Kirche: Eph 1,22; 4,15;
5,23; Kol 1,18; 2,19.
Heiden: Gegenbegriff zu Juden und
Christen: Mt 5,47; 6,7.32; 10,18;
18,17; 20,19; Mk 10,33; Lk 18,32;
21,24; Apg 4,27; 7,45; 14,2.5; 21,
11; Röm 2,24; 1 Kor 1,23; 5,1;
2 Kor 11,26; Eph 4,17; 1 Petr 2,12;
4,3; 3 Joh 7; Offb 2,26; 11,2.18;
16,19; heilsgeschichtlich gesehen:
Mt 4,15; 10,5; 15,24.26; Mk 7,27;
Lk 2,32; Apg 9,15; 10,45; 11,1.18;
13,46 ff; 14,16.27; 15,3–29; 18,6;
21,19 ff.25; 22,21; 26,17.20.23; 28,
28; Röm 1,5.13; 2,14; 3,29; 9,24.30;
11,11 ff.25; 15,16 ff.26 f; 16,4.26; 1
Kor 12,2; Gal 1,16; 2,2.8–15; 3,8.
14; Eph 3,1.6 ff; 4,17; 1 Thess 2,16;
1 Tim 2,7; 1 Petr 4,3.
Heil (Erlösung und Vollendung): als
Handeln Gottes: Mt 1,21; 19,25;
24,22; Mk 10,26; 13,20; Lk 2,30;
3,6; 9,56; 18,26; 19,10; Joh 3,17;
5,34; 12,47; Apg 2,47; 4,12; 15,11;
Röm 5,9 f; 9,27; Eph 2,5.8; 1 Thess
1,15; 5,9; 2 Thess 2,13; 1 Tim 2,4;
2 Tim 4,9; Tit 2,11; 3,5; Hebr 2,10;
5,9; 7,25; 9,28;
Vermittlung des Heils: Mt 28,18 ff;
Mk 16,16; Lk 1,77; 2,30; 7,50; 8,12;
Joh 4,22; 10,9; Apg 2,21.40; 11,14;
13,26.46 f; 16,17.30 f; 28,25–28; Röm
1,16; 10,1.9; 11,11.14 ff; 1 Kor 1,
18.21; 9,22; 10,33; 2 Kor 1,6; 2,15;
Eph 1,13; 1 Thess 2,16; 2 Thess 2,
10.13; 2 Tim 2,10; 3,15; Hebr 1,14;
Jak 1,21; 5,20; 1 Petr 1,5.9; 3,21;
Jud 23;
Mitverantwortung am Heil: Mt 10,
22; 16,25; Mk 8,35; 13,13; Lk 9,24;
13,23; 21,19; Röm 8,24; 10,10; 13,
11; 1 Kor 3,15; 5,5; 7,16; 15,2;
2 Kor 6,2; 7,10; Eph 6,17; Phil 1,
19.28; 2,12; 1 Thess 5,8; 1 Tim 2,

15; 4,16; 2 Tim 4,18; Hebr 2,3; 6,9; Jak 2,14; 1 Petr 2,2; 4,18; 2 Petr 3,15; Jud 3.

Heiland: Lk 1,47; 2,11; Joh 4,42; Apg 5,31; 13,23; Eph 5,23; Phil 3,20; 1 Tim 1,1; 2,3; 4,10; 2 Tim 1,10; Tit 1,3f; 2,10.13; 3,4.6; 2 Petr 1,1.11; 2,20; 3,2.18; 1 Joh 4,14; Jud 25.

Heiligkeit: Gottes: Mt 6,9; Lk 1,49; 11,2; Joh 17,11; 1 Petr 1,15 f; Offb 4,8; 6,10; 15,4; 16,5;
Heiligkeit Jesu: Mk 1,24; Lk 1,35; 4,34; Joh 6,69; 10,36; 17,19; Apg 2,27; 3,14; 4,27.30; 13,34; Hebr 7,26; 1 Joh 2,20; Offb 3,7;
Heiligkeit des Geistes: Mt 1,18.20; 3,11; 12.32.36; Mk 1,8; 3,29; 12,36; Lk 1,15.41; 2,25 f; 3,22; 4,1; 10,21; 11,13; Joh 1,33; 14,26; 20,22; Apg 1,2.5.8.16; 2,4–38; 4,8–31; 5,9.32; 6,5–10; 7,55; 8,15.17.19; 9,17.31; 10,38–47; 11,15 f.24; 13,2 ff.9.52; 15,8.28; 16,6; 19,2.6; 20,23.28; 21,4; 28,25; Röm 1,4; 5,5; 9,1; 1 Kor 6,19; 12,3; 13,13; 2 Kor 6,6; Eph 1,13; 4,30; 1 Thess 1,5 f; 4,8; 2 Tim 1,14; Tit 3,5; Hebr 2,4; 3,7; 6,4; 9,8; 10,15; 1 Petr 1,12; 2 Petr 1,21; Jud 20; Heiligkeit der Engel: Mk 8,38; Lk 9,26; Apg 10,22; Eph 1,18; Kol 1,12; 1 Thess 3,13; Offb 14,10;
Heiligkeit (Heiligung) der Menschen: Israels: Mt 27,52; Lk 2,23; Röm 11,15f;
Heiligkeit der in Christus Geheiligten (Christen): Lk 1,75; Joh 17,17.19; Apg 9,13.32; 20,32; 26,18; Röm 1,7; 6,19.22; 8,27; 12,1.13; 15,16.25; 16,2.15; 1 Kor 1,2.30; 3,17; 6,1 f; 7,14.34; 14,33 f; 16,1.15; 2 Kor 1,12; 7,1; 8,4; 9,1; 13,12; Eph 2,19; 4,12.24; 5,3.26 f; 6,18; Phil 1,1; 4,22; Kol 1,12.22; 3,12; 1 Thess 3,13; 4,3.f.7; 5,23; 2 Thess 1,10; 2,13; 1 Tim 1,9; 2,8.15; 5,10; 2 Tim 1,9; 2,21; 3,2; Phm 7; Hebr 2,11; 3,1; 10,10.14.29; 12,10.14; 13,2.24; 1 Petr 1,2.15 f; 2,5.9; 2 Petr 3,11; Jud 3; Offb 5,8; 8,3 f; 11,18; 13,7.10; 16,6; 17,6; 18,20.24; 19,8; 20,6.9; 22,11.

Herrlichkeit (Verherrlichung, Ehre): Gottes: Mk 8,38; Lk 2,9.14; 9,26; 17,18; 19,38; Joh 11,4.40; 12,28; 13,31 f; 14,13; 17,1.4; Apg 7,2.55; Röm 1,23; 3,7.23; 5,2; 6,4; 9,4.23; 11,36; 15,7; 16,27; 2 Kor 3,7–11; 4,6.15; 8,19; Gal 1,5; Eph 1,6.12.14.17; 3,16.21; Phil 1,11; 2,11; 4,19f; Kol 1,11; 1 Thess 2,12; 1 Tim 1,11.7; Hebr 1,3; 1 Petr 1,3; 4,11.16; 5,10; 2 Petr 1,17; Jud 24; Offb 4,9.11; 5,13; 7,12; 15,4; 19,1; 21,11.23; Herrlichkeit Christi: Mt 19,28; 25,31; Mk 8,38; 10,37; 13,26; Lk 9,32; 24,26; Joh 1,14; 2,11; 7,39; 8,54; 12,16.23; 13,31 f; 16,14; 17,1–24; Apg 3,13; 1 Kor 2,8; 2 Kor 3,18; 4,4.6; 8,23; Phil 3,21; Kol 1,27; 2 Thess 1,10 ff; 1 Tim 3,16; 2 Tim 4,18; Tit 2,13; Hebr 1,3; 2,7.9; 3,3; 5,5; 13,21; Jak 2,1; 1 Petr 1,11.21; 4,13; 5,1; 2 Petr 1,17; 3,18; Offb 1,6; 5,12 f;
Herrlichkeit der Gläubigen: Joh 17,22; Röm 2,7.10; 8,17 ff.30; 9,23; 1 Kor 2,7; 15,43; 2 Kor 3,18; 4,17; Eph 1,18; 3,13; Phil 3,21; Kol 1,27; 3,4; 1 Thess 2,12 ff; 2 Thess 1,9; 2,14; 2 Tim 2,10; 1 Petr 1,7 f; 5,1.10; Jud 24.

Heuchelei: Mt 6,2.5; 7,5; 15,7; 22,18; 23,13–29; 24,51; Lk 6,42; 12,1.56; 13,15; Gal 2,13; 1 Tim 4,2; 1 Petr 2,1.

Himmel: Mt 5,12; 18,10; Lk 22,29; Joh 6,37 ff; 14,2; 1 Kor 15,19; 2 Kor 4,17; Eph 1,18; Phil 3,20 f; Kol 1,4 f; 1 Thess 5,9; 1 Petr 1,3 ff; 1 Joh 2,25; Offb 1,12 ff; 4,1 ff; 12,7 ff; 21,1–22,5.

Himmelfahrt Jesu: Mk 16,19; Lk 24,50 f; Joh 16,16 f; Apg 1,9 ff.

Hirte: Mt 2,6; 9,36; 25,32; 26,31; Mk 6,34; 14,27; Joh 10,1–17; 21,15 ff; Eph 4,11; Hebr 13,20; 1 Petr 2,25; 5,2 ff; Jud 12; Offb 2,27; 7,17; 12,5; 19,15.

Hochzeit (heilsgeschichtl. Bild): Mt 9,15; 22,2–12; 25,10; Mk 2,19; Lk 5,34; Joh 2,1 ff; 3,29; Offb 19,7 ff; 21,9 ff.

Hoffnung (in religiöser Bedeutung): Mt 12,21; Lk 24,21; Joh 5,45; Apg 2,26; 23,6; 24,15; 26,6 f; 28,20; Röm 4,18; 5,2–5; 8,20.24 f; 12,12; 15,12 f; 1 Kor 13,7.13; 2 Kor 1,7.10; 3,12; Gal 5,5; Eph 1,12.18; 2,12; 4,4; Phil 1,20.23; Kol 1,5.27; 1 Thess 1,3; 2,19; 4,13; 5,8; 2 Thess 2,16; 1 Tim 1,1; 4,10; 5,5; 6,7; Tit 1,2; 2,13; 3,7; 1 Joh 3,3.

Hohespriestertum Christi: Hebr 2,17; 3,1; 4,14 f; 5,1.4 ff.10; 6,20; 7,1 bis 28; 8,1–4; 9,6–11,25; 10,11; 13,11.

Hölle: Mt 5,22.29 f; 10,28; 18,9; 23,15.33; 25,41; Mk 9,43.45.47; Lk 12,5; Hebr 10,31; 2 Petr 2,4; Offb 14,9 ff; 18,7; 20,14; 21,8.

Israel: als das atl. Gottesvolk: Mt 2,6; 8,10; 10,6; 15,24; 19,28; Mk 12,29; 15,32; Lk 1,16.54.68.80; 2,32.34; Joh 1,31.47.49; 3,10; 12,13; Apg 1,6; 2,36; 4,10; 9,15; 10,36; 13,17; 28,20; Röm 9,4.6.27.31; 10,19,21; 11,1 f.7.25; 1 Kor 10,18; 2 Kor 3,7; 11,22; Eph 2,12; Phil 3,5; Hebr 8,10; 11,22; Offb 2,14; 7,4; 21,12;
Bezeichnung des ntl. Gottesvolkes: Röm 9,6; 1. Kor 10,18; Gal 6,15f.

Ntl. Sachregister

Jesus Christus (vgl. „Gott: Vater Jesu Christi"): Gottessohn: Mt 5, 48; 6,1 ff; 7,21; 10,33; 11,25 ff; 16, 16 ff; 18,35; 26,63 f; Mk 1,1.11; 2,7; 5,6; Lk 1,35; 3,22; 4,41; Joh 1,1 ff; 1,14 ff; 5,17 ff; 6,33; 8,58; 10,38; 17, 3.5.24; Apg 2,34; 4,12; Röm 1,3; 2,16; 4,24; 1 Kor 10,4; 15,21 f; 2 Kor 4,3 f; 8,9; Gal 1,12; 4,4 f; Eph 1,20; 5,5; Phil 2,6.9; 3,21; Kol 1, 15 f; 2,9; 3,1; 1 Tim 3,16; 5,21; 2 Tim 4,1; Tit 2,13; Hebr 1,2 f; 3,6; 5,8 ff; 10,12; 12,2; 1 Petr 3,22; 4,5; 2 Petr 1,17; 1 Joh 3,8; 4,9; 5,20; Jud 14 f; Offb 1,7; 20,11 f; 21,6; 22,13 f
der Menschgewordene: Mt 1,1.16; 4,2; Mk 4,38; 11,12; Lk 1,31; 2,7; Joh 1,14.51; 3,13; Röm 1,3; 5,15; 8,3; 1 Kor 15,21.45 ff; Gal 4,4; Phil 2,5 f; Kol 1,22; 1 Tim 2,5; 3,16; 2 Tim 2,8; Hebr 2,11 ff; 4,15; 7,14; 1 Joh 4,2; Offb 5,5;
als Lehrer: Mt 5—7; 10,27; 23,10; Mk 2,1 f; 3,13; Lk 4,43; Joh 3,2; 4,19; Apg 3,22; 7,37; 1 Kor 1,24; 9,12; 2 Kor 2,12; Eph 3,14 ff; Phil 3,8; Kol 2,3; Tit 2,10; Hebr 1,1;
als Priester: Mt 1,21; 20,28; 26, 26 ff; Mk 14,22 ff; Lk 22,19 ff; Joh 1,29; 2,19; Röm 3,23 ff; 1 Kor 5,7; 2 Kor 5,14 ff; Gal 1,4; 3,13; Eph 1,6; 5,2; 1 Tim 1,15; 2,5 f; Tit 1,4; 2,14; 3,4 ff; Hebr 4,14—10,29; 1 Petr 1,18 f; 1 Joh 3,16; Offb 5,8 ff.
als König: Mt 2,2; 26,31; 27,37; Mk 14,27; 15,26; Lk 1,32; Joh 1,49; 10,11 ff; 18,37; 1 Kor 15,23 ff; Hebr 13,20; 1 Petr 2,25; 5,4; Offb 1,5; 17,14; 19,16.
Jungfräulichkeit: Mt 19,12; Lk 1,27; 20,34 ff; Apg 21,9; 1 Kor 7,8.25 ff; 2 Kor 11,2; Offb 14,4.

Keuschheit: Mt 5,8.27—30; 19,10 ff; 22,30; Lk 20,34; Röm 12,1; 2 Kor 6,16; Gal 5,16 ff; Phil 4,8; 1 Thess 4,3 ff.
Kirche: die gottesdienstliche Versammlung: Apg 7,38; 1 Kor 11,18; 14,4 f.12.19.23.28—35; Hebr 2,12; 10,25; die christliche Gemeinde: Mt 18,17; Apg 5,11; 8,1 ff; 11,22.26; 12,1.5; 14,23; 15,4.22.41; 18,22; 20, 28; Röm 16,1.4.16.23; 1 Kor 1,2; 4,17; 6,4; 10,32; 11,16.22; 12,28; 16,19; 2 Kor 8,1.19.23 ff; 11,8; 12,13; 16,1.4.6.23; Gal 1,2.22; Phil 4,15; Kol 4,16; 1 Thess 1,1; 2,14; 2 Thess 1,4; 1 Tim 3,5; 5,16; Jak 5,14; 3 Joh 6.9 f; Offb 2,1.8.12.18.23; 3,1. 7.14; 22,16; Hausgemeinde: Röm 16,5; 1 Kor 16,19; Kol 4,15; Phm 2; als Gemeinschaft aller Gläubigen: Mt 16,18; Apg 8,3; 9,31; 1 Kor 12,28; 15,19; Gal 1,13; Eph 1,22; 3,10.21; 5,23 ff; Phil 3,6; Kol 1,18. 24; 1 Tim 3,15; Hebr 12,23.
Krankensalbung: Mk 6,13; Jak 5, 14 ff.
Kreuz: Voraussage des Kreuzestodes: Mt 20,19; 26,2; Mk 10,34; 14,1; Lk 18,32 f; 24,7; Joh 12,33; Kreuzigung: Mt 27,22 f.26.31 f.35. 40; Mk 15,13 ff.20 f.24 f.30 ff; Lk 23, 21.25 ff.33; 24,20; Joh 19,10.19 f.25. 31.41; Apg 2,23.36; 4,10; 1 Kor 2,8; Offb 11,8; das Kreuz im Heilsplan Gottes: Mt 28,5; Mk 16,6; Lk 24,5; Kor 1,17 f.23; 2,2; 13,4; Gal 3,1; 5,11; 6,12.14; Eph 2,16; Phil 2,8; Kol 2,14; Hebr 12,2; Kreuzesnachfolge: Mt 10,38; 16,24; Mk 8,34; Lk 9,23; 14,27; Röm 6,6; Gal 2,19; 5,24; 6,14; Hebr 6,6.
Krieg: Mt 24,6; Mk 13,7; Lk 21,9; Joh 18,36; Hebr 11,33 f; Offb 6,2.4; 9,7.9; 11,7; 12,7.17; 13,4.7; 16,14; 17,14; 19,11.19; 20,8; Krieg in Gleichnissen: Lk 14,31; 1 Kor 14,8; 2 Tim 2,4.

Lamm (Schaf): in Gleichnissen: Mt 7,15; 9,36; 10,6; 12,11 f; 15,24; 18, 10—14; 26,31; Mk 6,34; 14,27; Lk 10,3; 15,1 ff; Joh 10,1—6.11—18; 26 f; 21,15; Röm 8,36; Hebr 13,20; 1 Petr 2,25; Offb 13,11; Lamm Gottes: Joh 1,29.36; Apg 8,32; 1 Kor 5,7; 1 Petr 1,19; Offb 5,6 ff.12 f; 6,1—8,1; 12,11; 13,8; 14,1.4.10; 15,3; 17,14.17; 19,7 ff; 21,9.14.22; 22,1 ff.
Langmut: Gottes: Mt 18,26; Lk 18,7; Röm 2,4; 9,22; 1 Tim 1,16; 2 Petr 3,9.15; des Christen: 2 Kor 6,6; Gal 5,22; Eph 4,2; 1 Thess 5,14; 2 Tim 3,10; 4,2; Jak 5,7—10; Offb 6,11.
Leben: das leibliche Leben des Menschen: Mt 4,4; 6,5; 10,39; 16,25 f; Mk 3,4; 8,35 f; Lk 4,4; 8,14; 9,24 f. 56; 12,15.20.22 f; 14,26; 16,25; 17, 33; 21,34; Joh 12,25; 13,37 f; 15,13; Apg 7,19; 17,25.28; 20,24; 28,4; Röm 6,2; 8,12 f; 16,4; 1 Kor 15,19. 45; 2 Kor 4,11; 11,3; Phil 2,30; Kol 2,20; 3,7; 1 Tim 5,6; 2 Tim 2,4; Hebr 2,15; Jak 4,14 f; Offb 3,1; 11, 11; 12,11;
als Heilsgut: 7,14; 10,39; 16,25 f; 18,8 f; 19,16 f.29; 25,46; Mk 8,35 ff; 9,43 ff; 10,17.30; Lk 9,24; 10,25.28; 17,33; 18,18.30; Joh 1,4; 3,15 f; 4,10. 14.36; 5,21—40; 6,27—68; 7,38; 8,12; 10,10.17.28; 11,25; 12,25.50; 14,6. 19; 17,2 f; 20,31; Apg 3,15; 5,20; 7, 38; 11,18; 13,46.48; Röm 2,7; 4,17; 5,17 f; 6,8.13.23.26; 7,10; 8,2—13; 10,5; 11,15; 1 Kor 15,22.45; 2 Kor 2,16; 3,6; 4,10 ff; 5,4; 6,9; 13,4; Gal 3,11 f.21; 5,25; 6,8; Phil 2,16; 4,3; Kol 3,3 f; 1 Tim 1,16; 4,8; 6,12.19;

2 Tim 1,1.10; 2,11; **Tit** 1,2; 3,7; **Hebr** 10,20.38; 12,9; **Jak** 1,12; **1 Petr** 1,23; 3,7.10; **2 Petr** 1,3; **1 Joh** 1,1 f; 2,25; 3,14 f; 4,9; 5,11 ff; **Offb** 2,7.10; 3,5; 7,17; 13,8; 17,8; 20,4 f. 12.15; 21,6.27; 22,1.14.17.19.

Leib: des Menschen: 5,29; 6,22 f.25; 10,28; 27,52; **Mk** 6,29; 9,47; **Lk** 11, 34.36; 12,19–23; **Apg** 9,40; **Röm** 4, 19; 6,6.12; 7,24; 8,10 ff.23; **1 Kor** 5,3; 6,13–20; 7,4.34; 9,27; 12,1; 13, 3; 15,35–44; **2 Kor** 4,10; 5,6.8.10; 10,10; 12,2 ff; **Gal** 6,17; **Eph** 5,28; **Phil** 1,20; 3,21; **Kol** 2,11.23; **1 Thess** 5,23; **1 Tim** 4,8; **Hebr** 10,22; 13,13; **Jak** 2,26; 3,2 f.6; **Offb** 18,13;

Leib Jesu im Dienst der Erlösung: **Mt** 26,12.26; **Mk** 14,22; **Lk** 22,19; 24,3; **Joh** 2,21; 19,31; 20,12; **Röm** 7,4; **1 Kor** 10,16; 11,27 ff; **Kol** 1,22; **Hebr** 10,5.10; **1 Petr** 2,24;

Leib Christi: **Röm** 12,4 f; **1 Kor** 6, 15; 10,17; 12,13; **Eph** 1,23; 2,16; 3,6; 4,4.12.16; 5,23.30.

Leiden: des Christen: **Mt** 5,11 f; **Lk** 12,47 f; 13,2; **Joh** 9,2; 16,22; **Apg** 9, 16; 16,23.33; **Röm** 5,3; 8,17 f; **1 Kor** 12,26; **2 Kor** 1,5 ff; 4,10.17; 6,5; **Phil** 1,29; 2,7 ff; 3,10; **Kol** 1,24; **1 Thess** 2,2.14; **2 Thess** 1,4 ff; **2 Tim** 1,12; 2,3.9.11 ff; 3,11; 4,5; **Hebr** 10,32 ff; 1,25.37; 13,3; **Jak** 1,2 ff; 5,10.13; **1 Petr** 1,6 f; 2,19 ff; 3,14.17; 4,12 ff; 5,9 f; **2 Petr** 2,7; **Offb** 2,10; 9,18; 11,6; 13,3; 15,1; 16,9; 18,4; Jesu: **Mt** 16,21; 17,12.22 f; 20,18 f; **Mk** 8, 31; 9,12.31 f; 10,33 f; **Lk** 9,22.44 f; 17,25; 18,31 ff; 22,15; 24,26.46; **Apg** 1,3; 3,18; 17,3; 26,23; **Hebr** 2,9 f.18; 5,8; 9,26; 13,12.

Licht (als Bild für Empfang und Verantwortung hinsichtlich des Heils): **Mt** 4,16; 5,14 ff; 6,22 f; 10, 27; 25,1–13; **Mk** 4,21 f; **Lk** 2,32; 8, 16; 11,33–36; 12,3.35; 16,8; **Joh** 1, 4 f.7 ff; 3,19 ff; 5,35; 8,12; 9,5; 11,9 f; 12,35.46; **Apg** 13,47; 26,18.23; **Röm** 2,19; 13,12; **1 Kor** 4,5; **2 Kor** 4,4 ff; 6,14; **Eph** 1,18; 3,9; 5,8 f.13 f; **Phil** 2,15; **Kol** 1,12 f; **1 Thess** 5,4 f; **2 Tim** 1,10; **Hebr** 6,4; 10,32; **Jak** 1,17; **1 Petr** 2,9; **2 Petr** 1,19; **1 Joh** 1,5 ff; 2,8–11; **Offb** 1,12 f; 2,1.5; 4,5; 11,4; 21,23 f; 22,5.16.

Liebe: Gottes zu den Menschen im Heilswerk Jesu: **Mt** 3,17; 12,18; 17,5; **Mk** 1,11; 9,7; 12,6; **Lk** 3,22; 20,13; **Joh** 3,16.35; 5,20; 10,17; 14, 21 ff.31; 15,9 f; 16,27; 17,23–26; **Röm** 1,7; 5,5.8; 8,35–39; 9,25; 11,28; **2 Kor** 5,14; 13,11.13; **Gal** 2,20; **Eph** 1,5 f; 2,4; 3,19; 5,1.25; **Phil** 2,5 ff; **Kol** 1,13; 3,12; **1 Thess** 1,4; **2 Thess** 2,13.16; **1 Tim** 1,14; 6,2; **Tit** 3,4; **2 Petr** 1,17; **1 Joh** 3,16; 4,8–21; 5,1; **Jud** 1 f; **Offb** 1,5; 3,9.19;

Liebe Jesu zu den Menschen: **Joh** 11,3 ff.36; 13,1.23.34; 14,21; 15,9 f; 19,26; 20,2; 21,7.20; **Hebr** 1,9; **1 Joh** 3,16;

die Liebe als Auftrag für die Gläubigen: **Mt** 5,43 f.46; 10,37; 19, 19; 22,37–40; 24,12; **Mk** 12,30 f.33; **Lk** 6,32; 7,41 ff; 10,25–37; 11,42; 16, 13; **Joh** 5,42; 8,42; 13,34 f; 14,15–28; 15,9–12.17; 21,15.17; **Röm** 8,28; 13, 8–10; 14,15; **1 Kor** 2,9; 4,14.17; 8, 1 ff; 12,9 f; 13,1–13; 14,1; 16,14.22; **2 Kor** 2,4.8; 6,6; 8,7; 12,15; **Gal** 5, 6.13 f.22; **Eph** 3,17; 4,2.15 f; 5,2.25. 28.33; **Phil** 1,9; 2,1 f; 4,8; **Kol** 1,4.8; 2,2; 3,12.14; **1 Thess** 1,3; 2,8; 3,6. 12 f; 4,9; **2 Thess** 1,3; 2,10; 3,5; **1 Tim** 1,5; 2,15; 6,11; **2 Tim** 1,7.13; 2,22; 4,8; **Tit** 2,2.4; **Hebr** 6,10; 10, 24; 13,1; **Jak** 1,12; 2,5.8; **1 Petr** 1,8.22; 2,17; 3,8; 4,8; **2 Petr** 1,7; **1 Joh** 2,5.10; 3,10–23; 4,7–21; 5,1 ff; **2 Joh** 5 f; **3 Joh** 6; **Jud** 21; **Offb** 2,4.19.

verkehrte Liebe: **Mt** 6,5; 23,6; **Lk** 11,43; 16,14; 20,46; **Joh** 3,19; 12, 25; 14,23; 15,19; **1 Tim** 6,10; **2 Tim** 3,2 f; 4,10; **Jak** 4,4; **1 Joh** 2,15 f; **3 Joh** 9; **Offb** 22,15.

Lüge: **Mt** 5,37; 12,35 ff; **Joh** 8,44; **Eph** 4,25; **Kol** 3,9; **Offb** 21,8.27.

Macht: Gottes: **Lk** 12,5; **Apg** 1,7; **Röm** 9,21; **Jud** 25; Macht Christi: **Mt** 7,29; 9,6.8; 21,23 f.27; 28,18; **Mk** 1,22.27; 2,10; 11,28 f.33; **Lk** 4,32.36; 5,24; 20,2.8; **Joh** 5,27; 10,18; 17,2; **Offb** 2,28; 12,10;

Macht der Geisterwelt: **Lk** 4,6; 22,53; **Apg** 26,18; **Eph** 2,2; **Offb** 6,8; 9,3.10.19; 13,2 ff.7.12; 14,18; 17,12 f; 18,12 f.

Macht unter Menschen: **Mt** 8,9; 20,25; **Mk** 10,42; **Lk** 20,20; 22,25; **Joh** 19,10 f; **Apg** 9,14; 26,10 ff; **Röm** 13,1 f; **Tit** 3,1; Macht der Menschen im Reiche Christi: **Mt** 10,1; **Mk** 3,15; 6,7; **Lk** 9,1; 10,19; **Joh** 1,12; **Apg** 8,19; **2 Kor** 10,8; 13,10; **Offb** 2,26; 11,6.

Mahl: im profanen Sinn: **Mt** 9,10; 15,27; 23,6; **Mk** 6,21; 7,28; **Lk** 5,29; 11,37 f; 14,12 f; 16,21 f; 17,8; **Joh** 12, 2; 21,12; 16,34;

Jesu letztes Mahl und das Herrenmahl: **Mt** 26,17–29; **Mk** 14,12–25; **Lk** 22,7–38; **Joh** 13,1–30; **1 Kor** 10,21; 11,23 ff;

das Mahl als Bild des Heils: **Mt** 22,114; **Lk** 14,15–24; 22,30; **Offb** 3,20; 19,9.17.

Mammon: **Mt** 6,24; **Lk** 16,9 ff; **Jak** 5,1 ff.

Mitleid: Jesu: **Mt** 9,36; 14,4; 15,32; 20,34; **Mk** 6,34; 8,2; 9,22.36; **Lk** 7, 13; **Hebr** 4,15; 5,2;

als menschliche Haltung: Lk 10, 33; 15,20; Röm 1,31; Eph 4,32; Phil 2,1; Kol 3,12; Hebr 10,34; 1 Petr 3,8; 1 Joh 3,17.

Nachfolge: (im Sinn der Jüngerschaft Jesu): Mt 4,20.22; 8,10.19 bis 22; 9,9; 10,38; 16,24; 19,21.27 ff; 27,55; Mk 1,18.20; 2,14 f; 8,34; 9,38; 10,21.28; 15,41; Lk 5,11.27 f; 7,9; 8,1 ff; 9,23–62; 14,27; 18,22.28; 23, 49; Joh 1,37–43; 8,12; 10,4 f.27; 12,26; 13,36 f; 21,19.22; 1 Tim 4,6; 2 Tim 3,10; 1 Petr 2,21; Offb 14,4.

Nächster (Nächstenliebe, vgl auch „Liebe"): Mt 5,43–48; Mk 12,31 ff; Lk 10,29.36; Röm 2,1; 13,8 ff; 15,2; 1 Kor 10,24.29; 14,17; Gal 5,14; Eph 4,25; Phil 2,4; Jak 2,8; 4,2.

Name: Gottes: Mt 6,9; Lk 1,49; 11,2; Joh 12,28; Apg 15,14; Röm 2,24; 15,9; 1 Tim 6,1; Offb 11,18; 13,6; 15,4; 16,9;
Name Jesu: Mt 1,21 ff.25; Lk 1,31; 2,21; Joh 12,28; Apg 15,14; Röm 2,24; Joh 1,12; 2,23; 3,18; 12,28; 20,31; Apg 3,16; 8,12; 15,14; 19, 17; Röm 2,24; Phil 2,9 f; Hebr 1,4; Jak 2,7; Offb 3,12; 14,1; 19,12 bis 16;
Taufe auf den oder im Namen Jesu: Mt 28,19; Apg 8,16; 10,48; 19,5; 22,16; 1 Kor 1,13 ff;
glauben an seinen Namen: Mt 12,21; 1 Joh 1,12; 2,23; 3,18; 20,31; Apg 2,21; 3,16; 8,12; 9,14; 19,17;
beten im Namen Jesu: Joh 14, 13 f.26; 15,16; 16,23 f.26.

Neid: Mt 20,9 ff; Mk 15,10; Lk 15, 25 ff; Joh 3,26; Röm 1,29; Gal 5, 19 f; Phil 1,15; Jak 4,2; 1 Petr 2,1.

Neu: zur Kennzeichnung der in Christus anbrechenden Heilszeit): Mt 9,17; 13,52; Mk 1,27; 2,21 f; 16,17; Lk 5,36 ff; 22,20; Joh 13,34; Röm 6,4; 7,6; 12,2; 1 Kor 5,7; 11, 25; 2 Kor 3,6; 4,16; 5,17; Gal 6,15; Eph 2,15; 4,23 f; Kol 3,10; Tit 3,5; Hebr 6,6; 8,8.13; 9,15; 10,20; 12, 24; 1 Joh 2,7 f; 2 Joh 5.
zur Kennzeichnung der Heilsvollendung: Mt 26,29; Mk 14,25; 2 Petr 3,13; Offb 2,17; 3,12; 21,1 f.

Obrigkeit: Mt 22,21; Mk 12,17; Lk 20,25; Apg 4,8; 5,29; Röm 13,1 ff; 1 Kor 5,12; 1 Tim 2,1; Tit 3,1 ff; 1 Petr 2,13 f.

Offenbarung: Mt 11,25 ff; 16,17; Mk 3,12; Lk 2,32 ff; 17,30; Joh 1,18; 2,11; 7,4; 9,3; 12,38; 15,15; 17,6.26; 21,1.14; Röm 1,18 ff; 2,5; 3,21; 8,18; 9,22 f; 10,20; 16,25 f; 1 Kor 1,7; 2,10; 3,13; 12,7; 14,6.25 f.30; 2 Kor 2,14; 4,2; 11,6; 12,1.7; Gal 1,12.16; 3,23; Eph 1,9.17; 3,3.5.10; 5,13;

6,19; Kol 1,26 f; 3,4; 4,4; 1 Tim 3, 16; 2 Tim 1,10; Tit 1,3; Hebr 9,8. 26; 12,27; 1 Petr 1,5.7.11 ff.20; 4, 13; 5,1.4; 2 Petr 1,14; 1 Joh 1,2; 3,5.8; 4,9; Offb 1,1.

Opfer: Vorrang der Liebe: Mt 5,23 f; 9,13; 12,7.33; Opfer Jesu Christi: 1 Kor 5,7; Eph 5,2; Hebr 5,1 f; 7,27; 8,3 f; 9,7–28; 10,1–18; 1 Petr 2,24; Opferhaltung der Christen: Röm 12,1.17; Hebr 13,15 f.

Parusie (Wiederkunft Christi): Mt 24,3–39; Mk 13,4–30; Lk 21,7–32; 1 Kor 15,23 f; 1 Thess 2,19; 3,13; 5,23; 6,14; 2 Thess 2,1–9; 2 Tim 4,1.8; Tit 2,13; Jak 5,7 f; 2 Petr 1, 16; 3,3–9.12; 1 Joh 2,28.

Priestertum der Gläubigen: 1 Petr 2,5.9; Offb 1,6; 5,10; 20,6.

Prophet: das Heilshandeln Gottes in Christus als Erfüllung der atl. Prophetien: Mt 1,22; 2,5.15.17. 23; 3,3; 4,14; 8,17; 12,17; 13,14.35; 21,4; 24,15; 26,56; 27,9; Mk 1,2 f; 7,6; Lk 1,70; 3,4; 4,17 ff; 18,31; 24, 25 ff.44 ff; Joh 6,45; 12,38; Apg 2, 16 ff.30; 3,18.21–25; 7,42.48; 8,28. 30.34; 13,27 ff; 15,15; Röm 1,2; 16,26; 2 Petr 3,2; Jud 14; die atl. Propheten als Beispiele für das Geschehen in Christus: Mt 5,12; 12,39; 23,29 ff.37; Lk 4,24–27; 11, 47–50; 13,33; Joh 8,52 f; Apg 7,52; Röm 3,21; 11,3; 1 Thess 2,15; Jesus als Prophet: Mt 13,57; 16,14; 21,11.46; 26,68; Mk 6,4.15; 8,28; 14,65; Lk 4,24; 7,16.39; 9,8.19.48; 13,33; 22,64; 24,19; Joh 4,19.44; 6,14; 7,40.52; 9,17; Apg 3,22 f; 7,37; Propheten der Urkirche: Mt 7,15. 22 f; 23,34; 24,11.24; Mk 13,22; Lk 11,49; Apg 11,27 ff; 13,1 ff; 15,32; 19,6; 21,9 ff; Röm 12,6; 1 Kor 11, 4 f; 12,7–29; 13,2.8; 14,1–39; Eph 2,20; 3,15; 4,11; 1 Thess 5,20; 1 Tim 1,18; 4,14; 1 Joh 4,1; Offb 1,3; 10,7.11; 11,3.6.10; 16,6; 18,20. 24; 19,10; 22,6 f.18 f.

Reichtum (vgl. auch „Armut"): Mt 6,20 f; 13,22.44 ff; 19,21–24; Mk 4, 19; 10,21–25; 12,41–44; Lk 1,53; 6,24; 8,3.14; 12,15–21.33 f; 14,33; 16,19–31; 19,2.8; 21,1; Apg 2,45; 4,32.34.37; 5,1.4; Röm 11,12; 1 Kor 13,8; 16,2; 2 Kor 4,7; 6,10; 8,9; 12,14; 1 Tim 6,9.17 ff; Hebr 10,34; Jak 1,10 f; 2,6 f; 5,1–6; Offb 2,9; 3,17 f; 6,15; 13,16; 18,3.15 ff.

Reinheit: im jüdisch-kultischen Sinn: Mt 8,2 f; 10,8; 11,5; 15,1–20; 23,25; Mk 1,40 ff; Mk 7,1–23; Lk 5,12 ff; 2,22; 7,22; 11,39; 17,14.17; Joh 2,6; 11,55; Apg 10,14.28; 21,

24 ff; 24,18; Hebr 9,13.22 f; sittlich-religiöse Reinheit: Mt 5,8; 15,11. 18 ff; 23,25 f; Mk 7,19; Joh 13,10 f; 15,2 f; Apg 10,15; Röm 14,20; 1 Kor 5,7; 2 Kor 7,1; 11,2 f; Eph 5, 26; Phil 4,8; 1 Tim 1,5; 2,21; 3,9; 4,12; 5,2.22; 2 Tim 2,22; Tit 1,15; 2,14; Hebr 1,3; 9,14; 10,22; Jak 1,27; 3,17; 4,8; 1 Petr 1,22; 2 Petr 1,9; 1 Joh 3,3.

Satan: als Widersacher gegen das Gottesreich: Mt 4,1–11; 6,13; 13, 19.25.28.38 f; 16,23; Mk 1,13; 4,15; 8,33; Lk 4,1–13; 8,12; 13,16; 22,3. 31 f.53; Joh 6,70; 8,44; 12,31; 13,2. 27; 14,30; 16,11; 17,15; Apg 5,3; 13,10; 1 Kor 5,5; 7,5; 2 Kor 2,11; 4,4; 6,15; 11,14; 12,7; Eph 2,1 f; 4,27; 6,11–16; 1 Thess 2,18; 2 Thess 2,9 f; 3,3; 1 Tim 5,15; Jak 4,7; 1 Petr 5,8; 1 Joh 2,13 f; 3,10.12; 5, 19; Offb 2,9 f.13; 12,3 f.12–18; 13, 2.4; 20,7 ff; seine Entmachtung durch Jesus Christus: Mt 12,24 bis 27; 25,4 f; Mk 3,22–26; Lk 10, 18 f; 11,15–19; Joh 12,31; 16,11; Apg 10,38; 26,18; Röm 16,20; 2 Tim 2,25 f; Hebr 2,14 f; Jud 9; Offb 12,7–12; 20,2 f.10.

Schrift, Hl.: Mt 5,17 ff; 21,42; 26, 54 ff; Mk 12,10.36; 14,49; 15,28; Lk 4,21; 24,27.32.45; Joh 2,22; 5, 39; 7,38.42; 10,35; 13,8; 20,9.30 f; Apg 1,16; 8,30–35; 17,2.11; 18,24. 28; Röm 1,2; 15,4; 16,26; 1 Kor 15, 3 f; Kol 4,16; 2 Tim 3,16; 1 Petr 2, 6; 3,18; 2 Petr 1,20; Offb 1,1 ff; 22,6.18 f.

Schwachheit: im physischen Sinn (Krankheit, Kraftlosigkeit, Armseligkeit): Mt 4,23 ff; 8,16 f; 10,8; 25,36 f.43 f; 26,41; Mk 1,32; 6,56; 14,38; Lk 4,40; 5,15; 8,2; 10,9; 13, 11 f; Joh 4,46; 5,3–7; 6,2; Apg 4,9; 5,15 f; 9,37; 19,12; 20,35; 28,9; 1 Kor 11,30; 12,22; 15,43; Phil 2,20 f; Gal 4,9; 1 Tim 5,23; 2 Tim 4,20; Jak 5,14; 1 Petr 3,7; im sittlich-religiösen Sinn: Röm 4,19; 5,6; 6,19; 8,26; 14,1 f; 15,1; 1 Kor 8,7 bis 12; 9,22; 2 Kor 11,29; 1 Thess 5,14; Hebr 7,28; das Schwache im Heilshandeln Gottes: Joh 11,4; 1 Kor 1,25 ff; 2,3; 4,10; 2 Kor 10, 10; 11,21.29 f; 12,5.8 ff; 13,3 f.9; Gal 4,13.

Seele: als Bezeichnung für den Menschen als Person, für sein Inneres (Herz, Gemüt und dgl.): Mt 11,29; 12,18; 22,37; Mk 12,30; 14,34; Lk 1,46; 2,35; 10,27; 12,19; Joh 10,24; 12,27; 18,14; Apg 2,41.43; 3,20.23; 7,14; 14,2.22; 15,24; 18,13; Röm 2, 9; 13,1; 1 Kor 2,14; 15,44 f.f; 2 Kor 1,23; 12,15; Phil 1,27; Kol 3,23; 1 Thess 2,8; 5,23; Hebr 4,12; 10, 38; 12,3; Jak 3,15; 4,8; 1 Petr 3,20; 2 Petr 2,8; 3 Joh 2; Jud 19; als Sitz des im Christusheil geschenkten Lebens: Mt 10,28; Lk 12,4 f; Hebr 6,19; 10,39; 13,17; Jak 1,21; 5,20; 1 Petr 1,9.22; 2,11.25; 4,19; 2 Petr 2,14; Offb 6,9 ff; 20,4 f.

Sendung durch Gott: von Engeln: Lk 1,19.26; Apg 12,11; Hebr 1,14; Offb 22,6; des Täufers: Mt 11,10; Mk 1,2; Lk 7,27; Joh 1,6.33; 3,28; Sendung Jesu vom Vater: Mt 10, 40; 15,24; Mk 9,37; Lk 4,18.43; 9,48; 10,16; Joh 3,17.34; 4,34; 5,23 f. 36 f; 6,29.44.57; 7,16 ff; 28 ff.33; 8,6. 26.29.42; 9,7; 10,36; 11,42; 12,44 f; 13,20; 14,24; 15,21; 16,5; 17,3.8.17 f. 21; 20,21; Apg 3,20; Röm 8,3 f; Gal 4,4; 1 Joh 4,9 f.14.

Sklave (Knecht): der Sklavenstand im NT: 1 Kor 7,21 ff; 12,13; Gal 3,28; Eph 6,5–8; Kol 3,11.22.25; 1 Tim 6,1 f; Tit 2,9; Phm 16; 1 Petr 2,18 f; Erlösung durch Jesus von der Sklaverei der Sünde (des Gesetzes): Röm 6,6.16–22; 7,6.25; 8, 15; 1 Kor 7,23; 2 Kor 11,20; Gal 2,4; 4,1–31; 5,1; Tit 3,3; Hebr 2, 14 f; 1 Petr 2,16; 2 Petr 2,19; Sklave (Knecht) Jesu: Mt 10,24 f; Joh 13,16; Apg 20,19; Röm 1,1; 12,11; Phil 1,1; Kol 1,7; 4,7; 2 Tim 2,24; Jak 1,1; 2 Petr 1,1; Jud 1; Offb 6,11.

Sünde: Mt 1,21; 3,6; 5,22; 6,12; 9,2; 10,15; Mk 1,5; 3,28 f; Lk 7,48; 10, 12; 12,47; 15,21; Joh 1,29; 19,11; 20,23; Röm 1,18; 2,6 ff; 5,12; 6,21; Gal 6,7 f; Kol 1,14; Jak 5,15; 1 Joh 1,9; 2,2.

Taufe: die christliche Taufe: Mt 28, 19; Joh 3,5; Apg 2,38; 8,36 ff; 22, 16; Röm 6,3 ff; 1 Kor 12,13; Gal 3,27; Tit 3,5; die Johannestaufe: Mt 3,6–16; 21, 32; Mk 1,4–9; 11,30; Lk 3,3–21; 7,29 f; 20,4; Joh 1,25–35; 3,22 f.26. 4,1 f; 10,40; Apg 1,22; 10,37; 11,16; 13,24; 18,25; 19,3 f.

Tod: Mt 24,42 ff; Lk 12,35 ff; Joh 11, 17 ff; Röm 5,12; 6,22; 1 Kor 15,21. 55; 2 Kor 5,1 ff; Phil 1,20 ff; Hebr 2,14 ff; Offb 1,18; 2,10; 6,8; 9,6; 20,6 ff; 21,4.

Versuchung: Jesu: Mt 4,1 ff; Mk 1, 12 f; Lk 4,1 ff; Hebr 4,15; der Christen: Mt 6,12; 26,41; Apg 5,3 ff; 2 Kor 12,7 ff; Jak 1,2 f.12 ff; 1 Petr 1,6.

Wachsamkeit: Mt 24,42 ff; 25,1–13; 26,41; Mk 13,33; Lk 12,35 ff; 1 Kor 16,13; 1 Thess 5,6; 1 Petr 5,8.

Alttestamentliche Zeittafel 565

Ca. 1900–1700	Abrahams Auswanderung (Zeit strittig)
1450–1250	Auszug aus Ägypten und Landnahme (Zeit strittig)
1000	Israelstämme werden monarchisch regiertes Staatswesen (Saul, David, Salomo)
932	Teilung der Reiche Israel und Juda
932–917	Rehabeam und Juda (Roboam)
932–911	Jerobeam von Israel
916–914	Abia von Juda; 914–874 Asa von Juda
911–910	Nadab von Israel; 910–887 Bascha von Israel (Baasa)
887–886	Ela von Israel; 886 Simri von Israel (Zambxi); 886–875 Omri von Israel
875–854	Achab von Israel; 854–853 Achasja von Israel (Ochozias)
874–849	Josaphat von Juda
854	Salmanassar III. von Assur siegt bei Karkar über Damaskus und Israel
853–842	Joram von Israel; 842–815 Jehu von Israel
849–842	Joram von Juda; 842 Achasja von Juda (Ochozias)
842–836	Atalja von Juda
836–797	Joas von Juda
815–799	Joachas von Israel
799–784	Joas von Israel
797–779	Amazja von Juda (Amasias)
784–744	Jerobeam II. von Israel, zu seiner Zeit Amos und Hosea (Osee): 743 Sallum von Israel (Sacharja und Sallum)
779–738	Asarja (Ussia) von Juda (Azarias, Ozias), in seinem Todesjahr Berufung des Isaias
743–738	Menachem von Israel; 737–736 Pekachja von Israel (Phakeja); 736–733 Pekach von Israel (Phakee)
738–736	Jotam von Juda
736–721	Achas von Juda, zu seiner Zeit Wirksamkeit der Propheten Isaias und Micha (Michäas)
735–734	Syrisch-ephraimitischer Krieg
745–727	Tiglatpilesar (Pul) III. (Theglatphalasar, Phul) von Assur
733–725/22	Hosea von Israel (Osee)
738	Tribut von Israel und Damaskus
727–722	Salmanassar V. von Assur
722–705	Sargon von Assur
722	Ende des Reiches Israel. Assyrische Gefangenschaft
721–693	Hiskia von Juda (Ezechias)
721	Merodach Baladan, der Widersacher Assurs, bemächtigt sich Babels
711	Eroberung von Asdod, um jene Zeit in Ägypten äthiopische Dynastie
705–681	Sanherib von Assur (Sennacherib)
701	Sanheribs Jerusalemzug
693–639	Manasse von Juda
681–669	Asarhaddon von Assur, der Ägypten unterwirft
669–626	Assurbanipal von Assur, Niedergang Assurs
639–638	Amon von Juda
639–609	Josia, zu seiner Zeit Jeremias, Zephanja (Sophonias) und Habakuk
625–604	Nabopolassar von Babel macht zusammen mit den Medern Assur ein Ende, dessen Hauptstadt Ninive 612 zerstört wird
622	Gottesdienstliche Reformation des Josia
609	Zusammenstoß zwischen Pharao Necho (610–594) und Josia bei Megiddo (Mageddo)
608	Joachas, durch Necho nach Ägypten geführt
608–597	Jojakim, der von Necho eingesetzt wurde und dann abfiel
605	Sieg des Nebukadnezar (Nabuchodonosor) (605–561) über Necho bei Karkemisch
597	Jojachin. Fortführung nach Babel, wo Jojachin 561 begnadigt wurde
597–586	Zidkia von Juda (Sedecias)
593–571	Wirksamkeit des Ezechiel
587/86	Belagerung und Zerstörung Jerusalems. Babylonisches Exil
561–560	Evilmerodach von Babel

Alttestamentliche Zeittafel

555–539	Nabonid, letzter König von Babel
539	Eroberung Babels durch den Perserkönig Cyrus (558–529), dessen Nachfolger Darius (521–486); Xerxes (Achaschwerosch) (485–465); Artaxerxes I. (Artachschasta) (464–424)
538	Cyrus gestattet die Heimkehr nach der Eroberung Babels
520–516	Neubau des Tempels unter Serubbabel (Zorobabel) und Josua (Josue). Wirksamkeit der Propheten Haggaj (Aggäus) und Sacharja (Zacharias)
458	Auftreten Esras, zu dieser Zeit Maleachi (Malachias)
445	Nehemia als Statthalter in Juda. Mauerbau in Jerusalem
444	Verpflichtung des Volkes auf das Gesetz durch Esra (Esdras)
334/31	Ende des Perserreiches
332	Alexander der Große (336–323) in Jerusalem
323–301	Kämpfe der Diadochen um Palästina
312–64	Herrschergeschlecht der Seleuziden in Syrien
301–198	Palästina unter den ägyptischen Ptolemäern. Übersetzung der hl. Bücher ins Griechische. Ausbreitung des Judentums in der damaligen Welt
180–170	Jesus Sirach
198–63	Palästina unter syrischer Oberherrschaft
175–164	Antiochus IV. der Erlauchte von Syrien (Makk Dan)
168	Verbot der jüdischen Religionsübung
167	Beginn der makkabäischen Aufstände unter Judas (165–161); Jonatan (161–142) wird 153 Hoherpriester, 150 militärischer und ziviler Befehlshaber von Juda
142–135	Simon, Hoherpriester und Begründer der makkabäischen oder hasmonäischen Dynastie. Von 142 an Beginn der nach ihm benannten Ära
135–104	Johannes I. Hyrkan (1 Makk 16,19–24) judaisiert Idumäa und unterwirft die Samaritaner. Anhänger der Adelspartei der Sadduzäer
104–103	Aristobul I. Als Hoherpriester und König unterwirft er die Ituräer und zwingt sie zum Judentum
103–76	Alexander Jannaios. Nach kriegerischen Erfolgen umfaßt sein Herrschaftgebiet die alten Staaten Juda und Israel, das Philisterland und die Küstenstraße nach Ägypten. Völlige Entartung des Königstums, das von den Pharisäern gehaßt wird
76–67	Salome Alexandra, seine Witwe, wird Königin, ihr älterer Sohn Hyrkan II. Hoherpriester. Einfluß der pharisäischen Kreise, Unzufriedenheit bei der sadduzäischen Priesterschaft
67–63	Thronstreitigkeiten zwischen Hyrkan II. und seinem Bruder Aristobul II., der sich nach dem Tod seiner Mutter zum Hohenpriester und König macht
63	Ende des makkabäischen Königtums, Eroberung Jerusalems. Aristobul als Gefangener des Pompejus nach Rom, Hyrkan Hoherpriester in Jerusalem von der Römer Gnaden
40	Herodes, der Sohn des Antipater aus Idumäa, zum König ernannt
37–4	Herrschaft Herodes des Großen. Ausrottung des Herrschergeschlechtes der Hasmonäer und glanzvolle Bautätigkeit

Neutestamentliche Zeittafel

Um 7/6 v. Chr.	Geburt Jesu Christi. Unsere Zeitrechnung geht von der Annahme aus, daß Jesus im Jahre 754 nach Gründung Roms geboren sei. Da er aber nach Mt 2 noch unter Herodes d. Gr. († 750 n. Gründung Roms = 4 vor unserer Zeitrechnung) geboren ist, muß das Geburtsjahr 6–7 Jahre vor unserer christlichen Ära liegen
4 v. Chr. bis 6 n. Chr.	Archelaus, Sohn des Herodes d. Gr., regiert über Judäa
4 v. Chr. bis 39 n. Chr.	Herodes Antipas, Sohn des Herodes d. Gr., regiert über Galiläa und Peräa
6 n. Chr.	Judäa von römischen Prokuratoren übernommen
6–15	Annas Hoherpriester (auch nach seiner Absetzung noch von großem Einfluß)
14–37	Kaiser Tiberius, Nachfolger des Augustus (schon vom Jahre 12 an Mitregent des Augustus)
18–36	Kaiphas, Schwiegersohn des Annas, Hoherpriester
26–36	Pontius Pilatus Prokurator von Judäa
um 26/28	Auftreten des Johannes des Täufers (Lk 3,1 f). Beginn des öffentlichen, sehr wahrscheinlich über zwei Jahre dauernden Wirkens Jesu
30	Todesjahr Jesu. Wenn der Freitag, an dem Jesus starb, der 14. Nisan (Rüsttag für Ostern) war, läßt sich der 7. April 30 mit ziemlicher Wahrscheinlichkeit errechnen. Doch kommen auch die Jahre 29, 31, 33, 34 in Frage
32/33 oder 35/36	Saulus-Paulus zum Apostel berufen (die Errechnung richtet sich nach Gal 2,1 u. 1,18)
3 Jahre später	Paulus besucht Petrus in Jerusalem; anschließend längerer Aufenthalt im Gebiet von Tarsus
37–44	Herodes Agrippa I., Enkel des Herodes d. Gr.; er regierte zuletzt von 41–44 als König über ganz Palästina; im Jahre 42 Hinrichtung des Jakobus des Älteren, Befreiung Petri aus dem Kerker
41–54	Kaiser Klaudius; Judenedikt (Apg 18,2)
um 44	Paulus mit Barnabas in Antiochien; erste heidenchristliche Gemeinde
zwischen 45–49	Erste Missionsreise: Cypern–Kleinasien
um 49	Apostelkonzil in Jerusalem
zwischen 50–53/54	Zweite Missionsreise: Kleinasien–Griechenland
zwischen 54–58	Dritte Missionsreise: Kleinasien (Ephesus)–Griechenland
54–68	Kaiser Nero
58–63	Paulus in Haft: zwei Jahre in Cäsarea, Überbringung nach Rom, zwei Jahre in Rom
59/60	König Agrippa II., Sohn von Agrippa I. (reg. 48–93), als Gutachter in der Untersuchung gegen Paulus
zwischen 63–66	Paulus sehr wahrscheinlich nochmals im Orient und in Spanien tätig
67	Das vermutliche Todesjahr der Apostel Petrus und Paulus in der Verfolgung unter Nero
70	Zerstörung Jerusalems unter Titus
zwischen 90–100	Tod des Apostels Johannes

Maße – Gewichte – Münzen

Vorbemerkung: Die in der Bibel angeführten Bezeichnungen für Maße, Gewichte und Münzen lassen sich wegen der nicht durchwegs einheitlich genommenen Bezeichnungen und wegen der nach Land und Zeit schwankenden Berechnungen nur annähernd in unser heutiges wirtschaftliches System umrechnen.

Maße

1. **Längenmaße.** Elle = Vorderarm vom Ellbogen bis zur äußersten Spitze des Mittelfingers eines Erwachsenen. Nach dem ägyptischen System betrug die große oder „königliche" Elle 52,5 cm, die kleinste 45,8 cm, nach dem babylonischen System 51,8 cm bzw. 49,5 cm. Elle = 2 Spannen, Spanne = 3 Handbreiten, Handbreite = 4 Fingerbreiten.

   Folgender Überblick zeigt das durchschnittliche Verhältnis der biblischen Maße zueinander, wobei auch hier mit einer großen Elle und einer gewöhnlichen zu rechnen ist:

Elle	1			= 52,5	bzw. 45,8 cm
Spanne	2	1		= 26,9	„ 22,9 cm
Handbreite	6	3	1	= 8,7	„ 7,6 cm
Fingerbreite	24	12	4	1 = 2,2	„ 1,9 cm

   Eine Rute beträgt 6 große Ellen = ca. 3,15 m.

2. **Wegmaße.** Im Volksbrauch rechnete man, wie z. T. noch bei uns, mit „Tagesreisen", „Gehstunden", „Bogenschuß", „Steinwurf" (Lk 22,41). Das von den Griechen übernommene Maß des „Stadion" betrug 185 m und darüber. Die römische Meile wurde in der Regel mit 8 Stadien gerechnet, etwa 1,48 km. Der bei den Juden übliche, nicht überall einheitlich verwendete „Sabbatweg" (etwa 1,5 km) umfaßt der Weg, den ein Jude von seinem Wohnort weggehen durfte, ohne die Sabbatruhe zu verletzen.

3. **Flächenmaß.** Joch = Ackerfläche, die ein Ochsengespann an einem Arbeitstag bewältigt = ca. 2700 qm. „Tagwerk" = „Morgen" meint die Ackerfläche, die man an einem Tag bearbeiten kann. Zur Vermessung war die „Schnur" oder ein bis 6 Ellen langes Meßrohr in Verwendung.

4. **Trockenmaße.** 1 Chomer (Eselslast) = 2 Letech (halbes Maß) = 10 Efa = 30 Sea (im NT Maß, im AT oft auch so wiedergegeben) = 100 Gomer oder Issaron (Zehntel) = 120 Kab = ca. 394 l.

5. **Flüssigkeitsmaße.** 1 Kor (auch als Trockenmaß angewandt) = 10 Bat = 60 Hin = 720 Log = ca. 394 l. Folgender Überblick zeigt das Verhältnis dieser Maße untereinander.:

Trockenmaße:		Flüssigkeitsmaße:		
Chomer	1	Kor	=	ca. 393,8 l
Letech	2	–		ca. 196,9 l
Efa	10	Bat	=	ca. 39,3 l
Sea	30	–		ca. 13,1 l
–	60	Hin	=	ca. 6,5 l
Gomer	100	–		ca. 3,9 l
Kab	180	–	=	ca. 2,2 l
–	720	Log	=	ca. 0,5 l

Im NT treffen wir bei Lk 13,21 „drei Sat" (= Sea, übersetzt mit „Maß"), bei Lk 16,6 „hundert Bat" Öl (übersetzt mit „Krüge"), bei Lk 16,7 „hundert Kor" Weizen (übersetzt mit „Malter"), bei Joh 2,6 „zwei bis drei Metreten" (entspricht 2–3 Bat, übersetzt mit „Maß"). Bei Offb 6,6 ist „Maß" übersetzt für „Choinix" = Tageskost für einen Sklaven, etwa 1 l.

Gewichte

Talent (runde Gold- oder Silberscheibe) = 60 Minen = 3600 Schekel = 7200 Beka = 72 000 Gera = 58,944 kg. Dies ist das „gemeine" Gewicht der Babylonier. Daneben kennt das AT noch das „königliche" Gewicht der Babylonier, das „heilige" Gewicht Israels und ein System, bei dem das

Maße – Gewichte – Münzen 569

Talent die Hälfte, ca. 30 kg, beträgt. Für den alltäglichen palästinischen Gebrauch hatte ein Schekel wohl das Gewicht von 8–10 g.

Münzen

Die ältere Zeit kennt keine geprägten Münzen, man zahlte nach Gold- oder Silbergewicht. Im Hebräischen bedeutet das Wort "Silber" Geld schlechthin, man pflegte jeweils beim Abschließen eines Handels die Metallstücke abzuwiegen, die Gewichtssteine dazu trug man im Beutel, jedoch gab es sicher auch schon abgewogene Stücke, die gleich in Zahlung gegeben werden konnten. Schekel (Silberstück) war die gegebene Einheit, mit der man es im täglichen Leben zu tun hatte (Gen 23,16). Das Wertverhältnis zwischen Gold und Silber hat gewechselt, in der nachexilischen Zeit wird es mit $13^1/_2 : 1$ angeben. Talent = 60 Minen = 3600 Schekel (auch 3000, wobei der Schekel als Münzeinheit sich von dem Schekel als Gewichtseinheit unterschied) = 49,11 kg. Nach der babylonischen Gefangenschaft gab es auch geprägte Münzen. Zu ihnen gehörten die persische Golddareike und Golddrachme. Der Makkabäer Simon (1 Makk 13,1–16,24) erhielt sogar das Recht, Münzen aus Silber und Kupfer zu prägen. In der ntl. Zeit liefen im Lande griechische und römische Münzen um, z. B. die Drachme (etwa 0,80 Goldmark), Didrachme, Tetradrachme, Stater (der als Bezeichnung für ein Zweidrachmenstück wie auch für ein Vierdrachmenstück zu treffen ist). Der "Silberling" (argyrion, vgl. Mt 26,15) war wohl ein Vierdrachmenstück. Die kleinste griechische Kupfermünze hieß "Lepton" (vgl. Mk 12,42; 12,59; Lk 21,2, mit "Heller" übersetzt). Der attischen Drachme entspricht der römische Silberdenar. Römische Kupfermünzen sind "As", "Quadrans" (Mk 12,42, mit "Pfennig" übersetzt).

Zeitrechnung

Es war vor der babylonischen Gefangenschaft Brauch, die Monate nur mit Zahlen zu kennzeichnen, vier Monatsnamen unbekannter Herkunft (kanaanäisch oder phönizisch) sind in der Bibel außerdem überliefert. Die späteren biblischen Monatsnamen sind assyrisch-babylonisch.

Alte Zählung	Unbekannter Herkunft	Babylonisch
1.	Abib (Ährenmonat)	Nisan
2.	Ziw (Blütenmonat)	Ijjar
3.	–	Siwan
4.	–	Tammus
5.	–	Ab
6.	–	Elul
7.	Ettanim (Dauerbäche?)	Tischri
8.	Bul (Früchte oder Herbstregen?)	Marcheschwan
9.	–	Kislew
10.	–	Tebet
11.	–	Schebat
12.	–	Adar

Der Nisan umfaßt die Zeit von etwa Mitte März bis Mitte April, die übrigen Monate folgen dementsprechend. Jeder Monat hatte 29 oder 30 Tage, wobei der Monatsbeginn durch Beobachtung und kultische Feier des eingetretenen Neumondes festgestellt wurde. Das Jahr war ein sogenanntes Mondjahr mit nur 354 Tagen. Der Ausgleich zum Sonnenjahr wurde erreicht durch Einfügung von Schaltmonaten alle 2–3 Jahre, meist durch Anfügen eines nochmaligen Adar (Weadar). In der Gemeinde von Qumran und verwandten religiösen Gruppen wurde der Kalender nach dem in Ägypten nachweisbaren Sonnenjahr gerechnet mit 12 Monaten zu je 30 Tagen nebst 4 Schalttagen, wobei in jedem Jahr sich Kalendertag und Wochentag deckten, Pascha also stets auf den Tag von Dienstagabend bis Mittwochabend begangen wurde. Die sieben Wochentage zählte man mit Ziffern, wobei der siebente Tag den Namen "Sabbat" trug, der Tag vorher die Bezeichnung "Vorsabbat" (vgl. Mk 15,42).

Zeitrechnung

Die Tage zählte man von einem Sonnenuntergang bis zum anderen und teilte die Zeit von Sonnenaufgang bis Sonnenuntergang in 12 Stunden, deren Länge nach der Jahreszeit schwankte, vgl. Joh 11,9. „Dritte Stunde" ist also der Vormittag, „sechste" der Mittag, „neunte" der Nachmittag (etwa um 15 Uhr). Die Nacht wurde in der atl. Zeit in drei, in der ntl. in vier Nachtwachen eingeteilt, vgl. Mk 13,35.

Abkürzungen der biblischen Bücher

I. Altes Testament

AT	=	Altes Testament	Ijob	= Buch Ijob
atl.	=	alttestamentlich	Spr	= Sprüche
Gen	=	Gensis (1 Moses)	Koh	= Prediger
Ex	=	Exodus (2 Moses)	Hld	= Hoheslied
Lev	=	Leviticus (3 Moses)	Weish	= Weisheit
Num	=	Numeri (4 Moses)	Sir	= Sirach
Dt	=	Deuteronomium (5 Moses)	Jes	= Jesaja
Jos	=	Josua	Jer	= Jeremia
Ri	=	Richter	Klgl	= Klagelieder
Rut	=	Rut	Bar	= Baruch
1 Sam	=	1 Samuel	Ez	= Ezechiel
2 Sam	=	2 Samuel	Dan	= Daniel
1 Kg	=	1 (3) Könige	Hos	= Hosea
2 Kg	=	2 (4) Könige	Joel	= Joel
1 Chr	=	1 Chronik	Am	= Amos
2 Chr	=	2 Chronik	Obd	= Obadja (Abdias)
Esr	=	Esra	Jon	= Jona
Neh	=	Nehemia	Mich	= Micha (Michäas)
Tob	=	Tobias	Nah	= Nahum
Jdt	=	Judit	Hab	= Habakuk
Est	=	Ester	Zef	= Zefanja (Sophonias)
1 Makk	=	1 Makkabäer	Hag	= Haggai (Aggäus)
2 Makk	=	2 Makkabäer	Sach	= Sacharja (Zacharias)
Ps (Pss)	=	Psalm (Psalmen) *	Mal	= Maleachi (Malachias)

* Die Psalmen werden in dieser Ausgabe gezählt nach dem Vorgehen des hebräischen Grundtextes. Gegenüber der Vulgata und der Septuaginta (der griechischen Übersetzung des AT = Gr.) ergibt sich zufolge von Zusammenlegung bzw. Trennung einzelner Psalmen folgendes Verhältnis:

Ps 1–9 gleiche Zählung
Ps 10–113 hebr. Zählung gegenüber Vulgata um 1 voraus
Ps 114–115 hebr. Zählung gleich Ps 113 der Vulgata
Ps 116 hebr. Zählung gleich Ps 114 und 115 der Vulgata
Ps 117–146 hebr. Zählung gegenüber Vulgata um 1 voraus
Ps 147 hebr. Zählung gleich Ps 146 und 147 der Vulgata
Ps 148–150 gleiche Zählung.

Abkürzungen der biblischen Bücher

II. Neues Testament

NT	=	Neues Testament	1 Thess =	1. Thessalonicherbrief
ntl.	=	neutestamentlich	2 Thess =	2. Thessalonicherbrief
Ev.	=	Evangelium	1 Tim =	1. Timotheusbrief
Mt	=	Ev. nach Matthäus	2 Tim =	2. Timotheusbrief
Mk	=	Ev. nach Markus	Tit =	an Titus
Lk	=	Ev. nach Lukas	Phlm =	an Philemon
Joh	=	Ev. nach Johannes	Hebr =	an die Hebräer
Apg	=	Apostelgeschichte	Jak =	Jakobusbrief
Röm	=	Brief des Apostels Paulus an die Römer	1 Petr =	1. Petrusbrief
1 Kor	=	1. Korintherbrief	2 Petr =	2. Petrusbrief
2 Kor	=	2. Korintherbrief	1 (2, 3) Joh =	1. (2., 3.) Johannesbrief
Gal	=	an die Galater	Jud =	Judasbrief
Eph	=	an die Epheser	Offb =	Offenbarung des Apostels Johannes (Apokalypse)
Phil	=	an die Philipper		
Kol	=	an die Kolosser		

Vulg. = Vulgata (= allgemein verbreiteter), offizieller lat. Bibeltext der kath. Kirche nach Hieronymus. Die in Klammern [ ] stehenden Texte sind unsicher überliefert, meist in der Vulgata sich findend.

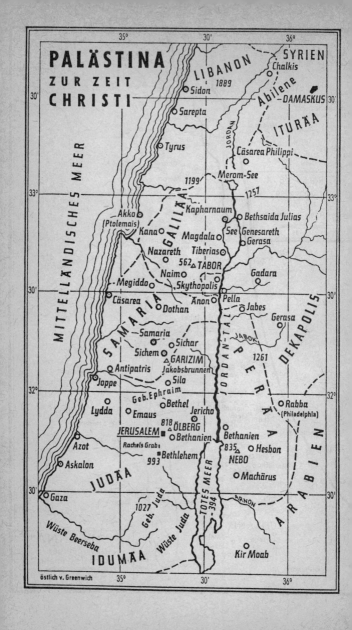

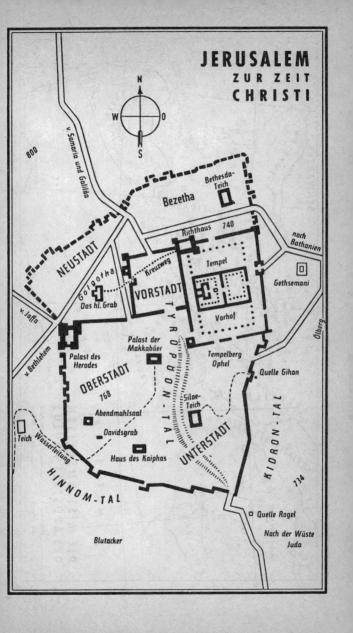

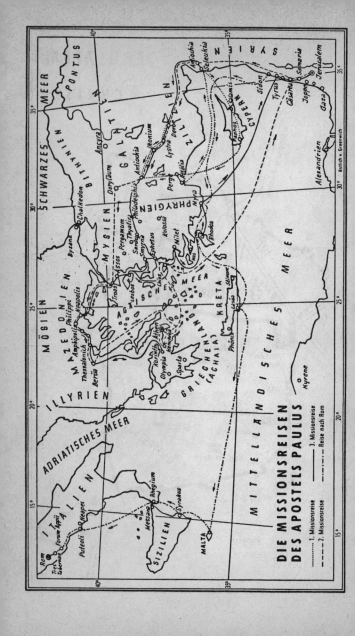